Migration in der Feudalgesellschaft

Ludwig-Boltzmann-Institut
für Historische Sozialwissenschaft:
Studien zur Historischen Sozialwissenschaft
Band 8

Herausgegeben von Gerhard Botz

Gerhard Jaritz, geb. 1949, Historiker, arbeitet am Institut für mittelalterliche Realienkunde Österreichs der Österreichischen Akademie der Wissenschaften in Krems an der Donau.

Albert Müller, geb. 1959, Historiker, arbeitet am Ludwig-Boltzmann-Institut für Historische Sozialwissenschaft, Universität Salzburg.

Gerhard Jaritz, Albert Müller (Hg.)

Migration in der Feudalgesellschaft

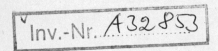
Campus Verlag
Frankfurt/New York

Gefördert von der Internationalen Gesellschaft »Medium Aevum Quotidianum«, Krems an der Donau und vom Ludwig-Boltzmann-Institut für Historische Sozialwissenschaft, Salzburg

CIP-Titelaufnahme der Deutschen Bibliothek

Migration in der Feudalgesellschaft / Gerhard Jaritz ;
Albert Müller (Hg.). – Frankfurt/Main ; New York :
Campus Verlag, 1988
    (Studien zur historischen Sozialwissenschaft ; Bd. 8)
    ISBN 3-593-33883-1
NE: Jaritz, Gerhard [Hrsg.] ; GT

Umschlaggestaltung: Atelier Warminski, Büdingen
Druck und Bindung: Druckhaus Beltz, Hemsbach
Printed in Germany

INHALTSVERZEICHNIS

5

VORWORT

Nocte dieque gemo, quia sum peregrinus et egens
(Lamentum refugae cuiusdam, Irland, 9.Jh.)

Die vorliegende Publikation enthält die Beiträge einer Tagung, die unter dem Titel "Horizontale Mobilität und Migration vom Mittelalter bis zum Ende des Ancien Régime" von 3. bis 5. Oktober 1985 an der Universität Salzburg stattfand.

Getragen und gefördert wurde diese Tagung vom Ludwig-Boltzmann-Institut für Historische Sozialwissenschaft (Salzburg) und der Internationalen Gesellschaft "Medium Aevum Quotidianum" (Krems/Donau). Für vielerlei Unterstützung danken wir Gerhard Botz, dem Direktor des Salzburger Institutes, und Harry Kühnel, dem stellvertretenden Vorsitzenden der Kremser Gesellschaft.

Unser besonderer Dank gilt jedoch den Autoren der Beiträge für ihr Engagement, ihre Mühen und ihre große Geduld mit den Herausgebern.

Ohne mannigfache Hilfen von Birgit Karl, Elisabeth Polndorfer und Gundi Tarcsay wäre die Publikation nicht zustande gekommen. Ihnen zu danken ist für uns ein besonderes Bedürfnis.

Salzburg und Krems, im August 1987

Gerhard Jaritz   *Albert Müller*

7

MIGRATIONSGESCHICHTE
Zur Rekonzeptionalisierung historiographischer Traditionen für neue sozialgeschichtliche Fragestellungen

GERHARD JARITZ – ALBERT MÜLLER

Migrationsgeschichte der vorindustriellen Zeit ist modern geworden (1). Spielte und spielt sie in Teilbereichen der historischen Wissenschaften schon seit langem eine wichtige Rolle, so wurde ihre davon abgehobene und übergreifende Relevanz erst jüngst (wieder) entdeckt (2), ohne daß diese Entdeckung allerdings besonders zelebriert worden wäre oder breitere Resonanz gefunden hätte. Eine Theorie- und Methodendebatte trat nur spärlich auf (3). Die soziologische Migrationsdiskussion wurde kaum rezipiert (4). Die Modeentwicklungen der Alltags- und Volkskultursgeschichte (5) erwiesen sich überdies noch publikumsträchtiger als die Geschichte der Migration. Migration wurde allerdings teilweise von den Vertretern der Alltagsgeschichte vereinnahmt und erhielt damit indirekt auch ihren Anteil am Kuchen der Popularität (6), vor allem im Zusammenhang mit der weithin geäußerten und akzeptierten "Einladung ins Mittelalter" (7). In Verbindung damit entstand eine Reihe von zum Teil populär und/oder sehr pauschal gefaßten Überblicken, die sich vor allem dem Reisen widmeten (8). In die gleiche Richtung der 'Reise im Mittelalter' führte eine Anzahl von jüngst publizierten (Neu)Editionen zeitgenössischer Reiseberichte (9).

Der Schwerpunkt jedoch, in welchem bis heute Migrationsgeschichte der Feudalgesellschaft (10) betrieben wird, ist auf zahlreiche Spezialfelder und -thematiken der historischen Wissenschaften verteilt, die Migration zumeist ausschließlich in ihrem eigenen Forschungskontext behandeln, und zwar mit sehr unterschiedlicher Gewichtung. Eine Reihe von Bereichen sei angeführt:

1) Migration im Kontext der historischen Demographie (11), die zwar in der deutschsprachigen Forschung über keine ausgeprägte explizite Tradition verfügt, innerhalb der franko- und anglophonen Forschungstradition aber wichtige Beiträge auch für das Mittelalter und die Frühe Neuzeit geleistet hat. Für sie sind Wanderungszahlen von Bedeutung, da sich über diese möglichst vollständige Bevölkerungsbilanzen errechnen lassen.

2) Im Kontext der Handwerksgeschichte ergaben sich zwei unterschiedliche Perspektiven: Einerseits hatte die Geschichte der obligatorischen

9

Wanderungen von Gesellen mit all den spezifisch an dieses Phänomen geknüpften Koinzidentien – sei es die Organisierung der Gesellen oder seien es die Probleme ihrer Unterbringung entweder in Gesellenhäusern oder in den Haushalten der Meister mit den daran geknüpften Problemen – seit langem das weite Feld der Handwerksgeschichte bestimmt und ist heute eines der Modethemen in der Untersuchung der vorindustriellen Gesellschaft (12). Andererseits war die Wanderung von Meistern vor allem des relativ spezialisierten Handwerks (Bauhandwerker, Steinmetze, Kunsthandwerker, Plattner, bis zu den Uhrmachern) ein Thema der Handwerks- und Gewerbegeschichte (aber auch anderer Subdisziplinen wie der Kunst- oder der Technikgeschichte) (13).

3) Oft im engen Konnex mit der Handwerksgeschichte ist die Geschichte des mittelalterlichen Handels zu berücksichtigen, die sich in starkem Maße auf großräumige, internationale Verbindungen führender Händler bzw. Handelsgesellschaften oder auf bestimmte Handelsgüter konzentriert (14).

4) Auch das traditionsreiche Gebiet der Universitäts- und Studentengeschichte befaßt sich seit langem unter unterschiedlichen Auspizien mit dem Problem der Migration. Während die Erfassung der Herkunft von Studenten bereits seit dem 19.Jahrhundert zumindest implizit auf die Zusammensetzung sozialer Gruppen abzielte (15), war die Erforschung von Wanderungen von Mitgliedern des Lehrkörpers stark mit ideen- und geistesgeschichtlichen Ansätzen verknüpft (16).

5) Ideengeschichte, Wissenschaftsgeschichte und Kunstgeschichte hatten ihr eigenes Interesse an Migration: Mit Hilfe von – mitunter aus detaillierten Quellenstudien nachgewiesenen – Wanderungen erklärten sie auf einer Ebene den Transfer bestimmter Wissens- und Bildungsgüter respektive gewisser stilistischer Elemente im Bereich der Kunst (17). Auf einer anderen, individuellen Ebene ging es ihr darum, für Einzelpersonen deren jeweiliges Wissen und deren Fertigkeit durch Reisen und Kontaktaufnahmen mit vergleichsweise "fremden" Kulturen zu begründen (etwa die Kontakte deutschsprachiger bildender Künstler am Ende des 15. Jahrhunderts nach Oberitalien, etc.) (18).

6) Ähnliche Erklärungsmuster wurden in der Religions- und Kirchengeschichte herangezogen: Die Anwendungsbeispiele reichen hier von der Geschichte mittelalterlicher Klosterreformen über die Verbreitung franziskanischer Glaubensinhalte bis zur Diffundierung lutherischer und täuferischer Lehren (19).

7) Als Spezialgebiet der Religionsgeschichte verordnete sich die Pilgergeschichte und die Geschichte von Wallfahrten ganz spezifischen Aspekten der Migrationsgeschichte (20). Gerade hier haben die Quellen immer wie-

der Anreiz und Anlaß geboten, das Phänomen der Massenhaftigkeit zu betonen.

8) Im Überschneidungsbereich einiger teilweise schon genannter Felder liegen die (traditionelle) Genealogie und neue Prosopographie (21). Gerade prosopographische Arbeiten – etwa zu bestimmten gesellschaftlichen Eliten – zogen das Argument der räumlichen Herkunft häufig als Indikator für die Erklärung internaler Gruppenstrukturen, aber auch für die Erklärung von kollektivem Verhalten und von Entscheidungsprozessen heran (22). Ein dabei zu berücksichtigender Teilbereich sind die Untersuchungen zur personellen Zusammensetzung von geistlichen oder weltlichen Gruppen und Kommunitäten, die sich – wie diesbezügliche Arbeiten zur Studenten- und Universitätsgeschichte – bis ins vorige Jahrhundert zurückverfolgen lassen (23).

9) Darüber hinaus läßt sich eine nicht abzugrenzende weitere Anzahl von Fachbereichen nennen, die Phänomene von Migration in ihre Konzepte und Inhalte aufnahmen, sei es Literaturgeschichte (24), Rechts- und Kriminalitätsgeschichte (25), Verkehrsgeschichte (26), Kostümgeschichte (27), Ernährungsgeschichte (28), Medizingeschichte (29), etc.

All die hier angeführten Beispiele haben im Hinblick auf unsere Problematik einige Attitüden gemeinsam:

1) Das Phänomen der Wanderung von Gruppen als auch von Einzelpersonen wurde wie selbstverständlich – und häufig unreflektiert – als Argument in Begründungszusammenhängen für verschiedenste davon getrennte historische Sachverhalte verwendet.

2) Diese Verwendung von Wanderung als Argument entsprach einem auf "Alltagswissen" basierendem Vorverständnis der Migration. Das Wanderungsargument war häufig Bestandteil von ad hoc-Theorien über den jeweiligen Untersuchungsgegenstand.

3) Ein explizites Interesse an Migration selbst kann zumeist nicht festgestellt werden, sosehr auch manche ältere Arbeiten Material für systematische Forschungen beinhalten.

Wie wichtig ist nun eine systematische Erfassung von Migration in der Feudalgesellschaft?

Die systematische Erforschung von Migration läßt sich auf verschiedenen Ebenen begründen, die sich auf der Basis von theoretisch-disziplinären Überlegungen – auf eine allerdings wohl etwas synkretistische Weise – in einen Bedeutungszusammenhang überführen lassen:

A: Ebenen ganzer Gesellschaften – Makro-analytische Zugänge

1. Die systematische Untersuchung von Migrationsprozessen in der Feudalgesellschaft ist als eines der Probleme für die Klärung der Verhältnisse

von sozialen Einheiten zueinander von Bedeutung (30).

2. Die Untersuchung von Migrationsgeschichte der Feudalgesellschaft ist bedeutsam für die Klärung des Verhältnisses von einer spezifischen Gesellschaft (der Feudalgesellschaft) zu anderen Gesellschaften, sowohl im Sinn einer diachronischen Betrachtungsweise, die historische Prozesse ins Auge faßt, als auch unter einer "asynchronischen", interkulturell vergleichenden Perspektive.

Beide Punkte lassen sich durch einfache Beispiele illustrieren: Es gehört etwa zum Proseminarwissen jedes Rechtshistorikers, daß die große bäuerliche Bevölkerungsgruppe weitgehend "an die Scholle gebunden" war und deshalb häufig als immobile Bevölkerungsschicht ausgewiesen wird. Nähere Untersuchungen, etwa auch die András Kubinyi's in diesem Band, verweisen diesen Gemeinplatz der Geschichte des Mittelalters mehr oder minder in den Bereich der historischen Mythen (31). – Modernisierungstheoretisch inspirierte sozialgeschichtliche Darstellungen bringen die Entwicklung der vormodernen zur modernen Gesellschaft immer wieder in Zusammenhang mit radikal zunehmender Migration im Kontext der Urbanisierung im 19. Jahrhundert. Für diese Hypothese wird häufig die Folie einer räumlich "stabilen", "immobilen" vormodernen Gesellschaft ins Treffen geführt. Der ursprüngliche Befund zahlreicher der in diesem Band enthaltenen Beiträge spricht gegen die Aufrechterhaltung dieser Folie. Dies erscheint uns insgesamt ein wichtiger Punkt zu sein, da davon zahlreiche modernisierungstheoretische Ansätze betroffen sind (32).

B: Ebene mittlerer und kleiner Sozialsysteme – Mikroanalytische Zugänge:

Auf dieser Ebene sind die "individuellen Aspekte" von Migrationsgeschichte anzusiedeln. Diese umfassen ein breites Spektrum, wie z.B.

1. Erfahrung, Wissen und Vermutungen von Individuen und Gruppen über Wandern und/oder über auf Wanderungen basierende Phänomene;

2. Migration im Kontext von "Karrieren" von Gruppen und Individuen.

3. Das Rollenverhalten von Migranten und die Einstellung von "seßhaften" Individuen und Gruppen zu ihnen.

4. Einfluß von Migration auf die kulturelle Entwicklung von Individuen und Gruppen (33).

5. Migration im Zusammenhang mit dem "Reiz des Fremden".

6. Einfluß von Migration auf die Stabilität betroffener Systemkomponenten.

7. Einfluß von Migration auf Regionalisierungen bzw. "Internationalisierungen" im Rahmen des Systems.

8. Einfluß der Idee des "Homo viator" (34) auf migrante Individuen

und Gruppen.

Erst makro- und mikroanalytische Perspektiven gemeinsam können Migrationsgeschichte zu einem Teile dessen machen, was als Gesellschaftsgeschichte angesehen werden kann.

Nicht zuletzt darum geht es in diesem Buch. Waren wir uns auch bewußt, daß andere historische Teildisziplinen die Schwerpunkte unserer Diskussion liefern werden, so versuchten wir im Rahmen der dem vorliegenden Band zugrundeliegenden Tagung dennoch, diese im Konnex eines migrationsgeschichtlichen Konzeptes zu Wort kommen zu lassen. Die Themen sowie die Abfolge der Aufsätze im Buch stellen einen diesbezüglichen Ansatz dar. Grundlagen für den Diskurs sollte die Migrationstheorie der Soziologie liefern (Beitrag H.-J. Hoffmann-Nowotny). Danach folgt die Auseinandersetzung mit der Frage, inwieweit Normen der Feudalgesellschaft auf Migration und Migrationsverhalten Einfluß nehmen (Beiträge G. Jacobsen, H. Mandl-Neumann, R. Scribner) (35). Zur Frage der Rekrutierungsbereiche von Sozietäten äußern sich besonders die Beiträge von A. Müller und A. Kubinyi. Anschließend stehen Schwerpunkte in der Analyse des Problems von Migration und Austausch, d.h. der kommunikativen Aspekte räumlicher Mobilität (R. Ch. Schwinges, G. Jaritz). Kollektiven und individuellen Motivstrukturen in Migrationsbewegungen widmen sich die Aufsätze von W. Reininghaus, H. Bräuer und J. Ehmer in bezug auf Handwerksgesellen, von A. Schluchter in bezug auf Arbeitsmigration sowie von L. Schmugge hinsichtlich mittelalterlicher Pilger. Schließlich beschäftigen sich drei Autoren mit Migration als Funktion individueller Karrieren (G. Dohrn-van Rossum, W. Schmid, H. Hundsbichler). Eine Zusammenfassung der Ergebnisse, der offen gebliebenen Probleme und Desiderata bietet R. Elkar. Als Anhang wurde außerdem ein Thesaurus zur Terminologie und Typologie von Migration aufgenommen (Cl. Billot), der vielleicht eine erste Basis für eine breitere, systematische und quellenbezogene Auseinandersetzung mit dem Phänomen räumlicher Mobilität darstellen kann.

Gerade in dieser Beziehung ist noch ein weiter Weg zu gehen, besonders dann, wenn sich unsere Intention dahin richtet, Migrationsgeschichte nicht mehr hauptsächlich gestützt auf Teilergebnisse anderer Spezialdisziplinen historischer Forschung zu betreiben.

Migrationsgeschichte braucht somit auch einen neuen, breiteren und nach zusätzlichen Kriterien selektierenden Zugang zu den Quellen. Besonders das Spannungsfeld zwischen kollektiven und individuellen Motivstrukturen macht die Anwendung quantitativer Ansätz neben qualitativen Methoden notwendig; allerdings nicht allein basierend auf den bereits zum Teil weitgehend herangezogenen und untersuchten seriellen Quellen, wie Universitätsmatrikel, Gesellenlisten oder Neubürgerverzeichnissen. Vor allem die zahlreichen verstreuten Mitteilungen und Belege in Rechnungsbüchern, in der urkundlichen Überlieferung, vorrangig etwa Testamente, in Mirakelbüchern, in Chroniken, Briefen, Gerichtsbüchern etc. machen einerseits eine systematische Aufarbeitung nötig. Andererseits führen sie zwangsläufig dazu, daß wir Migration nur aus einer großen Zahl von Einzelfällen legitim rekonstruieren können (36). Die Behandlung dieser Einzelfälle, der Vergleich jener und die darauf aufbauenden theorie- und methodenorientierten Analysen – also eine umfassende Zahl mikroanalytischer Untersuchungen – werden ein nächster oder mitunter vielleicht ein erster Schritt sein müssen. Darauf aufbauend kann es gelingen, den Migrationshistoriker nicht nur als einen Partizipator und Rezipienten von anderen Disziplinen, sondern vor allem als Produzenten von Ergebnissen für diese und die gesamte historische Sozialwissenschaft sehen zu können.

ANMERKUNGEN:

(1) Vgl. z.B. K. Bosl, Die horizontale Mobilität der europäischen Gesellschaft im Mittelalter und ihre Kommunikationsmittel. In: Zwischen Donau und Alpen. Festschrift für Norbert Lieb zum 65.Geburtstag (Zeitschrift für bayerische Landesgeschichte 35/1) München 1972, 40-55; H. Hundsbichler, Reise, Gastlichkeit und Nahrung im Spiegel der Reisetagebücher des Paolo Santonino (1485-1487) Phil. Diss. Wien 1979; P. Moraw (Hg.), Unterwegssein im Spätmittelalter (Zeitschrift für Historische Forschung, Beiheft 1) Berlin 1985; G. Jaritz – A. Müller, Historia Vaga. Ein computergestütztes Projekt zur Migrationsgeschichte des 15. und 16.Jahrhunderts. In: Datenbanken und Datenverwaltungssysteme als Werkzeuge historischer Forschung. Ed. M. Thaller (Historisch-Sozialwissenschaftliche Forschungen 20) St. Katharinen 1986, 93-123; A.P. Newton, Travel and Travellers of the Middle Ages. Neudruck der 3. Auflage 1959. London 1968; J. Patten, Patterns of Migration and Movement of Labour to Three Pre-industrial East Anglian Towns. In: Journal of Historical Geography 2 (1976) 111-129; P. McClure, Patterns of Migration in the Late Middle Ages: The Evidence of English Place-Name Surnames. In: Economic History Review 32 (1979) 167-182; A. G. MacPherson, Migration Fields in a Traditional Highland Community, 1350-1850. In: Journal of Historical Geography 10 (1984) 1-14; verschiedene Beiträge in: Strutture familiari, epidemie, migrazioni nell'Italia medievale. Ed. R. Comba, G. Piccinni und G. Pinto (Nuove Ricerche di Storia 2) Napoli 1984; J. Richard, Les récits de voyages et de pèlerinages (Typologie des sources du moyen âge occidental 38) Turnhout 1981; Cl. Billot, Le migrant en France à la fin du Moyen Age. In: Medieval Lives and the Historian. Studies in Medieval Prosopography. Ed. N. Bulst und J.-Ph. Genet (Kalamazoo 1986) 235-242 (dort sind auch weitere migrationsgeschichtliche Arbeiten

14

der Autorin zitiert) ; M. Aymard, Migrations. In: La méditerranée. Les hommes et l'heritage. Ed. F. Braudel. 2.éd. Paris 1986, 121-155.

(2) Wie der vorliegende Band widmen sich auch andere Beitragssammlungen dem Thema der Migration vorrangig ausgehend von den angeführten Spezialbereichen. Vgl. z.B. Comba et al., Strutture familiari; Moraw, Unterwegssein. Siehe etwa auch die diesbezüglich auftretende Problematik im stark additiv argumentierenden Beitrag von K. Schulz, Unterwegssein im Spätmittelalter. Einleitende Bemerkungen. In: Moraw, Unterwegssein 9-15, der neben den in diesem Sammelband behandelten Gruppen der Pilger, Studenten, Handwerksgesellen und Randständigen den Herrscher und sein Gefolge, den ritterlichen Adel, Söldner, Welt- und Ordensklerus und die Badereisenden (!) erwähnt.

(3) Vgl dazu auch den Beitrag von R. Elkar in diesem Band.

(4) Zu dieser vgl. den Beitrag von H.J. Hoffmann-Nowotny in diesem Band.

(5) Auf die diesbezügliche umfassende Diskussion kann hier nicht eingegangen werden. Vgl. zuletzt P. Borscheid, Alltagsgeschichte - Modetorheit oder neues Tor in die Vergangenheit. In: Sozialgeschichte in Deutschland III. Ed. W. Schieder und V. Sellin. Göttingen 1987, 78-100; H. Bausinger, Volkskultur und Sozialgeschichte. In: ebd. 32-49.

(6) Vgl. z.B. A. Borst, Lebensformen im Mittelalter. Frankfurt/Main – Berlin 1973, bes. 133-173; O. Borst, Alltagsleben im Mittelalter. Frankfurt/Main 1983, 530-562 (Kapitel 'Kommunikation ohne Vervielfältigung'); H. Kühnel, Mobile Menschen in "quasistatischer" Gesellschaft. In: ders. (Hg.), Alltag im Mittelalter, 3.Aufl. Graz-Wien-Köln 1986, 114-120; D. Denecke, Straße und Weg im Mittelalter als Lebensraum und Vermittler zwischen entfernten Orten. In: B. Herrmann (Hg.), Mensch und Umwelt im Mittelalter. Stuttgart 1986, 207-223.

(7) Vgl. jüngst H. Fuhrmann, Einladung ins Mittelalter. München 1986.

(8) Vgl. z.B. M. Rowling, Everyday Life of Medieval Travellers. London-New York 1971; A. Maczak, Zycie codzienne w podrózach po Europie XVI i XVII wieku [Alltagsleben von Reisenden im Europa des 16. und 17.Jahrhunderts]. Warszawa 1978; M. Wade Labarge, Medieval Travellers. Toronto 1982; N. Foster, Die Pilger. Reiselust in Gottes Namen. Frankfurt/Main 1982; J.-P. Leguay, La rue au Moyen Age. Rennes 1984; N. Ohler, Reisen im Mittelalter. München-Zürich 1986; H. Boehncke – R. Johannsmeier, Das Buch der Vaganten. Spieler, Huren, Leutbetrüger. Frankfurt 1987. Vgl. auch M. Mollat, Les explorateurs du XIIIe au XVIe siècle: premiers regards sur des mondes nouveaux. Paris 1984.

(9) Wanderbüchlein des Johannes Butzbach, genannt Piemontanus. Aus dem Leben eines fahrenden Schülers. Ed. L. Hoffmann. Berlin 1984; Johann von Mandeville, Von seltsamen Ländern und wunderlichen Völkern. Ein Reisebuch von 1356. Ed. G. Grümmer. Leipzig 1986 (Reihe 'Klassisches Reisen'); Christoph Columbus, Schiffstagebuch. 4. Aufl. Leipzig 1986; Hans Dernschwam's Tagebuch einer Reise nach Konstantinopel und Kleinasien (1553/55). Ed. F. Babinger (Studien zur Fugger-Geschichte 7) München – Leipzig 1923 (Ndr. Berlin – München 1986); E. Funada, Ein mittelalterliches Reisetagebuch aus den Ostalpen. 1485, 1486, 1487 (japanisch). Tokyo 1987.

(10) Wir verwenden hier den Begriff "Feudalgesellschaft" zur Kennzeichnung des Zeitraums bis zum 18. Jahrhundert. Die Diskussion über diesen Begriff wird seit langem intensiv geführt. Zur Darstellung verschiedener Positionenen vgl. z. B. den Sammelband Feudalismus. Materialien zur Theorie und Geschichte, hg. v. Ludolf Kuchenbuch, Frankfurt/M. 1977. Alain Guerreau, Le feodalisme. Un horizon théorique, Paris 1980.

(11) Vgl. etwa J. C. Russel, British Medieval Population. Albuquerce 1948; J. Patten, English Towns 1500-1700 (Studies in Historical Geography) 1978.

(12) Vgl. im deutschsprachigen Raum vor allem die Arbeiten von H. Bräuer, R. Elkar, W. Reininghaus (s. deren Beiträge mit weiterführender Literatur) und K. Schulz, Handwerksgesellen und Lohnarbeiter. Untersuchungen zur oberrheinischen und oberdeutschen Stadtgeschichte vom 14.-17.Jahrhundert. Sigmaringen 1985; ders., Die Handwerksgesellen, in: Moraw, Unterwegssein 71-92. Vgl. bes. auch B. Geremek, Les migrations des compagnons au bas moyen âge. In: Studia historiae oeconomicae (Poznań 1970) 61-79 sowie verschiedene Beiträge in den Tagungsbänden Internationales handwerksgeschichtliches Symposium, Veszprém 20.-24.11.1978. Veszprém 1979 und Internationales handwerksgeschichtliches Symposium. Veszprém 21.8.-26.8.1982, 2 Bde. Veszprém 1983.

(13) Vgl. den Beitrag von G. Dohrn-van Rossum in diesem Band. Vgl. z. B. auch R. Sprandel, Die Ausbreitung des deutschen Handwerks im mittelalterlichen Frankreich. In: Vierteljahrschrift für Sozial- und Wirtschaftsgeschichte 51 (1964) 64-100; R. W. Lightbown, Secular Goldsmith's Work in Medieval France: a History (Reports of the Research Committee of the Society of Antiquaries of London XXXVI) London 1978, bes. 83-94. Vgl. auch den Beitrag von W. Reininghaus in diesem Band.

(14) Hier sind bereits frühe umfassende Darstellungen anzuführen. Vgl. z.B. W. Heyd, Geschichte des Levantehandels im Mittelalter, 2 Bde. Stuttgart 1879 (Ndr. Hildesheim – New York 1971); A. Schulte, Geschichte des mittelalterlichen Handels und Verkehrs zwischen Westdeutschland und Italien mit Ausschluß von Venedig, 2 Bde. Leipzig 1900; ders., Geschichte der Großen Ravensburger Handelsgesellschaft, 2 Bde. Stuttgart – Berlin 1923. Als vorbildhafte neuere Arbeit vgl. R. Delort, Le commerce des fourrures en Occident à la fin du Moyen Age (vers 1300 – vers 1450) 2 Bde. (Bibliothèque des Écoles françaises d'Athènes et de Rome 136) Rom 1978. Vgl. auch W. Schnyder, Handel und Verkehr über die Bündner Pässe im Mittelalter zwischen Deutschland, der Schweiz und Oberitalien, 2 Bde. Zürich 1973; W. Eikenberg, Das Handelshaus der Runtinger zu Regensburg. Ein Spiegel süddeutschen Rechts-, Handels- und Wirtschaftslebens im ausgehenden 14.Jahrhundert (Veröffentlichungen des Max-Planck-Instituts für Geschichte 43) Göttingen 1976; Beiträge in C. Meckseper (Hg.), Stadt im Wandel. Kunst und Kultur des Bürgertums in Norddeutschland 1150-1650, 3.Bd. (Landesausstellung Niedersachsen 1985) 221-440 (Wirtschaft).

(15) Vgl. den Beitrag von R. Ch. Schwinges in diesem Band und bes. ders., Universitätsbesucher im 14. und 15.Jahrhundert. Studien zur Sozialgeschichte des Alten Reiches (Veröffentlichungen des Instituts für Europäische Geschichte Mainz, Abteilung Universalgeschichte 123 = Beiträge zur Sozial- und Verfassungsgeschichte des Alten Reiches 6) Stuttgart 1986. Vgl. u.a. auch A. L. Gabriel, Les étudiants étrangers à l'Université de Paris au XVe siècle. In: Annales de l'Université de Paris 29 (1959) 377-400; G. Langer u.a. (Bearb.), Vom Einzugsbereich der Universität Wittenberg (Kartographische Darstellung und Ortsregister), 2 Teile (Arbeiten aus der Universitäts- und Landesbibliothek Sachsen-Anhalt in Halle an der Saale 7 und 13) Halle 1967 und 1973; W. Kuhn, Die Studenten der Universität Tübingen zwischen 1477 und 1534. Ihr Studium und ihre spätere Lebensstellung, 2 Teile (Göppinger Akademische Beiträge 37/38) Göppingen 1971; A. Luschin v. Ebengreuth, Österreicher an italienischen Universitäten zur Zeit der Rezeption des römischen Rechts. In: Blätter des Vereins für Landeskunde von Niederösterreich XIV (1880) 228-252, 401-420, XV (1881) 83-113, 250-264, 379-402, 417-428, XVI (1882) 54-72, 236-273, XVII (1883) 393-411, 490-516, XVIII (1884) 271-316, 431-446, XIX (1885) 503-558; W. Dotzauer, Deutsches Studium und deutsche Studenten an europäischen Hochschulen (Frankreich, Italien)

16

und die nachfolgende Tätigkeit in Stadt, Kirche und Territorium in Deutschland. In: E. Maschke – J. Sydow (Hgg.), Stadt und Universität im Mittelalter und in der früheren Neuzeit (Stadt in der Geschichte 3) Sigmaringen 1977, 112-141; verschiedene Beiträge in J. Ijsewijn – J. Paquet, The Universities in the Late Middle Ages (Mediaevalia Lovaniensia I/VI) Leuven 1978; F. Šmahel, L'Université de Prague de 1433 à 1622: recrutement géographique, carrières et mobilité sociale des étudants gradués. In: Les universités européennes du XVIe au XVIIIe siècles. Histoire sociale des populations étudants. Ed. D. Sulia, J. Revel, R. Chartier, Paris 1986, 65-88; G. Jaritz, Kleinstadt und Universitätsstudium. Untersuchungen am Beispiel Krems an der Donau (Von den Anfängen bis in das 17.Jahrhundert. In: Mitteilungen des Kremser Stadtarchivs 17/18 (1978) 105-167, 19 (1979) 1-26, 23/24/25 (1986) 153-178.

(16) Vgl. z.B. verschiedene Beiträge in Ijsewijn – Paquet, Universities.

(17) Vgl. den Beitrag von W. Schmid in diesem Band. Vgl. auch z.B. B. Geremek, L'exemplum et la circulation de la culture au Moyen Age. In: Mélanges de l'École française de Rome. Moyen Age, Temps Modernes 92/1 (1980) 153-179; V. Ritter, Kulturkontakte und soziales Lernen im Mittelalter. Kreuzzüge im Lichte einer mittelalterlichen Biographie (Kollektive Einstellungen und sozialer Wandel im Mittelalter I) Köln – Wien 1973; O. J. Geanakoplos, Interaction of the "Sibling" Byzantine and Western Culture in the Middle Ages and Italian Renaissance (300-1600). New Haven – London 1976; Venezia e Bisanzio (Ausstellungskatalog). Venezia 1974; A. Kirchhoff, Die Handschriftenhändler des Mittelalters. Osnabrück 1966 (Ndr. der 2. Ausg. 1853); H. Floerke, Studien zur Niederländischen Kunst- und Kulturgeschichte. Die Formen des Kunsthandels, das Atelier und die Sammler in den Niederlanden vom 15.-18.Jahrhundert. München – Leipzig 1905 (Ndr. Soest 1972); verschiedene Beiträge in J. Hubert, Arts et vie sociale de la fin du monde antique au Moyen Age (Mémoires et documents publiés par la société de l'école des Chartes XXIV) Genève 1977; J. Harvey, The Medieval Architect. London 1972, 151-165; verschiedene Beiträge in G. Verbeke – J. Ijsewijn, The Late Middle Ages and the Dawn of Humanism Outside Italy (Mediaevalia Lovaniensia I/I) Leuven – The Hague 1972; K. Vogel, Der Donauraum, die Wiege mathematischer Studien in Deutschland. München 1973; J. E. Murdoch, From Social into Intellectual Factors: an Aspect of the Unitary Character of Late Medieval Learning. In: ders. – E. D. Sylla (edd.), The Cultural Context of Medieval Learning (Boston Studies in the Philosophy of Science XXVI = Synthese Lybrary 76) Dordrecht – Boston 1975, 271-348.

(18) Vgl. z. B. G. Tröscher, Kunst und Künstlerwanderungen in Mitteleuropa 800-1800. Baden-Baden 1953; N. Rasmo, Michael Pacher. Eine Monographie. München 1969; H. R. Hahnloser, Villard de Honnecourt, 2. Aufl. Graz 1972, bes. 232-237.

(19) Vgl. z.B. G. Zimmermann, Ordensleben und Lebensstandard. Zur Cura corporis in den Ordensvorschriften des abendländischen Hochmittelalters (Beiträge zur Geschichte des Alten Mönchtums und des Benediktinerordens 32) Münster/W. 1973; L. K. Little, Religious Poverty and the Profit Economy in Medieval Europe. London 1978; J. B. Freed, The Friars and German Society in the Thirteenth Century (Mediaeval Academy of America Publication 86) Cambridge, Mass. 1977; D. Blume, Wandmalerei als Ordenspropaganda. Bildprogramme im Chorbereich franziskanischer Konvente Italiens bis zur Mitte des 14. Jahrhunderts (Heidelberger Kunstgeschichtliche Abhandlungen NF 117) Worms 1983; R. Stupperich, Die Reformation in Deutschland, München 1972, bes. 264-267; R. van Dülmen, Reformation als Revolution. Soziale Bewegung und religiöser Radikalismus in der deutschen Reformation. München 1977, passim. – Sehr konkret widmen sich manche Arbeiten zum klösterlichen Rotelwesen der Migration. Vgl z. B. F. Bünger, Admonter Totenroteln (1442/96) (Beiträge zur

Geschichte des Alten Mönchtums und des Benediktinerordens 19) Münster/W. 1935; J.-Cl. Kahn, Les Moines messagers. La religion, le pouvoir et la science saisis par les Rouleaux des Morts XIe-XIIe siècles. Paris 1987.

(20) Im Bereich der Pilger- und Wallfahrtsgeschichte ist in jüngerer Zeit ein umfangreicher Bestand von Neuerscheinungen zu verzeichnen. Diese zeigen einerseits fruchtbringende Neuansätze, andererseits den Versuch, die Problematik breiteren Kreisen einer interessierten Öffentlichkeit (vor allem im Zusammenhang mit Ausstellungen) näherzubringen. Vgl. bes. die Aufsätze von L. Schmugge (s. den Beitrag in diesem Band); R. C. Finucane, Miracles and Pilgrims. Popular Beliefs in Medieval England. London – Melbourne – Toronto 1977; J. van Herwaarden, Opgelegde Bedevaarten. Een studie over de praktijk van opleggen van bedevaarten (met name in de stedelijke rechtspraak) in de Nederlanden gedurende de late middeleeuwen (ca 1300 – ca 1500). Amsterdam 1978; ders. (Hg.), Pelgrims door de eeuwen heen. Santiago de Compostela. Utrecht 1985; R. Oursel, Pèlerins du Moyen Age. Paris 1978; P.-A. Sigal, L'homme et le miracle dans la France médiévale (XIe – XIIe siècle), Paris 1985; L. Kriss-Rettenbeck – G. Möhler, Wallfahrt kennt keine Grenzen (Ausstellungskatalog). München – Zürich 1984; Santiago de Compostela. 1000 ans de Pèlerinage Européen (Ausstellungskatalog). Ghent 1985; Salzburgs Wallfahrten in Kult und Brauch (Katalog XI. Sonderschau des Dommuseums zu Salzburg) Salzburg 1986.

(21) Vgl. N. Bulst, Zum Gegenstand und zur Methode von Prosopographie. In: Medieval Lives and the Historian, 1-16; G. Jaritz – A. Müller, Medieval Prosopography in Austrian Historical Research. In: Medieval Prosopography 7/1 (1986) 57-86.

(22) Vgl. verschiedene Beiträge in Medieval Lives; J. Heers, Le clan familial au Moyen Age. Paris 1974; R. C. Trexler, The Magi Enter Florence. The Ubriachi of Florence and Venice. In: Studies in Medieval and Renaissance History I (Old series XI). Vancouver 1978, 127-218.

(23) Dabei ist jedoch zu berücksichtigen, daß die soziale Stellung in der überwiegenden Anzahl vorliegender Arbeiten an vorrangiger Stelle steht. Die örtliche Herkunft der angesprochenen Person wird zweitrangig bzw. nur in Verbindung mit der sozialen Herkunft gestreift. Zu jener Gruppe von Untersuchungen vgl. die noch immer wegweisende Arbeit von K. Schreiner, Sozial- und standesgeschichtliche Untersuchungen zu den Benediktinerkonventen im östlichen Schwarzwald (Veröffentlichungen der Kommission für geschichtliche Landeskunde in Baden-Württemberg B 31) Stuttgart 1964. Vgl. den Beitrag von G. Jaritz in diesem Band und ders. – A. Müller, Medieval Prosopography 58-63. Zum weltlichen Bereich vgl. z.B. W. Höflechner, Die Gesandten der europäischen Mächte, vornehmlich des Kaisers und des Reiches (Archiv für österreichische Geschichte 129) Wien 1972.

(24) Vgl. z.B. W. Spiewok, Stoff und Motiv als stilprägende Faktoren hochmittelalterlicher deutscher Literatur. In: F. Möbius (Hg.), Stil und Gesellschaft. Dresden 1984, 86-105. S. Singer, Apollonius von Tyrus. Untersuchungen über das Fortleben des antiken Romans in späteren Zeiten. Halle 1895 (Ndr. Hildesheim New York 1964); J. Brumack, Die Darstellung des Orients in Wolframs 'Parzival' (Philologische Studien und Quellen 29) Berlin 1966; P. Kunitzsch, Die Arabica im 'Parzival' Wolframs von Eschenbach. In: Wolfram-Studien II (1973) 9-35. Der große Bereich der Toposforschung sowie die Sprachgeographie sind im weiteren Sinne ebenfalls in die Problematik miteinzubeziehen. Vgl. zur letzteren R. Schmidt-Wiegand, Studien zur historischen Rechtswortgeographie (Münstersche Mittelalter-Schriften 18) München 1978, bes. 9-75.

(25) Vgl. die Beiträge von H. Mandl-Neumann und R. Scribner in diesem Band. Vgl. auch H. Mandl-Neumann, Aspekte des Rechtsalltags im spätmittelalterlichen Krems.

In: Bericht über den sechzehnten österreichischen Historikertag in Krems/Donau (Veröffentlichungen des Verbandes Österreichischer Geschichtsvereine 25) Wien 1985, 314-317; G. Jaritz, Probleme um ein Diebsgeständnis des 15.Jahrhunderts. In: Jahrbuch des Musealvereins Wels 1977/78 (1978) 77-86; J. Chiffoleau, La violence au quotidien. Avignon au XIVe siècle d'après les registres de la Cour temporelle. In: Mélanges de l'école française de Rome. Moyen Age, Temps Modernes 92/2 (1980) 325-372; J. Buchanan Given, Society and Homicide: an Essay on Social Interaction in Thirteenth-Century England. Stanford 1975; P. J. Geary, Furta Sacra. Thefts of Relics in the Central Middle Ages. Princeton, N.J. 1978.

(26) In diesen Bereich fallen in weiterem Sinne auch die Geschichte der Verkehrswege und Verkehrsmittel. Vgl. z.B. A. Birk, Die Strasse. Ihre verkehrs- und bautechnische Entwicklung im Rahmen der Menschheitsgeschichte. Karlsbad 1934 (Ndr. Aalen 1971); J.-P. Leguay, La rue au Moyen Age. Rennes 1984; J. Chr. Ginzrot, Die Wagen und Fahrwerke der verschiedenen Völker des Mittelalters und der Kutschen-Bau neuester Zeiten nebst der Bespannung, Zäumung und Verzierung ihrer Zug-Reit und Last-Thiere, 2 Bde. München 1830 (Ndr. Hildesheim – New York 1979); W. Zimmermann, Nef der Cinque Ports. Das Normannenschiff des 13. Jahrhunderts. 2 Bde. München 1982; Chr. Villain-Gandossi, Le navire médiéval à travers les miniatures. Paris 1985; Federigo Melis, I Trasporti e le Communicazioni nel Medioevo (Istituto Internazionale di Storia economica "F. Datini" – Prato 6) Firenze 1985;

(27) Vgl. z.B. F. Piponnier, Costume et vie sociale. La cour d'Anjou XIVe-XV siècle (Civilisations et Sociétés 21) Paris – La Haye 1970, passim; J. Raby, Venice, Dürer and the Oriental Mode (The Hans Huth Memorial Studies I) London 1982. Einen besonderen Zwischenbereich stellen hierbei die Arbeiten zum Tuchhandel dar. Vgl. z.B. H. Ammann, Deutschland und die Tuchindustrie Nordwesteuropas im Mittelalter. In: C. Haase (Hg.), Die Stadt des Mittelalters 3: Wirtschaft und Gesellschaft (Wege der Forschung CCXLV) Darmstadt 1973, 55-136.

(28) Vgl. z.B. G. Wiegelmann, Alltags- und Festspeisen. Wandel und gegenwärtige Stellung (Atlas der deutschen Volkskunde NF, Beiheft 1). Marburg/Lahn 1967, passim.

(29) Vgl. z.B. D. Jacquart, Le milieu médical en France du XIIe au XIVe siècle (Hautes études médiévales et modernes 46) Genève – Paris 1981.

(30) Vgl. allg. M. Mollat du Jourdin, L'image de l'autre dans la mentalité occidentale à la fin du Moyen Age. In: Comité Internationale des Sciences Historiques, Rapports I: Grands thèmes, méthodologie, sections chronologiques (I). Stuttgart 1985, 95-106.

(31) Vgl. dazu auch Ch. Higounet, Mouvements de populations dans le Midi de la France du XIe auc XVe siècle d'après les noms de personne et de lieu. In: Paysages et villages neufs du moyen âge: Recueil d'articles. Bordeaux 1975, 417-437; R. Comba, Il problema della mobilità geografica delle popolazioni montane alla fine del Medioevo attraverso un sondaggio sulle Alpi Marittime. In: V. Fumagalli – G. Rossetti, Medioevo rurale. Sulle tracce della civiltà contadina. Bologna 1980, 299-318.

(32) Vgl. etwa H.-U. Wehler, Modernisierungstheorie und Geschichte. Göttingen 1975. S. auch St. Hochstadt, Migration in Preindustrial Germany, in: Central European History XVI (1983), 195-224, der sich 196 ff. kritisch gegenüber Modernisierungsansätzen im Zusammenhang mit Migrationsgeschichte äußert.

(33) Vgl. W. Th. M. Frijhoff, Cultuur, metaliteit: illusies van elites? Rotterdam 1984, 28: "Cultuur en mentaliteit: netwerken van relaties in beweging".

(34) G. B. Ladner, Homo Viator: Medieval Ideas on Alienation and Order. In: ders., Images and Ideas in the Middle Ages. Selected Studies in History and Art II (Storia e letteratura 156) Roma 1983, 937-974.

(35) Der vorgesehene und zugesagte Beitrag von Herwig Ebner (Graz) über "Obrig-keitliche Einflußnahme auf Migration vom Mittelalter bis um 1600" wird in Medium Aevum Quotidianum Newsletter no. 13 (1988) erscheinen.

(36) Ein diesbezüglicher Versuch wird seit einiger Zeit für den österreichischen Raum unternommen. Vgl. Jaritz – Müller, Historia vaga.

PARADIGMEN UND PARADIGMENWECHSEL IN DER SOZIALWISSENSCHAFTLICHEN WANDERUNGSFORSCHUNG
Versuch einer Skizze einer neuen Migrationstheorie

HANS-JOACHIM HOFFMANN-NOWOTNY

Vorbemerkung

Man übertreibt sicher nicht, wenn man behauptet, die Geschichte der Menschheit sei auch eine Geschichte der Wanderungen. Die in diesem Band versammelten Beiträge belegen dies ausdrücklich. Eine Vielzahl von historischen Ereignissen, für die der Niedergang des Römischen Reiches nur als ein besonders dramatisches Beispiel stehen mag, kann nicht ohne Rekurs auf vielfältige Wanderungsprozesse erklärt werden. Während das Thema "Wanderungen" in der Geschichtsschreibung eine bis in die Antike zurückreichende Tradition hat und insbesondere die "Völkerwanderung" auch Sujet historisierender Literatur war, ist die Soziologie der Migration ein neueres Phänomen. Auch wenn sie deshalb noch nicht zu den zentralen Forschungsgebieten des Faches gehört, so kann sie doch als etablierte Teildisziplin der Soziologie gelten und auf ebenso beachtliche empirische wie theoretische Arbeiten verweisen.

In diesen Ausführungen wird die empirische Dimension der Wanderungsforschung nur am Rande in Erscheinung treten. Das Ziel ist vielmehr eine Auseinandersetzung mit der theoretischen Tradition der Migrationssoziologie. Dabei werden vor allen Dingen die paradigmatischen Grundzüge der verwendeten theoretischen Ansätze herausgearbeitet. Dies soll schließlich in den Vorschlag eines neuen Wanderungsparadigmas münden.

1. ENTWICKLUNGEN UND ANSÄTZE IN DER SOZIOLOGIE DER MIGRATION

Wenn man der Entwicklung der soziologischen Auseinandersetzung im Bereich der Migration etwas klassifikatorische Gewalt antut, dann kann man zwei Stränge unterscheiden: einen Strang, der im wesentlichen in den USA geformt wurde und einen zweiten, der eine spezifisch europäische Prägung hat. Der wesentliche Unterschied zwischen beiden scheint mir der zu sein, daß die amerikanische Entwicklung – mit allen Einschränkungen, die hier zu machen sind – primär von der Praxis und den Problemen einer Einwanderungsgesellschaft geprägt ist, während die europäische mehr von theoretischen Überlegungen geleitet erscheint. Dies gilt – wie noch zu erläutern sein wird – auch für die jüngste Zeit, obwohl in dem Maße, in dem die hochentwickelten Länder Westeuropas selbst zu Einwanderungsgesellschaften wurden, auch hier die problemorientierte Auseinandersetzung massiv zugenommen hat.

Es ist vermutlich richtig, wenn Anthony Richmond (1985) die ersten Schritte auf dem Weg zu einer Soziologie der Migration als eigenständige Teildisziplin des Faches auf den Beginn dieses Jahrhunderts datiert und Chicago als ihren "Gründungsort" bezeichnet. Dem widerspricht nicht, daß Ravenstein schon 1885 "Laws of Migration" postulierte und auch die europäischen Klassiker der Soziologie Migration thematisiert haben. Man setzt deren Bemühungen jedoch nicht herab, wenn man zugesteht, daß eine eigentliche Soziologie der Migration sich erst aus den Arbeiten einer Gruppe von Forschern an der University of Chicago entwickelte, die später als die "Chicago School of Sociology" in die Geschichte der Soziologie eingehen sollte.

1.1. Die Begründung der Migrationssoziologie in den USA

Aus dem Anfangsstadium der amerikanischen Migrationssoziologie ist in erster Linie das epochale Werk von William I. Thomas (1863-1947) und Florian Znaniecki (1882-1958) über "The Polish Peasant in Europe and America" (1918) zu nennen, zusammen mit Arbeiten von Robert E. Park (1864-1944), Ernst W. Burgess (1886-1966), Louis Wirth (1897-1952), Franklin E. Frazier (1894-1962) u.a. (zur Geschichte der "Chicago School" vgl. Bulmer 1984). Ohne in nennenswerter Weise auf die europäische, allerdings nicht speziell im Zusammenhang mit dem Migrationsphänomen entwickelte, theoretische Tradition einzugehen, beschäftigte sich die "Chicago School" zwar auch mit den Determinanten der Migration, richtete ihr Augenmerk aber im wesentlichen auf deren in den USA unübersehbare Konsequenzen.

Auf der Grundlage der sozialdarwinistischen Theorie von Herbert Spencer (1820-1903), der seinerseits Migration mit "the restlessnes inherited from ancestral nomads" (1892, 1: 566) erklärt hatte, wurden vor allen Dingen die vielfältigen sich nach der Einwanderung stellenden Probleme untersucht. Die Grundannahme war, daß Einwanderer zunächst

22

in die unterste Schicht der Sozialstruktur eintreten und sich in der Folge aufgrund eines Selektionsprozesses eingliedern und sozial aufsteigen sowie schließlich kulturell im Sinne eines "melting pot" in der Einwanderungsgesellschaft aufgehen. Aufgrund neuer Erfahrungen wurde die Idee des "melting pot" nach dem Zweiten Weltkrieg in Frage gestellt (Gordon 1964, Taft 1966, Richardson 1967). Als angemesseneres Eingliederungsmodell wurde dem eben genannten das eines strukturellen und kulturellen Pluralismus gegenübergestellt. Ohne Zweifel können beide Modelle keine Ausschließlichkeit beanspruchen, sondern gelten unter je spezifischen Bedingungen.

Weitere Kritik am "Chicago-Model" wie generell an der "bürgerlichen" Migrationsforschung wurde von Autoren geübt, die einen neo-marxistischen Ansatz verfolgen (Castles und Kosak 1973, Portes 1981) und Migration primär unter dem Aspekt der industriellen "Reservearmee" analysieren. In jüngerer Zeit haben im angelsächsischen Raum für die Betrachtung der Wanderungsproblematik integrative Entwürfe an Bedeutung gewonnen, mittels derer versucht wird, der Komplexität des Geschehens in angemessenerer Weise Rechnung zu tragen, als dies auf einen Aspekt zentrierte Theorien tun konnten (Rex und Tomlinson 1979, Richmond und Verma 1978, Richmond und Zubrzycki 1984). Mit Bezug auf das Allgemeinheitsniveau kann man von diesen Arbeiten sagen, daß sie zwar Elemente allgemeiner soziologischer Theorien aufnehmen, im Prinzip aber als Theorien des Migrationsbereichs konzipiert sind, für den sie dann allerdings "Allgemeinheit" beanspruchen.

Von diesen Ansätzen läßt sich eine Reihe weiterer Bemühungen abheben, die schon in den zwanziger Jahren einsetzen (Fairchild 1925) und nach dem Zweiten Weltkrieg eine starke Ausweitung erfuhren. Bei diesem Zweig der Migrationsforschung, den ich an anderer Stelle ausführlich dargestellt habe (Hoffmann-Nowotny 1970: 44 ff.), handelt es sich vor allen Dingen um Versuche, Migration exakt zu definieren, Typologien von Wanderungen und Migranten zu entwickeln und Migrationsmodelle zu skizzieren, die zum Teil einen hohen Formalisierungsgrad aufweisen. Daneben sind auch Skizzen von Theorien und Wanderungsursachen zu verzeichnen, die allerdings nicht als ernstzunehmende Versuche, Migration im Rahmen einer umfassenderen (und auch soziologischen) Theorie darzustellen, bezeichnet werden können. Die meisten von ihnen lassen sich auf psychologische Entscheidungstheorien reduzieren, wobei im einen oder anderen Falle erwähnt wird, in Migrationsentscheidungen gingen soziale Faktoren ein, ohne daß in dieser Hinsicht aber Gemeinsamkeiten feststellbar wären. So hinterläßt dieses – und keineswegs Vollständigkeit beanspruchende – Bild der anglo-amerikanischen Entwicklung einen zwiespältigen Eindruck. Unübertroffen ist die amerikanische Migrationssoziologie im Reichtum der empirischen Auseinandersetzung mit ihrem Gegenstand. Auch wenn darüber die theoretische Diskussion keineswegs vernachlässigt wurde, so ist doch abschließend zu sagen, daß sie sich selten über den Bereich der "theories of the middle range" (wie Merton bereichsspezifische Theorien nennt) hinausbegeben hat.

1.2. Frühe Ansätze einer Migrationssoziologie in Europa

Im Gegensatz zu Nordamerika hat sich die Soziologie der Migration in Europa erst im letzten Jahrzehnt zunehmend als Spezialdisziplin formiert. Als institutionellen Indikator für diese Verspätung kann man etwa anführen, daß sich im Rahmen der Deutschen Gesellschaft für Soziologie erst 1984 eine Arbeitsgruppe konstituierte, die eine Anerkennung als offizielle Sektion der DGS anstrebt[1].

Fragt man weniger nach institutionalisierter Anerkennung als nach faktisch stattgefundener Beschäftigung mit der Migration, so kann man immerhin darauf verweisen, daß schon einige der europäischen Klassiker der Soziologie (Simmel, Tönnies, Max Weber und Durkheim seien im folgenden erwähnt) dieses Thema berührt haben, auch wenn bei ihnen weder die theoretische noch die empirische Analyse von Wanderungen einen zentralen Stellenwert hatte.

Bei Georg Simmel (1858-1918) finden sich einmal sehr subtile Bemerkungen über den "Fremden" (1908/1958: 509-512). Zum anderen geht er den Fragen nach, welche Formen der Vergesellschaftung sich bei einer wandernden Gruppe im Gegensatz zu einer räumlich fixierten ergeben und welche Bedeutung es hat, wenn aus einer seßhaften Gruppe einzelne wandern (497). Simmel betrachtet also weniger die Migration unter dem Aspekt ihrer Determinanten als vielmehr in ihrer Beziehung zu Vergesellschaftungsformen und geht auch nicht auf die schon zu seiner Zeit stattfindenden Massenwanderungen ein. Dies unternimmt hingegen, wenn auch ebenfalls nur kursorisch, Ferdinand Tönnies (1855-1936). Er

---

[1] Amerikanische Soziologen hatten dagegen schon Anfang der sechziger Jahre begonnen, die Soziologie der Migration auch auf internationaler Ebene zu etablieren. Diese Bemühungen führten 1970 zur Einrichtung eines Research Committee on Migration im Rahmen der International Sociological Association (President: 1970-1978: Anthony Richmond, York University, Toronto; 1978-1986: H.J. Hoffmann-Nowotny, Universität Zürich).

unterscheidet (1926: 1-18) zwischen "Reisen" und "Wandern", wobei das eine mit temporärer, das andere mit dauernder "Umsiedlung" verbunden ist. Weiter scheidet er die "Nahwanderung" von der "Fernwanderung" und diskutiert sozio-demographische Merkmale wie auch moralische Qualitäten von Wanderern. Im einzelnen geht Tönnies auf die Wanderungen der Polen vom Osten in den Westen des Deutschen Reiches sowie auf die Überseewanderung ein. Eine eigentlich theoretische Auseinandersetzung mit der Migration findet jedoch nicht statt, auch wenn er etwa darauf hinweist, daß Fernwanderungen "vorzugsweise von Gebieten tieferer in Gebiete höherer ökonomischer Kultur" (1926: 3) stattfinden und auch einige mit der Migration verbundene empirische Regularitäten erwähnt.

Ohne daß Tönnies dies selbst formuliert, lassen sich diese Regularitäten zum Teil dahingehend theoretisch deuten, daß Wanderungen im Zusammenhang mit sozialen Bindungen und sozialer Kontrolle zu sehen sind, ein Sachverhalt, auf den später noch näher eingegangen werden soll.

Bei Max Weber (1864-1920), dem scharfsinnigen Theoretiker der Entstehung der modernen Gesellschaft aus dem Geiste der protestantischen Ethik, findet sich erstaunlicherweise ebenfalls keine systematische Auseinandersetzung mit Migrationsphänomenen. Er erwähnt "Wanderarbeiter" und nennt als Beispiel dafür die "Sachsengänger" (1964: 106) oder weist in seinem Aufsatz über "Die sozialen Gründe des Untergangs der antiken Kultur" von 1896 (1956: 1-2) auf die "Stadtflucht" als eine der Untergangsursachen hin. Dieser Hinweis ist zumindest insofern interessant, als er zeigt, daß es zu der in jüngster Zeit dominierenden Land-Stadt-Wanderung schon in historischer Zeit Gegenbewegungen gegeben hat. Eine solche Bewegung kann auch heute im Bevölkerungsverlust vieler Großstädte zugunsten ihres Umlandes und von kleineren Städten registriert werden.

Wenn auch ebenfalls nur als Marginalie, so aber doch im Rahmen einer umfassenden soziologischen Theorie, findet sich eine Erwähnung der Wanderungen bei Emile Durkheim (1858 - 1917). Bekanntlich hat er den Übergang von der vorindustriellen zur industriellen Gesellschaft soziologisch als Ablösung einer durch "mechanische Solidarität oder Solidarität der Ähnlichkeiten" gekennzeichneten Gesellschaft durch einen Sozialtypus beschrieben, dessen Solidarität von der Arbeitsteilung abhängig ist und "organische Solidarität" genannt wird (1893, 1977: 2. u. 3. Kapitel). Der letztgenannte Gesellschaftstyp ist - wie Durkheim nachweist und begründet - durch eine Abnahme der individuellen und sozialen Bindungen sowie durch eine Schwächung der sozialen Kontrolle gekennzeichnet. In dem Maße, in dem das auf "organischer Solidarität" beruhende Sozialsystem sich ausbreitet, "umschließt (die Gesellschaft) das Individuum weniger eng und kann folglich weniger gut die auseinanderstrebenden Tendenzen bändigen, die nun auftauchen" (1977: 338/339). Nach Durkheims Meinung verstärken Wanderungen wiederum den Prozeß der "Schwächung aller Traditionen" (1977: 334), und zwar einmal, weil die von ihm beobachteten Wanderungen vor allen Dingen in die Städte führen, in denen "der Mensch viel weniger dem Kollektivjoch unterworfen" (1977: 339) ist, und zum anderen, weil durch Wanderungen die Stränge der Übermittlung von Traditionen geschwächt oder zerschnitten werden.

Auch wenn – wie gezeigt wurde – die erwähnten Klassiker das Phänomen der Migration nicht sehr eingehend behandelt haben, so muß es doch verwundern, daß sie bei den führenden Migrationstheoretikern der letzten 50 bis 60 Jahre praktisch keine Erwähnung finden. Dies ist umso bemerkenswerter, als Durkheim, Weber und Tönnies umfassende gesamtgesellschaftliche Theorieentwürfe vorgelegt haben und auch die eher essayhafte Soziologie Simmels eine Reihe von Ansatzpunkten für soziologisches Theoretisieren auch im Bereich der Migration enthält. Auch der Autor dieses Beitrages muß bekennen, daß er bei seinen Versuchen (Hoffmann-Nowotny 1970, 1973, 1981, 1985), eine allgemeine soziologische Theorie zu entwickeln und damit sowohl die Determinanten als auch die Konsequenzen der Migration zu bestimmen, das theoretische Potential der Klassiker nur unzureichend genutzt hat, ein Sachverhalt, der erst in jüngster Zeit korrigiert wird.

1.3. Neuere theoretische Ansätze im deutschsprachigen Raum

Seit Ende der sechziger Jahre ist insbesondere im deutschen Sprachraum ein verstärktes Bemühen zu verzeichnen, als allgemein konzipierte theoretische Ansätze auf das Phänomen der Migration anzuwenden. Dabei handelt es sich entweder um Rekonstruktionen, Adaptionen und Weiterentwicklungen vorhandener Theorien oder auch um weitgehende Neuschöpfungen, die selbstverständlich ihre Verbindung zur sozialwissenschaftlichen Tradition nicht leugnen. Die wichtigsten dieser Theorien seien im folgenden – notwendigerweise verkürzt und deshalb vereinfacht – dargestellt.

Werner Langenheder unternimmt den Versuch, die Feldtheorie des Sozialpsychologen Kurt Lewin (1890 – 1974) als allgemeine Verhaltenstheorie zu rekonstruieren und in der Anwendung auf Wanderungen und ihre Determinanten empirisch zu prüfen. Grundtheorem dieser Theorie ist, daß

26

das Verhalten einer Person durch die "Kräfte" bestimmt wird, die innerhalb des "Lebensraumes" auf die Person wirken. Der Lebensraum besteht zunächst aus der gegenwärtigen Handlungssituation, die definiert ist als "die Art und Weise, wie die Person zu einer gegebenen Zeit sich und ihre Umwelt in vergangenen und zukünftigen Situationen sieht" (Langenheder 1968: 77). Handlungen gegenüber kann man positiv, gleichgültig oder negativ eingestellt sein. Der Grad der Erwünschtheit oder Unerwünschtheit einer Handlungssituation wird als deren Valenz bezeichnet Bei positiver bzw. negativer Valenz von Handlungssituationen ergeben sich Kräfte, die die Wahrscheinlichkeit des Eintretens der Situationen erhöhen bzw. vermindern (79-80). Handlungssituationen haben schließlich noch eine unterschiedlich hohe relative Potenz (die eine Funktion des Bewußtseinsgrades und der Bedeutung ist, die eine Person der entsprechenden Handlungssituation beimißt) sowie eine jeweils bestimmte subjektive Wahrscheinlichkeit (78-79). Die Wahrscheinlichkeit, daß Wandern – als eine mögliche Handlung – stattfindet, ist dann eine komplexe Funktion der Valenzen, der relativen Potenzen und der subjektiven Wahrscheinlichkeiten der verschiedenen gegeneinander abzuwägenden realen und hypothetischen Handlungssituationen. Auf einen Satz gebracht, kann man sagen, daß eine Person umso eher wandert, je mehr sie erwartet, durch diese Handlung einen positiv bewerteten Lebensraum zu gewinnen. Albrecht kritisiert diese Theorie wohl zutreffend, wenn er bemerkt, sie habe "nicht viel mehr anzubieten als die Trivialität, daß der Mensch bestimmte Situationen anderen Situationen vorzieht" (Albrecht 1972: 147).

Eine ebenfalls primär psychologische allgemeine Theorie, in der Wandern als ein Spezialfall menschlichen Handelns erscheint, legt Monika Vanberg (Kottwitz/Vanberg 1971/72) vor. Sie kann als ein Musterbeispiel einer nach strengen Regeln der Deduktionslogik aufgebauten Theorie bezeichnet werden.

Das Schaubild (94) (vgl. S. 39) stellt eine von der Autorin skizzierte modellhafte Zusammenfassung einer großen Zahl von präzise formulierten und empirisch gehaltvollen Hypothesen dar. Ausgangspunkt ist die Annahme, daß jedes Individuum den Wunsch hat, seine Situation so zu gestalten, daß eine Übereinstimmung zwischen den in seiner Situation gegebenen Belohnungen und den von ihm erwarteten Belohnungen besteht (62). Mangelnde Übereinstimmung bedeutet eine Deprivation, die Handlungen in Gang setzt, die auf die Herstellung der Übereinstimmung von gegebenen und erwarteten Belohnungen zielt. In Anwendung der allgemeinen Hypothesen auf Wandern als Handlungsmöglichkeit wird dieses umso wahrscheinlicher als Mittel zur Reduktion einer Deprivation gewählt, je

27

stärker die Deprivation mit örtlichen Faktoren zusammenhängt. Weiter ist diese Wahrscheinlichkeit abhängig von der Häufigkeit von Wanderungen in der persönlichen Vergangenheit und der sozialen Umwelt des Individuums, vom Erfolg, den Wanderungen gezeitigt haben, von der Wertschätzung, die Wanderung durch die Bezugspersonen des Individuums erfährt, sowie der Wertschätzung, die die Informationsquelle genießt, die Wandern als Handlungsmöglichkeit aufzeigt (87). Ob dieses Mittel dann auch tatsächlich gewählt wird, hängt zusätzlich vom Ausgang einer Einschätzung vom Erfolg und Kosten des Mittels "Wandern" im Vergleich mit anderen Mitteln ab. Auch hierzu formuliert Vanberg wiederum operationale Kriterien. Vanbergs Ansatz teilt mit dem Langenheders und wohl allen allgemeinen psychologischen Theorien das Schicksal, daß die Axiome trivial erscheinen. Dies allein kann aber kein Kritikpunkt sein. Entscheidend ist vielmehr, was aus diesen Axiomen in Verbindung mit anderen Annahmen abgeleitet und schließlich in mehr oder weniger operationaler Fassung dargestellt werden kann. Vanbergs Arbeit leistet dies – im Gegensatz etwa zu Langenheders Versuch – in vorzüglicher Weise.

In seiner durch einen bemerkenswerten Materialreichtum und große Integrationsfähigkeit gekennzeichneten "Soziologie der geographischen Mobilität" (1972) entwickelt Günter Albrecht eine Skizze eines soziologischen Bezugsrahmens zur Migrationsanalyse. Den Versuch, eine allgemeine Theorie zu entwickeln, versagt sich Albrecht allerdings, wohl verzagend angesichts der überwältigenden Vielfalt und Komplexität des Wanderungsgeschehens, wie es in seiner hinsichtlich des Umfangs der verwendeten Literatur kaum noch zu überbietenden Arbeit zum Ausdruck kommt.

In seiner Theorieskizze verknüpft Albrecht sozialökologische Überlegungen mit dem strukturell-funktionalen Ansatz von Parsons und Elementen des Lebenszykluskonzeptes. Wanderungen erscheinen dann als eine Weise der Auseinandersetzung mit Problemen der natürlichen und sozialen Umwelt, als ein Problemlösungsverhalten. Die Strukturierung der Probleme ist durch Parsons "funktionale Imperative" gegeben (Anpassung, Zielverwirklichung, Integration sowie Mustererhaltung und Bewältigung struktureller Spannungen). Je nach Phase im Lebenszyklus ergeben sich jeweils unterschiedliche Gewichte und Kombinationen der "Hauptprobleme", die Migration mehr oder weniger wahrscheinlich machen.

Den – wie Albrecht bemerkt – "ersten wirklich brauchbaren, exakt durchformulierten makro-soziologischen Theorieversuch der Migrationsforschung" (Albrecht 1972: 153) legte Hoffmann-Nowotny (1970) vor. Die verwendete allgemeine soziologische Theorie geht von "Macht" und "Prestige" (denen auf einem höheren Abstraktionsniveau "Struktur" und

"Kultur" entsprechen) als zentralen sozietalen Dimensionen aus. Von diesen als Statuslinien operationalisierbaren Dimensionen wird angenommen, daß sie wechselseitig voneinander abhängig sind. Macht und Prestige sind ferner differentiell verteilt, differentiell zugänglich und folglich tendenziell ungleich verteilt. Die tendenziell ungleiche Verteilung führt zu "strukturellen Spannungen", die operational als Rangspannungen, Ungleichgewichtsspannungen und Unvollständigkeitsspannungen gefaßt werden. Diese Spannungen tendieren zu einem Ausgleich, wobei aber vermutet wird, daß ein völliger und stabiler Ausgleich kaum je erreicht wird. Von den strukturellen Spannungen wird weiter angenommen, daß sie zu "anomischen Spannungen" führen, wenn ein unmittelbarer Ausgleich von Macht und Prestige nicht möglich erscheint. Eine der verschiedenen und in diesem Zusammenhang wichtigen Möglichkeiten des Spannungsausgleichs besteht im Ausscheiden einer Einheit aus dem System, in dem sie Spannungen erfährt. Dieses Ausscheiden kann ein Rückzug sein ("innere Emigration") oder eine Wanderung in ein anderes System, dessen Spannungen geringer sind (geographische Mobilität). Andere Alternativen sind soziale Mobilität, Änderung der Bewertungsgrundlage, Aufgabe von Positionen und Gewichtsverlagerungen von tiefen auf hohe Positionen. Die Theorie spezifiziert die Bedingungen. unter denen diese logischen Möglichkeiten empirisch wahrscheinlich werden (vgl. Hoffmann-Nowotny 1970: 37 ff.), erlaubt damit also Prognosen. Schließlich kann die anomische Spannung von der Ebene der individuellen Einheit auf die sozietale Ebene transferiert und dort entweder effektiver gemacht oder auch vernichtet werden. Bei intersystemischer Betrachtung erscheinen Wanderungen als ein Spannungstransfer vom Emigrations- in den Immigrationskontext, so daß die Theorie auch für die Erklärung der Konsequenzen der Migration (Hoffmann-Nowotny 1973) eingesetzt werden kann.

Diese Theorie versteht sich zwar als makrosoziologisch, postuliert jedoch, daß ihre Konzepte und Gesetzmäßigkeiten auf allen Niveaus sozietaler Systeme, d.h. auch auf der individuellen Ebene, gelten und beansprucht damit auch, individuelles Wanderungsverhalten prognostizieren zu können. Da sie jedoch nicht die Existenz differentieller Prädispositionen und kognitiver Prozesse leugnet, wird sie für die Verbesserung der Präzision ihrer Prognosen auf individuellem Niveau nicht auf mikrosoziologische oder psychologische Theorien verzichten wollen.

Der jüngste Versuch, eine allgemeine Theorie zu entwickeln und für eine soziologische Migrationsanalyse zu nutzen, stammt von Hartmut Esser (1980, 1985), der mit mir den Standpunkt teilt, daß Wanderungen nur auf der Grundlage einer Theorie behandelt werden sollten, die prinzipiell in der Lage ist, beliebige soziale Vorgänge und Sachverhalte zu erklären (1980: 13). Diese Leistung erwartet Esser von einer als soziologisch verstandenen Theorie, die dem Programm des "Methodologischen Individualismus" verpflichtet ist. Dieser geht erstens davon aus, es sei möglich und notwendig, soziale Phänomene aller Art durch Bezugnahme auf individuelles Verhalten präziser zu formulieren und genauer zu erklären als mittels "kollektiver" Erklärungen (1980: 15). Das heißt zweitens, daß konzeptuelle und theoretische Konstruktionen, die auf Kollektivphänomene Bezug nehmen, reduktionistisch aufgelöst werden können. Die Individualismus/Kollektivismus-Debatte kann hier nicht fortgesetzt werden. Esser ist aber zugute zu halten, daß er einen radikalen Psychologismus vermeidet. Seine Version des individualistischen Programms ignoriert zumindest nicht "das Problem der Existenz und der Wirksamkeit von Makrostrukturen und Relationsgebilden" (1980: 16); er meint aber, diese könnten ohne Bezug auf Emergenzannahmen individualistisch erklärt werden. Im Gegensatz zu anderen Vertretern des Methodologischen Individualismus (K.-D. Opp 1972, 1983) wählt Esser keinen behavioristischen, sondern einen handlungstheoretischen Ansatz, der Handeln aus mentalen Zuständen erklärt.

Eine von Esser für assimilative Handlungen formulierte und von mir für Wanderungsverhalten "übersetzte" Hypothese könnte wie folgt lauten: Je intensiver die Motive einer Person in bezug auf eine bestimmte Zielsituation; je stärker die subjektiven Erwartungen dieser Person, daß diese Zielsituation durch Wandern erreichbar ist; je höher die Handlungsattribuierung für Wandern ist; und je geringer der Widerstand für Wandern ist, umso eher führt die Person Wanderungshandeln aus. "Gesellschaft" fließt in dieses individualistische Handlungsmodell insofern ein, als sie einmal auf die mentalen Zustände des Handelnden einwirkt und zum anderen in Form von Opportunitäten, Barrieren und Alternativen sichtbar wird. Den Vorwurf gegen den Methodologischen Individualismus, "Strukturen" immer schon voraussetzen zu müssen, aber nicht erklären zu können, meint Esser ausräumen zu können. Dies kommt dann auch darin zum Ausdruck, daß er in jüngster Zeit (Esser 1985) von einem "Strukturtheoretischen" Individualismus spricht.

Im folgenden sollen nun einige Überlegungen zu den paradigmatischen Grundannahmen von Migrationstheorien angestellt werden, was schließlich zu dem Versuch überleitet, eine neue soziologische Theorie der Migration zu entwickeln.

2. Paradigmatische Aspekte von Wanderungstheorien

Wenn man von paradigmatischen Grundstrukturen von Migrationstheorien bzw. auf Migration angewandten allgemeinen Theorien sprechen will, so wäre zunächst nach dem von Thomas Kuhn (1962, 1978) ins Spiel gebrachten, wenn auch nicht unbedingt geklärten, Paradigmenbegriff zu fragen. Ich muß mir dies an dieser Stelle versagen, sondern möchte nur festhalten, daß mit diesem Konzept hier auf die Grundannahmen, die Grundstrukturen eines theoretischen Zugangs zur Realität gezielt ist, d.h. vergleichsweise fundamentale Unterschiede darin gemeint sind. Mit Bezug auf die im vorhergehenden diskutierten Theorien könnte man solche Unterschiede zwischen mikrosoziologisch-psychologischen Theorien auf der einen und makrosoziologischen Theorien auf der anderen Seite annehmen. Ohne schon von einem Paradigmenwechsel in der Soziologie sprechen zu wollen, läßt sich doch feststellen, daß in jüngster Zeit individualistische Erklärungsansätze verschiedener Provenienz (Verhaltenstheorie, Handlungstheorie, Entscheidungstheorie, interpretatives Paradigma) an Gewicht und Resonanz zugenommen haben. Entgegen der Meinung der Vertreter individualistischer Ansätze (die weitestgehend für ihre Theorien Ausschließlichkeit beanspruchen), kann man aber auch die Ansicht vertreten, es sei lediglich die Ebene der Betrachtung gewechselt worden: weg von der Ebene der Gesamtgesellschaft als dem zentralen Untersuchungsgegenstand und hin zur Ebene handelnder und entscheidender Individuen. Wenn man mit den Verfechtern makrosoziologischer Theorien, die mir in ihrer Sicht mikrosoziologischer Ansätze weniger dogmatisch zu sein scheinen, als dies in umgekehrter Richtung der Fall ist, Gesellschaft als Untersuchungsobjekt sui generis ansieht, dann schließt das nicht aus, mikro- und makrosoziologische Theorien als zueinander komplementär anzusehen. Aus einer solchen Perspektive hätte man es dann also nicht mit zwei sich gegenseitig ausschließenden, sondern sich ergänzenden Perspektiven zu tun. Ich will keinen Hehl daraus machen, daß ich eher dieser Ansicht zuneige.

Eine, wie mir scheint, fundamentalere Sicht hat Daniel Kubat in einen von ihm und mir gemeinsam verfaßten Artikel eingebracht (Kubat/ Hoffmann-Nowotny 1981). Danach liegt eigentlich allen zur Erklärung der Migration verwendeten Theorien, und zwar unterschiedslos, die Annahme zugrunde, der Mensch sei ein prinzipiell seßhaftes Wesen. Es ist dann gleich, ob es nun "Feldkräfte", "Deprivationen", "Motive" und "Erwartungen", "strukturelle Spannungen" oder die Auseinandersetzung mit "Systemproblemen" sind, die als Wanderungsdeterminanten angesehen

31

werden: in allen Fällen wird ein prinzipiell seßhaftes Wesen zum Wandern, zu geographischer Mobilität veranlaßt. Man kann diskutieren, ob man von einer Zugehörigkeit zur gleichen paradigmatischen Grundkategorie sprechen will, wenn alle Theorien den Ortswechsel prinzipiell seßhafter Wesen erklären wollen. Sicher ist aber, daß sie damit eine elementare Gemeinsamkeit aufweisen. Wir haben dafür den Begriff des "Metaparadigmas" gewählt und damit die Möglichkeit offengelassen, unterschiedliche Erklärungsansätze der Migration – wie z.B. die makro- und die mikrosoziologischen – als je eigenständige Paradigmen zu bezeichnen.

In dem genannten Beitrag haben Kubat und Hoffmann-Nowotny das Metaparadigma der Seßhaftigkeit in Frage gestellt: "In inverting the classical migration metaparadigm we assume that man is mobile by nature" (312). Zusätzlich haben wir das den Entscheidungstheorien zugrunde liegende Rationalitätsmodell bestritten und statt dessen "indeterminate human motivation" postuliert.

Koautorschaften erfordern bekanntlich Kompromisse, und ich glaube kaum, daß ich die soziobiologische Verankerung der vorgeschlagenen metaparadigmatischen Wendung alleine verantwortet hätte, obwohl man diese Begründung ohne Zweifel vertreten kann (Kubat/Hoffmann-Nowotny 1981: 320 ff.).

Wenn man schon dazu Stellung nehmen will, so möchte ich eher eine dritte Version vorschlagen, die den Menschen weder als prinzipiell seßhaft noch als prinzipiell mobil ansieht, sondern ihn – vielleicht in Anlehnung an die an Max Scheler anschließende soziologische Anthropologie Arnold Gehlens (Gehlen 1957) – als "umweltoffen" und als soziales Wesen ansieht, dessen soziologisch bedeutsame "Natur" sich im wesentlichen aus Kultur und Struktur seiner Gesellschaft ergibt. Historisch gesehen besteht allerdings anscheinend kein Zweifel daran, daß der Mensch während der weitaus längsten Zeit seiner Geschichte ein Wanderer war und erst mit der neolithischen Revolution und den frühen Hochkulturen mehr oder weniger seßhaft wurde.

Die auf die "Natur" des Menschen zielenden Fragen soziobiologischer, anthropologischer oder auch ethnologischer Art sind ohne Zweifel interessant und des Studiums wert. Eine soziologische Analyse muß aber auf dessen Resultate nicht warten, sondern sollte sich auf die der Soziologie eigenen Bereiche und Probleme konzentrieren (ohne selbstverständlich Erkenntnisse von Nachbarwissenschaften zu vernachlässigen oder gar zu negieren). Dann ist weniger die Frage zu diskutieren, ob der Mensch ein prinzipiell seßhaftes oder mobiles Wesen ist, sondern wann und unter welchen Umständen Gesellschaften seßhaft oder mobil sind, bzw. Seßhaftigkeit

32

oder Mobilität ihrer Mitglieder gegeben ist.

Ich kann hier nicht darauf eingehen, welches im einzelnen die Voraussetzungen des "Seßhaftwerdens" von Gesellschaften waren. Daß im Verlaufe eines historischen Entwicklungsprozesses heute aber praktisch alle Gesellschaften im Nationalstaat, dessen Grenzen festgeschrieben und völkerrechtlich garantiert sind und im Prinzip als unverletzlich gelten, ein universelles territoriales Organisationsstatut gefunden haben, ist eine Tatsache. Wir können deshalb mit Recht von einer Welt von "seßhaften" Gesellschaften sprechen.

3. Skizze eines neuen Wanderungsparadigmas

Wenn Gesellschaften sich innerhalb bestimmter Grenzen etabliert haben oder sich – wo dieser Prozeß noch nicht abgeschlossen ist – dauerhaft zu etablieren trachten, sind sie für ihre Fortexistenz auf arbeitsteilig erbrachte und auf Dauer gestellte Leistungen angewiesen. Bei diesem Stand der Dinge ist eine unkontrollierte geographische Mobilität im hohem Maße dysfunktional, und zwar nicht nur gesamtgesellschaftlich gesehen, sondern auch für den einzelnen, der letztlich ebenfalls auf eine auf Dauer angelegte Gesellschaft angewiesen ist, die allerdings nicht seine Ursprungsgesellschaft sein muß. Der einzelne hat also ohne Zweifel größere Mobilitätschancen als eine Gesellschaft. Das "auf Dauer Stellen" erzielen Gesellschaften bekanntlich durch Normierung und Institutionalisierung, d.h. durch ein kulturelles Symbolsystem, dem eine damit interdependent verbundene Struktur der Gesellschaft entspricht, in denen Individuen Kategorien von Positionen einnehmen. Die Institutionen sind die eigentlichen Garanten der Existenz von Sozietäten, weil sie diese u.a. gegen einen nicht zu massiven Wechsel von Positionsinhabern immunisieren. Dies können sie aber nur solange, wie freiwerdende Positionen – was immer der Grund dafür ist – wieder angemessen besetzt werden. Die drastischen Maßnahmen, mit denen etwa die DDR – um ein naheliegendes Beispiel zu nehmen – dem Abfluß ihrer Bevölkerung Einhalt gebot, zeigen deutlich, was geschehen kann, wenn einer Gesellschaft – oder sagen wir hier besser: der regierenden Klasse – die Kontrolle über die Seßhaftigkeit verloren zu gehen droht.

Die andere Seite der Medaille zeigt sich in den ebenfalls recht drakonischen Maßnahmen, die die EG-Staaten und andere europäische Länder seit Beginn der siebziger Jahre ergriffen haben, um die Einwanderung zum Stillstand zu bringen oder sogar wieder rückgängig zu machen

(Rückkehrprämien für Ausländer in Frankreich und Deutschland). Diese Tendenz hat sich in jüngster Zeit angesichts des Zustroms von Asylbewerbern und illegaler Einwanderung noch verstärkt.

Der anhaltende Einwanderungsdruck, unter dem heute viele Gesellschaften nicht nur in Westeuropa stehen, zeigt auf der anderen Seite, daß in großen Teilen der Welt Gesellschaften bereit sind, ihre Mitglieder aus der Kontrolle der Seßhaftigkeit zu entlassen, bzw. selbst dann, wenn sie eine solche Kontrolle – zumindest selektiver Art – aufrechterhalten möchten, dazu nicht mehr in der Lage sind.

Normierung und Institutionalisierung haben aber nicht nur eine Stabilisierungsfunktion, sondern sind auch immer unter dem Aspekt der Selektion von Strukturierungs- und Handlungsmöglichkeiten zu sehen. Aus deren im Prinzip unendlicher Vielzahl wird eine vergleichsweise geringe Zahl ausgewählt und als gewünscht und geboten deklariert, während viele andere ausgeschlossen werden. Dies ist u.a. ein wichtiges Element in Luhmanns Systemtheorie (Luhmann 1984), in der "System" mit der Aufrechterhaltung einer Selektionsleistung gleichgesetzt wird. Migration erscheint dann als eine der Handlungsmöglichkeiten, die ausgeschlossen oder in mehr oder weniger großem Umfang und kategorial differenziert zugelassen sein können. Eine solche soziologische Sicht der Dinge erscheint mir in diesem Zusammenhang insbesondere deshalb wichtig, weil damit die Frage nach der "Natur" des Menschen, ob er ein prinzipiell seßhaftes oder mobiles Wesen ist, für die Migrationstheorie an Brisanz verliert.

Das von Kubat und Hoffmann-Nowotny dazu Gesagte bleibt aber insofern von Bedeutung, als die Migrationstheoretiker, die – ausgesprochen oder unausgesprochen – eine seßhafte Natur des Menschen unterstellen, aufgefordert sind, die Konsequenzen dieser Annahme zu überdenken.

Ich möchte aber noch einmal betonen, daß die systemtheoretische Perspektive die Betrachtung von Wanderungen als Ergebnis individueller Entscheidungen nicht obsolet macht, wobei an den Extrempunkten eines gesellschaftlich definierten Entscheidungskontinuums ein Individuum sich für die Migration als eine von vielen Optionen entscheiden kann bzw. Wandern – z.B. im Falle der Vertreibung oder des drohenden Genocids – als einzige Handlungsmöglichkeit bleibt. Soziologen sind aber wohl beraten, wenn sie sich primär mit den kulturellen und strukturellen Gegebenheiten auseinandersetzen, die Migration mehr oder weniger wahrscheinlich machen.

Dafür möchte ich abschließend eine neues Paradigma entwickeln, das auf der Theorie struktureller und anomischer Spannungen aufbaut und sie um Aspekte klassischer Ansätze ergänzt, von denen im Abschnitt 1.2. die

Rede war, zu denen in diesem Zusammenhang aber auch die Gesellschaftsperspektiven von Hobbes, Freud, Norbert Elias und Luhmann gehören.

Die systemtheoretische Ausrichtung der Theorie struktureller und anomischer Spannungen legt es nahe, letztlich eine Analyse der Weltgesellschaft in ihren Teilen und als Ganzes ins Auge zu fassen. Eine Migrationsanalyse wird deshalb nicht nur auf die Spannungen in einzelnen Gesellschaften abstellen, sondern diese wiederum als miteinander verbundene Teilsysteme des Weltsystems ansehen. Migration ist folglich nicht in erster Linie abhängig von den Spannungen in einer Gesellschaft, sondern von der Verteilung der Spannungen im Gesamtsystem. Erst deren ungleiche Verteilung ist der Motor des Wanderungsgeschehens. Deshalb könnte – um ein schon zitiertes Beispiel noch einmal aufzugreifen – die DDR eine freie Ausreise in die UdSSR ohne das Risiko eines nennenswerten Bevölkerungsverlustes gestatten, was aber nur schon in umgekehrter Richtung eher nicht zu empfehlen wäre.

Die im vorhergehenden skizzierten systemtheoretischen Aspekte (System als Selektionsleistung, die in dynamischer Perspektive ebenfalls auf Dauer gestellt ist und damit soziokulturellen Wandel impliziert) sind nun um kontrolltheoretische Momente zu ergänzen. Das heißt, daß Gesellschaften nicht nur Handlungsmöglichkeiten selegieren, sondern auch kontrollieren und sicherstellen müssen, daß nicht selegierte Handlungsvarianten ausgeschlossen bleiben.

Vor diesem Hintergrund bedeuten die aus strukturellen Spannungen sich ergebenden anomischen Spannungen eine Lockerung der Kontrollmechanismen für Handlungsmöglichkeiten, zu denen dann auch die Migration gehört. Die Kontrollmechanismen hat man sich nun nicht nur als Kontrollinstrumente des Staates über seine Bürger vorzustellen, obwohl diesen sicher in modernen Gesellschaften ein großes Gewicht zukommt. Sie erstrecken sich vielmehr auf alle Ebenen unserer gesellschaftlich institutionalisierten Existenz. Man darf aber annehmen, und hier beziehe ich mich explizit auf Durkheim und Tönnies, daß Sozialsysteme, die auf "organischer Solidarität" beruhen (Durkheim) bzw. (mit leicht anderem Schwerpunkt der Betrachtung) dem Typus "Gesellschaft" (Tönnies) angehören, in erheblich geringerem Maße mit "Bindungen" (z.B. solche familiärer oder nachbarschaftlicher Art) als Kontrolle der Seßhaftigkeit rechnen können als Sozialsysteme vom Typus "Gemeinschaft" (Tönnies), die durch "mechanische Solidarität" (Durkheim) zusammengehalten werden. Eine stärkere staatliche Kontrolle, die gleichsam eine Kompensation für geschwächte Kontrolle durch soziale Bindungen darstellt, darf folglich postuliert werden. Dafür spricht schließlich auch die Vermutung, daß der

Sozialisationsprozeß in komplexen modernen Gesellschaften in bezug auf internalisierte Kontrollen im Vergleich zur Sozialisation in "Gemeinschaften" defizient ist (was allerdings im Hinblick auf Entwicklung und Wandel funktional ist). Zusammen mit der internen und externen Verteilung von Spannungen erklären die verschiedenen "Kontrollen" dann im einzelnen, welche Kategorien von Personen überhaupt bzw. in welcher Reihenfolge sie als potentielle oder faktische Wanderer in Erscheinung treten.

Beim Vorliegen einer bestimmten Spannungskonfiguration, die in interdependenter Weise Spannungen von der Ebene der Weltgesellschaft über verschiedene sozietale Niveaus bis zur Ebene des Individuums umfaßt, sind also die jeweils spezifischen Kontrollmechanismen, genauer: deren Stärke bzw. Lockerung, weitere zentrale Determinanten der Migration. Auf individuellem Niveau sind zu den externen zusätzlich internalisierte soziale Kontrollen in Rechnung zu stellen. Schließlich ist auch noch zu beachten, daß bestimmte Kontrollen selbst, z.B. solche, die soziale Mobilität bestimmter Kategorien von Personen behindern oder verhindern, zu einer Intensivierung struktureller Spannungen und deren Umsetzung in anomische Spannungen beitragen können. Die Lockerung der Kontrollen der Seßhaftigkeit kann dann instrumental für das Entkommen aus den genannten, wie auch weiteren Kontrollen genutzt werden. In diesem Sinne macht "Stadtluft" ebenso frei wie "Pilgerfahrt" (Schmugge 1979). In diese Kategorie der Betrachtung fällt aber auch der Auszug der Jugendlichen aus dem Elternhaus, wenn diese mit Erreichen der Volljährigkeit ihren Wohnsitz selbst bestimmen und sich damit anderen elterlichen Kontrollen entziehen können. Anhand dieser gleichen Deutung von scheinbar höchst unterschiedlichen Phänomenen lassen sich meines Ermessens erneut die Vorzüge einer umfassenden theoretischen Perspektive darstellen.

Die Betrachtung der Gesellschaft als eines systemisch organisierten Selektions- und Kontrollmechanismus wirft die mit dem eben Gesagten schon angedeutete Frage auf, ob denn Wanderungen – als Ausdruck gelockerter Kontrolle – gleichsam die Existenz von gesellschaftlichen Freiräumen markieren. Dies ist ohne Zweifel allenfalls nur partiell und temporär der Fall. Die Erfahrung der Gegenwart und der Geschichte lehrt, daß Wanderungen – nach einer vielleicht anfänglich anomischen und kontrollarmen Phase – schon bald dazu tendieren, ihrerseits wieder institutionalisiert und kontrolliert zu werden. Dies gilt für die Völkerwanderung (Prokop 1976) schon ebenso wie für die mittelalterlichen Pilgerzüge (Schmugge 1984), die Wanderung der Handwerksburschen, die moderne Massenmigration und schließlich auch für den Massentourismus, den man als temporäre Migration einzustufen hat. Daß auch diese Art der Migration einen inter-

36

sozietalen Spannungstransfer darstellt, zeigen u.a. die entwicklungspolitischen Diskussionen über dessen Auswirkungen auf die Dritte Welt.

Anders formuliert, kann man auch sagen, wenn Gesellschaften Wanderungen schon nicht verhindern können oder wollen – z. B. weil Wanderungen einen Spannungsabfluß bedeuten und damit der Sicherung des status quo dienen –, so soll dieses Geschehen zumindest so weit wie möglich unter Kontrolle bleiben. Das gleiche gilt selbstverständlich auch für die Seite der potentiellen Einwanderungsgesellschaften, die sich durch komplizierte Systeme von Einwanderungsgesetzen und -bestimmungen vor einem unerwünschten Spannungstransfer zu schützen versuchen und deshalb ebenfalls das Wanderungsgeschehen vollumfänglich zu kontrollieren trachten. An zeitgenössischen wie an historischen Beispielen dafür ist ebenfalls kein Mangel.

Ob ein gesellschaftliches Spannungspotential sich nun in Form von Völkerwanderungen, Pilgerfahrten, "Saubannerzügen", dem Reislaufen, der modernen Arbeitsmigration oder den jüngsten Asylantenströmen entlädt, macht dabei theoretisch keinen Unterschied, ist allerdings über je spezifische Anfangs- und Randbedingungen, in die je spezifische historische Situationen eingehen, theoretisch zu antizipieren und empirisch-systematisch zu belegen. Damit ist erneut auf die unabdingbare Notwendigkeit eines Zusammenwirkens von theoretischer Arbeit auf der einen und empirisch-historischen Untersuchungen auf der anderen Seite hingewiesen.

Mit der ebenfalls historisch vielfach nachweisbaren Institutionalisierung von Migration können Wanderungen schließlich eine kulturelle und strukturelle Eigendynamik entfalten, die sich damit auch von der Konfiguration lösen kann, die ihnen ursprünglich einmal zugrunde lag. Für bestimmte Kategorien von Personen können ganz spezifische Typen von Wanderungen dann zu einer kulturellen Selbstverständlichkeit werden (z.B. temporäre oder dauerhafte Saisonarbeit aus bestimmten Regionen) oder sogar vorgeschriebener Teil der Normalbiographie werden (z.B. Pilgerfahrt der Moslems an ihre heiligen Stätten), von dem man sich nur unter genau definierten Bedingungen dispensieren kann.

Damit erscheint der Kreis geschlossen, in dem die Betrachtung der Migration als eines anomischen, soziale Kontrolle sprengenden Phänomens begann und als eines Geschehens endete, an dem teilzunehmen nicht nur kulturell selegierte und normierte Möglichkeit, sondern transzendental verankerte Pflicht wird.

4. Schlussbemerkungen

Es wäre vermessen zu behaupten, die hier entwickelte Theorie vermöchte das Phänomen Migration vollumfänglich zu erklären oder könne gar als definitiv und abschließend angesehen werden. Ungeachtet dieser selbstverständlichen Skepsis halte ich sie aber für einen substantiellen sozialwissenschaftlichen Ansatz, der eine trag- und entwicklungsfähige Grundlage für die Zusammenarbeit von Soziologen und Historikern bieten kann. Auch wenn, wie ein Historiker (Fritzsche 1984) meint, "die theoriefaule und eklektische Geschichte" (3) sich bei ihren Nachbarwissenschaften (von denen sie, wie er sagt, gerne "borgt") einem "embarras de richesse von Modellen und Theorien gegenüber (sieht)" (4), so hat es an Theorien, die sich letztlich nicht auf Leerformeln reduzieren lassen, durchaus noch Mangel.

Wenn die Geschichte wirklich "borgt", dann wäre dies ein Hinweis darauf, daß die alte Kontroverse darüber, ob Geschichte sich nur dem "Individuellen", die Soziologie sich aber dem für Historiker wenig fruchtbaren "Allgemeinen" widme, als überwunden zu betrachten ist.

Wenn ich die in jüngerer Zeit im wesentlichen von Historikern (Wehler 1973, 1984), zum Teil aber auch von Soziologen (Lepsius 1976) sowie von beiden gemeinsam (Ludz 1972) geführte Diskussion richtig interpretiere, dann ist dies in der Tat der Fall. So darf man denn davon ausgehen, daß die Geschichtswissenschaft ein "klares Theoriebewußtsein" (Wehler) und die Soziologie (wieder) mehr "historisches Bewußtsein" entwickelt hat. Dies wäre ein Sachverhalt, der sicher nicht die schlechteste aller Möglichkeiten darstellt.

Ablauf	Abhängige Variable	Intervenierende Variablen	Unabhängige Variablen

Phase I
Zielbestimmung
	Handlungsbereitschaft
	
	hoch — niedrig
	
	Handlungsbereitschaft
		Motive, Wahrnehmungen, Einstellungen
		
		Erfahrung ⟶
		⟵ Revision
		Motive ⟷ Reize ⟷ Wahrnehmungen
		Lernen · Selektion
		Einstellungen
		Reize
		Selektion
		
		hoch — niedrig
		Deprivation
			Umwelt = Informationsstock
			
			1. Physiologie des Individuums
			2. Physisch-geographische Umwelt
			  a) baulich b) klimatisch
			  c) Lärm d) verkehrstechnisch
			3. Soziale Umwelt
			  a) Verkehrskreise b) Bezugsgruppen
			  c) Familienrolle d) öffentliche Funktionen
			4. Ökonomische Umwelt
			  a) Berufsrolle b) Branchenzugehörigkt./Zuk.
			  c) Eink./Besitz d) reg. ökon. Struktur
			5. Kulturelle Umwelt
			  a) Sozialisationsträger b) öffentl. Institutionen/
			  c) Informationsmedien Verwaltungen

Phase II
Mittelwahl
	Wanderungsbereitschaft
	
	Ertrag — Kosten der Alternativen:
	1. .....
	2. .....
	3. .....
	4. .....
	5. Wanderung
	n. .....
		Motive, Wahrnehmungen, Einstellungen
		
		Einstellungen
		Motive
		Wahrnehmungen
			Umwelt = Handlungsalternativen
			
			1. Möglichkeiten der Reduktion der Deprivation
			  a) ohne geographische Veränderungen
			    = Seßhaftigkeit
			  b) mit geographischen Veränderungen
			    = Wanderungsbereitschaft
			2. Hindernisse

LITERATUR

Albrecht, Günter, 1972, Soziologie der geographischen Mobilität, Ferd. Enke, Stuttgart.

Castles, Stephen und Godula Kosak, 1973, Immigrant workers and class structure in Western Europe, Oxford University Press, London.

Durkheim, Emile, De la division du travail social, 1893, dt. 1977, Über die Teilung der sozialen Arbeit, Suhrkamp, Frankfurt/Main.

Esser, Hartmut, 1980, Aspekte der Wanderungssoziologie. Assimilation und Integration von Wanderern, ethnischen Gruppen und Minderheiten. Eine handlungstheoretische Analyse, Luchterhand, Darmstadt – Neuwied.

Esser, Hartmut, 1985, Zur Erklärung der Entstehung sozialer Strukturen: Ethnische Segmentation als ungeplante Folge des "rationalen" Handelns interdependenter Akteure, verv. Manuskript, Zentrum für Umfragen, Methoden und Analysen (ZUMA), Mannheim.

Fairchild, Henry Pratt, 1925, Immigration: A World Movement and its American Significance, New York.

Fritzsche, Bruno, 1984, Probleme der schweizerischen Binnenwanderung im 19./20. Jahrhundert, verv. Manuskript, Zürich.

Gehlen, Arnold, 1955, 5. Aufl., Der Mensch. Seine Natur und seine Stellung in der Welt, Athenäum Verlag, Bonn.

Gehlen, Arnold, 1957, Die Seele im technischen Zeitalter, Sozialpsychologische Probleme in der industriellen Gesellschaft, Rowohlt, Reinbek b. Hamburg.

Gordon, Milton Myron, 1964, Assimilation in American Life: the role of race, religion, and national origins, Oxford University Press, New York.

Hoffmann-Nowotny, Hans-Joachim, 1970, Migration. Ein Beitrag zu einer soziologischen Erklärung, Ferd. Enke Verlag, Stuttgart.

Hoffmann-Nowotny, Hans-Joachim, 1973, Soziologie des Fremdarbeiterproblems. Eine theoretische und empirische Analyse am Beispiel der Schweiz, Ferd. Enke Verlag, Stuttgart.

Hoffmann-Nowotny, Hans-Joachim, 1981, A Sociological Approach Toward a General Theory of Migration, in: Mary Kritz, Charles B. Keely, Silvano M. Tomasi (eds.), Global Trends in Migration: Theory and Research on International Population Movements, Center for Migration Studies, New York, 64-83.

Hoffmann-Nowotny, Hans-Joachim, 1985, Social Integration and Cultural Pluralism: Structural and Cultural Problems of Immigration in European Industrial Countries, in: William Alonso (ed.), Population in an Interacting World: The Demographic Interplay of South and North, Harvard University Press, Cambridge, M.

Kottwitz, Gisela und Monika Vanberg, 1971/72, Ein Modell der Wanderungsentscheidung, Institut für Soziologie, TU Berlin, Arbeitshefte Nr. 4.

Kubat, Daniel und Hans-Joachim Hoffmann-Nowotny, 1981, Migration: towards a new paradigm, International Social Science Journal, Vol. XXXIII, No. 2, 307-329.

Kuhn, Thomas S., 1962, The structure of scientific revolutions, University of Chicago Press, Chicago.

Kuhn, Thomas S., 1978, Die Entstehung des Neuen. Studien zur Struktur der Wissenschaftsgeschichte, herausgegeben von Lorenz Krüger, Suhrkamp, Frankfurt/Main.

Langenheder, Werner, 1968, Ansatz zu einer allgemeinen Verhaltenstheorie in den Sozialwissenschaften. Dargestellt und überprüft an Ergebnissen empirischer Untersuchungen über Ursachen von Wanderungen, Westdeutscher Verlag, Köln u. Opladen.

Lepsius, Rainer Maria, 1976, Zum Verhältnis von Geschichtswissenschaft und Soziologie, in: Hans Michael Baumgartner, Jörn Rüsen (Hrsg.), Seminar: Geschichte und Theorie. Umrisse einer Historik, Suhrkamp, Frankfurt/Main, 118-138.

Ludz, Peter Christian (Hrsg.), 1972, Soziologie und Sozialgeschichte, Kölner Zeitschrift für Soziologie und Sozialpsychologie, Sonderheft 16.

Luhmann, Niklas, 1984, Soziale Systeme. Grundriß einer allgemeinen Theorie, Suhrkamp, Frankfurt

Nikolinakos, Marios, 1973, Politische Ökonomie der Gastarbeiterfrage. Migration und Kapitalismus, Rowohlt, Reinbek b. Hamburg.

Opp, Karl-Dieter, 1972, Verhaltenstheoretische Soziologie. Eine neue soziologische Forschungsrichtung, Rowohlt, Reinbek b. Hamburg.

Portes, Alejandro, 1981, Modes of Structural Incorporation and Present Theories of Labor Immigration, in: Mary Kritz, Charles B. Keely, Silvano M. Tomasi (eds.), Global Trends in Migration: Theory and Research on International Population Movements, Center for Migration Studies, New York, 279-297. .

Prokop, 1976, Vandalenkrieg, Gotenkrieg, Winkler Verlag, München.

Ravenstein, E. G., 1885, The Laws of Migration, Journal of the Statistical Society, Vol. XLVIII, Part II, June, 167-227.

Rex, John und Sally Tomlinson, 1979, Colonial Immigrants in a British City: A Class Analysis, Routledge & Kegan Paul, London.

Richardson, Alan, 1967, Theory and Method for the Psychological Study of Assimilation, International Migration Review, vol. 2., No. I, 1-30.

Richmond, Anthony H. and R.B.P. Verma, 1978, The Economic Adaptation of Immigrants: A New Theoretical Perspective, International Migration Review, vol. XXII, No. 2, S. 3-38.

Richmond, Anthony H. and Jerzy Zubrzycki, 1984, Immigrants in Canada and Australia, vol. 2: Economic Adaptation, Institute for Behavioral Research, Toronto.

Richmond, Anthony H., 1985, Structural Change and the Sociology of Migration, Paper presented at the meeting of the International Sociological Association, Research Committee on Migration, Dubrovnik, 14th – 16th June, 1985.

Simmel, Georg, 1908, 4. Auflage 1958, Soziologie. Untersuchungen über die Formen der Vergesellschaftung, Duncker & Humblot, Berlin.

Schmugge, Ludwig, 1979, "Pilgerfahrt macht frei" – Eine These zur Bedeutung des mittelalterlichen Pilgerwesens, Römische Quartalsschrift für Christliche Altertumskunde und Kirchengeschichte, Jg. 74, 16-31.

Schmugge, Ludwig, 1984, Die Anfänge des organisierten Pilgerverkehrs im Mittelalter, Quellen und Forschungen. Aus italienischen Archiven und Bibliotheken, Hg. v. Deutschen Historischen Institut in Rom.

Spencer, Herbert, 1892, The Principles of Sociology, 3rd ed., New York.

Taft, Ronald, 1966, From Stranger to Citizen, Tavistock, London.

Tönnies, Ferdinand, 1926, Soziologische Studien und Kritiken, Zweite Sammlung, Gustav Fischer, Jena.

Weber, Max, 1964, Wirtschaft und Gesellschaft. Grundriß der verstehenden Soziologie, Studienausgabe, hg. von Johannes Winckelmann, I. Halbband, Kiepenheuer & Wietsch, Köln/Berlin.

Weber, Max, 1896, Die sozialen Gründe des Untergangs der antiken Kultur, Die Wahrheit, 6. Bd., wieder abgedruckt in: Max Weber, 1956, Soziologie. Weltgeschichtliche Analysen. Politik, hg. u. erl. v. Johannes Winckelmann, 2. durchges. u. erg. Auflage, Alfred Kröner, Stuttgart.

Wehler, Hans-Ulrich, 1973, Geschichte und Soziologie. Möglichkeiten einer Konvergenz? in: Soziologie. Sprache, Bezug zur Praxis, Verhältnis zu anderen Wissenschaften. Rene König zum 65. Geburtstag, hrsg. von Günter Albrecht, Hansjürgen Daheim u. Fritz Sack, Westdeutscher Verlag, Opladen, 68-86.

Wehler, Hans-Ulrich, 1984, Historiography in Germany Today, in: Jürgen Habermas (ed.), Observations on "The Spiritual Situation of the Age". Contemporary German Perspectives, MIT Press, Cambridge, M./London, 221-259.

FEMALE MIGRATION AND THE LATE MEDIEVAL TOWN

GRETHE JACOBSEN

Although the myth of the immobile medieval man and woman still appears in the literature on occasions, most historians have come to realize the extensive geographical mobility of the medieval population. The sources reveal people on temporary moves (pilgrims, commercial travellers, students, journeymen) as well as people engaged in permanent removals. Among the latter, migrants from the countryside to the cities have attracted some attention by historians working on the urban population and its origin (1).

The literature has focused on the geographical and social background of the urban immigrants but has not dealt with the issue of gender, although Bücher a century ago brought to attention the fact, that cities seemed to attract single women and that taxlists and other quantitative sources revealed a surplus of women in the cities of late medieval Europe (2). Lately his figures have been disputed and it is now clear, that some cities had a surplus of women, while others apparently had a surplus of men (3). Neither of these conditions can be explained by human biology but must have their roots in the social and economic situation of the period, which hindered or furthered migration of women and men from the countryside to the town and from one town to the next.

In order to understand the dynamics of migration in late-medieval Europe, as well as in preceeding and succeeding periods, it is imperative that we use gender as an analytical tool in theoretical and empirical discussions. Are we dealing with male mobility complemented by female stability? Is it a case of women remaining in one place, thus assuring continuation and offering means of smoothing the (re)entry into a stable life of male migrant? Or, do we find that both women and men migrate? It is the latter case that will be discussed in the following with the focus on the single female migrant moving into the city during the later Middle Ages. The conditions under which she undertook her move was different from those of her male counterpart, and until we understand her situation as well as his, we shall not be able to understand more than half of the pattern of migration.

The questions: what group of women chose to move to the cities, why did they migrate, and how were they received, were not raised by Bücher

43

nor have they, to my knowledge, been discussed since. It is my purpose here to discuss these issues within the theoretical framework of modern feminist theory. Needless to say, I can not provide any answers yet, but I hope the questions will stimulate research in the field of migration and geographical mobility whereever the sources will allow conclusions.

The surplus of women, that Bücher noted, was seen by him as a problem, as he indicated in his title "Die Frauenfrage im Mittelalter". The main question, which his findings prompted, was: "was wurde im Mittelalter aus den zahlreichen Frauen, die ihren 'natürlichen Beruf' zu erfüllen verhindert waren" (4). The single women had to find not merely an alternative to their "natural profession", but the means to earn a living independently, and thus caused a rupture in the social and economic fabric of late-medieval urban society.

Bücher assumed that women belonged in a seperate place in a male-oriented world. The same assumption can be found in modern feminist theory of the 1960s and early 1970s, which focused on the private women's sphere, separated from the public sphere of the men (5). However, while male historians have dismissed this sphere from history, feminist historians made it the primary object for historical analysis. For the history of migration this focus on the home meant, that no one dealt with the single woman on the move, and it has not been discussed in a recent general survey on women in the Middle Ages by Edith Ennen. She concludes that the numerical relation between the sexes remains an important issue, whether in fact we are dealing with a surplus of women or of men, but she does not say why it is important and what the causes were (6).

The numerical inequality of the sexes in the late-medieval town and the implications for the study of female migration have remained a "Frauenfrage", a question of the separateness of women or a statistical oddity. In order to combine these distinct views, we have to turn to the American feminist historian and theorist, Joan Kelly, who in 1976 argued that a fundamental aspect of future historical research would be "the social relation of the sexes" (7). In 1979 she stated that "women's place is not a separate sphere or domain of existence but a position within social existence generally... Woman's place is to do women's work – at home in the labor force" (8).

We must, accordingly, view female migration from a general perspective of women's work and role in competition or cooperation with men's work and role. We shall have to discard the preconception that it is a question of one gender ("the second sex") emulation or deviating from the patterns established by the other gender. Instead we ought to look at the relation between the sexes in the urban society and economy of late-medieval Europe, at the sexual division of labour and at the compatibility or incompatibility of formal structures (craft guilds, for example) to the male and female lifecycle (9). This way we shall be able to discover the social, marital and economic status of the female urban immigrants, their motives for migrating and their reception in the city.

The obvious sources for migration in late-medieval Europe are the statistical accounts available, primarily taxlists. The problem is that practically all such lists were compiled for fiscal or military purposes, not to provide an accurate count of the population. Some sources, like the Florentine Catasto of 1427, will provide a fairly complete picture of a population at a given time and place (10) but most tax- and hearthlists will name only a selection of the population, namely those heads of households who were wealthy enough to pay taxes or able to do military duty either in person or by proxy. Thus, the purpose for redacting the statistical surveys that survive from the later Middle Ages has the effect of making men more visible than women, as male heads of households will appear as a rule, and female heads of households will appear as the exception. For cities, like Cologne, which acquired its income from indirect rather than direct taxes, even such lists will not be available (11). Similarly, lists of new citizens will rarely reveal women, as they could not formally acquire citizenship in the European cities, although there are exceptions (12).

Less obvious, but perhaps more rewarding sources for female migration are court records, probate records and wills that refer to the geographical origin of the women involved or mentioned in the record or will, thus inadvertently revealing if any of them have migrated. The search through this material will be laborious but rewarding in particular in regard to female migration. While this evidence will not give absolute numbers, the historian will be able to find indicative numbers as well as descriptions of the circumstances and/or the motives of some female migrants (13).

A third type of sources are the normative sources, such as town laws and ordinances. These cannot supply accurate numbers of female migrants either, but will reveal if there were several categories of female immigrants. The laws can also supply information of how the lawmakers perceived female migration. Are there attempts to hinder or to encourage female migration ? Are single, mobile women seen as a problem? Ordinances dealing with servants and employment agencies deserve particular attention. Merry Wiesner has already discussed the ordinances of the South German cities during the Reformation period (14). The presence of agencies and the attempts to regulate the relationship between domestic servants and employers strongly indicate that young women were migrating to the cities in numbers that warranted some form of regulation and control. Employment agencies are not mentioned in Scandinavian towns during the later Middle Ages but it seems plausible that they would be found in other countries. A study of how the towns received the young women, who arrived looking for employment, and how they channelled them into domestic services, would appear a rewarding one.

Finally, one must not overlook the literary evidence of the period. Do the ballads, tales or plays describe either positively or negatively single wandering females? Can we hear the voice of the female migrant herself?

If the analyses of the source material reveal or indicate a surplus of women, one must ask first, if indeed it is a question of an actual surplus. Did the urban population in question contain more women than men, or do the sources merely tell us that a number of women were to be found outside the traditional male-headed household? It is to be remembered that one can rarely tell if a male taxpayer or citizen, noted in a list, is single. Are we in fact dealing with a society which contains a large group of unmarried people, women as well as men, or with a society whose unmarried men are members of the clergy or monks, who remain unmarried by choice, while its unmarried women may be so either by choice (nuns, beguines) or as a result of a shortage of eligible men?

The second question to be raised concerns the constancy of the group of single women. The size of the group may prove to be stable over time, but the membership may change rapidly. In cases, where consecutive taxlists are available, the historian should try to identify the women listed to ascertain how many reappear for an extended period. A study of three consecutive taxlists for the years 1517-1519 from the (then) Danish city of Malmø reveals that of 84 women listed in 1517, 53 (=63,1%) reappear as taxpayers in 1518 and 42 (=50%) in 1519, while the number of female taxpayers remains fairly constant (84, 93, 81 = 15,4%, 15,9% and 13,5% of the total number of taxpayers) (15). Several of the "disappearing" women may well have emigrated while others may have married and thus became represented by their husbands in the taxlists.

This suggests that marital status is an important factor in the analysis of sources concerning women, just as it was an important factor in the lives of medieval women. Büchers remark about the problem being that women were denied their natural profession was not far off the mark albeit his reasoning and assumptions had little to do with the reality of medieval life. Being married did not mean that a woman found her natural calling: the issue is really that the social and economic activities of the city offered the best opportunities for a couple who worked together either as partners or independently but both contributing to the household (16). As Edith Ennen has aptly phrased it "Heirat macht frei in der Stadtluft!" (17). Both men and women benefitted from marriage but each gender experienced the benefits differently. Marriage was an integral part of the man's career and his social and economic position, while it changed the career and position of the woman.

One of the motives of the younger female migrant seems to have been to search for a husband or for means to attract a husband. It has been showed that maids in Southern Europe worked in major households without a salary in return for support and a dowry when they reached marriageable age (18). One could argue that the maids we find in the smaller household of artisans similarly hoped to acquire a dowry as well as some of the skills required of an artisan's wife. These young women would also have the opportunity to meet a group of male migrants who would one day be looking for a wife, namely the journeymen (19).

The problem with marriage was that it was difficult to plan for although it made such an impact upon the lives of women. A young man would migrate in search of an apprenticeship or wander from town to town during his years as a journeyman knowing clearly his goal, acquiring recognized skills and also being able to plan when and where he could become a master and marry. A young woman would migrate in search of a husband to gain a position as a partner in a craft or trade she would not know in advance, whose specific requirements she had no way of preparing herself for, and the length of her period of general training (in urban households skills) would be an unknown factor.

Once married, a woman could not count on remaining so, merely by keeping qualified for her position. If her husband died, her situation changed and she may well have been forced or preferred to migrate in order to support herself or her children, moving either from the country to the city, from one city to the next or returning to the place she had originally come from. As widows become very visible in the sources, charting the migration of this group of women would be an easier task than finding their younger, unmarried sisters. According to the information gleaned from the Florentine catasto of 1427, the young people, especially the men, dominate the migrant group. However, older women who become heads of households appear to be much more mobile that older men. Among the upper classes, the landowner's widow would be moving to a town to enjoy life as a rentier, leaving the administration of her estate to the new generation, or the merchant's widow returning to her hometown or to the city where one of her children lived, but most older female migrants were women from the middle and lower strata of society, searching for new means of sustenance, predominantly in the major towns of Tuscany. In general, migrant households had less wealth, supported fewer people and were more frequently headed by women than stable households (20).

Sometimes the cessation of a marriage could be arranged by the woman simply by running away. Danish evidence reveals some examples of this during the early sixteenth century, one woman arriving in Scania from afar away as Scotland (21). Cases of runaway husbands and wives appear in the records of Malmø during a period when the city council had usurped the right to decide on marital issues, including the granting of divorces (22). It would be wise, then, to search also for matrimonial troubles among the motives of migrating women, particularly during the sixteenth century, when religious and subsequent institutional changes made it possible for women and men to change their marital condition. The records of ecclesiastical as well as secular courts can be used for the purpose of tracing this form of migration, noting both the means, motives, social background and routes of the run-away spouse as well as determining the difference between the sexes. Which spouse would be more likely to leave and who would have the best chance of establishing a new life elsewhere?

Common for all female migrants was that they had to find a way to support themselves, until they were able to enter or reenter into a partnership/marriage. Bücher viewed the work of women exclusively as attempts to solve the problems facing single women, resulting from the surplus of females (23). He was not altogether wrong in stating the issue thus. Medieval people, like people in pre-industrial societies in general, lived with a precarious balance between resources and demands. Covering basic needs (food, housing, clothes) occupied the major part of the working lives of the majority of people (24). One must, however, differ from Bücher in assuming that single, working women would be an anomaly and that only work done independently and outside the house counts as work. As Joan Kelly said, women's work is the work women perform inside or outside the household. Again we must examine the surplus to see if women were single because there was no alternative or if the city offered opportunities for single women to make a decent living. It is my contention that a visible group of unmarried people will become a problem only if a society's economic and social structure is based exclusively on partnership between men and women, leaving no room for single women and men. The problem could then have its roots in the economic reality but also in the mentality of the society. Single women in particular may be perceived

48

as a threat both to the economic stability of the city and to the social order of a patriarchal society.

That this was not entirely the case during the later Middle Ages can be seen in practically every study of women in the medieval town. Bücher himself found to his surprise women active in trades and crafts in spite of the often extremely restrictive views aired in the normative sources such as guild statutes. Subsequent studies have similarly uncovered women participating independently as well as in cooperation with their husbands in the economic activities of the towns, albeit with variations from town to town (25). In addition, sources like the Florentine Catasto, have revealed a not inconsiderable number of households consisting of single women and men in the Tuscan cities. Ennen suggests that this was not uncommon in other European towns of the late Middle Ages (26). This means that it was not uncommon for women to live outside the patriarchal household.

We should be able to utilize this observation to go further whith the issue of the motives of the female migrants as well as their reception. What cities attracted female migrants? Obviously, towns with a mixture of different crafts and trades, not too rigidly structured, would be the primary goals for female migrants (27). One town could be Paris which had several crafts and trades open to women and even organized crafts exclusively exercised by women. This assumes, of course, that economic considerations were the dominating factors in the motivation of the female migrant.

There may also have been less material motives. "Realizing oneself", "fulfilling one's potential" or seeking "meaningful employment" as a woman and as a human being are modern ideas, which one may use, but with caution, in order to avoid the danger of being anachronistic. We are dealing with a Christian society, where any idea of realizing oneself and fulfilling one's potential meant perfecting oneself as a Christian, seeking salvation either through the accepted channels (private prayers, attending church ceremonies, entering a convent or a beguine house, and exercising charity) or through unaccepted channels (joining a heretical movement). From this viewpoint we should also explore female migration based on religious motives. Apart from the followers of heretical sects, more often than not on a permanent migration or flight from authorities, do we find that cities which offered opportunities for a religious life also attracted many single women? Was the multiplication of beguine houses in Northern Europe the result of female migration to the cities or could they also be seen as a cause? Did a city like Cologne attract an extraordinary number of women by offering economic opportunities in one of the many trades and crafts open to women as well as immaterial rewards in one of its beguine houses (28)?

Finally one should also look at towns, dominated by ecclesiastical institutions, primarily episcopal and archiepiscopal cities. While priests, canons and other members of the clergy could not marry, they could employ women as housekeepers and cooks and may well have offered opportunities for women to utilize their household skills outside marriage, offering economic as well as religious rewards.

Turning to the reception of the female migrants, the question arises how women were able to affiliate with, and thus formally be recognized by the city they arrived at. The formal way of affiliating was by taking out citizenship, and, with few exceptions (29), this was something reserved for adult, economically independent males, like merchants, tradesmen and artisan masters. Women could not formally acquire citizenship but marriage to a citizen and residency for a period in a town tended to bestow a sort of informal citizenship on the woman, that she kept after she was widowed (30). In Denmark, the term "borgerske" (burgheress, female citizen) was applied, during the later Middle Ages, both to married and single women who had the rights as well as the obligations of a citizen (31). Marriage seems to have been an important factor also for gaining access to the economic activities of a town.

The issue of citizenship, or more accurately, the opportunity to affiliate formally with a place is important to the study of female migration. For one, the more formally female immigrants could affiliate with the city of their destination, the more sources were generated to show arrivals of women in the town. For another, the formalization of the reception of female immigrants would indicate an acceptance of female migration, just as a change in the formal acceptance of them indicates a change in attitudes. Finally, sources dealing with female immigrants compiled on a regular and reasonably complete basis may also contain information on the geographical origin of the female migrant.

It appears that the sixteenth century witnessed an increase in restrictions placed on women outside the household, not in the least in Lutheran countries (32). Does this signify an increase in female migration, straining the economic and social fabric of urban society, or a change on the attitude of the men in power, now perceiving single women as a threat (whether real or imagined)? It has been recognized that the century witnessed an increasing gap between rich and poor, an acceleration of the development begun after the Black Death. Did poorer women tend to increase in mobility in search of work and/or charity or were their migrations restricted so they had to rely on charity?

Instead of a conclusion concerning female migration, I shall propose the following hypotheses which may be confirmed or rejected by future studies:

The single women who migrated to the late-medieval towns were primarily young women and widows, that is, women moving before and after marriage, whereas men would migrate during their early years until they settled in a city to practise a craft or trade and to marry. I do not exclude the possibility that married couples migrated, indeed this seems to have been a not infrequent occurrence (33). But in this case the migration would be an experience shared by the man and the woman. When migrating as single, either sex would move according to the pattern of its life cycle, which for men meant migration during the early part of adulthood, while for women it meant migration during early as well as late adulthood.

The geographical extent of female migration is at the moment very hazy. What seems important for female migration is one, that the move was not a goal in and of itself, as it might be for the journeyman or the merchant-apprentice, but a means to reach a goal, and two, that women may have undertaken several moves. Danish sources reveal that women not only migrated from the countryside to the nearby city but also from one town to the next (34).

What motivated the female migrants was primarily the search for a livelihood, temporarily for young women, more permanent for older women. A specific goal seems more characteristic of male than of female migrants. Apart from those cities where a young girl could be engaged as an apprentice in a craft, exercised by women (the silk- and goldspinners and weavers of Lyon, Paris and Cologne for example), women would look for a place in the urban economy not reserved for men. Most likely, older women, especially widows, would have more definite plans or ideas about how to find this, while younger women would know that the place they found in all likelihood would be temporary, ending at an undetermined point in marriage. Exceptions to the search for a livelihood would be the wealthy women of the landowning class or mercantile elite, who would migrate to a nearby town, to their hometown or to the town where a daughter or a son resided, in order to live off their income.

Where did women go, when they decided to move? Whether they went to the nearest town or travelled further, women had several choices in the more urbanized parts of Europe. They probably went to a city which in their eyes offered a wide range of opportunities, embodied in the visibility of women working outside the home or combining work in the household

51

with work outside. These opportunities might entail work requiring traditional female skills but not performed as a married woman, work offering opportunities for acquiring the skills of an urban housewife, work in certain crafts performed by women, or work usually reserved for men but due to labour shortage, especially after the Black Death, also open to women.

How were the female migrants received when they reached their destination? The female migrants have been seen as a problem by modern historians, but indications are that during the fourteenth and fifteenth centuries they were not considered a problem. The reasons may be many: society was more open to independent women, women provided welcome labour, women increased the city's economic activities and thus contributed to the wealth of the city, indirectly by stimulating the economy, directly by paying taxes. The latter motive should not be underestimated. Both parties benefitted from taxation. The city magistrates acquired additional income for the city's finances and women gained indirectly an acceptance as citizens, that is, as independently working women, engaged legally in a trade or craft (35).

All studies of women in the late-medieval city seem to agree that during the sixteenth century restrictions placed upon women working and living outside the patriarchal household increased. Whether this was due to ideological or economic pressures is not clear at present. Most likely, it was a mixture of both. The development may have had two consequences for female migration. On the one hand, it may have slowed female migration down considerably by removing the motives for migration and by creating obstacles for rather than extending a welcome to arriving women. On the other hand, the development may also have increased the number of female migrants and the geographical extent of female migration, as women could be searching further for opportunities to earn a decent living. It is not unlikely that the migrant group changed from being composed of women from all classes, young as well as old, single as well as widows, to consisting of older women, often with children, from the lower classes desperately looking for a way to make a living, while women of the middle and upper classes stayed home and became domesticated (36).

While no longer participating in the migration, these women still performed an important function by alleviating the disruptions which male migration might cause. The relationship between stable, resident women provided networks that stabilized a society during the absences of part of its male members (37). The same type of women also helped male immigrants become integrated into their society and they offered the means for ambitious male outsiders to enter an oligarchy through marriage (38).

Very likely, women had fulfilled this role also in the Middle Ages but it appears that during the Early Modern Period it became the only role that women of the respectable classes could play in migration.

NOTES

1) Johan Plesner, L'émigration de la campagne à la ville libre de Florence au XIIIe siècle (Copenhagen, 1934). For further references see N.J.G. Pounds, An Economic History of Medieval Europe, London 1974, 267-69.

2) Karl Bücher, Die Frauenfrage im Mittelalter, Tübingen 1910.

3) Edith Ennen, Frauen im Mittelalter, München 1984, 141-44.

4) Bücher, Frauenfrage 10.

5) Gerda Lerner, Placing Women in History: A 1975 Perspective, in: Liberating Women's History: Theoretical and Critical Essays, ed. Berenice A. Carroll, Chicago 1976, 357-67, 359-61; Hilda Smith, Feminism and the Methodology of Women's History, ibid. 369-84.

6) Ennen, Frauen 141.

7) Joan Kelly-Gadol, The Social Relation of the Sexes: Methodological Implications of Women's History, in: Signs: Journal of Women in Culture and Society 1, nr. 4 (1976), 809-23.

8) Joan Kelly, The Doubled Vision of Feminist Theory, in: Sex and Class in Women's History, ed. Judith L. Newton, Mary P. Ryan and Judith R. Walkowitz, (History Workshop Series) London 1983, 264, (originally published in: Feminist Studies 5, nr. 1 (1979), 216-27).

9) For a discussion of this see Natalie Zemon Davis, Women in the Crafts in Sixteenth-century Lyon, in: Feminist Studies 8, nr. 1 (1982), 46-80; Grethe Jacobsen, Economic Progress and the Sexual Division of Labor: The Role of Guilds in the Late-Medieval Danish City, in: Alltag und Fortschritt im Mittelalter (Veröffentlichungen des Instituts für mittelalterliche Realienkunde Österreichs 8 = Sb. Ak. Wien, phil. hist. Kl. 470), Wien 1986, 223-237.

10) David Herlihy – Christiane Klapisch-Zuber, Les Toscans et leur familles: Une etude du catasto florentin de 1427, (Editions de l'école des hautes etudes en sciences sociales) Paris 1978, chap. 2-3; Eng. ed. Tuscans and Their Families: A Study of the Florentine Catasto of 1427, New Haven 1985, chap. 1.

11) Margret Wensky, Die Stellung der Frau in der Stadtkölnischen Wirtschaft im Spätmittelalter, (Quellen und Darstellungen zur Hansischen Geschichte, N.F., Bd. 26) Köln 1980, 315.

12) Wensky, Stellung, 14-18; Edith Ennen, Die Frau in der mittelalterlichen Stadtgesellschaft Mitteleuropas, in: Hansische Geschichtsblätter 98 (1980), 9-11.

13) I have used this kind of source material from the Swedish (then Danish) town of Malmø, covering the years 1503-1559, in order to uncover female migration to and from the city in my article "Kvindelige indvandrere i Malmø i første halvdel af 1500-tallet", in: Fromhed og verdslighed i middelalder og renæssance: Festskrift til Thelma Jexlev, ed. Ebba Waaben, Kirsten Bendixen, Grethe Jacobsen, Kirsten Jexlev og Marianne Johansen, Odense 1985, 86-94.

14) Merry Wiesner, Working Women in Renaissance Germany, New Brunswick, NJ 1986.

15) Based on my analysis of the lists in Lyder van Fredens Kämnärsräkenskaper för Malmø, 1517-1520, ed. Leif Ljungberg, Malmø 1960.

16) Barbara Kroemer, Über Rechtsstellung, Handlungsspielräume und Tätigkeitsbereiche von Frauen in spätmittelalterlichen Städten, in: Staat und Gesellschaft in Mittelalter und Früher Neuzeit. Gedenkschrift für Joachim Leuschner, hg. vom Historischen Seminar der Universität Hannover, Göttingen 1983, 141-42: "die Sicherung der gemeinsamen 'Nahrung' überwiegend nicht durch die uns heute klassisch erscheinende Rollenverteilung – Erwerbsarbeit des Mannes, Hausarbeit der Frau – gewährleistet wurde, sondern dadurch, daß meist beide Ehepartner im Handel oder Gewerbe oder Diensten tätig waren".

17) Ennen, Stadtgesellschaft 8.

18) Herlihy – Klapisch-Zuber, Toscans 322, 331, n. 19 (Tuscans, p.112, n. 41).

19) Davis, Women 52-53. In a shoemaker's home in Malmø in 1538 the maid and one of the two journeyman got into a fight after the maid had played a practical joke on the journeymen with sexual overtones. In this case the result was a blue eye to the maid rather than a proposal of marriage. The fight developed into a battle between the journeyman and the municipal guards and was therefore recorded in the town book, printed as Malmø rådstueprotokol (Stadsbok) 1503-1548, ed. Erik Kroman, Copenhagen 1965, 141-42.

20) Herlihy – Klapisch-Zuber, Toscans 322-24 (Tuscans, 113 n. 42).

21) Register of the Minister, Elders and Deacons of the Christian Congregation of St. Andrews, Comprising the Proceedings of the Kirk Session and of the Court of the Superintendent of Fife Fothrik and Strathearn 1559-1600. 1: 1559-1582, ed. David Hay Fleming, (Publications of the Scottish History Society), Edinburgh 1889, 44-50.

22) Grethe Jacobsen, Women, Marriage and Magisterial Reformation: The Case of Malmø, Denmark, in: Pietas et Societas, New Trends in Reformation Social History: Essays in Honor of Harold J. Grimm, ed. Kyle Sessions and Phillip Bebb, (Sixteenth Century Essays and Studies IV), Kirksville, MO 1985, 57-77.

23) Wensky, Stellung 3: "Die Frauenarbeit im Mittelalter verstand er daher ausschließlich als 'Frauenerwerbsfrage'".

24) Even wealthy families would spend a good part of the household money on food, as is apparent from the household books of Hermann Goch, a merchant from Cologne, from the years 1391-94 (printed in Ennen, Frauen 167).

25) Kroemer, Rechtsstellung 136-37.

26) Herlihy – Klapisch-Zuber, Tuscans, table 10.1 (p.292); Ennen, Frauen 143.

27) Similarly Kroemer, Rechtsstellung 138: "Es scheint, daß in Groß- und Mittelstädten mit differenzierter Wirtschaftsstruktur (Exportgewerbe) der Handlungsspielraum für Frauen am größten war".

28) Wensky, Stellung 38-40. For a general survey see E.W. McDonnell, The Beguines and Beghards in Medieval Culture, New York 1954.

29) In Cologne, women could acquire citizenship, however, few actually did. Cf. Wensky, Stellung 14-18.

30) Ennen, Frauen 189.

31) In 1418 a widow, Kathrine Jenskone of Ribe, donated her house and property to the city council on the condition that she could reside in the house for life free of all tax, services and work, that she was obliged to render to the city "schad, deenst unde arbeit, des se plichtich were to unser stad to dønde" (Repertorium diplomaticum regni Danici mediaevalis, nr. 5701, 1418 19/2). Kathrine was called "our co-citizen" (medeborghersche).

32) Kroemer, Rechtsstellung 147; cf. Merry Wiesner (Wood), The Death of Two Marys: Images of Female and Feminine in Luther, paper presented at "Church and Society History Workshop" London July 7-9, 1983.

33) Most Danish town laws contain a paragraph stating that if a citizen and his household was absent from the city for more than 'a year and a day' (=one year and six weeks) he would forfeit his citizenship. Similarly, statutes of Danish craft guilds refer to married masters leaving or arriving in a town, indicating that migration of married couples was not an uncommon occurrance. For a direct reference see "Århus Borgerbog 1471-1550", transcr. by Poul Enemark, (Århus, Erhvervsarkivet. TS) fol. 48r (1528), concerning a citizen who had to pay 24 shilling (half the regular fee) for a renewal of citizenship 'as he had been away from the town'.

34) Jacobsen, Kvindelige indvandrere, cf. Ennen, Frauen 145, on the migration into Lübeck from the West and from Lübeck to the East.

35) At least this was the case in Denmark as the records from the town of Elsinore show. In 1551, five women were summoned to the city hall where they were told henceforth they were exempted from all taxes and duties and thus had no longer any right to engage in trade. The reason for this decision by the city council was that the women had used illegal methods in their trade (Helsingør Stadsbog, 1549-1556: Rådstueprotokol og bytingbog, ed. Erik Kroman, Copenhagen 1971, 93).

36) Kroemer, Rechtsstellung, 147-48. Cf. Heide Wunder, Zur Stellung der Frau im Arbeitsleben und in der Gesellschaft des 15.-18. Jahrhunderts. Eine Skizze, in: Geschichtsdidaktik, H.3 (1981), 239-251.

37) Stanley Chojnacki argues in his "Patrician Women in Early Renaissance Venice", Studies in the Renaissance 21 (1974), 176-203, that the network of patrician women in the kinship groupings, running counter to the heavy patrilineal orientation of the patrician men contributed considerably to "achieving the celebrated integration of the Venetian patriciate society in the Renaissance" (203).

38) Mary Prior, Women and the Urban Economy: Oxford 1500-1800, in: Women in English Society. 1500-1800, ed. Mary Prior, London 1985, 100-102.

ÜBERLEGUNGEN ZU KRIMINALITÄT UND MOBILITÄT IM SPÄTEN MITTELALTER

Herta Mandl-Neumann

Der Versuch, die Kriminalität im spätmittelalterlichen Österreich auf empirischer Basis zu erforschen, bedeutet, Neuland in der österreichischen rechtsgeschichtlichen Forschung zu betreten. Daher kann ich hier noch keine fertigen Ergebnisse, sondern nur einige grundsätzliche Vorüberlegungen anbieten. Hierfür erscheint es zunächst notwendig, zu klären, was ich unter dem Begriff "Kriminalität" in diesem Zusammenhang verstehe.

Vor allem in der Kriminologie hat es sich eingebürgert, unter "Kriminalität" Verstöße gegen das Strafgesetzbuch, die von Strafgerichten geahndet werden, zu verstehen. Diese enge Begriffsdefinition erscheint für eine historische Betrachtung wenig zielführend, da die Zuordnung eines Tatbestandes zum Straf- oder Zivilrecht selbst das Ergebnis einer historischen Entwicklung ist, die in dem uns interessierenden Zeitraum erst einsetzt. Weiters ist durch Kriminalisierungs- und Entkriminalisierungsvorgänge der Umfang des Strafrechtes in historischer Perspektive keineswegs konstant. Auch die stärkere räumliche Differenzierung des Rechts im Spätmittelalter spricht gegen eine direkte Übernahme moderner Zuordnungskriterien.

Ich möchte daher einen weiten, elastischen Kriminalitätsbegriff verwenden, der vom Begriff des abweichenden Verhaltens ausgeht. Da dieser aber zu allgemein ist, soll er dahingehend eingeschränkt werden, daß nur jene Formen abweichenden Verhaltens zur Kriminalität gerechnet werden, die gerichtliche Verfolgung nach sich zogen. Diese Modifikation erscheint auch durch die Quellensituation gerechtfertigt.

Die traditionelle Forschung im deutschsprachigen Raum rollte bisher zumeist die Geschichte der Kriminalität von der Gesetzgebung her auf, so daß daraus eine Geschichte des Strafrechts entstand, in der mehr oder weniger systematisch gesetzliche Bestimmungen aus verschiedenen Räumen und Zeiten aneinandergereiht wurden.

Jene Form der Rechtsgeschichtsschreibung kann in bezug auf Kriminalisierungs- und Entkriminalisierungstendenzen durchaus leistungsfähig sein, wenn man für diese die Aufnahme neuer und das Verschwinden älterer Strafbestimmungen als Indizien betrachtet; für ein Erfassen der Rechtswirklichkeit aber ist ein solcher Forschungsansatz unzulänglich.

Dieser Mangel wurde von einzelnen Forschern durchaus erkannt. Bezeichnend ist, was Radbruch und Gwinner im Vorwort zu ihrer "Geschichte des Verbrechens" dazu bemerken:

> "Der Titel des vorliegenden Buches müßte 'Geschichte der Kriminalität' lauten. Sein Thema sind nicht die Verbrechen, wie sie in den Tatbeständen der Strafgesetzbücher allgemein formuliert werden, vielmehr, wie sie in der Wirklichkeit des gesellschaftlichen Lebens erscheinen, und diese Verbrechen werden nicht bezogen auf die verbrecherische Täterpersönlichkeit, vielmehr auf das Ganze der Gesellschaft, sie werden nicht als Rechtsgüterverletzungen behandelt, sondern als sozialpathologische Erscheinungen, als adäquate Erscheinungen des sozialen, politischen und kulturellen Lebens" (1).

Radbruch und Gwinner verstanden die "historische Kriminologie", wie sie ihre Forschungsrichtung benannten, als Teil der Kulturgeschichte. Die Strafrechtsgeschichte sollte ihrer Meinung nach nur dazu dienen, feststellen zu können, was in verschiedenen Zeiten als Verbrechen angesehen wurde. Zugleich lehnten sie einen übergeschichtlichen, "natürlichen" Verbrechensbegriff ab; allerdings führten sie einen solchen mit ihrer Definition des Verbrechens als "sozialpathologische" Erscheinung zugleich ungewollt wieder ein.

Wesentlich ist auch ihre Forderung nach Heranziehung einer breiten, vielschichtigen Quellenbasis. Sie äußern sich skeptisch darüber, als einziges Korrektiv zu Gesetzestexten erzählende Quellen heranzuziehen, da sich diese nur auf außergewöhnliche Rechtsfälle, auf "merkwürdige" Verbrechen konzentrieren und so ein verzerrtes Bild der Rechtswirklichkeit liefern.

Auch mir erscheint gerade bei erzählenden Texten ein gerüttelt Maß an Vorsicht angebracht zu sein, denn man kann geradezu von einem literarischen Unsicherheitstopos sprechen. Es lassen sich praktisch für jede Epoche zeitgenössische Aussagen finden, in denen beklagt wird, daß man gerade jetzt in besonders finsteren Zeiten lebe, in denen Recht und Ordnung nichts mehr gelten, in denen Mord, Raub, Diebstahl, Betrug etc. an der Tagesordnung seien. Diese Diskrepanz zwischen einem subjektiven Gefühl der Unsicherheit und Bedrohung und der tatsächlichen Struktur der Kriminalität wird ja auch heute deutlich, wenn man die Kriminalberichterstattung der Massenmedien mit den Kriminalstatistiken vergleicht.

Obwohl das Postulat der Quellenpluralität unbestritten bleiben soll, erscheinen mir für eine breite Erfassung der spätmittelalterlichen Kriminalität die Überreste gerichtlicher Tätigkeit wie Gerichts- und Stadtbücher, Gerichtsrechnungen, Urfehden etc. besonders geeignet. Die hier in Betracht gezogenen Quellen stammen großteils aus dem städtischen Bereich und setzen im 15. Jahrhundert ein. Problematisch daran ist, daß – einmal abgesehen von der Überlieferung – die daraus zu ziehenden Aussagen regional eng begrenzt sind und durch die zahlreichen Ausnahmen von der Zuständigkeit der städtischen Gerichte immer nur auf einen Teil der Bevölkerung zutreffen.

Außerdem muß man sich bewußt sein, daß durch diese Quellen nur ein Ausschnitt der tatsächlich begangenen Gesetzesverletzungen erfaßt werden kann, nämlich der, der den rechtssprechenden Instanzen zur Kenntnis gelangte und von diesen auch verfolgt wurde. Es stellt sich hier – wie ja auch für die Kriminalitätsforschung der Gegenwart – das Problem des Dunkelfeldes (2), wodurch eine Lücke entsteht, die sich für die Vergangenheit durch Vermutungen und Hypothesen nicht einmal mehr notdürftig verkleiden läßt. Einer historischen Kriminalstatistik hinderlich ist auch der mangelhafte Bezugsrahmen, da über mittelalterliche Bevölkerungszahlen und Bevölkerungsentwicklung nur sehr ungenaue Angaben bekannt sind. Bei Aussagen über die quantitativen Veränderungen der Kriminalität muß zudem auch der institutionelle Rahmen der Rechtsverfolgung und der Rechtsdurchsetzung berücksichtigt werden. So findet sich häufig in der Literatur die Behauptung, daß die Kriminalität im Spätmittelalter und in der frühen Neuzeit ansteige. Ich kann mich hier des Eindruckes nicht entwehren, daß hier ein nicht zulässiger Analogieschluß aus der Zunahme des Quellenmaterials, die u.a. durch die vermehrte Gesetzgebungstätigkeit und das intensivierte Streben des frühmodernen Staates nach Rechtsdurchsetzung bedingt ist, auf die Zunahme der Kriminalität gezogen wird.

Aber auch eine qualitative Bewertung der Kriminalität gestaltet sich teilweise schwierig, da die Wirklichkeit erst mehrfach gefiltert ihren Niederschlag in den Quellen findet. Es können sich erhebliche terminologische Probleme ergeben, oder die Quellen können so knapp abgefaßt sein, daß der eigentliche Tatbestand nicht einmal mehr annähernd geklärt werden kann. Weiters werden durch die zunehmende Anwendung der Folter nicht begangene oder nicht begehbare Verbrechen eingestanden. Wählt nun ein Forscher aus den Geständnissen diejenigen Verbrechen aus, die nach seinem Wirklichkeitsverständnis als wahrscheinlich erscheinen, kann dies zu recht merkwürdigen Ergebnissen führen. Ein anschauliches Beispiel für eine solche Vorgangsweise bietet ein Aufsatz von Fritz Byloff über den Prozeß gegen die Bande des Zaubererjackl, der in den siebziger Jahren des 17. Jahrhunderts in Salzburg stattgefunden hat (3). Byloff erkennt, daß der als Hexenprozeß geführte Prozeß in Wirklichkeit auf die Eindämmung des Landstreichertums abzielte. Er hält daher alle jene Beschuldigungen, die im Zusammenhang mit Zauberei stehen und seinem rationalem Weltbild zuwiderlaufen, für frei erfunden, während die ebenso ungeheuerlichen Beschuldigungen in bezug auf sexuelle Perversionen ihm durchaus begründet erscheinen.

All diese quellenkritischen und methodischen Bedenken seien vorangestellt, um allzu hochgespannte Erwartungen bezüglich einer Erforschung der "tatsächlichen" Kriminalität im Spätmittelalter zu dämpfen. Dies bedeutet aber nicht, daß aus den vorhandenen Quellen überhaupt keine sinnvollen Aussagen zu gewinnen sind. Es müssen lediglich andere Fragen gestellt werden. Da die Herkunftsangaben zu den "härtesten" Daten zählen, erscheint eine Auswertung der Gerichtsbücher unter dem Aspekt der Mobilität durchaus erfolgversprechend.

Mögliche Fragen wären z.B.: Woher stammen Kläger und Beklagter? Ist der Fremdenanteil in beiden Gruppen ungleich hoch? Verändern sich Anzahl und Einzugsbereich der Fremden im Laufe der Zeit? Besteht ein Zusammenhang zwischen der Anklage und der Herkunft, d.h. gibt es Delikte, derentwegen eher Fremde angeklagt werden bzw. deren Opfer öfter Fremde werden? Wie ist die berufliche und soziale Struktur des Fremdenanteils und besteht ein Zusammenhang zwischen ihr und der Deliktstruktur. Lassen sich aus ihr Rückschlüsse auf die Ursache und die Art der Mobilität ziehen? Gibt es eine gerichtliche Diskriminierung von Fremden, etwa, daß sie gerade wegen ihrer Mobilität bestraft werden, oder daß sie zu höheren Strafen verurteilt werden als Einheimische etc.?

Hier seien einige Beobachtungen aus den Stadtgerichtsrechnungen von Krems und Stein in Niederösterreich aus den sechziger und siebziger Jahren des 15. Jahrhunderts angeführt (4), die allerdings wegen ihrer zeitlichen und räumlichen Beschränktheit nicht verallgemeinert werden dürfen. Der Großteil der mit dem Gericht befaßten Personen kommt dabei aus Krems und Stein und aus Orten der näheren Umgebung. Wenn man den Fremdenanteil in der Gruppe der Kläger mit dem bei den Angeklagten vergleicht, zeigt es sich, daß dieser bei den letzteren deutlich höher ist (34,9% zu 22,4%). Daraus könnte man schließen, daß die Fremden "krimineller" sind, wohl aber auch, daß die Einheimischen sich eher an das Gericht wandten – vielleicht weil sie von diesem bevorzugt behandelt wurden? Die Verurteilungen von Fremden treten gehäuft zu Marktzeiten auf, woraus zu erkennen ist, daß die Zahl der Fremden in der Stadt in dieser Zeit stark angestiegen ist und daß deren Migration zum Großteil berufliche Ursachen hatte. Der Einzugsbereich der Fremden deckt sich auch demgemäß mit dem des Handels. Auch die Delikte, in die die Fremden am häufigsten verwickelt sind, stehen im Zusammenhang mit wirtschaftlicher Tätigkeit und werden im Arrestverfahren (5) abgewickelt. Das Arrestverfahren hat überhaupt große Bedeutung im Fremdenrecht und diskriminiert die Fremden deutlich. Diese genießen dabei einen geminderten Schutz ihrer Person oder ihres Eigentums. Beim Repressalienarrest müssen sie sogar für die Vergehen ihrer Rechtsgenossen haften. Letztere den Handel nicht besonders fördernde Praxis versuchte man aber recht bald durch Verträge zwischen einzelnen Städten einzudämmen.

Im Falle eines Übergriffs eines fremden Stadtgerichts konnte ein Bürger anscheinend mit einer Intervention seiner Stadt rechnen. So schreiben 1430 (April 25) Bürgermeister, Richter und Rat der Stadt Wien erbost an den Rat der Städte Krems und Stein wegen der "unbillichen" Strafe von 8 Gulden, die der Kremser Stadtrichter über den Wiener Fischer Paul Veyal verhängt hat, lediglich weil diesem, erschreckt von einem Guß kalten Wassers, sein Badewedel entfallen war, wodurch er sich im Badhaus unziemlich vor den Frauen entblößt hatte (6). Hinzu kam, daß der Stadtrichter zur Sicherstellung der überhöhten Strafe auch noch das Gut des Wiener Fischers sogleich mit Beschlag belegt hatte.

Andererseits begünstigt die Fremdheit, das Entkommen aus der sozialen Kontrolle der eigenen Gemeinschaft, bestimmte Delikte. Mehrfach berichten die Kremser Richterrechnungen (7) von verheirateten Männern, die ihren Aufenthalt in Krems, offensichtlich in der Meinung, daß hier niemand über ihren Familienstand Bescheid wisse, dazu benutzten, das Frauenhaus aufzusuchen, jedoch von den Prostituierten gegen einen Anteil an der Strafe dem Stadtrichter gemeldet wurden. Von großer Bedeutung für die Einschätzung und Behandlung der Fremden war zweifellos ihre soziale Stellung, von der letztlich auch die Billigung oder Mißbilligung ihrer Mobilität abhängig war. Wesentlich stärker war daher die rechtliche Benachteiligung jener fahrenden Menschen, die nicht den Schutz einer machtvollen Gemeinschaft genossen. So bunt zusammengewürfelt diese Gruppe der Fahrenden auch gewesen sein mochte, so war ihren Mitgliedern doch gemeinsam, daß sie den Unterschichten und Randgruppen (8) der Gesellschaft zuzuzählen waren und sich auf der Suche nach besseren Lebenschancen befanden. Teils durch echte Not, teils durch ihre Schutzlosigkeit den Obrigkeiten gegenüber schienen diese Menschen geradezu dazu prädestiniert, mit dem Gesetz in Konflikt zu kommen. Verstärkt wurde diese Tendenz noch durch Fremde – besonders Bettler und Arme – diskriminierende Bestimmungen, die die Kriminalisierung der Fahrenden förderten.

Das Mißtrauen der "Seßhaften" gegenüber den Fahrenden war nicht unberechtigt in einer Zeit, in der Sühnewallfahrten und durch Verbannung erzwungene Mobilität (9) durchaus gebräuchliche Strafen für Verbrechen waren. Andererseits war für eine bestimmte Gruppe von Kriminellen, wie etwa Betrüger, Diebe und Räuber, wegen der Entdeckungsgefahr ein rascher Ortswechsel häufig überlebensnotwendig. Ein Zeugnis von einer solchen Diebsexistenz gibt uns das Geständnis (10) des 1462 in Spitz ertappten und hingerichteten Diebes Hans Swarczenperger, in dem er 48 Diebstähle gestand. Gerhard Jaritz, der sich mit diesem Diebsgeständnis befaßte, konnte zwar die Route von Swarzenpergers Diebstour nicht mehr chronologisch genau eruieren, es zeigten sich aber deutlich zwei Schwerpunkte im "Wirken" des Diebes: einerseits im Raum von Wels in Oberösterreich, wo er etwa zwei Drittel der Diebstähle verübte, andererseits in Niederösterreich nördlich und südlich der Donau, wo – vielleicht aus Vorsicht – die Orte seiner restlichen Verbrechen nicht mehr so dicht nebeneinanderlagen. Das Diebsgut, zumeist Vieh, aber auch Kleidungsstücke, Geld und Gerät verkaufte Swarczenperger – mit einer Ausnahme – nicht in dem Ort, in dem er es gestohlen hatte. Er war also allein schon zur Verwertung seiner Beute zu einem Ortswechsel genötigt.

Lediglich 20 Diebstähle gestand 1519 unter der Folter ein Dieb im steirischen Aussee (11), doch die geographische Reichweite seiner Diebszüge ist beträchtlich größer. Er verübte seine Diebstähle nicht nur im steirischen, oberösterreichischen, salzburgischen und tirolischen Raum, sondern er gelangte auch in den süddeutschen Raum zwischen Kempten im Allgäu, Regensburg, Landshut und Burghausen.

Wesentlich bedrohlicher im Vergleich zu diesen beiden "harmlosen" Dieben mußten die organisierten Räuberbanden erscheinen. So wurde 1516 in Aussee der Pflindsberger Urbarsmann Hois Gryl hingerichtet, der als Mitglied einer Räuberbande nicht nur an Raub- und Diebszügen, sondern auch an 31 Morden beteiligt gewesen war. Unter der Folter gab er die Namen von 34 seiner "Gesellen" – darunter auch Bauern, Bauernknechte und kleine Handwerker – preis, mit denen er in der Steiermark, Oberösterreich und Salzburg Verbrechen begangen hatte. Wie aus diesen wenigen Beispielen zu erkennen ist, bestand ein enger Zusammenhang zwischen Mobilität und Kriminalität, so daß folgende Aussage von G. Radbruch durchaus zutreffen dürfte: "Von und auf der Straße lebte die Kriminalität des Fahrenden Volkes. Sie ist der Nährboden der mittelalterlichen Berufskriminalität" (12).

ANMERKUNGEN

1) Gustav Radbruch – Heinrich Gwinner, Geschichte des Verbrechens. Versuch einer historischen Kriminologie. Stuttgart 1951, 5.

2) Vgl. dazu Arno Pilgram, Kriminalität in Österreich. Studien zur Soziologie der Kriminalitätsentwicklung. Wien 1980.

3) Fritz Byloff, Die Blutgenossenschaft des Zaubererjackl. Ein Beitrag zur Geschichte und Biologie des deutschen Gauner- und Landstreichertums, in: Monatsschrift für Kriminalpsychologie und Strafrechtsreform 18 (1927) 401-429.

4) Vgl. dazu Herta Mandl-Neumann, Alltagskriminalität im spätmittelalterlichen Krems. Die Richterrechnungen der Jahre 1462 bis 1478, in: Mitteilungen des Kremser Stadtarchivs 23/24/25 (1985) 1-144; dies., Aspekte des Rechtsalltags im spätmittelalterlichen Krems, in: Bericht über den 16. Historikertag in Krems/Donau (Veröffentlichungen des Verbandes Österreichischer Geschichtsvereine 25) o.O. 1985, 312-327.

5) Vgl. dazu G. Buchda, Kummer, in: HRG II, Berlin 1970, Sp. 1257-1263; Helmut Feigl, Rechtsentwicklung und Gerichtswesen Oberösterreichs im Spiegel der Weistümer (AÖG 130) Wien 1974, 36 ff.

6) Otto Brunner, Die Rechtsquellen von Krems und Stein (Fontes Rerum Austriacarum III, 1) Graz-Köln 1953, 80, Nr. 140.

7) Mandl-Neumann, Alltagskriminalität. Vgl. auch Ernst Schubert, Gauner, Dirnen und Gelichter in deutschen Städten des Mittelalters, in: Cord Meckseper – Elisabeth Schraut (Hg.), Mentalität und Alltag im Spätmittelalter. Göttingen 1985.

8) Vgl. František Graus, Randgruppen der städtischen Gesellschaft im Mittelalter, in: Zeitschrift für historische Forschung 8 (1981) 355 ff. Franz Irsigler – Arnold Lassotta, Bettler und Gaukler, Dirnen und Henker. Randgruppen und Außenseiter in Köln 1300-1600. Köln 1984.

9) Achtbücher, wie sie für einige größere Städte Süddeutschlands vorliegen, und Urfehdebriefe dokumentieren nicht nur die Bedeutung dieser Strafe, sondern stellen auch wertvolle Quellen für die Geschichte des mittelalterlichen Verbrechens dar. Vgl. A. Buff, Verbrechen und Verbrecher zu Augsburg in der zweiten Hälfte des 14. Jahrhunderts, in: Zeitschrift des historischen Vereins für Schwaben und Neuburg 4 (1878) H. 3, 160 ff.; Werner Schultheiß (Bearb.), Die Acht-, Verbots- und Fehdebücher Nürnbergs von 1285-1400. Nürnberg 1960; Alois Niederstätter, Vorarlberger Urfehdebriefe bis zum Ende des 16. Jahrhunderts (Forschungen zur Geschichte Vorarlbergs 6) Dornbirn 1985.

10) Gerhard Jaritz, Probleme um ein Diebsgeständnis des 15. Jahrhunderts, in: Jahrbuch des Musealvereines Wels 21 (1977/78) 77-86.

11) Franz Hollwöger, Das Ausseer Land. Geschichte der Gemeinden Bad Aussee, Altaussee, Grundlsee, Mitterndorf und Pichl. Bad Aussee 1956, 77 ff.

12) Radbruch – Gwinner 84.

MOBILITY: VOLUNTARY OR ENFORCED?
Vagrants in Württemberg in the Sixteenth Century

Robert W. Scribner

Any discussion of mobility in early modern Europe should give special attention to the phenomenon of vagrancy. Vagrants not only exemplify the dual problems of geographical and social mobility (in the latter case, almost always downward). They also provide an intriguing case study of official reactions to the phenomenon of mobility in a society which preferred its subjects or citizens to be as far as possible sedentary, and therefore controllable – both on the grounds of maintaining social order as well as for economic and fiscal reasons. Throughout the medieval and early modern period, the 'fahrende Leute' were regarded as a major threat to respectable society, pursued by all authorities and stigmatised as deviants. The traditional 'fahrende Leute' were itinerant trades or professions whose form of work involved wandering, such as travelling players, musicians and circus folk; or those who served the needs of rural population but could find no regular employment by residing in one place, such as hawkers, tinkers or knifegrinders (1). However, during the course of the fifteenth century a new phenomenon grew up alongside these traditional vagrants: the 'fake beggar' and the shiftless, sturdy vagabond.

The social stereotype of the 'fake beggar' was developed during the last third of the fifteenth century, and was fixed in literary form by the publication in 1509 of the 'Liber vagatorum', which saw 14 editions up to the beginning of the Reformation (2). In 1527 Luther published a German edition of this work, 'Von der falschen Bettlern Buberei', which saw five further editions up to the beginning of the Reformation. In his preface the Reformer provided ideological underpinning for the stereotype of the sturdy vagabond, undeserving both of sympathy and support. Princes, lords and urban authorities should see to their genuine and residential poor, he asserted; to this end each town or village should identify its poor by drawing up a register of local paupers, while foreign wandering beggars without documents should not be tolerated (3). The effect of this advice was to identify the itinerant poor as fake beggars, who were to be disciplined or expelled. Here Luther was advocating nothing new, for secular legislation had long since anticipated his advice. In Württemberg all officials were put on alert for idle vagrants from 1495, and by 1508 those apprehended were increasingly being charged with 'suspicious wandering', while from 1516 the charge increasingly became one of 'fake begging' (4).

Related to the image of the fake beggar was the view that many vagrants and beggars were poor not so much by choice as through their own fecklessness and moral disability. In 1524 the conventional view of the age on this point was neatly encapsulated in a broadsheet entitled 'Zwölf Vaganten', published in Nuremberg by Hans Guldenmundt. It deals with twelve different kinds of vagrants, identifying the reasons for their descent into the ranks of beggars. Five have been driven to begging by their moral failures: the rake, the gambler, the wastrel, the glutton and the brawler. Their inability to restrain their vices has brought them to poverty. Three others have become beggars rather more indirectly as a result of their own foolish actions: the lazy maidservant, who was disobedient and could control neither herself nor her tongue; the servant girl who allowed herself to be led astray by cleric and layman alike; and the woman who took too little care of her honour. Three others are poor because of mistaken choice of profession: the alchemist, the student and the old man who neglected to learn enough when young. Only one of the twelve is a beggar through no fault of his own, the man born poor. The other eleven are presented as deviants unable to live up to the moral standards of society. They belong justly to the ranks of the beggars, as the broadsheet puts it, where no one will pity them (5).

Fake beggars, the feckless, and the traditional 'fahrende Leute' do not seem to have the norm for vagrants during the sixteenth century. I am currently researching the problem of crime and vagrancy in the principality of Württemberg during the fifteenth and sixteenth century. I have traced around 300 persons who might be broadly defined as vagrants, but only 14 of them are identifiable as fake beggars. The principle sources for this study are a series of over 7000 'Urfehden' held in the Hauptstaatsarchiv Stuttgart, backed up by the extant criminal records (Malefizakten) (6). The series of Urfehden extend from the early fifteenth century until the end of the sixteenth century, but are more numerous during the middle decades of the sixteenth. As used in the duchy of Württemberg, the Urfehde was a complex legal, political and social instrument adapted to the needs of the emerging territorial state. However, in its simplest and most common form, it was a sworn undertaking given by an arrested person that he (or she) would accept the treatment accorded him while under arrest, that he accepted any imposed punishment or conditions of release, and that he would not seek to take revenge on the Württemberg authorities or any of their subjects (7). During the sixteenth century, most Urfehden contained some information about the offence or occasion of arrest, so allowing analysis of the long-term pattern of offences in the principality.

The use of such sources is not without its problems, especially as the supporting documents in the Württemberg 'Malefizakten' are extant in substantial numbers only from the later part of the sixteenth century, while the earliest extant record of a Württemberg criminal court is the 'Gerichtsprotokolle des Vogtgerichts' for Leonberg for the years 1573-81 and 1582-97. The 'Peinliches Urteilbuch' from Leonberg for the years 1528-1632 contains judgments in criminal cases, but often without adequate information about the offence (8). In any case, this mere record of judgments is misleading as a source in itself since the Urfehden show that many of the judgments of the criminal court were reduced on appeal or because of pleas for mercy entered by patrons, friends or relatives of the accused. The Urfehden also reveal that many criminal offences were never brought to trial, but were settled by a form of 'plea bargaining'. The Urfehden present problems for analysis because they were issued by the local 'Vogt' acting as the governor for each of the Duchy's 45 'Ämter' or 'Vogteien' (administrative districts). It is clear from preliminary analysis of the 'Urfehden' extant for many of these 'Ämter' that there were considerable variations in the way the law was administered from district to district.

Nonetheless, allowing for these and other difficulties about the sources, the Württemberg Urfehden provide not only an intriguing and extensive pictury of crime in sixteenth century Württemberg; they also yield valuable information about vagrancy and patterns of mobility. The most striking feature of preliminary work on this source is that temporary vagrancy and geographical mobility were exceptionally high. It is the nature of such temporary mobility that I want to explore in this paper, to see how it is related to the stereotype image of the vagrant and the 'fake beggar', so common in all the literature of the sixteenth century.

The major themes of the paper can be summed up in the case of Veit Brunner of Vaihingen, a 'Landsknecht' arrested in January 1549 in a village just outside Pfullingen, in the administrative district of Urach. Brunner had emptied his musket through the window of a house as he marched into the village with his female companion, Katherina Steb. He claimed that he had been drinking on the road, and was 'full of wine'. For safety's sake, he had wanted to discharge his musket before entering Pfullingen: he just had not seen the house in the way. The district officials were dissatisfied with this explanation, and reported to Stuttgart, from where the Duke ordered that he be interrogated, by bringing him into the presence of the executioner and if necessary by the use of torture.

Nothing suspicious was discovered in the interrogation, and the district governor of Urach reported only that Brunner had been imprisoned two years previously in Esslingen, and since then had not been in his home town of Vaihingen for more than 2-3 days. However, he had remained there long enough to run up 100 Gulden worth of debts and to get a girl pregnant, who was even now supporting his child. In addition, Brunner was reputed to be slightly crazy. The previous August his own brothers Steffan and Friedrich had applied to the Württemberg chancellery to have a warrant ('Steckbrief') issued for his arrest. They claimed that he had been wounded in the head with a knife some years previously, had lost his reason, and had had to be locked up for his own protection. However, he had escaped and had been wandering the roads, and was given to all kinds of irrational behaviour – abuse, threats and every kind of mischief. When he returned briefly to Vaihingen he had threatened to burn down all the surrounding villages. It was feared that he would harm someone, and all Württemberg officials were ordered to keep a lookout for him.

Veit Brunner may have been crazy, but he had won himself a travelling companion, Katherina Steb from Überlingen. Katherina had been working in the Hospital in Überlingen, where she had taken up with a fellow worker, Hans Beck from Ebersbach, only eleven month before. The couple had married just before Lent 1548, but only two weeks after Easter Beck deserted his new wife. Too ashamed to remain in her home town, she had moved to Marbach on the Swabian Alp, where she took service with a miller. There she met Veit Brunner, who arrived with a companion. Veit was struck by her, and declared that she was the woman for him. He forced her to go away with him, which Katherina claimed she had done 'out of fear and lack of understanding'. They went to Bernbach, where she again took service briefly, and then to Mittenstedt, where she found another position as a servant, and wanted to part company with Veit. But he stood in the street outside the house, and so cried out that she must come out and go with him that she gave in, again, as she claimed, 'out of fear'. From there they came to Pfullingen. Her account was confirmed by Veit's testimony, except that he did not know that she was married, and had promised to marry her himself. Indeed, in his first interrogation, he had openly admitted that she was not his wife, but had professed his intention to 'lead her to church and street' as soon as he was released (9).

Veit and Katherina were typical of many of the vagrants thronging the roads, villages and markets of sixteenth century Württemberg, who sooner or later fell foul of the law for petty offences such as disorderly conduct or theft. From the records I have examined, I can single out eight reasons for vagrancy. These can be described under the following headings: the traditional itinerant professions; casual work; 'Landsknechte' or 'Gartknechte'; poverty; squandering; marital problems; the system of criminal justice; and political causes. I do not want to expound in any length on the traditional vagrant professions, except to say that they appear regularly, but in small numbers in my sources. When professions or occupations are given for vagrants the traditional vagrant trades were strongly in evidence: tinkers, pewterers, knifegrinders, stonecutters, spoonsellers, hawkers (often dealers in 'fake spices'), as well as travelling players, musicians, acrobats, etc. This is unsurprising and does not require further comment. I want to concentrate attention on only one category among these itinerant professions, the 'Landsknechte'.

'Landsknechte' and 'Gartknechte'

Of all the identifiable types of vagrants, wandering soldiers seeking employment as mercenaries, the 'Landsknechte' or 'Gartknechte', made up by far the largest single group. Throughout the sixteenth century, they were held to be one of the greatest threats to law and order, even where they travelled singly, usually with their 'Kebs', or concubine. Like Veit Brunner, they often carried a firearm and could be obstreperous, even without provocation. Most frequently they travelled in groups, such as the band of 15 persons who halted at an inn in Denkendorf in the district of Stuttgart in 1531: seven men and eight women, four of them married couples, and from places as scattered as Munich, Nuremberg, Augsburg, Ulm, Pforzheim and four other places which are no longer traceable, possibly villages outside Württemberg. This group claimed that they were travelling to seek service under the Emperor, but they fell into a brawl with some carriers in the inn. Local farmers tried to intervene to keep the peace, and became involved in the fighting. One of the farmers was felled, another was wounded; and one of the 'Landsknechte' threatened to harm the village in revenge (10). This was common behaviour as it appears in the criminal records – they quarrelled, brawled, disputed the bill, threatened farmers and innkeepers, and were not averse to a bit of extortion, even forming into robber bands engaged in 'Plackerei' or highway robbery.

The band at Denkendorf was typical of numerous bands from beyond the borders of the land who travelled through it frequently and found little welcome from the local inhabitants. Numerically greater were local 'Gartknechte', from places within Württemberg, who were driven into mercenary service either by poverty or by their inability to settle into a sedentary occupation; sometimes they were mere boys just seeking adventure. From the end of the fifteenth century Swabia became the most common recruiting ground for mercenaries, and from that time on there were repeated attempts to regulate the trade. Maximilian I issued the first imperial mandate prohibiting taking military service under 'foreign powers' in 1487, and it was repeated and toughened in 1508, 1512, 1522/3, 1526, 1536 and so on at regular intervals throughout the century (11). Although Württemberg was slow to adopt such legislation, it began to police this offence as early as 1508 (12).

This did little to deter recruiters, who were constantly active in the period: 15 such persons were apprehended in Württemberg and made swear Urfehden in the years 1523, 1528-9, 1531-2, 1535-6, 1538 (2), 1542 (4), 1551 and 1568 (13). They did not fail to find a ready market (see Table I).

Table I

Prohibited military service in selected administrative districts of Württemberg in the sixteenth century

District	(a)	(b)
Böblingen	39	22,5 %
Cannstatt	35	25,7 %
Kirchheim	62	11,0 %
Lauffen	29	22,8 %
Leonberg	36	14,5 %
Schorndorf	14	5,8 %
Stuttgart	60	10,4 %
Tübingen	21	11,8 %
Vaihingen	35	19,4 %
Maulbronn & Herrenalb	20	13,4 %

(a) Persons charged with prohibited military service
(b) Percentage of all persons charged in the district

NB: This table includes only those charged in the district in which they were normally resident, and excludes a small number who were charged outside their district of residence.

The usual period of absence on military service seems to have been no more than a year, for those charged were usually apprehended after returning home at the end of the campaigning season. However, the Urfehden do not reflect those who remained away for longer periods or did not return to their place of residence at all. Where their employer or place of service is mentioned, we can gain some idea of the area in which they moved. The most common employer was the King of France, followed by the Emperor. Occasionally employment was taken under German princes recruiting for local campaigns, such as the Landgrave of Hesse of Margrave Albrecht of Brandenburg. Thus Italy, the Low Countries and Central Germany were the main theatres of activity. Those who were charged for a second offence were small in number – only 16 of the 351 persons listed in Table I. Clearly, this was a form of temporary mobility dictated by the attractiveness of military pay and the chance to break away from the domestic and economic restrictions of daily life in enclosed communities. One may well ask how far it fulfilled the same liminal function as that discerned by Victor Turner for pilgrimage (14).

Casual work

Casual workers, day labourers, seasonal workers or servants appear only as 'beggars' or under other criminal designations such as 'arsonist', according to the crimes of which they were suspected, so that I can only cite evidence of the role played by the search for casual work in creating vagrancy. But in numerous cases recorded in the Urfehden, the offenders were on the roads seeking work. Two examples will suffice to illustrate the complexity of the phenomenon. Jerg Groningen, perhaps a cobbler by trade, was drinking in an inn with a tailor from Pforzheim. A carrier-messenger offered them two measures of wine to help carry his load to Offenburg. When they arrived there, he refused to pay until they had carried it further to Achern. In the subsequent dispute over payment, in which they demanded money instead of wine, the messenger was slain, and the two charged with murder (15).

Peter Vergelin of Holzgerlingen, interrogated in August 1539 on suspicion of fire-raising, was an itinerant agricultural worker. With three companions, one of them a vineyard hand, another a carrier's mate, he had been cutting hay in the margraviate of Baden. When the job was finished, they set out for Tieffenbronn in Württemberg to find another job, but found a better offer from a rider who offered them a Gulden each to fire some Württemberg villages. The rider convinced them with the argument that they could earn their keep more easily in this way than by hard harvest work. As they accepted the offer, one of them commented that he had done a harvest or two at Mercklingen, and had enjoyed the experience so little he would be glad to fire the place (16).

Harvest work seems to have been the most common form of casual labour, turning up in the criminal records where these labourers were charged with petty offences. Thus, in 1536 three men from Nürtingen, Bamberg and Dinkelsbühl were accused of being drunk and disorderly while helping with the harvest in the Böblingen district; another man from Bottwar was accused of theft in 1540 while working in the harvest on the Alp; and in 1537 a messenger from Nördlingen fell into a quarrel with another messenger while both were working in the harvest in the district of Brackenheim (17).

The apparent rotation around several short-term jobs seems a common experience. Katherina Steb was probably not unusual for a woman vagrant in moving from one job to another within a short time (she had held four positions within a twelve-month). Although harvest work seems to be the most common form of employment, there was a wide range of other jobs open to casual labourers. One could hire out as a carrier or as a messenger, fetching letters or even collecting a debt from another town. One could be taken on as a tradesman's assistant, help out in the market as a porter, or be hired as an assistant in a mill or as a casual farmhand. The persons involved in such casual employment were often technically artisans: cobblers, weavers, tailors, pewterers or carpenters – but they were willing to turn to any means of making ready cash, even if it was of dubious legality. For many artisans and agricultural workers, military service was also a form of casual employment, although better paid than most.

For most such persons, casual labour involved wandering, moving from one job to the next, either seeking the next harvest, visiting the next market or fair, or seeking employment as a servant. The apparent tendency for servant's employment to be short-term in so many cases doubtless encouraged wandering to seek work (here it is difficult to distinguish what was cause and what was effect). Again, I can only speak impressionistically at this stage, but the area of activity of such casual workers seems fairly circumscribed, within the boundaries of Württemberg, or within the neighbouring territories: Baden, Hesse, the Black Forest, across the Rhine. This also seems to coincide with the patterns of more permanent vagrants, and it is a moot point at what stage such casual workers became or were regarded as perpetual travellers. Technically, one was not a vagrant if one was 'seßhaft', but many people were picked up quite some distance from their place of residence, whether in Württemberg or in the neighbouring territories (18). The picture which emerges from the Urfehden is one in which the lines between temporary and permanent vagrancy were consistently blurred. Given the continual search for casual work, it could not have been otherwise.

Poverty and Squandering

Many of those picked up for vagrancy claimed that they had been driven to it from poverty, and this defence was used repeatedly by those accused of engaging in foreign military service. However, the correlation between poverty and vagrancy is not immediately obvious in and through the evidence of the Urfehden. The place with the highest proportion of charges for prohibited military service was the market of Horrheim in the district of Vaihingen, where over half of the extant Urfehden were concerned with it. Yet Horrheim was scarcely the poorest community in the district – the average wealth of its 182 taxpayers in 1544/5 was 220 Gulden, well above the national average of 171 Gulden (19). That may not be at all conclusive evidence about those drawn to follow foreign military service, nor about vagrants in general, and this is a point on which little can be said on the basis of the Urfehden alone.

There were certainly many folk who took to the roads to avoid payment of debts. Jerg Beutz in 1514 wanted to run away from his wife and go into foreign military service, leaving his debts unpaid. Lenhart Seytz, a butcher from Ingersheim, in 1523 attempted to flee from the district of Bietigheim with his wife, after he had been warned by the authorities about his debts, and ordered neither to leave the land, nor to dispose of any of his property. In 1531 Hans Bider Junior from Leonberg tried to remove himself from Böblingen without having first paid his taxes, while in 1538 Jörg Beck a citizen of Marbach was made to swear an Urfehde because of his many debts that he would not attempt to alter his circumstances. By 1540 Beck had fled from Marbach by night, taking his family with him and leaving all his debts unpaid. As punishment, he was made to renounce all his wealth, and was exiled from the town (20). However, debt did not always mean poverty, and may have been as much the result of careless management. Here criminal records reveal only the end result of a process that is hidden to us, and the Urfehden will have to be supplemented with other sources to reveal effectively the true extent of the links between poverty, crime and vagrancy.

Moralists, legislators and policing authorities of the time made another link, that between vagrancy and spendthrift living. The wastrel who mis-

73

treated his wife and children, spent his money in drinking and gambling, and was shiftless and idle, was seen as the person most likely to take to the roads to avoid his responsibilities. Squandering was an offence regularly prosecuted in many districts, as Table II shows.

Table II
Prosecutions for squandering in selected Württemberg districts

District	(a)	(b)
Göppingen	15	9,0
Güglingen	9	5,3
Kirchheim		
Stadt	17	11,5
Amt	33	8,6
Stuttgart		
Stadt	34	10,6
Amt	26	5,8
Tübingen	14	8,8
Vaihingen		
Stadt	11	18,3
Amt	25	20,8
Herrenalb & Maulbronn	11	7,4

(a) Persons prosecuted for squandering
(b) Per cent of all persons prosecuted

There were certainly numerous examples among these persons where squandering led to the abandonment of wife and children, and taking to the roads. A typical example is Anstett Eck, from Nussbaum in the 'Vogtei' of Kloster Herrenalb, who was imprisoned for eight days in 1532 for fleeing the territory and abandoning his wife and child. He had wasted all his property in gambling and winedrinking, and forced his wife and child into poor relief. Just before his flight he had sold his vineyard and gambled away the greater part of the proceeds. Jorg Urban, a citizen of Vaihingen, was charged in 1550 with squandering and attempted flight. Through winedrinking, gambling and blaspheming he had brought his family to poverty, and forced his wife to seek alms from the Poor Chest. As she lay seriously ill, he had danced away the night to the bagpipe, and though he had been arrested for this offence, as soon as he was released, he had visited the whorehouse and then attempted to flee by climbing over

74

the city wall. Michael Fuchs, a baker of Bottwar, had often been warned of his disorderly lifestyle, and had even been imprisoned for it. Finally, he had run off to take prohibited military service, only to be arrested on his return in 1573, and later to be again imprisoned for disorderly life (21). We do not know how long Anstett Eck or Michael Fuchs had been absent from their families, but there is more precise information in the case of Hensslin Reichberger, called Katzenhans, of Dettingen Schlossberg, who was arrested in 1529 after his return to the principality after an absence of eight years. In 1520 he had been charged with squandering, disorderly living, mistreating his wife and hostility towards his wife's relatives. He was ordered to keep his property in good order, to improve his lifestyle and to make no changes in his circumstances without the permission of the authorities. Shortly thereafter, perhaps within a year, he seems to have fled the territory (22).

Such instances must have confirmed the views of contemporary moralists, but they do not seem to be wholly representative of those who turned to 'Landesflucht' as a solution to personal problems of this kind. In the administrative areas of Vaihingen (town, district and the two 'Klosterämter' ruled from Vaihingen, Herrenalb and Maulbronn), where there was the highest percentage of offences of squandering, only 6 of the 47 cases involved flight as a consequence of a wastrel lifestyle. Nor was there any high correlation between squandering and entering prohibited military service, as might be suggested by the example of the baker Michael Fuchs: only one of the Vaihingen cases linked the two offences. Indeed, these cases made up only a third of the cases in the Vaihingen district involving 'Landesflucht'. A more common factor in all of these cases seems to be frustration with the continual harassment of the authorities, and fear of punishment, rather than mere irresponsibility. An informative example pointing in this direction is Michael Rörer from Schmie in the Maulbronn district, who had been repeatedly warned about gambling. In 1533 while working in the fields he said openly that he was fed up and would run away from his wife and child. He was thereupon arrested and told to keep an orderly household in future (23). Anstett Eck, Jorg Urban and Katzenhans all seem to have fled their places of residence primarily out of fear of punishment, a point I shall return to below in another section.

Once one was out on the road, for whatever reason, things could become very different, and it was difficult not to be rid of the money one had. Steffan Syblin from Rutesheim in the Leonberg district was picked up in 1532 in the Vaihingen district, and charged with shamefully and wantonly squandering his wealth by wandering in the district of Maulbronn, and so leaving his wife and children in poverty (24). Clearly, it was the vagrant life which had reduced Syblin to poverty. Joachim Ruger, an orphan from Vaihingen, had been placed in an apprenticeship, and although he had debts as a result of squandering, he had been given clothing and money for his keep and sent on the customary 'Wanderjahr'. Within weeks, he had fallen into more debt, and turned to a vagabond way of life, running up more debts with a citizen of Esslingen and attempting to deceive a rural innkeeper by incurring debts in the name of his cousin (25). These are only preliminary reflections based on some provisional analysis of the 'Urfehden', and this particular source may not be an accurate reflection of the problems related to wastrel lifestyle. However, it does suggest a provisional hypothesis contrary to the view of the broadsheet 'Zwölf Vaganten' that vagrancy was not a voluntary matter occasioned by the fecklessness of the idle and the spendthrift.

Marital or Sexual Problems

Marital or sexual problems emerge regularly as a reason for people taking to the roads. Some were like Hans Beck, who deserted his new wife Katherina Steb, and a considerable number of vagrants picked up for minor offences were found to have deserted their families. Indeed, desertion was one of the major grounds for divorce in Württemberg in the sixteenth century, and it seems to have been a common form of marital breakdown. Of the cases appearing before the Württemberg marriage court 1543-1590, 71% of the divorces granted were on the grounds of desertion (26).

One reason for the high incidence of desertion was doubtless the difficulty of obtaining divorce, a feature of both Catholic and Protestant regimes alike. The Protestant marriage court in Württemberg handled three to four cases per sitting, over half of them disputes between partners already married. Of the 3885 cases extant – there are gaps in the records for the years 1541-43 and 1548-66 – only 1089 or 28% led to divorces (27). Someone such as Hans Beck, who married in haste and who had minimal ties in the community, found it easier to take to the roads as a convenient way of 'dissolving' a now unwanted marriage. It also seems highly likely that many 'marriages' were not intended to be such – they were merely a convenient way of getting a girl into bed: in the Catholic diocese of Constance attempts by women to have an alleged marriage contract enforced provided one of the largest categories of marital litigation for the period 1551-1600, over 1000 cases or 20% of the total. In Protestant Basel for roughly the same period, these cases account for 32% of all marital litigation, and in the Catholic town of Constance it was as high as 64% (28). No doubt a high proportion of the marital disputes in Württemberg (54% of all marital litigation) was also concerned with this issue as well. (Here the Württemberg Marriage Court registers are unhelpful for analysis, since the cases are recorded under summary heads).

It seems more than likely that difficulty in obtaining a divorce provided a strong reason for taking to the roads. I suspect that such people were on the poorer end of the social scale, those without any substantial property ties. But this was not a necessary precondition for desertion: in 1533 Hans Schneider from Neuhausen, in territory belonging to the Abbey of Zwiefalten, was arrested as he was in the process of selling up all his and his wife's goods and property and converting them into cash. He claimed that the money was needed to purchase an annuity for himself and his wife. However the authorities established that he intended to desert her and run off with another woman (29).

Illicit liasons were another reason for turning vagrant. Punishments for fornication and adultery ranged from heavy fines and imprisonment to standing in the stocks and whipping, and provided a strong incentive to uproot oneself from the community to escape punishment. The offences of fornication and adultery were complex social phenomena. The male adulterer may have been involved in a liason with another man's wife, with his maid or, as happened on many occasions, with a relative by blood or marriage. Not infrequently the liason occurred with a step-daughter living in the same household, sometimes after the man had become a widower (30).

Married women may have had stronger incentive to become involved in illicit relationships. Women deserted by their husbands, or left to manage alone for long periods, may have been easily attracted to other relationships. Even where a husband was not absent, the position of a wife was far from easy. The harmonious family life so vigorously propagated as an ideal by Catholic and Protestant moralists was far removed from the reality uncovered in the criminal records, where brutal mistreatment of wife and children was commonplace (31). Some of the cases are astonishing in their callousness and lack of human feeling, as in the example of Jörg Urban, cited above. Wife-beating, quarrels which could lead to the physical ejection of a wife from her dwelling, the wilful dissipation of the wife's marriage portion through a drunkard husband addicted to gambling, seem daily occurrences (32). The tendency of the authorities was to attempt to resolve such marital disputes by amicable settlements, backed by the force of law, rather than allow separation of the family. The motive here

77

was doubtless to avoid the family being thrown into poor relief, and to force the father to assume economic responsibility for them (33), a point to which we shall return in a moment. In these circumstances it is not surprising that married women were easily tempted into running away with another man, either married or single, lured by the prospect of a new life better than the old.

Although all the persons involved in such behaviour did not always take to the roads, it often became a necessity in the small communities of sixteenth century Württemberg, with its strict moral policing and severe penalties for social and moral deviance. Often the determination of the persons concerned is touching. In 1507 Hans Kuir ran away with Jonen, Bastian Kleiner's wife, and they went on the roads as man and wife. Imprisoned for this offence, they simply repeated it as soon as they were released. Similarly, Hans Kraus from Metzingen was imprisoned for running off Melchior Zimmerman's wife Anna from Gönningen. Ann was stricken with leprosy, but Hans Kraus not only pretended that she was his wife, but also begged with her as if he too were a leper (34).

There were also various reasons why women took to the roads alone: as in the case of Katherina Steb, shame at desertion or shame at loss of virginity, especially where this was made apparent by pregnancy. Becoming a vagrant, however temporarily, was a way of disposing of an unwanted infant. In 1531 Apollonia Knoblaucher of Grüningen, in service in Urach, was arrested on suspicion of infanticide. She had been pregnant the previous year and had gone away for some time, to return without a child. She became pregnant again, and once again went away to another district, where (as the charges against her alleged) she had her child in a barn and left it to die. The case was held to be not proven, and she was released, but had to pay the costs of her imprisonment and trial, and was exiled from the district (35).

The system of criminal justice

That so many people involved in marital irregularity fled their place of residence rather than face harsh punishments points to another major reason why so many people took to the roads. The very operation of the system of 'police' and criminal justice, intended to create security and harmony within the community, often had the opposite effect – of uprooting people from it, and turning them into exiles. The most obvious form this phenomenon took was flight to avoid punishment which those charged with offences feared could endanger life and limb. In a society minimally equipped for policing in the modern sense of the term, a good deal of judicial control depended on the willingness of individuals to present themselves on demand to face investigation, trial or punishment. A very substantial number of offenders, summoned before a court or a 'Vogt', took to their heels out of fear at the consequences of a criminal hearing, which might involve interrogation under torture (the so-called 'peinliche Frage'). Although the authorities in Württemberg seemed to make a distinction between offences involving danger to life and limb (where flight might be understandable) (36), many people fled the territory for lesser offences.

Such absences were usually only temporary, as the aim of the fugitive was sooner or later to attempt to negotiate an agreement allowing return without being subject to the full rigour of the law. The authorities were usually willing to enter into such negotiations, if only because it fitted of what was in effect a system of 'plea bargaining'. This allowed an accused person to accept a punishment imposed by the local official in return for being spared a full judicial process (37). In the meantime, however, such a fugitive lived outside the law, in insecurity and uncertainty, unable to secure a firm place of residence, the more insecure if his wife and children, goods and property remained in Württemberg and effectively out of his control.

The penalties for offences also contributed more directly to geographic mobility. The range of penalties for felonies and similar misdemeanours ranged from brief imprisonment and monetary fines, over shaming punishments such as standing in the 'Pranger' or 'Halseisen', to corporal punishment such as whipping or mutilation along with exile. Exile was perhaps the most common form of punishment other than monetary fines – in Leonberg it accounted for 40% of all punishments during the last quarter of the sixteenth century. The use of this form of punishment was also given a certain impetus by the practice of 'plea bargaining', where exile was often substituted for a form of more severe corporal punishment.

Exile was of two kinds: exile within a village, town or district boundary; or exile outside these boundaries, and especially beyond the boundaries of the territory, usually defined in broad terms such as 'beyond the Rhine, Donau, Lech' etc. Exile outside the territory was by far the more favoured punishment, accounting for 30% of the punishments in Leonberg. This was certainly a major contributor to the creation of a temporary vagrant group. The term of exile could be expressly limited, for example, to a year; but often it was for an indefinite period. A form of sentence favoured for those too poor to pay fines for misdemeanours such as breach of the peace or petty felony was to exile the offender until such time as he was able to pay. He would be forced to take temporary service or find other means of raising the funds. Most frequently exile outside the territory was declared to be 'lifelong', but in practice this was not followed out to the letter. Often a petition for readmission was presented within six to ten months of the sentence, and most exiles could have hoped for some remission of their term. The Urfehden contain many readmissions, although one of their limitations as a source is that they do not record all such readmissions and so provide a complete picture of the real numbers of those involved in this category.

Those unable to gain readmission were forced to seek residence elsewhere, although the numbers of those who returned without permission was considerable. This may have been accentuated by the exiles owing property in the territory from which they were exiled. On many occasions the offender was exiled with his wife and children, and occasionally explicitly ordered to dispose of all real and moveable property. Where the exile was not made really effective in this way, the incentives to return to his home district were great.

The persistence with which exiles were willing to defy the law can be seen from some examples. Veit Goser from Berghulen in the Blaubeuren district was arrested because of some misdeed in 1544, and sentenced to be whipped and exiled. He subsequently appeared before the Blaubeuren court charged with theft, and implicitly with breach of the exile, and was whipped and exiled again. Apprehended a third time in 1549 for breach of his exile, he had three fingers of his right hand removed and was this time exiled within the Blaubeuren district. Similarly, Margaret Beck, married to Hans Beck of Stuttgart, was exiled outside Württemberg with her sister-in-law Otilia Beck, but she returned three times, despite increasingly severe terms of imprisonment for each offence (38).

I want to suggest that such punishments played an important role in putting people on the roads as vagrants. For an exile the difficulties of settling elsewhere were considerable, especially if he had to bring testimony of good character. The authorities clearly expected exiles to take up respectable residence elsewhere, but they were also aware that it was just as likely that exiles would merely become vagrants. Occasionally exiles were expressly warned about this danger. In 1540 Hans Kessler Junior of Brackenheim was exiled for being an accomplice to a homicide and on suspicion of arson. He was explicitly told that he should not wander around like a 'Landfahrer', but that he should seek to settle somewhere. Also sentenced at the same time was Wendel Kessler, perhaps a relative or even

80

Hans' father. He too was told to settle wherever he would be accepted and to cease wandering (39). Sometimes those granted a limited exile were required to bring evidence of good conduct on their return. This was especially the case for those sentenced to go and fight for the Emperor, as occurred occasionally under the Habsburg rule in Württemberg. It was on this condition that Hans Beltzinger, former mayor of Vaihingen, a goldsmith convicted of deception with cloth, was released from prison in 1566, with the stipulation that he go to fight the Turks in Malta or Hungary (40).

The economic situation of those sentenced to internal exile can have been as little attractive as those sentenced to exile outside the territory. If they were unable to find work locally, they had no other choice but to leave the territory illegally. Here, as in the previous section on marital affairs, it could be argued state action did as much as individual proclivities to create a vagrant population. However, a more direct role of the state can be seen in my last category.

Political Causes

If we divide the various kinds of offence prosecuted in sixteenth century Württemberg into broad categories such as theft, breach of the peace, felony ('Frevel' – usually involving wounding or grievous offences of affray), etc., we find that the two major categories were theft and broadly political offences. In Leonberg, where we have as full an overview of crime as we are likely to have for any place in sixteenth century Württemberg, theft, including poaching, accounted for 26% of all cases, followed by political offences with 21%. A great proportion of these political offences were concerned with involvement in the Peasant War of 1524-5, as well as with the Poor Conrad. Many of the rebels took flight in order to avoid punishment, and pursuit of the 'Ausgetretenen' went on for ten years or more. Table III shows the numbers of persons prosecuted for participation in the Peasants' War in twelve districts of Württemberg in which they resided, a total of 635 persons. These prosecutions accounted for almost 23% of all persons recorded in the Urfehden for those districts. Around one in five of those prosecuted had taken flight to escape punishment, and another 33 persons had been expelled as punishment for their roles in the rebellion. A further 31 persons were arrested in these districts, but were normally resident outside of them, and they may also be presumed to be 'Ausgetretene'. Most of the exiles remained 'in Unsicherheit' for periods between four months and three years, although most were readmitted

81

Table III
Prosecutions for participation in the War and flight or expulsion

District	Prosecuted	% of all prosecutions	flight	expelled
Balingen	27	40,3	5	
Bietigheim				
Stadt	21	53,8	8	
Amt	54	64,3	8	
Blaubeuren	17	18,5	15	1
Calw	28	20,7	12	5
Göppingen	15	8,9	4	3
Kirchheim				
Stadt	24	15,2	1	1
Amt	70	17,3	11	11
Lauffen	33	26,0	6	
Leonberg				
Stadt	13	35,0	6	6
Amt	14	6,7	8	
Marbach				
Stadt	3	7,5	3	
Amt	170	65,9	*	
Schorndorf				
Stadt	7	22,6	3	1
Amt	41	19,7	16	
Stuttgart				
Stadt	15	4,8	8	1
Amt	8	3,1	4	
Waiblingen				
Stadt	13	46,4	2	4
Amt	35	60,3		
	635	22,8 (N=2784)	120	33

* NB in Marbach districts those prosecuted were drawn from 15 different communities; in seven of these all offenders were sentenced to exile, but the sentence was commuted on payment of a monetary fine. 157 persons were involved, and paid a total of 654 Gulden in fines.

The Württemberg government was continually anxious about any links between vagrant crime and peasant rebellion, and in the years following the peasant defeat, interrogators regularly asked about the possible involvement of suspects. From 1526 there was a growing moral panic about alleged arsonists who were linked to vagrants. This was given impetus by an alleged conspiracy uncovered by the Elector Ludwig of the Palatinate in May 1526, which supposedly involved beggars who planned to burn out princes and others who had helped the Swabian League oppress the peasants (41).

Elsewhere, I have described how this moral panic traced an upward curve, helped by the paranoia of the authorities and the almost certain existence of bands of fireraisers not just in Württemberg, but also in other parts of Germany, until it reached a peak in 1540, a year when all the German speaking lands seemed to be in the grip of 'Mordbrenner' (42). There may have been grounds for the political nervousness (if not for the 'Mordbrenner' panic), for the peasantry in Württemberg remained continually refractory.

The years of the Habsburg rule in Württemberg were also heavily influenced by nervousness about the partisans of the exiled Duke Ulrich. Between 1520 and 1534 there were 60 cases involving some form of partisanship for Ulrich, and 14 of these involved persons who had gone to join him, either in Mompelgard or in Hohentwiel (43). The latter were forced to swear an Urfehde when they returned to their place of residence, and we have no indication of the numbers who remained in such self-imposed exile. The Habsburg government believed that there were many persons wandering the roads acting as informants for the exiled prince, although they were singularly unable to lay hands on many of them. This may indicate that such fears were unfounded or merely reflect the limitations of sixteenth century policing. After Ulrich's return there was a residual hostility to the restored government, reflected in a dozen cases 1535-44 of words or deeds hostile to the Duke (44). Most of these involved abusive or disparaging words against Duke Ulrich, but in 1535-6 there were two cases of persons charged with plotting to shoot him (45), and one of a traveller arrested in 1536 for spying against him (46).

Exile was sometimes a penalty used to punish political disobedience and disturbance, but perhaps the authorities had learned much from the panic produced in the wake of the Peasants' War, and they preferred to keep their recalcitrant subjects in one place, where they could be more easily controlled. Accordingly, I have found only a handful of cases after 1525 where persons were exiled for political offences such as abuse of, disobedience towards, and acts of rebellion against Württemberg officials (47).

Conclusion

It was a commonplace of the sixteenth century that vagrancy was largely a voluntary matter, a free choice entered into by those too shiftless to find a settled residence and settled employment. The entire thrust of the Poor Laws introduced since the late fifteenth century worked in this direction. The Reformation provided an ideological justification for such views, with its stigmatisation of begging, and its insistence that only the residential poor were worthy of Christian charity and material support. Yet it seems, from the evidence of the Württemberg Urfehden, that this was rarely the case. People did take to the roads voluntarily – as 'Landsknechte', as casual workers, as runaway lovers, as political refugees, as fugitive debtors, as squanderers. But in very few of such instances was an element of social, economic, political or judicial compulsion absent. Political refugees, runaway lovers, squanderers, fugitive debtors all fled because of their fear of harsh punishments. Given a free choice, they would have remained in their communities and brazened it out. In many cases such 'offenders' were forced away from their place of residence by judicial exile – but wherever they could, they returned to their home communities, even if this meant risking further punishment. In many of these cases, we may speak of involuntary mobility. Casual workers and 'Landsknechte' were closer to the image of the voluntarily mobile, but this was consciously and deliberately a temporary state of affairs. My overriding impression from the 7000 and more Württemberg Urfehden is that those who were vagrant out of free choice were very, very few (48).

Perhaps the authorities implicitly recognized this, for the wandering poor were not always as harshly treated as the moralists of the age demanded. Often a blind eye was turned to the genuinely wandering beggar: he (or she) was sent on his (or her) way with a warning, simply expelled without too much further ado – much the same way as the Württemberg authorities expelled their own recalcitrant citizens and subjects. Even a breach of the expulsion order and of the sworn Urfehde did not always lead to the full rigour of the law threatened for recidivists. Württemberg officials often showed the tired resignation of the sorely tried bureaucrat, rather than the wrath of the aroused moralist. Perhaps in their pragmatic way they had recognized that vagrancy was a way of life rarely chosen voluntarily and with any joy. They were aware that the temporary vagrancy that seems to have been the norm for sixteenth century Württemberg could easily become a permanent way of life, but as in the case of Veit Brunner and Katherina Steb there was more than a little human tragedy involved.

NOTES

1) There has been a revival of interest recently in the 'fahrende Leute' of the late-medieval and early modern period, see B. Geremek, Truands et miserables dans l'Europe moderne (1350-1600) (Paris, 1980); František Graus, 'Randgruppen der städtischen Gesellschaft im Spätmittelalter', Zeitschrift für historische Forschung 8 (1981), 385-437; F. Irsigler & A. Lassotta, Bettler und Gaukler, Dirnen und Henker. Randgruppen und Außenseiter in Köln 1300-1600 (Cologne, 1984); Angelika Kopecny, Fahrende und Vagabunden. Ihre Geschichte, Überlebenskünste, Zeichen und Straßen (Berlin, 1980); Christian Sachse & Florian Tennstedt, eds., Bettler, Gauner und Proleten. Armut und Armenversorgung in der deutschen Geschichte (Hamburg, 1983); and the further bibliographical details in these works. However, much of this newer literature is concerned either with the towns or with a fairly broad-meshed discussion of poverty in general. Exceptions here, though dealing with the eighteenth century, are Carsten Küther, Menschen auf der Straße. Vagierende Unterschichten in Bayern, Franken und Schwaben in der zweiten Hälfte des 18. Jahrhunderts (Göttingen, 1983); and Ernst Schubert, Arme Leute, Bettler und Gauner im Franken des 18. Jahrhunderts (Neustadt an der Aisch, 1983).

2) For these editions see F. Kluge, Rotwelsch. Quellen und Wortschatz der Gaunersprache, Vol. 1, Rotwelsches Quellenbuch (Straßburg, 1901), pp. 55-9, who reprints the bibliographical listing made by Josef Maria Wagner in 1862.

3) M. Luther, Werke. Kritische Gesamtausgabe, vol. 26 (Weimar, 1909), pp. 634-54; the editions on pp. 636-7; Luther's preface, pp. 638-9.

4) See A. L. Reyscher, Sammlung der württembergischen Gesetze, vol. 12 (Tübingen, 1841), p. 14, the first Württemberg 'Landesordnung'. For the contrast in attitudes, compare the Urfehde imposed on Ulrich Hagelin aus Neuffen in 1498, Hauptstaatsarchiv Stuttgart (hereafter abbrev. HStASt) A 602, WR4059: that 'ich ... mich mussiggands lebens abtun', with that imposed on Zacharius Bader aus Entringen in 1508, HStASt U2829: 'das ich argwonig hin und wider gewandert'.

5) W.L. Strauß, ed., Max Geisberg. The German Single-leaf Woodcut 1500-1550, vol. 1 (New York, 1974), p. 138.

6) The Urfehden are in HStASt A44, nos. 1-7236 and are usually cited simply with the prefix 'U'; there is a further series of pre-1500 Urfehden in A602, designated with the prefix 'WR'. The Malefizakten are in A43 (Urgichten und Malefizakten) and A209 (Oberrat, Malefizakten).

7) The basic medieval meaning of the Urfehde as 'Einstellen von Fehde oder Verzicht darauf' was supplemented during the sixteenth century with the notion of an 'eidliche Versicherung ein bestimmtes Gebiet nicht wieder zu betreten oder seinen Wohnsitz nicht zu verlassen', J. & W. Grimm, Deutsches Wörterbuch, vol. 11/III (Leipzig, 1936), col. 2410-11, although this does not exhaust all the subtleties of its use in the hands of the sixteenth century state. The subject requires an extended discussion.

8) HStASt A309, Bü 90a (Peinliches Urteilbuch Leonberg); A309, Bü 90b, 90c (Peinliche Gerichts-Protokolle Leonberg). I have so far made only a preliminary analysis of these sources by hand, prior to a more thorough computer-aided analysis.

9) HStASt U6037, with 7 Beilagen.

10) HStASt U4893.

11) O. Stolze, 'Zum Verbot des Kriesgsdienstes für fremde Mächte in Deutschland im sechzehnten Jahrhundert', Elsaß- lothringisches Jahrbuch 21 (1943), 187-213.

12) The first Generalreskript to mention the offence was issued on 11 September 1514, Reyscher, p. 15, but the offence itself was being prosecuted from 1508, HStASt U750, with further prosecutions in 1511 (U4663) and 1514 (U626).

13) For the recruiters see HStASt U86, U414, U520, U794, U967, U1084, U1477, U3181, U3882, U4102, U4777, U4991, U4946, U5172, U6008.

14) Victor Turner, 'Pilgrimages as Social Processes', in Dramas, Fields and Metaphors (Cornell, 1974), pp. 195-6.

15) HStASt A309, Bü 90b, Jerg Groningen, genannt Schuchmacher.

16) HStASt U436, U436a.

17) HStASt U515, U596, U781.

18) Freedom of movement within the duchy was guaranteed for Bürger of Württemberg by the 1514 Treaty of Tübingen, which counted almost as a state constitution, but the officials of the sixteenth century seem to have used a rough rule of thumb about what was or was not 'idle wandering'.

19) See Historischer Atlas von Baden-Württemberg, Hrsg. von der Historischen Kommission für Baden-Württemberg (Stuttgart, 1972-85), Erläuterungen XII,1, p. 10. With only five persons in Horrheim possessing wealth of 1000 G. and more, wealth seems to have been relatively evenly distributed.

20) HStASt U626 (Beutz); U207 (Seytz); U507 (Bider); U2886, U2892 (Beck).

21) HStASt U6524 (Eck), U613 (Fuchs).

22) HStASt U2098, U2116.

23) HStASt U6625.

24) HStASt U6680.

25) HStASt U6358.

26) See Günther Erbe, 'Das Ehescheidungsrecht im Herzogtum Württemberg seit der Reformation', Zeitschrift für württembergische Landesgeschichte, 14 (1955), pp. 95-144, esp. p. 116.

27) The analysis of the Württemberg Ehegericht-Urteilsbuch has been made by Erbe, 'Ehescheidungsrecht', p. 115.

28) Thomas Max Safley, Let No Man Out Assunder. The Control of Marriage in the German Southwest, 1550-1600 (Kirksville, Miss., 1984), p. 141; see also pp. 52, 64.

29) HStASt U6684.

30) For an example, see the 1554 case of Georg Fillenbach aus Lienzingen and his sister-in-law Schmid Anna, HStASt U6590-91. Georg had taken Anna, an orphan and the sister of his deceased wife, into his house despite official warnings; she became pregnant and the pair attempted to keep the pregnancy secret; the child died in birth, arousing the suspicion of an abortion. In Leonberg there were six cases of incest in the decade 1577-1586: Hans Schatten von Heimesheim made his step-daughter pregnant in 1577; Catherina Werlin committed incest with her step-father in 1578; in 1579 Melchior Rebhunen impregnated the daughter of his wife's brother; Jacob Weyh von Hausen a.d. Wurm made his cousin pregnant in 1580; Jörg Christa was accused of incest in 1585; Kunigund Voglerin was charged with incest with her father in 1586, HStASt A309, Bü 90b-c, passim.

31) The excessively idealised depiction in S.E. Ozment, When Fathers Ruled. Family Life in Reformation Europe (Cambridge, Mass., 1983), using largely tracts from Reformation moralists, hardly reflects the social reality. A more sombre picture, using the complete range of social historical sources available, is given by Lyndal Roper, Work, Marriage and Sexuality: Women in Reformation Augsburg, University of London Ph. D. dissertation, 1985, esp. ch. 5.

32) There is a danger of distortion through use of sources such as criminal records and church court records, which call attention only to marital dysfunction and not to harmony, something of which Safley is very aware in his study of marital breakdown. However the regularity with which such offences appear in the records shows that they were not exceptional events and were certainly part of daily life experience.

33) This is the implication in many of the Urfehden, see for example the 1529 case of Georg Henninger, who mistreated his wife, mixed with bad company and squandered his wealth; he had to swear to avoid bad companions, not to waste his wife's wealth, or to dispose of any of his wife's wealth without permission from the authorities (U6502). Similarly, Heinrich Stainlin, arrested in 1527 and again in 1534 for gambling and squandering, was ordered to moderate his behaviour in order not to bring wife and child into poor relief (U6451, 6455). However, the Württemberg Eheordnung of 1553, in its chapter 'Von Versönung und Zusammentädigung der Eeleut' was more neutral, stating only that a settlement was desirable 'dass die heilig Ee und Band nit zertrennt, sonder in gutem Willen und göttlichem Befelch bleibe', W. Kunkel, ed., Polizei- und Landesordnungen, Quellen zur neueren Privatrechtsgeschichte Deutschlands, vol. 2/I (Weimar, 1969), p.18.

34) HStASt U2726 (Kuir); U3821 (Kraus).

35) HStASt U6007.

36) This emerges indirectly from those charged for Landesflucht in cases where neither life nor limb were threatened, e.g. U1829 (1529).

37) The following examples show how this system operated: Michel Durrleber von Stuttgart was accused in 1508 of stealing money from Conrad Voginger, who had left his house and goods in Durrleber's care; instead of a judicial proceeding, Durrleber chose to be whipped and expelled from Stuttgart, HStASt U4243. In 1511 Margret, widow of Mathes Matzger of Stuttgart was accused of stealing some turnips from a garden, and instead of a judicial proceeding was punished by exile, U4249. Martin Glee aus Neuffen, accused in 1524 of breaking an earlier Urfehde from 1523 chose exile from Württemberg instead of due process of law. As yet I can point to no firm patterns of offences or phases of operation of this policy, although my first impressions are that it was fairly randomly applied.

38) HStASt U319 (Goser); U3192 (Margaret Beck); and on Otilia Beck, U4372, U4403.

39) HStASt U639, U640.

40) HStASt U6043.

41) HStASt, H54, Bü 66, nr. 37, Pfalzgraf Ludwig an Daniel Trautwein, Amtmann zu Boxberg, 8. Mai 1526: Uns ist eroffnet worden, wie ein bettler, so kurtzlich gericht worden, bekannt hab, das etlich Bettler angericht sein, wider und für zihen sollen den Edlen und andern, so wider die Pauern und bei dem Bund gewesen zu verbrennen etc.

42) See R. W. Scribner, 'The Mordbrenner panic in sixteenth century Germany', in: R. J. Evans, ed., The German Underworld, (forthcoming, London, 1988).

43) The following cases involved partisanship for Ulrich (those who went to join him are marked with a *): U370, U843*, U907*, U954, U1235-6, U1493, U1939, U1945*, U1949*, U1974, U1978, U2067, U2162*, U2178*, U2258, U2329, U2342, U2359, U2482*, U2839, U3906, U3962, U3965, U4052, U4278, U4280-1, U4293, U4294*, U4295, U4850, U4844*, U4847, U4851, U4854, U4865, U4873, U4878, U4885*, U4892-3, U4908, U4931, U4933, U4940, U4956*, U4541, U5371*, U5378, U5415-6, U5438, U5464, U5480*, U5542, U6504, U6709, U6732*, U6963.

44) See HStASt U805, U916, U1014, U1532, U2182, U2016, U2961, U4016, U4090, U5389, U5763, U6563; to these must be added the case of a man who abused the

deceased Duke in 1552 (U6553).

45) HStASt U916, U4016.

46) HStASt U5763.

47) See HStASt U191 (1530), U200 (1565), U1140 (1533), U1457 (1543).

48) My argument here should not to be taken as illustrating or confirming the systems-theory interpretation advanced at this conference by Hans-Joachim Hoffmann-Nowotny. I have serious theoretical and empirical reservations about both system-theoretical approaches and attempts to interpret mobility in terms of dysfunctionality. I voiced a number of my reservations in discussion during the conference (see discussion reports). Here it is sufficient to say that state and society in sixteenth century Württemberg showed two faces, apparently efficient and well-structured in their formal characteristics, but in practice extremely open-ended and loosely organised. Moreover, a good deal of mobility was built into the workings of both state and society, and could in no way be understood as dysfunctional. I hope to take up such issues more fully at a later date in an article on 'Policing, Law and Disorder in sixteenth century Württemberg'.

RÄUMLICHE REKRUTIERUNG UND SOZIALE REPRODUKTION.
Beispiele aus dem spätmittelalterlichen und frühneuzeitlichen Städtebürgertum Österreichs

Migration in vorindustrielle Städte ist für Historiker schon längere Zeit ein Thema, wenn ihm auch nicht gerade zentrale Bedeutung zugemessen wurde. Nur sehr selten und erst in letzter Zeit wurden Versuche unternommen, städtische Migrationsgeschichte als solche systematischer zu untersuchen (1). Es ist aus verschiedenen Gründen nicht überraschend, daß die Geschichte der Neuzeit dabei bis jetzt erfolgreicher war als die Geschichte des Spätmittelalters (2).

Für mittelalterliche Städte waren es vor allem drei wesentliche Zusammenhangsbereiche innnerhalb der traditionellen Historiographie, in denen städtebürgerliche Migration thematisiert wurde.

1. Der Bereich der Stadtentstehung: hier wurde vor allem die Frage gestellt, wie sich die frühen nachweisbaren Bürgergemeinden bildeten, aus welchen anderen Gruppen der mittelalterlichen Gesellschaft sie sich zusammensetzten usw. (3)

2. Der Bereich der Genealogie: Die genealogische Forschung v. a. des 19. und 20. Jahrhunderts hatte ein spezifisches Interesse an der räumlichen Herkunft einzelner städtebürgerlicher Personen und Familien (4).

3. Der Bereich der 'Volkszugehörigkeit': v. a. bis zur ersten Hälfte des 20. Jahrhunderts hatte eine nationalistisch ausgerichtete Geschichtsforschung großes Interesse an der "Volkszugehörigkeit" (und der Herkunft) der Bürger in sprachlichen Mischgebieten, etwa der böhmischen Städte (5).

Ziel der vorliegenden Arbeit ist es, zwei Beispiele für Österreich im Hinblick auf den Zuzug einzelner Bevölkerungsgruppen empirisch zu untersuchen (6).

Betrachten wir zunächst die Möglichkeiten, die zur näheren Untersuchung von Migrationsprozessen in Städte zur Verfügung stehen.

Grundsätzlich gibt es zwei vielversprechende Ansätze – und damit korrespondierende Quellentypen – für die Erforschung städtischer und im engeren Sinn städtebürgerlicher Migration (7).

Zunächst ist hier der prosopographische Ansatz zu nennen (8): Die akkumulierte Sammlung möglichst vieler Informationen aus allen zur Verfügung stehenden Quellen und Quellentypen. Dies kann als eine besonders "radikale" Annäherung an sozialgeschichtliche "Wirklichkeiten" des 15. und 16. Jahrhunderts angesehen werden. In der Praxis ergeben sich aber für die Migrationsgeschichte eine Reihe von Problemen, obwohl aus städtischen Urkunden, Testamenten und anderen Einzelquellen häufig Zuwanderer erschlossen werden können. Der quantitative Umfang der Inmigration kann aber auf der Basis prosopographischer Zugänge zumeist nicht angegeben werden. Der Zeitpunkt der Zuwanderung liegt in vielen Fällen unbestimmbar lang vor der ersten quellenmäßigen Erfassung einer Person. Die Interpretation von Herkunftsnamen ist mindestens für das 15. und 16. Jahrhundert mit großen Unsicherheiten verbunden. Die kritische Überprüfung der Quellen zeigt, daß von Herkunftsnamen nicht generell auf individuelle Migrationsakte geschlossen werden darf (9). Der große Vorteil des prosopographischen Ansatzes liegt dagegen in den Möglichkeiten, die soziale Stellung von Zuwanderern besser beschreiben zu können.

Der zweite Ansatz ist die quantitative Analyse von seriellen Quellen, v. a. Bürger- und Inwohneraufnahmen, die zumindest implizit in vielen Fällen Migration zum Gegenstand haben (10).

Zur Problematik der quellenmäßigen Erfassung: Die "typische" Quellensituation, die für die österreichischen Städte des Spätmittelalters und der frühen Neuzeit vorherrscht, erlaubt keineswegs eine vollständige Erfassung des Phänomens Zuwanderung. Aus urkundlichem Material, das zwar prosopographische Analysen ermöglicht, ist nur ein Bruchteil der Zuwanderungen zu erschließen. Dies zeigen nicht zuletzt prosopographische Untersuchungen, die für die steirischen Städte Judenburg und Graz, sowie für die oberösterreichische Stadt Linz angestellt wurden (11). Trotzdem kann individuelle Migration von Städtebürgern – also Wanderung von Einzelpersonen – manchmal gut aus diesen Quellen erschlossen werden, wie einige Arbeiten zeigen (12).

Das Gesamtphänomen städtebürgerlicher In-migration kann nur dort annähernd erfaßt werden, wo serielle Quellen vorliegen. (13). Zunächst ist aber zu berücksichtigen, daß spätmittelalterliche und frühneuzeitliche listenartige Quellen nicht im Sinn oder zum Zweck einer neuzeitlichen Bevölkerungsstatistik geführt wurden und schon aus diesem Grund nicht analog zu diesen behandelt werden können. So trivial dieser Hinweis sein mag, so notwendig erscheint er mir angesichts dessen, daß im Namen einer "Bevölkerungsgeschichte" aus mittelalterlichen Listen immer wieder "Volkszahlen", "Einwohnerzahlen" etc. rekonstruiert worden sind (14).

Die hier in Rede stehenden listenartigen Quellen dienten in unterschiedlichen Städten unterschiedlichen Zwecken. Zumeist waren sie eng mit dem städtischen Rechnungswesen verknüpft (15).

Selbstverständlich kann die gesamte Zuwanderung in eine Stadt innerhalb eines bestimmten Zeitraumes nicht mit den Einträgen in das Bürgerbuch in Deckung gebracht werden:

1. sind nicht alle Zuwanderer Bürger geworden. Auch im Status eines Gastes konnte man sich länger in einer mittelalterlichen Stadt aufhalten (16).

2. besteht zumeist ein individuell variierendes (und zumeist nicht erhebbares) time-lag zwischen der Zuwanderung und der Zubilligung oder dem Erwerb eines bestimmten Rechtsstatus (17).

3. sind bestimmte Gruppen der Zuwanderer in diesen Quellen per definitionem nicht erwähnt: dies betrifft Frauen (18), Dienstboten, Marginale etc. (19).

Es muß also festgehalten werden, daß die hier verwendeten Quellen – und das haben sie mit den meisten vergleichbaren listenartigen Quellen dieses Zeitraums gemeinsam – weder eine auf den (Zeit-)Punkt genaue Zuwanderungsgeschichte erlauben, noch daß auf ihrer Grundlage eine unmittelbare Vergleichsmöglichkeit zwischen einzelnen Städten gegeben ist. Beides ist nur vermittelt möglich (20).

Für Österreich wurde die Bedeutung der Zuwanderungen in Städte noch nicht umfassend untersucht. Dies ist nicht allein in der ungünstigen Quellensituation begründet. Aus prosopographischen (21) Untersuchungen und z. T. älteren stadtgeschichtlichen (22) Arbeiten kann ein erstes Bild für Mittel- und Kleinstädte gewonnen werden:

1. Zuzüge aus dem städtischen Umland überwiegen bei weitem die Zuzüge aus ferneren Regionen (23);

2. Zuzüge, die nicht aus dem Nahbereich einer Stadt erfolgen, stehen in vielen Fällen in einem durch das grundherrschaftliche System gestifteten Zusammenhang. Andererseits spielen politische Kontakte zu anderen Städten sowie Handelsbeziehungen eine hinreichend wichtige Rolle (24);

3. bei Stadt-Stadt-Wanderungen überwiegen Wanderungen von kleineren in größere Städte (25).

Im folgenden sollen nun zwei Beispiele österreichischer Städte auf der Basis listenartiger Quellen näher untersucht werden.

Beispiel 1 Salzburg (26): Seit 1441 ist für Salzburg ein Bürgerbuch erhalten, das die zugezogenen Neubürger verzeichnet (27). Die Neubürger sind mit Namen, häufig auch mit Berufsangaben und Herkunftsort sowie mit der Höhe des auferlegten und entrichteten Bürgerrechtsgeldes genannt.

Die Neubürger wurden zum größten Teil en bloc unter einem Datum eingetragen. Der erste Band des Bürgerbuches, der von uns ausgewertet wurde, führt bis 1541. Obwohl das Salzburger Bürgerbuch nicht vollständig ist – einzelne Bürgeraufnahmen sind in den wenigen erhaltenen Ratsprotokollen, aber nicht im Bürgerbuch verzeichnet (28) –, ist es als besonders wichtige Quelle für die Migrationsgeschichte (aber auch für die prosopographische Forschung) anzusehen. Offenbar wurden Bürgersöhne nicht in das Bürgerbuch aufgenommen. Soweit ersichtlich erfolgte dies nur, wenn eine längere Abwesenheit aus der Stadt vorlag.

Die Verteilung der Zuwanderungen bzw. Bürgeraufnahmen schwankt innerhalb des Beobachtungszeitraums jährlich stark: Die Variationsbreite reicht dabei von Jahren, für die keine Bürgeraufnahmen überliefert sind, bis zu einzelnen Spitzen mit über 60 Aufnahmen. Das arithmetische Mittel beträgt 24.7 an jährlichen Bürgeraufnahmen, die Standardabweichung ist 13.2 bei 2501 in die Berechnung eingegangenen Fällen. Die jährlichen Bürgeraufnahmen sind annähernd normalverteilt (Modus=23, Median=24).

Der Graphik 1 ist der Sachverhalt starker jährlicher Schwankungen ohne weiteres zu entnehmen. Diese Werte gleichen sich aber weitgehend aus, wenn man sie auf Jahrzehnte aggregiert und die Zuwanderungs-(Bürgeraufnahme-)zahlen miteinander vergleicht (29). Eine bei Zeitreihendaten gebräuchliche Form der Datentransformation ist die Errechnung von gleitenden Durchschnitten, auch diese sind in Graphik 1 eingetragen (30). Führt man eine solche Transformation durch, so kann die Kurve etwas geglättet werden. Wir nehmen aber zunächst Abstand von der Behauptung, die Zahl der Bürgeraufnahmen hätte sich nach einem zyklischen Modell entwickelt. Die aus den Rohdaten errechnete Autoregression ist unbedeutend (31).

Graphik 1: Bürgeraufnahmen in Salzburg 1441 – 1541

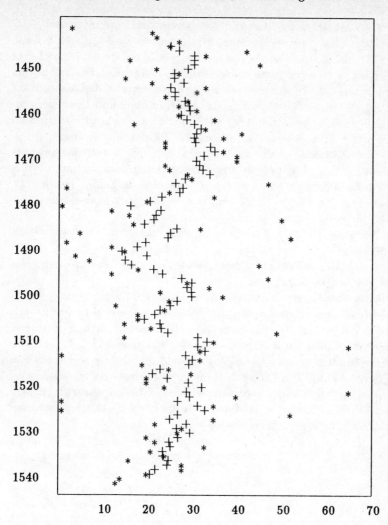

* Rohdaten
\+ Gleitende Durchschnitte (siebenjährig)

Beispiel 2 Innsbruck (32): Im Gegensatz zu Salzburg hat sich für Innsbruck nicht nur ein Verzeichnis der Bürgeraufnahmen (angelegt um 1487), sondern auch ein Register über die Aufnahme von Inwohnern seit 1508 erhalten (33). Das Innsbrucker Bürgerbuch wurde nach anderen Prinzipien geführt als das Salzburger Bürgerbuch. Es unterscheidet sich vor allem durch die Nennung von Bürgersöhnen. Während im Salzburger Bürgerbuch zumeist Zuwanderer verzeichnet sind, enthält das Innsbrucker Bürgerbuch zu einem Teil Ortsansässige (Bürgersöhne und Inwohner, denen das Bürgerrecht erteilt wurde) (34). Dementsprechend ist die Zahl der genannten Herkunftsorte im Innsbrucker Bürgerbuch gering.

Dagegen enthält das Inwohneraufnahmeverzeichnis vor allem Zuwanderer. Sie sind – ähnlich dem Salzburger Bürgerbuch – häufig mit Berufs- und Herkunftsangaben sowie mit dem Datum der Aufnahme bezeichnet. Für die Migrationsgeschichte ist also das Inwohneraufnahmeverzeichnis wesentlich bedeutsamer als das Bürgerbuch (35).

In der Zeit von 1508 – 1555 sind 476 Inwohneraufnahmen dokumentiert. Die Frage, ob die sich für die Jahre 1524-26 ergebenden 0-Werte "echte" 0-Werte sind, oder ob sie auf Überlieferungsstörungen beruhen, konnte nicht entschieden werden.

Die Innsbrucker Ergebnisse ähneln den Salzburger Ergebnissen in vielerlei Hinsicht. Auch hier sind große jährliche Schwankungen für die einzelnen Jahre festzustellen. Das arithmetische Mittel der jährlichen Inwohneraufnahmen beträgt 9.7 mit einer Standardabweichung von 5.9. Der Maximalwert enthält 29 Zuwanderungsfälle, die Minimalwerte 0 (Modus und Median liegen bei 9). Die Kurve der einzelnen Jahreswerte ist annähernd normal verteilt. Auch hier ergeben die Versuche, die Kurve zu glätten ein ähnliches Ergebnis wie beim Salzburger Bürgerbuch. Graphik 2 dient der Veranschaulichung dieser Ergebnisse (36).

Graphik 2: Inwohneraufnahmen in Innsbruck 1508 – 1555

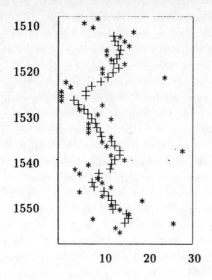

* Rohdaten
+ Gleitende Durchschnitte (siebenjährig)

Die starken jährlichen Frequenzschwankungen in beiden Beispielen scheinen uns zunächst als wichtiges Indiz dafür gelten zu können, daß städtische Instanzen regulierend in das Zuwanderungsgeschehen eingriffen. Der städtische Rat bzw. der Bürgermeister spielte dabei eine wichtige Rolle, aber auch andere städtische Instanzen vertraten ihre Interessen (37). Das heißt – zugespitzt formuliert – Zuwanderung und Bürgeraufnahme entsprach jeweils einem unmittelbaren Bedarf in der Stadt. Diese These konnte in anderen Fällen im übrigen besonders gut anhand gestiegener Zuwanderungen (und Bürgeraufnahmen) in der Folge nachweisbarer demographischer Krisen bestätigt werden (38). In unserem Fall können krisenhafte Entwicklungen nicht unmittelbar und eindeutig benennbar und datierbar gemacht werden (39).

Obwohl in der älteren Literatur immer wieder von bürgerlichen "Geschlechtern" (im Sinn von Familien, die zahlreiche Generationen in einer Stadt lebten) die Rede ist, konnte von der neueren Forschung festgestellt

95

werden, daß auf jeden Fall in Kleinstädten, aber auch in den größeren Städten Mitteleuropas bürgerliche Familien kaum länger als drei Generationen patrilinear in einer Stadt nachzuweisen sind (40). Dieser Befund, der als kumulativ bezeichnet werden kann und nur durch wenige tatsächliche Ausnahmen ergänzt wird (41), spricht für eine gewisse Instabilität der jeweils einzelnen Bürgerfamilien in den einzelnen Städten, oder anders gesprochen für mangelnde Reproduktion(sfähigkeit) städtebürgerlicher Gesellschaften auf der Ebene der Familie im patrilinearen Sinn. Die stabilisierende Rolle von Frauen bei Reproduktion und intergenerationellem Güter- und Vermögenstransfer bleibt hier außer acht (42).

Für diese Instabilität kann eine Reihe von gleichsam pauschalen Gründen angeführt werden, die alle einzeln häufig belegt wurden, bis jetzt aber in ihrer quantitativen Dimension und Wertigkeit noch nicht abgeschätzt werden konnten. Dazu gehören v. a. niedrige durchschnittliche Lebenserwartung (43) bzw. niedrige Überlebensraten bei Kindern (44), aber auch die Ausgliederung von Mitgliedern der Folgegeneration aus der bürgerlichen Kommunität durch Universitätsstudium und Übertritt in den Klerus (45). Dazu kommen ganz allgemein Abwanderungsprozesse, die mit individueller vertikaler Mobilität mindestens Hand in Hand gehen (46).

Dagegen bleiben die Bevölkerungsgrößen der meisten Städte zumindest seit 1400 – nach dem tendenziellen Ausgleich des Bevölkerungsverlusts durch die Pest um die Mitte des 14. Jahrhundert (47) – etwa 100 bis 150 Jahre lang relativ konstant. Eine ähnliche Konstanz ist auch für die flächenmäßigen Größen oder für die Stabilität sozialtopographischer Strukturen festzustellen (48).

Wir halten diese beiden beschriebenen Umstände also thesenhaft fest: Auf der Ebene der Individuen und der Familien ist in den spätmittelalterlichen mitteleuropäischen Städten die Reproduktionschance gering; das Moment der Instabilität überwog das der Stabilität.

Auf der Ebene des jeweiligen Gesamtsystems (49) kann ein umgekehrtes Phänomen beobachtet werden: Hier dominiert Systemstabilität, die wiederum individuell (für eine jeweilige Stadt) und überindividuell beschrieben werden kann. Für Stabilität ist unter anderem ausschlaggebend, daß sich die Stadt auf einem "Markt" von Wanderern oder Wanderungsbereiten gleichsam nach wechselnden Bedürfnissen "bedienen" kann.

Eine in diesem Zusammenhang wichtige Frage ist, wie hoch der Anteil an den einzelnen Bevölkerungsgruppen ist, der durch Neuaufnahmen von Zuwanderern ergänzt wird. Kehren wir zu den beiden Beispielen zurück: In beiden Fällen kann nicht auf 'harte Daten' zur Bevölkerungsgröße bzw. zur Größe der fraglichen Gruppen, Bürger und Inwohner, zurückgegriffen werden. Die jeweiligen Gruppengrößen können lediglich geschätzt werden. Wegen der zeitlichen Punktualität der überblieferten Daten, auf die sich die Schätzung stützt, müssen Annahmen – die natürlich in Frage gestellt werden können – getroffen werden: (a) die Stärke der betroffenen Gruppen ändert sich insgesamt nicht wesentlich, so daß die überlieferten Einzeldaten über die Größe dieser Gruppen tatsächlich herangezogen werden können; (b) die überlieferten Daten entsprechen annähernd der historischen Realität. Unter diesen Annahmen können die Zahlen zur Größe der Subpopulationen (Bürger in Salzburg, Inwohner in Innsbruck) mit den langjährigen Durchschnitten der Bürger- und Inwohneraufnahmen in Beziehung gesetzt werden. Die sich daraus ergebenden "Ergänzungsraten" sollen kennzeichnen, wie große Teile einer Subpopulation durch Integration neuer Mitglieder von außen – im Gegensatz etwa zur Integration von Nachkommen von Subpopulationsmitgliedern – rekrutiert wurden.

Für Salzburg nehmen wir die Zahl der Bürger mit etwa 600 an (50). Die Ergänzung dieser Gruppe wird mit jährlich durchschnittlich 25 Personen geleistet. Die "Ergänzungsrate" beträgt demgemäß 4.17%.

Für Innsbruck ist die Zahl der Inwohner mit etwa 160 anzunehmen (51). Bezogen auf die durchschnittlich 10 Inwohneraufnahmen pro Jahr ergibt sich eine Ergänzungsrate von etwa 6.25 %.

Diese hier angegebenen Ergänzungsraten sind nur mit Einschränkungen interpretierbar. Insgesamt können die ermittelten Zahlen als sehr hoch angesehen werden.

"Um existieren zu können, braucht die Stadt Zuzug von außen, und so lockt sie immer neue Menschen an, die sich auch bereitwillig einfinden" (52). Dieses wesentliche Grundprinzip städtischer In-Migration kann kaum bündiger zusammengefaßt werden.

Allerdings scheint dieser Satz den, wie wir gesehen haben, differenziert verlaufenden, ständigen In-Migrationsprozeß nur verkürzt zu beschreiben. Keineswegs ist es nur die anonyme Masse der in die Stadt drängenden Lohnarbeiter und Dienstboten, wie Braudel dies etwas plakativ zusammenfaßt (53), die die In-Migration in ihrem Umfanf und in ihren Ausprägungen jeweils bestimmt. Vielmehr waren alle Elemente einer städtischen Struktur bzw. des städtischen Systems durch In-Migration ergänzbar und zu ergänzen. In-Migration war also wesentlicher Bestandteil der Reproduktion bzw. Autoreproduktion. Die Voraussetzung war eine stabile städtische Struktur: "Strukturbildung [hebt] die Gleichwahrscheinlichkeit jedes Zusammenhangs einzelner Elemente (Entropie) auf. Das ist Voraussetzung der Selbstreproduktion: des Ersetzens von verschwindenden Elementen durch andere." (54)

Das Problem der Selbstreproduktion stellt sich nicht nur für die Städte als Gesamtheit, sondern ebenso für die einzelnen Gruppen (55), aus denen sich die Städte zusammensetzten. Bisher haben wir uns in den beiden Beispielen mit der In-Migration bestimmter Gruppen in einem gegebenen Zeitraum insgesamt beschäftigt. Die Zuwanderer selbst waren in sich stark differenziert. Ihr Berufsspektrum war ausgedehnt, woraus sich prima facie eine soziale Differenzierung erschließen läßt (56). Für die exakte Feststellung sozialer Differenzierung (auch im Lebenszyklus der Zuwanderer) fehlen aber die Informationen (57). Auch die Herkunftsorte sind stark differenziert, sowohl was die Entfernung zum Zielort als auch was die Qualität (Größe, Funktion, Status, Typ) anlangt (58). In neueren Arbeiten zur empirischen Wanderungssoziologie bildet berufs- und schichtenspezifisches Wanderverhalten eine zentrale Fragestellung. Dieses Problem wurde für das Spätmittelalter kaum thematisiert. Beachtung fand es lediglich im Zusammenhang mit der Geschichte von Gesellenwanderung, die unsere Problematik allerdings nicht unmittelbar berührt (59).

Es soll anhand unserer Beispiele die Frage gestellt werden, ob es Anzeichen dafür gibt, daß Beruf (und die damit verbundene soziale Position) und Herkunft bzw. Wanderungsdistanz in einem Zusammenhang stehen.

Um das folgende in den Kontext der Quelle stellen zu können und eine bessere Einordnung der Ergebnisse zu ermöglichen, muß zunächst ein Überblick über die Informationsdichte der beiden Quellen hinsichtlich der Herkunfts- und Berufsangaben gegeben werden.

Von den in der Salzburger Quelle eingetragenen Personen sind 73 % mit einer Berufsbezeichnung und 27 % mit einer Herkunftsbezeichnung versehen. Für 22 % aller Personen sind beide Angaben vorhanden. Die Innsbrucker Quelle weist bei 51.6 % der Personen Herkunftsangaben und bei 57.6 % Berufsangaben auf. Für 30 % der untersuchten Personen existieren Herkunfts- und Berufsangaben. Die Informationsdichte schwankt mitunter stark, besonders im Salzburger Material (60). Hier ist festzuhalten, daß Herkunfts- und Berufsnamen bis auf eindeutige Fälle nicht berücksichtigt wurden. Normalerweise wurden nur die expliziten Angaben in den Quellen verwendet. Bei den unten folgenden Tabellen wurde immer auch die Zahl der Personen mit fehlenden Ortsangaben angeführt; dies dient der Relativierung der Ergebnisse.

Für unsere Frage wählen wir zunächst zwei "Kontrastgruppen" unter den Handwerkern aus: Die Bildung der Kontrastgruppen beruht darauf, daß die Berufsgruppen des städtischen Handwerks nicht nur funktional, sondern, damit verbunden, auch ökonomisch und sozial differenziert sind, daß also das (Zunft-)Handwerk keineswegs eine einheitliche Gruppe innerhalb der Städte repräsentiert (61). Die ausgewählten Kontrastgruppen lassen sich auf zwei einfachen Skalen als "antagonistisch" darstellen: Kontrastgruppe A seien Berufe, deren Tätigkeit vom Arbeitsablauf her gering spezialisiert sei und die der Subsistenzsphäre der Stadt zuzuordnen ist. Kontrastgruppe (B) seien Berufe, die der (z.T. symbolischen) Produktionssphäre zuzuordnen seien und deren Tätigkeit als hochspezialisiert bezeichnet werden kann.

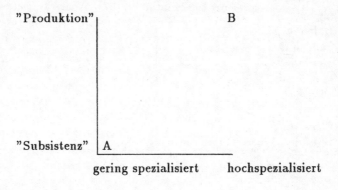

Als erste Gruppe wählen wir zwei Berufe, die (relativ) unspezialisiert sind, und eng mit der Reproduktionssphäre der Stadt verknüpft sind: Bäcker (62) und Fleischhauer (63). Als zweite Gruppe wählen wir einen sehr spezialisierten Beruf, der in spätmittelalterlichen Städten zumeist mit einem hohen sozialen Status verbunden war: die Goldschmiede (64).

In den folgenden Tabellen wird eine Übersicht über die Herkunftsorte der beiden Kontrastgruppen geboten. Die Tabellen zeigen deutlich das Dilemma, dem die Migrationsgeschichte des Spätmittelalters und der frühen Neuzeit unterworfen ist: wegen des Anteils unbekannter Herkunftsorte ist eine einfache deskriptive Statistik nur teilweise aussagekräftig.

Tabelle 1: Kontrastgruppe B

Goldschmiede Salzburg		Goldschmiede Innsbruck	
nicht genannt	16	nicht genannt	3
Bamberg	1	Günsberg	1
Blaubeuren	1	Hall	1
Danzig	1	Trier	1
Eger	1	Würzburg	1
Hallein	1		
Ingolstadt	1		
Judenburg	1		
Landshut	1		
Memmingen	1		
Mütingen	1		
Nürtingen	1		
Piding	1		
Wasserburg	1		
Witzling, Pfarre Gampern	1		
Σ	30	Σ	7

Betrachten wir zunächst die Kontrastgruppe B: Für Salzburg kommen mehr als 85 % der Zuwanderer, deren Herkunftsort bekannt ist, aus Städten, die zumeist in größerer Entfernung zum Zielort liegen. Nur zwei Fälle (Hallein, Piding) sind dem Nahbereich der Stadt zuzurechnen. Für Innsbruck ist ein ähnliches Bild (bei geringerer Fallzahl) gegeben: Alle Mitglieder der Kontrastgruppe B kommen aus Städten. Nur eine Nahzuwanderung (Hall) ist festzustellen.

Die häufige Zuwanderung aus Städten und das Fehlen von ländlichen Zuwanderungen ist insofern nicht besonders verwunderlich, als die Goldschmiede als märktisches Handwerk oder 'Landhandwerk' kaum existent waren.

Tabelle 2: Kontrastgruppe A

Bäcker Salzburg		Bäcker Innsbruck	
nicht enannt	77	nicht genannt	11
Bergheim	1	Ambras	1
Frankenhausen	1	Arzl	1
Freiberg	1	Farchant	1
Freising	1	Grossweil	1
Glan	1	Hall	1
Gnigl	2	Hernhofen	1
Laufen (geb. in Ried)	1	Hopfen bei Füssen	1
Hersch. Schaunberger	1	Kaufbeuren	1
Münichhausen	1	Murnau	1
Nonnberg	1	Patsch	1
Ostermiething	1	Rum	1
Ötting	1	Saulgrub	1
Reichenhall	1	Zirl	1
Rosbach bei Schärding	1		
Seekirchen	1		
St.Peter	2		
Stein (Vorst.)	1		
Tölz	1		
Trostberg	1		
Trum	1		
Viehhausen	1		
Vilsbiburg	1		
Waldkirchen	1		
Weng	1		
Wasserburg	1		
Σ	104	Σ	24

Fleischhauer Salzburg		Fleischhauer Innsbruck	
nicht genannt	39	nicht genannt	10
Frankenmarkt	1	Aichach	1
Lebenau	1	Ammergau	1
Mühldorf a. Inn	1	Aussee	1
Attersee	1	Hall	1
Nonntal	1	Innsbruck	2
Perndorf	1	Schongau	1
Pösing	1		
Puchheim	1		
Seekirchen	1		
Talheim	1		
Dürrnberg	1		
Σ	50	Σ	17

Die Kontrastgruppe A im Beispiel Innsbruck rekrutiert sich zunächst zu einem wesentlichen Teil aus dem städtischen Umland (Ambras, Arzl, Patsch, Rum, Zirl, Hall) und aus Innsbruck selbst.

Ein weiterer Teil der Zuwanderer aus der Region der bayerisch-tiroler Grenze (Hopfen), aus dem bayerischen Alpenvorland (Ammergau, Schongau, Murnau, Kaufbeuren) und aus anderen Teilen Bayerns (Aichach). Zuwanderungsorte gehören zum Großteil dem ländlichen und ländlich-märktischen Bereich an.

Auch für Salzburg ist eine ähnliche Verteilung zu erkennen. Abgesehen von Personen, die bereits in der Stadt leben (St. Peter, Nonnberg) sind zahlreiche Zuwanderungen aus Umland und Nahbereich (Bergheim, Glan, Gnigl, Laufen, Reichenhall, Seekirchen, Trum, Seekirchen, Dürrnberg und die Vorstadtsbereiche Nonntal und Stein) festzustellen. Der verbleibende Rest verteilt sich v.a. auf Oberösterreich und Bayern. Der Anteil der Stadt-Stadt-Wanderungen ist marginal.

An diesen wenigen Beispielen wird deutlich, daß die In-Migration bezogen auf die Berufe der Zuwanderer keineswegs homogen strukturiert ist. Die Gegenüberstellung einzelner Handwerkergruppen wies deutliche Unterschiede auf.

Die Rekrutierung der beiden Kontrastgruppen verläuft offensichtlich nach grundlegend differierenden Prinzipien. Trotz einer gewissen Streuung können der Kontrastgruppe B als Herkunftsort Städte und mittlere und ferne Wanderungsdistanzen zugeschrieben werden. Kontrastgruppe

A dagegen rekrutiert sich aus ländlichen Herkunftsorten, die zu einem wesentlichen Teil im städtischen Umland und im Nahbereich der Stadt liegen. Dazu kommen ländliche und zum Teil märktische Herkunftsorte im mittleren und ferneren Bereich. Zuwanderer aus Städten fehlen fast zur Gänze.

Die Ursachen für diese systematische Differenz dürfte zunächst im Bereich der Ausbildung zu suchen sein: je spezialisierter eine Tätigkeit, desto komplexer das zu vermittelnde Wissen, das zumeist nur in Städten zu erwerben war. Eine wichtige Rolle spielte wohl auch die "habituelle" Mobilität von "Spezialisten" (65).

Die möglichen Auswirkungen dieser differenzierten Rekrutierungspraxis auf soziale Struktur und Mentalitäten sollten beachtet werden: Die Bedeutung dessen, daß sich innerhalb der Stadt Gruppen gegenüberstanden, deren Mitglieder sich einesteils durch eine weitgehend "internationale" Herkunft auszeichneten und andernteils überwiegend durch ländliche Herkunft gekennzeichnet waren, ist zur Zeit nicht abschätzbar. Entsprechende Studien zur Assimilationsproblematik fehlen.

ANMERKUNGEN

(1) Auch wenn Knut Schulz sagt, "die mittelalterliche Migrationsforschung beschäftigt sich vorrangig mit Zu- und Abwanderung zu einzelnen Städten und Regionen (...)" (vgl. Knut Schulz, Unterwegssein im Spätmittelalter. Einleitende Bemerkungen, in: Unterwegssein im Spätmittelalter, hg. v. Peter Moraw (Zeitschrift für Historische Forschung, Beih. 1) Berlin 1985, 9-15, hier: 10.), kann keineswegs von einem insgesamt befriedigenden Forschungsstand zu diesem Problem die Rede sein. Dennoch gibt es in einigen europäischen Ländern eine bestehende Forschungstradition und/oder Neuansätze zum Themenkomplex städtischer In-Migration. Auf einige Arbeiten sei hier kurz hingewiesen. Für Montpellier: K. L. Reyerson, Patterns of population attraction and mobility: The case of Montpellier, in: Viator 10 (1979), 275-281; für Lyon: Richard Gascon, Immigration et croissance au XVIe siècle: l'exemple de Lyon (1529-1563), in: Annales E.S.C. 25 (1970), 988-1001; für Frankreich insgesamt jetzt Claudine Billot, Le migrant en France à la fin du Moyen Age: problèmes de methode, in: Medieval Lives and the Historian. Studies in Medieval Prosopography, ed. Neithard Bulst u. Jean-Philippe Genet, Kalamazoo 1986, 235-242. Weiters: Jean-Pierre Poussou, Les mouvements migratoires en France et à partir de la France de la fin du XV siècle au debut du XIX siecle: approches pour une synthese, in: Annales de Demographie Historique (1970), 11-78. Für England: John Patten, English Towns 1500-1700 (Studies in Historical Geography), 1978, 125 ff. Id., Patterns of migration and movement of labour to three pre-industrial East Anglian towns, in: Journal of Historical Geography 2 (1976), 111-129; Peter McClure, Patterns of Migration in the late Middle Ages: The evidence of English Place-Name Surnames, in: The Economic History Review, 2nd Ser., Vol. 32 (1979), 167-182; Peter Clark, The Reception of Migrants in English Towns in the Early Modern Period, in: Immigration et société urbaine en Europe occidentale, XVIe-XXe siècle, éd. Etienne François, Paris 1985, 53-63. Für Italien vgl. Rinaldo

Comba, Emigrare nel Medioevo. Aspetti economica-sociali della mobilità geografica nei secoli XI-XIV, in: Strutture familiari epidemie migrazioni nell'Italia medievale, ed. Rinaldo Comba, Gabriella Piccini, Giuliano Pinto (Nuove Ricerche di Storia 2) Napoli 1984, 45-74; Giuliano Pinto, La politica demografica delle città, in: ebenda 19-43; Für die Toskana s. David Herlihy u. Christiane Klapisch-Zuber, Les Toscans et leurs familles. Une etude du catasto florentin de 1427, Paris 1978, 301-325.

Vgl. weiters für Deutschland allg. Karl-Heinz Spiess, Zur Landflucht im Mittelalter, in: Die Grundherrschaft im späten Mittelalter I, Hg. v. Hans Patze (Vorträge und Forschungen 27) Sigmaringen 1983, 157-204. Hektor Ammann, Vom Lebensraum der mittelalterlichen Stadt, in: Berichte zur deutschen Landeskunde 31 (1963), 284-316. Hanno Vasarhelyi, Einwanderungen nach Nördlingen, Esslingen und Schwäbisch Hall zwischen 1450 und 1550, in: Stadt und Umland, hg. v. Erich Maschke u. Jürgen Sydow, Stuttgart 1974, 129-164. Für Minden: Hildegard Ditt, Stadteinzugsbereich von Minden und Kulturraumgrenzen des Wesergebietes in der frühen Neuzeit, in: Niederlande und Nordwestdeutschland. Studien zur Regional- und Stadtgeschichte Nordwestkontinentaleuropas im Mittelalter und in der Neuzeit. Franz Petri zum 80. Geburtstag, hg. v. Wilfried Ehbrecht u. Heinz Schilling, Köln – Wien 1983 (Städteforschung A/15), 182-218. Für Kitzingen: Ingrid Bátori – Erdmann Weyrauch, Die bürgerliche Elite der Stadt Kitzingen. Studien zur Sozial- und Wirtschaftsgeschichte einer landesfürstlichen Stadt im 16. Jahrhundert (Spätmittelalter und frühe Neuzeit 11) Stuttgart 1982, 239 f. Für die Hansestädte vgl. Konrad Fritze, Soziale Aspekte der Zuwanderung zu den Hansestädten an der südwestlichen Ostseeküste bis zum 16. Jahrhundert, in: Jahrbuch für Geschichte des Feudalismus 2 (1978), 177-190. Theodor Penners, Fragen der Zuwanderung in den Hansestädten des späten Mittelalters, in: Hansische Geschichtsblätter 83 (1965), 12-45. Heinz Reincke, Bevölkerungsprobleme der Hansestädte, in: Die Stadt im Mittelalter, hg. v. Carl Haase (Wege der Forschung CCXLV) 2. erw. Aufl., Darmstadt 1976, 256-302, bes. 271 ff. (zuerst in: Hansische Geschichtsblätter 70 (1951), 1-33). Ahasver v. Brandt, Die gesellschaftliche Struktur des spätmittelalterlichen Lübeck, in: Untersuchungen zur gesellschaftlichen Struktur der spätmittelalterlichen Städte in Europa (Vorträge und Forschungen XI) Sigmaringen, 2. Aufl., 1974, 215-239, bes. 220 ff. Vgl. auch Heinrich Kramm, Studien über die Oberschichten der mittelalterlichen Städte im 16. Jahrhundert. Sachsen Thüringen Anhalt, I. Teilbd. (Mitteldeutsche Forschungen 87) Köln – Wien 1981. Heinrich Kramm, Wanderrichtungen führender bürgerlicher Familien in Mitteldeutschland im 15. und 16. Jahrhundert, in: Zur Geschichte und Volkskunde im Mittelalter. FS Friedrich von Zahn, Bd. I, hg. v. Walter Schlesinger (Mitteldeutsche Forschungen 50), Köln - Graz 1968, 472-502. Für Konstanz: Klaus D. Bechtold, Zunftbürgerschaft und Patriziat. Studien zur Sozialgeschichte der Stadt Konstanz im 14. und 15. Jahrhundert (Konstanzer Geschichts- und Rechtsquellen 26) Sigmaringen 1981, 45 ff. Vgl. weiters allg. Steve Hochstadt, Migration in Preindustrial Germany, in: Central European History 16 (1983), 195-224. Vgl. auch Wilfried Reininghaus, Die Migration der Handwerksgesellen in der Zeit der Entstehung ihrer Gilden (14./15. Jahrhundert), in: VSWG 68 (1981), 1-21. Hans Christoph Rublack, Konfession als demographischer Faktor ?, in: Festgabe für Ernst Walter Zeeden, hg. v. Horst Rabe, Hansgeorg Molitor, Hans Christoph Rublack (Reformationsgeschichtliche Studien und Texte, Supplementband 2) Münster/Westfalen 1976, 62-96.

Vgl. für Polen: Danuta Quirini Poplawska, Die italienischen Einwanderer in Krakow und ihr Einfluß auf die polnischen Wirtschaftsbeziehungen zu österreichischen und deutschen Städten im 16. Jahrhundert, in: Europäische Stadtgeschichte im Mittelalter und früher Neuzeit, hg. v. Werner Mägdefrau, Weimar 1979, 114-179. Jacek

Wiesiłowsky, The Nobility in Town. Movements and Migration of the Nobility between Village and Town in Poland during the 15th Century, in: The Polish Nobility in the Middle Ages. Anthologies, Ed. Antoni Gasiorowsky, Wrocław 1984, 255-296. Für Böhmen vgl. Anton Altrichter u. Helmut Altrichter, Die Iglauer Neubürger 1360-1649 nach Beruf, Herkunft und Volkszugehörigkeit, in: Zeitschrift für Sudetendeutsche Geschichte 2 (1938) 91-112. Für Ungarn vgl. András Kubinyi in diesem Band.

(2) Vgl. z.B. Etienne François (Ed.), Immigration.

(3) Vgl. z.B. Fritz Rörig, Die Gründungsunternehmerstädte des 12. Jahrhunderts, in: Altständisches Bürgertum 1. Bd., hg. v. Heinz Stoob (Wege der Forschung CCCLII), Darmstadt 1978, 77-126. Rörigs Positionen wurden erfolgreich bestritten, vgl. Theodor Mayer, Zur Frage der Städtegründungen im Mittelalter, ebda 127- 152 (zuerst in: MIÖG 43 (1929) 261-282). Zusammengefaßt wird die Debatte bei Theodor Mayer, Die Anfänge der Stadt Lübeck. Entstehung und Auflösung eines Schlagwortes, in: Stoob, Bürgertum 244-254.

(4) Vgl. etwa versch. Beiträge in: Monatsblatt der kais. kön. heraldischen Gesellschaft "Adler" I ff. (1881 ff.).

(5) Vgl. z.B. Altrichter-Altrichter, Iglauer Neubürger. Luise Süß, Die Volkszugehörigkeit der Bevölkerung Brünns im Jahre 1348, in: Zeitschrift für Sudetendeutsche Geschichte 1 (1937), 269-280; Hans Walter, Einwanderung aus dem Reich in die äußerste Ostmark im Mittelalter, in: Monatsblatt Adler 1 (1939), 73-75. Zur Programmatik dieses spezifische Forschungsinteresses vgl. z.B. Heinz Zatschek, Zur Erforschung der Volkszugehörigkeit nach Stadtbüchern und Urbaren des Spätmittelalters, in: Zeitschrift für Sudetendeutsche Geschichte 1 (1937), 249-255. Im Kontext eines explizit rassistischen Geschichtsentwurfes findet sich Migration bei Adolf Helbok, Was ist deutsche Volksgeschichte? Ziele, Aufgaben und Wege, Berlin – Leipzig 1935, bes. 22 ff.

(6) Diese Arbeit ist im Kontext des vom österreichischen Fonds zur Förderung der wissenschaftlichen Forschung unterstützten Projekts zur Migrationsgeschichte in Österreich in Spätmittelalter und Frühneuzeit entstanden (Projektnr. P 5525). Zu den Projektintentionen s. Gerhard Jaritz – Albert Müller, Historia vaga. Ein computerunterstütztes Projekt zur Migrationsgeschichte des 15. und 16. Jahrhunderts, in: Datenbanken und Datenverwaltungssysteme als Werkzeug historischer Forschung, hg. v. Manfred Thaller (Historisch-Sozialwissenschaftliche Forschungen 20), St. Katherinen 1986, 93-123. Für Unterstützung bei der EDV-Arbeit für diesen Aufsatz danke ich meinen Kolleginnen Ingrid Matschinegg und Barbara Schuh sehr herzlich.

(7) Vgl. dazu auch Jaritz – Müller, Historia vaga 105 ff.

(8) Vgl. Lawrence Stone, Prosopography, in: Daedalus 100 (1971), 48-79; weiters Neidhart Bulst, Zum Gegenstand und zur Methode der Prosopographie, in: Bulst-Genet, Medieval lives, 1-16; Ders., La recherche prosopographique recente en Allemagne (1250 – 1650). Essai d'un bilan, in: Prosopographie et genese de l'état moderne, Ed. par Françoise Autrand (Collection de l'École Normale Superieure de jeunes filles no 30) Paris 1986, 35-52. Zum Konzept einer 'Prosopographie der Masse' s. Carlo Ginzburg u. Carlo Poni, Was ist Mikrogeschichte ?, in: Geschichtswerkstatt No. 6 (1985), 48-52. Für Österreich vgl. Gerhard Jaritz u. Albert Müller, Medieval Prosopography in Austrian Historical Research: Religious and Urban Communities, in: Medieval Prosopography 7 (1986) Nr. 1, 57-86.

(9) Vgl. z.B. folgende Studien, die auf der Analyse von Herkunftsnamen beruhen: McClure, Patterns of Migration; Rudolf Schützeichel, Zur Erforschung der Herkunftsnamen in spätmittelalterlichen Quellen aus der Stadt Köln, in: Civitatum Communitas.

Studien zum europäischen Städtewesen. Festschrift für Heinz Stoob zum 65. Geburtstag, hg. v. H. Jäger, F. Petri u. H. Quirin (Städteforschung A/21) Köln – Wien 1984, 148-157. Wie problematisch die Interpretation von Herkunftsnamen im 15. Jh. jedoch ist, zeigen die Quellen selbst: die folgenden beiden – willkürlich ausgewählten – Beispiele aus dem Salzburger Bȓgerbuch belegen, daß Herkunftsnamen durch eine Herkunftsbezeichnung ergänzt werden: Eintragung zum 12. Juni 1454: "Item Michel Mülhaimer [...] von Hürpfenshaim [...]"; zum 29. Sept. 1456: "Item Lienhart Hartperger [...] purttig von Lauffen [...]; mitunter werden Herkunftsnamen durch eine Herkunftsbezeichnung mit identischer Aussage versehen: Eintragung zum 25. Juli 1454: "Item Michel Strawbinger von Strawbing [...]". Diese Praxis läßt sich auch in anderen österreichischen Städten belegen: in Linz ist etwa ein Balthasar Alkover von Alkoven nachgewiesen, vgl. Müller, Linz 200 f. Gerade die Beispiele von Herkunftsnamen, die durch identische Herkunftsbezeichnungen ergänzt wurden, zeigen, daß das zeitgenössische Verständnis den Herkunftsnamen einer Person nicht mehr zwangsläufig mit ihrer tatsächlichen Herkunft in Verbindung brachte.

(10) Der Erwerb von Bürgerrecht oder Inwohnerrecht war lange Zeit v. a. Gegenstand rechts- und verfassungsgeschichtlicher Untersuchungen. Vgl. v. a. die klassische Studie von Wilhelm Ebel, Der Bürgereid als Geltungsgrund und Gestaltungsprinzip der deutschen mittelalterlichen Stadtrechte, Weimar 1958. Erst in jüngerer Zeit tritt die sozialgeschichtliche Auseinandersetzung mit dem Problemkreis in den Vordergrund. Vgl. z. B. Gerhard Dilcher, Zum Bürgerbegriff im späteren Mittelalter. Versuch einer Typologie am Beispiel von Frankfurt am Main, in: Über Bürger, Stadt und städtische Literatur im Spätmittelalter, hg. v. Josef Fleckenstein u. Karl Stackmann (Abh.Akad.Wiss. Göttingen, phil.-hist. Kl., 3. F., Nr. 121) Göttingen 1980, 59-105, bes. 75 ff. Für Österreich vgl. Herwig Ebner, Zur Ideologie des mittelalterlichen Städtebürgertums aufgrund österreichischer Stadtrechte des späten Mittelalters, in: Jahrbuch für Geschichte des Feudalismus 7 (1983), 157-184.

(11) Rautgundis Felser, Herkunft und soziale Schichtung der Bürgerschaft obersteirischer Städte und Märkte während des Mittelalters. Unter besonderer Berücksichtigung der Stadt Judenburg (Dissertationen der Universität Graz 38) Wien 1977; Gerhard Dienes, Die Bürger von Graz. Örtliche und soziale Herkunft. (Von den Anfängen bis 1500) (Dissertationen der Universität Graz 46) Graz 1979. Albert Müller, Die Bürger von Linz. Prosopographie und soziale Strukturierungen bis zur Mitte des 16. Jahrhunderts, Ms., Graz 1987.

(12) Vgl. z. B. András Kubinyi, Die Pemfflinger in Wien und Buda, in: Jahrbuch des Vereins für Geschichte der Stadt Wien 38 (1978), 67-88; Richard Perger, Blasius Lazarin (ca. 1450-1516), Bürger in Agram, Villach und Wien, in: Neues aus Alt-Villach. 3. Jahrbuch des Stadtmuseums (1966), 65-93; ders., Simon Pötel und seine Handelsgesellschaft, in: Jahrbuch des Vereins für Geschichte der Stadt Wien 40 (1984), 7-88.

(13) Vgl. Jaritz – Müller, Historia vaga 105 ff.

(14) Vgl. z. B. Kurt Klein, Die Bevölkerung Österreichs vom Beginn des 16. bis zur Mitte des 18. Jahrhunderts, in: Beiträge zur Bevölkerungs- und Sozialgeschichte Österreichs, hg. v. Heimold Helczmanovszki, Wien 1973, 47-112.

(15) Besonders deutlich wird dieser Zusammenhang an Wiener Quellenmaterial: Die Namen der Neubürger sind innerhalb eines Abschnitts der jährlichen Oberkammeramtsrechnungen erhalten. Eine Auswertung dieser Quelle ist geplant. Vgl. dazu auch Otto Brunner, Die Finanzen der Stadt Wien von den Anfängen bis ins 16. Jahrhundert (Studien aus dem Archiv der Stadt Wien 1/2) Wien 1929.

(16) Vgl. Hans Planitz, Die deutsche Stadt im Mittelalter. Von der Römerzeit

bis zu den Zunftkämpfen, 5. unv. Aufl. Wien - Köln - Graz 1980, 276 f. Vgl. auch Gustav Mohr, Die wirtschaftliche Bedeutung des Gästerechtes besonders in den niederösterreichischen Städten des Mittelalters, in: Jahrbuch für Landeskunde von Niederösterreich N. F. 19 (1924), 211-237.

(17) Vgl. z. B. für Innsbruck Conrad Fischnaler, Das Innsbrucker Bürgerbuch. Historische Skizze, in: Zeitschrift des Ferdinandeums für Tirol und Vorarlberg, 3. F., 47 (1903), 165-183, bes. 174 ff.

(18) Der Wanderung von Städtebürgerinnen wurde noch weniger Beachtung geschenkt als der der Bürger. S. aber z. B. Erika Uitz, Zu einigen Problemen der gesellschaftlichen Stellung der Frau in der mittelalterlichen Stadt, in: Jahrbuch für Geschichte des Feudalismus 5 (1981), 57-88, bes. 82 ff.; Dies., Zur Darstellung der Stadtbürgerin, ihrer Rolle in Ehe, Familie und Öffentlichkeit in der Chronistik und in den Rechtsquellen der spätmittelalterlichen deutschen Stadt, in: Jahrbuch für Geschichte des Feudalismus 7 (1983), 130-156, bes. 150 ff.; vgl. weiters Grethe Jacobsen in diesem Band.

(19) Vgl. zur Wanderung von Marginalen: František Graus, Randgruppen der städtischen Gesellschaft im Spätmittelalter, in: Zeitschrift für historische Forschung 8 (1981), 385-417; Ders., Die Randständigen, in: Moraw, Unterwegssein, 93-104. Einzelbelege bei Frans Irsigler u. Arnold Lassotta, Bettler und Gaukler, Dirnen und Henker. Randgruppen und Außenseiter in Köln 1300-1600, Köln 1984. Weiters: Wolfgang Hartung, Gesellschaftliche Randgruppen im Spätmittelalter. Pänomen und Begriff, in: Städtische Randgruppen und Minderheiten, hg. v. Bernhard Kirchgässner u. Fritz Reuter (Stadt in der Geschichte 13) Sigmaringen 1986, 49-114. Als Monographie ist Bronislaw Geremek, Les Marginaux parisiens aux XIVe et XVe siècles, Paris 1976, besonders hervorzuheben.

(20) Der diesbezügliche Versuch von Steve Hochstadt kann keineswegs als geglückt angesehen werden; vgl. Hochstadt, Migration.

(21) Wie Anm. 11. Für die Städte Kärntens bes. im 13. Jh. vgl. Alfred Ogris, Die Bürgerschaft in den mittelalterlichen Städten Kärntens bis zum Jahr 1335 (Das Kärntner Landesarchiv 4) Klagenfurt 1974, 14-46.

(22) Vgl. z. B. Josef Mayer, Geschichte von Wiener Neustadt, Bd. 2. Wiener Neustadt 1926, 115-122; Otto Brunner, Die geschichtliche Stellung von Krems und Stein, in: Krems und Stein. Festschrift zum 950-jährigen Stadtjubiläum, Krems 1948, 19-102, bes. 38 f.; Adolf Helbok, Die Bevölkerung der Stadt Bregenz am Bodensee. Vom 14. Jahrhundert bis zum Beginne des 18. Jahrhunderts, Innsbruck 1912, 63 ff.

(23) Felser, Herkunft 19 ff.; Dienes, Bürger 15 ff.

(24) Felser, Herkunft 19 f.; Dienes, Bürger 16 f.

(25) Felser, Herkunft 23; Dienes, Bürger 21 f.

(26) Salzburg gilt im 15. und 16. Jahrhundert in Bezug auf seine Bevölkerungsgröße als "Mittelstadt" im Sinne der in der Mittelalterlichen Stadtgeschichtsforschung weit verbreiteten Terminologie Hektor Ammanns (Vgl. Hektor Ammann, Wie groß war die mittelalterliche Stadt ?, in: Die Stadt des Mittelalters Bd.1, hg. v. Carl Haase (Wege der Forschung CCXLIII) Darmstadt 1978, 415-422 (zuerst ersch. 1956)). Für das Jahr 1531 existieren Quellen, aufgrund deren man die Bevölkerungsgröße der Stadt auf 4000 – 4500 Einwohner (ohne erzbischöflichen Hof, Klerus etc.) schätzen kann. Die sozioökonomische Funktion Salzburgs ist heterogen: Einerseits ist sie geprägt von seiner Rolle als erzbischöfliche Residenzstadt; andererseits von der Stellung im (Fern-)Handel, an dem sich die Bürger der Stadt beteiligten, unter anderem mit Gütern aus Venedig. Zu Salzburg vgl. zuletzt den Überlick von Peter Michael Lipburger, Bürgerschaft und Stadtherr. Vom Stadtrecht des 14. Jahrhunderts zur Stadt- und Polizeiordnung des

Kardinals Matthäus Lang (1524), in: Vom Stadtrecht zur Bürgerbeteiligung: Festschrift 700 Jahre Stadtrecht von Salzburg, hg. v. Heinz Dopsch (Salzburger Museum Carolino Augusteum. Jahresschrift 33 (1987), 26-63. Salzburg verfügt im Gegensatz zu vielen anderen Städten über eine umfassende angelegte Stadtgeschichte neueren Datums: Geschichte Salzburgs. Stadt und Land, hg. v. Heinz Dopsch u. Hans Spatzenegger, Bd. I,1, 2. verb. Aufl., Salzburg 1983, Bd. I,2, Salzburg 1983, Bd. I,3 Salzburg 1984. Für unsere Problematik sind folgende Teile wichtig: Heinz Dopsch u. Peter M. Lipburger, Die rechtliche und soziale Entwicklung, in: I,2, 675-746, Heinz Dopsch, Die wirtschaftliche Entwicklung, in: ebda. 757-835, Adolf Hahnl, Die bauliche Entwicklung, in: ebda. 836-866 und Heinz Dopsch, Besiedelung und Bevölkerung, in: I,1, 347-360.

(27) Das Bürgerbuch steht vor der Edition durch Ch. Janotta u. M. Krissl. Ich danke an dieser Stelle Frau Doz. Janotta, die mir freundlicherweise eine Kopie der Fahnen dieser Publikation überlassen hat. Dieses Material konnte ich dank der Unterstützung durch das Max-Planck-Institut für Geschichte, Göttingen, und der Gesellschaft für wissenschaftliche Datenverarbeitung, Göttingen, mit Hilfe einer Kurzweil Data Entry Machine maschinenlesbar machen. Die so entstandene Datei, die den rohen Text wiedergibt, wurde für die Weiterverarbeitung mit CLIO verändert. Siehe dazu auch Jaritz – Müller, Historia vaga 113 ff. Das Salzburger Bürgerbuch wurde bisher für stadtgeschichtliche und kunstgeschichtliche Forschungen herangezogen. Bei Dopsch-Lipburger, Rechtliche und soziale Entwicklung 727 ff. findet sich eine Beschreibung der Quelle. Zuletzt hat M. Krissl auf diese Quelle ihre Dissertation aufgebaut, in der sie auch personengeschichtliche Materialien zu den in der Quelle genannten Personen sammelt. Diese personengeschichtliche Sammlung, die im Textteil der Arbeit nicht evaluiert wird, umfaßt allerdings nur die Personen bis zum Jahr 1481. Krissl selbst beschäftigt sich in ihrer Arbeit kaum mit migrationsgeschichtlich relevanten Problematiken. Vgl. Michaela Krissl, Studien zur politischen, sozialen und wirtschaftlichen Struktur der Neubürger des ersten Salzburger Bürgerbuches (1441-1541), phil. Diss., Salzburg 1984.

(28) Freundlicher Hinweis von Peter M. Lipburger, Univ. Salzburg.

(29) Verteilung der Bürgeraufnahmen:

Jahrzehnt	N	%
1441-1449	225	9.0
1450-1459	250	10.0
1460-1469	305	12.2
1470-1479	267	10.7
1480-1489	189	7.6
1490-1499	224	8.9
1500-1509	225	9.0
1510-1519	269	10.7
1520-1529	293	11.7
1530-1539	229	9.1
1540-1541	25	1.0
Σ	2501	100.0

(30) Es ist bekannt, daß es keine statistisch begründete Regel für die in die gleitenden Durchschnitte einzubeziehende Beobachtungen gibt. Hier wurden für jede Beobachtung die Beobachtung selbst, die drei vorhergehenden und die drei folgenden Beobachtungen ungewichtet einbezogen.

(31) Zur Zeitreihenanalyse vgl. z. B. John M. Gottman, Time-series analysis. A comprehensive introduction for social scientists, Cambridge et al. 1981. Die in der Graphik dargestellten Zahlenwerte weichen im übrigen von den bei Krissl, Neubürger 67 ff. wiedergegeben Zahlen ab.

(32) Innsbruck kann als Kleinstadt bezeichnet werden, dessen bürgerliche Bevölkerung (mit Inwohnern, ohne Hof, Klerus mit dem jeweiligen Personal etc.) etwa 2000 Personen betrug. Heide Dienst, Lebensbewältigung durch Magie, in: Alltag im 16. Jahrhundert. Studien zu Lebensformen in mitteleuropäischen Städten (Wiener Beiträge zur Geschichte der Neuzeit 14) Wien 1987, 80-112, hier: 83, schätzt Innsbrucks Bevölkerung um 1485 per analogiam – und Haidacher (wie Anm. 33) offenbar mißverstehend – auf etwa 5000. Seit dem ersten Drittel des 15. Jahrhundert war Innsbruck Sitz des Landesfürsten und unter Kaiser Maximilian I. erhielt die Stadt zusätzlich Residenzfunktion. Im Nord-Süd-Handel war Innsbruck eine bedeutende Station. Zu Innsbruck vgl. allg. Otto Stolz, Geschichte der Stadt Innsbruck, Innsbruck Wien – München 1959 und den einschlägigen Beitrag im śterreichischen Städtebuch.

(33) Vgl. die Edition von Karl Schadelbauer u. Monika Fritz, Die Innsbrucker Inwohneraufnahmen von 1508 bis 1567 (Veröffentlichungen aus dem Stadtarchiv Innsbruck 26) Innsbruck 1964. Zum Bürgerbuch vgl. Fischnaler, Bürgerbuch. Zuletzt wurden beide Quellen von Christoph Haidacher, Zur Bevölkerungsgeschichte von Innsbruck im Mittelalter und in der beginnenden Neuzeit (Veröffentlichungen des Innsbrucker Stadtarchivs N.F., Bd. 15) Innsbruck 1984, herangezogen.

(34) Vgl. Fischnaler, Innsbrucker Bürgerbuch; Haidacher, Bevölkerungsgeschichte 66.

(35) Das Inwohneraufnahmeverzeichnis wurde bis einschließlich 1555 maschinenlesbar gemacht, vgl. Jaritz – Müller, Historia vaga 118.

(36) Verteilung der Inwohneraufnahmen:

Jahrzehnt	N	%
1508-1509	13	2.8
1510-1519	119	25.5
1520-1529	56	12.0
1530-1539	111	23.8
1540-1549	83	17.8
1550-1555	85	18.2
Σ	467	100.0

(37) Vgl. für unsere Beispiele Dopsch – Lipburger, Rechtliche und soziale Entwicklung 728 ff.; Haidacher, Bevölkerung 62.

(38) Vgl. für Lübeck: Fritze, Soziale Aspekte 187; für eine Reihe weiterer Hansestädte: Penners, Fragen der Zuwanderung 27 ff.

(39) Vgl. Dopsch, Siedlung und Bevölkerung 353 ff.

(40) Vgl. Felser, Herkunft 67 ff.; Dienes, Bürger 74 ff.

(41) Dies gilt v. a. für Großstädte. S. z.B. Theoror Aign, Die Ketzel. Ein Nürnberger Handelsherren- und Jerusalempilgergeschlecht (Freie Schriftenfolge der Gesellschaft für Familienforschung in Franken 12) Neustadt/Aisch 1961.

(42) Allg. formuliert bei Pierre Bourdieu, Les strategies matrimoniales dans le system de reproduction, in: Annales E.S.C. 27 (1972), 1105-1127.

(43) Z. B. Carlo M. Cipolla, Before the industrial Revolution. European Society and Economy, 1000-1700, London 1976, 146 ff.

(44) Vgl. z. B. Erich Maschke, Die Familie in der deutschen Stadt des späten Mittelalters (SB d. Heidelberger Akad. d. Wiss., Phil.-Hist. Kl., Jg. 1980, Abh.

4) Heidelberg 1980; Thomas Schuler, Familien im Mittelalter, in: Die Familie in der Geschichte, hg. v. Heinz Reif, Göttingen 1982, 26-60; Michael W. Flinn, The European Demographic System 1500-1820, Baltimore 1981, 13 ff.

(45) Vgl. für Graz: Dienes, Bürger 86; für Villach: Wilhelm Neumann, Villachs Studenten an deutschen Universitäten bis 1518, in: 900 Jahre Villach. Neue Beiträge zur Stadtgeschichte, Villach 1960, 237-246; für Krems ausführlich Gerhard Jaritz, Kleinstadt und Universitätsstudium. Untersuchungen am Beispiel Krems an der Donau (von den Anfängen bis in das 17. 105-161; 19 (1979), 1-26; 23-24-25 (1986), 153-178.

(46) Vgl. z. B. Anm. 12.

(47) Vgl. z. B. Thomas Henry Hollingsworth, Historical Demography, Cambridge et al. 1976, 355 ff; David Herlihy, Deaths, Marriages, Births, and the Tuscan Economy (ca. 1300-1550), in: Population Patterns in the Past, ed. Ronald Demos Lee, New York – San Francisco – London 1977, 135-164, bes. 157 ff.

(48) Vgl. Österreichisches Städtebuch, hg. v. Alfred Hoffmann, Bd. 1 ff. Wien 1968. Bes. Rubriken 5 und 6.

(49) Die Idee, die mittelalterlichen Städte als sozio- ökonomisches System zu begreifen und in einer an die Systemtheorie angelehnten Terminologie zu beschreiben, wurde besonders ausführlich vorgetragen von Yves Barel, La ville médiévale. système social. système urbain, Grenoble 1975. Ebenfalls vertreten wurde ein systemtheoretisches Konzept von Rolf Sprandel, Mentalitäten und Systeme. Neue Zugänge zur mittelalterlichen Geschichte, Stuttgart 1972, 160 ff.

(50) Vgl. Karl Heinz Ludwig, Neue Quellen zur Bevölkerungsentwicklung in der ersten Hälfte des 16. Jahrhunderts. Die Salzburger Mannschaftsauszüge von 1531 und 1541, in: Mitteilungen der Gesellschaft für Salzburger Landeskunde 117 (1977), 201-215. Zur Kritik des Zahlenmaterials der Quelle vgl. ebda. 207. Für 1531 gibt die Quelle 1155 Bürger, Inwohner, Bürgerssöhne und Dienstknechte akkumuliert an, für 1541 1070. Im letzeren Jahr sind die einzlnen Gruppen aufgeschlüsselt: 564 Bürger (55 %), 36 Bürgersöhne (3 %), 107 Inwohner (17 %) und 343 Dienknechte (32 %). Legt man die Verhältnisse des Jahres 1541 auch für 1531 zugrunde, so ergibt sich eine Gruppe von 635 Bürgern. Zur Einwohnerzahl siehe zuletzt Lipburger, Bürgerschaft 41, der sich auf die eben erwähnte Quelle stützt. Lipburger verwendet einen Multiplikator von 4.5, der allerdings mindestens für die Gruppe der Dienstknechte zu hoch gegriffen erscheint.

(51) Die Situation ist in Innsbruck insofern problematisch, als entsprechende Quellen 1945 verlorengingen (vgl. Haidacher, Bevölkerungsgeschichte 40 f.) Nach einem Inwohnerverzeichnis aus dem Jahr 1536 betrug die Zahl der Inwohner 155 (ebenda 44).

(52) Fernand Braudel, Sozialgeschichte des 15.-18. Jahrhunderts. Der Alltag, München 1985, 538.

(53) Ebda.

(54) Niklas Luhmann, Soziale Systeme. Grundriß einer allgemeinen Theorie, Frankfurt 1984, 386. Zur Autoreproduktion im städtischen System vgl. Barel, ville 145 ff. u. 547 ff.

(55) Vgl. Erich Maschke, Soziale Gruppen in der deutschen Stadt des Spätmittelalters, in: Über Bürger, Stadt und städtische Literatur im Spätmittelalter, hg. v. Josef Fleckenstein u. Karl Stackmann (Abh.Akad.Wiss. Göttingen, phil.-hist. Kl., 3. F., Nr. 121) Göttingen 1980, 127-145.

(56) Zum Problem der sozialen Differenzierung in spätmittelalterlichen Städten vgl. z. B. Jürgen Ellermeyer, Sozialgruppen, Selbstverständnis, Vermögen und städtische Verordnungen. Ein Diskussionsbeitrag zur Erforschung spätmittelalterlicher Stadtgesellschaft, in: Blätter für deutsche Landesgeschichte 113 (1977), 203-275; ders.,

"Schichtung" und "Sozialstruktur" in spätmittelalterlichen Städten. Zur Verwendbarkeit sozialwissenschaftlicher Kategorien in historischer Forschung, in: Geschichte und Gesellschaft 6 (1980), 125-149. Ellermeyer betont in beiden Arbeiten die Mehrdimensionalität der die soziale Differenzierung bestimmenden Komponenten.

(57) Vgl. dagegen Heinrich Rüthing, Höxter um 1500. Analyse einer Stadtgesellschaft (Studien und Quellen zur westfälischen Geschichte 22) Paderborn 1986, der auf seiner Quellenbasis kollektivbiographische Ansätze realisieren konnte.

(58) Zur von Max Weber ausgelösten Diskussion über Stadttypen vgl. zuletzt Klaus Schreiner, Die mittelalterliche Stadt in Max Webers Analyse und die Deutung des okzidentalen Rationalismus. Typus, Legitimität, Kulturbedeutung, in: Max Weber, der Historiker, hg. v. Jürgen Kocka (Kritische Beiträge zur Geschichtswissenschaft 73) Göttingen 1986, 119-150.

(59) Vgl. die Beiträge von W. Reininghaus, H. Bräuer u. J. Ehmer in diesem Band.

(60) Verteilung der Informationsdichte in Jahrzehnten

	keine	B+O	O	B	N
1441-9	6.2	59.1	9.3	25.3	225
1450-9	5.6	56.8	12.4	25.2	250
1460-9	27.9	22.0	11.1	39.0	305
1470-9	25.1	22.5	12.7	39.7	267
1480-9	13.2	33.9	21.2	31.7	189
1490-9	13.4	21.9	13.4	51.3	224
1500-9	21.8	7.6	5.8	64.9	225
1510-9	21.6	3.7	5.2	69.5	269
1520-9	22.9	1.0	2.0	74.1	293
1530-9	16.6	2.2	.9	80.3	229
1540-1	8.0		4.0	88.0	25
%	17.9	22.0	9.0	51.0	

B+O: Berufs- und Herkunftsangabe
B: nur Berufsangabe
O: nur Herkunftsangabe
N: Anzahl der Fälle

(61) Vgl. z. B. Bechtold, Zunftbürgerschaft 55 ff.

(62) Vgl. f. Salzburg: Dopsch, Die wirtschaftliche Entwicklung 795 f.

(63) Vgl. f. Salzburg: Dopsch, Die wirtschaftliche Entwicklung 796 f.

(64) Zu den Salzburger Goldschmieden vgl. Dopsch, Die wirtschaftliche Entwicklung 789 f.

(65) Vgl. dazu Gerhard Dohrn van Rossum in diesem Band.

HORIZONTALE MOBILITÄT IM SPÄTMITTELALTERLICHEN KÖNIGREICH UNGARN

András Kubinyi

Die Frage nach horizontaler Mobilität beschäftigt mich schon seit beinahe zwanzig Jahren. Als ich mich mit der Geschichte der ungarischen Hauptstadt im Spätmittelalter auseinandersetzte, stellte ich fest, daß ein natürlicher Zuwachs der Bevölkerung nicht nachzuweisen war. Durchschnittlich fielen auf einen Vater 1,4 überlebende Kinder (1). Es gab ferner am Ende des Mittelalters keine einzige Bürgerfamilie in der Stadt, die im Mannesstamm mehr als drei Generationen lang zurück zu verfolgen war (2). Solche und ähnliche Phänomene können auch im übrigen Europa beobachtet werden (3).

Die Städte waren also auf Einwanderung angewiesen. Früher beschäftigte ich mich besonders in wirtschaftsgeschichtlicher Hinsicht mit dem Einzugsgebiet der Städte und versuchte nachzuweisen, daß das Gebiet, aus welchem Neubürger in die Stadt kamen, mit dieser in wirtschaftlichem Kontakt stand (4). – Die sozialen Aspekte dieser Wanderung sind aber nicht minder interessant. Man muß die verschiedenen gesellschaftlichen Gruppen und die Möglichkeiten ihrer Migration einzeln untersuchen, um ein klares Bild der horizontalen Mobilität zu bekommen.

Jene gegebenen Möglichkeiten zur Migration hingen auch von rechtlichen Bestimmungen ab, so z.B. vom Umfang der Freizügigkeit der Bauern (5). Die Abwanderungsmöglichkeiten der Bauern standen schließlich auch mit ihrer Zahl im Zusammenhang. Anfangs seien daher einige zahlenmäßige Angaben aus dem spätmittelalterlichen Ungarn dargelegt.

Die staatliche Steuereinheit Ungarns im Mittelalter war das "Tor" ("porta"). In der zweiten Hälfte des 15. Jahrhunderts betrachtete man jedes einzelne bewohnte Grundstück als ein Tor, ungeachtet seiner Größe und des Umfanges der dazugehörigen Hufe (– so konnte auch eine halbe, bzw. Viertelhufe zum "Tor" gehören). Portalsteuern mußten alle Hörigen an den König zahlen, so die Bauern der Dörfer, aber auch die Bürger der Märkte und sogar die der grundherrlichen Städte. In einigen Fällen waren sogar die sogenannten "Ein-Schollen-Adeligen", also solche Edelleute, die als Bauern ihren Grundbesitz selbst bebauten, zu zahlen verpflichtet. Von diesen Abgaben waren nur die Priester, die grundbesitzenden Adeligen und die Bürger der königlichen Freistädte befreit (6). Nach einer Quelle aus der Mitte des 15. Jahrhunderts soll es zur Zeit

König Sigismunds 400.000 Steuereinheiten im Königreich Ungarn (außer Slawonien) gegeben haben (7). Von 1494-1495 sind die Rechnungen des königlichen Schatzamtes erhalten. Diese enthalten die Zahl der angeschlagenen Tore von drei Vierteln der Komitate (8). Die Zahl der Tore in den fehlenden Komitaten wurde von verschiedenen Forschern voneinander abweichend bestimmt; nach meiner Rechnung gab es 1495 rund 267000 Tore, also Steuereinheiten, im Land (9). In einer Periode von ungefähr 65 Jahren war damit ein Drittel der Tore verschwunden! Ähnliches kann auch durch andere Quellen bewiesen werden. Von vier Komitaten existiert ein Torverzeichnis aus 1432. Damals gab es dort 20297 Tore, 1494 fanden dagegen die Steuereinnehmer nur 13865 und 1496 13038 Tore, also 68,3 bzw. 64,2 % (10). Aus anderen Steuerverzeichnissen der Sigismund-Zeit kann man Gleiches feststellen (11). Es muß somit einen fortschreitenden Wüstungsprozeß gegeben haben. In einem nördlichen Komitat, wo man 1427 6618, 1494 2200 und 1495 1995 Tore fand, sind aus dem Jahr 1463 die Quittungen der Steuern erhalten. Damals waren mindestens 2755 Tore im Komitat (12), die Zahl der Steuereinheiten muß aber höher gewesen sein, denn es gab regelmäßige Steuerbefreiungen u.ä.

Den Wüstungsprozeß beweisen auch andere Quellen, besonders die Urbare und ähnliche Verzeichnisse, in welchen aber meist die Hufen und nicht die Tore verzeichnet sind. Überall finden wir im Königreich einen großen Prozentsatz von wüsten Hufen und interessanterweise parallel dazu eine wachsende Zahl von Hufenteilungen (13). Die Wüstungen haben in Ungarn natürlich viele Ursachen, ebenso wie anderswo in Europa (14). Eines ist aber gewiß: die Bevölkerungszahl des Landes kann sich nicht auf zwei Drittel innerhalb von 65 Jahren vermindert haben, auch wenn es in dieser Zeit Kriege, Epidemien usw. gegeben hatte.

Bei der Untersuchung der Wüstungsfrage müssen wir die Steigerung der Steuerlast in Betracht ziehen. In der Zeit Sigismunds zahlten je fünf Tore einen Gulden, seit der Mitte des 15. Jahrhunderts stieg die Steuer auf einen Gulden pro Tor. Das bedeutet eine Steigerung von 500 Prozent! König Matthias Corvinus ließ die Steuer sogar mehrfach zweimal im Jahr einnehmen. Die Gesetze der siebziger Jahre zeigen schon, wie sich die Bauern dagegen gewehrt haben. Art. 4 des Gesetzes von 1474 sagt z. B.: "quod, si ob metum hujus subsidii, ad aliorum domus, post congregationem praesentem, se contulissent, per hoc non sint supportati" (15). Diese Bestimmung wurde später erneuert, das bedeutet aber nur, daß die nach dem Landtag zusammenziehenden Bauern 1474 zwar die Steuern zahlen mußten, aber, wenn sie zusammen blieben, im nächsten Jahr schon davon befreit waren bzw. mehrere Bauern gemeinsam zahlten. Tatsächlich kann man in einigen Quellen mehrere zusammen wohnende Familien finden. Am Ende des Jahrhunderts zeigen die Durchführungsbestimmungen für die Steuereinnehmer jedoch schon den Versuch, auch diese Leute zu besteuern (16). Es blieb aber nichtsdestoweniger bei der Tatsache, daß in einem Haus oft mehrere Familien wohnten. Zwei solcher Konskriptionen sind aus dem 16. Jahrhundert überliefert, in denen alle Einwohner, also auch die Kinder, angeführt sind. Im Dorf Alsónyék wurden durchschnittlich 7,9 Leute in einem Haus erfaßt (um 1520). In diesen Häusern wohnten erweiterte Großfamilien, also drei Generationen zusammen (17). Im Markt Szigetvár hat man 1551 in einem Haus durchschnittlich 13 Leute erfaßt; in diesem Fall lebten mehrere Familien zusammen im Haus (18). Eine ähnliche Situation kann man z.B. in der nahe von Szigetvár liegenden Herrschaft von Siklós und besonders im Markt Siklós fast hundert Jahre früher, nämlich 1478, beobachten (19).

Der Grundherr hat anscheinend seine Zustimmung zum Zusammenwohnen gegeben: seine Hörigen mußten damit nicht so viel Steuer zahlen. Er fürchtete, daß seine Untertanen anderenfalls die Flucht ergreifen würden. Es kann ja kein Zufall sein, daß die Beschwerden über Flucht bzw. Fluchthilfe von Hörigen sehr oft die Nichtbezahlung bzw. die Mitnahme der "taxa regia" erwähnen (20). Der Bauer flüchtete also nach dem Anschlag der Steuer und somit mußten die anderen Dorfbewohner an seiner Stelle bezahlen.

Etwas ähnliches ist auch mit den grundherrlichen Abgaben geschehen. Einerseits finden wir häufig solche Quellen, nach denen zur Zeit einer außerordentlichen grundherrlichen Steuer die Bauern oft die Flucht ergriffen haben (21); andererseits genehmigte der Grundherr in einigen Fällen, daß die Hörigen nach einer verminderten Hufe grundherrliche Renten zahlen sollten (22). Auf ähnliches deutet z.B. die Bemerkung in einer Konskription, daß zu einer bewohnten halben Hufe eine "wüste" andere halbe Hufe gehört (23). Da die wüsten Hufen und auch die Dorfwüstungen meist von den Hörigen selbst – jedoch als Pacht – benutzt wurden (24), können die genannten Quellen nur eines beweisen: der Grundherr verzichtete auf einen Teil seiner grundherrlichen Renten und verpachtete den anderen Teil. So wurden seine Einkünfte zwar kleiner, aber er mußte nicht fürchten, daß ihn seine Hörigen verließen. Dies bedeutet aber auch, daß ein Teil der wüsten Hufen nur Scheinwüstungen waren.

Nach dieser etwas ausführlichen Einleitung sind wir zum wichtigsten Faktor der horizontalen Mobilität, zur Freizügigkeit der Bauern gekommen. In der Geschichte der ungarischen Gesetzgebung wurde die Freizügigkeit der Hörigen erstmals in einer um 1300 entstandenen Kompilation behandelt. Schon dort finden wir die wichtigsten Bedingungen der Freizügigkeit, die Erteilung einer Erlaubnis und die Bezahlung des Zinses ("Terragium") (25). Später kam dazu noch die Bezahlung eventueller Schulden, es wurde aber dem Grundherren nur kurze Zeit gegeben, um seine Forderungen zu erheben (26). Die Formel "habita licentia" kommt schon 1262 vor, und die Bedingung der Zahlung eines "Terragiums" 1254 (27). Die Freizügigkeit wurde von der ungarischen Geschichtsschreibung oft behandelt, ohne auf einen gemeinsamen Nenner zu kommen (28). Wir wollen hier nur einige Aspekte dieses Fragenkomplexes behandeln.

Außer der Freizügigkeit kommt noch eine andere Form der bäuerlichen Abwanderung sehr oft in den Gesetzen und Urkunden des behandelten Zeitraums vor: die Abduktion. Die gewaltsame, ohne Erlaubnis der Grundherren erfolgte Abduktion eines Hörigen wurde schon im Art. 16 des Gesetzes von 1351 verboten und dieses Verbot danach oft erneuert (29). Meist wurden die Hörigen in der Nacht abgeführt – nach den frühen Urkunden durfte der Bauer nur "clara luce" abziehen (30) –, anscheinend mit ihrer Einwilligung (31). Es ist ganz klar: sie erhielten nicht die Erlaubnis wegzuziehen, wollten aber zu einem anderen Grundherren gehen; dieser machte mit Gewalt die Übersiedlung des Bauern und seiner Habe möglich. Die erhaltenen Quellen zeigen, daß diese gewalttätigen Herren zum überwiegenden Teil mächtigere Grundherren waren als die früheren Herren des Bauern (32).

Fast ebenso viele Beschwerden sind jedoch darüber erhalten, daß der Grundherr seinen Hörigen, obzwar dieser die Erlaubnis dazu erhielt, nicht wegließ, bzw. Schwierigkeiten in bezug auf seine Abwanderung machte (33). Das ist nicht ganz verständlich, da der Bauer "habita licentia" wegziehen wollte. Es muß daher die Frage gestellt werden, wer das Recht hatte, die Erlaubnis zur Abwanderung zu geben. Anscheinend war dies nicht nur der Grundherr. Schon 1262 wird in einer Urkunde der Dorfrichter dazu ermächtigt (34), und wir haben auch aus späterer Zeit Angaben darüber, daß die dörfliche Selbstverwaltung die Erlaubnis zur Abwanderung des Bauern erteilen konnte (35). Dies kann man sehr gut begreifen, denn die Lasten des weggezogenen Bauern mußte man eventuell unter den zurückgebliebenen verteilen. Schon in der zweiten Hälfte des 15. Jahrhunderts kann man beobachten, daß in einigen Fällen die Komitate bzw. ihre untergeordneten Organe, die Stuhlrichter ("iudices nobilum"), die Erlaubnis zur Abwanderung der Bauern erteilten (36). Das wurde in Art. 16 des Dekrets von 1504 zum Gesetz erhoben (37).

Die ungarische Geschichtsschreibung betrachtet dieses Gesetz und auch andere aus dem Ende des 15. Jahrhunderts, in denen die Höhe der Geldstrafen jener Grundherren vermindert wurde, die die Freizügigkeit ihrer Hörigen, welche schon die Erlaubnis erhalten hatten, hinderten, als die eigentliche Behinderung der Freizügigkeit (38). Ohne Zweifel kann man eine Tendenz zur Abschaffung der Freizügigkeit bemerken. Es sind Urkunden erhalten, in welchen Adelige mit mittlerem Besitz eine neue Bestrafungsform einführten: der Delinquent mußte sich zur ewigen Leibeigenschaft verpflichten (39).

Die Gesetzgebung des 15. Jahrhunderts zeigt anscheinend auch eine gegen die Freizügigkeit gerichtete Tendenz. König Sigismund hat zwar in der ersten Hälfte seiner Regierung mindestens sechsmal und oft wörtlich übereinstimmend die Freizügigkeit seiner Hörigen reguliert. Auch in seinem sogenannten städtischen Dekret von 1405 kommt solches vor. Diese Gesetze bekräftigen das Recht der Bauern zur Abwanderung unter den schon erwähnten Bedingungen (40). Damit wurde auch das Interesse der Städte berücksichtigt. Daß der König seine Verordnungen wiederholen mußte, zeigt schon, daß es Schwierigkeiten gegeben haben muß. In der zweiten Häfte des 15. Jahrhunderts lassen sich bereits solche Gesetze nachweisen, die das Recht der Freizügigkeit für kurze Zeit aufheben. Diese Verordnungen wurden von der ungarischen Geschichtsschreibung ziemlich negativ bewertet (41).

Schon 1452 wird ein Gesetz erwähnt, daß niemand einen Hörigen zur Zeit der Steuerzahlung ein Jahr lang wegführen darf. Die Abduktion eines Hörigen bis zum nächsten Martini-Tag verbietet Art. 10 des Gesetzes von 1454. (Es wurden nämlich für einen Kriegszug die Tore der Hörigen zusammengeschrieben.) Aus demselben Grund hat man in Art. 30 des Gesetzes von 1459 wieder die Wegführung der Hörigen für ein Jahr verboten. Ein ähnliches Verbot gilt nach dem Art. 17 des Gesetzes von 1463 nur bis zum 15. Tag nach der Auflösung des Heeres. Art. 14 des Gesetzes von 1474 ist ganz eindeutig. Im Rahmen einer neuerlichen großen Steuerbewilligung verbietet die Verordnung einerseits für ein Jahr die Entlassung der Hörigen, andererseits läßt das Gesetz nur die geflüchteten bzw. "non habita licentia et justo terragio eorum minime reposito" abgeführten Hörigen zurückschicken (42). Als offensichtlicher Grund erweist sich die Tatsache, daß, wenn während eines Kriegszugs oder einer Steuerzahlung die Bauern wegzogen, entweder ihre Dorfgenossen zahlen mußten, oder, falls sie noch vor der Konskription wegzogen, niemand an ihrer Stelle zahlte. Darum scheinen mir diese Gesetze doch nicht gegen die Freizügigkeit gerichtet zu sein; umso mehr, als außer des wahrscheinlich mit Absicht mißverständlich verfaßten Artikels von 1474 keines der Gesetze die Abwanderung mit Genehmigung, sondern nur die Abduktion verbietet.

Andere Gesetze beleuchten das eigentliche Problem besser. Art. 15 des Gesetzes des Reichsverwesers Szilágyi (1458) befiehlt den Grundherren, daß sie alle Hörigen, die eine Erlaubnis dazu haben, friedlich wegziehen lassen sollen. Art. 11 aus 1468 erwähnt "die alte Gewohnheit": die Mächtigen ("majores") sollen ebenso ihre Hörigen zu den Kleineren ("minores") schicken, wie es die letzteren umgekehrt tun. Die Freizügigkeit richtet sich also hauptsächlich nach dem Großgrundbesitz. Die gewaltsame und vorschriftswidrige Abduktion der Hörigen wird von den Art. 4 von 1470, 16 von 1471 und 39 von 1486 verboten. Letzteres Gesetz läßt alle Bauern zurückführen, die vor einem Jahr weggebracht worden waren (43).

Die Gesetze zeigen also dasselbe wie die Urkunden. Die Adeligen mit kleinem oder mittlerem Grundbesitz waren von dem Recht der Freizügigkeit am stärksten negativ betroffen, ihre Untertanen verminderten sich am meisten, denn die Bauern zogen hauptsächlich in die Städte bzw. wurden vom Großgrundbesitz übernommen. Der König gab zwar auch im Interesse von kleineren Adeligen Urkunden aus, die bestimmten, daß man ihnen die geflüchteten bzw. weggeführten Bauern entweder zurückgeben (44), oder die Zuwanderung zu ihnen erleichtern sollte (45). Solche Urkunden, die Zuwanderung erleichtern sollten, wurden oft ausgestellt (46). Mit ihnen sind die Freiheiten verwandt, die Neuzugezogene in einer Wüstung oder Teilwüstung in bezug auf ihre Abgabenzahlung für eine gewisse Zeit erhielten (47).

Man muß also mit einer, den Klein- und Mittelgrundbesitz stärker belastenden Freizügigkeit rechnen. In den meisten Fällen wurde nie eine Urkunde ausgestellt, da kein Rechtsstreit entstand. Die Abwanderung der reicheren Bauern war besonders schädlich für die kleineren Grundbesitzer. Hier sei ein interessanter Fall aus dem ungarischen Bauernkrieg erwähnt. Im Dorf Battonya eines nicht unvermögenden Adeligen, Péter Ravazdi, wohnten fünf Brüder namens Kis. Diese wanderten am Beginn des 16. Jahrhunderts ab; sie zogen zum Herzog Johannes Corvinus nach Bánhegyes. Die Entfernung des früheren und des neuen Wohnsitzes dieser Hörigenfamilie ist ungefähr 22 km. Aus den späteren Prozessen kann man folgende Tatsachen zusammenstellen: Um 1512 – als schon Markgraf Georg von Brandenburg ihr Grundherr war, welcher die Witwe des Herzogs geheiratet hatte – führten zwei der Brüder Ochsen im Wert von 300 Gulden zum Verkauf nach Pest. Ravazdi griff sie an, nahm die Ochsen weg und sie mußten darüber hinaus noch 200 Gulden an ihren früheren Herren zahlen. Anscheinend gelang es Ravazdi, die Brüder durch Gerichtsbeschluß zurückzuführen. Zu Ausbruch des Bauernkrieges flüchteten sie wieder nach Bánhegyes. Einer der Brüder pfählte dann den Péter Ravazdi eigenhändig, als dieser nach einer Schlacht in die Gefangenschaft der Bauern geriet. Nach dem Krieg wollte die Witwe Ravazdis die Familie Kis wieder nach Bánhegyes zurückführen, konnte aber nur zwei Frauen mit ihren Kindern gefangen nehmen und raubte bewegliches Gut im Wert von 800 Gulden (48). Diese Hörigen waren also sehr reiche Leute, anscheinend Ochsenhändler und wurden von ihren mächtigen neuen Herren, dem Herzog und danach dem Markgraf tatkräftig geschützt. Der Mörder Ravazdis blieb anscheinend unbelästigt, obzwar seine Mittäterschaft gerichtlich bewiesen und von ihm selbst zugegeben worden war (49). Der Markgraf wollte ja seine reichen Untertanen nicht verlieren.

Diese Episode zeigt nicht nur, daß die reicheren Bauern mit Vorliebe zu den mächtigen Magnaten zogen, sondern auch, daß diese Magnaten mehr oder minder die Möglichkeit besaßen, die zugezogenen Bauern vor ihren früheren Grundherren zu schützen. So ist es nicht ganz unverständlich, daß eben nach der Niederwerfung des Bauernkrieges die Freizügigkeit der Bauern aufgehoben wurde. Das "Rachegesetz" von 1514 ist in dieser Hinsicht sehr klar (50), obzwar es nicht ganz durchführbar war. Reiche Grundherren und die königlichen Städte führten auch weiter mit Gewalt die Hörigen ab, die zu ihnen zu ziehen bereit waren (51). König Johann I. Szapolyai hat dann 1530 die Freizügigkeit gesetzlich wiederhergestellt (52).

Es muß natürlich auch solche Fälle gegeben haben, wo die Freizügigkeit der Bauern sich von einem reicheren zu einem ärmeren Grundherrn richtete; darüber sind jedoch viel weniger Quellen erhalten.

Im folgenden sollen die Entfernungen und die Ziele der bäuerlichen Abwanderung behandelt werden. Auf den ersten Blick könnte man den Umfang und die Bedeutung der Freizügigkeit in der Frage der horizontalen Mobilität als eher unbedeutend betrachten. In den meisten Streitfällen werden Umsiedlungen der Bauern in das nächste Dorf oder höchstens in einem Umkreis von 15 Kilometern behandelt (53). Ausnahmen scheinen höchstens die Märkte und Städte sein, wohin die Bauern auch von einer größerer Entfernung zuzogen (54). Da aber auch Streitigkeiten entstanden, weil der wegziehende Bauer für sein mitgeführtes Gut Zollfreiheit beanspruchte – diese wurde ihm ja rechtlich zugestanden (55) –, muß es auch in anderen Fällen weitere Entfernungen gegeben haben. Die Namen der in den Quellen erwähnten Bauern, die aus Herkunftsorten gebildet wurden, zeigen oft eine solche weitere Entfernung an (56). Besonders kann man dies in den Städten und Märkten beobachten. Es gab ferner eine ziemlich rege Mobilität innerhalb von Grundherrschaften, wie es z.B.

für die Herrschaft Sárvár in Westungarn bewiesen wurde (57).

So muß man sich nicht wundern, daß am Ende des Mittelalters ein ziemlich hoher Anteil der Hörigen in Märkten wohnte und daß in diesen die Zahl der "wüsten" Objekte kleiner war als in den Dörfern. I. Szabó untersuchte die Verteilung der Bevölkerung zwischen Märkten und Dörfern im Spätmittelalter. In den von ihm behandelten Konskriptionen fand er in 120 Märkten 11767 Hufen, in 2067 Dörfern jedoch 36046 Hufen. 24,6 % der Hufen lagen also in Märkten, die aber nur 5,5 % der Ortschaften ausmachten (58). Nur einige Beispiele möchte ich für den Anteil der wüsten Hufen in verschiedenen Herrschaften erwähnen. In der Herrschaft Szöllös der Familie Perényi in Ostungarn gab es 1450 488 bewohnte und 74 unbewohnte Hufen. Im einzigen Markt waren 94,5 % der Hufen bewohnt, in den 20 Dörfern nur 82,6 % (59). In den im gesamten Südungarn verteilten Herrschaften der Familie Garai vermerkte man 1478 (umgerechnet nach ganzen Hufen) 1124 bewohnte und 1870 unbewohnte Hufen. In den fünf Märkten lagen 23,5 % der Hufen, bewohnt waren davon 55,6 %. In den 197 anderen Ortschaften fand man nur 34,1 % bewohnte Hufen (60). In der Herrschaft Csicsva in Nordostungarn trifft man 1493 auf 262 bewohnte und 319 unbewohnte Hufen. Im einzigen Markt waren 80%, in den 52 anderen Ortschaften 42,2 % der Hufen bewohnt (61). Um 1510 gab es in der Herrschaft Sempte in Nordwestungarn 599,5 bewohnte und 416 unbewohnte Hufen. In den drei Märkten waren 76,6 % der Hufen bewohnt, in den 18 Dörfern nur 51,4 % (62).

Dazu muß man noch erwähnen, daß die Hufenteilung bzw. die durchschnittliche Einwohnerzahl der Häuser in den Märkten höher war als in den Dörfern (63). Man darf also nicht nur mit einer Migration vom kleineren zum größeren Grundbesitz, sondern auch von den Dörfern in die Märkte rechnen. Diese Fakten hängen natürlich miteinander zusammen, denn die meisten Märkte gehörten ja dem Großgrundbesitz. Die Abwanderung nach den Städten fällt in dieselbe Linie; dennoch müssen wir sie vom Blickwinkel der Stadt her ebenfalls untersuchen.

Bisher behandelten wir die Abwanderung vom Dorf, jetzt wenden wir uns der Stadt als Aufnahmeort der Abgewanderten zu. Dabei finden wir uns anfangs besonders mit einem Problem konfrontiert. Die Bürgerschaft der Städte bestand in nicht unbedeutendem Maße aus Deutschen, in den umliegenden Dörfern jedoch lebten ungarische, slawische bzw. rumänische Bauern. Nur nahe der Sachsenstädte in Siebenbürgen oder in der Zips bzw. bei einigen westungarischen Städten kann man eine größere Zahl von deutschen Dörfern finden. Darum müssen wir uns zuerst mit solchen Städten beschäftigen, bei welcher die Umgebung von Ungarn bewohnt war. Am Ende des Mittelalters bestand die Bevölkerung der Städte Pest, Székesfehérvár und Szeged überwiegend aus Ungarn, und sie hatten auch in der Hauptstadt Buda die Mehrheit (64).

Prozentueller Anteil der nach Buda eingewanderten
ungarischen Bürger (65).

Herkunftsort	%	aus Städten und Märkten
Umkreis von 20 km	13,0	23,3 %
Umkreis von 35 km	10,4	70,8 %
Süd-Transdanubien	28,6	22,7 %
Andere Landesteile	48,0	73,4 %
zusammen	100,0	51,9 %

Prozentueller Anteil der nach Pest eingewanderten ungarischen Bürger
(66)

Herkunftsort	%	aus Städten und Märkten
Umkreis von 20 km	29,6	10,3 %
Umkreis von 35 km	11,2	36,4 %
Süd-Transdanubien	14,2	42,9 %
Andere Landesteile	45,0	65,9 %
zusammen	100,0	42,9 %

Am Beispiel der Hauptstadt Buda und ihrer Schwesterstadt Pest, die schon damals (1440-1529) nach Buda zu den fünf größten Städten des Landes gehörte, fällt auf, daß der südliche Teil des sogenannten Transdanubiens einen ziemlich großen Anteil der Neubürger stellte. Dazu gehören die Komitate Baranya, Somogy, Tolna und Zala, die einerseits die volksreichsten des Landes waren, andererseits besaßen sie – außer der

Bischofsstadt Pécs – keine einzige Stadt, nur viele Märkte. Anscheinend spielten Buda, Pest, Székesfehérvár und Szeged für dieses Gebiet die Stadtrolle. Von dort kamen auch Bauern in großer Zahl direkt nach Buda und Pest; ansonsten dagegen beschränkte sich die bäuerliche Einwanderung in die Stadt hauptsächlich auf deren Umgebung, wenn auch nicht ausschließlich. Die beiden Schwesterstädte nahmen nämlich aus fast allen Städten und Märkten des Landes Bürger auf. Dies war natürlich das Ergebnis ihrer Hauptstadtfunktion.

Bei der königlichen Freistadt Székesfehérvár ist die Situation zwar ähnlich, aber es gibt dennoch Unterschiede. Die Stadt liegt in der Mitte Transdanubiens, ihr Einzugsgebiet erstreckt sich über einen Kreis von 35 km, ferner über den südlichen Teil Transdanubiens; darin liegt die Ähnlichkeit mit der Hauptstadt. Aus einem Umkreis von 35 km kamen 31,3 %, aus Süd-Transdanubien 43,8 % und aus den anderen Landesteilen 25 % der Bürger von Székesfehérvár. Aus dieser letzten Gruppe waren fast alle Bürger von Städten und Märkten. Aus einer Entfernung von mehr als 120 km kamen ausschließlich solche Bürger nach Székesfehérvár (67). Ähnlich war das Einzugsgebiet von Szeged (68).

Wenn wir die Einwanderung aus Süd-Transdanubien nicht berücksichtigen, können wir folgendes bemerken: Bauern kamen in erster Linie aus der nächsten Umgebung in die Stadt, also ungefähr aus solcher Entfernung, wie sie bei der Wanderung zwischen den Dörfern nachzuweisen war. Bei Buda und Pest muß man – wie erwähnt – die Hauptstadtfunktion berücksichtigen; aus allen Städten und Märkten des Landes zog man nach Buda und Pest. Bei Székesfehérvár kann man – abgesehen von Süd- Transdanubien – zwei Einzugsgebiete beobachten. Aus der engeren Umgebung kamen Dorfbewohner in die Stadt; es gab aber auch einen weiteren Umkreis mit einem Radius von höchstens 200 km, von wo nur Stadt- bzw. Marktbewohner nach Székesfehérvár zogen (69). Ähnliches kann man auch bei anderen Städten des Landes beobachten (70). Damit läßt sich der Migrationsvorgang, den wir in der ersten Hälfte unserer Abhandlung beschrieben haben, weiter erläutern. Die Bauern wanderten sehr oft in die nahen Städte oder Märkte ab. Das nächste Ziel war eine meist wirtschaftlich bedeutendere Stadt in demselben Landesteil oder die Hauptstadt. Dies kann natürlich nur eine schematische Darstellung sein. Sie zeigt aber doch, wie die städtische Bürgerschaft von der Freizügigkeit der Bauern abhängig war.

Ein weiteres Phänomen ist damit eng verbunden. Wenn die Umgebung der Stadt anderssprachig war, mußte sich auch in der Stadt zwangsweise diese ethnische Gruppe langsam vermehren. Oft wohnten solche Einwanderer in eigenen, nach ihrer Sprache benannten Gassen, so in der Slawen-oder in der Kumanischen Gasse in Szeged (71). Sie konnten auch einen eigenen Kaplan bekommen oder sogar eine Personalpfarre, wie in vielen Städten in der heutigen Slowakei, aber auch in der Hauptstadt (72). Damit wurde der Weg zur ethnischen Umgestaltung der Stadt langsam freigelegt. Székesfehérvár wurde im 13. Jahrhundert von Wallonen bewohnt, am Ende des Mittelalters hatte es bereits eine ungarische Einwohnerschaft (73).

Eine Einwanderung aus anderssprachigen Gebieten konnten auch solche Städte nicht verbieten, deren Umgebung deutschsprachig war. Die Stadt Sopron liegt an der österreichischen Grenze und war Grundherr einer Anzahl von deutschsprachigen Dörfern (74); zu ihrem Einzugsgebiet gehörten aber nicht nur die deutsch-, sondern auch die ungarischsprachigen Märkte Nordwesttransdanubiens. Der Markt Sárvár liegt z.B. ungefähr 55 km südöstlich von Sopron. In der Mitte des 15. Jahrhunderts war der Bürgermeister ein gewisser Simon Csemper. Seine Witwe starb in Sopron, und die Familie wohnte auch noch später dort und trug den Namen Zimper (75). Die Familie Magas war eine reiche Kaufmannsfamilie in Sárvár. Imre Magas wurde um 1470 Bürger von Sopron und heiratete eine Frau aus der Ratsherrenfamilie Kranperger. Bald wählte man ihn zum Ratsherren. Sein Name wurde immer ungarisch geschrieben. Seinen Sohn Ferenc nannte man zwar nach seiner Mutter auch Kranperger, sein Taufname wurde aber selbst in deutschen Urkunden ungarisch und nicht in der deutschen Form Franz geschrieben (76).

Man könnte noch andere Beispiele zeigen, die genannten mögen jedoch genügen. Das letzte Beispiel führt uns weiter. Schon früher war davon die Rede, daß das Recht der Freizügigkeit sehr oft von reicheren Hörigen genutzt wurde. Die Csemper und die Magas waren Hörige der Magnatenfamilie Kanizsai, dann wurden sie Bürger einer königlichen Freistadt und konnten dort sogar, besonders Imre Magas, Karriere machen. Seine Heirat hat natürlich viel dazu beigetragen. Allein daß er aber die Kranpergerin heiraten durfte, deutet auf ein gewisses Ansehen. Die horizontale Mobilität wurde dadurch mit einer vertikalen verbunden; aus einem rechtlich hörigen Bürger eines Marktes wurde nicht nur ein freier königlicher Bürger, sondern auch ein Mitglied der städtischen Oberschicht.

Der Fall Magas war keine Seltenheit. In der städtischen Oberschicht der ungarischen Städte finden wir nicht wenige Leute, die aus einer kleineren Stadt oder aus einem Markt einwanderten und dort sehr schnell Ratsbürger wurden. Auch Bauern bzw. Bauernadeligen stand dieser Weg offen. Zwei Beispiele seien angeführt: Im Dorf Gubacs südlich von Pest lebte im zweiten Drittel des 15. Jahrhunderts ein höriger Bauer namens Gergely Ferenci. Er beschäftigte sich mit Viehzucht und Ochsenhandel und wurde so reich, daß er bald nach Pest abwanderte und dort zum Stadtrichter, also zum Oberhaupt der königlichen Stadt, gewählt wurde (77). In diesem Fall kam der Bauer aus der nächsten Umgebung in die Stadt. István Angyal von Mikola (auch Mikolai genannt) war ein Kleinadeliger aus einem von der Hauptstadt ungefähr 80 bis 90 km entfernten Dorf. Er beschäftigte sich ebenfalls mit Handel und wurde Ratsherr und Richter von Buda (78). Im Fall Mikolai wissen wir nicht, ob er schon vor seiner Niederlassung in der Hauptstadt ein reicher Mann gewesen war oder nicht.

Es gab nämlich nicht nur die reichen Hörigen bzw. Adeligen, die in der Stadt gleich Mitglieder der Oberschicht wurden. Zwar sind wir über sie am besten informiert, dennoch müssen sie in der Minderzahl gewesen sein. Sehr wenige Quellen sind über die Unterschichten erhalten. Bei der Beschreibung der bäuerlichen Freizügigkeit haben wir meist solche Quellen zitiert, die die Abwanderung reicherer Bauern erwähnen. Ein bedeutender Teil der ungarischen Bauern gehörte jedoch zu den Inleuten ("inquilini"), die keine Hufe besaßen und oft in Häusern anderer Bauern lebten (79). Es gab ferner Taglöhner, Knechte usw. Ihre Freizügigkeit war naturgemäß viel geringer. In einigen Fällen geben die Quellen auch Auskunft über sie. 1512 werden mehrere im Dorf Szentlászló lebende und in den Weingärten der Stadt Óbuda (Alt-Buda, nördlich der Hauptstadt) arbeitende Hauer erwähnt. (Szentlászló lag nicht weit von der Stadt entfernt.) Einer dieser Taglöhner ist 1519 als Pächter eines Weingartens in Óbuda bezeugt, ein anderer, Máte Tolvaj, ist 1519 schon Bürger der Stadt und besitzt selbst Weingärten (80). Ein großer Teil der Weingartenbesitzer in der Hauptstadt gehörte zu den Hauern, naturgemäß mit einer sehr kleinen Parzelle (81). Der Fall Tolvaj ist allerdings nur eine interessante Ausnahme; die meisten Hauer konnten natürlich nicht in die reichere Bürgerschaft aufsteigen. Er bezeugt jedoch, daß die bäuerlichen Unterschichten ohne weiteres Arbeitsmöglichkeiten in den Städten finden und sich dort niederlassen konnten. Wahrscheinlich gehörten sie dann auch dort meist zu den Unterschichten, aber sie besaßen dennoch die Möglichkeit, das Bürgerrecht zu erlangen. Die große Zahl der aus den Weinbaugebieten Südtransdanubiens stammenden und sich in den Städten niederlassenden Bauern bestand teilweise bestimmt aus Taglöhnern (82).

Bei den Städten und Märkten müssen wir noch eine Schicht berücksichtigen, die das fremde Element in der Stadt immer stärker vermehrte. Die Handwerker mußten ja im Rahmen ihrer Ausbildung Wanderungen machen und erwarben so ihr Meisterrecht nicht immer in ihrer Stadt. Bei den meisten Handwerkern finden wir solche Meister, die aus weit entfernten Gegenden und nicht nur aus Städten bzw. Märkten stammten (83). Der adelige Semmelbäckermeister Mihály Szentgyörgyi wohnte in der Vorstadt von Buda. Er stammte aus dem heute Balatonszentgyörgy genannten Dorf, das 180 km von der Hauptstadt entfernt liegt. Der Bäcker lebte in der Hauptstadt, seine beiden Brüder blieben auf ihrem – wahrscheinlich sehr kleinen – adeligen Grundbesitz in Szentgyörgy. Dort wurde einer der Brüder 1517 vom Pfarrer des Nachbardorfes Kéthely getötet. Das dafür bezahlte Wergeld bekam der Bäcker zusammen mit dem anderen Bruder (84). Solche Beispiele könnten in großer Zahl geliefert werden. Wir haben dieses gewählt, weil es mehrere Phänomene bezeugt. Der junge adelige Szentmihályi lernte irgendwo das Bäckerhandwerk, wurde Meister und damit auch Bürger der Stadt, gehörte aber nicht zu den reicheren Semmelbäckern, denn er wohnte nicht in der "Burg", also in der Innenstadt. Die Entfernung von Szentgyörgy nach Buda ist sehr groß; die Handwerksgesellen gingen oft auf weite Reisen. Er hat außerdem die Verbindung zu seiner Familie aufrechterhalten, was bei einem Adeligen ganz natürlich ist. Da er an erster Stelle genannt wird, als der Mörder das Wergeld bezahlte, scheint er der zweitälteste Bruder gewesen zu sein. Der vom Pfarrer ermordete Bruder blieb ja zuhause. Hier muß erwähnt werden, daß auch die Dorfhandwerker in die Lehre treten mußten. Das konnte nach 1514, also nach der Aufhebung der Freizügigkeit, Schwierigkeiten machen. Das Komitat Tolna mußte z.B. 1516 einem Dorfschmied bescheinigen, daß er zwar in einer, einem anderen Grundherren gehörenden Ortschaft sein Handwerk erlernt hatte, nachher jedoch zurückkam und denselben Grundherren hatte wie vor seiner Lehre (85).

Die Lehre konnte also nicht nur endgültige, sondern auch temporäre horizontale Mobilität eines Individuums mit sich bringen, aus der natürlich auch eine definitive Übersiedlung resultieren konnte, wie wir es im Fall Szentgyörgyi sahen. Eine rege temporäre Mobilität brachte der Marktbesuch mit sich. Am Ende des Mittelalters gab es nur wenige Dörfer im Land, von denen aus man nicht an jedem Wochentag einen Markt besuchen konnte. Ungarn wurde von einem Netz von Wochenmarktorten bedeckt (86). Diese lagen 10 bis 20 km voneinander entfernt, also in derselben Entfernung, in welcher wir die meisten Fälle bäuerlicher Freizügigkeit von einem Dorf in das andere beobachten konnten. Die Anknüpfung von Beziehungen zwischen den Bauern einer kleineren Region ist meist an den Wochenmärkten entstanden. Den Besuch von Jahrmärkten möchte ich ohne Anspruch auf Vollständigkeit mit einigen Beispielen beleuchten.

Daß die Marktbesucher anscheinend oft einen Raubüberfall erlitten, kann man aus den Prozeßakten den Einzugbereich der Jahrmärkte erschließen. Ich erwähne keine städtischen Jahrmärkte, sondern nur solche aus dem ländlichen Raum, und zwar erstens aus solchen Angaben, die die Beraubung von Dorfbewohnern bezeugen: Bauern von Nagybajom gingen nach Mesztegnyö (13 km), von Balaszentmiklós nach Nagytur (27 km), von Mezögyán nach Gyula (30-35 km), von Barkaszó nach Nagyszöllös (45 km), von Bozsok nach Salamonvár (55-60 km) (87). Die Angaben sind aus verschiedenen Landesteilen zusammengestellt, sie bezeugen, daß die Bauern nicht nur die Jahrmärkte der unmittelbaren Umgebung, sondern auch weiter entfernt liegende besuchten. Der letzte Fall ist darum interessant, weil Salamonvár kein bedeutender Markt war, zwischen Bozsok und Salamonvár jedoch mindestens zwei wirklich wichtige Märkte lagen, Szombathely und Körmend, die auch heute Städte sind. Die Bewohner der Märkte fuhren noch weiter. Den schon erwähnten Markt in Nagytur (heute Mezötur) besuchten z.B. auch Leute von Nyirbátor (140-150 km) (88). Darüber hinaus sind die großen, landesweit besuchten Jahrmärkte zu erwähnen, wie z.B. jene von Pest (89). Die schon erwähnten Gebrüder Kis aus Bánhegyes trieben ja ihre Ochsen auch nach Pest (180-200 km). Der Jahrmarktbesuch gab den reicheren Bauern also die Möglichkeit, große Entfernungen zurückzulegen und eventuell solche Verbindungen zu knüpfen, die sie später bei der Abwanderung benutzen konnten.

Zu diesen Verbindungen müssen wir auch die Heiraten rechnen. Neben der eigentlichen Freizügigkeit (sowie der Flucht und der Abduktion) gab auch die Heirat eine Möglichkeit, die Heimat zu verlassen. Die Zollfreiheit des Bauern, der seine Frau nach Hause führt, kommt auch in den Gesetzen vor (90). Meistens gab der Grundherr ohne weiteres die Genehmigung zur Wegführung einer frisch vermählten Ehefrau zu ihrem Mann (91). Selbst nach 1514 war dies möglich. Das Rachegesetz erlaubte nur solchen Hörigenwitwen nicht den Abzug, die an einer Hörigenstelle saßen, die also als Hufenbesitzende zu betrachten waren. Die Mädchen, die in Häusern anderer lebenden Witwen und die nicht an einer Hörigenstelle sitzenden Witwen durften weiterhin frei heiraten. Ihren Abzug genehmigte das Gesetz expressis verbis: Nur ihre Söhne durften die Witwen nicht wegführen bzw. – wenn diese noch zu jung waren – mußten sie als Erwachsene zurückkommen (92). So sind auf Grund von Bauernheiraten verhältnismäßig wenig Streitigkeiten entstanden. In den Städten dagegen finden wir immer eine große Zahl solcher Bürger, deren Frauen aus einer größeren Entfernung stammten. Quellenmäßig sind besonders die Heiraten zwischen Bürgerfamilien verschiedener Städte bzw. zwischen

Bürgern und Adel gut belegt. In diesen Fällen gab es ja Erbansprüche, mit denen sich die Gerichte beschäftigen mußten. Man kann die These aufstellen, daß die Bürger mit solchen Städten und Märkten Familienbindungen suchten, mit welchen ihre Stadt geschäftliche Verbindungen hatte. Die Familienverbindungen mit dem Adel zeigen ebenfalls ein interessantes Bild. Vorerst muß die Frage der Adelsverbindungen jedoch etwas eingeschränkt werden. In der von mir behandelten Zeit sind die Verbindungen der nicht ungarischsprachigen städtischen Bürger mit dem ungarischen Adel sehr selten, wenn auch nicht beispiellos. Die ungarischen Bürger der königlichen Freistädte Buda, Pest, Szeged, Székesfehérvár haben etwa das "connubium" mit dem Adel gepflegt. Die ratsbürgerlichen Familien hatten ihre Verwandten meist im mittleren Adel, die anderen im Klein- und im Bauernadel. Die adeligen Verwandten der Bürger wohnten oft in sehr weiter Entfernung. In dieser Hinsicht ist die Verbindung zum Bauernadel, dessen Mitglieder oft ärmer als die reichen Hörigen waren, sehr wichtig. Man kann annehmen, daß auch die Bürger mit den letzteren in Heiratsverbindungen standen, denn sie waren ja selbst sehr oft in die Stadt gezogene reiche Bauern (93).

Die Bürger der ungarischen Städte hatten ihre Familienbeziehungen nicht nur untereinander. Der Handel verband sie mit vielen Städten Europas und dies mußte sich ja auch auf ihr Familienleben auswirken. Dazu muß jedoch bemerkt werden, daß ich mich hier auf das Spätmittelalter beschränke und die Frage der deutschen Ostsiedelung bewußt ausklammere, die ich bereits an anderem Ort behandelte (94). An der Gründung vieler Städte Ungarns nahmen ja Wallonen, Deutsche usw. teil (95). Besonders in der deutschen Bürgerschaft von Buda und Pest im 13. Jahrhundert befanden sich viele Wiener und Regensburger. Die Donaulinie war nicht nur der wichtigste Handelsweg zwischen Deutschland und Ungarn, sondern gab auch die Möglichkeit zur Abwanderung nach Ungarn (96).

Neue Städtegründungen gab es im 15. Jahrhundert zwar nur wenige, und diese müssen wir auch eher als Marktgründungen betrachten. Sie sind aber dennoch nicht uninteressant, weil damit Abwanderung verbunden war. König Sigismund gründete neben dem Markt Tata ein Ujtata (Neu-Totis). Aus einer Urkunde von 1413 wissen wir, daß Bauern aus ziemlich großer Entfernung nach Tata zogen. Es ist auch bezeichnend, daß die Stadt (besser: der Markt) "Tata slavonicalis" genannt wurde (97). Eine andere Gründung kann man eher als Siedlungsverlegung betrachten. König Wladislaw I. gab 1440 den vor den Türken flüchtenden Bürgern der Stadt Kevi eine Wüstung auf der Csepel-Insel südlich der Hauptstadt. Alle Privilegien von Kevi galten auch dort. Kevi besaß eine serbische

Bevölkerung, so nannte man die neue Siedlung erst Kiskevi (Klein-Kevi), später Ráckevi (heute Ráckeve, Raitzisch-Kevi). Die alte Siedlung Kevi (heute Kovin, Jugoslawien) liegt ca. 350 km vom neuen Kevi entfernt. Ráckeve wurde eine blühende Stadt (rechtlich nur ein Markt), die serbischen Kaufleute trieben Handel von der österreichischen Grenze bis in die südöstliche Ecke Siebenbürgens und bauten sich eine schöne orthodoxe Pfarrkirche in gotischem Stil (98). Vor den Türken flüchtetende Serben wurden auch anderswo, besonders in der südlichen Tiefebene, angesiedelt (99).

Enger Kontakt mit dem Ausland blieb bei solchen Städten erhalten, für die der Außenhandel eine große Rolle spielte. Besonders kann man das für die Hauptstadt bemerken. Man kann behaupten, daß die Familienverbindungen der Budaer deutschen Bürger das Spiegelbild des Handels zeigen. (In dieser Zeit war das "connubium" zwischen Deutschen und Ungarn in der Hauptstadt ziemlich selten.) Die entferntesten Plätze der Handels- und Familienverbindungen von Buda sind St. Gallen, Nürnberg, Breslau und Krakau (100). Zwei Städte müssen wir dabei besonders erwähnen: Nürnberg und Wien. Nürnberg übernahm die früher führende Rolle Regensburgs im ungarischen Handel in der zweiten Hälfte des 14. Jahrhunderts. W. v. Stromer hat den großen Einfluß der Nürnberger in Ungarn und auch in Buda eindringlich beschrieben. Viele Mitglieder Nürnberger Kaufmannsfamilien ließen sich in Buda nieder und spielten dort eine große Rolle. Schon am Ende des 14. Jahrhunderts war z.B. ein Kraft von Nürnberg Ratsherr in der ungarischen Hauptstadt (101). Auch in der Mitte und am Ende des 15. Jahrhunderts finden wir ähnliche Situationen. Am Beginn des 15. Jahrhunderts gab es in Buda einen Ratsherren und Stadtrichter namens Hans Siebenlinder. Seine Tocher wurde von einem Munich von Basel geheiratet, der als Bürger von Buda starb. Drei von dessen Töchtern wurden von Preßburger Ratsherren geheiratet, die vierte erhielt Johann Münzer als Gemahl. Dieser kam aus Bamberg nach Buda, seine Familie hatte aber auch Beziehungen zu Nürnberg. Münzer wurde oft zum Stadtrichter von Buda gewählt, er starb 1475. Die zweite Frau Münzers war eine Mühlstein aus Buda, deren Familie ebenfalls aus Nürnberg stammte. Die Tochter Münzers aus der zweiten Ehe heiratete dann Ruprecht Haller. Jener war Mitglied der bekannten Nürnberger Patrizierfamilie Haller von Hallerstein und wurde selbst Richter von Buda. Sein Sohn übersiedelte später nach Siebenbürgen. Übrigens war Ruprecht nicht der einzige Haller, der sich in Buda niedergelassen hatte (102). Solche und ähnliche Beispiele könnten wir noch mannigfach zitieren; dies geschah jedoch bereits an anderer Stelle (103). An unseren gegebenen Beispielen muß dabei berücksichtigt werden, daß wir etwa auf die deutschen Beziehungen der Münzer und der Haller gar nicht eingegangen sind.

Die Nürnberger benutzten den Donauweg nach Ungarn und hatten natürlich auch zu den österreichischen Donaustädten Verbindungen (104). Besonders Wien war in dieser Hinsicht wichtig. Die Wiener Bürger waren ja seit dem 13. Jahrhundert mit der ungarischen Hauptstadt verbunden. Wiener übersiedelten öfters nach Buda und hatten Heiratsverbindungen zu dortigen Familien. Vielleicht in noch größerer Zahl kann man aus der ungarischen Hauptstadt stammende Bürger in Wien nachweisen (105). In der ersten Hälfte des 16. Jahrhunderts war Ladislaus von Edlasperg, der aus Buda kam, Stadtrichter von Wien (106), und man wählte Sebastian Eyseler zum Bürgermeister; er stammte aus Pest (107). Während der Regierung des Königs Matthias Corvinus in Wien (1485-1490) haben Budaer Kaufleute eine ziemlich bedeutende Rolle in der Stadt gespielt. Hier kann man auch gleich die aus Bayern stammende Familie Pemfflinger erwähnen. Zwei Vettern aus dieser Familie, Christoph in Wien und Hans in Buda, waren gleichzeitig Richter ihrer Stadt (108).

Die kleineren Städte an der Donaulinie konnten sich ebenfalls in diese überstaatlichen Familienverbindungen einschalten. Dazu nur ein kleines Beispiel: Ein reicher Bürger von Nürnberg, Wolfgang Eysen, ist 1467 in der ungarischen Bischofsstadt Vác an der Donau geboren. Einer seiner Brüder wurde Bürger von Buda, die anderen lebten in Vác. Einer seiner Onkel war ein Eiseler aus Pest und damit auch Verwandter des späteren Bürgermeisters von Wien (109).

Man könnte vielleicht glauben, daß nur bei Mitgliedern der städtischen Oberschicht solche ausländische Verbindungen nachzuweisen sind. Tatsächlich und naturgemäß blieben die meisten Quellen über sie erhalten, aber das bedeutet nicht, daß es keine anderen gab. Ausländische Handwerkslehrlinge sind auch in Ungarn nachzuweisen (110) und ebenso Angaben über Familienverbindungen in Ungarn lebender Handwerker nach Österreich und Deutschland (111).

Naturgemäß sind die meisten Angaben über Familienverbindungen im Ausland aus den Grenzstädten erhalten. Verwandtschaftliche Beziehungen findet man in der spätmittelalterlichen Stadt Sopron wohl etwa in größerer Zahl mit österreichischen bzw. böhmischen Bürgern als mit solchen aus Ungarn. Nur als Beispiele erwähne ich einige ausländische Städte: Wien (112), Wiener Neustadt (113), Baden (114), Sankt Pölten (115), Ebenfurt (116) oder Znaim (117). Der Radius des Umkreises, aus welchen Familienverbindungen für Sopron entstanden, ist nicht sehr weit. Er zeigt aber doch, daß die Landesgrenzen keinen großen Einfluß auf die

Familienverbindungen (und die Zu- und Abwanderungen) ausübten.

Wir müssen bei der Beschreibung der bäuerlichen und bürgerlichen horizontalen Mobilität noch kurz die Universitätsstudenten und Priester erwähnen. Es ist bekannt, daß keine der mittelalterlichen ungarischen Universitätsgründungen langlebig war, doch studierte eine ziemlich große Zahl aus dem Königreich Ungarn stammender Studenten an ausländischen Universitäten. Den überwiegenden Anteil der im Ausland Studierenden stellten die von Städten und Märkten kommenden Bürgersöhne (118). Gleiches können wir für die Mitglieder der Dom- und Kollegiatskapitel nachweisen. Es ist interessant, daß man in jedem Kapitel auch aus den entferntesten Landesteilen stammende Bürgersöhne finden kann. Die Bürger des Standortes des Kapitels sind in der Minderheit. Von 111 Domkapitularen von Esztergom im ersten Viertel des 16. Jahrhunderts stammten 42 aus Städten und Märkten Ungarns, also 37,8 %. Das ist etwas atypisch, denn es gab im Domkapitel einerseits viele Ausländer, besonders aus italienischen Städten – wie Ferrara (früher war Ippolito d' Este aus Ferrara Erzbischof) –, andererseits auch überdurchschnittlich viele Adelige. Dennoch ist die Zahl der Städtebürger Ungarns sehr hoch. Aus Esztergom stammten aber nur zwei (119). Im Kollegiatsstift Buda (das aber in Óbuda lag) war die Situation gleich. Dabei muß man bedenken, daß die Pröpste des Stiftes führende Rollen in der königlichen Kanzlei spielten und darum die Pfründe sehr oft an Kanzleibeamte vergeben wurden. Zwischen 1490 und 1526 kennen wir 54 Chorherren, von ihnen stammten 23, also 42,6 %, aus Städten und Märkten. Nur zwei waren Bürgersöhne aus Óbuda (120). Die Herkunftsorte der bürgerlichen Dom- bzw. Chorherren verteilten sich über das ganze Land. Die Pfarrgeistlichkeit der Städte stammte auch meistens nicht aus der eigenen Stadt. Bei den Pfarrern war jedoch das einheimische, d. h. aus der Stadt stammende Element noch immer am stärksten vertreten (121). Die Geistlichkeit in Sopron stammte meist aus Österreich (122). Schließlich gab es auch viele Bauernsöhne unter den Pfarrern.

Am Ende unserer Übersicht der horizontalen Mobilität im spätmittelalterlichen Ungarn müssen wir noch den Adel erwähnen. An erster Stelle steht in dieser Hinsicht das Hauptstadtproblem. Buda war der Sitz des Königs und seiner Behörden bzw. Gerichtshöfe. Da ausschließlich die königlichen Gerichte in den Prozessen der Adeligen zuständig waren, strömten zu Zeiten der Gerichtssitzungen die Grundbesitzer aus dem ganzen Land in der Hauptstadt zusammen. Sehr bedeutend waren auch die Reichstage. Seit der Mitte des 15. Jahrhunderts hielt man fast jedes Jahr Reichstage ab. Den Adelsstand vertraten entweder Delegierte der

Komitate, oder jeder Adelige mußte persönlich erscheinen. So konnten sogar mehr als zehntausend Leute zusammenkommen (123). Die Hauptstadt wurde also nicht nur als wirtschaftlicher Mittelpunkt des Landes von den Bürgern anderer Städte und Märkte aus dem ganzen Land besucht, sondern auch vom Adel. Es entstanden Freundschaften und Verwandtschaften zwischen Adeligen weit voneinander entfernter Landesteile (124). Wie solche Verwandtschaften entstanden, zeigt ein Brief eines slawonischen Adeligen an seine Frau. Er erwähnt den Besuch des Bräutigams einer seiner Töchter – dieser stammte aus Ostungarn! – und schreibt seiner Frau, daß er auch für die andere Tochter einen geeigneten Mann gefunden hat: dieser sei Hauptmann der Truppen des Erzbischofs von Esztergom und erwarte eine Erbschaft von 500 Bauern (125). So erstarkten die Verbindungen zwischen den einzelnen Landesteilen und dessen Adel.

Die horizontale Mobilität wurde noch durch die Diensteintritte bei Adeligen gefördert. Die Grundbesitzer, aber auch die staatlichen Ämter und Funktionen, wurden von den ”familiares” genannten Dienstleuten verwaltet. Die ”familiares” waren ihren Herren zur gegenseitigen Treue verpflichtet. Das Dienstverhältnis konnte unbefristet oder befristet sein, aber es war nicht erblich. Wenn die Herren staatliche Funktionen innehatten, betrauten sie damit oft solche Dienstleute, die ihren Grundbesitz verwalteten. Der Vizewoiwode von Siebenbürgen, die kroatisch-slawonischen Vizebane, die Vizegespane der Komitate usw. waren alle ”familiares” (126). Da die Magnaten häufig in mehreren Landesteilen Grundbesitzer waren oder staatliche Ämter auch in anderen Gebieten erhalten konnten, kam es sehr oft vor, daß der Herr einen ”familiaris” beschäftigte, der aus der Gegend einer seiner entfernten Besitztümer stammte. Der Woiwode von Siebenbürgen ernannte als einen seiner Stellvertreter fast immer einen landesfremden ”familiaris”, der irgendwo in der Nähe seiner ungarischen Besitztümer ansässig war (127).

Einer der mächtigsten Magnaten Südungarns in der Mitte und der zweiten Hälfte des 15. Jahrhunderts war Miklós Ujlaki, der öfters die Ämter eines Woiwoden oder eines Banus bekleidete und als König von Bosnien starb (1471-1477) (128). Er besaß auch in Nordwestungarn (in der heutigen Westslowakei) Besitztümer. Dortige Familiaren verwalteten sehr oft seine südungarischen Burgen und wurden auch in Südungarn Grundbesitzer (129). Man könnte noch viele weitere Beispiele nennen. Tatsache ist aber, daß durch das Dienstverhältnis auch eine gewisse horizontale Mobilität des Adels entstehen konnte. Man muß ferner bedenken, daß ein Vizewoiwode oder ein Burgpfleger eines Magnaten selbst vermögende Adelige waren, die wahrscheinlich mit eigenem Gefolge an ihren neuen

Dienstort kamen.

Zusammenfassend können wir behaupten, daß es innerhalb des Königreichs Ungarn bei allen gesellschaftlichen Schichten eine nicht zu unterschätzende horizontale Mobilität gab. Bei einigen Schichten, so bei den Städtebürgern und in gewisser Hinsicht beim Klerus, endete die Mobilität nicht an der Landesgrenze. Diese Mobilität gab auch die Möglichkeit zu einer Uniformisierung der Gewohnheiten im ganzen Land, aber auch zu einem ununterbrochenen Einfluß des Auslands, besonders der deutschen Länder, in Ungarn. Die Hauptstadt Buda spielte in allen diesen Dingen naturgemäß die Hauptrolle.

ANMERKUNGEN

1) András Kubinyi, Budai és pesti polgárok családi összeköttetései a Jagelló-korban (Familienverbindung Budaer und Pester Bürger in der Jagellonen-Epoche). In: Levéltári Közlemények 37 (1966) 232-233.

2) Ebenda, 274-275.

3) Vgl. Fritz Röhrig, Die europäische Stadt. In: Propyläen Weltgeschichte, Bd. IV. Berlin 1932, 346. Auch heirateten nicht alle Kinder, vgl. Erich Maschke, Die Familie in der deutschen Stadt des späten Mittelalters (SBHeidelbAkadWiss., phil-hist. Kl. Jahrgang 1980. 4. Abh.) Heidelberg 1980, 16-20.

4) András Kubinyi, Die Städte Ofen und Pest und der Fernhandel am Ende des 15. und am Anfang des 16. Jahrhunderts. In: Der Außenhandel Ostmitteleuropas 1450-1650, hg. v. Ingomar Bog, Köln-Wien 1971, 385-400.

5) Mit der Freizügigkeit der Bauern und besonders mit der Beschränkung dieses Rechtes hat sich die ungarische Geschichtsschreibung eingehend beschäftigt. Ohne Anspruch auf Vollständigkeit erwähne ich einige Arbeiten, so z. B.: Miklós Kring, Középkori jobbágyságunk szabad költözéséröl (Über die Freizügigkeit unserer mittelalterlichen Hörigen). In: Századok 69 (1935) 390-413. – György Székely, Tanulmányok a parasztság történetéhez Magyarországon a 14. században. Budapest 1953, 192-212. – Ders., Földesuri törekvések a jobbágyság költözési jogának felszámolására Magyarországon – kelet-európai tipusu társadalmi folyamat az 1514 elötti évtizedekben (Grundherrliche Bestrebungen zur Aufhebung des Freizügigkeitsrechtes der Hörigen in Ungarn – Vorgang osteuropäischen Typs in den Jahrzehnten vor 1514). In: Agrártörténeti Szemle 14 (1972) 261-276. – István Szabó, Tanulmányok a magyar parasztság történetéböl (Abhandlungen aus der Geschichte des ungarischen Bauerntums). Budapest 1948, 54-59. – Ders., Jobbágyok-parasztok (Hörige Bauern). Budapest 1976, 123-166, 176-189, usw.

6) László Solymosi, Veszprém megye 1488. évi adólajstroma és az Ernuszt-féle megyei adószámadások (Das Steuerregister des Komitats Veszprém über das Jahr 1488 und die Ernuszt'schen Steuerrechenschaftsberichte.) In: Veszprém megyei Levéltár kiadványai 3 (1984) 121-233. – András Kubinyi, Az alföldi megyék jobbágyportaszáma a középkor végén (Die Zahl der Tore der Hörigen in den Komitaten der Tiefebene am Ende des Mittelalters). In: Falvak, mezövárosok az Alföldön (Dörfer und Märkte in der Tiefebene), hg. von László Novák u. László Selmeczi, Nagykövös 1986, 279-299. Die frühere Literatur ist in den beiden Studien ausführlich zitiert.

7) Vgl. Elemér Mályusz, Zsigmond király uralma Magyarországon (Die Herrschaft

König Sigismunds in Ungarn). Budapest 1984, 242.

8) Hg. in: Johann Christian v. Engel, Geschichte des ungrischen Reiches und seiner Nebenländer, Bd. I. Halle 1797, 20-39, 130-150.

9) S. meine in Anm. 6 zitierte Arbeit mit der früheren Literatur.

10) Mályusz 241.

11) Pál Engel, Ung megye településviszonyai és népessége a Zsigmond-korban (Siedlungsverhältnisse und Bevölkerung des Komitats Ung in der Sigismund-Zeit). In: Századok 119 (1985), 941-1005.

12) 1427: vgl. die in Anm. 11 erwähnte Arbeit von P. Engel, 944. 1494-1495: J. Chr. v. Engel Bd. I. 30, 135. 1463: Ung. Staatsarchiv, Collectio Antemohácsiana, im Weiteren: Dl. 70272, 70274, 70277.

13) Am meisten hat sich damit István Szabó beschäftigt, vgl. Tanulmányok 7-30. – Jobbágyok-parasztok 167-200, usw. S. auch: Ferenc Maksay, A magyar falu középkori településrendje (Die Siedlungsordnung des mittelalterlichen ungarischen Dorfes). Budapest 1971, 78-88.

14) S. zuletzt: Werner Rösener, Bauern im Mittelalter. München 1985, 255-258.

15) Kubinyi, Az alföldi megyék 287. 1474: Corpus Juris Hungarici. 1000-1526. évi törvényczikkek (Gesetzesartikel von 1000 bis 1526), hg. v. Gyula Nagy, Sándor Kolosvári, Kelemen Óvári. Budapest 1899, 374.

16) 1475: Art. 2. Josephus Nicolaus Kovachich, Sylloge Decretorum Comitialium Inclyti Regni Hungariae, Tom.1. Pesthini 1818, 222. Zusammenwohnende Familien in einem Haus sind z.B. in der Konskription der Garai-Besitzungen angeführt: 1478. Dl. 18145. – Durchführungsbestimmungen für die Steuereinnehmer, s. z.B. 1491. Dl. 59802. – 1503: Archiv der Stadt Bardejóv in der Slowakei, Urkunden Nr. 3707.

17) Universitätsbibliothek Budapest, Handschriftensammlung, Litterae et epistolae originales 235.

18) Ferenc Szakály, Sziget mezöváros (Somogy megye) lakosságának "connumeratioja" 1551-ben. (Die Connumeratio des Marktes Sziget von 1551). In: Történeti-statisztikai évkönyv 1967-1968, 130.

19) Dl. 18145.

20) 1475. Dl. 66304. – 1478. Dl. 34296. – 1482: Zala vármegye története. Oklevéltár (Geschichte des Komitats Zala. Urkundenbuch), Bd. II. Hg. v. Imre Nagy, Dezsö Véghely und Gyula Nagy. Budapest 1890, 619. – 1501. Dl.58210. – Während eines Kriegszugs flüchteten die Hörigen auch darum, weil der Grundherr nach der Zahl seiner Hörigen Krieger aufstellen mußte: Martinus Georgius Kovachich, Formulae solennes styli. Pesthini 1799, 513.

21) Siehe z.B. 1463. Dl.15821. – 1482: Dl.18664 – Besondere Probleme entstanden dann, wenn Dorfrichter abwandern wollten, sie waren ja mit der Einnahme der bäuerlichen Abgaben betraut. Dennoch gingen sie oft ohne Rechnungslegung weg. Vgl. 1479 Dl.56091. – 1482. Dl.18604. – 1498: Béla Iványi, Archivum liberae regiaeque civitatis Eperjes, Bd. II. Szeged 1932, 302. Nr. 768, 303. Nr. 771.

22) In der Konskription der Herrschaft Gereben finden wir am Anfang des 16. Jahrhunderts solche Bauern, die nach 3/4 oder 1/2 Hufen Abgaben leisten, obzwar sie ganze Hufen hatten. Dl. 104657.

23) In der Konskription der Grundbesitze der Familie Garai kommt dies sehr oft vor. 1478. Dl.18145. – Ebenso z.B. in der Herrschaft Kapuvár der Familie Kanizsai (1492. Dl.39992.).

24) Vgl. Szabó, Tanulmányok 25. – Ders., A magyar mezögazdaság története a XIV. századtól az 1530-as évekig (Geschichte der ungarischen Landwirtschaft vom 14. Jahrhundert bis 1530). Budapest 1975, 41.

25) Decreta regni Hungariae. Gesetze und Verordnungen Ungarns 1301-1457. Hg. v. Franciscus Döry, Georgius Bónis, Vera Bácskai. Budapest 1976, 394.

26) Vgl. Mályusz, Zsigmond király 186-192.

27) László Solymosi, A jobbágyköltözésröl szóló határozat helye a költözés gyakorlatában (Der Beschluß über den Wegzug der Hörigen und die Praxis). In: Agrártörténeti Szemle 14 (1972) 26-27.

28) S. oben Anm. 5.

29) Decreta regni Hungariae 136. – Vgl. noch darüber: Székely, Tanulmányok 208-212, 276-287, 303-314, und Szabó, Jobbágyok-parasztok 123-166. Es gibt eine Diskussion zwischen beiden Forschern, die aber unsere Ausführung nur am Rande betrifft.

30) Solymosi, A jobbágyköltözésröl 27.

31) Vgl. Kring 404.

32) Einige Beispiele: Die "Entführer" der Hörigen waren Prälaten oder reiche kirchliche Körperschaften: 1460. Dl.88355. – 1468. Dl.93391. – 1475. Dl.66304. – 1475. Iván Borsa, A szenyéri uradalom Mohács elötti oklevelei (Die Urkunden der Herrschaft Szenyér vor Mohács). In: Somogy megye multjából. Levéltári Évkönyv 10 (1979) 105. Nr. 221. – 1515. A Pannonhalmi Szent-Benedek rend története. (Geschichte des Benediktinerordens von Pannonhalma). Hg. v. László Erdélyi, Bd. III. Budapest 1905, 663. – Die Hörigen wurden von Magnaten abgeführt: 1463. Dl. 15824 – 1478. Géza Érszegi, Fejér megyére vonatkozó oklevelek a székesfehérvári keresztes konvent magán levéltárában, 1193-1542 (Das Komitat Fejér betreffende Urkunden im Privatarchiv der Kreuzherren von Székesfehérvár). In: Fejér megyei Történeti Évkönyv 5 (1971) 242. Nr. 261. – 1482. Zala vármegye története Bd. II. 616-621. – 1501. Dl.58210. – Einfache Adelige führten Hörige ab: 1476. Kovachich, Formulae 155-156. – 1502. Photosammlung mittelalterlicher Urkunden im Ung. Staatsarchiv (weiter: Df.) 260517.

33) 1459. Dl.90027. – 1467. Iványi, Arch. civ. Eperjes Bd. II, 191. Nr. 455. – 1468. József Teleki, Hunyadiak kora Magyarországon (Die Epoche der Hunyadi in Ungarn) Bd. XI. Pest 1855, 158-159. – 1476. Kovachich, Formulae 173. – 1479. Dl.59662. – 1483. Dl.34139. – 1483. Zala vármegye története Bd. II. 627-628. – 1494. Dl.83965. – 1498. Iványi, Arch. civ. Eperjes Bd. II. 303, Nr. 771, 773. 306., Nr. 784. – 1499. Jenö Házi, Sopron szabad királyi város története (Geschichte der königlichen Freistadt Sopron). Bd. I/6. Sopron 1928, 185-186. – 1506. Iványi, Arch. civ. Eperjes Bd. II. 350, Nr. 922. – Ohne Jahr. Kovachich, Formulae 474, 513-514.

34) Gusztáv Wenzel, Codex diplomaticus Arpadianus continuatus, Bd. VIII. 31: Urkunde des "rex iunior" Stephan; gleiches kommt auch 1279 in der Urkunde eines privaten Grundherren vor: ebenda, Bd. XII. 273.

35) 1467 untersucht das Komitat einen Fall, in welchem zwei Leute vom Dorfrichter und seinem Rat die Erlaubnis in die nahe Stadt zu ziehen erhielten, der Grundherr ihre Abwanderung aber verhinderte. Iványi, Arch. civ. Eperjes Bd. II. 191, Nr. 455. – Mehr Angaben sind erhalten, wenn der Richter die Abwanderung – z.B. wegen der Schulden des Hörigen – nicht zugeließ: z.B. Érszegi, Fejér megyére 247, (1493) Nr. 289. – Bei der Abduktion eines Hörigen erklärt der Dorfrichter, daß der Bauer keine Erlaubnis zur Abwanderung hatte. Borsa, A szenyéri uradalom 105-106, (1475) Nr. 221. – Der Stuhlrichter des Komitats muß die Auslieferung eines geflüchteten Hörigen vom Dorfrichter verlangen. Ebenda 149, Nr. 339 (1524).

36) Vgl. z.B. folgende Angaben bei Iványi, Arch. civ. Eperjes Bd. II, 170, Nr. 384-385 (1455); 247, Nr. 605 (1483); 251, Nr. 618 (1485); 257, Nr. 639 (1488); 303, Nr. 770 (1498); 304, Nr. 775 (1498); 306, Nr. 783, 786 (1498) usw.

37) Corpus Juris 680.

38) Zuletzt Székely, Földesuri törekvések 261-276.

39) In diesem Zusammenhang mußten namentlich angeführte Bauern persönlich bürgen. 1484. Dl.82205. - 1506. Dl.56207.

40) Über die Gesetze Sigismunds s. oben, Anm. 26.

41) S. oben, Anm. 5.

42) 1452. Decreta regni Hungariae 374. - 1454. Ebenda, 381. - 1459. Kovachich, Sylloge Bd. I. 171. - 1463. Ebenda 185. - 1474. Corpus Juris 376.

43) 1458. Ebenda 334. - 1468. Kovachich, Sylloge Bd. I. 199. - 1470. Ebenda 205. - 1471. Corpus Juris 364. - 1486. Ebenda 438.

44) S. oben, Anm. 32, ferner die Befehle zur Rückgabe der Geflüchteten: 1477. Dl.56032. - 1518. Df.260187. - 1522. Df.260193. - 1525. Dl.89210. usw.

45) 1460. Dl.15429. - Der König gab auch solche Privilegien aus, daß man vom Grundbesitz eines bestimmten Adeligen keine Hörigen abführen darf. 1471. Dl.90146. Damit wurde de facto die Freizügigkeit dieser Hörigen eingeschränkt, da ja die legitime Abführung verboten wurde.

46) Besonders die Städte erhielten Urkunden und interessanterweise auch nach 1514, also nach der Aufhebung der Freizügigkeit. 1471. Iványi, Arch. civ. Eperjes Bd. I. 204. Nr. 489. - 1473. Házi Bd. I/5. 316-317. - 1498. Iványi, Arch. civ. Eperjes Bd. I. 303. Nr. 773. - 1503. Ebenda, 333. Nr. 879. - 1515. Házi, Bd. I/6. 323-324. - 1524. Ebenda, Bd. I/7. 133-134.

47) 1462. Dl.55729. - 1508. Dl.46860. - Ohne Jahr. Kovachich, Formulae 193, 470-471.

48) Antonius Fekete Nagy - Victor Kenéz - Ladislaus Solymosi - Geza Érszegi, Monumenta rusticorum in Hungaria rebellium anno MDXIV. Budapest 1979, 355, 361-362, 367, 391-396.

49) Ebenda, 367. S. auch: László Blazovich, Sorsfordulók Dózsa felkelésének idején Békés megyében (Schicksalswenden während des Dózsa-Aufstandes im Komitat Békés). In: Acta Universitatis Szegediensis de Attila József nominatae. Acta Historica, Tom. LXXV. Szeged 1983, 35-40.

50) Fekete Nagy - Kenéz - Solymosi - Érszegi 260. Die Hörigen "dominis ipsorum terrestibus mera et perpetua rusticitate sint subiecti neque de cetero contra voluntatem et consensum dominorum suorum de loco in locum recedendi et se moraturos conferendi habeant facultatem". Mit der Erlaubnis ihres Grundherren durften sie also weiter wegziehen; früher erteilten ja die Dorfrichter bzw. das Komitat die Erlaubnis.

51) 1524. Dl.97700.- Miklós Komjáthy, A somogyi konvent II. Lajos-kori oklevelei az Országos Levéltárban (Die Urkunden der Abtei von Somogy aus der Zeit Ludwigs II. im Ungarischen Staatsarchiv). In: Somogy megye multjából. Levéltári Évkönyv 3 (1972) 52. Nr. 66. - Sehr lebendige Zeugenaussagen hat das Komitat Csongrád 1523 aufgenommen, als die Bürger von der Stadt Szeged einen Hörigen aus Sövényháza (27 km weit von der Stadt Szeged) in der Nacht abführten. Die Grundherrin ließ andere Kleinadelige in der Nacht wecken, denn der Bauer "saltum facit". Géza Érszegi, Adatok Szeged középkori történetéhez (Angaben zur mittelalterlichen Geschichte von Szeged). In: Tanulmányok Csongrád megye történetéböl 6 (1982) 47-48. Nr. 113.

52) Ferenc Kubinyi, János király országgyülése az 1530-ik év végén (Der Budaer Reichstag König Johanns am Ende des Jahres 1530). In: Századok 10 (1876) 581-583.

53) In den meisten oben zitierten Urkunden sind solche Ortschaften erwähnt, die näher zueinander liegen.

54) S. Anm. 51. Einige andere Beispiele: Bodajk liegt 22 km entfernt von der Stadt Székesfehérvár. Érszegi, Fejér megyére 247. Nr. 289. - Von Szentes flüchtete jemand

nach dem Markt Donáttornya; er liegt 35 km weit weg. Dl.18640.

55) Um 1300 entstandene Kompilation: Art. 16. Decreta regni Hungariae 395. – Jener Bauer war auch zollfrei, der seine neuvermählte Frau nach Hause führte. Art. 36. des Gesetzes 1486, Corpus Juris 436. – Art. 86. des Gesetzes 1492, ebenda 536.

56) S. z.B. die Karte über die am Ende des Mittelalters in die Herrschaft eingewanderten Bauern. Géza Érszegi in: Sárvár monográfiája, (Die Monographie von Sárvár). Szombathely 1978, 140.

57) Ebenda 145.

58) István Szabó, La répartition de la population de Hongrie entre les bourgades et les villages, dans les années 1449-1526 (Studia Historica Academiae Scientiarum Hungaricae 49) Budapest 1960, 13.

59) Sándor Horváth, Adatok a Perényi család történetéhez (Angaben zur Geschichte der Familie Perényi). In: Történelmi Tár (1908) 3.

60) Dl.18145.

61) Dl.19963.

62) Dl.37002.

63) Vera Bácskai, Magyar mezövárosok a XV. században (Ungarische Märkte im 15. Jahrhundert). Budapest 1965, 108-116.

64) András Kubinyi, Národnostné pomery miest centrálneho uhorska v stredoveku (Die Nationalitäten in den zentralen Städten des mittelalterlichen Ungarn). In: Historický Časopis 30 (1982) 847-856.

65) András Kubinyi, Budapest története a késöbbi középkorban Buda elestéig (1541-ig) (Geschichte von Budapest im späten Mittelalter bis zum Fall von Buda, bis 1541). In: Budapest története, hg. v. László Gerevich, Bd. II. Budapest 1973, 136.

66) Ebenda, und ders., Dél-Dunántuli parasztok városba költözése a középkor végén (Die Abwanderung der Bauern von Süd-Transdanubien in die Städte am Ende des Mittelalters). In: Somogy megye multjából. Levéltári Évkönyv 3 (1972) 20.

67) Ebenda, 23-25.

68) Ebenda, 25. – Ders., Handel und Entwicklung der Städte in der ungarischen Tiefebene im Mittelalter. In: Europa slavica – Europa orientalis. Festschrift für Herbert Ludat, hg. von Klaus-Detlev Grothusen und Klaus Zernack. Berlin 1980, 436-437.

69) S. die Karte der nach Székesfehérvár eingewanderten Bürger: Kubinyi, Dél-dunántuli 24. V. Karte.

70) S. z.B. unten Sopron, oder oben, Anm. 68, Szeged.

71) Sándor Bálint, Az 1522. évi tizedlajstrom szegedi vezetéknevei (Die Szegeder Familiennamen in der Zehentliste von 1522). Budapest 1963, 31, 34.

72) Ferdinand Uličný, K výskumu národnostnej štruktúry stredovekých miest na Slovensku (Zur Erforschung der Nationalitätenstruktur der mittelalterlichen Städte in der Slowakei). In: Národnostný vývoj miest na Slovensku do roku 1918, hg. v. Richard Marsina, Martin 1984, 153-162. – András Kubinyi, Die Anfänge Ofens. In: Giessener Abhandlungen zur Agrar- und Wirtschaftsforschung des europäischen Ostens Bd. 60. Berlin 1972, 34-41.

73) Kubinyi, Národnostné pomery 850-851.

74) Jenö Szücs, Városok és kézmüvesség a XV. századi Magyarországon (Städte und Handwerk im 15. Jahrhundert in Ungarn). Budapest 1955, 35.

75) Érszegi, Sárvár 169. – Házi Bd.II/1. 190.

76) Érszegi, Sárvár 182. – Házi Bd. I/5. 300-301, Bd. I/6. 167-169, 343-344, 355-356, 362, 388-389, usw.

77) Kubinyi, Die Städte Ofen und Pest 356-357.

78) Kubinyi, Budai és pesti 275-276.

79) Szabó, Tanulmányok 22-27.

80) György Székely, Landwirtschaft und Gewerbe in der ungarischen ländlichen Gesellschaft um 1500 (Studia Historica Academiae Scientiarum Hungaricae 38) Budapest 1960, 28-29.

81) András Kubinyi, A mezögazdaság történetéhez a Mohács elötti Budán (Zur Geschichte der Landwirtschaft in Buda vor der Schlacht von Mohács). In: Agrártörténeti Szemle 6 (1964) 397-398.

82) Kubinyi, Dél-dunántuli 16.

83) Im Ausland geborene Handwerksgesellen in der ungarischen Hauptstadt: Kubinyi, Budapest története 116. – Ein aus dem Dorf Pécel (22 km) stammender Kürschner in der Stadt Pest: Kubinyi, Budai és pesti 229.

84) Dl. 106083. 407.

85) Évszázadokon át. Tolna megye történetének olvasókönyve (Quer durch die Jahrhunderte. Historisches Lesebuch des Komitats Tolna, Bd. I). Szekszárd 1978, 86.

86) András Kubinyi, Einige Fragen zur Entwicklung des Städtenetzes Ungarns im 14. – 15. Jahrhundert, in: Die mittelalterliche Städtebildung im südöstlichen Europa, hg. von Heinz Stoob (Städteforschung Reihe A. Bd. 4). Köln-Wien 1977, 167-175.

87) Nagybajom: 1466. Dl.86398. – Balaszentmiklós: 1498. Dl.56296. – Mezögyán: 1508. Endre Veress, Gyula város oklevéltára (Urkundenbuch der Stadt Gyula). Budapest 1938, 53. – Barkaszó: 1458. Dl.55622. – Bozsok. 1522. Dl. 104738.

88) Kubinyi, Handel und Entwicklung 443.

89) Kubinyi, Die Städte Ofen und Pest 412-419.

90) S. oben, Anm. 55.

91) Wenn die Frau Schulden hatte, mußte sie diese aber zuerst bezahlen, vgl. 1490. Df.260502.

92) Fekete Nagy – Kenéz – Solymosi – Érszegi 261.

93) Mit vielen Angaben: Kubinyi, Budai és pesti 228-288.

94) András Kubinyi, Zur Frage der deutschen Siedlungen im mittleren Teil des Königreichs Ungarn (1200-1541). In: Die deutsche Ostsiedlung des Mittelalters als Problem der europäischen Geschichte, hg. von Walter Schlesinger (Vorträge und Forschungen Bd. XVIII) Sigmaringen 1975, 527-566.

95) Vgl. Erik Fügedi, Die Entstehung des Städtewesens in Ungarn. In: Alba Regia. Annales Musei Stephani Regis 10 (1969) 109-118.

96) Kubinyi, Die Anfänge Ofens 91-99. – Ders., Soziale Stellung und Familienverbindungen des deutschen Patriziats von Ofen in der ersten Hälfte des 14. Jahrhunderts. In: Archiv für Sippenforschung und alle verwandten Gebiete 36 (1970) 449.

97) Kring 403.

98) András Kubinyi, A középkori Magyarország középkeleti része városfejlödésének kérdéséhez (Zur Frage der Städteentwicklung im mittelöstlichen Teil Ungarns). In: Borsodi Levéltári Évkönyv 5 (1985) 46-55.

99) Ede Margalits, Szerb történelmi repertórium (Serbisches historisches Repertorium). Bd. I. Budapest 1918, 673-674, 688.

100) Kubinyi, Die Städte Ofen und Pest 384-401.

101) Wolfgang v. Stromer, Fränkische und schwäbische Unternehmer in den Donau- und Karpatenländern im Zeitalter der Luxemburger 1347-1437. In: Jahrbuch für fränkische Landesforschung 31 (1971) 355-365. Kraft: ebenda, 360. Anm. 18.

102) András Kubinyi, Die Nürnberger Haller in Ofen. In: Mitteilungen des Vereins für Geschichte der Stadt Nürnberg 52 (1963-64) 80-128. – Ders., Budai és pesti 242-251.

103) Ebenda, 251-258.

104) Peter Csendes, Die Donaustädte von Passau bis Preßburg im 15. Jahrhundert. In: Die Stadt am Ausgang des Mittelalters, hg. v. Wilhelm Rausch (Beiträge zur Geschichte der Städte Mitteleuropas III). Linz/Donau 1974, 95-106. – Richard Perger, Nürnberger im mittelalterlichen Wien. In: Mitteilungen des Vereins für Geschichte der Stadt Nürnberg 63 (1976) 1-79.

105) Richard Perger, Neue Hypothesen zur Frühzeit des Malers Lukas Cranach des Älteren. In: Wiener Geschichtsblätter 21 (1966) 71-73. – András Kubinyi, Die Pemfflinger in Wien und Buda. In: Jahrbuch des Vereins für Geschichte der Stadt Wien 34 (1978) 73-75.

106) Wolfgang Kirchhofer, Erinnerungen eines Wiener Bürgermeisters 1519-1522. Eing. u. hg v. Richard Perger. Wien 1984, 76. Anm. 316.

107) András Kubinyi, A budai német patriciátus társadalmi helyzete családi összeköttetéseik tükrében (Die soziale Lage des deutschen Patriziats von Buda im Spiegel seiner Heiratsverbindungen). In: Levéltári Közlemények 42 (1971) 257-258.

108) Kubinyi, Die Pemfflinger 67-88.

109) Christa Schaper, Wolfgang Eysen und sein Bildnis. In: Mitteilungen des Vereins für Geschichte der Stadt Nürnberg 45 (1954) 387-396. – András Kubinyi, Das Wirtschaftsgebiet der Stadt Vác im Mittelalter. In: Beiträge zur Handels- und Verkehrsgeschichte, hg. von Paul W. Roth (Grazer Forschungen zur Wirtschafts- und Sozialgeschichte Bd. 3) Graz 1978, 39.

110) S. oben, Anm. 83.

111) Z.B. Quellen zur Geschichte der Stadt Wien Bd. II/4. Nr. 6297, 6328.

112) Házi Bd. I/7. Nr. 50-52. – Ebenda, Bd. II/1. 414. usw.

113) Ebenda, Bd. II/1. 418. – Bd. II/6. 330-332. usw.

114) Ebenda, Bd. II/6. 270. Andere Verwandte lebten in Rust.

115) Ebenda, Bd. II/1. 134.

116) Ebenda, 225.

117) Ebenda, Bd. I/5. 90.

118) Zwischen 1440 und 1514 stammten 61% aller aus Ungarn kommenden und an den Wiener und Krakauer Universitäten immatrikulierenden Studenten aus 138 Städten und Märkten. András Kubinyi, Städtische Bürger und Universitätsstudium in Ungarn am Ende des Mittelalters. In: Erich Maschke und Jürgen Sydow (Hg.), Stadt und Universität im Mittelalter und in der frühen Neuzeit (Stadt in der Geschichte Bd. 3) Sigmaringen 1977, 161-165.

119) Nach der Domherrenliste in: Pál Lukcsics, Az esztergomi főkáptalan a mohácsi vész idején (1500-1527). Esztergom 1927, 19-30.

120) András Kubinyi – Erik Fügedi, A budai káptalan jegyzökönyve (Das Protokoll des Kapitels von Buda). In: Történeti-statisztikai Évkönyv 1967-1968 (Budapest 1970) 20-21. – Ähnliche Ergebnisse zeigt die Diplomarbeit meines Schülers József Köblös über die Mitglieder des Kollegiatstiftes Székesfehérvár.

121) Vgl. Kubinyi, Budapest története 155-157.

122) 1495 wurden z.B. vier ausländische Priester erwähnt, die in Sopron eine Pfründe besaßen. Je einer stammte aus Pulkau, aus Kirchschlag, aus Waidhofen und aus Eschenbach. Házi Bd. II/1. 137-139.

123) Vgl. z.B. Dezsö Szabó, A magyar országgyülések története II. Lajos korában (Geschichte der ungarischen Reichstage in der Zeit Ludwigs II). Budapest 1909.

124) András Kubinyi, A középbirtokos nemesség Mohács előestéjén (Der Mitteladel am Vorabend der Schlacht von Mohács). In: Magyarország társadalma a török kiüzésének idején (Die ungarische Gesellschaft am Ende der Türkenzeit). Hg. von Ferenc Szvircsek (Discussiones Neogradienses 1) Salgótarján 1984, 10-11.

125) 1512: Archiv des Komitats Somogy in Kaposvár, Mittelalterliche Urkunden Nr. 5.

126) Gyula Szekfü, Serviensek és familiárisok (Servientes und familiares). Budapest 1912.

127) András Kubinyi, A Jagelló-kor (Die Jagellonen- Zeit). In: Fejezetek a régebbi magyar történelemböl (Kapitel aus der älteren ungarischen Geschichte), hg. von Ferenc Makk. Budapest 1985, 111.

128) Ders., Die Frage des bosnischen Königtums von Nikolaus Ujlaki. In: Studia Slavica Academiae Scientiarum Hungaricae 4 (1958) 373-384.

129) Ders., A kaposujvári uradalom és a Somogy megyei familiárisok szerepe Ujlaki Miklós birtokpolitikában (Der Grundbesitz von Kaposujvár und die Rolle der Familiaren aus Somogy in der Grundherrschaftspolitik von Miklós Ujlaki). In: Levéltári Évkönyv. Somogy megye multjából 4 (1973) 22-33.

MIGRATION UND AUSTAUSCH:
Studentenwanderungen im Deutschen Reich des Späten Mittelalters

RAINER CHRISTOPH SCHWINGES

Der folgende Beitrag versucht, die Wanderungen von Studenten beziehungsweise – wie man umfassender sagen sollte – von Universitätsbesuchern im deutschen Reich des späten Mittelalters, vornehmlich des 15. Jahrhunderts, zusammenfassend zu deuten. Die Wanderungen zwischen Herkunftsort und Universitätsort sowie die Austauschvorgänge zwischen den Universitäten beim Hochschulwechsel werden sich dabei als zwar wandelbare, doch vielfach regelhafte, sozialräumliche Bewegungsmuster erweisen. Universitätsbesuch bedeutete in jener Zeit keineswegs ein Loslösen aus den Bindungen der Herkunft. Vielmehr waren Reise und Zielort – bei aller Unwägbarkeit der Umweltbedingungen jeder Art – in ein mitunter weitgespanntes, aber engmaschiges Beziehungsnetz eingeflochten. Auch die Regeln studentischer Migration entsprachen, wie die des Studiums überhaupt, den sozialen Regeln der zeitgenössischen, traditionalen Gesellschaft. Andersgeartete individuelle Erfahrungen, literarische Zeugnisse zumeist, die im reisenden Studenten den 'exul' unter den Bedingungen der 'Terra aliena' sahen, stehen dem nicht entgegen; im Gegenteil, sie gehören dazu als Abweichung vom 'Normalen', vom Alltäglichen.

Diese Feststellungen beruhen auf systematischen, quantitativen und qualitativen prosopographischen Analysen der allgemeinen Matrikeln der deutschen Hochschulen des 14. und 15. Jahrhunderts. Vierzehn Universitäten, die man als solche akzeptierte, hat es am Ende des Mittelalters gegeben, zwölf davon haben seit der Gründung Matrikeln geführt und darin bis zum Jahre 1500 mehr als 200.000 Besuchernamen verzeichnet: Wien (1365/1385), Heidelberg (1386), Köln (1388), Erfurt (1392), Leipzig (1409), Rostock (1419), Löwen (1426), Greifswald (1456), Freiburg (1460), Basel (1460), Ingolstadt (1472) und Tübingen (1477). Universitätsmatrikeln zählen neben den päpstlichen Supplikenregistern und den städtischen Neubürgerbüchern zu den bedeutendsten seriellen Quellen des Mittelalters. Sie führen über das engere Genre der Universitätsgeschichte weit hinaus und sind Quellen höchsten Ranges für die allgemeine Sozial- und Demographiegeschichte. In der Matrikelanalyse lassen sich Zehntausende von individuellen Entscheidungen zum Hochschulbesuch so zusammenfassen und verdichten, daß ganz bestimmte Verhaltens- und Bewegungsmuster, darunter auch die der Migration, sichtbar werden.

Für das Muster der Studentenwanderungen scheinen im wesentlichen vier verschiedene Faktoren beziehungsweise Faktorenbündel verantwortlich gewesen zu sein:
(1) die wachsende Frequenz der Studentenzahlen im Laufe des 15. Jahrhunderts,
(2) die zyklische Struktur des Universitätsbesuchs,
(3) die räumliche Organisation universitärer Einzugsbereiche,
(4) die soziale und sozialräumliche Herkunft der Universitätsbesucher.

Es versteht sich, daß alle vier Faktoren aufs engste miteinander zusammenhingen.

(1) *Die wachsende Frequenz der Studentenzahlen:* Seit der Gründung der ersten Universität auf Reichsboden, 1348 in Prag, wuchsen die Studentenzahlen im Reich – ich nenne sie 'Reichsfrequenz' – aufs Ganze gesehen ständig an. Am Ende des Mittelalters hatten sich bereits eine viertel Million 'Deutscher' studienhalber in Europa bewegt. Ein besonderes Gewicht erhält die trendstarke 'Reichsfrequenz' aber erst vor dem Hintergrund der allgemeinen Bevölkerungsentwicklung. Bekanntlich sank die Bevölkerung des Reiches infolge der wiederholten Pestwellen zwischen 1348 und ca. 1450 stark ab, stagnierte dann und stieg erst im letzten Viertel des 15. Jahrhunderts allmählich wieder an. Universitätsbesuch und Bevölkerungsentwicklung verliefen demnach jahrzehntelang in entgegengesetzter Richtung. Die durchschnittliche Wachstumsrate der 'Reichsfrequenz' erreichte trotz der weitgehend depressiven Demographie beachtliche 1,75 Prozent pro Jahr (berechnet zwischen 1385 und 1505). Der Anteil der Studentenschaft an der Bevölkerung des Reiches war also deutlich überproportioniert.

Aber ganz so stetig, wie es die Wachstumsrate nahelegt, wuchs die Universitätsbesucherschaft nicht. Es sind vielmehr neben der 'normalen' Oszillation unterschiedlich starke Wachstumsschübe feststellbar. Um nämlich die dreifache Ausgangsfrequenz zur Basis 1400 zu erreichen, bedurfte es einer Laufzeit von 40 Jahren; um das Dreifache noch einmal zu erreichen, waren dann jedoch weitere 70 Jahre notwendig, obwohl sich die Zahl der deutschen Hochschulen in diesem Zeitraum nahezu verdoppelt hatte. Seit den achtziger Jahren des 15. Jahrhunderts, schon lange also vor dem tiefen Einschnitt der Reformation, geriet das Wachstum der 'Reichsfrequenz' ins Stocken, ungefähr zur gleichen Zeit, als die Bevölkerung langsam wieder zunahm. Inzwischen besuchten im Schnitt über 2500 Personen jährlich neu die Hochschulen des Reiches, ohne daß dieser hohe Angebotsdruck durch eine Bedarfslenkung der (Aus-)Gebildeten an den

Höfen, in den Städten, in Schulen und Gerichten oder im Pfründengebäude der deutschen Kirche aufgefangen wurde. Man kann diese Situation als die 'erste Überfüllungskrise' der deutschen Universitäten beschreiben.

Der Frequenz des Universitätsbesuchs entsprach naturgemäß die Frequenz der studentischen Wanderungen. Immer mehr Personen waren unterwegs; die Aussagen der Matrikeln lassen sich leicht durch Geschichtsschreibung, Dichtung und autobiographische Zeugnisse illustrieren und ergänzen. Es wäre jedoch falsch, diesen Sachverhalt durch den traditionellen Begriff des 'fahrenden Scholarentums' zu kennzeichnen. Man versteht darunter gemeinhin das Umherziehen der Studenten von Universität zu Universität, von Schule zu Schule oder auch von der Schule zur Artistenfakultät einer Universität und umgekehrt, denn Zugangsnormen jenseits moralischer Erwartungen kannte das Mittelalter nicht. Diese Art des Fahrens war jedoch absoluten Minderheiten eigen. In der Literatur zeugen dafür nur mehr oder weniger prominente 'Wandervögel'; die Masse verhielt sich ganz anders.

Unter studentischer Migration ist je nach Universität zu 80 bis 90 Prozent lediglich die Reise zwischen Herkunfts- und Hochschulort zu verstehen, unabhängig von der Häufigkeit der Hin- und Herreisen. Das heißt, daß nur 10 bis 20 Prozent der Studenten eine zweite Universität aufgesucht haben, darunter gerade 2 bis 5 Prozent, die darüber hinaus an weitere Hochschulen gewechselt haben, also wirklich 'Fahrende' gewesen sind. Schon angesichts dieser Zahlen kann die romantische Vorstellung und das Schlagwort von den 'fahrenden Scholaren' getrost beiseite gelegt werden kann.

Von einheitlichen Wachstums- und Migrationsvorgängen, wie sie die "Reichsfrequenz" als eine fiktive Größe zu suggerieren scheint, kann allerdings keine Rede sein. In der deutschen Universitätslandschaft zeichnete sich bereits eine außerordentliche Vielfalt ab. Große Universitäten nach mittelalterlichen Dimensionen, Universitäten also mit hoher Anziehungskraft, siedelten in Wien, Erfurt, Leipzig, Köln und Löwen; mittelgroße besaß man in Heidelberg und Rostock, denen sich im späten 15. Jahrhundert noch Ingolstadt anschloß, während Greifswald, Freiburg, Basel und Tübingen stets kleinere Hochschulen beherbergten. Entscheidend für diese Unterschiede waren in erster Linie die Qualitäten der Universitätsstädte als Städte sowie der Rang des Raumes, in dem sie zentralörtliche Funktionen besaßen. Die großen Hochschulen lagen allesamt in mittelalterlichen Großstädten. Alle galten sie als bedeutende Handels- und Gewerbestädte, Markt- oder Messeplätze, eingebettet in ein dichtes wirtschaftsgeographisches Verkehrsnetz, günstig gelegen und günstig zu erreichen in Räumen, in denen zudem Landesausbau und Urbanisierung relativ weit fortgeschritten waren. Hinzu kommt, daß sie Herrschaftsräumen angehörten oder von ihnen umgeben waren, die im Prozeß der Territorialisierung des Reiches seit dem 14. Jahrhundert besonderen Erfolg in der Optimierung von Herrschaft hatten. In jeweils abgestufter Weise gelten alle diese Argumente auch für die mittleren und kleineren Hochschulorte.

Diese Größenordnung war jedoch kein starres Gefüge. In keiner Universität gab es einen kontinuierlichen und reibungslosen Anstieg der Besucherzahlen. Wachstums-, Stagnations- oder auch Rezessionsphasen wechselten einander ab; infolgedessen änderten sich öfters auch die absoluten Größenpositionen. Dabei glichen die Wachstumsvorgänge von Niveau zu Niveau einer wiederholten Wellenbewegung, die die Universitätslandschaft des Reiches in einer relativ langen Zeitspanne mit örtlich unterschiedlicher Wirkung überflutete. Die Wellen nahmen ihren Ausgang stets zunächst im Süden des Reiches (Wien) und endeten nach einer 'Laufzeit' von 10 bis 15 Jahren, aus dem mittel- und norddeutschen Raum (Erfurt, Leipzig, Rostock) abschwenkend, im Westen (Köln, Löwen). Nach 1450 änderte sich die Bewegungsrichtung fast völlig ins Gegenteil. Das Schwergewicht des Universitätsbesuchs, eine verstärkte und raschere Zuwanderung, hatte sich nach Westen verlagert, in jenen Raum hinein, der ökonomisch und demographisch ohnehin in dieser Zeit zu den führenden Regionen des Reiches zählte. Die neuen, nach der Jahrhundertmitte gegründeten Universitäten (Greifswald, Freiburg, Basel, Ingolstadt und Tübingen) konnten sich allesamt in dieses System des Wachstums nicht oder nur sehr mäßig einführen. Es blieb bis zur Reformation im Prinzip eine Angelegenheit der großen, alten Hochschulen des 14. und frühen 15. Jahrhunderts, mit Löwen und Köln an der Spitze.

(2) *Die zyklische Struktur des Universitätsbesuchs:* Man kann im Auf und Ab der Studentenzahlen des 15. Jahrhunderts und damit auch im Strom der studentischen Migration der Zeit eine prozeßhafte Bewegung erkennen. Dabei läßt sich nachweisen (mit Hilfe der sogenannten Spektralanalyse von Zeitreihen), daß die zum Beispiel in der 'Reichsfrequenz' konzentrierte Entscheidung von über 200.000 Personen, eine Hohe Schule aufzusuchen, in zyklischen Bahnen verlief. Den dominierenden Zyklen entsprachen im Laufe des 15. Jahrhunderts Perioden von 13,3 bis zu 2,2 Jahren durchschnittlicher Länge. Wir haben es hier mit einer zyklischen Prozeßstruktur zu tun, in der sich längere und kürzere Zyklen überlagern. Innerhalb des Prozesses hat es demnach auch konjunkturbedingte Schwankungen gegeben, und diese sind für das Erscheinungsbild der Studentenwanderungen ebenso konstitutiv gewesen wie das Wachstum der

Studentenzahlen.

Man wird indessen nicht annehmen können, daß sich das zyklische Bild über das ganze 15. Jahrhundert hinweg auf einen einzigen Prozeß zurückführen ließe; vielmehr dürften sich die Bedingungen dafür im Laufe der Zeit erheblich verändert haben. Legt man zum Beispiel einen Schnittpunkt in die Jahrhundertmitte, dann entstehen Teilprozesse, die in der Tat ein so auffallend unterschiedliches zyklisches Bild bieten, daß man auf gravierende strukturelle Verschiebungen von einem Zeitabschnitt zum anderen schließen muß. Von einem einzigen Entwicklungsprozeß kann also keine Rede sein, was strenggenommen natürlich auch für die Teilprozesse vor und nach 1450 gilt, die ebenfalls noch entzerrt werden müssen.

Als Ergebnis ist dann festzuhalten, daß sich der zyklische Prozeß der 'Reichsfrequenz', d.h. also des gesamten Hochschulbesuchs im Reich, während des Untersuchungszeitraums wahrscheinlich viermal geändert hat. Strukturverschiebungen im Wechsel von Aufschwung und Stockung kennzeichnen die folgenden Zeitabschnitte: Die *erste Phase* erstreckt sich vom ausgehenden 14. Jahrhundert (Stichjahr 1385) bis ca. 1430; man kann ihr Zykluslängen von 6 bis 11 Jahren, in Begleitung allerdings von kurzen 2,9-Jahresschwankungen, zuordnen. In der *zweiten Phase* von ca. 1430 bis 1450 werden diese kurzen, heftigen Schwankungen von knapp 3 Jahren dominant, und der Prozeß damit krisenhaft verzögert. Nach der Jahrhundertmitte zeichnet sich dann die *dritte Phase* zwischen 1450 und ca. 1480 ab, die eigentliche 'Take-off-Phase' des spätmittelalterlichen Hochschulzugangs, mit ausgesprochen immatrikulationsintensiven Jahrgängen. Ihr sind mit großer Wahrscheinlichkeit Zyklen von 7,2 Jahren durchschnittlicher Dauer in exklusiver und ziemlich regelmäßiger Folge zuzuschreiben. Wiederum völlig anders verläuft die *vierte Phase* von ca. 1480 bis ins beginnende 16. Jahrhundert (Stichjahr 1505). Der Universitätsbesuch scheint mehr noch als in den dreißiger und vierziger Jahren 'aus dem Rhythmus' gekommen zu sein. Durch das bekannte kurzfristige, relativ heftige Schwanken wird eine Krise beziehungsweise eine weitere Stockungsphase deutlich signalisiert.

Mit alledem erweist sich die Prozeßstruktur der 'Reichsfrequenz' im Zeitverlauf als eine Veränderliche, und zwar so, daß man die verschiedenen zyklischen Verlaufsmuster und die markanten Wendepunkte um 1430, 1450 und 1480 sogar als Periodisierungskriterien beanspruchen darf – unbeschadet einer gewissen Toleranzbreite, die den Frequenzen der einzelnen Universitäten zuzugestehen ist; denn keine Universität – so kann man sagen – hatte zur gleichen Zeit Konjunktur. Trotz der zyklischen Variationen läßt sich aber ein gewisses Grundmuster erkennen: Zyklen

145

von ca. 7 bis 11 Jahren entsprechen der Juglar-Länge, die kurzen, rund 2-
bis 5jährigen Schwankungen genügen dem Typ der Kitchinzyklen; beide
sind vor allem im agrarischen und demographischen Sektor immer wieder
zu finden.

Mit Hilfe der jeweils dominanten Zykluslängen kann man sogar eine
'konjunkturzyklische Hierarchie' der Zuwanderungen zu den einzelnen Universitäten erstellen und dann für die zweite Hälfte des 15. Jahrhunderts
drei Gruppierungen im Reich unterscheiden:

I	II	III
Juglars (7-11 J.)	Kitchins 1 (3-5 J.)	Kitchins 2 (2-3 J.)
Löwen	Wien	Erfurt .1cm
Köln	Freiburg	Leipzig
Heidelberg	Rostock	Ingolstadt
Basel	Greifswald	
(Tübingen)		

Diese Gruppierungen offenbaren eine ziemlich einhellige und zudem plausible strukturelle Hierarchie. Juglarzyklen, die ein weniger hektisches
Auf und Ab indizieren, konzentrieren sich auf Stationen, die mit Ausnahme Tübingens dem großen rheinischen Rekrutierungsraum, entlang
also der Hauptverkehrsader des Reiches angehören. Hier lag ja auch das
Schwergewicht des Wachstums der Studentenzahlen. Bemerkenswert ist in
Gruppe I vielleicht nicht so sehr das 'Anhängsel' Tübingen (Zykluslänge
6,7 Jahre), als vielmehr die Tatsache, daß Freiburg sich im Gegensatz
zu Basel nicht in die Reihe der 'rheinischen Stationen' eingegliedert hat.
Freiburg bildet in Gruppe II zusammen mit Wien eine strukturelle Einheit, so wie im Nordosten des Reiches Rostock und Greifswald. Trotz der
geographischen Nähe unterschieden sich die Wanderungen nach Freiburg
und Basel in jeder Hinsicht – in der Quantität, im Trend und in den zyklischen Strukturen. So muß man wohl vermuten, daß die den Prozeß
des Zugangs steuernden Faktoren in Freiburg – unabhängig von den unterschiedlichen Dimensionen – die gleichen gewesen sind wie in Wien.
Möglicherweise haben politisch-administrative wie auch sozial-ökonomi-
sche Relationen innerhalb der habsburgischen Herrschaftsklammer diesen
Gleichlauf verursacht.

In Gruppe III sind solche politischen und wirtschaftlichen Relationen
auch auf die strukturelle Einheit des Universitätsbesuchs in Erfurt und
Leipzig zu beziehen. Die bayerische Hochschule zu Ingolstadt scheint dagegen universitätslandschaftlich isoliert gewesen zu sein, obgleich die drei

Hohen Schulen, zu einem Dreieck zusammengefügt, ein Kerngebiet gleichsam in der Mitte des Reiches erfassen und zudem einander durch das gemeinsame Muster sehr kurzer und sehr intensiver zyklischer Prozesse verbunden sind, die sonst nirgends im Reich die Zuwanderungen geprägt haben.

So zeigt sich, daß der Universitätsbesuch im Reich im Überblick der zweiten Hälfte des 15. Jahrhunderts nicht nur phasen- und raumverschoben, sondern von West nach Ost auch konjunkturell unterschiedlich akzentuiert gewesen ist. Das alles heißt letzten Endes, daß die Gründe für die hier aufgezeigte spezifische Mobilität der Studenten mit den inneren Verhältnissen der einzelnen Hochschulen nichts zu tun haben können, sie vielmehr außerhalb gesucht werden müssen. Gemeint sind dabei nicht in erster Linie die äußerlich auffälligen Ereignisse wie Kriege, Aufstände und Epidemien; hinter dem zyklischen Verlauf des Hochschulzugangs standen vermutlich ausschlaggebend die Agrarpreiszyklen und damit der gesamte Faktorenkomplex von elementaren klimatischen Bedingungen bis zu politisch-administrativen Maßnahmen, der für Markt und Preisbildung in der agrarwirtschaftlich bestimmten Gesellschaft des späten Mittelalters verantwortlich ist. Unter Einfluß regionaler und überregionaler Komponenten korrelierten Hochschulbesuch und hochschulörtliche Marktsituation – in der Regel in gegenläufiger Konjunktur. Den Aufschwungphasen der Frequenzen standen Niedrigpreisphasen, und den Stockungsphasen der Frequenzen standen Hochpreisphasen gegenüber. Getreidepreise entschieden je nach guter oder schlechter Ernte über die Bereitschaft zum Universitätsbesuch oder sogar über den Status der Besucher. Hochpreisphasen drückten die Frequenzen und/oder ließen zugleich die Zahl der armen Studenten über Gebühr anschnellen. Die vorreformatorische 'Überfüllungskrise', die sich seit den achtziger Jahren in einer Stockungsspanne der 'Reichsfrequenz' und zugleich in einer Hausse der Getreidepreise angezeigt hatte, gewinnt damit auch einen scharfen sozialen Akzent. Daß aber der Zugang zu den Hochschulen von elementaren Ereignissen wie den Erntezyklen vermutlich sogar wesentlich gesteuert worden ist, mag vielleicht als Ergebnis gerade im Zusammenhang mit Stätten der Bildung nicht sehr befriedigen. Man muß sich aber klar machen, daß auch die 'geistigen Dinge' zunächst einmal dem Verkehrsweg folgen (Franz Eulenburg).

(3) *Die räumliche Organisation universitärer Einzugsbereiche:* Bei der bisher betrachteten Konstellation der Hochschulzuwanderung wirkten noch zwei weitere Faktoren mehr oder weniger beschleunigend oder verzögernd mit: zum einen die jeweilige regionale Existenz der Hochschule und die

weitere räumliche Organisation ihres Einzugsbereichs, Größen, die selbst wiederum einen Komplex von örtlichen Wirkungsfaktoren beinhalteten; so riefen z.B. örtlich unterschiedliche Preisreihen auch unterschiedliche Immatrikulationsreihen hervor, von extremen Schwankungen (Wien, Ingolstadt) bis zu jahrzehntelanger Stagnation (Rostock, Greifswald); zum anderen das soziale Gefüge der Universitätsbesucherschaften sowie ihre Verflechtung in den Hochschulen, was Konjunkturanfälligkeit keineswegs ausschloß. Zunächst aber zum räumlichen Faktor.

Die Dimensionen des Einzugsbereiches und der räumlichen Organisation waren wesentlich durch das geprägt, was ich die regionale Existenz einer universitären Personengemeinschaft nennen möchte. Dabei folgte die Regionalität der Hochschule größtenteils der Regionalität der Stadt. So wie diese als zentraler Ort das soziale, wirtschaftliche und kulturelle Leben einer Region koordinierte, so beanspruchte auch die Universität eine Kernlandschaft, in der sie nach der Gründung sozial verwurzeln und dadurch auf Dauer überleben konnte. Erfolgreiche Universitäten verfügten in diesem Sinne über eine breite und sichere regionale Basis, dehnten diese über einen längeren Zeitraum erst allmählich aus und reagierten dabei fortwährend auf ein sich wandelndes Beziehungsnetz, das Universität und Universitätsstadt mit der näheren und ferneren Umwelt verknüpfte. Man hat diese Grundstruktur der universitären Regionalität gelegentlich als Enge mißverstanden, was doch Nähe heißen müßte und mit Provinzialität im pejorativen Sinne nichts, mit der Funktionalität des umgebenden Raumes aber sehr viel zu tun hat. Alles, was über diese Grundkonstellation hinausging, war etwas Besonderes und bedarf gesonderter Erklärung. Es hatte einen 'Satellitencharakter', der sich stets als sehr viel veränderlicher erwies als die Kernlandschaft.

Zur Illustration sei das Beispiel der Kölner Universität, der expansivsten Universität des ausgehenden Mittelalters, verwendet. Kölns Kern bestand aus den drei Diözesen Köln, Utrecht und Lüttich, mit dem Schwergewicht auf den bedeutenden niederrheinisch-westfälischen, maas- und holländischen Territorien innerhalb dieser Einheiten. Schon die ersten Jahrgänge – ich nenne sie 'Eröffnungsklientel', um anzuzeigen, daß sie nicht ganz zufällig zusammengesetzt sind – bauten ihn systematisch aus, so daß die Region, die sich im wesentlichen schon mit dem Ein- und Ausstrahlungsgebiet der großen Handels- und Hansestadt deckte, die Universität sogleich annahm. Für die Folgezeit kann man drei Entwicklungsphasen unterscheiden:

Erstens eine Frühphase bis 1425/35, die ganz der Sicherung der regionalen Existenz und dem Aufbau eines dichten Beziehungsnetzes diente.

Zweitens eine Ausbau- und Konsolidierungsphase bis 1475/85, in der sich der Einzugsbereich von der stabilen Region ausgehend nunmehr nach allen Seiten ins Reich hinein ausdehnte. Dieser im wesentlichen von einzelnen Zuwanderern gespannten Weite entsprach aber noch keine angemessene Frequenz. Das änderte sich erst in der dritten Phase, der 'Überregionalisierungsphase' in den beiden letzten Jahrzehnten des 15. Jahrhunderts, in denen zum ersten Mal die Rekrutierung aus dem Kernraum von einer überregionalen Migration übertroffen wurde. Bemerkenswerterweise stimmten diese drei Ausdehnungsetappen in ihrer Chronologie mit den Trendverlagerungen und konjunkturellen Verschiebungen der Kölner Frequenz überein. Damit wird klar, daß Wachstum und Prozeßstrukturen des Besucherstromes auch von verschiedenen 'frequenzräumlichen' Entwicklungen abhängen.

Über die Darstellung der Phasenentwicklung und der Gestaltung eines Einzugsbereichs hinaus kann man auch den lokalen Hintergrund eines jeden Universitätsbesuchers wie in einem raum- und ortstypisch qualifizierten Relief erfassen. Alle Faktoren, von der bloßen Beschaffenheit eines Ortes als Stadt, Markt, Dorf, Kloster- und Burgbezirk über Einwohnerzahlen, Wirtschafts- und Verkehrsverhältnisse bis zum komplizierteren Charakter der Herrschafts- und Besitzverhältnisse, einschließlich der Frage nach Stabilität und Kontinuität von Herrschaft am Ort, signalisierten ihren Einfluß auf den Zugang zur Universität. Für den vorliegenden Beitrag zwingt allerdings die Fülle der Beobachtungen zur Auswahl.

Universitätsbesuch war im wesentlichen eine städtische Angelegenheit. Am Ende des 15. Jahrhunderts stellte bereits jede zweite Stadt des Reiches (wenn man von 4.000 Städten und Märkten reichsweit einschließlich der Niederlande ausgeht) Studenten an einer oder mehreren Universitäten von Wien bis Tübingen. Demnach wurde das Wachstum der Studentenzahlen von einem ständigen, in erster Linie städtischen Verdichtungsprozeß der reichsweiten Herkunftslandschaft begleitet. Der Vorgang sei als 'akademische Vernetzung' zwar nicht der deutschen Bevölkerung, wohl aber der Städtelandschaft bezeichnet.

Demgegenüber sollte man den dörflich-ländlichen Anteil am Hochschulbesuch aber nicht unterschätzen. 35.000 Dörfler von 200.000 Universitätsbesuchern waren kein 'ganz verschwindendes Kontingent' (Franz Eulenburg). Zwar hat man im Universitätssystem naturgemäß mit starken regionalen Beteiligungsschwankungen der Dörfler zu rechnen, doch gab es ähnlich dem städtischen, wenngleich viel grobmaschiger, auch einen dörflich-ländlichen Konzentrationsprozeß, vor allem in den Kernräumen der Universitäten, im Falle Kölns schwerpunktmäßig sogar in den bedeutenderen linksrheinischen Territorien.

Als typischer Herkunftsort im Kölner Einzugsbereich hat sich im Laufe des 15. Jahrhunderts die kleine bis mittlere Stadt herauskristallisiert, in erster Linie sogar die Kleinstadt mit bis zu 2.000, dann erst die mittlere Stadt mit bis zu 5.000 Einwohnern. Bemerkenswert ist, daß dieser Typ ein 'Prozeßtyp' war. Vor allem die Besucher kleinstädtischer Herkunft gaben in Köln am Ende des Jahrhunderts den Ton an, nachdem sie sich gegenüber den schon in der Frühphase der Universität dominanten und kondominanten Großstädtern durchgesetzt hatten. Mit dem Durchbruch der Kleinstadt, der im übrigen nicht auf Köln allein beschränkt blieb, verband sich auch eine Verschiebung des wirtschaftlichen Hintergrundes von großstädtischem Handel und Gewerbe zu kleinstädtischen, überwiegend landwirtschaftlich geprägten Formen auch in Handel und Gewerbe. Die räumliche Herkunft der Studenten war damit insgesamt 'ländlicher' geworden; einschließlich der Dörfler kann man mehr als die Hälfte von ihnen in dieser Weise bezeichnen. Zusammen mit den mittleren Handels- und Gewerbestädten waren diese landwirtschaftlich orientierten Kleinstädte seit ca. 1450 die 'tragenden Säulen' des Einzugsbereichs, insbesondere aber des Kernraums. Typisch für sie beide und offenbar migrationsanregend war außerdem noch, daß sie der Stadtentstehungsschicht des 13. Jahrhunderts angehörten, mehrheitlich schon als Verwaltungsmittelpunkte geistlicher oder weltlicher Landesherren fungierten, deren Herrschaft das 15. Jahrhundert kontinuierlich überdeckte, und daß sie über ein älteres, vor 1400 eingerichtetes, geistliches oder städtisch-bürgerliches 'Schulwesen' verfügten.

(4) *Die soziale und sozialräumliche Herkunft der Universitätsbesucher:* Räumliche Herkunft war immer auch sozialräumliche Herkunft, was sich im Kernbereich und in der Nähe einer Universität besonders manifestierte. Zur grundsätzlichen Differenzierung der Universitätsbesucherschaft in solche Studenten, die schon 'jemand waren', und solche, die 'nichts oder noch nichts waren', gesellen sich damit zwei weitere Unterscheidungsmerkmale von weitreichender sozialer Bedeutung: Die einen standen der Universität nahe, die anderen ihr fern. Das soziale Gefüge der Besucherschaft wurde dadurch in besonderer Weise pointiert, daß diejenigen, die schon Würden und Positionen innehatten in großer Mehrheit auch jene waren, die der Universität im sozialräumlichen Sinne nahestanden. Die gesellschaftliche Umwelt fand ihr Spiegelbild in der Universität wieder. Vorrechte, die aus den Qualitäten der Abkunft, des hohen Ansehens in Kirche und Gesellschaft, der Wohlhabenheit und Zahlungskräftigkeit in den Hochschulen resultierten, und Vorteile, die einfach aus der Nähe erwuchsen,

gingen eine fruchtbare Symbiose ein. Dies war die soziale Wirklichkeit der mittelalterlichen Universität; von einer egalitären und harmonischen akademischen Gemeinschaft (z.B. Herbert Grundmann) – einer Insel im Meer der Ungleichheiten – kann gar keine Rede sein. Vielmehr trug jeder einzelne Besucher seinen persönlichen und familiären Rang in die universitäre Gemeinschaft hinein und suchte ihn dort zu behaupten, darzustellen oder im Rahmen des sozial Zulässigen zu erweitern – unter selbstverständlicher Nutzung von Vorrechten und Patronage. Nahtlos war die Universität in die traditionalen Sozialformen von Verwandtschafts- und Klientelsystemen einbezogen. Man kann einfach sagen, die Universitäten funktionierten als 'societal communities'.

Universitäten setzten sich aus verschiedenen Gruppen, Teileinheiten und Schichten zusammen, deren Größenordnung, Herkommen, Einfluß, soziales Gewicht und Verhalten im Verlauf des 15. Jahrhunderts sehr uneinheitlich waren. Die Vielzahl der Beobachtungen kann auch hier nicht mit wenigen Worten auf einen Nenner gebracht werden. Klar zeigt sich jedoch, wie stark das soziale Gefüge der Universität in seiner ganzen Verästelung für das Erscheinungsbild der Frequenz mitverantwortlich gewesen ist. Schicht- und gruppenspezifische Reaktionen auf die Einflußfülle aus 'Herkunftswelt' und Hochschulort bildeten Komponenten von Wachstum und Konjunkturen.

Abgesehen vom hohen Adel, dessen Herkommen – nehmen wir wieder das Kölner Beispiel – sich stets eher mit dem Einzugsbereich des Domstifts als dem der Universität deckte, stammten alle übrigen Studierenden, die schon in Amt und Würden waren – Stiftsherren, Pfarrer, Presbyter, Notare oder Schullehrer – in weit überwiegender Mehrheit aus dem Kern- oder Naheraum der Kölner Hohen Schule. Dies gilt in höchstem Maße auch für die 'besondere Klientel' der Protegierten. Ein dichtes sozialräumliches Netz aus 'familiae', Tischgenossenschaften und Patronageverbänden, die auf Verwandtschaft, Freundschaft und Landsmannschaft beruhten, umgab die Universität und zeigte damit, was es eigentlich hieß, eine Hochschule nach sozialen Regeln zu besuchen und nach solchen Regeln auch zu studieren. Dabei war diese exklusive Gruppe nur die Spitze des sprichwörtlichen Eisberges; die familiale Struktur durchzog größtenteils die gesamte Universitätsbesucherschaft. Geläufig war die 'Magisterfamilia', die sich nicht nach abstrakt-wissenschaftlichen, sondern in der Regel nach 'kompatriotischen' Motiven aufbaute. Wie selbstverständlich dies war, zeigt sich auch daran, daß die mittelalterliche Universität nie anders als durch diesen Personenverband bildlich dargestellt worden ist, durch den Magister im Kreise seiner Schüler. Die Darstellung etwa des Hauptgebäudes als Symbol der Universität wäre dem personengemeinschaftlichen Denken und Handeln der Zeit fremd gewesen.

Nicht ganz so stark, doch immer noch auffallend, hatte auch die breite Mittelschicht ihren Schwerpunkt im Kernraum der Universität und trug so als zahlungskräftigste Schicht erheblich zur sozialen und wirtschaftlichen Sicherung der regionalen Existenz bei. Diese Großgruppe der 'divites', die man nach den Quellen eigentlich nur negativ, von dem her, was sie nicht ist, von ihren Rändern her beschreiben kann, war in sich äußerst inhomogen. Zweifellos bestand kaum ein Unterschied zur Schichtung in den Herkunftsorten – nur in der Universität komplexer dargestellt –, da jeder Besucher seinen Rang in die Hochschule hineintrug. Die jeweils stadttypischen Berufe, gekoppelt zumeist mit den durchschnittlich höheren Einkommen, dürften dabei stets die größere Universitätsnähe gehabt haben. Die 'divites' waren Repräsentanten fast aller kollektiven Eigenschaften der Besucher, auch der in den beiden letzten Jahrzehnten des 15. Jahrhunderts so fulminanten 'überregionalen' Herkunft. Dabei ergab sich eine bemerkenswerte Tendenz: Kölns breite, reiche Mittelschicht stammte eher aus dem Norden als aus dem Süden des Einzugsbereichs. Man kann sogar sagen, dem reicheren Norden, was einer 'hansischen Eigenschaft' gleichkommt, stand ein ärmerer Süden gegenüber. Und was die Fakultäten betrifft, die sich nicht nur fachlich, sondern auch sozial aufs schärfste unterschieden – vornehme Juristen auf der einen, gewöhnliche Artisten-Theologen-Mediziner auf der anderen Seite –, so bildete sich fast exklusiv ein 'Juristenraum' im hansischen Norden, während die übrigen reichsweit rekrutierten.

Mittellos, oft namenlos und vor allem beziehungslos standen die armen Studenten als Problemgruppe am Rande der universitären 'societal community', in jeder Hinsicht benachteiligt, zum großen Teil sozial und räumlich von den übrigen Universitätsbesuchern und sogar untereinander distanziert. Ein soziales Engagement zu ihren Gunsten besaß die mittelalterliche Universität nicht; im Gegenteil: Der Weg durch die Universität war für 'pauperes' beschwerlicher als für andere. Dennoch besuchten Arme die Hochschulen in einer konjunkturabhängigen Größenordnung (15-20%), die man, wieder einmal spiegelbildlich zur gesellschaftlichen Umwelt, in den allgemeinen Pauperismus des Spätmittelalters einordnen kann. Engagiert waren die Armen am ehesten selbst. Weniger als andere Gruppen ließen sie sich beim Universitätsbesuch durch äußere Einflüsse (Kriege, Pestwellen) stören – mit Ausnahme natürlich von Teuerungen. 'Pauperes' bevorzugten die großen und vor allem billigen Universitäten mit geringerem Sozialprestige in den bequem erreichbaren Großstädten des Reiches

(Wien, Leipzig, Köln), was nur bedeutete, daß sie in das sozialräumlich definierte Beziehungsnetz in der Regel nicht eingespannt waren, den Hochschulen also ferne standen. Kölns südlicher Einzugsraum war in der Tat der 'ärmere Raum', so daß der frequentielle Erfolg der Überregionalisierung, auch was den Durchbruch der ländlich orientierten Kleinstadt betrifft, eine sozial gesehen durchaus zweischneidige Angelegenheit war. Die Konzentration von Armen gerade in Köln, aber auch in anderen Universitäten des Nordens, und die gleichzeitige Entlastung des Südens sowie der Rückzug des Adels aus dem Norden dürften einander bedingt haben. Der weltliche und geistliche, niedere und hohe Adel mied nämlich Köln seit der Jahrhundertmitte immer mehr zugunsten der süddeutschen oder der französischen und italienischen 'Adelsuniversitäten', wo das soziale Klima angemessener erschien als in städtisch-bürgerlicher Umgebung – ein Schicksal, das Köln jedoch mit sämtlichen Universitäten des nördlichen Reiches von Löwen über Leipzig bis Greifswald teilte. Ebenso wie der Adel verließen auch die nichtadeligen geistlichen Würdenträger trotz der expansiven Entwicklung der allgemeinen Frequenz seit der Jahrhundertmitte zunehmend die Universität. Es war dies ein reichsweiter Vorgang, der als 'Entklerikalisierung' auf allen Ebenen (mit Ausnahme der Ordensstudenten), wenn auch nicht im gleichen Atemzug als 'Verweltlichung' zu verstehen ist. Lange noch blieben die alten kirchlichen Organisations-, Belohnungs- und Lebensformen über die Reformation hinaus in der Universitätsbesucherschaft des Reiches intakt.

Das alte Schlagwort vom 'fahrenden Scholaren' traf, wie schon angedeutet, auf die deutschen Universitätsbesucher des späten Mittelalters nicht zu. Der Hochschulwechsel spielte kaum eine Rolle. Folglich kam es in der deutschen Universitätslandschaft auch nicht zu nennenswerten Austauschvorgängen zwischen den Universitäten. Große Hochschulen wie Köln drängten sich zwar in 'fremde' Einzugsbereiche hinein, ohne jedoch ihr überregionales Ausgreifen auf Kosten der anderen Hochschulen zu erzielen. Die Mobilisierung von universitären Regionen und die Mobilität von Universitätsbesuchern waren, was die Zielorte betrifft, keineswegs identische Vorgänge. Alte Fernbindungen und allgemeine soziale und wirtschaftliche Verhältnisse zeigten sich bei Gelegenheit wirksamer als die Anziehungskraft der nächstgelegenen Universität, was z.B. die schottischen, dänischen oder preußischen Studenten in Köln oder Löwen zur Genüge bewiesen, oder auch die armen Studenten, die z.B. aus dem fränkischen Kernraum der Erfurter Universität kommend an dieser teuren Hohen Schule vorbeizogen und sich lieber in Leipzig immatrikulierten, das dafür aber bei Standesleuten als Bildungsstätte 'armer Leute

Kind' verschrien war. Universitäten eroberten sich ihren Raum, indem sie 'Bildungsreserven' ausschöpften. So führte die Gründung Löwens (1426) keineswegs zum Niedergang Kölns, nicht einmal zu einem kurzfristigen; beide standen im ausgehenden Mittelalter nach der Frequenzgröße vielmehr an der Spitze aller deutschen Universitäten. Der bedeutende rheinische Großraum konnte sich eben zwei Universitäten leisten.

Hochschulwechsel waren keine Massenerscheinung; in erster Linie waren sie ein sozialer Akt, der an der gesellschaftlichen Stufenleiter gemessen werden muß. Mobilität und Reisen über eine Universität hinaus kann als Herrenverhalten interpretiert werden. Der Adel und die hohen geistlichen Würdenträger wechselten am häufigsten, die 'pauperes' am geringsten. Wer durch das Medium der Universität etwas werden wollte, tat ohnehin gut daran, am Ort oder in der Nähe zu bleiben und sozial zu verwurzeln. Bei allen Wechslern jedoch – mit Ausnahme der Armen – blieb das Netz der sozialräumlichen Beziehungen, in dem zumeist die Ausgangsuniversität das Zentrum bildete, weitgehend erhalten; mit anderen Worten, die Wahl des neuen Hochschulortes war keineswegs zufällig. Man bewegte sich, z.B. von Köln aus gesehen, weiterhin im rheinischen Raum und zog in der Regel nach Heidelberg oder Löwen. Personen vornehmeren Standes aus Adel und städtischem Honoratiorentum bevorzugten dagegen einerseits den Weg nach Basel und von dort aus weiter ins Ausland, nach Orléans oder Bologna, Siena und Ferrara oder andererseits die Wege nach Erfurt oder Rostock. Hinter beiden Richtungen standen sowohl juristische als wohl auch stadtbürgerlich-geschäftliche Interessen. Arme Studenten bewegten sich dagegen lediglich auf der Linie Löwen, Köln und Leipzig.

Man sieht nun, daß im Zusammenwirken der vier genannten Faktorenbündel von den elementaren (agrar-)ökonomischen Bedingungen bis ins sozialräumliche Gefüge einer Gesellschaft, die man von ihren Werten her als traditional versteht, die studentische Migration im Mittelalter kein regelloses oder gar ungezügeltes Unterwegssein, sondern in der großen Mehrheit ein durchaus regelhaftes Bewegungsmuster gewesen ist. Erst vor diesem Hintergrund werden die Abweichungen an beiden Polen der Gesellschaft, was Adel und Armut betrifft, in ihrer Verhältnismäßigkeit deutlich sichtbar.

ANMERKUNG

Diesem Beitrag liegen 'migrationsrelevante' Ergebnisse verschiedener Arbeiten des Verfassers zugrunde. Ausführliche Belege finden sich in der Gießener Habilitationsschrift des Verfassers: 'Deutsche Universitätsbesucher im 14. und 15. Jahrhundert. Studien zur Sozialgeschichte des Alten Reiches' (Veröffentlichungen des Instituts für

Europäische Geschichte Mainz 123, Beiträge zur Sozial- und Verfassungsgeschichte des Alten Reiches 6), Stuttgart 1986, sowie in seinen folgenden Studien: 'Pauperes an deutschen Universitäten des 15. Jahrhunderts'. In: Zeitschrift für Historische Forschung 8 (1981) 285-309; 'Universitätsbesuch im Reich vom 14. zum 16. Jahrhundert: Wachstum und Konjunkturen'. In: Geschichte und Gesellschaft 10 (1984) 5-30; 'Sozialgeschichtliche Aspekte spätmittelalterlicher Studentenbursen in Deutschland', In: J. FRIED (Hg.), Studium und Gesellschaft im sozialen Wandel des hohen und späten Mittelalters (Vorträge und Forschungen XXX) Sigmaringen 1986, 527-564. Dem Phänomen der Migration in Reisegruppen, das im vorliegenden Beitrag nicht eigens berührt wird, ist Vf. nachgegangen in: 'Studentische Kleingruppen im späten Mittelalter'. In: H. LUDAT – R. C. SCHWINGES (Hg.), Politik, Gesellschaft, Geschichtsschreibung. Giessener Festgabe für František Graus (Beihefte zum Archiv für Kulturgeschichte 18) Köln 1982, 319-361; 'Zur Prosopographie studentischer Reisegruppen im 15. Jahrhundert'. In: N. BULST – J.-P. GENET (Hg.), Medieval Lives and the Historian. Kalamazoo 1986, 333-341. Bezüge und Zitate im Text: F. EULENBURG, Die Frequenz der deutschen Universität von ihrer Gründung bis zur Gegenwart. Leipzig 1904, 272, 67; H. GRUNDMANN, Vom Ursprung der Universiät im Mittelalter, 2. Aufl. Darmstadt 1960 (Ndr. 1976) 17, 19 f.

MONASTISCHE KOMMUNITÄTEN UND RÄUMLICHE MOBILITÄT IN MITTELALTER UND FRÜHNEUZEIT

Gerhard Jaritz

I. Vorbemerkungen.

Das Klischee monastischer Stabilität im Mittelalter ist in vieler Hinsicht zu revidieren (1). Zahlreiche Zeugnisse vermitteln, daß Migration und räumliche Mobilität im klösterlichen Lebensraum eine wichtige Rolle spielten. Unterschiedlichste Voraussetzungen, Möglichkeiten, Gründe, Einstellungen und Reaktionen können erkannt werden. Folgende Schwerpunkte sind festzustellen:

1. Der Eintritt einer Person in eine klösterliche Gemeinschaft ist in der Regel mit einem Ortswechsel derselben verbunden.

2. Mannigfach ist die Palette temporärer Migration von Mitgliedern monastischer Kommunitäten. Sie reicht von Reisen in ökonomischen Belangen über Migration aus ordensinternen oder seelsorglichen Motivationen bis zu Botenfahrten, Studienreisen, Wallfahrten, Kurreisen oder Verwandtenbesuchen.

3. Der zeitweilige oder dauernde Wechsel von einem Konvent in eine andere klösterliche Gemeinschaft – mitunter verbunden mit Ordenswechsel – manifestiert sich einerseits zum Teil im Hospitantenwesen, andererseits im variantenreichen, erzwungenen oder freiwilligen Verlassen einer Kommunität und dem – mitunter nur angestrebten – Eintritt in einen anderen klösterlichen Verband.

Die vorliegenden Bemerkungen sind als Zwischenergebnisse im Rahmen eines umfassenderen Projektes anzusehen, das sich die Aufgabe gestellt hat, den Problemkreis 'Monastische Kommunität und räumliche Mobilität' für den österreichischen Raum vom Mittelalter bis ins 17. Jahrhundert zu untersuchen (2).

Das bisher gezeigte Interesse der historischen Forschung an dieser Frage hält sich zum Teil in bescheidenen Grenzen. Oft nur indirekt angeschnitten wird sie in den vorliegenden prosopographischen Arbeiten zur persönlichen Zusammensetzung von Klostergemeinschaften, die sich häufig auf bloße Listen von Konventualen beschränken und nicht den Versuch anstellen, das gesammelte Material für weitergehende Interpretationen heranzuziehen (3). Falls solche vorliegen, spielt die Problematik der ständischen Zusammensetzung der Kommunitäten eine weit vorrangigere Rolle (4); die örtliche Herkunft wird meist nur sekundär und im Zusammenhang mit der Untersuchung der Standesverhältnisse behandelt.

Die Migration der Klosterangehörigen selbst ist ebenfalls nur selten als Gegenstand eingehenderer Forschungen nachzuweisen. Arbeiten zu ordensinternen Visitationsreisen, zum Gästewesen und zum Botentum, besonders im Zusammenhang mit dem Rotelwesen, stellen hierbei einen Schwerpunkt dar (5), Untersuchungen zu Pilgerfahrten und Reisen zu Studienzwecken einen anderen (6). Vor allem die landeskundliche Forschung beschäftigt sich mitunter mit den Reisen einzelner Konventualen (7). Die Klosterflucht wird meist im Zusammenhang mit der Behandlung von 'Verfallserscheinungen' im spätmittelalterlichen Ordenswesen angeschnitten (8).

Probleme ergeben sich aus der unterschiedlichen Quellenlage. Während etwa für Zisterzienser, Benediktiner, Augustinerchorherren oder Prämonstratenser die erhaltene Überlieferung oft umfangreich ist und erlaubt, reiches prosopographisches Material als Grundlage heranzuziehen, erweist sie sich für andere Gemeinschaften – etwa für die Bettelorden – besonders hinsichtlich des mittelalterlichen Materials häufig als derart desolat, daß nur spärliche Aussagen möglich erscheinen. Dies ist ein umso gravierenderes Defizit, als gerade mit den Bettelorden entscheidende allgemeine Veränderungen in der persönlichen Zusammensetzung monastischer Kommunitäten angenommen werden können und auch im grundsätzlichen Zusammenhang mit der Einstellung zur Stabilität auftreten (9). Allgemein ist anzumerken, daß frühestens ab dem 14. Jahrhundert das überlieferte Material in solchem Ausmaß auftritt, daß für eine systematische Erforschung von Fragen horizontaler Mobilität die Einzelmitteilung an Bedeutung verliert und quantitative Zugänge möglich werden (10).

Unsere Untersuchungen gingen von einer Reihe von Grundhypothesen aus, deren bedeutendste angeführt seien:

1) Räumliche Mobilität ist im monastischen Bereich in starkem Maße normunterworfen.

2) Das kollektive Element ist hinsichtlich räumlicher Mobilität im klösterlichen Bereich stark ausgeprägt.

3) Aspekte räumlicher Mobilität sind im Kloster in entscheidender Weise statusgebunden.

4) Räumliche Mobilität steht in engem Zusammenhang mit Stabilisierung und Destabilisierung des Systems bzw. der klösterlichen Gemeinschaft.

5) Krisen des Systems sind in Veränderungen des Befundes räumlicher Mobilität erkennbar.

6) Damit im Zusammenhang sind Phänomene der Regionalisierung (Provinzialisierung) und 'Internationalisierung' des Systems zu beurteilen.

7) Räumliche Mobilität korreliert mit der Intensität von Kommunikation und Austausch.

An hand von ausgewählten Beispielen sollen die aufgezeigte Problematik angeschnitten sowie Möglichkeiten und Desiderata für eine weitere Diskussion behandelt werden. Gewisse Schwerpunkte wurden auf den österreichischen Raum sowie auf Zisterzienser- und Kartäuserkommunitäten gesetzt.

II. Migration und Destabilisierung des Systems.

Für einen Einstieg in unsere Fragestellungen bietet sich die Auseinandersetzung mit einer bestimmten Ordensgemeinschaft geradezu an, nämlich mit den Kartäusern (11). Die strikte Forderung, daß nichts Weltliches in die Kartause dringen dürfe und daß aus der Kartause nichts in die Welt kommen solle, was über Spirituelles und Erbauliches hinausgeht, spiegelt eine Situation wider, die von vornherein in vieler Hinsicht unvergleichbar mit anderen Orden erscheint (12). Während in jenen das Wehren gegen Weltliches geringer oder nur in einzelnen Lebensbereichen ausgeprägt ist und immer wieder Kompromisse zwischen Wehren und Akzeptieren festzustellen sind, beschränken sich die Kartäuser nahezu ausschließlich auf die Abwehr. Ein derartiger Tatbestand gestattet es uns jedoch, besonders deutlich in die Probleme einzuführen, welchen monastische Kommunitäten in bezug auf die Phänomene von Migration und räumlicher Mobilität ausgesetzt waren.

Starke Restriktionen betreffen die Begegnung mit der Welt vor allem dann, wenn sich der Kartäuser außerhalb seiner Klostermauern begibt. Hier erscheinen die Gefahren am größten, daß weltliches Unheil in das Kloster gebracht wird bzw. daß das Ansehen des Klosters in der Welt geschädigt wird (13). Ausgesprochen breiten Raum nehmen so vor allem im 15. Jahrhundert in den Generalkapitelbeschlüssen des Ordens die Bestimmungen und Statuten zum wöchentlichen gemeinsamen Spaziergang der Klosterinsassen ein, wobei es insbesondere darum geht, Entfernungsgrenzen zu bewahren bzw. neu festzulegen, innerhalb welcher dieser Ausgang stattfinden kann (14). Augenscheinlich findet sich gerade in dieser Zeit immer wieder das Ansuchen einzelner Klöster, jene Grenzen zu verändern bzw. zu erweitern. Gefahren drohen dann, wenn Kontakte mit anderen Menschen entstehen können, sich also etwa Ansiedlungen innerhalb der Grenzen befinden oder gar Begegnungen mit Frauen möglich erscheinen (15).

Während eine solche strikte Normsetzung allein im kartäusischen Leben auftritt, zeigen sich andere Erscheinungen des direkten Kontaktes von Klosterinsassen mit der Welt, die auf weit breiterer Basis auftreten, auch in anderen Orden nachzuweisen sind und dort ebenfalls zu Schwierigkeiten führen. Ein besonderes Problem bringen – vorrangig im Spätmittelalter – jene Konventualen mit sich, die ihr Profeßkloster verlassen und in der 'Welt' umherstreifen, von einem Kloster in das andere reisen und Aufnahme suchen oder überhaupt nicht mehr in eine klösterliche Gemeinschaft zurückkehren wollen (16). Sowohl das zisterziensische als auch das kartäusische Generalkapitel vergleichen solche Mönche mitunter mit den 'gyrovagi' in der Regel des heiligen Benedikt, jenen Mönchen, die von Land zu Land ziehen, in Klöstern kurz verweilen, in einem Kloster drei Tage, in einem anderen vier, immer umherziehend, niemals seßhaft (17). Sind aus dem Zisterzienserorden zumindestens für manche Gebiete sowohl Überlieferungen der Norm erhalten als auch konkrete Widerspiegelungen der Realität in einer größeren Anzahl von diesbezüglichen Empfehlungsschreiben von Äbten für die wandernden Mönche (18), so sind wir hinsichtlich der Kartäuser fast allein auf die normative Überlieferung der Statuten angewiesen, und zwar sowohl hinsichtlich allgemeiner Regelungen als auch in bezug auf Einzelfälle. Statuten des Generalkapitels, die dezidiert genannte Mönche zur Rückkehr in ihre Kommunitäten auffordern, finden sich im 15. Jahrhundert praktisch jährlich, während im 14. Jahrhundert noch vergleichsweise wenige diesbezügliche Äußerungen auftreten (19). Auswüchse im innerklösterlichen Leben werden oft als Grund für die vorliegende Situation angegeben: (20) zu umfangreiche Pitanzen, gute Weine, zu häufiger Ausgang, etc. Das schlechte Vorbild von Prioren wird angeprangert, die ihre Häuser verlassen, um etwa Märkte zu besuchen. 1417 wird beklagt, daß das Herumschweifen der Prioren, ihre Kleidung, ihr Pferdegeschirr und viele andere Exzesse, "qui modernis temporibus – proh dolor! - ab ipsis et ceteris personis Ordinis nostri committuntur", den Ruf des Ordens schwer geschädigt hätten.

Gerade das 15. Jahrhundert ergibt sich als der Zeitraum, in welchem horizontale Mobilität von Klosterangehörigen zur schwerwiegenden Belastung wird. Auch bei Zisterziensern zeigt sich aus den Generalkapitelstatuten das deutliche Ansteigen des Problems vom 14. zum 15. Jahrhundert, mit der Spitze in der zweiten Hälfte desselben, und wiederum ein eklatantes Sinken im 16. Jahrhundert (21). Durch "instabilitas", "evagationes" oder "fugitivi" wird das System entscheidend gestört, und zwar nicht nur die einzelnen betroffenen Klostergemeinschaften, sondern der gesamte Orden. Dies gilt natürlich nicht allein für Kartäuser oder Zisterzienser, bei welchen jedoch die Auseinandersetzung mit der Situation wohl am eindringlichsten geführt wird (22). Eines der Grundideale, die 'Flucht aus der Welt' war ins Wanken geraten (23); es fand sozusagen eine Umkehrung statt: viele tendieren zu einer 'Flucht aus der Gemeinschaft'. Sind es die genannten innerklösterlichen Regelübertretungen, die als Gründe auftreten, kann ordensintern vorgegangen werden. Gerade die Untersuchung der zisterziensischen Quellen des österreichischen Raums ergab allerdings, daß zumindestens in der erläuternden Argumentation von Empfehlungsschreiben der 'gyrovagi' eine Situation vor Augen geführt wird, die den Einfluß von außen an vordere Stelle rückt (24). In mehr als der Hälfte von etwa 100 mit solchen Begründungen versehenen Empfehlungsschreiben des 14. und besonders des 15. Jahrhunderts wird der Einfluß aus der Welt als Grund für die 'Heimatlosigkeit' angegeben (kriegerische Ereignisse, besonders im Zusammenhang mit den Hussitenwirren, Naturereignisse, schlechte Ernte, 'unverschuldete' wirtschaftliche Schwächen, etc.). Nachdem ein großer Teil dieser Begründungen nachweisbar als real beurteilt werden kann, zeigen sich hier auch deutlich die Grenzen der möglichen Einflußnahme durch die ordensinterne Norm. Der Einfluß von außen kann auch von einer noch so zentralistischen und straffen Ordensführung kaum abgeschwächt werden.

III. Migration und Stabilisierung des Systems.

Demgegenüber zeigen sich gewisse Bereiche des Klosterlebens, in welchen räumliche Mobilität stabilisierende Wirkungen ausüben soll und kann. Hier sind vor allem ordensinterne Visitation, Bestellung von Klostervorstehern und andere zwischenklösterliche Beziehungen zu nennen.

Als im Jahre 1569 der päpstliche Legat Kardinal Franciscus Commendone die niederösterreichische Kartause Mauerbach visitiert, findet er dort den Prior und zwei Mönche vor (25). Diese Konventstärke entspricht der allgemeinen tristen Situation österreichischer Klöster zur Mitte des 16. Jahrhunderts. Nachdem Tauwetter eintritt und der Visitator nicht weiterreisen kann, bleibt er für einige Tage in Mauerbach und läßt sich vom dortigen Prior über die Lage in anderen Kartausen unterrichten. Commendone erfährt die Konventstärken österreichischer, steirischer, Krainer, ungarischer, böhmischer und Tiroler Kartausen. Der Prior weiß auch

161

über weit entfernte Kartausen relativ genau Bescheid. Trotz der allgemein schlechten Lage bleibt die Kommunikation damit offensichtlich aufrecht. Das Voneinander-Wissen nimmt hohen Stellenwert ein und erlaubt, Gefahren zu erkennen und weitere Mißentwicklungen zu bremsen bzw. zu vermeiden.

Dieses Voneinander-Wissen über weite Entfernungen hinweg, welches Kontrolle ermöglicht, zeigt sich gerade wieder bei den Kartäusern sehr deutlich. Nicht nur der Besuch von Generalkapiteln, der zum Beispiel bei den Zisterziensern in ähnlicher Weise abläuft, soll zur Aufrechterhaltung eines stabilen Systems beitragen, sondern auch die ordensinterne Visitation und die regelmäßige Neubestellung bzw. der Wechsel der Prioren (26). Nicht jener, der in der eigenen Kommunität oder nahe lebt und damit die Verhältnisse gut kennt, erscheint am besten befugt, zu beurteilen und zu leiten, sondern der, welcher 'unbeeinflußt' aus der Ferne kommt. Auf Grund der identen Lebensweise in den Klöstern entsteht einerseits trotz regelmäßigem Führungswechsel kaum das Problem von Diskontinuität, andererseits – und dies ist entscheidend – besteht keine Gefahr, daß Eigenentwicklungen auftreten, welche durch mehr oder minder internen Wechsel an der Spitze der Kommunität gefördert würden. Räumliche Mobilität wirkt hier zumindestens indirekt stabilisierend. Der daraus entstandene Nutzen für den Kartäuserorden und seine Klöster führt allerdings vor allem im 16.Jahrhundert zu massiver territorialherrschaftlicher Skepsis und Verurteilung. Als 1596 der Wiener Bischof Melchior Klesl die Auflösung der österreichischen Kartausen anstrebt, kritisiert er in seinem Gesuch an Kaiser Rudolf II. den Kartäuserorden generell: (27) "Auch derselb Orden, in dem sie alle Jahr ihre Priores verändern, jährlich und von allerlei Nationen thails schädliche Visitatores in Land füren...". Sowohl die Anwendung des angeführten Modus als auch die daran geäußerte Kritik lassen sich in anderen Orden gleichfalls, wenn auch bei weitem nicht so ausgeprägt und konsequent, nachweisen. Dort jedoch scheint häufig die Konzentration dieses Phänomens auf Krisenzeiten vorzuherrschen (28).

IV. Migration, Kommunikation und Kontrolle: Einschränkung und Rückgang.

Das Institut ordensinterner Visitationen beruht gleichfalls auf Komponenten horizontaler Mobilität. Am Beispiel zisterziensischer Verhältnisse seien einige Schwerpunkte genannt. Die enge Verbindung von Mutter- und Töchterklöstern mit ursprünglich jährlicher Visitation durch den Va-

162

terabt soll zum einen die Kontrolle garantieren (29). Zum anderen zeigt sich gerade für viele zisterziensische Ordensniederlassungen die sehr große Entfernung zwischen Mutterkloster und Filiation. Bereits bald nach der Gründung ergibt sich daher häufig das Problem der Aufrechterhaltung jener jährlichen Reise von Vateräbten zu ihren Tochterklöstern – in gleichem Maße, wie die jährlichen Reisen zum Generalkapitel zu Problemen werden können (30). Es kommt zur Delegation der Aufgaben des Vaterabtes an Äbte von Zisterzienserklöstern, deren örtliche Entfernung geringer ist. Die allgemeine Legitimierung jener Delegationen für den gesamten Orden erfolgt 1472 durch einen Generalkapitelbeschluß, welcher verfügt, daß Vateräbte, die auf Grund großer Entfernungen ihren Aufgaben in den Tochterklöstern nicht nachkommen können, Vorsteher von näher gelegenen Zisterzen zu ihren Stellvertretern ernennen sollen, die mit allen Vollmachten des 'pater immediatus' ausgestattet seien (31). Gleichzeitig wird den Äbten und Prioren der Tochterklöster erlaubt, einen benachbarten Abt zu berufen, wenn der Vaterabt seine Pflicht versäumt bzw. wegen großer Entfernung oder anderer Gründe selbst nicht kommen kann. Eine Untersuchung für das steirische Zisterzienserkloster Rein zeigt die Entwicklung sehr deutlich (32). Die ab dem 13. Jahrhundert reicher überlieferten Quellen ergaben zwar, daß von jährlicher Visitation durch den Abt von Ebrach (Franken) keine Rede mehr sein konnte, doch läßt sich dessen mit Visitation verbundene Anwesenheit in Rein im 13. und 14. Jahrhundert neunmal nachweisen, im 15. und beginnenden 16. Jahrhundert (bis 1518) weitere neunmal. Zwischen den einzelnen Besuchen treffen wir immer wieder auf die Delegation von Ordensäbten nahegelegener Kommunitäten. Den markanten Einschnitt bringt die Krisensituation der Reformation mit sich. Konnten bis 1518 relativ regelmäßige Visitationen und Besuche des Ebracher Vaterabtes in Rein nachgewiesen werden, so reduziert sich die Kommunikation, Einflußnahme und Kontrolle danach beinahe ausschließlich auf schriftliche Wahlankündigungen, Vollmachten und Wahlbestätigungen. Bis zum ausgehenden 17. Jahrhundert finden sich nur mehr zwei Belege der Anwesenheit. Mit jenem Ende des persönlichen Kontaktes erlischt auch die Wahrnehmung Reiner Belange – vor allem beim Generalkapitel – durch den Ebracher Vaterabt beinahe völlig. Man weiß voneinander nur mehr wenig. Und obwohl im 18. Jahrhundert wieder ein neues gegenseitiges – historisches – Interesse zu erkennen ist, bleibt die Kommunikation auf den brieflichen Austausch von Informationen beschränkt: 1739 übermittelt der Ebracher Abt dem Reiner Abt Osterwünsche. Er widmet ihm ein Exemplar seiner eben erschienen "Brevis notitia monasterii Ebracensis", würde sich freuen, wenn der Reiner Abt einmal Gelegenheit zu einem Besuch hätte und übersendet eine Ebracher Abtliste, für welche sich der Reiner Prior anläßlich eines Treffens beim Generalkapitel interessiert hatte.

Ehemals 'internationale' Verbindungen, die zum Teil durchaus persönlich gepflegt wurden bzw. gepflegt werden mußten, reduzierten sich auf sporadischen Austausch von schriftlichen Höflichkeiten. Eine solche Situation läßt sich nicht allein am vorgeführten Exempel der steirischen Zisterze Rein belegen, sondern kann allgemein für zwischenklösterliche Beziehungen weiter entfernter Ordenshäuser und deren Entwicklung vom Mittelalter bis ins 17. Jahrhundert vermutet werden. Im Zusammenhang mit der bis in 16. Jahrhundert ansteigenden Zahl von Klöstern, mit dem Sinken der Zentralgewalt bei zentralistisch geführten Orden, mit dem Territorialisierungsprozeß, mit sinkender wirtschaftlicher und finanzieller Potenz von Klöstern und wohl noch einer Reihe von anderen individuelleren Komponenten wird aus 'Internationalität', die sich in starkem Maße in ausgedehnter räumlicher Mobilität und Migration von Klosterangehörigen niederschlug, teilweise deutliche 'Provinzialität' (33). Die Reichweite von Kommunikation und Austausch verringert sich entscheidend.

V. 'ALLTAGSMIGRATION'.

Andere Orden – mit weniger strikter Regel und/oder mit geringer ausgeprägter Zentralmacht – vermitteln zum Teil ein anderes Bild zwischenklösterlicher Kommunikation. Das Problem der "fugitivi" und "evagationes" tritt bei ihnen natürlich gleichfalls auf. Die regelmäßige Pflicht zur Migration (Generalkapitel; Visitation von Filiationen, etc.) fehlt dagegen. Allerdings treffen wir etwa bei Benediktinern oder Chorherren auf ein augenscheinlich weitaus expliziteres Akzeptieren der 'Reise' und auf Zeugnisse einer, bereits anfangs erwähnten breiten Palette temporärer Migration. Gerade bei ihnen läßt sich – auch auf Grund mitunter sehr guter Quellenlage – die 'Alltäglichkeit' (34) der (Nah-)Migration von Konventualen an vielen Beispielen zeigen (35). Rechnungsbücher des niederösterreichischen Benediktinerstiftes Göttweig aus dem 15. Jahrhundert beinhalten etwa regelmäßig Rubriken "Für die reis", und zwar auf hierarchischer Grundlage (36). In einem Teil werden die Ausgaben für die Reisen des Abtes verzeichnet (Landtag in Wien, Pfarrbesuche, Kur- und Badereisen, Besuche anderer Klöster, etc.), in einer zweiten jene des 'Kellerers und anderer Mönche'. In letzteren spielen wirtschaftliche Belange eine bedeutende Rolle: Markt- und Messenbesuche (bis in den süddeutschen Raum),

Reisen zur Verwaltung des Besitzes, etc. nehmen einen entscheidenden Platz ein. Reisen, die im weitesten Sinne im Interesse der Kommunität liegen, erscheinen recht problemlos akzeptiert zu sein; ihre Darstellung als Makel fehlt weitgehend (37). Wirtschaftliche Komponenten kommen augenscheinlich stärker zum Tragen als zwischenklösterlicher Kontakt, der sich in zentralistisch geführten Orden als relevanter erweist. Die zumindestens indirekte persönliche Kontaktnahme mit anderen monastischen Kommunitäten im Rahmen des Totengedenkens scheint allerdings etwa bei den Benediktinern besonders ausgeprägt (38).

VI. Örtliche Herkunft von Konventualen: zwischen Regionalität und Internationalität.

Zeigt sich in manchen Bereichen klösterlichen Lebens des Mittelalters eine Entwicklung vom Anerkennen und von der Notwendigkeit einer 'Internationalität' bzw. der steuernden Funktion des 'Fremden' zum Suspektwerden derselben, so läßt sich dies hinsichtlich der örtlichen Herkunft von Konventualen einerseits ähnlich belegen. Andererseits können jedoch auch hier (Krisen-)Situationen auftreten, in welchen das (der) Fremde das einzige Mittel zu bieten scheint, um die Erhaltung des Systems zu gewährleisten.

Untersucht man die örtliche Herkunft von Angehörigen monastischer Gemeinschaften im österreichischen Raum, so lassen sich trotz der Verschiedenheit der Ordensstrukturen und der räumlichen Lage manche allgemeine Phänomene und Trends nachweisen bzw. vermuten. Dies gilt vorrangig für Ordenshäuser der Benediktiner, Zisterzienser, Kartäuser und Chorherren, für welche die Quellenlage und die gewährleisteten Vorarbeiten Aussagen erlauben (39). Ein Zusammenhang besteht mit der Entwicklung der Standesverhältnisse innerhalb der Gemeinschaften. Hier ist vorrangig im 13., aber auch noch im 14. Jahrhundert ein Umschichtungsprozeß von vorrangig adeligen zu vorherrschend bürgerlichen Konventen zu konstatieren. Intensität und Ausmaß jenes Umschichtungsprozesses sind verschieden, der Trend vom Adels- zum Bürgerkloster jedoch allgemein zu beobachten (40). Dies führt dazu, daß vor allem im 14. und 15. Jahrhundert Städte und Marktorte das Hauptrekrutierungsgebiet von Klöstern darstellen, wobei auf den klosternahen Städten bzw. Marktorten oft der Hauptakzent liegt (41). So wird etwa aus den 'Ministerialenklöstern' Rein (Steiermark) und Sittich (Krain) ein 'Grazer' bzw. ein 'Laibacher Bürgerkloster' (42). Einzelne Ausnahmen von diesem

Phänomen werden näher zu überprüfen sein. Vor allem hinsichtlich später Neugründungen – etwa des 15. Jahrhundert – scheinen sich Phänomene einer 'Gründungsinternationalität' zu erweisen (43), wie wir sie etwa auch für hochmittelalterliche Klostergründungen kennen bzw. vermuten. Ein Zusammenhang mit einer Art von 'Reforminternationalität' ist zu vermuten (44).

Ein enger Zusammenhang zwischen Klosterbesitz und örtlicher Herkunft von Konventualen kann festgestellt werden (45). Wirtschaftliche Kommunikation im weiteren Sinne beeinflußt damit die persönliche Zusammensetzung. Manche Hinweise lassen vermuten, daß etwa mit der Vernachlässigung bzw. Aufgabe von – vor allem weiter entfernt liegenden – Besitzungen die entsprechenden Gebiete auch als Rekrutierngsräume ausfallen (46).

Im Zusammenhang mit den oben genannten Phänomenen kann auch ein allgemeinerer Trend zur 'Regionalisierung' hinsichtlich der Einzugsgebiete im Laufe des Spätmittelalters angenommen werden. Dies zeigt sich mitunter nicht nur am prosopographischen Befund, sondern auch an überlieferten Aversionen gegen Mönche aus weit entfernten Gebieten (47) sowie – zumindestens indirekt – an manchen Erleichterungen zur 'Versippung' innerhalb von Gemeinschaften (48). Schwierigkeiten in der Interpretation ergeben sich vor allem etwa im 15. Jahrhundert mit seinem ausgeprägten Gästewesen und seinen angeführten starken Wanderungswellen. Oft muß unklar bleiben, ob Mönche aus weiter entfernt liegenden Gegenden tatsächlich im betreffenden Kloster Profeß ablegten oder ob sie als Professen anderer Klöster in die Kommunität aufgenommen wurden (49).

Konnte bezüglich Visitation und Besetzung von Führungsstellen – vor allem im Rahmen von Krisen – auf das Heranziehen des 'Fremden' hingewiesen werden, so scheint sich hinsichtlich der Konventzusammensetzung mitunter ein gegenläufiger Trend entwickelt zu haben. Dies zeigt sich schon in verschiedenen Belegen zum Hospitantenwesen: der Fremde bringt Unruhe (50). Dies steigert sich dann, wenn wir es nicht mehr mit d e m Fremden zu tun haben, sondern mit einer Gruppe (51). Recht eindrucksvolle Belege liefert dazu die Situation im Kärntner Zisterzienserkloster Viktring (52). Dort können wir im 14. und 15. Jahrhundert eine starke Gruppe von Mönchen nachweisen, die aus der Ferne kam, welcher eine einheimische Mönchsgruppe gegenüberstand. So nennt etwa eine Urkunde von 1353 neben nachweisbar aus der näheren oder weiteren Umgebung stammenden Konventualen eine außergewöhnlich große Anzahl von Mönchen aus weit entfernten Gebieten ("Hunoldus de Confluentia,

Johannes de Brabantia, Henricus de Rense, Gerardus de Colonia, Hilgerus de Colonia, Johannes de Colonia, Nicholaus de Bohemia, Michahel de Prusia, Wynemarus de Colonia, Johannes de Alfter, Hermannus de Alfter, Johannes de Bohemia") (53). Dies ist im Vergleich zu anderen Kommunitäten ungewöhnlich; eindeutige Gründe dafür können nicht angegeben werden. Zwar spielt augenscheinlich die Verbindung zum lothringischen Mutterkloster Weiler-Bettnach bei Metz eine Rolle, allerdings sind wir auch bei anderen Zisterzen, wo eine solche Konstellation nicht auftritt, oft mit weit entfernten Mutterklöstern konfrontiert. 'Versippung' ist anzunehmen. Was jedoch in unserem Zusammenhang besonders wichtig erscheint, ist, daß durch diese außergewöhnliche Situation interne Probleme entstehen. Während im 14. Jahrhundert noch keine diesbezüglichen Nachrichten auftreten, vemittelt uns die urkundliche Überlieferung für die zweite Hälfte des 15. Jahrhunderts die Beschwerde der heimischen Gruppe gegen die Unruhestifter aus der Ferne (54).

Ähnliche Unruheherde lassen sich dort regelmäßiger nachweisen, wo Klöster an Sprachgrenzen liegen (55). In der böhmischen Zisterze Goldenkron kommt es so etwa zu Ende des 15. Jahrhunderts zu schweren Auseinandersetzungen zwischen einer tschechischen und einer deutschen Gruppe (56). In der Krainer Zisterze Sittich beschwert sich in der ersten Hälfte des 16. Jahrhunderts ein Bruder bei seinem Vaterabt über seine Außenseiterposition im Konvent, die augenscheinlich auch auf seine slowenische Abkunft zurückzuführen ist (57).

Manches deutet daher auf mehr oder weniger gezielte Einengung bzw. Regionalisierung in bezug auf die örtliche Herkunft von Konventualen im Laufe des Spätmittelalters. Bestrebungen und Förderungen zur größeren Einheitlichkeit und Homogenität lassen sich erkennen. Mit dem gleichzeitigen Schwächerwerden der Kontrolle von außen werden die Eigen- und Sonderentwicklungen in den Klöstern gefördert. Im Rahmen dieser Bestrebungen ist etwa auch die im Zisterzienserorden nachzuweisende Lockerung der Bestimmungen hinsichtlich der Aufnahme von Verwandten in einen Klosterverband zu sehen (58). Als in der ersten Hälfte des 14. Jahrhunderts in Rein zwei leibliche Brüder aufgenommen wurden, verstieß dies eigentlich noch gegen die Ordensregel (59). Die angestrebte und auch erlangte Abstützung des Vorganges durch den Ebracher Vaterabt belegt dies zusätzlich. Das Interesse des Klosters an ihrem Eintritt kann aus dem umfangreichen Besitz erklärt werden, den sie einbrachten. Daß dieses Ereignis jedoch im Rahmen einer allgemeinen Tendenz zu sehen ist, die diesbezüglichen Ordensbestimmungen zu lockern, zeigen die der Entwicklung wohl oft stark nachhinkenden Generalkapitelbeschlüsse.

1390 findet sich nämlich das Statut, daß von nun an leibliche Brüder in ein Kloster aufgenommen werden dürften (60).

Die regionalen Einzugsbereiche im Rahmen der – die örtliche Herkunft betreffenden – Nahmigration von Konventualen verschiedenster Klöster in ein einheitliches Schema von Entfernungskreisen zu fassen, erscheint unmöglich. Als zu verschieden erweist sich die Einfluß ausübende Besitzstruktur, als zu unterschiedlich die Entfernung der nächstliegenden relevanten Städte und Märkte. Ein Frage erscheint jedoch beachtenswert, nämlich jene nach den Gebieten bzw. Richtungen, aus denen – vor dem reformatorischen Einbruch (61) – solche Klostermitglieder kommen, welche nicht dem Nahbereich der Kommunität zuzuordnen sind. Hier zeigen sich neuerlich für den österreichischen Raum recht regelmäßige Trends, welche grob als Nord-Südwanderung und West-Ostwanderung zu charakterisieren sind. Die vorwiegende Herkunft der von ferne kommenden Mönche aus nördlichen und (nord)westlichen Bereichen ist offensichtlich. Dabei überwiegen einerseits Böhmen und Mähren, andererseits Bayern (62). Eine Süd-Nordwanderung und auch eine Ost- Westwanderung lassen sich in weit geringerem Maße erkennen und fehlen häufig völlig. Ähnliche Ergebnisse zeigten etwa auch durchgeführte Einzeluntersuchungen zur Handwerkermigration (63). Eine umfassendere zufriedenstellende Erklärung dieses Phänomens ist bisher noch nicht gelungen. Relativ nahe Sprachgrenzen im Süden (italienisch; slowenisch) und Osten (ungarisch) spielen dabei sicherlich eine gewisse Rolle, jedoch wohl nicht die einzige. Die gerade im 15. Jahrhundert auf Grund der Hussitenwirren unsichere Situation in Böhmen und Mähren kann als weiteres auslösendes Moment angegeben werden (64).

Im 16. Jahrhundert verursachen die Auswirkungen der Reformation entscheidende Änderungen der horizontalen Mobilität im Zusammenhang mit der örtlichen Herkunft von Konventualen. Gerade hier erscheint vor allem im östlichen Österreich ein tatsächlicher 'Bruch' nachweisbar. Zur Mitte des 16. Jahrhunderts sind viele Klöster mehr oder minder entvölkert. Konventstärken von ein, zwei oder drei Mönchen sind an der Tagesordnung, der Nachwuchs versiegt (65). Und in dieser Situation besinnt man sich auf etwas, was man in vielen monastischen Gemeinschaften der vorhergehenden Entwicklung abzulehnen gelernt hatte: auf das (stabilisierende) Element des Fremden. Betrachten wir Konventzusammensetzungen aus der zweiten Hälfte des 16. Jahrhunderts, sind wir beinahe regelmäßig mit der Situation konfrontiert, daß das einheimische Element fehlt und daß gesamte Kommunitäten oft nur mehr aus Mönchen bestehen, die aus den katholisch gebliebenen Gebieten des Reiches stammen (66). Die Reibungspunkte zwischen Einheimischen und Fremden sind verschwunden, denn das heimische Element gibt es kaum mehr. Betrachten wir als Beispiel das relativ unbedeutende obersteirische Zisterzienserkloster Neuberg – welches im 15. Jahrhundert praktisch nur regionales Einzugsgebiet hatte – in seiner persönlichen Zusammensetzung im Jahre 1591, so wird die Bedeutung der Veränderung offensichtlich: zwei Mönche stammen aus Schwaben, einer aus Polen, einer aus Krain und sechs (!) aus Landsberg in Bayern (67). Die obersteirische Zisterze war zu einer Art von Dependance Landsberger monastischen Lebens geworden. Häufiger geschieht keine so eklatante Konzentration auf einen 'fernen' Herkunftsort. Allgemein können wir jedoch eine Art von 'Internationalisierung' beobachten, die ihre Schwerpunkte in Bayern, Schwaben und Franken hat. Diese Situation kann – mitunter natürlich abgeschwächt – in gleicher Weise bei Zisterziensern, Benediktinern und bei Chorherren nachgewiesen werden (68). In Bettelordensklöstern scheint zum Teil das italienische Element diese Funktion übernommen zu haben, was auf Grund der Sprachbarrieren zu gravierenden Schwierigkeiten geführt haben dürfte (69).

VII. Schlussbemerkung.

Der bis heute meist unterschätzte Stellenwert des monastischen Bereiches für die Lösung von Fragen einer Geschichte von Migration und horizontaler Mobilität des Spätmittelalters und der Frühen Neuzeit muß weiter und intensiver beachtet und bearbeitet werden. Der kurze gebotene Überblick konnte die vorliegende Problematik nur anreißen. Zu groß sind an vielen Stellen noch die Lücken, zu stark die Unsicherheiten. Zwischen Thesen, dem Erkennen von Phänomenen und deren Erklärung liegt mitunter wohl noch ein langer Weg. Allgemeine Phänomene und Sonderentwicklungen können nur dann greifbar werden, wenn auf breiter Basis gearbeitet wird. Umfassende Einzeluntersuchungen, vor allem prosopographischer Natur, sind zu leisten. Die reiche normative Überlieferung ist systematisch und ordensspezifisch aufzuarbeiten. Vergleiche mit Migrationsphänomenen in anderen sozialen Gruppen der Gesellschaft sind notwendig, um Regions- und Gruppenspezifika zu erkennen. Erfolge werden sich dann zeitigen, wenn wir sowohl Theorien, Methoden und Fragestellungen der Migrationsgeschichte anzuwenden bereit sind als auch jene von Ordens- und Klostergeschichte. Nur dadurch wird es gelingen, die bis heute noch oft deskriptiven Ansätze zu überwinden.

ANMERKUNGEN:

(1) Vgl. allgemein G. Constables, The Study of Monastic History Today. In: ders., Religious Life and Thought (11th-12th Centuries). London 1979, Beitrag I, 32: "The third cliché of monastic history is the dichotomy of stability and wandering. Nearly all monastic legislators expressed their disapproval of monks who refused to stay in one place or obey a recognized superior; and for many modern historians and commentators stability is the essence of Benedictine monasticism. The fact is, however, that in both East and West many monks who were admired in their own time neither preached nor practised stability in the sense of remaining until death in a single monastery. They moved for many reasons: to escape the crowds attracted by their sanctity, to undertake pilgrimages and special missions, above all to seek a more austere life, either in another monastery or in solitude. ...".

(2) Die folgenden Ausführungen beschränken sich auf die Behandlung von Männerkommunitäten und konzentrieren sich auf das spätmittelalterliche Österreich. Bis dato konnten etwa dreißig Klöster der Benediktiner, Zisterzienser, Kartäuser, Augustinerchorherren, Prämonstratenser und – in geringerem Maße – der Bettelorden in die Untersuchung einbezogen werden. Für viele andere Gemeinschaften liegen mehr oder weniger aussagekräftige Einzelmitteilungen vor. – In bezug auf weibliche Klostergemeinschaften hat die Forschung einen argen Rückstand aufzuholen. Zu diesbezüglichen Ansätzen vgl. M.M. McLaughlin, Looking for Medieval Women: an Interim Report on the Project "Women's Religious Life and Communities, A. D. 500-1500". In: Medieval Prosopography 8 (1987) 61-79; O. Beck, Die Reichsabtei Heggbach. Kloster, Konvent, Ordensleben. Ein Beitrag zur Geschichte der Zisterzienserinnen. Sigmaringen 1980; M. Kuhn-Rehfus, Die soziale Zusammensetzung der Konvente in den oberschwäbischen Frauenzisterzen. In: Zeitschrift für Württembergische Landesgeschichte 41 (1982) 7-31; Ch. Vanja, Besitz- und Sozialgeschichte der Zisterzienserinnenklöster Caldern und Georgenberg und des Prämonstratenserinnenstiftes Hachborn in Hessen im späten Mittelalter (Quellen und Forschungen zur hessischen Geschichte 45) Darmstadt – Marburg 1984, bes. 113-164; B. Rath, Wien, bereitet eine diesbezügliche Untersuchung für österreichische Frauenklöster des Mittelalters vor.

(3) Zur Forschungssituation in Österreich vgl. G. Jaritz – A. Müller, Medieval Prosopography in Austrian Historical Research: Religious and Urban Communities. In: Medieval Prosopography 7 (1986) 58-63 (Bibliographie). Zur englischen Quellen- und Forschungssituation vgl. R. B. Dobson, Recent Prosopographical Research in Late Medieval English History: University Graduates, Durham Monks, and York Canons. In: N. Bulst – J.-Ph. Genet (Hg.), Medieval Lives and the Historian. Studies in Medieval Prosopography. Kalamazoo 1986, 188 und bes. Anm. 24. Bes. für Belgien und Niederlande vgl. E. Persoons, De bewoners van de kloosters Betlehem te Herent en Ten Troon te Grobbendonk. In: Arca Lovaniensis 5 (1976) 221 ff. Vgl. auch Anm. 4. – Eine Übersicht über die bis nach der Jahrhundertwende erstellten, meist listenförmigen Profeßbücher von Benediktinern und Zisterziensern im deutschsprachigen Raum bietet P. Lindner, Professbuch der Benediktiner-Abtei Petershausen (Fünf Professbücher süddeutscher Benediktiner-Abteien V) Kempten – München 1910, 59-64.

(4) Als Vorbild für jede weitere Arbeit hat hierzu noch immer zu gelten: K. Schreiner, Sozial- und standesgeschichtliche Untersuchungen zu den Benediktinerkonventen im östlichen Schwarzwald (Veröffentlichungen der Kommission für geschichtliche Landeskunde in Baden-Württemberg B 31) Stuttgart 1964. – Als ausgewählte Beispiele für bestimmte Orden bzw. Regionen seien weiters genannt: U. Berlière, Le recrutement dans les monastères bénédictines au XIIIe et XIVe siècles (Académie Royale de

Belgique, Classe des lettres et des sciences morales et politiques, Mémoires 2/XVIII/6) Brüssel 1924; R. Henggeler, Profeßbücher der Benediktinerabteien St. Martin in Disentis, St. Vinzenz in Beinwil und U.L. Frau von Mariastein, St. Leodegar und St. Mauritius im Hof zu Luzern, Allerheiligen in Schaffhausen, St. Georg zu Stein am Rhein, Sta. Maria zu Wagershausen, Hl. Kreuz und St. Johannes Ev. zu Trub, St. Johann im Thurtal (Monasticon Benedictinum Helvetiae 4) Zug 1955; C. A. Lashofer, Profeßbuch des Benediktinerstiftes Göttweig (Studien und Mitteilungen zur Geschichte des Benediktinerordens, Erg. Bd. 26) St. Ottilien 1983; M. Bruck, Profeßbuch des Klosters Melk (1.Teil 1418-1452). In: Stift Melk. Geschichte und Gegenwart 4 (Melk 1985) 79-202; K. Schreiner, Zisterziensisches Mönchtum und soziale Umwelt. Wirtschaftlicher und sozialer Strukturwandel in hoch- und spätmittelalterlichen Zisterzienserkonventen. In: K. Elm – P. Joerißen (Hg.), Die Zisterzienser. Ordensleben zwischen Ideal und Wirklichkeit. Ergänzungsband (Schriften des Rheinischen Museumsamtes 18) Köln 1982, 99-102; G. Jaritz, Die Konventualen der Zisterzen Rein, Sittich und Neuberg im Mittelalter. In Cîteaux XXIX (1978) 60-92 und 268-303; H. Grüger, Der Nekrolog des Klosters Heinrichau (ca. 1280 bis 1550). In: Archiv für schlesische Kirchengeschichte 31 (1973) 36-69, 32 (1974) 49-80, 33 (1975) 9-27; J. de Grauwe, Prosopographia Cartusiana Belgica 1314-1796 (Analecta Cartusiana 28) Salzburg 1976; G. Chaix, Reforme et Contre-Reforme Catholiques. Recherches sur la Chartreuse de Cologne au XVI siècle I (Analecta Cartusiana 80) Salzburg 1981, bes. 28-38; Ch. de Backer, De Kartuise Monichusen bij Arnhem. Prosopografie samen met de regesten van de zopas ontdeckte oorkondenschat. In: Historia et spiritualitas Cartusiensis. Destelbergen 1983, 69-155; F. Stöhlker, Die Kartause Buxheim 1402-1803, Folge 4: Der Personalschematismus I, 1402-1554. Buxheim 1976; ders. Die Kartause Buxheim 1402-1803/12. Neue Reihe: Die Kartäuser von Buxheim. Der Personalschematismus II, 1554-1812. 3 Bde. (Analecta Cartusiana 96:1-3) Salzburg 1987; G. Hövelmann, Über den Einzugsbereich des Augustiner- Chorherrenklosters Gaesdonck. In: Landschaft und Geschichte. Festschrift für Franz Petri zu seinem 65. Geburtstag. Bonn 1970, 266-284; Persoons, De bewoners; N. Backmund, Profeßbücher oberbayerischer Prämonstratenserklöster 1: Neustift. In: Bayerisches Archiv für Kirchengeschichte 33 (1980) 41-90; D. Wojtecki, Studien zur Personengeschichte des Deutschen Ordens im 13. Jahrhundert (Quellen und Studien zur Geschichte des östlichen Europas III) Wiesbaden 1971; H. Millet, Les chanoines du chapitre cathédral de Laon (1272-1412) (Bibliothèque des écoles françaises d'Athènes et de Rome 56) Rom 1982; R. Holbach, Stiftsgeistlichkeit im Spannungsfeld von Kirche und Welt. Studien zur Geschichte des Trierer Domkapitels und Domklerus im Spätmittelalter, 2 Bde. (Trierer Historische Forschungen 2) Trier 1982 (für örtliche Herkunft bes. 2, 633-654).

(5) Vgl. z.B. F. Stöhlker, Visitationsdokumente aus der oberdeutschen Provinz des Kartäuserordens. In: Die Kartäuser in Österreich 2 (Analecta Cartusiana 83) Salzburg 1981, 73-87; H. Rüthing, "Die Wächter Israels" – ein Beitrag zur Geschichte der Visitationen im Kartäuserorden. In: M. Zadnikar (Hg.), Die Kartäuser. Der Orden der schweigende Mönche. Köln 1983, 169-183; I. Kickh, Abt Seyfried von Rein als Visitator und Reformator der ungarischen Cistercienserklöster. In: Cistercienser-Chronik 7 (1895) 9-14; E. Krausen, Wenn der Abt von Salem nach Raitenhaslach kam. In: Studien zur Geschichte des Reichsstiftes Salem. Freiburg/Breisgau 1934, 264-267; G. Müller, Cistercienser auf Reise. In: Cistercienser-Chronik 22 (1910) 289-295, 335-345, 364-372; Th. Schuler, Gastlichkeit in karolingischen Benediktinerklöstern. Anspruch und Wirklichkeit. In: H.C. Peyer, Gastfreundschaft, Taverne und Gasthaus im Mittelalter (Schriften des Historischen Kollegs, Kolloquien 3) München – Wien 1983, 21-36; D.H. Turner, 'Guests, who are never lacking in a Monastery'. In: The Benedictines in

Britain (British Library Series 3) London 1980, 54-61; L. Dolberg, Die Liebesthätigkeit der Cistercienser im Beherbergen der Gäste und Spenden von Almosen. In: Studien und Mittheilungen aus dem Benedictiner- und dem Cistercienser-Orden XVI (1895) 10-21, 243-249 und 414-418; G. Müller, Des Klosters Gäste. In: Cistercienser-Chronik 28 (1916) 201-204, 230-236, 259-265, 278-283, 29 (1917) 9-12, 86-89, 100-103; J.-Cl. Kahn, Les moines messagers. La religion, le pouvoir et la science saisis par les rouleaux des mort XIe-XII siècle. o.O. 1987; G. Vielhaber, Eine Admonter Rotel von 1390. In: Studien und Mittheilungen aus dem Benedictiner- und dem Cistercienser-Orden XVI (1895) 582-590; F. Bünger, Admonter Totenroteln (1442-96) (Beiträge zur Geschichte des alten Mönchtums und des Benediktinerordens 19) Münster/Westfalen 1935. In den verschiedensten Kloster- und Ordensgeschichten finden sich natürlich ebenfalls mannigfache Bezugnahmen auf diese und die im Folgenden genannten Phänomene.

(6) Vgl. z.B. G. Constables, Monachisme et pèlerinage au Moyen Age. In: ders., Religious Life, Beitrag III; ders., Opposition to Pilgrimage in the Middle Ages. In: ebd. Beitrag IV, bes. 130-142; A. Graf, Auswärtige Zisterzienser in Rein. In: Cistercienser-Chronik 41 (1929) 253-262; A. Dimier, Mourir à Clairvaux. In: Collectanea Ordinis Cisterciensium Reformatorum 17 (1955) 272- 285; Reinhard Schneider, Studium und Zisterzienserorden. In: J. Fried (Hg.), Studium und Gesellschaft im sozialen Wandel (Vorträge und Forschungen 30) Sigmaringen 1986, 321 – 350; ders., Studium und Zisterzienser mit besonderer Berücksichtigung des südwestdeutschen Raumes. In: Rottenburger Jahrbuch für Kirchengeschichte 4 (1985) 103-117; J.J. John, The Canons of Prémontré at the Mediaeval University of Vienna. In: Analecta Praemonstratensia XLII (1966) 48-85.

(7) Vgl. z.B. die vielfachen Belege bei A. Czerny, Aus dem geistlichen Geschäftsleben in Oberösterreich im 15.Jahrhundert. Linz 1882; (W. Hauthaler), Ausgaben für Rupert Keutzl aus dem Benedictiner-Stifte St. Peter zu Salzburg während seinem Aufenthalt auf der Universität zu Wien 1445-1451. In: Mittheilungen der Gesellschaft für Salzburger Landeskunde XVI (1876) 163 f.; K. Haid, Reiseabenteuer des Abtes von Salem und nachherigen Bischofs von Gurk, Konrad von Enslingen. In: Cistercienser-Chronik 19 (1907) 353-355; H. Klein, Der erste mit Namen bekannte Badgasteiner Kurgast (Abt Otto II. Kalhochsberger von St. Peter in Salzburg). In: Mitteilungen der Gesellschaft für Salzburger Landeskunde 112/113 (1972/73) 1974, 175 f.

(8) Vgl. z.B. G. Heinrich, Klosterflucht und Klosterzucht im 15. Jahrhundert. Zur Geschichte Chorins. In: Jahrbuch für die Geschichte Mittel- und Ostdeutschland 12 (1963) 195-206. S. auch unten.

(9) Vgl. den guten Überblick über Forschungssituation und mögliche Ergebnisse bei J. B. Freed, The Friars and German Society in the Thirteenth Century (The Mediaeval Academy of America Publication 86) Cambridge, Mass. 1977, bes. 109-134 und 225-237. Vgl. auch die grundsätzlichen Bemerkungen bei K. Elm, Verfall und Erneuerung des Ordenswesens im Spätmittelalter. Forschungen und Forschungsaufgaben. In: Untersuchungen zu Kloster und Stift (Studien zur Germania Sacra 14 = Veröffentlichungen des Max-Planck-Instituts für Geschichte 68) Göttingen 1980, bes. 190-202. Auf die Funktion der Wanderschaft in den Bettelorden kann hier nicht näher eingegangen werden. Vgl. dazu z.B. A. Rotzetter, Die Funktion der franziskanischen Bewegung in der Kirche. Schwyz 1977, 154-169. Als markantes Beispiel zum Terminieren, zu Kollekturbezirken und Kollekturgrenzen bei Mendikantenklöstern vgl. S. Wittmer, Nördlinger Franziskaner-Konventualen. In: Bavaria Franciscana Antiqua 4 (München 1958) 58-63.

(10) Als Ausnahme ist hierbei die früh- und hochmittelalterliche Memorialüberlieferung zu nennen, die quantitative Untersuchungen, z.T. auch zu regionaler Herkunft,

ermöglicht. Vgl. dazu zuletzt D. Geuenich, Eine Datenbank zur Erforschung mittelalterlicher Personen und Personengruppen. In: Bulst – Genet, Medieval Lives 405-417; ders., Probleme einer Prosopographie aufgrund früh- und hochmittelalterlicher Quellen. In: H. Millet (éd.), Informatique et Prosopographie. Paris 1985, 115-124.

(11) Zu den Kartäusern vgl. bes. die umfassende Reihe "Analecta Cartusiana" (Salzburg 1970 ff.); Zadnikar, Die Kartäuser.

(12) Vgl. dazu G. Jaritz, Klosteralltag und Welt im Spaetmittelalter. Das Beispiel der Kartaeuser. In: Kartäuserregel und Kartäuserleben 3 (Analecta Cartusiana 113:3) Salzburg 1984, 49-67.

(13) Vgl. Jaritz, Klosteralltag 62 f.

(14) Vgl. (M. Laporte), Ex Chartis Capitulorum Generalium. Ab initio usque ad 1951. Grande Chartreuse 1953, 122 f., 367-370. Vgl. dazu auch die diesbezüglichen Passagen in M. Sargent – J. Hogg (Hg.), The Chartae of the Carthusian General Chapter (Analecta Cartusiana 100:1) Salzburg 1982 ff.

(15) Zum 'Frauenproblem' vgl. auch (Laporte), Ex Chartis 77 f., 270-273; L. Dolberg, Die Satzungen der Cistercienser wider das Betreten ihrer Klöster und Kirchen durch Frauen. In: Studien und Mittheilungen aus dem Benedictiner- und dem Cistercienser-Orden XV (1894) 40-44 und 244-249.

(16) Vgl. K. Elm – P. Feige, Der Verfall des zisterziensischen Ordenslebens im späten Mittelalter. In: Die Zisterzienser. Ordensleben zwischen Ideal und Wirklichkeit (Schriften des Rheinischen Museumsamtes 10) Bonn 1980, 237 f.

(17) Regula Benedicti, cap. 1. Jaritz, Klosteralltag 64. Vgl. auch O. Grillnberger, Kleinere Quellen und Forschungen zur Geschichte des Cistercienser-Ordens. In: Studien und Mittheilungen aus dem Benedictiner- und dem Cistercienser-Orden XVI (1895) 602.

(18) Vgl. G. Jaritz, Cistercian Migrations in the Late Middle Ages. In: Goad and Nail (Studies in Medieval Cistercian History X = Cistercian Studies Series 84) Kalamazoo 1985, 192 ff.; J. Hurch, Aus einem Wilheringer Formelbuche. In: Studien und Mittheilungen aus dem Benedictiner- und dem Cistercienser-Orden XI (1890) 104-114, 275-289; O. Grillnberger, Kleinere Quellen. In: ebd. XVI (1895) 599-610, XVII (1896) 41-59, 256-269, 437-443; ders., Das Wilheringer Formelbuch "De kartis visitacionum". In: ebd. XIX (1898), bes. 421-425, 587-601, XX (1899) 127-137, 482-492, XXI (1900) 119-127, 384-392; V. Schmidt, Ein Lilienfelder Formelbuch. In: ebd. XXVIII (1907) 392-402, 577-595.

(19) Vgl. Anm.14.

(20) S. hierzu und zum Folgenden Jaritz, Klosteralltag 66 f. Zu ähnlicher zisterziensischer Kritik vgl. z.B. Schreiner, Zisterziensisches Mönchtum 113 f.

(21) Vgl. Jaritz, Cistercian Migrations 192.

(22) Viele Einzelbeispiele aus anderen Orden und Klöstern könnten angeführt werden. Eine derartige Konzentrierung ließ sich dort allerdings nicht feststellen. Vgl. z.B. S. Brunner, Der Prediger-Orden in Wien und Oesterreich. Wien 1867, 57 (zum Jahr 1565).

(23) Vgl. dazu die allgemeinen Bemerkungen bei W. Bergmann, Das frühe Mönchtum als soziale Bewegung. In: Kölner Zeitschrift für Soziologie und Sozialpsychologie 37 (1985) 33-44.

(24) Vgl. dazu Jaritz, Cistercian Migrations 194 f. Für das 17. Jahrhundert vgl. dazu V. Schmidt, Cistercienser-Flüchtlinge im Dreißigjährigen Kriege. In: Cistercienser-Chronik 27 (1915) 281-284, 30 (1918) 31 f. Vgl. auch Elm, Verfall 206 f.

(25) Vgl. dazu und zum Folgenden A. Starzer, Die Kloster- und Kirchenvisitation des Cardinal Commendone in Niederösterreich im Jahre 1569. In: Blätter des Vereines

173

für Landeskunde von Niederösterreich NF XXVI (1892) 163 f.; G. Jaritz, Das religiöse Leben in den niederösterreichischen Kartausen im Zeitalter der Reformation. In: Die Kartäuser und die Reformation 1 (Analecta Cartusiana 83) Salzburg 1984, 73 f.

(26) Bei Kartäusern ist der schnelle Priorenwechsel und die Berufung derselben aus anderen Klöstern des Ordens geradezu charakteristisch. Vgl. z.B. J. Mlinarič, Kartuzija Pleterje 1403-1595. Ljubljana 1982, 130 ff.; H.R. von Zeissberg, Zur Geschichte der Karthause Gaming in Österreich unter der Enns. In: Archiv für Österreichische Geschichte 60 (1880) 579-584. Zur 'Internationalität' des Ordens vgl. z.B. auch Jan de Grauwe, Les relations entre la province Teutonique et les autres provinces, exemple des relations en general dans l'ordre Cartusien. In: Die Kartäuser in Österreich 3 (Analecta Cartusiana 83) Salzburg 1981, 88-95.

(27) Vgl. Jaritz, Das religiöse Leben 83.

(28) Gleiches gilt für die Übersendung von (Teilen von) Konventen in krisenbewegte Klöster. Beispiele für beide Phänomene finden sich regelmäßig in vielen der in diesem Beitrag zitierten personengeschichtlichen Arbeiten. Vgl. z. B. auch E. Schmettan, Das Chorherrenstift Dürnstein. Phil. Diss. Wien 1948, 40 ff.; Geschichtliche Beilagen zum St. Pöltner Diözesan-Blatt XI (St. Pölten 1932) 602 (Paulinerkloster Rana/Niederösterreich); ebd. XII (St. Pölten 1939) 533 f. (Dominikaner Krems).

(29) Vgl. L.J. Lekai, The Cistercians. Ideals and Reality. Dallas 1977, 69-73, 126 f. Zu den verschiedensten Möglichkeiten, Ausprägungen und Auswirkungen der Verbindung zwischen Mutterkloster und Filiation vgl. z.B. A. Graf, Rein und Sittich. In: Cistercienser-Chronik 49 (1937) 1-4, 50-54, 87-89, 120-122, 148-151, 179-184, 213-216, 278-284, 310-314, 341-342, 50 (1938) 56-58, 84-90, 147-155, 214-221, 269-276, etc.; B. Grießer, Jahresberichte über die Wirtschaftsführung im Kloster Stams von 1328-1345. In: Cistercienser-Chronik 62 (1955) 17-29.

(30) Zu den massiven diesbezüglichen Schwierigkeiten vgl. z. B. in bezug auf ungarische Zisterzen L.J. Lekai, Medieval Cistercians and Their Social Environment. The Case of Hungary. In: Analecta Cisterciensia XXXII (1976) bes. 260 f. Vgl. auch ders., Ideals and Reality in Early Cistercian Life and Legislation. In: J.R. Sommerfeldt (ed.), Cistercian Ideals and Reality (Cistercian Studies Series 60) Kalamazoo 1978, 19 ff.

(31) Vgl. J.-M. Canivez, Statuta Capitulorum Generalium Ordinis Cisterciensis ab anno 1116 ad annum 1786, V (Bibliothèque de la Revue Ecclésiastique 13) Louvain 1937, 308, n.34.

(32) Vgl. dazu und zum Folgenden G. Jaritz, Ebrach und Rein in Spätmittelalter und Früher Neuzeit. In: Festschrift für G. Zimmermann (120. Bericht des Historischen Vereins Bamberg 1984) Bamberg 1984, 324-331. Für die Situation im 16. Jahrhundert vgl. dazu auch A. Graf, Ein Briefwechsel Rein – Ebrach – Ingolstadt 1561-1565. In: Cistercienser-Chronik 68 (1961) 65-93.

(33) Damit im Zusammenhang und mit verschiedensten Reformversuchen ist etwa auch die Kongregationenbildung in den Orden zu sehen. Vgl. dazu Lekai, Cistercians 128-137; K. Elm – P. Feige, Reformen und Kongregationsbildungen der Zisterzienser in Spätmittelalter und früher Neuzeit. In: Die Zisterzienser 243-254; Elm, Verfall 210-215.

(34) Alltag sei hier als Summe von 'Alltäglichkeiten' verstanden und bezieht sich auf habitualisiertes, repetitives bzw. routiniertes Verhalten. Vgl. dazu P. Borscheid, Alltagsgeschichte – Modetorheit oder neues Tor zur Vergangenheit. In: W. Schieder – V. Sellin (Hg.), Sozialgeschichte in Deutschland III. Göttingen 1987, 94 ff.; G. Jaritz, Der Einfluß der politischen Verhältnisse auf die Entwicklung der Alltagskultur im spätmittelalterlichen Österreich. In: Bericht über den sechzehnten österreichischen Historikertag Krems 1984 (Veröffentlichungen des Verbandes Österreichischer Geschichtsvereine

174

24) Wien 1985, 527 f.

(35) Auf eine Anführung der verschiedensten Beispiele sei in diesem Rahmen verzichtet.

(36) Vgl. Stiftsarchiv Göttweig, Rechnungsbücher (GA-b-R 1 ff.). Zur Aussage der Göttweiger Rechnungsbücher für die Migrationsgeschichte (bes. auch in bezug auf 'Objektmigration') wird von Ch. Promitzer, Graz, eine umfassendere Untersuchung vorbereitet. Vgl. zu ähnlichem Material N. Backmund, Windberger Klosterleben im Spiegel alter Ausgabenbücher (15.-18. Jahrhundert). In: Ostbairische Grenzmarken 1970, bes. 152 und 155-157. Zu einem spezifischen Bereich vgl. z.B. F. Merzbacher, Tegernsee und der Südtiroler Wein im ausgehenden Spätmittelalter. In: Aus Wirtschaft und Gesellschaft (Tiroler Wirtschaftsstudien 17) Innsbruck 1963, 199-213.

(37) Zu zisterziensischen Kritikpunkten vgl. Schreiner, Zisterziensisches Mönchtum 88 ff., 111-114 (Kritik am Reitpferdegebrauch).

(38) Vgl. bes. Bünger, Admonter Totenroteln. Vgl. z.B. auch Kärntner Landesarchiv, Klagenfurt, Klosterarchiv Arnoldstein, Fasc. VIII: 1421 XII 19: 25 Briefe an andere Klostergemeinschaften mit Nachrichten über verstorbene Arnoldsteiner Konventualen.

(39) Vgl. Jaritz – Müller, Prosopography 58-63. Auf die Behandlung der Domkapitel kann in diesem Rahmen nicht eingegangen werden. Zu diesbezüglichen Arbeiten aus dem österreichischen Raum vgl. ebd.

(40) Vgl. Jaritz, Konventualen 61 ff.; Schreiner, Zisterziensisches Mönchtum 100 ff., 129, Anm. 157; Elm, Verfall 230 f. Vgl. auch R. Büchner, Alltag und Festtag in Stams, Rattenberg und anderen Klöstern des Spätmittelalters. in: Innsbrucker Historische Studien 7/8 (1985) 81 ff.

(41) Zu den Beziehungen zwischen Kloster und Stadt vgl. allgemein z.B. Helga Johag, Die Beziehungen zwischen Klerus und Bürgerschaft in Köln zwischen 1250 und 1350 (Rheinisches Archiv 103) Bonn 1977, bes. 179-183; Schreiner, Zisterziensisches Mönchtum 87-91; W. Schich, Die Stadthöfe der fränkischen Zisterzienserklöster in Würzburg. In: Zisterzienser-Studien III (Berlin 1977) 45-94; R. Schneider, Stadthöfe der Zisterzienser: Zu ihrer Funktion und ihrer Bedeutung. In: Zisterzienser-Studien IV (Berlin 1979) 11-28; H. Mosler, Die Cistercienserabtei Camp in ihren Beziehungen zu Köln und seinen Bürgern. In: Jahrbuch des Kölnischen Geschichtsvereins 38/39 (1963/65) 1967, 1-50.

(42) Jaritz, Konventualen 303. Ähnliches ergibt sich etwa für Göttweig (vgl. Lashofer, Profeßbuch Göttweig, passim); für St. Peter in Salzburg in bezug auf die Stadt Salzburg (vgl. P. Lindner, Professbuch der Benediktiner-Abtei St.Peter in Salzburg (1419-1856). In: Mitteilungen der Gesellschaft für Salzburger Landeskunde XLVI (1906) bes. 9-21); für Dürnstein (vgl. Schmettan, Dürnstein 154-157); für St. Pölten (vgl. J. Wodka, Personalgeschichtliche Studien über das ehemalige Chorherrenstift St. Pölten. In: Jahrbuch für Landeskunde von Niederdonau NF 28 (1939-43) 1944, bes. 161-179); für Friesach (vgl. H. Zotter, Der Dominikanerkonvent zu Friesach. In: Carinthia I, 160 (1970) bes. 708 f.); für Retz im 14. Jahrhundert (gegründet 1300) in bezug auf nahe Dörfer (vgl. MGH Necr V. Berlin 1913, 161 f.). – Für Mondsee läßt sich dies weniger eindeutig feststellen (vgl. P. Lindner, Das Profeßbuch der Benediktinerabtei Mondsee. In: Archiv für die Geschichte der Diözese Linz II (1905), bes. 145-154); ähnlich auch für Reichersberg (vgl. C. Meindl, Catalogus oo. Canonicorum regularium Reichersberg a prima fundatione usque ad annum jubil. 1884 e documentis fide dignis conscriptus. Linz 1884). – Ein gewisser Anteil des bäuerlichen bzw. dörflichen Elements ist zum Teil ebenso nachzuweisen bzw. zu vermuten (s. oben), sein Stellenwert bis dato jedoch noch schwer einzugrenzen.

(43) Dies gilt besonders für die auf Johannes Capistran zurückgehenden franziskanischen Klostergründungen zur Mitte des 15. Jahrhunderts, in welchen von Beginn an markante 'Internationalität' festgestellt werden kann; vgl. dazu MGH Necr V, 151-159, 276-284; H. Winkler, Geschichte des ehemaligen Franziskanerklosters in Langenlois. Phil. Diss. Wien 1950, bes. 150 ff. Gleiches gilt für manche andere Spätgründung des 15.Jahrhunderts. Das 1414 gegründete Chorherrenstift St. Dorothea in Wien setzt sich bis ins beginnende 16. Jahrhundert aus mehr als zwei Drittel Mitgliedern aus der 'Ferne' zusammen (30 % Wien, Niederösterreich; 14% Ungarn, Kroatien, Siebenbürgen, etc.; 14% Oberösterreich, Salzburg, etc.; 9% Böhmen, Mähren, Schlesien, etc.; 33% Bayern, Schwaben, etc.); vgl. MGH Necr V, 269-275. Vgl. auch die Situation des 1455 von St. Dorothea aus gegründeten Augustinerchorherrenstiftes Rottenmann in der Steiermark (MGH Necr V, 587 f.). Die Frage, inwieweit eine solche späte 'Gründungsinternationalität' als 'Reforminternationalität' (s.Anm.44) zu deuten ist oder ob (auch) die Komponente des geringen Interesse in der betreffenden Region stärker in die Überlegungen einzubeziehen ist, muß in diesem Rahmen offen bleiben und soll an anderem Ort ausführlicher behandelt werden. – Die 'Internationalität' der Kartäuser wurde bereits an anderer Stelle erwähnt. Als diesbezügliches Beispiel niederösterreichischer Konvente vgl. Zeissberg, Geschichte Gaming 579-592; L. Koller, Neue Beiträge zur Geschichte der Kartause Aggsbach. In: Monatsblatt des Vereines für Landeskunde von Niederösterreich IX (1910) 3 f.

(44) So erweist sich etwa der Konvent des niederösterreichischen Benediktinerstiftes Melk zwischen 1418 und 1452 (=nach der Reform) als sehr 'international' (vgl. Bruck, Profeßbuch 81-190).

(45) Vgl. Jaritz, Konventualen 303; H. Bachmann, Die Benediktinerabtei St. Georgenberg im Kulturleben des Mittelalters. In: Tiroler Heimat XVI (1952) 91 f. Vgl. auch W. Rösener, Reichsabtei Salem. Verfassungs- und Wirtschaftsgeschichte des Zisterzienserklosters von der Gründung bis zur Mitte des 14. Jahrhunderts (Vorträge und Forschungen, Sonderbd. 13) Sigmaringen 1974, 150; Dobson, Recent Prosopographical Research 189.

(46) Vgl. Jaritz, Konventualen 84 f., 296.

(47) S. unten.

(48) Vgl. allgemein K. Schreiner, 'Versippung' als soziale Kategorie mittelalterlicher Kirchen- und Klostergeschichte. In: Bulst – Genet, Medieval Lives, bes. 170 f. und die dort vermerkte Kritik des zisterziensischen Generalkapitels von 1275 an Äbten, die nur mehr Novizen "de gente et natione sua" aufnahmen (Canivez, Statuta III, 141). Vgl. z. B. auch K. Militzer, Kölner Bürgersöhne im Zisterzienserorden. Die soziale Zusammensetzung rheinischer und polnischer Zisterzienserkonvente. In: Historisches Jahrbuch der Görres-Gesellschaft 99 (1979) 161-195.

(49) Vgl. Anm. 18; Jaritz, Konventualen 83.

(50) Im Rahmen der Untersuchung zisterziensischen Wandermönchtums (vgl. Jaritz, Cistercian Migrations 194) konnten in den Empfehlungsschreiben als Begründungen für Nichtaufnahme bzw. Weitersendung in etwa 10% der Fälle die 'Übervölkerung' der Klöster nachgewiesen werden, in weiteren 10% der Fälle Unruhen bzw. Streit im Konvent. Das Moment des 'Fremden' als Unruhestifter scheint gerade bei diesen Begründungen eine wichtige Rolle zu spielen.

(51) Vgl die markanten ungarischen Beispiele bei Lekay, Medieval Cistercians 261 f.

(52) Vgl. dazu A. Weis, Die Wirren in der Abtei Victring zu Ende des 15.Jahrhunderts. In: Cistercienser-Chronik 13 (1901) 106-111; O. Baumann, Die Viktringer Wirren 1481-1501. In: Cistercienser-Chronik 49 (1937) 161-169, 200-208, 227-235; M. Roscher, Eine Rechtfertigungsschrift des Abtes von Viktring an das Cistercien-

ser Generalkapitel (1489) (Archiv für vaterländische Geschichte und Topographie 48) Klagenfurt 1956.

(53) Vgl. W. Krallert, Die Bedeutung des Klosters Viktring für den Cistercienserorden während des Mittelalters. In: Studien und Mitteilungen aus dem Benediktiner-Orden 52 (1934) 109; M. Roscher, Geschichte der Cistercienserabtei Viktring. Phil. Diss. Wien 1953, 280. Vgl. dazu auch Militzer, Kölner Bürgersöhne, bes. 173.

(54) Vgl. Anm. 52.

(55) Vgl. F. Winter, Die Zisterzienser des nordöstlichen Deutschlands 3. Gotha 1871 (Ndr. Aalen 1966) 98-109; G. Schlegel, Das Zisterzienserkloster Dargun 1172-1552 (Studien zur katholischen Bistums- und Klostergeschichte 22) Leipzig 1980, 48; Militzer, Kölner Bürgersöhne; H. Gröger, Kölner Zisterzienser des 16.Jahrhunderts in Schlesien. In: Annalen des historischen Vereins für den Niederrhein 174 (1972) 31-46; ders., Der Orden der Zisterzienser in Schlesien (1715-1810). Ein Überblick. In: Jahrbuch der schlesischen Friedrich-Wilhelms-Universität zu Breslau 23 (1982) 111; H. Chlopocka – W. Schich, Die Ausbreitung des Zisterzienserordens östlich von Elbe und Saale. In: Die Zisterzienser 101 ff.

(56) Vgl. dazu bes. M. Pangerl (Bearb.), Urkundenbuch des ehemaligen Cistercienserstiftes Goldenkron in Böhmen (Fontes Rerum Austriacarum 2/XXXVII) Wien 1872, bes. 494-498 (n. CCXVIa und CCXVIb von 1450 VI 14), vor allem: "Sexto et postremo de externis Renensibus sive aliis Theotunicis fratribus de novo recipiendis etc. visum est domino abbati Altivadensi et domino Johanni de Caplicz praescriptis, ut ipse dominus abbas Sanctae Coronae hiis prout modo stantibus propter pluralitatem fratrum praesentium a tali receptione exterorum fratrum abstineat, ne per novam receptionem ipsum monasterium, abbas et conventus graventur" (497).

(57) Vgl. Jaritz, Konventualen 282 f.

(58) Vgl. allgemein Schreiner, 'Versippung' 163-180; ders., Zisterziensisches Mönchtum 102 f.

(59) Vgl. Jaritz, Konventualen 72 f.

(60) Vgl. ebd., Schreiner, 'Versippung' 170 f.; ders., Zisterziensisches Mönchtum 103.

(61) S. unten.

(62) Vgl. z.B. Jaritz, Konventualen, bes. 80, 292; Zeissberg, Geschichte Gaming 584-592.

(63) Vgl. z.B. G. Jaritz, Gesellenwanderung in Niederösterreich im 15. und 16. Jahrhundert unter besonderer Berücksichtigung der Tullner "Schuhknechte". In: Internationales Handwerksgeschichtliches Sysmposium Veszprém 20.-24.11.1978. Veszprém 1979, 53-58.

(64) Eine ähnliches Resultat ergab daher die Untersuchung des zisterziensischen Wandermönchtums. Vgl. Jaritz, Cistercian Migrations 195 f.

(65) Vgl. z.B. Starzer, Kirchen- und Klostervisitation 163 f.; Th. Wiedemann, Reformation und Gegenreformation im Lande unter der Enns. 5 Bde. Prag – Leipzig 1879 – 1886, passim (bei den Behandlungen der jeweiligen Klostervisitationen).

(66) Dies gilt vor allem für die Kommunitäten in den östlichen Teilen der österreichischen Länder (vgl. Anm. 68). Für den Westen (Tirol, Vorarlberg) läßt sich das Phänomen nicht so eklatant nachweisen. Vgl. z.B. (P. Lindner), Album Stamsense 1272-1898. Salzburg 1898, bes. 27-43; auch in Salzburg (vgl. Lindner, Professbuch St. Peter; Meindl, Catalogus Reichersberg) ist dieser Wechsel nicht bzw. nicht so eklatant festzustellen. Das nahe bayerische Element etwa (vgl. Anm. 68) war ja dort bereits vorher stark vertreten.

(67) Vgl. Jaritz, Konventualen 299.

(68) Vgl. z.B. Lashofer, Profeßbuch Göttweig, bes. 136-160 (erste Hälfte 17.Jahrhundert: Schwerpunkte Bayern, Schwaben); A. Eilenstein, Die Benediktinerabtei Lambach in Österreich ob der Enns und ihre Mönche. Linz 1936, 43-49 (Ende 16./erste Hälfte 17. Jahrhundert: Schwerpunkt Bayern, Schwaben); A. Kellner, Profeßbuch des Stiftes Kremsmünster. Klagenfurt 1968, bes. 180-210 (Ende 16./erste Hälfte 17. Jahrhundert: Bajuwarisierung, 1609 sechs Professen aus München); Lindner, Profeßbuch Mondsee, bes. 155-161 ('Bajuwarisierung' Ende 16. und erste Hälfte 17. Jahrhundert (München und Landsberg!), 1624/1625 Profeß von 4 Landsbergern); F. Watzl. Die Cistercienser von Heiligenkreuz. Graz 1898, bes. 49-54; P. Tobner, Das Cistercienser-Stift Lilienfeld in Nieder-Oesterreich. Biographische Darstellung des Wirkens der Cisterciensermönche in dieser Babenbergerstiftung vom Jahre 1202 bis 1891. Wien 1891 (Ende 16. bis erste Hälfte 17. Jahrhundert: 'Internationalisierung', Ende der zwanziger Jahre bis in die vierziger Jahre des 17. Jahrhunderts Profeß von zehn (!) Konventualen aus Aachen); A. Erdinger, Geschichte des aufgehobenen Cisterzienser-Stiftes Säusenstein in Niederösterreich, V.O.W.W. In: Blätter des Vereines für Landeskunde von Niederösterreich NF XI (1877) 93 f. (erste Hälfte 17. Jahrhundert 'Bajuwarisierung'); V. Schmidt, Die Hohenfurter Matrikel bis 1607. In: Cistercienser-Chronik 34 (1922), bes. 54-59 ('Internationalisierung' in der zweiten Hälfte des 16.Jahrhunderts); ders., Die Goldenkroner Matrikel bis 1624. In: ebd. 28 (1916), bes. 158 ff. (Internationalisierung in der 2. Hälfte des 16. Jahrhunderts, 'Bajuwarisierung' im beginnenden 17.Jahrhundert); Wodka, Personalgeschichtliche Studien, bes. 179-193 (Schwerpunkt Bayern);

(69) Vgl. z.B. K. Schellhaß, Der Dominikaner Felician Ninguarda und die Gegenreformation in Süddeutschland und Österreich 1560-1583 (Bibliothek des preußischen historischen Instituts in Rom 17) Rom 1930, 152 f.; G. Hanika, Die Dominikaner in Krems von der Gründung bis zur Aufhebung ihres Klosters. Phil. Diss. Wien 1969, 59; F. Nothegger, Das religiöse und kulturelle Wirken der Franziskaner in Deutschtirol vom 13. bis zum 17. Jahrhundert. In: Franziskanische Studien 54 (1972) 161 ff.: Innsbrucker Kloster: 1564 Einzug italienischer Brüder, darauf Schwierigkeiten, 1574 'Eindeutschung', Besetzung aus bayrischen Klöstern; U. Anzinger, Das Kloster der Augustiner-Eremiten in Baden. Phil. Diss. Wien 1962, 67, 70 f.

WANDERUNGEN VON HANDWERKERN ZWISCHEN HOHEM MITTELALTER UND INDUSTRIALISIERUNG.
Ein Versuch zur Analyse der Einflußfaktoren

WILFRIED REININGHAUS

VORÜBERLEGUNGEN

Bei Analysen von sozialem Verhalten über einen langen Zeitraum darf man in besonderem Maße erwarten, daß die Aussagen methodisch abgesichert sind. Dies gilt auch für Aussagen zu Wanderungen zwischen hohem Mittelalter und Industrialisierung, dem Gegenstand dieses Beitrags. Im Rahmen dieses Buches, das Sozialgeschichte und soziologische Theorie am Beispiel von Migration und horizontaler Mobilität miteinander konfrontiert, erfordert selbst der hier angestellte Versuch, das Thema in Ansätzen zu behandeln, ein Konzept, um Fragen an die Quellen zu richten, diese zu ordnen und um verallgemeinerbare Schlüsse abzuleiten (1). Im Vorfeld der Untersuchung sind vier Problemkreise zu erörtern, Fragen der Periodisierung, der zu behandelnden Personengruppen, des einzubeziehenden Gebietes und der Quellen.

Zunächst einmal läßt sich der Untersuchungszeitraum nicht genau fixieren. Wann das Wandern von Handwerkern entstand als Teil der beruflichen und persönlichen Identitätsfindung und wann es zum Habitus wurde, ist nicht zu ermitteln (2). Um eine Formulierung von R. Koselleck aufzugreifen: die Quellen (in Archiven deutschsprachiger Länder) legen ein Veto ein, wenn wir vor die Mitte des 14. Jahrhunderts zurückgehen wollen (3). Es dürfte daher weiter bei mehr oder minder gut begründeten Thesen in Kombination ökonomischer und anthropologischer Momente bleiben (3a). Allerdings setzt das Gesellenwandern in der seit 1330/1350 nachweisbaren Form ein Netz von Städten voraus; insofern darf man das Hochmittelalter mit der Ausbildung von Stadtlandschaften als terminus a quo annehmen.

Die Frage, wann Migrationen dieses Typs aufhörten, verbindlich zu sein, bringt uns in eine nicht geringere Verlegenheit. Mit dem Aufkommen von Dampfmaschinen und Eisenbahnen änderte sich nicht zwangsläufig und schlagartig die Migration einer Bevölkerungsgruppe, deren Mitglieder individuelle Karrieren mindestens subjektiv nachhaltig vom Wandern bestimmt sahen (4). Bevor die Gesetze industrieller Arbeitsmärkte dominierten, darf ein so breiter Übergangszeitraum veranschlagt werden, daß es nicht erstaunt, in wenig industrialisierten Regionen nach 1850 noch traditionelles Wanderverhalten im Handwerk anzutreffen (5). Am Ende des Beitrags soll diese Frage noch einmal aufgegriffen werden.

Nun wäre es bequem, den Zeitraum, der hier zur Diskussion steht, unter einem Epochenbegriff zu subsumieren (6). Vor einem solchen Schritt ist allerdings zu prüfen, welche quantitativen und qualitativen Auswirkungen Erschütterungen des 'alteuropäischen Zeitalters' auf Handwerksökonomie und -wanderungen nahmen, von spätmittelalterlicher Agrarkrise über Reformation, Dreißigjährigem Krieg bis zur Ausbildung des 'modernen Staates'.

Die Frage, welche Personengruppen im Handwerk berücksichtigt werden sollen, ist eng verknüpft mit der Definition von handwerklicher Wanderung/Migration/horizontaler Mobilität (7). Weite und enge Fassungen der Definition sind möglich. Die Entscheidung für eine weite Fassung ist bestimmt durch die Überlegung, das Gesellenwandern, bisher dominant behandelt, einzubetten in umfassende Untersuchungen zur Geschichte der Gewerbe. Wanderung sei deshalb hier definiert als jegliche dauerhafte oder zeitweilige Ortsveränderung, um den Beruf an einem anderen Ort als dem (bisherigen) Wohnort auszuüben. Nicht berücksichtigt werden Motive des Wanderns, die in einzelnen soziologischen Arbeiten einen wesentlichen Rang einnehmen (8). Wanderungen von vier Personengruppen können aufgrund dieser Definition einbezogen werden. Erstens ist bereits der Antritt der Lehre in einem anderen als dem Heimatort des Lehrlings Migration. Material zu Lehrlingswanderungen lag bis in die allerjüngste Vergangenheit nicht vor; erst mit der Publikation von K. Wesoly gibt es empirische Befunde, denen jedoch keine vergleichbaren Studien gegenüberstehen (9). Deshalb bleibt die Gruppe der Lehrlinge außer Betracht. Zweitens sind die Wanderungen der Gesellen einzubeziehen; da für diese Gruppe das meiste Material veröffentlicht bzw. nachzuweisen ist, befaßt sich der Beitrag schwerpunkthaft mit ihnen. Drittens sind Meister, d.h. ausgebildete, mit einer Vollstelle versehene Handwerker zu behandeln. Es interessiert, in welchem Maße sie vor oder nach Erwerb der Meisterschaft Wanderungen antraten. Bei einer vierten und letzten Personengruppe ist der Grad der Qualifikation kein Unterscheidungsmerkmal. Die temporären Wanderungen (10), bei denen Handwerker nach kürzerer oder längerer Zeit wieder an ihren Wohnort zurückkehrten, vereinte oft Lehrlinge, Gesellen und Meister. Es ist auch deshalb sinnvoll, diesen Wandertyp einzubeziehen, weil von hier eine Brücke zu schlagen ist zu

Wanderungen von Nichthandwerkern (11).

Die Begrenzung des Untersuchungsraumes ist nicht unproblematisch. Eindeutige Kriterien werden sich nicht finden lassen, da sich in der behandelten Zeit sowohl politische wie sprachliche Grenzen verschoben. Am geläufigsten ist es, vom deutschsprachigen Raum auszugehen, also das Kriterium der Sprache zugrundezulegen (12). Damit umgeht man die Schwierigkeit, "gesamtdeutsches" Handwerk wie etwa H. Proesler mit dem Reich und der Gültigkeit seiner Gesetze gleichsetzen zu müssen (13). Entscheidet man sich allerdings für Sprachgrenzen, so werden Wanderziele in mehrsprachigen oder außerdeutschen Räumen zum Problem. Skandinavien (14), England (15), das Baltikum und Südosteuropa, aber auch Städte mit deutschsprachigen Handwerkerkolonien in Italien (16) und Frankreich (17), dürfen zu Zielen innerhalb des Erfahrungshorizonts von Handwerkern, vor allem von Gesellen, gerechnet werden. Hier werden nur solche Zielorte berücksichtigt, in denen es zur Bildung deutschsprachiger Zünfte kam, und diese über eine längere Zeit in die Verfassung ihrer Städte eingebunden waren. Dieses Kriterium erlaubt es, Wanderungen z.B. nach Riga oder nach Siebenbürgen einzubeziehen (18), solche nach Italien oder England auszuschließen. Die nördlichen Niederlande bleiben wegen der engen sprachlichen und ökonomischen Bindungen mit Nordwestdeutschland berücksichtigt (19). Nicht verhehlt werden soll, daß mit den Wanderungen in Räume ohne deutschsprachige Zünfte möglicherweise eine bedeutsame Größe ausgeschlossen wurde. Des weiteren ist es an dieser Stelle nicht möglich, einen Vergleich der "Wandersysteme" im europäischen Vergleich zu ziehen. Es fällt auf, daß offenbar die Zahl deutschsprachiger Auswanderer die der nicht-deutschsprachigen Einwanderer bei weitem übertraf (20).

Gegen eine Betrachtung handwerklichen Wanderns über mehrere Jahrhunderte läßt sich einwenden, daß zur Migrationsgeschichte keine langen Reihen in sich konsistenter Daten zu bilden sind. Für die Zeit zwischen 1330/50 und 1800/50 sind nach derzeitigem Wissensstand keine Aufzeichnungen bekannt, die die Zu- bzw. Abwanderungen an einem Ort und/oder in einem Gewerbe geschlossen nachweisen. Migrationsgeschichte unterscheidet sich also grundlegend von einer Geschichte der Preise oder des Klimas. Selbst wenn kürzere Zeitspannen in den Blick genommen werden, haftet den Zeugnissen aus dem Bereich einzelner Handwerke der Charakter des Fragments an, Fragment in bezug auf die Gesamtheit aller stattgefundenen Wanderungen. Die auf uns gekommene Überlieferung entpuppt sich meistens als Produkt örtlicher Gegebenheiten bei Auflösung der Zünfte zwischen 1800 und 1870 (21). Trotz der Lücken im nichtstaatlichen Schriftgut besteht jedoch kein Anlaß zur Resignation, denn in ausreichendem Maße sind Ersatzaufschreibungen vorhanden, die Wanderungen nachweisen. Für die Gruppe der Gesellen sind dem Verfasser bekannte Quellen im Anhang aufgeführt. Aus diesem Material, etwa 100.000 Nennungen von Gesellen in unterschiedlichen Orten und Berufen, lassen sich Aussagen im Untersuchungszeitraum ableiten.

Aufgrund der Vorüberlegungen konzentriert sich der Beitrag auf Aussagen zu zwei strategischen Variablen individueller Wanderungen:

1) Die Entfernung der Handwerker von dem in der Quelle genannten Herkunftsort (=Mindest-Wander-Distanz);

2) die Richtung der Wanderung (22).

Beide Größen sind "brauchbare und signifikante Indikatoren", sie erfüllen jene Anforderungen, die F. Irsigler unlängst für historische Stadt-Land-Forschungen geltend machte: "Die Daten müssen quantifizierbar und kartierbar sein, umfangreich und raumbezogen" (23).

Beide Variablen sind abhängig von einem Bündel Faktoren, die nicht voneinander zu trennen sind. Gleichwohl sollen der Analyse wegen einzelne Faktoren isoliert betrachtet und soll dem Einfluß ihrer Veränderbarkeit auf das Wanderverhalten nachgegangen werden. Im einzelnen sind ökonomische, (kultur-)raumbezogene, religiöse und 'politische' Faktoren zu unterscheiden. Ihr Einfluß läßt sich im folgenden thesenartig formulieren:

1) Wanderungen dienten dem Ausgleich von Angebot und Nachfrage auf dem Arbeitsmarkt. Die Nachfrage nach Arbeitskräften hing ab vom Produktionsverfahren und Absatz der Produkte. Unter diesen Vorzeichen beeinflußte die Branchenzugehörigkeit das Wanderverhalten von Handwerkern;

2) kulturräumliche Vorgaben, z.B. Sprache und Dialekte, wirkten auf das Wanderverhalten von Handwerkern ein;

3) im nachreformatorischen Zeitalter beeinflußte die Zugehörigkeit zu unterschiedlichen Konfessionen die Wanderrichtung;

4) obrigkeitliche Maßnahmen der Städte, Stadtbünde, Territorialstaaten, versuchten, das Wanderverhalten zu steuern.

Der Einfluß dieser Faktoren sei vor allem anhand der Gesellenwanderungen beschrieben; die Behandlung der Meister bzw. der temporären Wanderer wird eingegrenzt auf den Nachweis von Wanderungsdistanz bzw. auf eine Typologie.

Als eine im 14. Jahrhundert noch wenig von außen beeinflußte Erscheinung wird das Gesellenwandern in den letzten Jahrzehnten des 15. Jahrhunderts und im 16. Jahrhundert von Zünften und Gesellenvereinigungen institutionalisiert. Herbergen entstehen, das Wandern wird zur Pflicht (24). Den Nachweis über mehrere Wanderjahre für den Erwerb einer Meisterstelle kann man als Indiz für eine Ausdehnung der Zahl wandernder Gesellen deuten. Allerdings fehlt es noch an jedem Versuch, das gesamte Wandervolumen im vorindustriellen Handwerk quantitativ zu bestimmen.

a) Branchenspezifische Einflüsse

Bauhandwerke: Einschneidende Folge für das Wanderverhalten hatte tendenziell die Auflösung der Hüttenorganisation. Die Territorialisierung der Laden im 16./17. Jahrhundert minderte die Wanderbereitschaft der Steinmetz- und Maurergesellen (25). Mit der Erlaubnis zu heiraten wurden viele von ihnen seßhaft. Der Zuzug konzentrierte sich aus dem Nahbereich. Charakteristisch für das 18. und für das 19. Jahrhundert ist die Unterscheidung zwischen den einheimischen, verheirateten Gesellen und den wandernden Fremden im Maurerberuf (26). Unter den Zimmergesellen finden sich dagegen kaum Anzeichen für eine Einschränkung des Wanderns. In ostdeutschen und fränkischen Städten zählen sie zu den Fernwanderern, die auch in einem kleinen Ort wie Groß-Gerau zu finden sind (27).

Bekleidungshandwerke, Lederverarbeitung: Über den ganzen deutschsprachigen Raum verteilt weisen die einzelnen Zuwanderungsprofile bei Schuhmachergesellen Gemeinsamkeiten auf. Eine relativ große Gruppe stammt aus nahegelegenen Dörfern und Städten, eine bedeutende Minderheit von Fernwanderern ist daneben zu registrieren. Im Vergleich zwischen Tulln/Niederösterreich und Lippstadt/Westfalen zeigt sich, daß der Radius um die westfälische Stadt erheblich kleiner ausfällt: weniger als 10% sind mehr als 100 km gewandert. In Tulln machte allein der Anteil der Gesellen aus Schlesien über 22% aus (28). Beim Vergleich der Herkunftsorte von Schustergesellen in Stuttgart und Augsburg in den 1720er Jahren erweist sich, daß dort die Württemberger dominierten, hier die Fernwanderer stärker hervortraten (29).

Wie die Schuhmacher zählen auch die Schneidergesellen zu den mobileren Gesellengruppen schon im späteren Mittelalter. Stellt man die Liste der zugewanderten Schneidergesellen in München um 1600 denen aus Hannover und Bremen im 18. Jahrhundert gegenüber, so zeigen sich regionale Unterschiede. In München fanden Gesellen aus dem Raum zwischen Schlesien und der Schweiz zusammen, in den norddeutschen Städten trafen vor allem Gesellen des niederdeutschen Raumes aufeinander (30).

Das Kürschnerhandwerk prägten seit dem frühen 15. Jahrhundert Fernwanderungen. Vor allem sächsische und schlesische Gesellen wanderten über Jahrhunderte hinweg nach Oberdeutschland (31). Ein differenziertes Bild erhalten wir bei den Gerbergesellen. Verzeichnisse aus Basel und Straßburg zwischen 1400 und 1600 lassen darauf schließen, daß bei Konstanz des Nah- und Mittelbereichs im 16. Jahrhundert die Fernwanderungen zunahmen. Das Einschreibbuch der Coburger Rotgerbergesellen um 1700 hält dagegen vor allem Zuwanderer aus dem benachbarten Franken, Sachsen und Thüringen fest; ausgesprochene Fernwanderer fehlten (32).

Nahrungsmittelhandwerke: Die Fleischergesellen sind kaum mobil gewesen. Sie trennten sich nicht als separate Gruppe von den Zünften ab (33). Anders die Bäcker- und Müllergesellen, bei denen nicht genau zu unterscheiden ist, ob es sich um seßhafte Lohnarbeiter oder wandernde Gesellen handelte. Im Register der Basler Müllergesellen um 1500 vermißt man Gesellen außerhalb des alemannischen Sprachraumes (34).

Metallhandwerk: Bereits im 15./16. Jahrhundert war die Mobilität der Gesellen in den metallverarbeitenden Berufen sehr hoch, wie die Verzeichnisse aus Basel, Frankfurt und Andernach zeigen. In Basel lag der Anteil der Gesellen, die mehr als 150 km zurückgelegt hatten, bei über 50%, in Frankfurt bei 57% (35). Für die Wanderungen der Metallhandwerker war die Ausdifferenzierung spezialisierter Berufe im 15./16. Jahrhundert bedeutsam. Sie etablierten sich als "geschenkte" Handwerker, in denen ein überörtlicher Zusammenhang entstand, der das Wandern zur Voraussetzung hatte (36). In München, Nürnberg, Frankfurt oder Graz war daher der Einzugsbereich der einzelnen Berufe entsprechend groß. In Riga trat während des 18. Jahrhunderts die Zuwanderung aus Sachsen-Thüringen zurück zugunsten der Zuwanderung aus dem Ostseeraum (37).

Sprachgrenzen überschritten die Zinngießer und Goldschmiede bei ihren Wanderungen (38). In einzelnen Metallhandwerken des niederdeutschen Raumes wirkte sich die Trennung aus zwischen Seestädtern und Oberländern. In Braunschweig, Osnabrück, Preußen und in den Hansestädten galt dieser Unterschied, ohne daß genaueres über Entstehung und Herkunft des Begriffs "Oberländer" bekannt ist (39).

Textilhandwerke: Die Wanderbilanz zeigt kein einheitliches Bild. Einerseits waren die Webergesellen schon in der ersten Hälfte des 14. Jahrhunderts längs des Rheins mobil; andererseits förderte die Kapitalkonzentration in den Textilgewerben schon im Spätmittelalter das Entstehen einer verheirateten Lohnarbeiterschaft, die nicht wanderte (40). Dieser Trend setzte sich in der frühen Neuzeit fort. So dominierten bei den Augsburger Baumwollwebern und den Chemnitzer Strumpfwirkern Nahwanderer (41). Wir kennen aber auch Gegenbeispiele; so wollten Gesellen entfernter Gebiete im 17./18. Jahrhundert die hochentwickelten holländischen Textilgewerbe kennenlernen. Spezialisten wie Färber und Hutmacher zogen quer durch Mittel- und Nordeuropa, um sich technisch zu vervollkommnen (42).

Holzverarbeitende Handwerke: Die Schreiner bzw. Tischler sind in zahlreichen Quellen des 18. Jahrhunderts als weitgereiste Handwerker erkennbar. Regionale Unterschiede in den Einzugsgebieten sind auch hier festzustellen. In Frankfurt trafen sich Gesellen aus dem ganzen Reich mit Ausnahme des Nordwestens, während in Hamburg und Bremen nord- und mitteldeutsche Gesellen ein Übergewicht besaßen (43).

Papierverarbeitende Handwerke: Die Einschreibbücher der Buchbindergesellen des 17. bis 19. Jahrhunderts sind in großer Zahl auf uns gekommen. Für diesen Beruf, der nur in bedeutenderen Orten vorkam, war die Fernwanderung selbstverständlich. Durchgängig ist ein mittlerer Entfernungsbereich gut vertreten, während Zuwanderer aus der allernächsten Umgebung fehlen (44). Für Buchdrucker liegt kein vergleichbares Quellenmaterial vor. Aus Einzelbeispielen – nicht nur aus der ersten Nach-Gutenberg-Zeit – wissen wir, daß Fernwanderungen wie bei den Buchbindern üblich waren (45).

Das Wanderverhalten der einzelnen Berufe läßt sich auf einer Präferenzskala zusammenfassen. An dem einen Ende, mit hoher Bereitschaft zu wandern, sind Tischler, Buchbinder, einzelne Metallhandwerke und Kürschner angesiedelt, am anderen Ende finden wir Fleischer und im 18. Jahrhundert Maurer und einzelne Textilhandwerke. Die beiden letzteren Beispiele zeigen, daß die Wanderbereitschaft im Zeitablauf sich verändern konnte.

Je nach Beruf variierte das Verhältnis zwischen Nah- und Fernwanderern. Handwerke, die für entfernte Absatzmärkte produzierten, förderten die Fernwanderung, z.B. die Kürschner und spezialisierte Metallhandwerke. Gewerbe, die für den Verbrauch am Ort zuständig waren, zogen eher Arbeitskräfte aus der näheren Umgebung an (Schuhmacher). Für Fernwanderer waren dabei die Großstädte attraktiver als kleinere Orte. Aus einem Einzelfall (Hildesheim) wissen wir, daß ein mittlerer Ort bewußt gemieden wurde zugunsten prosperierender Nachbarstädte (46).

b) Raumbezogene Faktoren

Bei der Zuwanderung im Handwerk des deutschsprachigen Raums spielen regionale Momente eine wichtige Rolle. Systematisch ist dieser Aspekt bisher kaum behandelt worden, weil Untersuchungen zu einzelnen Orten vorherrschten und die Ergebnisse dieser Untersuchungen nicht aufeinander bezogen worden sind. Lediglich ein Theorem fand allgemeine Verbreitung: der deutschsprachige Raum sei aufgeteilt gewesen in zwei Wanderzonen, in einen nieder- und in einen oberdeutschen Bereich. Dieser Befund H. Ammanns für das spätmittelalterliche Deutschland wurde ergänzt durch Befunde aus Oberdeutschland und durch Untersuchungen zur Wanderung aus Nordwestdeutschland in den Ostseeraum (47).

Zur weiteren Differenzierung der räumlichen Faktoren erscheint es zweckmäßig, die Regionen genauer voneinander abzutrennen. Zu unterscheiden sind etwa folgende Großräume: Hoch- und Oberrhein/Schwaben, Bayern, Franken, Österreich, Böhmen, Sachsen/Thüringen, Schlesien, Mecklenburg/Brandenburg, Nordostdeutschland, Niedersachsen/Hansestädte, Westfalen, Hessen, Mittelrhein. Setzt man sämtliche Großräume zueinander in Beziehung, sofern Quellen dafür vorliegen, so ist in der Regel eine erhebliche Abwanderung in den jeweils benachbarten Großraum festzustellen. Z.B. zogen vom zentral gelegenen Sachsen Gesellen in alle umliegenden Regionen, von Schlesien nach Österreich, von Westfalen nach Niedersachsen usw. Zwei Abweichungen von dieser Regel sind zu bemerken: von Westfalen wanderten kaum Gesellen in das Rhein-Main-Gebiet, sie fehlen in Frankfurt bis in das 18. Jahrhundert hinein fast vollständig. Umgekehrt fanden selten Gesellen aus diesem Gebiet nach Westfalen (48). Das gleiche galt im 15./16. Jahrhundert für das heutige Nordhessen. Bis zum Ende des Alten Reiches hinein blieb die Landgrafschaft Hessen in der Zunftpolitik auf nord- und mitteldeutsche Territorien ausgerichtet, wenngleich nach 1700 die Gesellen zwischen Frankfurt einerseits, Marburg/Kassel andererseits Kontakte pflegten (49). Festzuhalten ist, daß bis in das 18. Jahrhundert hinein eine Linie zwischen Köln und Kassel unter Umgehung des Siegerlandes die Grenze des Nahaustausches markierte (50).

Untersucht man Fernwanderungen in den übernächsten Großraum, wird diese Grenze noch deutlicher erkennbar. Bis 1800 und darüber hinaus sind Gesellen aus dem Raum innerhalb des Dreiecks Köln-Emden-Stettin nur selten in Oberdeutschland zu finden, während zwischen entfernten Gebieten, dem späteren Westpreußen und der Schweiz, zwischen Schlesien und Bayern, Sachsen und Siebenbürgen bereits im 15. Jahrhundert, wenn nicht früher, ein Austausch von wandernden Handwerkern stattfand (51). Im 18. Jahrhundert erscheint Westfalen selbst in der norddeutschen Tiefebene weiter isoliert, denn nur noch vereinzelt wanderten Gesellen von hier aus nach Danzig, Riga, Bremen oder Hamburg. Der größere Teil Westfalens richtete sich auf die Niederlande aus, die die Hansestädte als Zielort der Wanderungen (und der Arbeitsplatzsuche) ersetzten (52). Umgekehrt finden wir nur wenige Gesellen aus oberdeutschen Regionen in Westfalen, wenn man von den Bauhandwerkern absieht (53). Gesellen aus Brandenburg-Preußen und Sachsen sind hingegen im 18. Jahrhundert im westlichen und nördlichen Deutschland anzutreffen (54).

Feste Routen kennzeichneten die Wanderungen in Oberdeutschland, die sich in das östliche Mitteleuropa und weiter nach Nordosten und Norden öffnen konnten. Schlesien war Ziel von Wanderungen sowohl aus Süd- als auch aus Norddeutschland. Die Städte längs der Ostsee zwischen Danzig und Riga standen allen offen, dabei blieb Lübeck das Haupteinfallstor für Wanderungen in die baltischen Städte. Grenzen kulturräumlicher Art behinderten Wanderungen in diesem Gebiet nicht (55).

Zusammenfassend ist es erlaubt, die These von der Zweiteilung Deutschlands in je unterschiedliche Wanderregionen zu revidieren. Die scharfe Grenze zwischen Köln und Kassel fand weiter östlich keine Fortsetzung, vielmehr scheint der mitteldeutsche Bereich ein Knotenpunkt gewesen zu sein. Die angebliche Zweiteilung reduziert sich letztlich auf eine Sonderrolle Westfalens und des westlichen Niedersachsens in heutigen Grenzen.

c) Konfessionelle Faktoren

Die regionalen Besonderheiten des Wanderns wurden nach der Reformation zum Teil abgeschwächt, zum Teil verstärkt. So mußte Würzburg als katholische Stadt auf die Zuwanderer aus den protestantisch gewordenen nördlich gelegenen thüringischen Territorien verzichten, während in den Ostseestädten die Zuwanderung von Altgläubigen abebbte (56). Allgemein ist zu beobachten, daß das handwerkliche Wandern sich nach Konfessionen ausrichtete. Die Arbeitsaufnahme von Protestanten in katholischen Städten und umgekehrt wurde erschwert, Beispiele belegen dies: wir erfahren aus Luzern und aus Tirol, daß die landesherrliche Obrigkeit nur noch Wanderungen in altgläubige Gebiete zuließ, während in Kassel und Berlin katholische Gesellen in der Mitte des 18. Jahrhunderts fehlten. Der Gegensatz zwischen reformierten und lutherischen Gebieten trat noch verschärfend hinzu (57). Insofern der Gegensatz der Konfessionen auch ein Nord-Süd-Gegensatz war, wurden regionale Besonderheiten fortgeschrieben. Wahrzunehmen sind aber auch gegenläufige Tendenzen: so finden

187

wir in Bremen im 18. Jahrhundert als einzige Gesellen des südwestdeutschen Raumes solche aus dem protestantischen Pfalz-Zweibrücken (58). In die Zeit um 1700 fällt die Orientierung der Bauhandwerker aus dem tirolerischen Außerfern in die katholischen Regionen Westfalens, also in geistliche Territorien, während zur gleichen Zeit aus eben diesen Gebieten Gesellen in beachtenswerter Zahl nach Wien und in andere österreichische Städte ziehen (59).

Hinweise auf konfessionsgebundene Wanderungen sind jedoch nicht beliebig zu verallgemeinern. Einmal dürfte die konfessionelle Ausrichtung bei der Wahl der Wanderziele gegen 1800 abgenommen haben, zum anderen galten bei Nahwanderungen andere Regeln, wie das Zuwanderungsprofil der Schuhmachergesellen in Lippstadt im 17./18. Jahrhundert zeigt. Gerade die katholischen Orte aus dem Herzogtum Westfalen und den Bistümern Paderborn und Münster stellten einen hohen Anteil an der Gesamtzahl zuwandernder Gesellen. Für sie war das protestantische Lippstadt zentraler Ort und erste Station der Wanderung (60).

d) Obrigkeitliche Einwirkung

Obwohl Kontrollen des Zu- und Abzugs von Handwerkern eher langfristig Wanderrichtungen veränderten, fehlte es nicht an frühen Versuchen, das Gesellenwandern zu lenken. Das älteste Bündel von Maßnahmen gegen das Wandern dürften Nürnberger Satzungen des 14. Jahrhunderts über gesperrte Handwerke gewesen sein. Nicht zufällig sind ausschließlich Metallhandwerker darunter zu finden, denn fortgeschrittene Verarbeitungstechniken sollten nicht außerhalb Nürnbergs bekannt werden (61). Im ganzen Reich wandten einzelne Metallgewerbe diese Maßregeln bis in das 18. Jahrhundert an, um Produktionsgeheimnisse zu schützen. Allerdings wäre es verfehlt, wie F. Fischer allgemein davon zu sprechen, daß in diesen Gewerbezweigen "die Ablehnung des Wanderns eine allgemein zünftische Erscheinung war" (62).

Wanderhemmend wirkten indirekt die Territorialstaaten im Kampf gegen aufständische Gesellen, denen ein vorzeitiges Verlassen des Arbeitsplatzes erschwert werden sollte. Die 1731 reichsweit eingeführte Kundschaft geht mit ihren Vorformen bis in das 16. Jahrhundert zurück (63). Hat die Einführung der Kundschaft Wanderfrequenz und -volumen beeinflußt? Theoretisch hätten die Attestate wanderneutral sein können. Aber Widerstand der Gesellen in Form des Abwanderns aus dem Reich zum einen, das Anwerben von Arbeitskräften aus kundschaftsfreien Gebieten zum anderen lassen sich als Reaktion auf die Einführung der Kundschaft deuten (64). Drastischer noch griffen im Laufe des 18. Jahrhunderts die Verbote ein, außerhalb des Landes zu wandern. Preußen stellte diese Norm erstmals 1738 auf, Österreich 1770, jeweils mit Blick auf Werbung und Rekrutierung des Heeres und aus merkantilistischen Überlegungen (65). Ein Einzelzeugnis läßt vermuten, daß gegen Ende des Jahrhunderts und verstärkt zur Zeit der napoleonischen Kriege die Wanderung ins "Ausland" schwieriger wurde (66). Mit H. Bräuer können seit diesem Zeitraum zwei Formen der Wanderung unterschieden werden, die inländische, auf das heimische Territorium beschränkte Tour und die (beargwöhnte) Reise im Ausland (67). Indirekt waren weitere wirtschaftspolitische Maßnahmen der Landesherren gegen das Wandern gerichtet. Mit der Dispens vom Wandern, einem gegen Zunftmonopole gerichteten Instrument, wurde eingeräumt, sich vom Wandern freizukaufen. Ungeklärt ist allerdings, wieviele Gesellen davon Gebrauch machten. Während sächsischen Webergesellen die Dispens nach 1798 offenbar anstandslos erteilt wurde, gingen im frühen 19. Jahrhundert Flensburger Schuhmachergesellen auf dieses Angebot überhaupt nicht ein. Nicht wandern zu müssen, war generell für Meistersöhne attraktiv, wie A. Dubler für Luzern nachwies (68).

II. Die Herkunft der Handwerksmeister

Mit der Frage des Gesellenwanderns ist die Frage nach der Herkunft der Handwerksmeister eng verknüpft, wie eine Aufschlüsselung der dauernd an einem Ort ansässigen Meister zeigt. Je nach Herkunft rekrutierte sich die Meisterschaft aus drei Gruppen:

1. am Ort geborene und dort verbliebene bzw. dorthin zurückgekehrte Handwerker;
2. zugewanderte Gesellen;
3. zugewanderte Meister.

In welchem Ausmaß sich die Handwerkerschaft als Stand abschloß, d.h. die erste Gruppe dominierte, ist ein Kernproblem der Handwerksgeschichte der vorindustriellen Zeit. Die Aufnahme in die örtliche Meisterschaft berührt das Selbstverständnis der Zünfte, provoziert die Frage nach ihrer Wandelbarkeit oder Erstarrung. Jüngst veröffentlichte Studien zeigen, wie stark die Entwicklungen einzelner Regionen voneinander abwichen. Am Oberrhein kulminierten die Vorkehrungen, die Zahl der Meister pro Ort zu begrenzen und damit Gesellen die Niederlassungen zu erschweren, am Ende des 16. Jahrhunderts. Im südlichen Niedersachsen hingegen erleichterten seit Ende des 17. Jahrhunderts obrigkeitliche Eingriffe den

Zugang zur Meisterschaft. Um 1800 konnten dort Gesellen, die sich ansiedeln wollten, eine Meisterstelle erwerben, wenn sie keine Präferenz für einen bestimmten Ort zeigten (69). Die Zulassung oder der Ausschluß fremder Gesellen oder Meister nahmen Einfluß auf das Wandervolumen im Handwerk. Je mehr einzelne örtliche Gewerbe Fremde benachteiligten oder gar ausschlossen, desto länger dauerte tendenziell die Wanderung der Gesellen bzw. desto eher wurden Meister vom Fortzug in eine andere Stadt abgehalten und desto stärker wurde die Neigung der Meistersöhne, die Erbstelle zu übernehmen (70).

Indikator für die Entwicklungen ist die Herkunft der Meister. Untersuchungen hierzu sind allerdings sehr selten. Das verwundert kaum, denn nur Totalerhebungen zur städtischen Handwerker- oder Einwohnerschaft führen zu gesicherten Aussagen. Die immer noch umfassendste Studie widmete O.K. Roller der Stadt Durlach im 18. Jahrhundert (71). Seine Ergebnisse seien kurz referiert: 626 der 1260 Handwerksmeister, die im 18. Jahrhundert in Durlach lebten, stammten aus der Stadt selbst, 119 aus dem Territorium Baden-Durlach, 85 aus dem nahen Württemberg. Die Herkunft von 21% ließ sich nicht ermitteln, mindestens 29,4 %, höchstens 50,3 % aller Meister stammten nicht aus Durlach. Unter 1290 abwandernden Personen fanden sich 17,7 % Handwerker, die meisten verließen nach ein bis drei Jahren Aufenthalt die Stadt. Für einzelne Berufe liegt die Quote der nach der Wanderschaft an den Geburtsort zurückkehrenden Handwerker vor: bei Metzgern waren es 59 von 65, bei Schuhmachern 84 von 93, bei Schneidern 42 von 53, bei Sattlern 10 von 13, bei Zimmerleuten 22 von 29, bei Küfern 60 von 73. Roller schloß daraus, daß trotz einer nicht zu unterschätzenden Mobilität drei Viertel der Meister bis zum Tode in Durlach blieben.

Nur mit einiger Vorsicht kann man allgemeine Folgerungen aus den wenigen regionalen und örtlichen Studien ziehen. Man darf sich wohl der Ansicht K.H. Kaufholds anschließen, der (für Hildesheim) feststellte, daß "von einem Monopol" der Meistersöhne und Einheiratenden "beim Zugang zur Meisterschaft nicht gesprochen werden kann". Ihnen sicherten günstigere rechtliche und ökonomische Bedingungen zwar einen besseren Start, "doch blieb daneben ein (wenn auch teilweise schmaler) Raum für den Zugang anderer Bewerber" (72). Regionale und gewerbespezifische Unterschiede werden auch hier zu beachten sein. Das Beispiel der Dresdner Fleischerinnung zeigt, daß zwischen 1650 und 1800 die Relation zwischen Einheimischen und Fremden zwischen 59,6 zu 40,4 und 88,5 zu 11,5 im Schnitt für einzelne Jahrzehnte differierte. Vier Fünftel aller neuen Meister stammten aus Fleischerfamilien, 96 % aus Sachsen und nur 4 % aus dem "Ausland" (73). Völlig anders war die Situation im Baltikum, das wegen seiner Randlage auf den Zuzug von Handwerkern aus Nord- und Mitteldeutschland angewiesen war. Die von O. Pönicke beschriebenen Wanderungen der Fleischhauer aus Mühlhausen nach Reval im 17./18. Jahrhundert (74) verweisen schon auf einen anderen Typus von Wanderungen in der Früheren Neuzeit jenseits zünftiger Normen: das An- und Abwerben von Handwerkern, um gezielt einzelne Gewerbe in einem Ort oder einer Region zu fördern. Spielarten dieser Wanderungen kannte schon das Mittelalter, z.B. die Einwanderung flandrischer Weber nach Deutschland. Vor allem jedoch seit dem 16. Jahrhundert war die Anwerbung fremder Handwerker ein Mittel landesherrlicher Politiker (75). Mit der Anlage von Manufakturen entstand ein Bedarf an qualifizierten Fachkräften. Je besser die Ausbildung einzelner Handwerker war, umso größer war die Nachfrage nach ihnen, die Grenzen zwischen Handwerk und Manufaktur verschwammen (76).

III. Temporäre und Saisonwanderungen von Handwerkern

Die historische Demographie Frankreichs hat das Phänomen der zeitlich begrenzten Wanderungen aufgegriffen, bei denen der Heimatort nicht aufgegeben wurde. Entscheidendes Kriterium für eine Klassifikation der vielfältigen Formen ist die Dauer des Fernbleibens vom Heimatort bzw. die Dauer des Verbleibens an dem Ort oder den Orten, in denen Arbeiten ausgeführt wurden (77).

Einige Beispiele aus dem frühneuzeitlichen Handwerk mögen die Vielfalt der Phänomene belegen. So ist der Eintages-Pendler bekannt, der Aufträge außerhalb seines Wohnortes ausführte. Bauhandwerker kehrten z.B. allabendlich an ihren ländlichen Wohnort zurück, nachdem sie die Arbeit in der Stadt ausgeführt hatten (78). Auch der von Landhandwerkern, etwa Landtischlern nördlich von Osnabrück, abgedeckte Absatzradius von 10 bis 15 km erforderte ein Verlassen des Wohnorts (79). Zimmerleute bildeten Bautrupps, die oft mehrere Tage und Wochen unterwegs waren, wie J. Naumann für das Wittgensteiner Land nachwies (80). Der Zug der schon mehrfach angesprochenen Bauhandwerker aus dem Außerfern nach Norden fällt in die Kategorie des jahreszeitlich bedingten Wanderns von Frühjahr bis Herbst (81). Er ist dem Hollandgang in Nordwestdeutschland (82) weitaus ähnlicher als dem Gesellenwandern, denn obwohl auch dieses saisonalen Schwankungen unterlag, war es nicht an fixe Zeiten gebunden (83).

IV. Zusammenfassung

Zwar sind viele einzelne Charakteristika des handwerklichen Wanderns zwischen 1330/50 und 1800/50 herauszuarbeiten, dennoch kann in der Zusammenfassung keine Gesamtbilanz für diese Zeit gegeben werden. Eine zentrale Größe wie das Wandervolumen im Handwerk des deutschsprachigen Raumes zu errechnen, ist weder für den Anfang noch für das Ende dieser Zeitspanne möglich (84). Zu viele Fragen müssen bei derzeitigem Stand der Forschung offen bleiben: steht einer verminderten Mobilität der Meister und Meistersöhne in der Frühen Neuzeit ein wachsender Zustrom nichtetablierter Gesellen gegenüber? Wird eine kürzere Wanderdauer der Meistersöhne durch eine längere Arbeitsplatzsuche der übrigen, weniger bevorteilten Gesellen überkompensiert, steigt also die durchschnittliche Wanderdauer? Absorbierten das Landhandwerk und die protoindustriellen Gewerbe so viele Arbeitskräfte, daß das Bevölkerungswachstum des 18. Jahrhunderts sich nicht merklich auf das Wandervolumen durchschlug? (85) Inwieweit vermischte sich das traditionelle Gesellenwandern mit anderen Formen der Mobilität von abhängig Beschäftigten?

Sicher ist, daß die Handwerker alles andere als immobil waren und daß nicht erst die Industrialisierung Binnenwanderungen einer großen Zahl von Arbeitskräften auslöste. Diese Binsenweisheit aus Sicht der Historiker vorindustrieller Gesellschaften sollte zu einer schärferen Differenzierung der Wanderungen im Industrialisierungsprozeß führen (86). Zu prüfen wäre etwa, ab wann Wanderungen zu Arbeitsplätzen bzw. Formen der Immobilität quantitativ und qualitativ so bedeutsam wurden, daß Wanderungen des hier behandelten vorindustriellen Typs zu marginalen Erscheinungen wurden.

Ist eine Bestimmung der Gesamtmenge der Wandernden augenblicklich nicht möglich, so können doch einige gesicherte Aussagen über die Wanderrichtungen in vorindustrieller Zeit getroffen werden. Schon im Spätmittelalter war die Wahl des Wanderziels für die Mehrzahl nicht mehr frei. Kulturelle Faktoren, z.B. die Sprache, beeinflußten diese Wahl ebenso wie die allgemeine ökonomische Ausrichtung des Abwanderungsgebietes und die Struktur des einzelnen Gewerbes. Grenzlinien des Austausches von Gesellen können dadurch ebenso geklärt werden wie branchenspezifische Mobilität. Nach der Reformation wuchs die Zahl der Einflußfaktoren auf das Gesellenwandern. Z.T. wurde die Wanderrichtung im späten 16. und 17. Jahrhundert abhängig von der Konfession des Abwanderungsgebietes. Ferner versuchten die Territorialstaaten, die Wanderströme in ihrem Sinne zu lenken, ohne daß sie vor 1800 durchschlagenden Erfolg gehabt hätten.

Die Versuche, das Wandern von außen zu regulieren, veränderten, mit aller Vorsicht sei dies behauptet, kaum grundsätzlich das Zuwanderungsprofil einzelner Regionen und Städte. Routen und Routenvariationen waren fest eingeprägt und nicht einfach zu verändern.

Unter diesem Aspekt scheint der gesamte Zeitraum zwischen 1330/50 und 1800/50 durch Stabilität im Wanderungsverhalten gekennzeichnet gewesen zu sein.

ANHANG: QUELLEN ZU GESELLENWANDERUNGEN VOM 14. BIS 19. JAHRHUNDERT

Um Thesen über Veränderungen des Gesellenwanderns im Untersuchungszeitraum aufstellen zu können, war es notwendig, eine möglichst große Zahl von Daten zusammenzutragen. Bei Erhebungen und Sichtung des Materials stellten sich unmittelbar Fragen nach der Vergleichbarkeit der einzelnen Quellen und nach ihrer Auswertung bzw. der Überprüfbarkeit der Auswertung. R.S. Elkar hat mit Recht den "Wunsch nach homogener Quellenstruktur" gerade "auch bei stärkerer geographischer Ausweitung" der Analysen vorgetragen (87). Die Elkars Forderung entsprechende, aussagenintensivste Quellengruppe, die Einschreibebücher, darf jedoch nicht die einzige für die interregional vergleichende Forschung bleiben. Ansonsten müßten ganze Regionen ausgeklammert werden. Weitere Quellengruppen sind heranzuziehen und auf ihren Aussagewert für handwerkliche Migration zu überprüfen. Folgende Hauptgruppen kommen hierfür in Frage:

(I) Streiklisten;
(II) städtische Aufzeichnungen, um Gesellen zu erfassen:
    a) zeitpunktbezogene (Steuer- o.ä. Listen)
    b) fortlaufend geführte Listen (Torbücher, Hospitallisten o.ä.)
(III) Einschreibebücher der Gesellenvereinigungen oder Zünfte
(IV) ereignisbezogene Überlieferungen, die nicht die Gesamtheit der Gesellen eines Ortes und/oder eines Gewerbes erfassen, z.B. Eintragungen in Gerichtsakten.

Nach der statistischen Methodenlehre können wir unterscheiden zwischen Bestandsmassen (I, IIa), Bewegungsmassen (IIb, III) und Stichproben aus der Grundgesamtheit aller Gesellen (IV). Auf Einzelzeugnisse wurde verzichtet; für das 19. Jahrhundert können Sammlungen von Wan-

193

derbüchern mit großem Gewinn zur Analyse von Migration herangezogen werden, für frühere Jahrhunderte stehen Attestate meistens isoliert (88).

In regional- und handwerksgeschichtlichen sowie genealogischen Arbeiten sind zahlreiche Texte veröffentlicht, ausgewertet und nachgewiesen worden. Stärker als Unterschiede in den Quellengattungen beeinträchtigen abweichende Verfahren bei der Auswertung die Vergleichbarkeit einzelner Quellen. Deshalb ist es geboten, stets die Form der Präsentation von Quellen bei vergleichenden Untersuchungen zum Gesellenwandern (und anderen Ausprägungen regionaler Mobilität) zu berücksichtigen. Drei Formen sind im wesentlichen zu unterscheiden:

(A) Edition oder Teiledition (paläographisch genau oder normalisiert);

(B) Präsentation als statistische Aufarbeitung (Tabellen, Graphiken etc.);

(C) nicht-numerische Beschreibungen.

Ein Desiderat sind weitere Editionen von Einschreibbüchern, die vor allem der Migrationsforschung kontrollierbares Material zur Verfügung stellen. Im folgenden sind mir bekannt gewordene Quellen zu Gesellenwanderungen im mitteleuropäischen Raum für die Zeit bis ca. 1850, vor allem für die Zeit bis 1800, nachgewiesen (89).

Das Verzeichnis enthält im einzelnen:
a) Ort der Zuwanderung;
b) Gewerbe, möglichst mit Zahl der Eintragungen (n);
c) Zeitraum oder Zeitpunkt;
d) Quellengruppe (I-IV) und Auswertungsform (A-C);
e) Nachweis der Publikation bzw. des Aufbewahrungsortes.

1.
a) Andernach
b) Schmiedegesellen (n = 127)
c) 15./16. Jahrhundert (ca. 1456-nach 1528)
d) III A
e) Eduard Schulte, Die Mitgliederliste der Andernacher Schmiedezunft, in: Vierteljahrschrift für Wappen-, Siegel- und Familienkunde 40 (1912), 129-157.

2.
a) Augsburg
b) Schuhmachergesellen (n = 116)
c) 1726
d) I A
e) Anton Faber, Europäische Staats-Cantzley, 49. Theil, Ulm u.a. 1727, 595-600.

3.

a) Augsburg

b) verschiedene Handwerke (n = 57)

c) 1338-1399

d) IV C (Achtbuch/Stadtarchiv Augsburg Schätze 81)

e) Wilfried Reininghaus, Frühformen der Gesellengilden in Augsburg im 14. Jahrhundert, in: Zeitschrift des Historischen Vereins für Schwaben 77 (1983), 68-89.

4.

a) Augsburg

b) Weber(gesellen) (n = 1.009)

c) 1650

d) II B/C (Musterregister)

e) Claus Peter Clasen, Die Augsburger Weber. Leistungen und Krisen des Textilgewerbes um 1600, Augsburg 1981, 110-112.

5.

a) Bamberg

b) sämtliche Gewerbe

c) 1789-1799

d) II B (Herbergsregister)

e) Rainer Elkar, Wandernde Gesellen in und aus Oberdeutschland. Quantitative Studien zur Sozialgeschichte des Handwerks vom 17. bis zum 19. Jahrhundert, in: Ulrich Engelhardt (Hg.), Handwerker in der Industrialisierung, Stuttgart 1984, 262-293, darin 267-272.

6.

a) Basel

b) Schlossergesellen (n = 329)

c) vor 1417-nach 1426

d) III A

e) Wilfried Reininghaus, Quellen zur Geschichte der Handwerksgesellen im spätmittelalterlichen Basel, Basel 1982, 42-54.

7.

a) Basel

b) Gerbergesellen (n = 116)

c) (1436-1440)

d) II A

e) Reininghaus (wie Nr. 6), 65-67.

8.

a) Basel

b) Müllergesellen (n = 560)

c) 1470-1524

d) III (Einschreibbuch Staatsarchiv Basel, Schmiedezunft Nr. 71)

e) Teilauswertung bei Knut Schulz, Handwerksgesellen und Lohnarbeiter. Untersuchungen zur oberrheinischen und oberdeutschen Stadtgeschichte des 14. bis 17. Jahrhunderts, Sigmaringen 1985, 282-284.

9.
a) Basel
b) Gesellen der Safranzunft (n = 1.779)
c) 1566-1635
d) III B/C (Staatsarchiv Basel, Safranzunft Nr. 201a)
e) Schulz (wie Nr. 8), 289; Traugott Geering, Handel und Industrie der Stadt Basel, Basel 1886, 443.

10.
a) Braunschweig
b) Buchbindergesellen (n = 861)
c) 1698-1707, 1773-1792
d) III B
e) Helmuth Helwig, Das deutsche Buchbinder-Handwerk, Bd. 1, Stuttgart 1962, 248.

11.
a) Bremen
b) Barbiergesellen (n = 20)
c) 1797-1798
d) III
e) Staatsarchiv Bremen, s-S.7.b.16.a; Erwähnung: Klaus Schwarz, Die Lage der Handwerksgesellen in Bremen während des 18. Jahrhunderts, Bremen 1975, 44 f.

12.
a) Bremen
b) Korduanmachergesellen (n = 8)
c) 1735
d) I/III
e) Staatsarchiv Bremen 2-S.8.d.5.c.3; Schwarz, a.a.O.

13.
a) Bremen
b) (fremde) Maurergesellen (n = 18)
c) 1746
d) III
e) Staatsarchiv Bremen 2-S.10.b.2; Schwarz, a.a.O.

14.
a) Bremen
b) Riemer- und Sattlergesellen (n = 16)
c) 1807
d) I

e) Staatsarchiv Bremen 2-S.12.d.1; Schwarz a.a.O.

15.
a) Bremen
b) Schneidergesellen (n = 60)
c) 1731
d) I
e) Staatsarchiv Bremen 2-Tt.8.c.1.d; Schwarz a.a.O.

16.
a) Bremen
b) Schneidergesellen (n = 121)
c) 1791
d) I
e) Staatsarchiv Bremen 2-S.1.II.12.d.3

17.
a) Bremen
b) Tischlergesellen (n = 55)
c) 1745
d) I
e) Staatsarchiv Bremen 2-S.12.u.5.e., p. 8-10v

18.
a) Bremen
b) Tischlergesellen (n = 28)
c) 1792
d) I
e) Staatsarchiv Bremen 2-S.1.II.E.12.d.5

19.
a) Breslau
b) Tischlergesellen (n = 100)
c) 1795
d) I C
e) Rudolf Wissell, Des alten Handwerks Recht und Gewohnheit, Bd. 1, 2. Aufl., Berlin 1971, 343 f., 454.

20.
a) Breslau
b) Buchbinder
c) 1564
d) IV C
e) Helwig (wie Nr. 10), 251.

21.
a) Butzbach / Kr. Friedberg (Hessen)
b) sämtliche Gewerbe (n = 1.228)
c) 1820-1823, 1840-1843, 1860-1863

d) II C (Stadtarchiv Butzbach, Register der Gewerbegehülfen 1810-1870)

e) Georg Emig, Die Berufserziehung bei den Handwerkerzünften in der Landgrafschaft Hessen-Darmstadt und im Großherzogtum Hessen vom Beginn des 18. Jahrhunderts bis zur Einführung der Gewerbefreiheit 1860, Diss. Frankfurt 1967, 386-391.

22.

a) Chemnitz

b) Strumpfwirkergesellen

c) 1659-1674

d) III B

e) Helmut Bräuer, Wandernde Handwerksgesellen um die Mitte des 17. Jahrhunderts in Chemnitz, in: Beiträge zur Heimatgeschichte von Karl-Marx-Stadt 24 (1980), 77-89, darin 80-82.

23.

a) Chemnitz

b) Buchbindergesellen (n = 342) (1657-1687)

c) 1657-1687, 1699-1719, 1836-1850

d) III B

e) Bräuer (wie Nr. 22).

24.

a) Coburg

b) Rotgerbergesellen (n = 455)

c) 1678-1718

d) III A

e) Johannes Bischoff, Das Büchlein der Erbaren Brüderschaft der Rotgerbergesellen in Coburg, 1679-1719, in: Blätter für Fränkische Familienkunde 14 (1939), 167-191.

25.

a) Flensburg

b) sämtliche Gesellen (n = 8.911)

c) 1831-1834

d) II B/C

e) Wilhelm Rust, Die Geschichte der lederverarbeitenden Handwerksberufe in der Stadt und im Amt Flensburg, zugleich ein Stück Flensburger Handwerksgeschichte 1437-1962, Flensburg 1962, 132.

26.

a) Frankfurt/Main

b) sämtliche Gesellen (n = 1.530)

c) 1762

d) II B

e) Franz Lerner, Eine Statistik der Handwerksgesellen zu Frankfurt a.M. vom Jahre 1762, in: VSWG 22 (1929), 122-156.

27.
a) Frankfurt/Main
b) Buchbinder (n = 14.804)
c) 1712-1810, 1837-1868
d) III B
e) Heinz Lenhardt, 150 Jahre Gesellenwandern nach Frankfurt, Frankfurt 1938.

28.
a) Frankfurt/Main
b) Schlossergesellen (n = 2.522)
c) 1419-1524
d) III B
e) Karl Bücher, Die Bevölkerung von Frankfurt am Main im XIV. und XV. Jahrhundert, Tübingen 1886.

29.
a) Frankfurt/Main
b) Schreinergesellen (n = 60)
c) 1789
d) I C
e) Wissell (wie Nr. 19), 453 f.

30.
a) Frankfurt/Main
b) Bindergesellen (n = 556)
c) 1529-1547
d) III B
e) Kurt Wesoly, Lehrlinge und Handwerksgesellen am Mittelrhein. Ihre soziale Lage und ihre Organisationen vom 14. bis ins 17. Jahrhundert, Frankfurt 1985, 276-282.

31.
a) Frankfurt/Main
b) Schlossergesellen (n = 96)
c) 1604
d) II B
e) Wesoly (wie Nr. 30), 282-284.

32.
a) Freiburg/Breisgau
b) Küfergesellen (n = 781)
c) 1475-1552
d) III A
e) Hermann Flamm, Das Bruderschaftsbuch der Küfergesellen im Breisgau 1475-1552 bzw. 1584, in: Adreßbuch der Stadt Freiburg i. Br. 1907, 17-31.

33.
a) Gießen

199

b) Hutmacher- und Hosenstrickergesellen (n = 27)

c) 1710-1719

d) III B/C (Stadtarchiv Gießen, Zunftbuch 1680-1832)

e) Emig (wie Nr. 21), 219 f.

34.

a) Graz

b) Messerschmiedegesellen (n = 14)

c) 1597

d) I A

e) Odilo Haberleitner, Handwerk in Steiermark und Kärnten vom Mittelalter bis 1850, Bd. 1, Graz 1962, 158.

35.

a) Greifswald

b) Buchbinder (n = 507)

c) 1736-185

d) III A

e) Walther Menn, Wandernde Buchbindergesellen in Greifswald zur Schwedenzeit 1736-1815, in: Pommersche Jahrbücher 33 (1939), 37-63.

36.

a) Groß-Gerau / Hessen

b) Zimmergesellen (n = 82)

c) 1710-1719

d) III C (Stadtarchiv Groß-Gerau, Zunftbuch)

e) Emig (wie Nr. 21), 219.

37.

a) Groß-Gerau / Hessen

b) sämtliche Gesellen (n = 683)

c) 1837-1849

d) III C (Einschreibbuch der Gesellen)

e) Emig (wie Nr. 21), 385.

38.

a) Haarlem / Niederlande

b) Textilgewerbe (vor allem Leinwebergesellen) (n = 348)

c) 1720-1743

d) III A

e) Anton Schulte, Die Mitglieder der 'Westphalschen Bos' in Haarlem 1720-1743, in: Beiträge zur Westfälischen Familienforschung 1 (1938), 161-178.

39.

a) Hamburg

b) Tischlergesellen (n = 134)

c) 1750

d) I A

e) Max Fehring, Sitte und Brauch der Tischler unter besonderer Berücksichtigung hamburgischer Quellen, Hamburg 1929, 100 f.

40.
a) Hamburg
b) Tischlergesellen (n = 95)
c) 1770
d) I A
e) Fehring, 107 f.

41.
a) Hannover
b) Schneidergesellen (n = 92)
c) 1797
d) I A
e) Wissell, Bd. 1,2, 455-457.

42.
a) Hermannstadt/Sibiu, Siebenbürgen
b) Schuhmachergesellen (n = 10 zu ermittelnde Orte)
c) 1484
d) III A
e) Franz Zimmermann, Das Register der Johannes-Bruderschaft und die Artikel der Hermannstädter Schusterzunft aus dem XVI. und XVII. Jahrhundert, in: Archiv des Vereins für siebenbürgische Landeskunde N.F. 16 (1880), Heft 2, 335-425.

43.
a) Hildesheim
b) Böttchergesellen (n = 151)
c) 1591-1734
d) III B/C (Einschreibebuch, Stadtarchiv Hildesheim A 66/101a)
e) Karl Heinrich Kaufhold, Das Handwerk der Stadt Hildesheim im 18. Jahrhundert, Göttingen 1980 (2), 259.

44.
a) Kassel
b) sämtliche Gewerbe (n = 291)
c) 1724
d) II B
e) Manfred Lasch, Untersuchungen über Bevölkerung und Wirtschaft der Landgrafschaft Hessen – Kassel und der Stadt Kassel vom Dreißigjährigen Krieg bis zum Tode des Landgrafen Karl, Kassel 1969, 199 f.

45.
a) Kiel
b) Buchbindergesellen (n = 403)
c) 1666-1865

d) III C

e) Wissell, Bd. 1,2, 347-349.

46.

a) Kiel

b) Glasergesellen (n = 1209)

c) 1812-1840

d) III C

e) Wissell, Bd. 1,2, 344-347.

47.

a) Konstanz

b) sämtliche Gewerbe (n = 3.406)

c) 1489-1502, 1519-1579

d) II B

e) Georg Schanz, Zur Statistik der Gesellenwanderungen im Mittelalter, in: Jahrbücher für Nationalökonomie und Statistik 28 (1877), 313-343.

48.

a) Lemgo

b) Weißgerber- und Riemergesellen (n = 135)

c) 1744-1871

d) II ("Polierbuch")

e) Stadtarchiv Lemgo Zug.Nr. 50/1985.

49.

a) Lemgo

b) Buchbindergesellen (n = ca. 260)

c) 1729-1800

d) III

e) Stadtarchiv Lemgo, 77.

50.

a) Lippstadt

b) Schuhmachergesellen (n = 973)

c) (1676)-1808, 1834-(1836)

d) III

e) Stadtarchiv Lippstadt, Nr. 4424; für 1988 ist eine Edition dieser Quelle vorgesehen.

51.

a) Lübeck

b) sämtliche Gewerbe (n = 7.928)

c) 1784/85

d) II B/C (Torschreiberlisten, 1939 im Staatsarchiv Lübeck)

e) Gerhard Masing, Riga und die Ostwanderung des deutschen Handwerks, in: Deutsches Archiv für Landes- und Volksforschung 4 (1940), 238 f.

52.

a) Lüneburg
b) Buchbindergesellen (n = mehr als 642)
c) 1773-1869
d) III B
e) Helwig (wie Nr. 10), 251.

53.
a) Luzern
b) Gesellen sämtlicher Gewerbe, gruppiert in: Sattler/Gürtler/Armbruster; Müller; Bartscherer; Metzger; Gerber; Schneider; Kürschner; Schuhmacher; Steinmetze/Zimmerleute; Schmiede; Bäcker (n = 589)
c) 1437-1499
d) II A
e) P.X. Weber, Das 'Weißbuch der Stadt Luzern' 1421-1488, in: Der Geschichtsfreund 71 (1916), 1-99, darin: 60-76.

54.
a) Marburg
b) Buchbindergesellen (n = 633)
c) 1715-1746
d) III C
e) Karl Rumpf, Vom "ehrsamen" Handwerk und den "löblichen" Gesellenbruderschaften, in: Hessische Blätter für Volkskunde 55 (1964), 59-107, darin: 94 ff.

55.
a) Minden
b) Buchbindergesellen (n = 585)
c) 1752-1826
d) III (Einschreibbuch, Kommunalarchiv Minden, Stadt Minden W.Nr.168)
e) Martin Krieg, Das Einschreibbuch der kunstliebenden Buchbindergesellen, in: Mindener Heimatblätter 4 (1926), Nr. 9.

56.
a) München
b) Gesellen verschiedener Gewerbe (Messerschmiede; Goldschmiede; Schlosser und Uhrmacher; Schachtelmacher; Kistler; Schneider; Hutmacher; Loderer; Geschlachtgewander (Feintuchmacher); Kürschner; Bäcker (n = 376)
c) um 1600
d) IV B/C (nach Gerichtsakten)
e) Karl-S. Kramer, Altmünchener Handwerk. Bräuche, Lebensformen, Wanderwege, in: Bayerisches Jahrbuch für Volkskunde 1958, 111-137.

57.
a) München
b) verschiedene Gewerbe (n = 89)
c) 1813-1815

d) IV A

e) Michael Birkenbihl, Aus dem ältesten Hauptbuch des Münchener Allgemeinen Krankenhauses links der Isar, in: Archiv für Sippenforschung 12 (1935), 218-220, 253-255.

58.

a) Münster/Westfalen

b) Buchdrucker-, Maurer-, Hutmachergesellen

c) (18. Jahrhundert)

d) IV A (Hospitallisten)

e) Helmut Lahrkamp, Wanderbewegungen im 18. Jahrhundert. Tiroler Maurer, skandinavische Hutmacher, reisende Buchdrucker, böhmische Glashändler und italienische Kaminfeger in Münster, in: Westfälische Forschungen 26 (1974), 123-132.

59.

a) Nürnberg

b) Färbergesellen (n = 1.274)

c) 1621-1659, 1695-1789

d) III B

e) Elkar (wie Nr. 5), 277-288.

60.

a) Nürnberg

b) Glasergesellen (n = 1.708)

c) 1697-1741

d) III B

e) Elkar (wie Nr. 5), 277-288.

61.

a) Nürnberg

b) Goldschmiedegesellen (n = 922)

c) 1674-1799

d) III B

e) Elkar (wie Nr. 5), 277-288.

62.

a) Nürnberg

b) Kupferschmiedegesellen (n = 1.023)

c) 1753-1769

d) III B

e) Elkar (wie Nr. 5), 277-288.

63.

a) Nürnberg

b) Kürschnergesellen (n = 1.409)

c) 1709-1799

d) III B

e) Elkar (wie Nr. 5), 277-288.

64.
a) Nürnberg
b) Lebküchnergesellen (n = 1.682)
c) 1646-1746, 1819-1829, 1849-1868
d) III B
e) Elkar (wie Nr. 5), 277-288.

65.
a) Nürnberg
b) Strumpfwirkergesellen (n = 513)
c) 1726-1836
d) III B
e) Elkar (wie Nr. 5), 277-288.

66.
a) Nürnberg
b) Schreinergesellen (n = 3.053)
c) 1751-1798
d) III B
e) Elkar (wie Nr. 5), 277-288.

67.
a) Nürnberg
b) Zimmergesellen (n = 377)
c) 1784-1835
d) III B
e) Elkar (wie Nr. 5), 277-288.

68.
a) Nürnberg
b) Zinngießergesellen (n = 2.076)
c) 1612-1640, 1687-1743
d) III B
e) Elkar (wie Nr. 5), 277-288.

69.
a) Osnabrück
b) Schuhmachergesellen
c) 1609-1806
d) III C (Protokoll- und Abrechnungsbuch der Schuhmachergesellen, 1943 im Museum Osnabrück)
e) Karl Banzer, Beiräge zur Geschichte des Osnabrücker Handwerks, Phil. Diss. Münster 1943, 27-31.

70.
a) Paderborn
b) Schmiedegesellen (n = 88 +weitere)

c) (spätes 15./16. Jahrhundert)
d) III A
e) C. Ahlmeyer, Die Bruderschaft der Schmiede in der Minoritenkirche zu Paderborn, in: Westfälische Zeitschrift 40 (1882) II, 154-162.

71.
a) Preetz (Schleswig-Holstein)
b) Schuhmachergesellen (n = ca. 3.500)
c) 1811-1889
d) III (Bruderbuch, Privatbesitz Preetz)
e) Margit Berwing, Preetzer Schuhmacher und ihre Gesellen 1750-1900, Neumünster 1983.

72.
a) Preßburg/Bratislava
b) Hutmachergesellen (n = 847)
c) 1728-1758
d) III (?, Provenienz: Staatsarchiv Preßburg)
e) Anton Špiesz, Diskussionsbemerkung, in: Internationales Handwerksgeschichtliches Symposium Veszprém 20.-24.11.1978, Budapest 1979, 86 f.

73.
a) Regensburg
b) Kupferschmiedegesellen (n = 899)
c) 1724-1805
d) III B
e) Elkar (wie Nr. 5), 272-277.

74.
a) Regensburg
b) Drechslergesellen (n = 1.294)
c) 1589-1815
d) III B
e) Elkar (wie Nr. 5), 272-277.

75.
a) Regensburg
b) Zeugmachergesellen (n = 832)
c) 1660-1804
d) III B
e) Elkar (wie Nr. 5), 272-277.

76.
a) Regensburg
b) Zimmergesellen (n = 1.073)
c) 1694-1754
d) III B
e) Elkar (wie Nr. 5), 272-277.

77.
a) Riga
b) Gesellen in der St. Johannisgilde (n = 812)
c) 1694-1863
d) IV C
e) Wissell, Bd. 1,2, 451 f.

78.
a) Riga
b) sämtliche Gewerbe (n = ca. 10.000)
c) 1749-1751, 1763, 1786-1799
d) II B/C (Fremdenangabebücher)
e) Masing (wie Nr. 48), 43-51.

79.
a) Riga
b) Huf- und Waffenschmiede (n = ca. 600)
c) 1700-1720, 1781-1795
d) III B/C (Einschreibebücher)
e) Masing (wie Nr. 48), 235 f.

80.
a) Riga
b) Zimmergesellen (n = ca. 420)
c) 1757-1799
d) III B/C (Einschreibebuch)
e) Masing (wie Nr. 48), 236 f.

81.
a) Schwedt/Oder
b) Böttchergesellen (n = 339)
c) 1684-1836
d) III C
e) Wissell, Bd. 1,2, 344.

82.
a) Soest
b) Schmiedegesellen (n = ca. 300)
c) 1715-1792
d) III (Einschreibebuch)
e) Stadtarchiv Soest Hs 90.

83.
a) Speyer
b) sämtliche Gewerbe (n = 133)
c) 1588
d) I B
e) Wesoly (wie Nr. 30), 284-286.

84.

a) Stettin

b) Kürschnergesellen (n = 12)

c) 1669

d) I C

e) Wissell, Bd. 1,2, 343.

85.

a) Straßburg

b) sämtliche Gewerbe (n = 868)

c) 1444

d) II B

e) Jean Robert Zimmermann, Les compagnons de métiers à Strasbourg du début de XIVe siècle à la veille de la Réforme, Strasbourg 1971, 135-138.

86.

a) Straßburg

b) Gerbergesellen (n = ca. 65)

c) 1550-1600

d) ? / B

e) Schulz (wie Nr. 8), 281.

87.

a) Straßburg

b) Schneidergesellen

c) (Anfang 16. Jahrhundert)

d) I B

e) Zimmermann (wie Nr. 85), 135-138.

88.

a) Tulln

b) Schuhmachergesellen (n = ca. 1.300)

c) 1459-(1600)

d) III B

e) Gerhard Jaritz, Gesellenwanderungen in Niederösterreich im 15. und 16. Jahrhundert unter besonderer Berücksichtigung der Tullner 'Schuhknechte', in: Internationales Handwerksgeschichtliches Symposium Veszprém 20.-24.11.1978, Budapest 1979, 50-61.

89.

a) Wartenberg/Schlesien (Parsow)

b) Schuhmachergesellen (n = 150)

c) 1565-1710

d) III A

e) Erwin Kaschner, Das Bruderschaftsbuch der Wartenberger Schuhknechte von 1565 bis 1710, in: Archiv für Sippenforschung 12 (1935), 11-14.

90.

a) Würzburg
b) sämtliche Gewerbe
c) 1477- (16. Jahrhundert)
d) II
e) Stadtarchiv Würzburg, Ratsbuch Nr. 4, p. 378-417; erwähnt bei Hektor Ammann, Gesellenwanderungen im Oberrhein im späten Mittelalter, in: Probleme der Geschichte und Landeskunde am linken Oberrhein, Bonn 1966, 101; Wesoly (wie Nr. 30), 288, Anm. 97.

91.
a) Zerbst/Bez. Magdeburg (DDR)
b) Buchbinder (n = 512)
c) 1693-1738
d) III B/C
e) Hermann Wäschke, Aus dem Gesellenbuch der Zerbster Buchbinder-Innung, in: Zerbster Jahrbuch 1910, 41-57.

92. a) Leipzig
b) Tuchscherergesellen (n = 92)
c) 1536
d) II B (Ratsprotokoll)
e) Helmut Bräuer, Handwerksgesellen in sächsischen Städten des 15. und 16. Jahrhunderts, Promotion B, Leipzig 1986, 39.

93. a) Oettingen
b) sämtliche Berufe
c) [1732-1806 ?]
d) II B
e) Michael Beer, Oettinger Gesellenwandern und Meisterwerden im 18. Jahrhundert, in: Wanderstab und Meisterbrief. Rieser Handwerk im Wandel der Zeit 1700-1850, Harburg (Schwaben) 1986, 15-27, hier 20 f.

ANMERKUNGEN:

(1) Treffend zum Zusammenhang von Quellen als "punktuelle(n), momentane(n) Produkte(n)", Theorien und den Schwierigkeiten bei "Fragen nach langfristigen Phänomenen, ... nach den materiellen Lebensbedingungen und ihrem langsamen Wandel" R. Koselleck, Archivalien-Quellen-Geschichten, in: 150 Jahre Staatsarchive in Düsseldorf und Münster, Düsseldorf-Münster 1982, 21-36, Zitate 30, 33. Aus dem Theorienangebot für Historiker eignen sich m.E. Elemente der Modernisierungstheorie, um das hier interessierende Wanderverhalten und dessen langfristige Veränderung zu analysieren, vgl. H.-U. Wehler, Modernisierungstheorie und Geschichte, Göttingen 1975, 39 ff.; J. Kocka, Sozialgeschichte. Begriff-Entwicklung-Probleme, Göttingen 1977, 104-107.
(2) Die ältesten Zeugnisse setzen Wanderungen der Handwerker voraus; vgl. W. Reininghaus, Die Migration der Handwerksgesellen in der Zeit der Entstehung ihrer Gilden (14./15. Jahrhundert), in: VSWG 68 (1981), 1- 21.
(3) Koselleck (wie Anm. 1), 24.

(3a) M. Mitterauer, Sozialgeschichte der Jugend, Frankfurt 1986, 17 f. hat jüngst mit Recht als sozialhistorischen Ansatz betont, die jugendliche Mobilität, also auch das Gesellenwandern, "mit spezifischen gesellschaftlichen Verhältnissen in Verbindung (zu) bringen, mit Formen der Arbeitsverfassung, ... der Familienverfassung, der Ausbildung ..." (18). Er meint mich als Kronzeugen für einen "Rekurs auf endogene Triebkräfte einer überzeitlich gleichbleibend gedachten jugendlichen Psychostruktur" bemühen zu können (18) und unterschlägt dabei, daß ich ausdrücklich "wirtschaftliche Motive in den Vordergrund gestellt" habe, vgl. Reininghaus, Entstehung (wie Anm. 12), 47. Dort betone ich auch, daß ökonomische Motive allein nicht hinreichend das Wandern erklären, sondern weitere Faktoren hinzutreten müssen.

(4) Arbeiten zu Wanderungen im Industrialisierungsprozeß (vgl. Anm. 86) wurden bislang meistens auf einem relativ hohen Abstraktionsniveau geführt. Der quellennahen und materialintensiven Studie von H. Bräuer, Gesellenmigration in der Zeit der industriellen Revolution, Karl-Marx-Stadt 1982 können kaum vergleichbare Arbeiten an die Seite gestellt werden.

(5) Vgl. J. Brockstedt (Hg.), Regionale Mobilität in Schleswig-Holstein. Theorien, Fallstudien, Quellenkunde, Bibliographie, Neumünster 1979.

(6) Zu den angesprochenen Periodisierungsfragen: St. Skalweit, Der Beginn der Neuzeit. Epochengrenze und Epochenbegriff, Darmstadt 1982.

(7) Wanderung und Migration benutze ich synonym; beides verstehe ich als Sonderfall der horizontalen oder regionalen Mobilität.

(8) Vgl. z.B. K. Horstmann, Zur Soziologie der Wanderungen, in: Handbuch der empirischen Sozialforschung, Bd. 5, Stuttgart 1976 (2), 104-182, hier: 141 ff.; K. Marel, Inter- und intraregionale Mobilität, Neuwied 1980, 73 ff.

(9) K. Wesoly (wie Anhang Nr. 30), 84-98.

(10) A. Chatelain, Les migrations temporaires françaises au XIXe siècle, in: Annales de démographie historique 1967, 9-28; J.P. Poussou, Les mouvements migratoires en France et à partir de la France de la fin du XVe siècle au début du XIXe siècle, in: Annales de démographie historique 1970, 11-78, hier: 64; Horstmann (wie Anm. 8), 135-140.

(11) B. Geremek, Les salariés et la salariat dans les villes au cours du Bas Moyen Age, in: Troisième conférence internationale d'histoire économique, Bd. 1, Paris 1968, 553-574, hier. 569 f.; ders., Le salariat dans l'artisanat Parisien aux XIIIe-XVe siècle, Paris 1968, 138-142; vgl. auch M. Mitterauer, Gesindedienst und Jugendphase im europäischen Vergleich, in: Geschichte und Gesellschaft 11 (1985), 177-204, 200 f.

(12) Die Materialsichtung in den Arbeiten von Rudolf Wissell z.B. geht davon aus; in meinem Buch Die Entstehung der Gesellengilden im Spätmittelalter, Wiesbaden 1981, habe ich gleichfalls diesen Rahmen gewählt.

(13) H. Proesler, Das gesamtdeutsche Handwerk im Spiegel der Reichsgesetzgebung von 1530 bis 1806, Berlin 1954.

(14) Beispiele bei B. Roemisch, Ein Jahrtausend deutsches Handwerkschaffen in Skandinavien, Würzburg 1943, 4-8, 58, 107 f. (12.- 16. Jahrhundert); J. Schreiner, Der deutsche Schuhmacher in Bergen, in: Hansische Geschichtsblätter 81 (1963), 124-129.

(15) H.J. Braun, Technologische Beziehungen zwischen Deutschland und England von der Mitte des 17. bis zum Ausgang des 18. Jahrhunderts, Düsseldorf 1974, 22-28 (16./17. Jh.).

(16) A. Doren, Deutsche Handwerker und Handwerkerbruderschaften im mittelalterlichen Italien, Berlin 1903, 17 ff., 83 ff.; C. Paoli, Urkunden zur Geschichte der deutschen Schusterinnung in Florenz, in: MIÖG 8 (1887), 455-476; ergänzende Hinweise zu Bäckern und Schuhmachern aus Deutschland in italienischen Städten des

Spätmittelalters durch L. Schmugge im Verlauf der Salzburger Tagung.

(17) Vgl. R. Sprandel, Die Ausbreitung des deutschen Handwerks im mittelalterlichen Frankreich, in: VSWG 51 (1964), 66-100; Pallach (wie Anm. 84), 377.

(18) Vgl. Anhang Nr. 42, 77-80; A. Zeida, Das Wandern der Gesellen und seine Bedeutung in Riga vom 14. bis ins 18. Jahrhundert, in: Hansische Studien 3, Weimar 1975, 233-252; F. Valjavec, Geschichte der deutschen Kulturbeziehungen zu Südosteuropa, Bd. 3, München 1958, 76 f.

(19) Vgl. Anhang Nr. 38 und Anm. 52.

(20) K. Schulz (wie Anhang Nr. 8), 289-295.

(21) Zur Problematik vgl. W. Reininghaus, Handwerk und Archive, in: Archiv und Wirtschaft 18 (1985), 51-54, hier 51 f.

(22) Marel (wie Anm. 8), 38-42 zu diesen "Wanderungsdaten". R.S. Elkar hat die "Analyse der regionalen Herkunft der Gesellen" in den Mittelpunkt der Auswertung von Datenmaterial zu den Gesellenwanderungen gestellt; ders., Umrisse einer Geschichte der Gesellenwanderungen im Übergang von der Frühen Neuzeit zur Neuzeit, in: ders. (Hg.), Deutsches Handwerk in Spätmittelalter und Früher Neuzeit, Göttingen 1983, 85-116 (103). Mittlerweile hat Elkar erste umfassende Ergebnisse vorgelegt; vgl. Anhang 5, 59-69, 73-76.

(23) F. Irsigler, Stadt und Umland in der historischen Forschung: Theorien und Konzepte, in: N. Bulst u.a. (Hgg.), Bevölkerung, Wirtschaft und Gesellschaft. Stadt-Land-Beziehungen in Deutschland und Frankreich 14. bis 19. Jahrhundert, Trier 1983, 13-38, Zitate 21 f.

(24) K.J. Bade, Altes Handwerk, Wanderzwang und Gute Policey: Gesellenwanderung zwischen Zunftökonomie und Gewerbereform, in: VSWG 69 (1982), 1-37, hier: 11 f.

(25) H. Moser, Die Steinmetz- und Maurerzunft in Innsbruck von der Mitte des 15. bis zur Mitte des 18. Jahrhunderts, Innsbruck 1973, 14-34; V. Segers, Studie zur Geschichte der deutschen Steinmetzenbruderschaft, phil. Diss. Berlin 1980.

(26) K. Schwarz (wie Anhang Nr. 11), 46, siehe auch Anhang Nr. 13; instruktiv: W. Gerber, Die Bauzünfte im alten Hamburg, Hamburg 1933, 46 ff. In Frankfurt waren 1762 die Gruppen der einheimischen bzw. fremden Maurer- und Weißbindergesellen annähernd gleich groß (Anhang Nr. 26); vgl. ferner S. Kube, Im Schatten der Residenz. Zu Lebensbedingungen und Lebensweise werktätiger Schichten in Dresden insbesondere während des 18. Jahrhunderts, in: R. Weinhold (Hg.), Volksleben zwischen Zunft und Fabrik, Berlin/DDR 1969, 251-284, hier: 269 f.; H. Schultz, Zur Herausbildung der Arbeiterklasse am Beispiel der mittleren ostelbischen Handelsstadt Rostock (1769-1870), in: Jb f. Geschichte 13 (1975), 153-201, hier 161.

(27) Vgl. Anhang Nr. 67, 76, 80.

(28) Vgl. Anhang Nr. 50, 88.

(29) Vgl. Anhang Nr. 2 sowie A. Grießinger, Das symbolische Kapital der Ehre, Frankfurt usw. 1981, 153 für Stuttgart.

(30) Vgl. Anhang Nr. 15,16, 41, 56.

(31) Zur Weiträumigkeit der Kürschnerwanderungen: Anhang Nr. 26, 36, 45, 53, 63; vgl. ferner Zimmermann (wie Anhang Nr. 85), 135, sowie R. Delort, Le commerce des fourrures en occident à la fin du moyen âge (vers 1400 - vers 1450), 2 Bde., Rom, 1978.

(32) Vgl. Anhang Nr. 7, 86, 24.

(33) Reininghaus (wie Anm. Nr. 12), 64 mit Anm. 369 (weitere Nachweise).

(34) Vgl. Anhang Nr. 8; ähnlich in Luzern (Anhang Nr. 53) und München (Anhang Nr. 56); zum Nichtwandern der Bäcker vgl. Emig (wie Anhang Nr. 21), 208.

(35) Vgl. Anhang Nr. 1, 6, 28.

(36) Vgl. Schulz (wie Anhang Nr. 8), 129-162.

(37) Vgl. Anhang Nr. 26, 34, 56, 61, 79.

(38) Viele Einzelbelege bei M. Pieper-Lippe, Zinn im nördlichen Westfalen, Münster 1980. Über die internationalen Verbindungen der Goldschmiede informierten in jüngster Zeit u.a. zwei Ausstellungen, dazu die Kataloge "Welt im Umbruch". Augsburg zwischen Renaissance und Barock, Bd. 2, Augsburg 1980, 51-54, 284-432; Wenzel Jamnitzer und die Nürnberger Goldschmiedekunst 1500-1700, Nürnberg 1985, darin: G. Schiedlausky, Die Nürnberger Goldschmiedekunst als Forschungsaufgabe, 37-55 mit 40 f., Anm. 33.

(39) W. Reininghaus, Die Gesellenvereinigungen am Ende des Alten Reiches, in: U. Engelhardt (wie Anhang Nr. 5), 219-241, hier 224; ergänzend W. Stieda, Das Amt der Zinngießer in Rostock, in: Jb. des Vereins für mecklenburgische Geschichte und Altertumskunde 53 (1888), 131-188, hier: 147, 187.

(40) Schulz (wie Anhang Nr. 8), 392-400; vgl. G. Schmoller, Die Strassburger Tucher- und Weberzunft. Urkunden und Darstellung. Ein Beitrag zur Geschichte der deutschen Weberei und des deutschen Gewerberechtes vom XIII.- XVII. Jahrhundert, Straßburg 1879, 450 ff.

(41) Vgl. Anhang Nr. 4, 22; vgl. V. Haertel, Die Augsburger Weberunruhen 1784 und 1794 und die Struktur der Weberschaft Ende des 18. Jahrhunderts, in: Zeitschrift des Historischen Vereins für Schwaben 64/65 (1971), 121-268; W. Troeltsch, Die Calwer Zeughandelskompanie und ihre Arbeiter, Jena 1897, 208.

(42) Anhang Nr. 33, 38, 58. O. Domonkos hat mehrfach diesen Aspekt betont; ders., Wanderrouten ungarischer Handwerksgesellen und deren Bedeutung für den technischen Fortschritt, in: Jahrbuch für Wirtschaftsgeschichte 1982 I, 99-111, u. ders., 1783-1983. Zum zweihundertjährigen Jubiläum der Blaudruck-Werkstatt von Kluge in Papa, Papa 1983, 10-12.

(43) Anhang Nr. 17-19, 29, 39, 40, 56 (Kistler), 66. Von internationalen Zusammenhängen im Tischlerhandwerk handelt neben anderem M. Stürmer, Handwerk und höfische Kultur. Europäische Möbelkunst im 18. Jahrhundert, München 1982.

(44) Anhang Nr. 10, 20, 23, 27, 45, 52, 54, 55, 91.

(45) Anhang Nr. 58; vgl. W. Reuter, Zur Wirtschafts- und Sozialgeschichte des Buchdruckgewerbes im Rheinland bis 1800, in: Archiv für Geschichte des Buchwesens 1 (1958), 642-736, hier 695; Einzelbeispiele bei W. Krahl, Der Verband der Deutschen Buchdrucker, Bd. 1, Berlin 1916, 45-156.

(46) Kaufhold (wie Anhang Nr. 43), 76.

(47) H. Ammann, Vom Lebensraum der mittelalterlichen Stadt, in: Studien zur deutschen Landeskunde. FS. F. Huttenlocher, Bad Godesberg 1963, 284-316, 313 f.; ders., Wirtschaftsbeziehung zwischen Oberdeutschland und Polen, in: VSWG 48 (1961), 433-443, 439; ders., (wie Anhang Nr. 90). Zum hansischen Raum A. von Brandt, Die Stadt des späten Mittelalters im hansischen Raum, in: Hansische Geschichtsblätter 96 (1978), 1-14, 12, sowie vor allem Th. Penners, Forschungsfragen zur mittelalterlichen Wanderungsgeschichte in Norddeutschland, in: Studium generale 9 (1956), 500-503; ders., Fragen der Zuwanderung in den Hansestädten des späten Mittelalters, in: Hansische Geschichtsblätter 83 (1965), 12-45.

(48) Anhang Nr. 1, 26, 28, 29, 50.

(49) W. Reininghaus, Vereinigungen der Handwerksgesellen in Hessen-Kassel vom 16. bis zum frühen 19. Jahrhundert, in: Hessisches Jahrbuch für Landesgeschichte 31 (1981), 98-148, vor allem 121-139.

(50) Diese Grenze war ja zugleich Sprachgrenze.

212

(51) Reininghaus (wie Anm. 2); Schulz (wie Anhang Nr. 8), 275-288.

(52) Anhand der Aufgebotsregister im Stadtarchiv Amsterdam (=GAA) kann exemplarisch die enge Verbindung zwischen den Niederlanden und Westfalen im 17./18. Jahrhundert nachgewiesen werden; vgl. die Auswertung bei H. Diederichs, Amsterdam 1600-1800. Demographische Entwicklung und Migration, in: W. Ehbrecht/H. Schilling (Hgg.), Niederlande und Nordwestdeutschland, Köln 1983 (FS F. Petri zum 80. Geburtstag), 328-346. Aus "westfälischer" Sicht immer noch: B. Kuske, Wirtschaftsgeschichte Westfalens in Leistung und Verflechtung mit den Nachbarländern bis zum 18. Jahrhundert, 2. Aufl. Münster 1949, 20-22; vgl. Anhang Nr. 38.

(53) M. Pieper-Lippe/O. Aschauer, Oberdeutsche Bauhandwerker in Westfalen. Untersuchungen zur gewerblichen Wanderbewegung, besonders vom 17. bis zum 19. Jahrhundert unter Einbeziehung des Wanderhandels, in: Westfälische Forschungen 20 (1967), 119-193.

(54) Vgl. Anhang Nr. 11-18, 39-40, 50, 82.

(55) Vgl. Anhang Nr. 78-80.

(56) St. Hochstadt, Migration in Preindustrial Germany, in: Central European History 16 (1983), 195-224, 216 f. (Würzburg); Masing (wie Anhang Nr. 51), 251 f.; zur konfessionellen Bindung von Migrationen vgl. ferner U.S. Wagner, Die Zuwanderung nach Mergentheim im 17. Jahrhundert, in: Mainfränkisches Jb. für Geschichte und Kunst 31 (1979), 88-107, 96; Bade (wie Anm. 24), 15 f.; Valjavec (wie Anm. 18), 118 f.

(57) Luzern: A.-M. Dubler, Handwerk, Gewerbe und Zunft in Stadt und Landschaft Luzern, Luzern/Stuttgart 1982, 135, 137; Pieper-Lippe/Aschauer (wie Anm. 53), 159; Kassel: wie Anhang Nr. 44; Berlin: H. Schultz, Die Herkunft der Berliner Handwerker im 18. Jahrhundert, in: II. Internationales Handwerksgeschichtliches Symposium, Veszprém 1983, 49-62, 54 f.

(58) Anhang Nr. 16; zur konfessionellen Entwicklung in Pfalz-Zweibrücken: H. Ammerich, Landesherr und Landesverwaltung. Beiträge zur Regierung von Pfalz-Zweibrücken am Ende des Alten Reiches, Saarbrücken 1981, 95-98.

(59) Pieper-Lippe/Aschauer (wie Anm. 53), 121, 124, 157, 159 u.ö.; vgl. auch E. Drumm, Die Einwanderung Tiroler Bauhandwerker in das linke Rheingebiet 1660-1730, Zweibrücken 1950; F. Mainzer, Tiroler Bauhandwerker im eichsfeldischen Raum, Lingen 1959; H. Zatschek, Zur Methodik der Gewerbegeschichtsforschung, in: Aus Verfassungs- und Landesgeschichte. Fs. Th. Mayer, Konstanz 1955, Bd. 2, 347-362, 359 ff. (Westfalen in Wien).

(60) Vgl. Anhang Nr. 50, dazu H.H. Blotevogel, Zentrale Orte und Raumbeziehungen in Westfalen vor der Industrialisierung (1780-1850), Münster 1975, 171 ff.

(61) R. Stahlschmidt, Die Geschichte des eisenverarbeitenden Gewerbes in Nürnberg von den ersten Nachrichten im 12./13. Jahrhundert bis 1630, Nürnberg 1971, 161-166 mit weiteren Belegen 163.

(62) F. Fischer, Die blauen Sensen. Sozial- und Wirtschaftsgeschichte der Sensenschmiedezunft Kirchdorf-Micheldorf bis zur Mitte des 18. Jahrhunderts, Köln-Graz 1966, 64.

(63) F. Pichler, Die Wanderdokumente der Handwerksgesellen, in: Mitteilungen des Steiermärkischen Landesarchives, Folge 19/20 (1970), 89-111; Wissell (wie Anhang Nr. 19), 312-315; K. Stopp, Die Handwerkskundschaften mit Ortsansichten. Beschreibender Katalog der Arbeitsattestate wandernder Handwerksgesellen (1731-1830), Bd. 1: Allgemeiner Teil, Stuttgart 1982; vgl. M. Meyer, Geschichte der preußischen Handwerkerpolitik, Bd. 1, Minden 1884 (ND 1972), 123 u. 147 (1645 bzw. 1688); M. Graf-Fuchs, Das Gewerbe und sein Recht in der Landschaft Bern bis 1798, Bern 1940, 104 (1699 Einführung von Pässen); Pallach (wie Anm. 84), 386-394.

213

(64) Masing (wie Anhang Nr. 51), 247 f.; G.v. Schmoller, Umrisse und Untersuchungen zur Verfassungs-, Verwaltungs- und Wirtschaftsgeschichte besonders des preußischen Staates im 17. und 18. Jahrhundert, Leipzig 1898 (ND 1974), 396 f. (für Hamburg).

(65) Für Preußen: Schmoller (wie Anm. 64), 373, 399; Österreich: K. Pribram, Geschichte der österreichischen Gewerbepolitik von 1740 bis 1860, Bd. 1: 1740 bis 1798, Leipzig 1907, 249 f., 330., 422 f.; Pichler (wie Anm. 63), 100 f.; vgl. für andere Territorien Emig (wie Anhang Nr. 21), 206, 391-393.

(66) D. Kremer, Das Wanderbuch des Weißgerbergesellen Georg Friedrich Agatz aus Weismain aus den Jahren 1810-1812, in: 100. Bericht des Historischen Vereins f. d. Pflege der Geschichte des ehemaligen Fürstentums Bamberg 1964, 529-549, 543. Vgl. auch F. Schmitt, Das Mainzer Zunftwesen und die französische Herrschaft, Diss. Frankfurt 1929, 36 f.; R. Berleung, Entwicklungsgeschichte des Arbeitsvertrages in den deutschen Territorien seit dem Reichsschluß von 1731 bis zur Einführung der Reichsgewerbeordnung von 1870/71, Diss. München 1906, 28 (München 1802).

(67) Bräuer (wie Anm. 4), 25 für das frühe 19. Jahrhundert.

(68) Rust (wie Anhang Nr. 25), 130; Paul Horster, Die Entwicklung der sächsischen Gewerbeverfassung (1780-1861), Krefeld 1908, 36; Dubler (wie Anm. 57), 260 f.; vgl. ferner W. Neuhaus, Hersfelder Tuch. Beiträge zur Geschichte des Hersfelder Wollgewerbes, Bad Hersfeld 1952, 49 (Aufhebung des Wanderzwangs für hessische Landstädte); Berwing (wie Anhang Nr. 71), 140.

(69) Schulz (wie Anhang Nr. 8), 209 ff., 196 ff.; B. Habicht, Stadt- und Landhandwerk im südlichen Niedersachsen im 18. Jahrhundert, Göttingen 1983, 233, in Zusammenfassung seiner differenzierten Untersuchungen über "die Bedingungen des Zugangs zum Gewerbe der Städte" (196 ff.).

(70) Diese These bedarf der empirischen, nach einzelnen Gewerben und Regionen unter Einschluß des Landhandwerks unterscheidenden Überprüfung; vorbildliche Aufarbeitung des Materialien bei A. Steinkamp, Stadt- und Landhandwerk in Schaumburg-Lippe im 18. und beginnenden 19. Jahrhundert, Rinteln 1970.

(71) O.K. Roller, Die Einwohnerzahl der Stadt Durlach im 18. Jahrhundert in ihren wirtschaftlichen und kulturgeschichtlichen Verhältnissen dargestellt aus ihren Stammtafeln, Karlsruhe 1907, 281-329, vor allem 317 ff.

(72) Kaufhold (wie Anhang Nr. 43), 61.

(73) J. Krause, Das Meisterbuch der Dresdner Fleischerinnung, in: Archiv für Sippenforschung 18 (1941), 106-109, 133-137, 156-169. Ein ähnlicher Befund bei W. Schaub, Städtische Familienformen in sozialgenealogischer Sicht (Oldenburg 1743/1870), in: W. Conze (Hg.), Sozialgeschichte der Familie in der Neuzeit Europas. Neue Forschungen, Stuttgart 1977, 292-345, 314: Handwerker regional und sozial immobiler als Kaufleute, insbesondere aufgezeigt an ihrer Berufs- und Werkstattvererbung.

(74) H. Pönicke, Studien zur Wanderungen sächsisch-thüringischer Handwerker in die baltischen Provinzen im 18. und 19. Jahrhundert, Hamburg 1964, 61 f.

(75) Beispiele für Anwerbungen im Rahmen von landesherrlicher Wirtschaftspolitik und Aufnahme von Religionsflüchtlingen bei O. Dascher, Das Textilgewerbe in Hessen-Kassel vom 16. bis 19. Jahrhundert, Marburg 1968, 31-41.

(76) Vgl. R. Forberger, Die Manufaktur in Sachsen vom Ende des 16. bis zum Anfang des 19. Jahrhunderts, Berlin/DDR 1958, 121-123. Zur Differenzierung zwischen Gesellenwanderung und Zuzug vom Manufakturiers Bräuer (wie Anhang Nr. 22), 85 mit 89, Anm. 46. Bräuer betont, daß die "Manufakturiers" Arbeitsinstrumente mitführten.

(77) Ausführlich zur Typologie Chatelain (wie Anm. 10); vgl. R.J. Mols, Introduc-

tion à la démographie historique des villes d'Europe du XIV au XVIII siècle, Gembloux 1954/56, Bd. 2, 340-344; J. Albrecht, Soziologie der geographischen Mobilität, Stuttgart 1972, 50 ff.

(78) Reininghaus (wie Anm. 49), 131.

(79) E. Heinemeyer/H. Ottenjann, Alte Bauernmöbel. Volkstümliche Möbel aus dem nordwestlichen Niedersachsen, Leer 1978, 35-44; F.W. Jaspers/H. Ottenjann, Volkstümliche Möbel aus dem Ammerland, Cloppenburg 1983, Textteil, 34.

(80) J. Naumann, Arbeitswelt und Lebensformen des Bauhandwerks im wittgensteinischen Territorialstaat der Neuzeit (1550-1850), Diss. Marburg 1972, 280 ff. zum Wirkungskreis anhand von Hausinschriften.

(81) Vgl. Pieper-Lippe/Aschauer (wie Anm. 53).

(82) J. Tack, Die Hollandsgänger in Hannover und Oldenburg. Ein Betrag zur Geschichte der Arbeiterwanderung, Leipzig 1902; neuerdings: J. Mooser, Ländliche Klassengesellschaft 1770-1848, Göttingen 1984, 47, 242; R. Schüren, Stadt und ländliche Industrialisierung. Sozialer Wandel in zwei Dörfern einer deutsch-niederländischen Textilgewerberegion 1830-1914, Dortmund 1985, 13 f.

(83) Bräuer (wie Anm. 4), 20 f.

(84) Hochstadt (wie Anm. 56), 203 ff. berechnet "minimum migration rates" von 3-8%, vermutlich über 10 %, muß aber selbst hohe Unsicherheitsfaktoren zugeben. Treffend bereits Mols (wie Anm. 77), Bd. 1, 259 zur Unvollkommenheit der Statistik. U.-C. Pallach, Fonction de la mobilité artisanale et ouvrière-compagnons, ouvriers et manufacturiers en France et aux Allemagnes (17e-19e siècles). Première partie: De la fin du 17e siècle au début de l'époque révolutionnaire en 1789, in: Francia 11 (1983), 365-406 [bisher mehr nicht erschienen], mit Überlegungen zur Quantifizierung ebd., 378-383.

(85) P. Kriedte/H. Medick/J. Schlumbohm, Industrialisierung vor der Industrialisierung, Göttingen 1978, 175 f. zur mobilitätshemmenden Wirkung von Protoindustrie; H. Medick, Zur strukturellen Funktion von Haushalt und Familie im Übergang von der traditionellen Agrargesellschaft zum industriellen Kapitalismus: die protoindustrielle Familienwirtschaft, in: Conze (wie Anm. 73), 254-282, sieht 273, Anm. 56 eine Tendenz zum Verschwinden des traditionellen handwerklichen Wanderungsverhaltens als Auswirkung hausindustrieller Produktion.

(86) Für den Zeitraum, den A. Redford, Labour Migration in England, 1800-1850, Manchester 1926, behandelte, steht eine umfassende Monographie zur Migration in Deutschland aus; vgl. aber die Aufsätze von W. Köllmann, wiederabgedruckt in: Bevölkerung in der industriellen Revolution, Göttingen 1974, sowie D. Langewiesche, Mobilität in deutschen Mittel- und Großstädten. Aspekte der Binnenwanderung im 19. und 20. Jahrhundert, in: W. Conze/U. Engelhardt (Hgg.), Arbeiter im Industrialisierungsprozeß, Stuttgart 1979, 70-93 (dort weitere Literatur). Siehe auch Bade (wie Anm. 24), 9 f. zum "Nebeneinander von Gesellenwanderung und frühindustrieller Arbeiterwanderung".

(87) Elkar (wie Anhang Nr. 5), 265, ebd. 263-267: Erörterung der Quellen.

(88) Bräuer (wie Anm. 4), 10 mit Anm. 11, 12 zur Auswertung von (in großer Zahl vorliegenden) Wanderbüchern und vergleichbaren Quellen.

(89) Für Unterstützung bei der Beschaffung von Material habe ich den Kollegen Dr. Klaus Schwarz (Staatsarchiv Bremen), Dr. Hans Nordsiek (Kommunalarchiv Minden), Herbert Stöwer (Stadtarchiv Lemgo) und Dr. Manfred Huiskes (Historisches Archiv der Stadt Köln) herzlich zu danken.

ZUR WANDERUNGSMOTIVATION SÄCHSISCHER HANDWERKSGESELLEN IM 15./16. JAHRHUNDERT
Quellenbefund – theoretische Erörterungen – Hypothesen

HELMUT BRÄUER

Handwerksgesellenwanderungen sind ein historisches Phänomen, das den Zeitgenossen zu vielfachen Reflexionen Anlaß gab und seither auch die Forschung immer wieder beschäftigte, wenngleich deren Ergebnisse oft recht kontrovers ausfielen. Wurde dabei die Frage nach den Beweggründen, den ursächlichen und den spontan auslösenden Impulsen für das Wandern gestellt, so führten die Antworten vor allem in sozial- und wirtschaftsgeschichtliche, politische, ebenso aber in bildungs- und kulturgeschichtlich-volkskundliche Bereiche (1).

Wanderungen der Handwerksgesellen und ihre Motivationen erweisen sich als Erscheinungen, die monokausal schlechterdings nicht erklärbar sind; daher ist es angebracht, die dialektischen Beziehungen zwischen Ökonomie, Politik und Ideologie in und mit ihren sozialen Konsequenzen für diese spezielle Fragestellung zu prüfen.

Als Untersuchungsraum wird Obersachsen gewählt, das im 15./16. Jahrhundert eine nicht unerhebliche Wandertätigkeit kannte, die sich unter folgenden Rahmenbedingungen vollzog:

1. Der Territorialstaat konsolidierte sich und erreichte gegen Mitte des 16. Jahrhunderts relative Geschlossenheit und Stabilität; das fand seinen Ausdruck in frühabsolutistischen Phasen (Herzog/Kurfürst Moritz, Kurfürst Christian I.) und intensivem inneren Landesausbau (Herzog Georg, Kurfürst August).

2. In dem städtereichen Gebiet war die kleine gewerbliche Warenproduktion seit Mitte des 15. Jahrhunderts sprunghaft gewachsen, hatte eine breite, differenzierte und spezialisierte Gewerbepalette mit Wirtschaftszentren in Zwickau (Tuch), Chemnitz (Leinen), Leipzig (Leder) und Waldenburg (Töpfereiwaren) ausgebildet.

Leipzig und Naumburg spielten als Großmärkte und Finanzplätze eine Rolle.

3. Das Landhandwerk war seit dem Ausgang des 15. Jahrhunderts zu auffälliger Blüte gelangt.

4. Seit dem letzten Drittel des 15. Jahrhunderts vollzog sich in der Erzgewinnung und -verhüttung eine stürmische Entwicklung, die wesentlich dazu führte, daß sich in diesem Wirtschaftsbereich, bald darauf aber

auch in der Textilproduktion und im Buchdruck frühkapitalistische Produktionsprinzipien durchsetzten. Sie repräsentierten wohl den sozialökonomischen Fortschritt, vermochten allerdings den quantitativen Primat der kleinen gewerblichen Warenproduktion nicht zu zerstören.

5. Von Obersachsen nahm – mit der lutherischen Reformation beginnend – der Prozeß der deutschen frühbürgerlichen Revolution seinen Ausgang, der die Feudalgesellschaft sehr nachhaltig erschütterte und welthistorisch den Übergang zum Kapitalismus einleitete (2).

Auf dem Boden dieser hauptsächlichen gesellschaftlichen Realitäten haben die Wanderungen der Handwerksgesellen stattgefunden, und nur in diesem Kontext ist die Ermittlung, Beschreibung und Analyse der Wanderungsmotivation sinnvoll. Dabei gilt es, einem Beziehungsgeflecht Aufmerksamkeit zu schenken, das

1. vom entsprechenden Stand der Entwicklung der kleinen Warenproduktion in Korrelation zum jeweiligen Ausprägungsgrad der Zunft,

2. von der Ausbildung eines politisch-administrativen Systems von feudaler und städtischer Obrigkeit und

3. von den individuellen Veranlagungen, Neigungen, Vorstellungen und Zwängen der Gesellen bestimmt wurde, jedoch auch weitere Elemente – etwa die Entwicklung und Wirksamkeit von Gesellenorganisationen, konfessionelle Probleme oder konkrete historische Einzelereignisse – tangieren oder einschließen konnte.

Die ökonomische Wurzel der Gesellenwanderung ist an jener Stelle zu suchen, an der die Entwicklung der Produktivkräfte mit den Prinzipien der Zunft zu kollidieren begann. All die Maßnahmen, die im Laufe von vielen Jahrzehnten entwickelt wurden, um dem Grundanliegen der Zunft zu entsprechen, "das korporative Eigentum, die feudale Organisation des Handwerks" und das Eigentum in Gestalt "der Arbeit jedes Einzelnen" (3) zu sichern (4), mußten sich wohl auf längere Zeit in ihrer Wirkung als Illusion erweisen, spielten aber dennoch als soziale Faktoren eine Rolle.

Seit dem 15. Jahrhundert sind in wachsendem Maße solche zünftigen Einschränkungen zu beobachten, die dann gegen die Mitte des 16. Jahrhunderts zu vielfacher "Schließung" von Handwerken führten. Frühestens in diesem Zusammenhang – in Freiberg z.B. 1536 bei Tuchmachern, 1542 bei Leinewebern, 1544 bei Hutmachern oder 1548 bei Riemern (5) – ist von einem "Wanderzwang" die Rede; territorialstaatlicherseits erfolgte dessen Sanktionierung für Sachsen erst 1661 (6). Bei den Leipziger Gürtlern und Nadlern kann dieser Vorgang für die erste Hälfte des 16. Jahrhundert belegt werden; während die Artikel von 1484 keine diesbezüglichen Bestimmungen enthielten, wurde 1565 fixiert, daß der fremde Geselle nach der Lehre zwei Jahre am Ort gearbeitet haben und zwei Jahre gewandert sein mußte, bevor die Mutung erfolgen konnte (7).

Es erhebt sich folglich die Frage, wodurch die Wanderbewegung seit ihrer ersten quellenmäßigen Erfaßbarkeit in sächsischen Städten motiviert war.

Unmittelbare Aussagen dazu fehlen in den zeitgenössischen Dokumenten. Viele Gewerbe schrieben allerdings schon eine Wartezeit zwischen Losspruch des Lehrlings und der Mutung vor; sie betrug 1451 bei den Dresdner Fleischern ein Jahr (8), 1489 bei den Rochlitzer Tuchmachern drei Jahre; im 16. Jahrhundert wurde sie generell erheblich erweitert (9).

Indem sich jene Zeitspanne vergrößerte, prallten die subjektiven Gesellenwünsche auf die objektiven Realisierungsmöglichkeiten der Zünfte. Das dürfte das Interesse an den nachbarlichen oder ferneren Regionen und ihren ökonomischen Möglichkeiten geweckt haben, woran sich der Vergleich mit den Gegebenheiten in der eigenen Stadt anschloß. Auf der Suche nach den Wandermotivationen wird man der Frage, ob die materiellen und geistigen Existenzbedingungen den Gesellen anderswo günstiger erschienen, einen besonderen Spielraum zumessen müssen.

Unterstellen wir, daß das individuelle Grundanliegen einer jeden Gesellenexistenz unter den Bedingungen der Vorherrschaft der kleinen gewerblichen Warenproduktion die Meisterperspektive war, so erweist sich angesichts der bereits im 15. Jahrhundert beklagten relativ hohen Ausbildungsquote und der dadurch im Verhältnis zur Anzahl der Meisterstellen wachsenden Gesellenzahl (10) sowie der lokal beträchtlich unterschiedlichen Bedingungen und statutarischen Vorschriften die Suche nach den günstigsten Voraussetzungen für die Meisterschaft als starker Anreiz zum Wandern. Noch bis ins dritte Drittel des 16. Jahrhunderts bestanden bei den Leipziger Schustern solche anziehenden Regelungen, daß schließlich der Zustrom von Gesellen mit obrigkeitlichen Mitteln gebremst werden mußte (11). Einerseits konnten die Bestimmungen über das Meisterstück (12), andererseits über den Bürgerrechtserwerb (13) besonders attraktiv sein. Dazwischen lagen viele andere differenzierte Festsetzungen, so daß das Bemühen der Handwerker um die Nivellierung lokaler Unterschiede ganz allgemeiner Art und völlig begreiflich war (14).

Die zum Wesen der Zunft gehörige Bevorteilung der Familienangehörigen eröffnete den nicht aus dem Handwerk stammenden Gesellen Einheiratungsgelegenheiten, den Meistersöhnen darüber hinaus ökonomische Wachstums- oder Stabilisierungschancen (15). Das hat die Wanderbereitschaft gefördert.

Die erheblich differenzierten sozialökonomischen Verhältnisse zwischen einzelnen Regionen eines politischen Territoriums bzw. zwischen verschiedenen größeren geographischen Räumen schlossen Probleme des Arbeitsplatzangebotes ein (16), die gewerbespezifisch, im Stadt-Land-Verhältnis begriffen, aber auch zeitlich bestimmt sein konnten (17). Um die Mitte des 16. Jahrhunderts schied beispielsweise der Hauptbrief der sächsischen Schneider die Städte in "vornehme" wie Leipzig, Zwickau, Dresden, Chemnitz, Annaberg etc., in denen die Meister drei Gesellen beschäftigen durften, und in "geringere" (Pegau, Colditz, Oederan, Mittweide etc.); hier waren nur zwei Gesellen pro Meister erlaubt (18). Diese Differenziertheit in der "Attraktivität" der Städte (19) hatte verständlicherweise mobilitätsfördernde Folgen, selbst wenn – meist aber vergeblich – immer wieder erneut von den Zünften Versuche unternommen wurden, die aus der Wirtschaftsentwicklung resultierenden territorial unterschiedlichen gewerbeinternen Regelungen abzubauen, wie etwa zwischen österreichischen und sächsischen Städten geschehen (20).

Regionale und gewerbestrukturelle Unterschiede im Arbeitsplatzangebot waren häufig mit beträchtlichen Qualitätsdifferenzen zwischen den einzelnen Arbeitsstellen verbunden; sie hingen nicht selten mit der innerzünftigen sozialen Differenziertheit und dem von Meister zu Meister ungleich gehandhabten Faktor der persönlichen Inanspruchnahme und Nutzung der Gesellenarbeitskraft – letztlich dem Ausbeutungsgrad – zusammen (21).

Magnetwirkung auf die Gesellen übte stets die Spezialitätenproduktion aus, die ihre Ausstrahlung auch über weite Entfernung zu lenken vermochte und oft eine hohe Wanderungsdichte bewirkte, wie am Beispiel der Brezelbäckerei im böhmischen Kaden gezeigt werden kann (22).

In ähnlicher Weise griffen soziale Faktoren in die Wanderbewegung ein. Leipziger Zimmergesellen warfen beispielsweise 1555 ihren Meistern vor, daß jene selbst dafür verantwortlich seien, wenn Fremde nicht am Ort bleiben wollten: "Man hat vor zeiten ein gesellen ein nösel bier vber die maltzeit geben, Itzunder wollen sie ime kam (kaum) kovent geben. Daraus ervolget, das auch die gesellen in andren Stedten vns hie kovent knechte schelten" (23). 1549 beklagten die Hutmacher aus 16 sächsischen Städten die Haltung der Leipziger Gesellen, die eine Unterbringung im Hause des Meisters der verordneten Herberge vorzogen, weil dort die Mahlzeit 8 d und die Übernachtung 1 d kostete (24). Entlohnungsprobleme (25) und Arbeitszeit (26), vor allem im Zusammenhang mit der äußerst unterschiedlichen und sich häufig wandelnden Handhabung des sog. blauen Montags, stellten gleichfalls Momente dar, die auf die Wanderbereitschaft einwirkten. Natürlich setzte das einen entsprechenden Informationsfluß

– das Bekanntsein der anderen Verhältnisse und das Bewußtsein von der Nutzbarkeit dieser anderen Gegebenheiten – voraus, doch der fand – sehr zum Leidwesen der Meister – bei Ankunft fremder Gesellen oft recht ausgiebig statt (27).

Auch das sog. Geschenk hat seine wanderungsstimulierende Wirkung nicht verfehlt; häufig entwickelte sich unter dessen Einfluß eine Pendelwanderschaft, die das Ziel verfolgte, in möglichst kurzen Abständen die jeweiligen Vergünstigungen zu erhalten. Dem traten Meister und Gesellenkorporationen in den Statuten mit Festlegungen zur Unterbindung dieser Praxis entgegen (28).

Im Rahmen und als Bestandteil gesellenkorporativer Entwicklung vollzog sich – freilich mit erheblichen sozial, gewerblich und lokal bedingten Unterschieden – die Herausbildung und Festigung einer gesellenspezifischen Denkwelt; sie war an zünftige Ideen ebensooft angelehnt wie von ihnen abgegrenzt. Übernahmen die Gesellen z.B. wesentliche Elemente der Organisation und Organisationsstruktur der Zünfte, so hatten sie bei ihnen doch einen anderen sozialen Inhalt. Die geistigen Bindungen zwischen ihnen und ihrem Handwerk waren mitunter so eng, daß selbst dann eine Identifikation mit dem Handwerk erfolgte, wenn die soziale Qualität der Meisterschaft nicht mehr erreicht werden konnte. "Handwerksehre" und "Handwerksansehen" als ideelle gesellschaftliche Wertgrößen – vielfach schon zur Illusion geworden – spielten im Denken der Gesellen eine Rolle. Das war auch bedeutsam für die Formung "innerer Haltungen" zur Wanderschaft.

Andererseits offenbarte sich in bestimmten korporativen Forderungen, das öffentliche Ansehen des Handwerks *und* der Gesellenorganisation zu wahren; geschah das nicht, folgten Restriktionsmaßnahmen der Gesellen. So weigerten sich die Zwickauer Bäcker- und Mühlknechte 1521/22, mit jenen zusammenzuarbeiten, die in Schneeberg gelernt hatten, weil dort angeblich keine rechtmäßige Innung existierte. In vielen sächsischen Städten würden sie – die Zwickauer Gesellen – verachtet und nicht gefördert und müßten von Ort zu Ort ziehen. Mit ihrer Distanzierung von den Schneeberger Gesellen beabsichtigten sie die Wiederherstellung ihres guten Rufes. Als die sächsischen Territorialherren keine nachhaltigen und wirksamen Schritte dazu unternahmen, griffen die Zwickauer Bäcker- und Mühlknechte zum Zwangsmittel des Streiks mit Abzug nach Böhmen.

Es wird ersichtlich, wie dieses ideologische Moment in der gesellschaftlichen Praxis eine ganze Reihe von Mobilitätsprozessen ausgelöst, vermittelt oder angestoßen hat, ja es schloß sogar die Zuwanderung von "Streikbrechern" nach Zwickau ein (29).

Daß mit den Wanderungen in hohem Maße die Aneignung von fachlichen Kenntnissen – vor allem über technisch-technologische und Marktprobleme –, die Ausprägung beruflicher Fähigkeiten und Fertigkeiten und die Entwicklung individueller charakterlicher Qualitäten verbunden war (30), ist weithin unbestritten, obgleich die Quellenbelege vornehmlich aus der Zeit nach 1600 stammen. Offen bleibt daher für frühere Perioden vor allem die Frage, inwieweit diese als Folgen und Ergebnisse der Wanderungen akzeptierten Momente zugleich auch mobilitätsauslösend gewesen sind, diese Wanderungen also im Hinblick auf ihre erstrebten Wirkungen geplant waren. Einzelstücke belegen – wie ein Brief des Zwickauer Rates an Bürgermeister, Rat und Riemerhandwerk zu Wien vom Jahre 1533 zeigt – wenigstens den mit Nachdruck vorgetragenen Reisewunsch des Gesellen, wenngleich auch hier das Motiv unausgesprochen blieb (31).

Feudalstaatliche (32) und städtische wirtschaftspolitische Maßnahmen (33) dienten nicht selten der Entwicklung von Spezialgewerben bzw. neuen Gewerben am Ort oder sollten das feudale Repräsentationsbedürfnis befriedigen helfen. Die solchen Bestrebungen folgenden Wanderungen gingen vornehmlich auf Anreiz besonders günstiger sozialökonomischer oder rechtlicher Bedingungen (zinslose Darlehen, Steuererlaß, -erleichterung, freies Bürgerrecht etc.) oder auf feudale Zwangsmaßnahmen zurück, sie stellten bereits eine Abweichung von den typischen Formen der Gesellenwanderung dar.

Ein zweiter großer Komplex steht mit der Handhabung zünftiger Rechtsvorschriften bzw. dem politisch-juristischen Handeln der städtischen Räte in unmittelbarem Einklang.

Reichten die finanziellen Disziplinierungsmöglichkeiten der Zünfte nicht mehr aus, die Gesellen fest an die Innungsvorschriften zu binden, wurde das höchste handwerksinterne Strafmaß, die (zeitweilige) Verweigerung der Arbeit am Ort angewiesen (34). Besonders problematisch waren diese Sachverhalte für die Gesellen dann, wenn die Meister auf der Basis territorialer Absprachen regelrechte Massentreiben von Gesellen organisierten, wie das 1544 die Töpfermeister in Dresden, Freiberg, Chemnitz und anderen sächsischen Städten gegenüber 101 Gesellen ihres Handwerks getan haben (35).

Obwohl Einzelentscheidungen – hinsichtlich der Häufigkeit aber ebenso belangvoll –, erwiesen sich die von Stadtgerichten ausgesprochenen Urteile vielfach als Ausgangspunkt für erzwungene Wanderschaft. Ob dem Gesellen auferlegt wurde, ein bzw. zwei Jahre zu wandern (36) oder ob er "sal vonstunt uß der stadt gehen vnd das hantwerck zcu arbeiten nymmer mehir widder herinn kommen" (37), war insofern unerheblich, als mit der

Entscheidung der sofortige Abbruch der produktiven Tätigkeit am Ort und die Aufnahme der Wanderung verbunden gewesen sind. Besonders häufig wurde die Stadtverweisung für Diebstahlvergehen ausgesprochen – so 1529 für "Oßwalt Sengwein de(n) knap vnd Barbara sein fraw, die kemerin, so von der Igell awß mehren sein solten..." (38).

Lange Wanderungen – die Fristen von sechs Wochen und drei Tagen deuten das an – waren mitunter nötig, wenn sich die Gesellen von Vorwürfen, kriminelle oder den Moralnormen widersprechende Handlungen begangen zu haben, befreien wollten und aus diesem Grunde diverse Zeugnisse aus ihrer Heimat oder den letzten Arbeitsorten beibringen mußten (39), zumal – wie ein Brief des Wiener Tuchscherers Steffan Pychler vom 5. Dezember 1561 an den Zwickauer Rat erkennen läßt (40) – im Kundschaftswesen bereits ein erstaunlicher "bürokratischer" Aufwand getrieben worden ist. Auch Botendienste, die Gesellen für ihre Berufsgenossen unternahmen, um ihnen in mißlichen Situationen – beispielsweise bei Krankheit (41) – zu helfen, müssen hier Berücksichtigung finden.

Die verhältnismäßig weite Verbreitung von Bestimmungen (42), wonach die verheirateten Gesellen nur bedingt gefördert werden sollten, sofern sie von ihrem Eheweib kein entsprechendes Zertifikat vorlegen konnten, das ihre Zustimmung zur Wanderung des Mannes enthielt, signalisiert, daß die Versuche nicht eben selten waren, mittels der Gesellenwanderung den Banden der Ehe zu entfliehen.

Hohe Mobilitätsquoten entfielen auf den Bereich von Verhandlungen und Ausgleichszusammenkünften zwischen Meistern und Gesellen aus mehreren Städten. 1545 trafen sich u.a. 52 Meister des Riemer- und Sattlerhandwerks und 14 ihrer Gesellen aus insgesamt 36 Städten Sachsens und Thüringens in Leipzig, um Festlegungen über ihre Ordnung zu treffen (43); drei Jahre später gab es eine ähnliche Zusammenkunft in Freiberg (44). Da das auch in anderen Handwerken üblich war (45), bestimmte Kurfürst August 1559, daß diese Beratungen künftig in den "vornehmsten Städten" des jeweiligen Kreises, nicht mehr aber außerhalb des Landes, stattfinden sollten (46).

Ab und an, wenn die Streitigkeiten zwischen Meistern und Gesellen nicht leicht beigelegt werden konnten, wurden Gesellen von auswärts als "Schlichter" bestellt. So waren 1479 zum Zweck der Beendigung des Freiberger Bäckergesellenstreiks von den Meistern 17 Gesellen aus sächsischen Kommunen nach der Bergstadt gerufen worden, um vermittelnd zu fungieren (47).

Auch die Gesellenkorporation trat als Impulsgeber für die Wanderung auf. Waren Geldstrafen zur Durchsetzung der Organisationsstatuten nicht mehr ausreichend, dann wurde bestimmt, daß distanzierte Haltung einzelner Gesellen zur Korporation die Weigerung der übrigen zur Folge haben sollte, mit diesen Berufsgenossen zusammenzuarbeiten; die Chemnitzer Schuhknechte formulierten 1496 sogar, daß der betroffene Geselle "unser stadt vormeyden und nicht widder dareyn kommen" soll (48). Sie nahmen mit der Stadtverweisung hier ein Strafmaß in Anspruch, über das nur der Rat verfügen konnte.

Natürlich bot der Gesellenstreik (49) mit umfangreichen Vorbereitungen, der Zeit der Zuspitzung der innergewerblichen Beziehungen und des schließlichen Wegzuges, oftmals auch in den Perioden der obrigkeitlichen Verfolgung resp. der Flucht der Gesellen vor den Restriktionsmaßnahmen eine Fülle von Motiven zu Ortsveränderung. 1516 legten z.B. 41 Annaberger Schmiedegesellen die Arbeit nieder; sie zogen gemeinsam nach Zwickau, doch ist kaum einer später wieder nach Annaberg zurückgekehrt (50). Das Streikende im Zwickauer Ratsgefängnis hat offensichtlich das Vertrauen der Gesellen in eine ruhige Annaberger Perspektive beträchtlich erschüttert, so daß die Auflösung der relativ großen Gruppe erfolgte. Andere, so die streikenden Zwickauer Gerbergesellen (1520) (51), verschwanden gleichfalls aus dem Blickfeld der Quellen.

Aus entgegengesetzter Ausgangslage, von den Konsequenzen für die Gesellen aber ähnlich, gestaltete sich die Situation beim Ausstand von Handwerksmeistern.

Einige sächsische Stadträte hatten um 1500 recht intensiv wirkende wirtschaftspolitische Kontrollsysteme gegenüber den Nahrungsmittelgewerben entwickelt, und dagegen gab es mancherlei Opposition, die bis zur Arbeitsniederlegung reichte. Im Spätherbst 1542 meinten die Zwickauer Bäckermeister, sie seien mit den Bußen für untergewichtige Backware seitens des Rates wider Gott, Ehre und Recht gestraft worden (52); die ca. 50 Bäcker schlossen für acht Wochen ihre Backstuben (53). Zwar bestimmte der Rat schließlich einige Meister, die auf seinen Befehl hin backen mußten, doch blieb der größte Teil der 22 Bäckerknechte (möglicherweise auch ein Teil der Mühlknechte?) auf diese Weise arbeitslos, und ihre Alternative dürfte die Wanderung gewesen sein.

Im Verlauf des 16. Jahrhunderts nahm der soziale Entwurzelungsprozeß der sog. ewigen Gesellen immer größere Ausmaße an. Ökonomischer und politischer Druck sorgten Zug um Zug für den Sozialverfall und häufig für ihr Abgleiten in die Kriminalität (54). Vagabundage, gekoppelt mit Bettelei, stellte für sie dann eine Existenzform von längerer Dauer dar, und am Ende des Jahrhunderts wurden Handwerksgesellen in Sachsen erstmals zusammen mit herrenlosen Knechten und Rotten müßigen Gesindels in einem Mandat des Landesherrn genannt (55).

Hier war eine Stufe erreicht, die nur noch in ganz loser Verbindung zur Handwerksgesellenwanderung stand, die als Rand- und Übergangsform aber beachtet sein will.

Einen dritten Komplex von Motiven kann man in religiösen Problemen, Entwicklungen und Veränderungen und damit verbundenen individuellen Glaubensfragen feststellen.

Es handelt sich hierbei vorrangig darum, aus religiösen Gründen spezielle Wanderrichtungen zu bevorzugen oder Orte zu meiden, ebenso aber um die Auslösung von Wanderbewegungen.

Konfessionalitätsfragen haben offenbar für die nach Sachsen einwandernden Gesellen nicht eine so zentrale Rolle gespielt, wie das R.S. Elkar für spätere Zeiträume in Oberdeutschland herausgearbeitet hat (56). Sie waren dennoch von Bedeutung und verlangen entsprechende Aufmerksamkeit. Leipzig, vom katholischen Herzog Georg stets mit scharfem und argwöhnischem Blick beobachtet, beherbergte selbst in Zeiten heftiger Verfolgungen von Protestanten (57) z.B. Zinngießergesellen aus Nordhausen und Zwickau oder Tischlergesellen aus Langenbernsdorf, Wittenberg, Nordhausen und Jena (58).

Obwohl freilich die Anzahl der Gesellen aus katholischen Städten überwog – für Leipzig nicht zuletzt deshalb, weil das ökonomische Einzugsgebiet ohnehin eine hohe Kleinstädtedichte im sächsischen Herzogtum aufwies –, sah sich der Rat im Zusammenhang mit der Ausweisung von ca. 80 Familien, die sub utraque kommuniziert hatten, gegenüber Georg zu der Erklärung veranlaßt, dieser möge doch die ökonomischen Folgen solcherart Entscheidungen bedenken, denn "es kommen auch... der mehrer teyl der hantwergs gesellen auß Sachsen, Schwaben, Francken, Schleßien, Merhen, den Sehe vnd Reichs Stedten, welche fast alle deme teyle anhengig" (59).

In Zwickau standen sogar von den 1531 exakt zu identifizierenden 97 Gesellen 66% aus "katholischen Städten" in Arbeit (60).

Berücksichtigen muß man aber, daß viele von ihnen aus solchen Städten des sächsischen Herzogtums kamen, in denen erhebliche Teile der Handwerkerschaft dem Protestantismus anhingen (Döbeln, Leipzig, Geithain, Grimma, Roßwein u.a.) (61).

Das Verhältnis von Konfessionalität, Obrigkeit und Wanderung ist folglich vor allem für das 16. Jahrhundert weitaus diffiziler, als das mit Erwägungen über die geographische Herkunft der Gesellen und den obrigkeitlich gültigen Konfessionsstatus schlüssig behandelt werden könnte.

Einen besonderen Platz nehmen die Täufer ein (62). Die feudale Machtpraxis des Reiches und der Territorien (63) sowie die selbst auferlegten Glaubensverpflichtungen sorgten für eine hohe Mobilität. Da sich unter ihnen viele Handwerksgesellen befanden, die auf den Zügen mittels ihrer Handwerksfertigkeit die individuelle materielle Existenz zu sichern und gleichzeitig ihre Glaubensvorstellungen weiterzugeben trachteten, sind ihre meist erzwungenen Wanderungen für das zu behandelnde Thema von Belang. Auffällig enge Kontakte gab es dabei zwischen Linz/Freistadt und dem westsächsisch-vogtländischen Gebiet (64), die später um Mähren noch erweitert worden sind.

Die vorstehenden Bermerkungen zur Motivationsproblematik wollen den Blick auf die folgenden Fragen lenken:

1. Die sächsischen Quellen des 15./16. Jahrhunderts geben nur sehr sparsam in unmittelbarer Weise über die individuellen und kollektiven Motive der Wanderungen Auskunft. Einsichten in diese Probleme vermag man in erster Linie dadurch zu gewinnen, daß Quellen geprüft werden, die Veranlassungs- oder Folgesachverhalte der Wanderung vermitteln, welche es naheliegend erscheinen lassen, daß in ihrem Zusammenhang ein mobiler Vorgang erfolgte. Es bleibt dabei weitgehend ein konjunktivisches Moment erhalten, weil die Gefahr besteht, aus aktueller Sicht in einen historischen Sachverhaltszusammenhang ein Motiv "hineinzukonstruieren". Zurückhaltung in den Folgerungen aus solchen Interpretationen ist damit notwendigerweise geboten.

2. Wenn man die Gesellenwanderung in erster Linie als eine dem Wesen der kleinen gewerblichen Warenproduktion entstammende Erscheinung begreift, die vorrangig zunftorientiert motiviert war, so bleibt ein sehr beträchtlicher Teil der Wanderungen außer Betracht. Es erscheint daher sinnvoll, zwischen Wanderungen zu unterscheiden, die erstens von der sozialökonomischen Entwicklung, vor allem ausgedrückt durch die "Schließung" der Zünfte diktiert, zweitens solchen, die obrigkeitlicherseits erzwungen und drittens solchen, die individuell und kollektiv gewollt worden sind. Das lenkt den Blick auf die "Gesamtheit" der Ortsveränderungen der Gesellen, in deren Verlauf sie durch die berufliche Tätigkeit innerhalb des Systems der kleinen gewerblichen Warenproduktion existenzfähig blieben, wobei die individuellen Zielvorstellungen freilich auseinanderklafften.

3. Es wird augenfällig, daß die Motivbündelung – etwa das Zusammenfallen von ökonomischem oder politischem Zwang und individuellem Wunsch – bei weitem überwiegt. Das gibt Anlaß zu sehr differenzierten Analysen der Wanderungsmotivation, weil leicht die Gefahr besteht, die individuellen Wanderkonsequenzen aus einer obrigkeitlich initiierten

Drucksituation als Übereinstimmung mit den obrigkeitlichen Maßnahmen zu erklären und dadurch sozialpolitisch-klassenmäßige Gegensätze zu verwischen.

4. Wichtig erscheint, der historischen Dimension der Wanderungen und ihrer Motivation gehörige Aufmerksamkeit zu schenken, vor allem weil mit fortschreitender Massenhaftigkeit von "rein" zünftig ausgelösten Wanderungen der Feudalstaat als Regulierungsinstrument und schließlich als Disziplinierungsinstitut gegenüber den Gesellen auftrat. Ökonomie, Politik und Ideologie einerseits und Gesellenindividualität andererseits gelangten dabei zu ständig komplizierter werdenden Beziehungen.

5. Angesichts der Vielfalt gesellschaftlicher Einflußfaktoren auf die Gesellenwanderung und ihr breites Verhaftetsein im ökonomisch-sozialen Boden der jeweiligen Gesellschaft ist die Gesellenwanderung nur bedingt ein Gegenstand der Handwerksgeschichte; eine sozialgeschichtliche Betrachtungsweise würde die Wanderungsproblematik komplexer erfassen können.

ANMERKUNGEN

(1) Zum Forschungsstand: R.S. Elkar: Umrisse einer Geschichte der Gesellenwanderungen im Übergang von der Frühen Neuzeit zur Neuzeit. Problemskizze und Zwischenergebnisse. In: Ders. (Hg.): Deutsches Handwerk in Spätmittelalter und Früher Neuzeit, Göttingen 1983, S.85-116. – Ders.: Die Mühsal der Walz. Selbstzeugnisse wandernder Handwerksgesellen als Quellen für Sozial- und Bildungsgeschichte des Handwerks im 19. Jahrhundert. In: II. Internationales Handwerksgeschichtliches Symposium Veszprém 21. – 26. 8. 1982, Bd. 1, Veszprém 1983, 293-313. – Ders.: Wandernde Gesellen in und aus Oberdeutschland. Quantitative Studien zur Sozialgeschichte des Handwerks vom 17. bis zum 19. Jahrhundert. In: U. Engelhardt (Hg.): Handwerker in der Industrialisierung, Stuttgart 1984, 262-293. – W. Reininghaus: Die Migration der Handwerksgesellen in der Zeit der Entstehung ihrer Gilden (14./15. Jahrhundert). In: VSWG 68, 1981, 1-21. – Ders.: Die Entstehung der Gesellengilden im Spätmittelalter, Wiesbaden 1981, 46-49. – K. Stopp: Die Handwerkskundschaften mit Ortsansichten, Bd. 1, Stuttgart 1982. – A.-M. Dubler: Handwerk, Gewerbe und Zunft in Stadt und Landschaft Luzern, Luzern-Stuttgart 1982, 135-138, 255-261. – K. Schulz: Handwerksgesellen und Lohnarbeiter, Sigmaringen 1985, 265-296. – G. Jaritz: Gesellenwanderung in Niederösterreich im 15. und 16. Jahrhundert unter besonderer Berücksichtigung der Tullner "Schuhknechte". In: Internationales Handwerksgeschichtliches Symposium Veszprém 20. – 24. 11. 1978, Veszprém 1979, 50-61. – O. Domonkos: Reiserouten der wandernden Handwerksgesellen und die technisch-historische Bedeutung der Gesellenwanderschaft. In: Ebd., 12-30. – Ders.: Wanderrouten ungarischer Handwerksgesellen und deren Bedeutung für den technischen Fortschritt. In: Jb. f. Wirtschaftsgeschichte, Berlin 1982/I, 99-111. - H. Bräuer: Gesellenmigration in der Zeit der industriellen Revolution, Karl-Marx-Stadt 1982.

(2) S. Hoyer: Sachsen in der Zeit des Frühkapitalismus und der Frühbürgerlichen Revolution, 15. bis 16. Jahrhundert. In: Sächsische Heimatblätter 28 (1982) 5, 221-234. – K. Czok: Die Entwicklung des kursächsischen Territorialstaates im Spätfeudalismus

von der Mitte des 16. Jahrhunderts bis um 1790. In: Ebd., 6, 241-254. – G. Heitz: Ländliche Leinenproduktion in Sachsen (1470 – 1555), Berlin 1961. - K. Czok: Das alte Leipzig, 2. Aufl., Leipzig 1985. – H. Bräuer: Die Stadtbevölkerung von Chemitz zwischen 1450 und 1600, Karl-Marx-Stadt 1978. – Ders.: Zwickau und Martinus Luther, Karl-Marx-Stadt 1983. – A. Laube: Studien über den erzgebirgischen Silberbergbau von 1470 bis 1546, 2. Aufl., Berlin 1976.

(3) K. Marx, F. Engels: Die deutsche Ideologie. In.: MEW, Bd. 3, Berlin 1958, 24. – Vgl. auch K. Marx: Das Kapital, Bd. 1. In: MEW, Bd. 23, Berlin 1962, 379 f.

(4) H. Schultz: Handwerk. In: Handbuch Wirtschaftsgeschichte I, Berlin 1981, 576.

(5) K. Knebel: Handwerksbräuche früherer Jahrhunderte insbesondere in Freiberg. In: Mitteilungen des Freiberger Altertumsvereins, H. 23, 1886, 57. – Nach den Beobachtungen von R.S. Elkar: Umrisse, 91, mehrten sich seit dem 15. Jahrhundert die Bestimmungen, Wanderschaft zur Pflicht zu machen.

(6) J. Chr. Lünig (Hg.): Codex Augusteus oder Neuvermehrtes Corpus iuris Saxonici, T. 1, Leipzig 1724, 1568.

(7) Stadtarchiv (StadtA) Leipzig, Innungen, Gürtler C 1.

(8) Urkundenbuch der Städte Dresden und Pirna, hg. v. K.v.Posern-Klett, Leipzig 1875, Nr. 247 (= Codex diplomaticus Saxoniae regiae II, Bd. 5).

(9) Staatsarchiv (STA) Dresden, Loc. 9903, Acta, die Handwerker und Innungen bei der Stadt Rochlitz bel., 1466-1535, Bl. 5-7. – Im 16. Jahrhundert waren 2 – 5 Jahre Wartezeit die Regel; vgl. StadtA Leipzig, Innungen, Gürtler C 1; ebd., Maurer A 1 – StadtA Zwickau, X 1 13, Bl. 13b (Riemer).

(10) Urkundenbuch der Stadt Leipzig, Bd. 1, hg. v. K.v.Posern-Klett, Leipzig 1868, Nr. 321 (=Cod. dipl. Sax. reg. II, Bd.8).

(11) StadtA Leipzig, Ratsbuch 25 (1569-1570), Bl. 147b f.

(12) StadtA Zwickau, Ratsprotokoll (RP) 1548, Bl. 82b f.

(13) Ebd., RP 1544, Bl. 152 f.

(14) STA Weimar, Ernestinisches Gesamtarchiv, Reg. Hh, Nr. 353, Bl. 1 ff., 15-17.

(15) H. Ermisch (Hg.): Das Freiberger Stadtrecht, Leipzig 1889, 281-285 (Messerschmiede, um 1440), 285-288 (Böttcher, um 1450). – UB Dresden und Pirna, Nr. 381 (Dresdner Schneider, 1481).

(16) Generell zum Problem Reininghaus: Gesellengilden, 47 f.

(17) STA Weimar, Ernestinisches Gesamtarchiv, Reg. Hh, Nr. 624, Bl. 1 f.; Klagen von 20 sächsischen Städten über Schneiderarbeit und Lehrlingsausbildung auf den Dörfern. – Ebd., Nr. 353, Bl. 1b: Klage der Töpfer sächsischer Städte (1541) wegen Zulauf aus Franken und dem Egerland. – StadtA Zwickau, X 54 16, Ordnung und Schreiben der Zimmerleute 1550-1587: Störerklagen. – Ebd., X 1 46; Anbringen der Handwerke (Schmiede, Messerer, Kramer), 1489-1578: Klage der Messerer, 1515, unpag., wegen Überschwemmung des Marktes mit Nürnberger Waren, woraus im Handwerk am Ort eine soziale Notlage entstehe. Zum Wandern als Möglichkeit der "Überwindung" von Arbeitslosigkeit vgl. W. Reininghaus: Gesellenvereinigungen als Problem der Kontinuität in der deutschen Sozialgeschichte. In: II. Internationales Handwerksgeschichtliches Symposium, 269. – K. Schulz: Handwerksgesellen und Lohnarbeiter, 273 f. – Sächsische Handwerksgesellen haben sich mehrfach darum bemüht, Wandernden zur kurzfristigen Existenzsicherung eine Beschäftigung zu verschaffen, selbst wenn das zünftigen Bestrebungen entgegenlief. Das Beispiel von K. Schulz; Handwerksgesellen und Lohnarbeiter, 273, die Straßburger Kürschner betreffend, ist also kein Einzelfall; vgl. StadtA Karl-Marx-Stadt, III VIIb 3, Bl. 130. – StadtA Leipzig, Ratsbuch 2 (1489-1500), Bl. 61b. – Ebd., Ratsbuch 13 (1557-1558),

Bl. 29, 30b f., 34. – StadtA Leipzig, Innungen, Glaser C 1. – StadtA Zwickau, X 1 13, Bl. 73 b. – H. Ermisch (Hg.): Freiberger Stadtrecht, 281-285.

(18) StadtA Freiberg, Aa X. XVIIb 1, Hauptbrief der Schneider, 1558.

(19) A. Špiesz: Statuty Bratislavských Cechov, Bratislava 1978, 502. – G. Wieland: Biberacher Handwerker in Venedig. In: Zs. f. Württembergische Landesgeschichte 41 (1982), 92 f. – R.S. Elkar: Umrisse, 98 f.

(20) StadtA Zwickau, X 28 5, Schreiben des Freiberger Rates, das Handwerk der Messerschmiede betr., 1576-1581, unpag.: 1559 hatten die "sechs osterreichischen Redelichen werckstetten Alß steyr, waythoffen an der Ips, wels, Ennß, S. polten vnd steinbach" gefordert, daß sich die sächsichen Messerschmiede einigen ihrer Handwerksgepflogenheiten anschließen sollten. Würde das geschehen, so wollten sie sächsische Gesellen weiterhin für redlich halten und fördern.

(21) StadtA Leipzig, Tit. LXIV. 16a, Acta, die Bäcker betr., 1557-1835. – Ebd., Ratsbuch 8 (1542-1546), Bl. 80.

(22) Okresní archiv Chomutov, Kadaň, sign. I. 1.2., Bäckergesellenlade 1511-1547: In diesem Zeitraum waren 1515 Wandergesellen in Kaden, von denen 87 (=5,7%) aus 45 sächsischen Orten stammten.

(23) StadtA Leipzig, Zunftbuch 1, B. 129 f.

(24) StadtA Leipzig, Tit. LXIV. 67, Acta, die Huthmacher-Innung betr., 1549-1766, Bl. 3 f., 10 ff.: Die Angelegenheit führte dazu, daß die Leipziger Gesellen ihre ankommenden Kollegen aus jenen Orten für unredlich erklärten, so daß der Kurfürst eingriff.

(25) Entlohnungsunterschiede innerhalb eines Ortes und eines Gewerbes werden belegt in: STA Dresden, Landsteuer-Reg., Nr. 313, Nr. 1, Türkensteuer der Stadt Annaberg 1530, Bl. 89-96b.

(26) Vgl. dazu beispielsweise P. Kummer: Gewerbe und Zunftverfassung in Zwickau bis zum Jahr 1600, Diss., Leipzig 1921.

(27) StadtA Leipzig, Tit. LXIV, 95, Acta, die Messerschmiedt-Articul betr., 1538-1776, Bl. 6 f.: 1538 klagten die Meister, die Gesellen würden bei Ankunft eines Fremden oft bis spät in die Nacht hinein zusammensitzen und dabei des Meisters Arbeit versäumen.

(28) Z.B. StadtA Freiberg, I Bm 167, Bl. 69-72b (Schlossergesellen, 1570). – Ebd., Aa X. XVIIb 1, unpag. (Barettmachergesellen, 1575).

(29) STA Dresden, Loc. 9927, Die Handwercker vnd Innungen bey der Stadt Zwickau betreffend, ao. 1521-1661, Bl. 2 ff. – StadtA Zwickau, RP 1522-1523, Bl. 1; ebd., Konzeptbuch 1522-1523, Bl. 27 f.

(30) O. Domonkos: Reiserouten, 12-30. – Ders.: Wanderrouten ungarischer Handwerksgesellen, 99-111. – R.S. Elkar: Wandernde Gesellen, 262-293. – Ders.: Reisen bildet. In: Reisen und Reisebeschreibungen im 18. und 19. Jahrhundert als Quellen der Kulturbeziehungsforschung, Berlin (West) 1980, 51-82. – K.J. Bade: Altes Handwerk, Wanderzwang und Gute Policey: Gesellenwanderung zwischen Zunftökonomie und Gewerbereform. In: VSWG 69 (1982) 1, 1-37. – G. Otruba: Europäische Commerzreisen um die Mitte des 18. Jahrhunderts, Linz 1982. – H. Bräuer: Wandernde Handwerksgesellen um die Mitte des 17. Jahrhunderts in Chemnitz. In: Beiträge zur Heimatgeschichte von Karl-Marx-Stadt, H.24, 1980, 77-89.

(31) StadtA Zwickau, III x 12a, Konzeptbuch 1533-1534, Bl. 141 f.

(32) C.W. Zöllner: Geschichte der Fabrik- und Handelsstadt Chemnitz, Chemnitz 1888, 223.

(33) StadtA Leipzig, Ratsbuch 1 (1466-1469), Bl. 49, 49b. – StadtA Zwickau, RP 1539, Bl. 13. – F.W. Henning: Die zunehmende wirtschaftliche und soziale Differen-

zierung in einer obersächsichen Gewerbestadt (Zwickau) bis zum 16. Jahrhundert. In: Scripta Mercaturae 1 (1968), 28 f.

(34) STA Dresden, Loc. 8746, Fürgenommene Reformation und Verbesserung der Handwercker-Innungen und Gebrechen, Ao. 1520-1731, Nr. 1. – StadtA Dresden, Ratsakten Abt. A, C XXIV. 274b, Bl. 32b f. – StadtA Zwickau, X 50 21.

(35) StadtA Karl-Marx-Stadt, IX Tb 1, Protocoll in Sachen das Handwerck derer Töpffere allhie betr., ab Ao. 1544, Bl. 2-5. – O. Frenzel: Die Töpfer-Innung zu Chemnitz. In: Mitteilungen des Vereins f. Chemnitzer Geschichte, Bd. 23, 1924, 29-47. – Ähnliche Absprachen vgl. StadtA Leipzig, Ratsbuch 18 (1562-1563), Bl. 28 (Sensenschmiede).

(36) StadtA Karl-Marx-Stadt, III VIIb 2, Bl. 67b, 77, 88b. – StadtA Leipzig, Ratsbuch 26 (1570-1571), Bl. 171.

(37) UB Leipzig I, Nr.421. – Vgl. auch: StadtA Karl-Marx-Stadt, III VIIb 2, Bl. 24, 48, 50b, 55b. – StadtA Leipzig, Innungen, Schmiede A 1 (1496).

(38) StadtA Zwickau, Liber proscriptorum 1367-1535, Bl. 89b f.

(39) StadtA Zwickau, RP 1512-1513, Bl. 20. – StadtA Leipzig, Ratsbuch 8 (1542-1543), Bl. 188b, 228; ebd., Ratsbuch 9 (1546-1550), Bl. 216.

(40) StadtA Zwickau, A x A III 26 nr. 3f, Briefe 1561-1565. – Ebenfalls mit hohem Schreib- und Reiseaufwand die Nachlaßregelung eines Chemnitzer Schustergesellen, der 1552 in Neuen Lempach in Österreich (Neulengbach, Niederösterreich) gestorben war; vgl. StadtA Karl-Marx-Stadt, III V 1a, Nachlaßangelegenheiten 1490-1696, Bd. 3, Nr. 46.

(41) StadtA Zwickau, III x 3, Konzeptbuch 1508-1516, Bl. 89.

(42) StadtA Leipzig, Innungen, Leineweber A 1 (Innungsbrief, 1470). – StadtA Zwickau, X 17 8 (Hutmacherordnung, 1533).

(43) StadtA Leipzig, Innungen, Sattler und Riemer A 1.

(44) StadtA Freiberg, Aa X. XVIIb 1, unpag.

(45) U.a. StadtA Leipzig, Innungen, Gerber C 1 (1509). – StadtA Freiberg, Aa X. XVIIb 1, unpag. (Seiler, 1520). – StadtA Leipzig, Innungen, Seiler A 1. – STA Weimar, Ernestinisches Gesamtarchiv, Reg. Hh, Nr. 353 (Töpfer, 1541). – StadtA Freiberg, Aa X. XVIIb 1, unpag. (Barettmacher, 1575).

(46) StadtA Dresden, Ratsakten Abt. A, C XXIV. 274b, Bl. 13-37 (Tuchscherer- und Scherenschleiferordnung).

(47) Urkundenbuch der Stadt Freiberg in Sachsen, Bd. 1, hg. von H. Ermisch, Leipzig 1883, Nr. 459 (=Cod. dipl. Sax. reg. II, Bd. 12). – Vgl. zu ähnlichen Aufgaben StadtA Zwickau, III x 13, Konzeptbuch 1533-1537, Bl. 69.

(48) Statuten der Chemnitzer Handwerksgesellen vom Ausgang des 15. bis zum Beginn des 17. Jahrhunderts, eingel. und bearb. v. H. Bräuer, Karl-Marx-Stadt 1979, 41, 44 (Bäckergesellen, 1. Hälfte 16. Jahrhundert), 55 (Töpfergesellen, 1559).

(49) Eine Darstellung der sächsischen Gesellenstreiks im Zeitalter der frühbürgerlichen Revolution, vorgesehen für das Jb. f. Regionalgeschichte, befindet sich in Arbeit.

(50) STA Dresden, Loc. 9827, Die Stadt Annaberg und besonders deren Privilegien betr., Bd. 1, 1497-1528, Bl. 34-73.

(51) StadtA Zwickau, RP 1520-1521, Bl. 5.

(52) StadtA Zwickau, RP 1542-1543, Bl. 35b.

(53) StadtA Zwickau, RP 1543-1544, Bl. 14-15b; ebd., Kämmereirechnungen R 19, 1543-1544, Bl. 73.

(54) Vgl. vor allem die Zunahme der Eigentumsdelikte; StadtA Zwickau, III x 1 135, Liber proscriptorum 1367-1536, Urfriedenbuch II, 1548- 1594.

(55) Cod. Augusteus I, Sp. 1439.

(56) R.S. Elkar: Wandernde Gesellen, 271 f.

(57) G. Wustmann: Geschichte der Stadt Leipzig, Bd. 1, Leipzig 1905, 415-437. – K. Czok: Das alte Leipzig, 71 f.

(58) StadtA Leipzig, Zunftbuch I, Bl. 107-110b; ebd., Innungen, Zinngießer A 4, Zinngießer A 5.

(59) StadtA Leipzig, Tit. VII B Nr. 1, Bd. 1, Bl. 60.

(60) StadtA Zwickau, A x A II 17 Nr. 19a.

(61) Akten und Briefe zur Kirchenpolitik Herzog Georgs von Sachsen, Bd. 1 und 2, hg. v. F. Geß, Leipzig 1905, Berlin-Leipzig 1917. – G. Wartenberg: Die evangelische Bewegung im albertinischen Sachsen nach 1525. In: Reform – Reformation – Revolution, hg. v. S. Hoyer, Leipzig 1980, 151-155.

(62) G. Zschäbitz: Zur mitteldeutschen Wiedertäuferbewegung nach dem großen Bauernkrieg, Berlin 1958.

(63) Vgl. zuletzt H.-J. Goertz: Die Täufer. Geschichte und Deutung, München 1980, 125-135.

(64) P. Wappler (Bearb.): Die Täuferbewegung in Thüringen von 1526-1584, Jena 1913. – Ders.: Inquisition und Ketzerprozesse in Zwickau zur Reformationszeit. In: Mitteilungen des Altertumsvereins für Zwickau, H. 9, 1908.

GESELLENMIGRATION UND HANDWERKLICHE PRODUKTIONSWEISE
Überlegungen zum Beitrag von Helmut Bräuer

JOSEF EHMER

Hoffmann-Nowotny hat in seinem einleitenden Beitrag über die theoretischen Ansätze der Migrationssoziologie zwei Linien voneinander unterschieden: zum einen die Betonung sozialer Strukturen, gesellschaftlicher Bedingungen und Mechanismen von Mobilität, zum anderen das Hervorheben individueller Motivationen zur Migration. Es ist sicherlich nützlich – wie Hoffmann-Nowotny ausführte – diese beiden Linien nicht als antagonistisch, sondern als komplementär zu betrachten. Trotzdem sprechen sie aber zwei unterschiedliche Dimensionen der Migration an, deren Trennung in der Analyse sich empfiehlt: erstens die gesellschaftlichen Verhältnisse, die Migrationsvorgänge ermöglichen oder erzwingen; zweitens das Verhalten von Individuen oder Gruppen, die die eine oder andere der sozial gegeben Alternativen ergreifen, sich ihr Verhalten bewußt machen, interpretieren usw.

Auch im Beitrag von Helmut Bräuer sind beide Dimensionen angesprochen, wenn auch – wie aus der Themenstellung folgt – die zweite überwiegt. Ich möchte in meinem Kommentar die Trennung der beiden Analyseebenen beibehalten und mich zunächst mit den gesellschaftlichen Bedingungen der Gesellenmigration beschäftigen.

Helmut Bräuer spricht von "ökonomischen Wurzeln" des Gesellenwanderns und meint, daß sie "an jener Stelle zu suchen seien, an der die Entwicklung der Produktivkräfte mit den Prinzipien der Zunft zu kollidieren begann". An anderer Stelle nennt Bräuer als die "hauptsächlichen gesellschaftlichen Realitäten", in deren Kontext die Gesellenwanderung zu analysieren wäre, den "entsprechenden Stand der Entwicklung der kleinen Warenproduktion in Korrelation zum jeweiligen Ausprägungsgrad der Zunft".

Mir scheint es sehr sinnvoll zu sein, über dieses Argument weiter nachzudenken, da es auf einen strukturellen Widerspruch innerhalb der handwerklichen Produktionsweise zielt. Deren "ökonomische Logik" – oder, in der Formulierung von Bräuer die "Prinzipien der Zunft" – scheint mir in dem Bestreben bestanden zu haben, mit außerökonomischen Regulationen ein ungefähres Gleichgewicht zwischen Arbeitskräften einerseits und nachgefragten Waren und Leistungen andererseits herzustellen. Eine beschränkte und prinzipiell begrenzte Nachfrage nach handwerklichen Produkten fand in einem ebenfalls beschränkten, restriktiv geregelten Arbeitsmarkt ihre Entsprechung.

Das ökonomische Hauptproblem dieses Systems scheint mir nun darin zu liegen, daß die Nachfrage nach handwerklichen Waren und Leistungen zwar prinzipiell beschränkt, aber doch nicht gleichbleibend und stabil war. Vielmehr müssen wir von einer langfristig und kurzfristig schwankenden Nachfrage nach Produkten bestimmter Gewerbezweige an bestimmten Orten ausgehen. Für diese Schwankungen sind vielfältige Ursachen verantwortlich, von denen hier nur einige angedeutet werden sollen: eine enge Bindung der Nachfrage nach Handwerksprodukten an die landwirtschaftliche Produktion, sowohl an langfristige Preiszyklen als auch an kurzfristig-lokale Ernteerträge; eine hohe Unstabilität städtischer und ländlicher Bevölkerungen infolge demographischer Katastrophen wie etwa lokaler Seuchen; in manchen Branchen eine beginnende Anbindung an anonyme, über das Verlagswesen vermittelte überregionale Märkte; zeitlich begrenzte obrigkeitliche oder herrschaftliche Aufträge etwa für Militärlieferungen oder Schloßbauten (was allerdings stärkere Bedeutung erst nach der von Bräuer behandelten Periode gewann). Dazu mochten Schwankungen kommen, die sich aus dem unregelmäßigen Rhythmus des Alltagslebens städtischer Gemeinschaften ergaben, wie etwa einem plötzlichen Bedarf an Kleidung und Schuhwerk anläßlich von Begräbnissen, Hochzeiten etc.

Ganz allgemein scheint mir also das Handwerk von einem zwar prinzipiell beschränkten, aber doch kurz- und langfristig beträchtlich schwankenden Produktionsumfang gekennzeichnet zu sein, der wiederum einen flexiblen Arbeitsmarkt erforderte.

Vor diesem Hintergrund möchte ich den Zusammenhang zwischen Schließungstendenzen in den Zünften und Gesellenwandern – wie ihn Bräuer anspricht und er in der handwerksgeschichtlichen Literatur weithin angenommen wird – ansetzen: als Aufspaltung des Arbeitsmarktes in einen zahlenmäßig begrenzten, stabilen Teil der seßhaften Meister und einen flexiblen, wechselnden Anforderungen sich anpassenden Teil der fluktuierenden, permanent mobilen Gesellen. Ein erfolgreiches Streben nach einer zahlenmäßigen Begrenzung der Meisterstellen erscheint mir überhaupt erst denkbar und möglich, wenn diese durch die unbegrenzte Arbeitskraft der wandernden Gesellen ergänzt wird. Dabei ist ein weiteres Charakteristikum handwerklicher Produktion zu bedenken, nämlich der hohe Stand der Arbeitsteilung, die Spezialisierung, und die personengebundene Qualifikation. Ich vermute, Bräuer hat dies im Auge, wenn er von der "Entwicklung der Produktivkräfte" im Handwerk spricht.

233

Der hohe Entwicklungsstand handwerklicher Arbeit machte es jedenfalls nicht möglich, bei Bedarf kurzfristig Arbeitskräfte aus einer allgemeinen "Reservearmee" städtischer und ländlicher Unterschichten zu rekrutieren, sondern schränkte die Arbeitskraft auf einen spezifisch qualifizierten und sozialisierten Personenkreis ein. Dasselbe trifft für die einfache zahlenmäßige Reproduktion eines lokalen Handwerks zu. In den frühneuzeitlichen Städten war die Sterblichkeit allgemein hoch, und noch ausgeprägter waren die demographischen Risiken kleiner sozialer Gruppen, wie sie Zünfte bildeten. Eine stabile Zahl von Meistern konnte nur gewährleistet werden, wenn die Möglichkeit zur Rekrutierung "Fremder" aus dem Pool fluktuierender Gesellen ständig gegeben war. Diese Funktionen konnte die Migration von Handwerkgesellen erfüllen; zugleich zwangen sie sie in institutionalisierte und kontrollierte Formen.

Der Zusammenhang von Abschließungsbestrebungen der Zünfte und Gesellenwandern wird in der handwerksgeschichtlichen Literatur – und auch bei Bräuer – meist von einer Seite aus gesehen. Er erscheint als Versuch, Gesellen loszuwerden und Arbeitslosigkeit zu bewältigen. Diese Sichtweise ist möglicherweise von der großen Rolle der Rechtsquellen in der Handwerksgeschichte beeinflußt, die den Aspekt des Ausschlusses von Rechten stärker hervortreten lassen. In einem ökonomischen Modell des Gesellenwanderns lassen sich dagegen Abstoßen und Anziehen nicht voneinander trennen.

Ein weiterer Aspekt des Gesellenwanderns, der in der handwerksgeschichtlichen Forschung weitgehend vernachlässigt wird, in einem sozialökonomischen Modell aber einen großen Stellenwert erhält, ist die Frage nach den Land-Stadt-Beziehungen innerhalb der handwerklichen Migration. Aus der Perspektive des 18. und 19. Jahrhunderts zeichnet sich eine disparitätische Verteilung der Arbeitskräfte ab: Gesellen waren in den Städten, und hier wiederum vor allem in den größeren, konzentriert, während das Landhandwerk von alleinarbeitenden Meistern getragen wurde. Ökonomische Wechsellagen zwischen Produktionsausweitung und Produktionsrückgang scheinen im städtischen Handwerk stärker ausgeprägt gewesen zu sein als im Landhandwerk, das zusätzlich durch agrarische Nebentätigkeiten abgesichert wurde. Die Aufspaltung des handwerklichen Arbeitsmarktes in einen stabilen Teil seßhafter Meister und einen mobilen Teil wandernder Gesellen erscheint demnach als städtisches Phänomen, das allerdings auf einem strukturellen Land-Stadt-Gegensatz aufbaut: Der fluktuierende Arbeitsmarkt des städtischen Handwerks wurde vom Landhandwerk sowohl gespeist als auch entlastet. Die verschiedensten Angaben, die für das 18. und 19. Jahrhundert für die regionale Herkunft von Handwerkern und für unterschiedliche Entwicklungen in Stadt und Land vorliegen, lassen sich meiner Meinung nach auf einen Punkt zuspitzen: Städte zogen Lehrlinge, vor allem aber Gesellen vom Land an, verteilten und bewegten sie untereinander, und entließen viele von denen, die die Aufnahme in die städtische Meisterschaft nicht erreichten, wiederum in die Existenz eines Landmeisters. Inwieweit sich diese Form der Stadt-Land-Beziehung auch in der frühen Neuzeit nachweisen läßt, wäre eine spannende Frage.

Um diesen Punkt zusammenzufassen: Ich halte es für besonders anregend im Beitrag von Helmut Bräuer, daß er die Gesellenwanderung in einen Gesamtzusammenhang handwerklicher Produktionsweise stellt. Ein grundlegender Mangel, den Bräuer, soweit ich sehe, mit der gesamten handwerksgeschichtlichen Forschung teilt, besteht aber meines Erachtens darin, daß eine umfassende theoretische Analyse dieser Produktonsweise noch nicht geleistet wurde. Dieses Desiderat reicht allerdings weit über die Handwerksgeschichte hinaus. Insbesondere das Konzept der kleinen Warenproduktion, das Bräuer zur sozioökonomischen Kennzeichnung des Handwerks benützt, ist noch kaum theoretisch ausgeführt. Karl Marx, von dem Bräuer den Begriff der kleinen Warenproduktion übernimmt, beschäftigte sich selbst nur in wenigen Passagen und sehr fragmentarisch mit dem Problem, und wenn, dann fast ausschließlich mit Blick auf die Bauern. Das Handwerk kommt dabei nur als Beifügung vor, ohne auf spezifische sozioökonomische Eigenheiten hinterfragt zu werden. So ist es auch seit Marx geblieben, und zwar sowohl in den marxistischen wie auch den nichtmarxistischen historischen und sozialen Wissenschaften.

Das Konzept der kleinen Warenproduktion theoretisch und empirisch auszuarbeiten, scheint mir eine sehr wichtige Aufgabe für die Handwerksgeschichte und darüber hinaus die gesamte Sozialgeschichte zu sein. Einige Argumente dazu wollte ich im Anschluß an den Beitrag von Helmut Bräuer anführen. Vor allem scheint mir darin die Voraussetzung zu liegen, um die in Frage stehenden sozialen Verhältnisse überhaupt genauer abgrenzen zu können. "Handwerk" wird ja meist über Arbeitsprozesse oder die Institution der Zunft definiert. Damit werden sehr unterschiedliche Produktions- und Lebensweisen unter einem Begriff subsumiert: Lohnarbeit – wie in den großen Baugewerben; verlegte Produktion – wie in vielen Textilgewerben; und eben kleine Warenproduktion in den meisten handwerklichen Berufen. In sozialer Hinsicht, und damit auch in Hinblick auf das Migrationsverhalten, waren diese drei Bereiche alles andere als einheitlich. Ein Zustand permanenter regionaler Mobilität – oder zumindest Mobilitätsbereitschaft – war für die Gesellen der kleinen Warenproduktion charakteristisch, während ein großer Teil der Maurer, Zimmerer, Textilarbeiter und anderer Berufe mehr auch als Gesellen dauerhaft ansässig waren – was natürlich saisonale Arbeitswanderungen in keiner Weise ausschloß.

Soweit einige Überlegungen, die sich auf die gesellschaftlichen Bedingungen des Gesellenwanderns, und insbesondere auf das von Helmut Bräuer angesprochene "Wesen der kleinen gewerblichen Warenproduktion" beziehen. Nun möchte ich noch einige Bemerkungen zu den Motiven der wandernden Gesellen anschließen. Hier scheint mir, daß Bräuer eine sehr wichtige Differenzierung vornimmt. Im Zusammenhang mit der Aneignung fachlicher Kenntnisse als Wanderungsmotivation schreibt er: "Offen bleibt daher für frühere Perioden vor allem die Frage, inwieweit diese als Folgen und Ergebnisse der Wanderungen akzeptierten Momente zugleich auch mobilitätsauslösend gewesen sind, diese Wanderungen also im Hinblick auf ihre erstrebten Wirkungen geplant waren". Wenn auch diese beiden Ebenen sicherlich nicht isoliert voneinander betrachtet werden können, so scheint mir doch der Gedanke nützlich zu sein, zwischen Faktoren, die Mobilität auslösen, die begründen, ob überhaupt gewandert wird, einerseits und Faktoren, die die Wanderung an bestimmten Zwecken orientieren und an bestimmte Ziele richten, andererseits zu unterscheiden.

Zur Analyse der ersten Ebene möchte ich gerne einen weiteren Begriff vorschlagen, nämlich den des "Habitus" zur Bezeichnung eines Systems von Verhaltensweisen, die Individuen bestimmter sozialer Gruppen unhinterfragt einnehmen, als für sich selbstverständlich ansehen und an denen sie auch dann festhalten, wenn sich ihre gesellschaftlichen Entstehungsbedingungen ändern. Nach meiner Ansicht ist die Frage, ob überhaupt gewandert wird, vor allem über den Habitus der Gesellen zu beantworten, während individuell-subjektive Motive eher konkrete Ziele, Richtung und Dauer der Wanderung beeinflussen. Für den habituellen Charakter des Gesellenwanderns, der weit über konkrete rechtliche Normen hinausreichte und in der Kultur der Gruppe zentral verankert war, möchte ich folgende Argumente anführen:

Regionale Mobilität im Handwerk war nicht auf die Gesellen beschränkt, sondern umfaßt die gesamte Periode vor der endgültigen Niederlassung als selbständiger Meister. Schon der Antritt der Lehre war fast immer mit dem Verlassen des Elternhauses und meist auch mit dem Verlassen des Wohnorts verbunden. Dabei handelte es sich weiters um kein Verhalten, das gesamtgesellschaftlich als ungewöhnlich erschienen wäre. Die Mobilität von Personen, die in unserer heutigen Begrifflichkeit als Kinder oder Jugendliche gelten können, war im vorindustriellen Europa allgemein sehr hoch und in vielen gesellschaftlichen Gruppen geradezu konstitutiv für diese Phase des Lebenszyklus (etwa auch beim ländlichen Gesinde). In diesem Sinne sind auch wandernde Handwerksgesellen dem umfassenden Phänomen des "European life cycle servant" zuzurechnen. Was nun die Gesellen selbst betrifft, so erscheint das Wandern nie isoliert, sondern stets mit zwei weiteren sozialen Verhaltensweisen verknüpft: dem Ledigenstand und dem Wohnen beim Meister. Die Integration von Handwerksgesellen in den Meisterhaushalt, Heiratsbeschränkungen und die rechtliche Festschreibung von Wanderzwängen haben sich vom 16. Jahrhundert an wechselseitig gestützt und wurden im 17. und 18. Jahrhundert zu zentralen eng zusammenhängenden Elementen restriktiver Zunftpolitik. Familienlosigkeit und Mobilität haben allerdings die Zünfte weit überlebt und bestimmten bis in die zweite Hälfte des 19. Jahrhunderts die tatsächliche Lebensweise wie die Selbstdefinition der Gesellen der kleinen Warenproduktion.

DIE "NIE GENUG ZU VERWÜNSCHENDE WUTH IN FREMDE LÄNDER ZU GEHEN"
Notizen zur Emigration der Tessiner in der frühen Neuzeit

ANDRÉ SCHLUCHTER

Als Paolo Ghiringhelli im *Helvetischen Almanach für das Jahr 1812* (1) in seiner topographisch-statistischen Beschreibung des Kantons Tessin mit der Veröffentlichung der Volkszählung von 1808 erstmals einer breiteren Öffentlichkeit die Bevölkerungsgröße dieses ehemaligen Untertanengebiets zugänglich machte (2), zählte man knapp 89.000 Seelen. Das Ergebnis dieser Zählung ermangelte zwar der wünschenswerten Präzision (3), es reichte aber immerhin aus, um verbreitete frühere Angaben ins Reich der Phantasie zu verweisen: "Welch ein Unterschied zwischen dem Resultate dieser Zählung", stellte Ghiringhelli fest, "und den Angaben aller Reise- und Landesbeschreibungen vor der Revolution, nach welchen 160-176 Tausend Seelen in der Gesamtheit der italienischen Vogteyen sich vorfinden sollten!" (4) Daß sich die Tessiner Bevölkerung innerhalb der letzten fünfzig Jahre um fast die Hälfte verringert hätte, hielt er angesichts der unhaltbaren Übertreibungen keiner näheren Betrachtung wert; trotzdem stand für ihn eine starke Bevölkerungsabnahme unzweifelhaft fest:

"Leider ist das letztere nur allzu wahr, und theils aus zufälligen, theils aus permanenten Ursachen. Es ist schon eine alte Klage, über die Abnahme der Bevölkerung, und die Schwierigkeit Arbeiter zu finden. Man hört allenthalben die vielen Familien hernennen, die erst seit Mannsgedanken ausgestorben sind.

Die immer vorhandene, immer stark wirkende Ursache der Entvölkerung des Cantons, ist die nie genug zu verwünschende Wuth in fremde Länder zu gehen, welche, wenigstens dem Grade nach, eine seiner Haupteigenthümlichkeiten ist." (5)

Dank der tridentinischen Reformbemühungen verfügen wir in den *status animarum*, den Seelenbeschreibungen, über eine für Schweizer Verhältnisse einmalige, bis ins letzte Viertel des 16. Jahrhunderts zurückreichende Quellengattung (6), die uns erlaubt, die Bevölkerungsentwicklung des Tessins über weite Teile und Strecken hinweg zu rekonstruieren und dadurch Ghiringhellis Eindrücke zu präzisieren. Sein an Deutlichkeit nicht zu wünschen lassendes Urteil über die Wanderungen soll am Schluß dieses Aufsatzes durch zwei weitere zeitgenössische Aussagen ergänzt werden.

Absicht meiner Ausführungen ist, das Phänomen der massenhaften Auswanderung in seinem Niederschlag auf die Entwicklung und Struktur der Bevölkerung zu illustrieren; Erklärungen für die Beweggründe zur Wanderung können in diesem Rahmen allenfalls im Ansatz geliefert werden.

I. Die "ennetbirgischen" Vogteien waren im Verlaufe des späten 15. und frühen 16. Jahrhunderts in eidgenössische Hände geraten. Sie stellten ein sehr unterschiedlich strukturiertes Gebiet dar, dessen Bevölkerung nicht nur verschiedene Erwerbsformen kannte, sondern auch entsprechende Wohnformen, Kleidung, Dialekte und Brauchtum allgemein. Maßgeblich waren die Unterschiede insbesondere zwischen der mehrheitlich alpinen Zone nördlich des Passes Ceneri, wo man vor allem Viehzucht und etwas subsidiären Ackerbau betrieb, und der Gegend südlich dieses Passes, des Sottoceneri, sowie des Locarnese, wo unter mediterranem Klimaeinfluß nebst Weinbau ein ertragreicher Ackerbau ohne Brachfelder mit meist zwei Ernten möglich war. Dazu kam der Fischfang in der Nähe der beiden Seen als weitere Ernährungsmöglichkeit (7).

Angesichts solcher Unterschiede mutet es erstaunlich an, daß die alpine und die unter mediterranem Einfluß stehende Zone in der langfristigen Bevölkerungsentwicklung der frühen Neuzeit nur geringfügige Wachstumsunterschiede aufweisen. Zwar trifft Ghiringhellis Klage über die "Entvölkerung" seiner Heimat, von vereinzelten Tälern abgesehen, in dieser Form nicht zu, wohl aber hatte das Tessin in den zweihundert Jahren vor der Erlangung seiner Selbständigkeit kein nennenswertes Bevölkerungswachstum zu verzeichnen. Im Gegenteil, das Bild, das sich mit den zum Teil recht unzuverlässigen Zahlen der kirchlichen Administration ermitteln läßt, ist bei allen quellenkritischen Vorbehalten eindeutig dasjenige einer stagnierenden Entwicklung; erst im Verlaufe des 19. Jahrhunderts sollte eine beschleunigte Bevölkerungszunahme erfolgen (8).

Um 1800 zählte das Tessin rund 89.000 Einwohner, um 1670 waren es schätzungsweise 88.000, also praktisch gleich viele! In der alpinen Zone (9) läßt sich die Bevölkerung für 1670 auf 34.200 bestimmen, für 1800 auf 33.750. Die Wachstumsunterschiede zwischen den beiden Zonen fallen wie erwähnt kaum ins Gewicht. Im 17. Jahrhundert war zwischen dem letzten Auftreten der Pest um 1630 und dem Einsetzen der europäischen Hungerkrise der 1690er Jahre in einigen Gegenden des Tessins durchaus noch ein Bevölkerungswachstum zu verzeichnen. Höchstwahrscheinlich wurde damit aber nur wieder der Bevölkerungsplafond erreicht, wie er vor den Pestzügen des ausgehenden 16. und frühen 17. Jahrhunderts bestanden hatte. Diese Entwicklung ist demnach nicht wie in anderen Gebieten der Schweiz, wo zur selben Zeit neue Erwerbsformen Verbreitung fanden und Anstrengungen zur Intensivierung der Landwirtschaft unternommen wurden (10), als Erhöhung der Tragfähigkeit zu werten, sondern als Rekuperationswachstum. Jedenfalls zeigen uns die wenigen Angaben aus dem späten 16. Jahrhundert die Bevölkerung durchgehend auf einem hohen Stand, der weder im späten 17. noch im 18. Jahrhundert wesentlich übertroffen wurde.

Auf das ganze Tessin bezogen läßt sich festhalten, daß trotz regionaler Unterschiede die Bevölkerungsentwicklung seit dem späten 16. Jahrhundert in einem langsamen Tempo verlaufen ist. Weder die Zunahmen noch die Abnahmen, die man mittelfristig zwischen einzelnen Zählungen feststellen kann, nehmen sich spektakulär aus. ·Global herrscht der Eindruck einer seit dem späten 16. Jahrhundert stagnierenden Bevölkerung vor, und dies erweist sich denn auch als eines der Charakteristika der Tessiner Entwicklung, wenn wir sie mit anderen Regionen der Schweiz vergleichen. Als weitere Besonderheit im Rahmen dieser Entwicklung ist festzuhalten, daß der anderswo (11) festgestellte Unterschied alpin – nichtalpin im Wachstumstempo nur ansatzweise zum Tragen kommt.

Dem Bild einer stagnierenden oder, positiv ausgedrückt, stabilen Bevölkerungszahl entspricht aber nicht ein glockenförmiger Bevölkerungsaufbau, wie man ihn etwa aufgrund der Verhältnisse in den modernen Industriegesellschaften erwarten könnte, sondern es konstrastiert mit der für die traditionelle, vorindustrielle Gesellschaft typischen Pyramidenform mit breiter Basis – Zeichen einer hohen Geburtlichkeit. Eine solche Bevölkerungspyramide würde unweigerlich Wachstum implizieren, wenn ihr Engerwerden bei den Erwachsenenjahrgängen nicht auf die starke Präsenz des Todes unter den Kindern hinwiese und nicht ein ausgesprochen starkes Mißverhältnis zwischen der Zahl der Männer und Frauen vorherrschte. Dieses Mißverhältnis ist Hinweis darauf, daß die aus heutiger wachstumskritischer Sicht an sich positiv zu wertende Stabilität nicht durch eine Anpassung des Heiratsverhaltens und der Geburtlichkeit an die lokalen Gegebenheiten erreicht wurde, sondern, wie bekannt, durch den temporären oder permanenten Wegzug jener, die zuhause kein Auskommen fanden.

Im 19. Jahrhundert stellten die Tessiner das bedeutendste Kontingent der Auswanderer aus der Schweiz (12). Damit setzten sie eine lange vorher angelegte Tradition fort. Etliche dieser Emigranten waren im Ausland zu Ansehen gelangt (13), und einige hatten sich mit ihrem erworbenen Vemögen zuhause ein stattliches Haus erbaut. Die weitaus meisten aber blieben die namenlosen Hutverkäufer aus dem Onsernonetal, Kaminfeger aus der Verzasca, Lastträger aus der Leventina, Maurer und Stukkateure aus dem Luganese, die sich vornehmlich von der norditalienischen Städtelandschaft angezogen fühlten, die aber auch bis nach Frankreich, Deutschland, England und weiter zogen. Jedes Tal, jede Region war auf eine bestimmte Berufsausübung spezialisiert und kannte einen entsprechenden Zielort:

"Ein ganz besonderer Zug der Italienischen Schweiz ist", so der Berner Aufklärer Karl Viktor von Bonstetten, "daß bei der allgemeinen Auswanderung der Männer, jedes Thal bei seinem Handwerk bleibt, das von Vater auf Sohn fortgepflanzt wird. Im Val di Blegno (ein wildes Thal tief in den Alpen) werden die Männer zu Chocolademachern gebohren. Einer erzählte mir, daß ein Bedienter zu Mailand, der vor bald 100 Jahren bei einer Frau Bianchini wohnte, wegen seiner Chocolade berühmt war; da ward er zum Chocoladekrämer erhoben, und alle seine Landsleute erbten dieses Handwerk fort, so dass zu Mailand diese Leute Uomini di Bianchini heissen." (14)

Zu den festgestellten Unterschieden in Berufsausübung und Zielort kommt weiter hinzu, daß die einzelnen Regionen des Tessins auch in unterschiedlichem Ausmaße an der Auswanderung beteiligt waren. Wenig verbreitet war sie in den Bezirken Riviera und Bellinzona, stark hingegen in den Bezirken Blenio und Lugano (15).

Die Auswanderer selber lassen sich in zwei Klassen gliedern. Die einen zogen für mehrere Jahre oder für immer weg, die anderen nur während bestimmter Jahreszeiten. Letztere Gruppe wiederum, die der Saisonwanderer, läßt sich in Winter- und Sommerwanderer unterteilen. Die Sommerwanderer, die je nach Beruf zwischen März und Mai wegzogen und im November oder Dezember heimkehrten, waren vor allem in den Bezirken Lugano und Mendrisio anzutreffen. Die Winterwanderer kamen aus allen Gegenden des Tessins, vor allem aber aus der alpinen Zone (Leventina, Blenio, Locarno); sie zogen im Herbst weg und kehrten im Frühjahr heim: "Die Maurer, Steinhauer, Kalk- und Ziegelbrenner wandern im März aus, und kehren fast alle im November und December zurück. Die Glaser verreisen im May, und kommen auf die Weihnachtstage, aber nicht alle Jahre. Das Gegentheil ist mit den Verkäufern gebratener Castanien und den Kühern und Lastträgern der Fall; sie verlassen das Land im Herbst und sehen es im Frühling wieder. Daher findet man an einigen Orten des Luganischen und Mendrisischen im Sommer fast nur die Weiber, Greise, Kinder und den Pfarrer zu Hause, an anderen in Ober-Livinen, Blenio und im Locarnischen hingegen mitten im Winter." (16)

In Dörfern mit Sommer- und Winterwanderung war denn auch das demographische Verhalten saisonal durchaus unterschiedlich: In ersteren konzentrierten sich die Eheschließungen sehr ausgeprägt auf den Januar und an erster Stelle den Februar, was bei der Beschäftigung mit Ackerbau und dem religiösen Brauchtum zwar üblich, in dieser ausgeprägten Form aber wesentlich durch die Saisonwanderungen mitbestimmt war (17). Die Geburten waren entsprechend auf die Monate August bis November konzentriert. In den Dörfern mit Winterwanderung wurde hingegen in den Sommermonaten, am häufigsten im Juli, geheiratet und demnach wurden auch im April und Mai am meisten Kinder zur Taufe gebracht (18).

Wenn wir das Ausmaß der Wanderungen bestimmen wollen (19), so stehen wir bei den status animarum jeweils vor dem Problem, daß wir oft nicht mit Sicherheit ermitteln können, ob wie vorgeschrieben (20) nur die Ortsanwesenden gezählt wurden und, falls dies zutrifft, wie wir die Saisonwanderer von den langfristig Abwesenden unterscheiden können. Die Pfarrer scheinen, wenn sie das Verzeichnis zu einem entsprechenden Zeitpunkt im Sommer oder Winter aufnahmen, die Saisonwanderer oft mitgezählt zu haben, weil sie als regelmäßige Rückkehrer ihren kirchlichen Pflichten zur Hauptsache noch in ihrer Heimatgemeinde nachkamen und in der Vorstellung der Leute wohl auch als volle Gemeindeglieder betrachtet wurden. Anders verhielt es sich mit jenen, die zum Teil mit ihrer Familie weggezogen waren und möglicherweise erst nach Jahren zurückkehrten. Sie werden in einigen Seelenbüchern anfänglich noch als Abwesende aufgeführt, mit längerem Fernbleiben verschwinden sie jedoch allmählich aus den Registern.

Den Vermerk "assente" finden wir nur selten bei der Nennung einer Person. Andererseits zeigt uns das meist sehr ausgesprochene Mißverhältnis zwischen den Geschlechtern, daß viele Männer abwesend waren. Da sie aber meist nicht als solche aufgeführt werden, muß man annehmen, daß man sich entweder an die Registriervorschriften gehalten hat oder daß es sich dabei um die eigentlichen Auswanderer handelte, die man nicht mehr als Gemeindeangehörige betrachtete. Unter Berücksichtigung der regionalen Eigenheiten der Migration und des Zeitpunkts der Erhebung läßt sich in etwa abschätzen, ob das Männerdefizit die Abwesenden einschließt oder nicht. In den meisten Fällen können wir diese Frage nicht mit ausreichender Präzision beantworten, und sollte dies trotzdem möglich sein, so dürfen wir, wie angedeutet, kaum auf eine Ausscheidung der Saisonniers von den lange Abwesenden hoffen.

Nun ermöglicht uns ein in dieser Hinsicht wohl einzigartiger Quellenfund einen zahlenmäßig konkreten Einblick in die Situation, wie wir sie aus den Beschreibungen des frühen 19. Jahrhunderts über Dörfer, die im Sommer von Frauen, Kindern und Greisen bewohnt wurden, kennen:

In der Gemeinde Mezzovico-Vira im Bezirk Lugano finden sich für die Jahre 1677-1719 sieben für unsere Fragestellung wertvolle status animarum (21). Die Gemeinde gehört zu einer Gegend, die, wie wir von Ghiringhelli und Franscini (22) wissen, einerseits Sommerwanderer stellte, andererseits "Weissger, Baumeister, Handelsleute, Stukkaturer, Bildhauer, Kesselflicker und förmliche Abentheurer", die in der Regel für mehrere Jahre abwesend waren. Ghiringhelli fügt hinzu: "Es sind die Auswanderer aus diesem Distrikt (Lugano, A.Sch.), welche sich in der Welt am weitesten wagen." (23)

In Mezzovico-Vira vermerkte der Pfarrer die Abwesenden in den genannten Jahren mit einem A. Nun wurde in dieser Gemeinde mit einer Einwohnerschaft von 510 bis 550 Seelen im späten 17. und frühen 18. Jahrhundert fast jeder fünfte als abwesend eingetragen! Im Schnitt machten die Abwesenden 18% aus, wobei der Minimalwert von 11% anfangs März 1683 und der Maximalwert von 21% im Juli 1696 erreicht wurde (24). Diese Schwankungen verdeutlichen übrigens, wie sehr der Erhebungszeitpunkt, nebst möglichen Konjunktureinflüssen auf dem Arbeitsmarkt, den Anteil der Abwesenden bestimmen kann: das Minimum fällt ins Frühjahr, das Maximum in den Hochsommer. Erwartungsgemäß waren vor allem Männer weggezogen. Der Anteil der abwesenden Frauen war klein; er machte nur etwa ein Prozent der Bevölkerung aus.

Wer aber waren diese Abwesenden? Waren es nur die Saisonniers, die im Winterhalbjahr zuhause lebten, oder wurden auch die langfristig Abwesenden zu ihnen gezählt? Wir können diese Frage einigermaßen beantworten, wenn wir das Verhältnis der Geschlechter in den einzelnen Alterskohorten vergleichen. Das heißt, wir nehmen an, daß ein ausgeglichenes Verhältnis zwischen den Geschlechtern den Zustand der Bevölkerung ohne Verzerrung durch die Migration wiedergibt. Wenn sich, auf unsere Gemeinde bezogen, das Verhältnis unter Berücksichtigung der 'Abwesenden' ausgleicht, sind die langfristig Abwesenden darin enthalten. Ist dies nicht der Fall, so wurden nur die Saisonniers gezählt. Festzuhalten ist aber, daß diese Männerdefizit-Methode auf zwei Ausnahmen beruht, die in unteschiedlichem Maße, insgesamt aber leicht, von der Realität abweichen: erstens sind alle Emigranten Männer, und zweitens ist das Verhältnis zwischen den Geschlechtern ausgeglichen.

Wenn wir von der Annahme ausgehen, daß die Abwesenden in den Verzeichnissen die Saisonarbeiter sind, so setzt sich der hypothetische Sollwert der Einwohnerschaft aus den Anwesenden, den Abwesenden und dem Männerdefizit zusammen. Tatsächlich macht sich, auch wenn man die als abwesend eingetragenen Männer als Teil der Wohnbevölkerung rechnet, auf diese Weise in Mezzovico-Vira ein bedeutendes Männerdefizit von 7% (1677) beziehungsweise 9% (1696) bemerkbar. Das heißt, zu den als abwesend geltenden Männern müssen wir noch einmal halb so viele zählen, die für lange oder für immer weggezogen waren. Wie viele Frauen dabei waren, können wir leider nicht bestimmen.

Im März 1677 waren in Mezzovico-Vira 65% der männlichen Aktivbevölkerung (15-64 Jahre) als Wanderarbeiter abwesend; von den jüngeren Männern zwischen 15 und 34 Jahren war nur gerade jeder vierte im Dorf geblieben, und 56% der verheirateten Männer verdienten das Brot für ihre Familie außerhalb ihrer Heimatgemeinde (vgl. Tabelle 1 und Figur 1). Wenn wir noch das Männerdefizit mit einbeziehen, so war praktisch die Hälfte der männlichen Bevölkerung zum Zeitpunkt der Zählung außerhalb des Dorfes. Der Bevölkerungsaufbau dieser Gemeinde aus dem späten 17. und frühen 18. Jahrhundert deckt sich also mit dem, was uns von den Beschreibungen des frühen 19. Jahrhunderts überliefert ist.

Wenn wir einen der frühesten status animarum aus der gleichen Region, jenen von Ponte Capriasca (Bezirk Lugano) vom 20. Juli 1574 betrachten (25), so befinden sich neben den 107 Frauen nur 55 Männer im Dorf; 26 davon sind Knaben unter 15. Auf die 82 erwachsenen Frauen kommen also nur gerade 29 Männer.

Aus der benachbarten Region Val Colla im gleichen Bezirk ist die starke Emigration der Männer für das späte 16. und das 17. Jahrhundert auch aus den Visitationsberichten belegt: Anläßlich des Besuchs von Mons. Ninguarda heißt es 1591, daß von den ungefähr 610 Einwohnern 150 Männer als Kesselflicker unterwegs seien (26). Beim Besuch von Mons. Torriani wird 1670 notiert: "Das Land ist unfruchtbar und enthält nur Wälder und Weiden. Die Einwohner begeben sich in die Region von Mailand und allgemein in die Lombardei, wo sie speziell das Handwerk des Kesselflickers ausüben." (27).

Mezzovico-Vira, status animarum vom 20.März 1677

N = 533 = 1000 ‰

Männer ‰	Alter	Frauen ‰
4	80-84	9
6	75-79	23
9	70-74	13
17	65-69	13
9	60-64	32
26	55-59	24
15	50-54	30
15	45-49	24
17	40-44	41
21	35-39	45
51	30-34	43
26	25-29	32
43	20-24	47
54	15-19	51
41	10-14	68
62	5-9	36
45	0-4	
462 [N = 246]		538 [N = 287]

17 abwesende Saisoniers

Tabelle 1: Mezzovico-Vira, status animarum vom 20. März 1677

Alter	Männer					Frauen					Total
	Anwesende		Abwesende		alle	Anwesende		Abwesende		alle	
	nv	v	nv	v		nv	v	nv	v		
0-4	24				24	19				19	43
5-9	33				33	36				36	69
10-14	18		4		22	27				27	49
15-19	7		22		29	24	1	1		26	55
20-24	3		17	3	23	13	4			17	40
25-29	7	1	5	1	14	14	9	1		24	38
30-34	3	4	8	12	27	10	14	1	1	26	53
35-39	4	3		4	11	11	11			22	33
40-44		4	1	4	9	5	8			13	22
45-49	1	3		4	8	6	10			16	24
50-54	1	3		4	8	7	6			13	21
55-59	3	4		7	14	12	5			17	31
60-64		1	1	3	5	4	3			7	12
65-69	4	5			9	5	2			7	16
70-74	3	2			5	11	1			12	17
75-79	1	2			3	5				5	8
> 80	1	1			2						2
Total	113	33	58	42	246	209	74	3	1	287	533

nv=nicht verheiratet
v=verheiratet
Ortsanwesende: 146 Männer und 283 Frauen, Total 429 Personen
Abwesende: 100 Männer und 4 Frauen, Total 104 Personen
Gesamtbevölkerung: 246 Männer, 287 Frauen, Total 533 Personen

In Mendrisiotto, an der Südspitze des Kantons, war die Sommerwanderung offenbar weniger verbreitet. So finden sich in den status animarum, die anläßlich der Pastoralvisiten der Monss. Bonesana (1696) und Ciceri (1723) aufgenommen wurden (28), fast keine Abwesenden vermerkt, obwohl die Bevölkerung während der Monate Juni bis August registriert wurde. Saisonwanderung war in dieser fruchtbaren Gegend wahrscheinlich seltener als im hügeligeren Luganese. Das Mendrisiotto war an der Wende zum 19. Jahrhundert mit 116 Einwohnern pro Quadratkilometer außerordentlich dicht besiedelt; nördlich der Alpen konnten die Menschen nur in Gebieten mit Heimindustrie so dicht beieinander leben (29). Dennoch ist auch in dieser Gegend das Verhältnis zwischen den Geschlechtern keineswegs ausgeglichen. In den Verzeichnissen der Gemeinden Caneggio, Genestrerio, Ligornetto, Muggio und Sagno stellen wir für 1696 wie für 1723 fest, daß die erwachsenen Männer praktisch in allen Alterskohorten deutlich untervertreten sind: Tabelle 2 zeigt, daß wir mit 6% bis 8% abwesenden Männern rechnen müssen (30), ein Wert, der im Bereich der 7% bis 9% liegt, die wir im nördlicher gelegenen Mezzovico-Vira für die langfristig Abwesenden ermittelt haben.

Daß ein Anteil von 6% bis 8% Abwesenden nicht singulär ist, zeigt ein Vergleich mit Angaben aus einer Gesamttabelle von 1643, die 18 Gemeinden des Bezirks Mendrisio umfaßt (31). Kommunikanten und Nichtkommunikanten ergeben zusammen eine Bevölkerung von 6192 Seelen; dazu kommen noch 540 beziehungsweise 8% Abwesende (32).

Tabelle 2: Männerdefizit in fünf Gemeinden des Mendrisiotto, 1696 und 1723

	Sommer 1696			Sommer 1732		
Alter	M	F	Mf	M	F	Mf
<15	230	235	98	229	256	89
15-19	59	75	79	63	74	85
20-29	138	159	87	103	117	88
30-39	95	116	82	87	130	67
40-49	60	80	75	79	85	93
50-59	49	61	80	53	72	74
≥ 60	28	25	112	50	53	94
Total	659	751	88	664	787	84

Mf=Maskulinitätsfaktor: Anzahl der Männer auf 100 Frauen
Männerdefizit, alle: 1696=92=6,1% / 1723=123=7,8%
Männerdefizit, Erwachsene: 1696=87=5,81% / 1723=96=6,2%

In Ludiano, einem Dorf mit Winterwanderung im alpinen Bleniotal, wurden die Verzeichnisse meist im April aufgenommen. Zu diesem Zeitpunkt waren etliche Pässe noch nicht begehbar und die Emigranten noch nicht oder erst teilweise ins Dorf zurückgekehrt. In 14 Verzeichnissen aus den Jahren 1730 bis 1759 lassen sich bei einer erstaunlich stabilen Einwohnerschaft von rund 200 Personen zwischen 2% und 17% als abwesend ermitteln (33). Im Schnitt machen die Abwesenden 9% der Einwohner aus.

Auch in diesem Dorf deckt das Männerdefizit aber auf, daß die angegebenen Abwesenden nur einen Teil der Migration ausmachten. So ist die männliche Bevölkerung, die als abwesend Aufgeführten mitgezählt, 1730 um 18 Personen kleiner als die weibliche, 1731 um 14 Personen, was einem Männerdefizit von 9% beziehungsweise 7% entspricht. Tabelle 3

248

zeigt, daß es sich dabei vor allem um ein Übergewicht an jüngeren und über fünfzigjährigen Frauen handelt, während das Verhältnis der Personen mittleren Alters ausgeglichen ist. 1730 waren 23 von 27 Männern im Alter von 30 bis 50 Jahren verheiratet, die Hälfte davon konnten ihre Familie jedoch nicht am Ort ernähren, denn sie sind als abwesend eingetragen.

In Aquila, ebenfalls im Bleniotal, waren von den 626 im Jahre 1745 Anwesenden 357 Frauen und 269 Männer; bezogen auf die Erwachsenen waren es 274 zu 192, was einem Maskulinitätsfaktor von 70 entspricht. 19 Personen waren als einzeln abwesend eingetragen, 36 Abwesende waren Familienoberhäupter, die mit einem Teil oder der ganzen Familie weg waren. 1747 zählte man 693 Anwesende, 391 Frauen und 302 Männer; 11 waren einzeln abwesend, 35 mit der Familie oder einem Teil davon (34).

Tabelle 3: status animarum von Ludiano, 16.4.1730 und 1.4.1731

	Männer					Frauen					Total
	anwesend		abwesend		alle	anwesend		abwesend		alle	
Alter	nv	v	nv	v		nv	v	nv	v		
<15	31				31	30				30	61
15-19	4		4		8	9				9	17
20-24	6		3		9	6				6	15
25-29	2			1	3	4	7			11	14
30-34	1	4	2	2	9	2	4			6	15
35-39				4	4	2	5			7	11
40-44		3		2	5	5	7			12	17
45-49	1	4		4	9	1	2		1	4	13
50-64	2	2		2	6	9	2			11	17
>65	1				1	7				7	8
Total 1730	48	13	9	15	85	75	27		1	103	188
<15	35				35	34				34	69
15-19	9		1		10	8				8	18
20-24	6	1	3		10	4	1			5	15
25-29		2		1	3	3	9			12	15
30-34	1	4	1	2	8	2	2	1		5	13
35-39	1	3			4		6	1		7	11
40-44	1	2		3	6	5	6			11	17
45-49	1	5		4	10	1	3			4	14
50-64	2	3		1	6	11	4			15	21
>65						5				5	5
Total 1731	56	20	5	11	92	73	31	2		106	198

nv= nicht verheiratet
v=verheiratet

II. Das Tessin mit seinen zahlreichen, meist kleinflächigen Gemeinden war seit der frühen Neuzeit eine zumindest im schweizerischen Rahmen sehr dicht besiedelte Region, sei es in der alpinen oder der naturräumlich begünstigteren nichtalpinen Zone. Die Bevölkerungsentwicklung stagnierte, das heißt, die im Lande Verbliebenen lebten sehr nahe an den Grenzen der eigenen Ressourcen. Daß die Stabilität dieses Systems aber nicht Folge angepaßten demographischen Verhaltens an die lokalen Gegebenheiten war, sondern mit der Ventilfunktion der zum Teil sehr massiven Auswanderung erreicht wurde, geht aus den oben angeführten Beispielen zum Ungleichgewicht des Bevölkerungsaufbaus hervor. Die breiten Basen der Bevölkerungspyramiden sprechen dabei, wie erwähnt, für den Druck, der von der Geburtlichkeit ausging, während die Lücken auf der Seite der Männer für das Ventil stehen, mit dem dieser Druck aufgefangen wurde.

Bevölkerungsdruck war in der traditionellen, vorindustriellen Gesellschaft ein strukturelles Spannungselement, das jeweils dann zum Tragen kam, wenn eine Bevölkerung sich so weit vermehrt hatte, daß sie an die Grenzen ihrer Subsistenz gelangt war. Beim Erreichen dieses Plafonds stehen folgende Handlungsmöglichkeiten offen:

1. Der Bevölkerungsdruck verlangt nach Innovationen, nach einem qualitativen Schritt, der die Subsistenzmöglichkeiten am Ort vergrößert, was einer Anhebung des Bevölkerungsplafonds gleichkommt. Bekannteste Formen der Schaffung von mehr Ernährungsmöglichkeiten beziehungsweise Arbeitsplätzen waren etwa im 18. Jahrhundert, jedenfalls nördlich der Alpen, die Steigerung des landwirtschaftlichen Ertrags durch den Kartoffelanbau, die Kleegraswirtschaft und die Sommerstallfütterung, ferner die Ausdehnung der protoindustriellen Textilproduktion.

2. Der Bevölkerungsdruck führt zur Emigration, zur Suche nach mehr oder besseren Ernährungsmöglichkeiten außerhalb der Heimatregion.

3. Die Grenzen des Nahrungsspielraums ziehen eine Stabilisierung beziehungsweise Redimensionierung der Bevölkerungsgröße nach sich, das heißt, wenn dies nicht alleinige Aufgabe des Todes sein soll, eine Anpassung des Geburtenverhaltens an die lokalen Gegebenheiten.

4. Ist die Bevölkerung an den Grenzen des Plafonds angelangt und wächst sie trotzdem weiter, so leitet dies einen Verteilungsprozeß mit Veränderungen im Sozialgefüge ein, was gesamtgesellschaftlich gesehen zu einer Senkung des Lebensstandards und einer erhöhten strukturellen Gefährdung gegenüber Krisensituationen führt. Der umgekehrte Prozeß ist auch denkbar: die Anhebung des Lebensstandards durch Reduktion der Bevölkerungsgröße. Historisch war dies aber in der behandelten Zeit allenfalls nach Bevölkerungskrisen kurzfristig der Fall oder bei Angehöri-

gen der Oberschicht, die ihren Besitzstand wahren wollten.

"Die Bevölkerungsgröße ist", so Leo Schelbert, "grundsätzlich – von kurzfristigen meist aus wirtschaftlichen Umschichtungen stammenden Krisen abgesehen – ein Korrelat der objektiv gegebenen und tatsächlich erkannten und genutzten Erwerbsmöglichkeiten" (35). Daß die Aufschlüsselung dieses Korrelats je nach vorgefundener historischer Gesellschaftsform eine Vielzahl von Ausprägungen annehmen kann, muß nicht weiter betont werden, ebensowenig, daß die angeführten Handlungsmöglichkeiten natürlich nicht isoliert aufgetreten sind, sondern in kombinierter Form. Uns interessieren die Schwerpunkte, und das Tessin neigte dabei eindeutig zur zweiten Möglichkeit.

Wann die massenhafte Emigration der Tessiner einsetzte, können wir nicht schlüssig beantworten, da unsere Belege nur ins späte 16. Jahrhundert zurückreichen. Sehr wahrscheinlich gehen die Anfänge weiter zurück, denn man weiß von Tessiner Bauleuten im Rußland des späten 14. Jahrhunderts; zu dieser Zeit sind auch die Bündner, ebenfalls starke Wanderer, mit einer Kolonie in Venedig belegt (36). Vermutlich wurde die seit dem 15. Jahrhundert dynamisch aufstrebende lombardische Tiefebene (37) zu einem attraktiven Pull-Faktor für die seit dem Hochmittelalter dicht und zum Teil in klimatischen Grenzlagen siedelnde Tessiner Bevölkerung.

Die Formen der Wanderung wiesen einen ausgeprägten Rückbezug zur Heimat auf: Die Saisonwanderer kehrten regelmäßig, die anderen nach einigen Jahren zurück, wenn sie zuhause eine Ehe eingehen konnten oder alt geworden waren. Mit dem Nachschub der Jungen und der Rückkehr der Alten entstand zwischen dem Tessin und den Zielorten, ebenso wie zwischen dem Engadin und Venedig, eine Art fest etabliertes Austauschsystem, in welchem die Nachfrage der Zielorte nach billigen und/oder spezialisierten Arbeitskräften befriedigt wurde und das übervölkerte Ursprungsland gewissermaßen eine externe Vergrößerung seines Ernährungsspielraums fand (38).

Wir haben weiter oben den Bevölkerungsdruck als strukturelles Spannungselement der traditionellen Gesellschaft bezeichnet. Damit haben wir auch impliziert, daß die dritte der angeführten Handlungsmöglichkeiten, die Anpassung des demographischen Verhaltens an die lokalen Subsistenzmöglichkeiten, in der damaligen Gesellschaftsform nur bedingt als Variable eingesetzt werden kann. Der Grund ist darin zu sehen, daß die traditionelle Gesellschaft ihre Fruchtbarkeit nur unzureichend kontrollieren konnte und angesichts der Instabilität, die durch den willkürlich und massenhaft auftretenden Tod hervorgerufen wurde, eine optimale Minimierung der Geburtenzahl auch nicht anstreben konnte, ganz abgesehen davon, daß religiöse Tabus dem entgegenstanden und sich die gewünschte Kinderzahl nicht aus zweckrationalem ökonomistischen oder karriereorientiertem Denken herleiten ließ.

Die Mortalität war kurzfristiger menschlicher Einflußnahme praktisch entzogen; sie ließ sich allenfalls mittel- und langfristig durch bessere Ernährung, Hygiene und medizinischen Fortschritt beeinflussen. Die Kontrolle der Fruchtbarkeit war durch die Institution der Ehe geregelt (39). Diese gesellschaftliche Kanalisierung der Fruchtbarkeit war durch die Heiratshäufigkeit und das Heiratsalter der Frau steuerbar; war einmal eine Ehe geschlossen, so war Kinderkriegen religiöse Verpflichtung. Beim weitgehenden Ausbleiben von Geburtenverhütung stellten diese zwei Kontrollmechanismen, wie gesagt, nur eine unvollkommene Einflußmöglichkeit dar.

Wenn wir also von nicht angepaßtem demographischen Verhalten sprechen, gilt es, die – natürlich höchst unvollständig! – angeführten Bedingungen des damaligen demographischen Systems zu berücksichtigen, eines Systems, das sich gesellschaftlich nur bedingt kontrollieren ließ, auch wenn die Möglichkeit zur Eheschließung unmittelbar von der ökonomischen Voraussetzung abhing, eine Familie ernähren zu können. Dazu kommt die Attraktivität der norditalienischen und anderen Arbeitsmärkte, die eine solche Anpassung auch nicht zur Notwendigkeit werden ließen.

Es gibt Hinweise darauf, daß das Heiratsalter im 16. Jahrhundert wesentlich tiefer gelegen haben könnte als in den beiden folgenden Jahrhunderten. Das Bevölkerungswachstum des 16. Jahrhunderts wäre demnach mit einem niedrigen Heiratsalter einhergegangen, während in der Folgezeit die Erhöhung des Heiratsalters und die stagnierende Bevölkerungsentwicklung zusammengehörten.

1574 waren in der Kirchgemeinde Airolo in der Leventina 29 von 120 verheirateten Frauen 20 Jahre und jünger, 10 davon gar zwischen 14 und 17. Sogar unter den verheirateten Männern waren 6 jünger als 20, einer davon erst 14! (40) Diese außergewöhnlichen Verhältnisse sind aber stark durch die vorangegangene Pest beeinflußt. Den massiven Bevölkerungsverlusten begegneten die Überlebenden jeweils mit einer Lockerung der "checks", welche die Fruchtbarkeit unter Kontrolle hielten: Senkung des Heiratsalters, rasche Wiederverheiratungen und Eheschließungen von jenen, denen die Gründung einer Familie ökonomisch sonst verbaut gewesen wäre.

In den von uns untersuchten status animarum des 17. und 18. Jahrhunderts sieht die Situation deutlich anders aus: (41) Der Zivilstand ist bei beiden Geschlechtern altersmäßig stark unterschiedlich strukturiert, denn die Frauen heirateten um einiges früher als die Männer, und wenn sie ihren Gatten verloren hatten, waren ihre Chancen zur Wiederverheiratung beim ausgeprägten Frauenüberschuß sehr gering. Man findet deshalb im Unterschied zu den Männern nur wenige verheiratete, dafür umso mehr verwitwete Frauen in den hohen Altersklassen.

Die Männer heirateten in der Regel spät, wie es für die traditionellen Gesellschaftsformen des Ancien Régime üblich war. Sie sind erst in der Altersklasse der 30-34jährigen zu mehr als der Hälfte verheiratet. 20-24jährige waren nur in Ausnahmefällen verheiratet, und gleiches gilt etwas abgeschwächt für die Kohorte der 25-29jährigen. Daß sich die meisten Männer erst ab 30 imstande sahen, eine Familie zu gründen, hängt mit der beruflichen Ausbildung und noch mehr dem Wanderungsverhalten zusammen, das heißt mit der Notwendigkeit, vor der Eheschließung etwas Vermögen anzuschaffen. Daß auch diejenigen, welche eine Ehe geschlossen hatten, zu einem Großteil nicht am Ort bleiben konnten, geht unter anderem aus den unten folgenden Angaben hervor.

Während in unseren Belegen aus dem 17. und 18. Jahrhundert praktisch kein Mann unter 30 im Bunde der Ehe lebte, sah die Situation bei den Frauen anders aus, aber jedenfalls auch nicht so, wie das Beispiel aus Airolo von 1574 nahelegen würde. Die Frauen gingen die Eheschließung früher ein, und ein eigentliches Heiratsalter wie bei den Männern zwischen 30 und 34 läßt sich bei ihnen weniger deutlich ausmachen. Die jüngsten heirateten mit 17; sie blieben aber eine sehr seltene Ausnahme. Mit 35 wiederum waren die meisten verheiratet. Gegenüber den ledigen gewinnen die verheirateten Frauen in den Kohorten der 25-29jährigen und, wie bei den Männern, der 30-34jährigen an Übergewicht. Das Durchschnittsalter der Tessinerin dürfte bei der Eheschließung mit Sicherheit näher bei 30 (etwa bei 28-30) gelegen haben als bei 25. Sollte sich dieser Eindruck durch Familienrekonstitutionen bestätigen lassen, so hätten die Tessinerin und auch der Tessiner im schweizerischen Vergleich recht spät geheiratet (42); mit anderen Worten, die Spätehe wäre bewußt als Antwort auf den Bevölkerungsdruck in der Heimat eingesetzt worden.

Die Anteile der Verheirateten weisen starke Schwankungen auf. Wegen des durch die Migration hervorgerufenen Mißverhältnisses zwischen den Geschlechtern ist der Prozentsatz der verheirateten Männer natürlich deutlich höher als jener der Frauen. Nach den Angaben der Zählung von 1808 waren gesamtkantonal gut 60% der erwachsenen Männer verheiratet, die abwesenden mitgezählt; etwa 6% waren verwitwet und 34% ledig. Entsprechende Angaben für die Frauen wurden nicht aufgenommen (43). 1677 waren in Mezzovico 75 oder 45% der Männer verheiratet; 42 davon waren abwesend. Bei den Frauen waren es entsprechend 37%, und nur eine war abwesend (vgl. Tab. 1). 1696 waren in der gleichen Gemeinde nur 56 oder 35% der 162 Männer verheiratet und 28 davon abwesend (44). In Ludiano waren 1730 28 oder 52% der Männer verheiratet und 15 davon abwesend. Bei den Frauen belief sich der Anteil nur auf 38%. 1731 war der Anteil der Männer mit 54% leicht erhöht, wobei 11 von 31 abwesend waren. Von den Frauen waren nur 43% verheiratet. In Arbedo, Bezirk Bellinzona, waren am 28. Juli 1696 54% oder 68 von 127 anwesenden Männern verheiratet. Von den 158 Frauen waren es 76 oder 48%; nur 8 Frauen waren also ohne ihre Ehemänner im Dorf. 10 Frauen waren verwitwet; die restlichen 72, darunter 47 zwischen 15 und 30, hatten (noch) keinen Ehemann gefunden (45).

Die fünf Werte aus den drei angeführten Gemeinden weisen einen großen Schwankungsbereich auf: 30% (Mezzovico, 1696) bis 51% (Arbedo, 1696) der Erwachsenen sind verheiratet. Bei den Männern schwanken die Anteile zwischen 35% und 54%. Sie liegen also deutlich unter den 60%, die sich für 1808 bei den Männern ermitteln lassen. Ab 1800 begann die Tessiner Bevölkerung beschleunigt zuzunehmen; der relativ hohe Anteil verheirateter Männer könnte damit in Zusammenhang stehen. Für unsere Zeit gewinnen wir den Eindruck einer demgegenüber geringeren Ehehäufigkeit, was sich wiederum als stabilisierendes Element beziehungsweise Anpassungsversuch an die lokalen Gegebenheiten interpretieren ließe. Erst eine breiter angelegte Untersuchung vermöchte jedoch abzuklären, ob die Ehehäufigkeit vom 17. und 18. Jahrhundert zum 19. Jahrhundert zugenommen hat, wie es uns die Gegenüberstellung der ungleichen Angaben nahelegen könnte. Immerhin, die Tessinerinnen und Tessiner haben im 17. und 18. Jahrhundert sehr wahrscheinlich durch Spätehe und möglicherweise durch geringe Heiratshäufigkeit versucht, eine Anpassung der Geburtenhäufigkeit an die lokalen Gegebenheiten vorzunehmen. Sie reichte zwar aus, um das Bevölkerungswachstum in der Heimat in Grenzen zu halten, nicht aber, um die Emigration zu stoppen.

III. Abschließend möchten wir noch auf einige der Rückwirkungen der Emigration auf das Tessin eingehen. Wir halten uns dabei wieder an die Ausführungen des Berners Bonstetten und der beiden Tessiner Ghiringhelli und Franscini.

Die Anfänge der massenhaften Auswanderung mußten wir im Dunkeln lassen; wir vermuteten sie im ausgehenden Mittelalter beziehungsweise der einsetzenden Sogwirkung der norditalienischen Städtelandschaft. In der frühen Neuzeit waren langjährige Berufswanderung und Saisonwanderung fest etabliert; im 19. Jahrhundert sollte die massenhafte Siedlungsauswanderung nach Übersee dazu kommen. Migratorisches Verhalten war für die Tessiner jener Zeit gewissermaßen ein 'natürlicher' Teil ihrer Lebensbedingungen; man könnte es als verinnerlichte, mentale Struktur, als Habitus, bezeichnen.

Wandern, wir haben es oben bereits erwähnt, bedeutet Abfluß demographischen Spannungspotentials (46). Es läßt Veränderungen im Herkunftsland nicht zur Notwendigkeit werden, weder im gesellschaftlich-politischen noch im ökonomisch-technischen Bereich. Die Tessiner Wanderungen, die im Ancien Régime zumindest noch durch eine enge Beziehung zum Heimatort charakterisiert waren, hätten aber durch den Rückfluß von Kapital und Erfahrung durchaus zu einer Verbesserung der Situation im Herkunftsland führen können. Auch hätte sich die Situation der Zurückgebliebenen, der Frauen also, durch die Übertragung der Arbeitslast im Dorf in vermehrter Verantwortung und entsprechender sozialer Achtung niederschlagen können. Beides war aber offensichtlich nicht der Fall.

Das Bild, das uns unsere Gewährsleute vermitteln, ist das einer von Unwissenheit und Armut geprägten Bevölkerung, die mit nur wenig Handel und Gewerbe und keiner Industrie versehen, eine trotz fruchtbaren Bodens und günstigen Klimas rückständige Landwirtschaft betrieb. Diese war durch die oft anzutreffende Trias von Ackerbau, Viehzucht und Weinbau sehr arbeitsintensiv, warf aber durch zum Teil hinderliche Topographie, große Zersplitterung des Besitzes, mißliche Pachtverhältnisse und allgemein verbreitete Verschuldung wenig ab. Die Tessiner waren während dreier Jahrhunderte Untertanen von Herren nördlich der Alpen gewesen, die ihnen zwar eine lange Friedenszeit bescherten, sich aber sonst herzlich wenig um sie kümmerten. Auch diese politische Entmündigung trug zu ihrer Rückständigkeit bei.

Nach Ghiringhellis Urteil war diese "lange, ungestörte Ruhe (...) der einzige Vortheil, den die Italienischen Vogteyen aus der Vereinigung mit der Schweiz zogen. Sie erhielten dadurch eine schonende, nicht eine gute Regierung. Sie war schonend in ihrer Anlage, nicht immer in den einzelnen Regierungsvertretern. Gut war sie in keinem von beyden. Das ganze Geschäft der Eidgenössischen Souverainität, hat in so vielen Jahren bloss darinnen bestanden, einige höchst unvollständige und verwirrte Landesgesetze zu machen, und die Gerechtigkeit, gut oder schlecht, handhaben zu lassen. Weiters bekümmerte man sich nicht um das Wohl der Unterthanen." (47)

Auch Bonstetten erkannte 1795: "(...) Armuth an Sinn und Geld herrscht doch beinahe überall in diesen Thälern. Auch ist der Land-

255

mann oft Eigenthümer des Ackers, den er bauet. Aber er ist Unterthan von 12 Republiken, und gefesselt, an eine freilich milde Regierung, die aber ohnmächtig ist zu allem Guten. (...) In etlichen Thälern sind gar keine Schulen, und ihre Einwohner sind vielleicht an Unwissenheit und Aberglauben die untersten Menschen in Europa." (48)

Bonstettens Urteil ist nicht frei von der Überheblichkeit des Angehörigen deutscher Kultur gegenüber der in vielen Belangen nicht verstandenen und deshalb als defizitär empfundenen italienischen Kultur. In seinen Briefen findet sich denn auch ein unverzeihlicher Ausfall gegenüber den anerkannt mißlichen Wohnverhältnissen, indem er 1795 über Dörfer zwischen Locarno und Bellinzona schreibt: "Kein deutsches Schweizerschwein würde in einige dieser Menschenwohnungen gehen." (49) Johann Gottfried Ebel konnte es denn in der dritten Auflage seiner "Anleitung, auf die nützlichste und genussvollste Art in der Schweiz zu reisen" (Zürich, 1809) auch nicht unterlassen, auf Bonstettens Ausfall Bezug zu nehmen. Für Ghiringhelli war dies "eine gar zu starke Sprache; die Sprache der Reisenden, die von einzelnen Fällen, von einer, vielleicht bey übler Laune gemachten Beobachtung, sogleich auf das Ganze schliessen." (50) Bei der Beschreibung der Wohnverhältnisse kommt er erklärend auf diese Beleidigung zurück: Die Häuser "sind von sehr ärmlichem Ansehen. Bequemlichkeit, Symetrie, Reinlichkeit sind nicht ihre Eigenschaften. Schweineställe, und ärger noch als solche, sind sie jedoch nicht. Der (!) Abgang an Säuberlichkeit muß man nicht einem, für diese schöne Eigenschaft, ganz abgestumpften Sinne zuschreiben. Man muss bedenken, wie wenig der Bauer von Kälte in sein Haus eingesperrt, und von seinen Arbeitern darinnen gelassen wird; man muss die Beschwerden bedenken, denen die Weiber, die Hauptaufseherinnen der Reinlichkeit unterworfen sind, und diesem Allem etwas zugute halten." (51)

Auch Franscini versuchte in seiner Beschreibung, nördlichen Vorurteilen gegenüber dem Tessiner, "welcher bey vielen Enetbirgischen für träg und lässig, für einen Halb-Lazzerone gilt", entgegenzuwirken (52).

Einig sind sich aber alle drei über die sehr schlechte Stellung der Frau, die direkt mit der Wanderung der Männer zusammenhängt. Am drastischsten äußert sich wiederum Bonstetten: "Die Weiber welken fast überall in diesen Italienischen Schweizerthälern in ihrer Kindheit wegen der zu schweren Arbeit hin. Sie sind die eigentlichen Lastthiere des Landes." Durch die Abwesenheit der Männer werden die Frauen "zu Sklaven erniedrigt, sie müssen alle, und die gefährlichsten Arbeiten verrichten. Sie pflügen, erndten, gebähren und säugen, pflanzen und bauen. Sie klettern auf die schrecklichsten Felse, wo oben und unten Steinblöcke stürzen, um bei brennender Sonne ein wenig Genista, Holz oder Heu zu erndten, nicht ohne Gefahr von den Schlangen. (...) Viele Männer kehren im Winter zurück, spielen Karten, saufen unter sich, und lassen sich von ihren Weibern bedienen, die sie verachten, weil sie bald alt werden, und diese Herren Stallknechte, Fumisten, Chocolademacher etc. verdorbene Sitten haben. Viele von diesen verwöhnten Krämern speisen nicht mit ihrer Familie, und schämen sich vor ihren Sitten, Sprache, Kleidung und sogar vor ihren Bergen!" (53)

Ghiringhelli deckt neben der Bestätigung dieses Zustandes noch einen traurigen Zusammenhang zwischen der Überlastung der Frauen und der entsprechenden Kinderpflege auf:

"In keiner anderen Gegend der Schweiz wird man so viele übel gestaltete, taube und stumme Menschen wahrnehmen. Dieses muß den strengen Arbeiten der Weiber, die oft selbst noch am Tage ihrer Niederkunft die schwersten Lasten auf ihrem Rücken bergauf und bergab tragen, der Ungeschicklichkeit der Hebammen, und der schlechten Kinderwartung überhaupt zugeschrieben werden. Die Mütter und das ganze erwachsene Weibervolk einer Familie bleiben im Frühlinge und Herbste den ganzen Tag vom Hause entfernt, die kleinen Kinder andern Kindern, die sich selbst kaum aufrecht halten können, überlassend. Ein grosses Glück, wenn dieses ohne Verrenkungen, Erdrückungen, Vebrennungen, Fallen u.s.f. abläuft. Wie viele Beyspiele hat man nicht, dass Schweine die Kinder in der Wiege angepackt, aufgefressen, oder wenigstens stark verletzt haben! Im Sommer nimmt man die kleinen Geschöpfe mit aufs Feld. Allein, wie vielfältig bleiben sie da, mit unbedecktem Haupte den sengenden Sonnenstrahlen, die ihnen das Gehirn auskochen, und sie zu gehörlosen, stummen und völlig blödsinnigen Menschen machen, ausgesetzt!" (54)

Die Emigration führte nicht nur zu einer Zementierung der schlechten Stellung der Frau, sondern allgemein war ein positiver Rückfluß nicht die Regel, sondern die Ausnahme. "Sonderbar ist es, dass sie nicht eine nützliche Idee nach Hause bringen", wundert sich Bonstetten über die Emigranten (55), und Ghiringhellis Klage lautet ähnlich: "Sehr selten sind diejenigen, (...) die ins Vaterland zurückkehren, und in dasselbe die Früchte ihrer Industrie und die Wohlthaten des Glückes mit sich ziehn." (56)

Franscini kann ein paar Jahrzehnte später bei der Beschreibung des Landbaus zwar lobend festhalten: "Es frommt, daß diejenigen, welche fern von ihrem Vaterlande Gewinn sammeln, mit Vorliebe in der Heymat Land kaufen, und darauf bedeutende Verbesserungen machen lassen." Gleich anschließend muß er aber in der Auswanderung auch einen

Nachteil feststellen: "Die Hindernisse sind jedoch in nicht geringer Zahl. Theils durch die Auswanderung vorzüglich der männlichen Jugend, theils durch die zahlreichen Feyertage, Processionen und Aehnliches wird die Handarbeit zu theuer und unzureichend." (57)

Im frühen 19. Jahrhundert galt immer noch: "Derjenige, welcher wenig oder gar nichts hat, gewinnt, obwohl der Taglohn gar nicht gering, noch der Preis der Lebensmittel hoch ist, sehr selten den Lebensunterhalt bey Hause so gut als auswärts." (58) Der massenhafte Wegzug der Tessiner führte im Tessin selber zu einem Mangel an Arbeitskräften, und durch das Ausbleiben einheimischer Investitionen wurde ausgerechnet das Auswanderungsland Tessin selbst für fremde, oft qualifizierte Arbeitskräfte zum Zielort! An das obige Zitat schließt denn auch der Satz an: "Bey uns verschafft sich ihn der fremde Handwerksmann besser als der tessinische." (59)

Der Kreis neigte also in einer nahezu grotesken Einholbewegung dazu, sich zu schließen: Arbeitskräftemangel als Folge der Auswanderung führte zu Einwanderung ins Auswanderungsland. Der Austausch vollzog sich zum Teil beruflich sektoriell und spielte sich im norditalienischen Wirtschaftsgroßraum mit den Wanderungszielen der Tessiner und mit Drittorten ab; zweifellos vollzog er sich entlang eines (berufsspezifischen) Wohlstandsgefälles: Das Tessin lieferte der Lombardei die Kesselflicker, sie umgekehrt die Schmiede, und die Schuster kamen aus dem Veltlin (60).

In diesem Austauschsystem blieb das Tessin Peripherie, das heißt, es lieferte dem Zentrum mehr, als von daher zurückfloß. Die Auswanderung war nicht nur ein Mittel der Stabilisierung der Bevölkerungsgröße, sie stabilisierte auch die Rückständigkeit, von der sich das Tessin auch heute noch nicht, obwohl längst Zuwanderungsland und in Gefahr, von Norden her wieder – diesmal finanziell und demographisch – kolonisiert zu werden, erholt hat. Obwohl die negativen Auswirkungen der Emigration gesamthaft gesehen überwiegen, bedarf es angesichts der Vielfältigkeit dieses Gebietes eines differenzierteren Urteils als der zornigen Klage Ghiringhellis, der in der "Wuth in fremde Länder zu gehen", einen Hauptgrund für die Zurückgebliebenheit seines Kantons innerhalb der Eidgenossenschaft sah. Stefano Franscini hat den Ansatz zu einem solchen Urteil geliefert. Er wies auf die Notwendigkeit hin, "die Sache nicht in Bausch und Bogen, sondern Theil für Theil in Erwägung zu ziehn, nach den Oertlichkeiten des Cantons, nach der Verschiedenheit der Künste und Gewerbe, vom ökonomischen und vom moralischen Gesichtspunkt aus. Man wird in gewissen Ortschaften mit häufiger Auswanderung Laster sehen, welche in denen fast unbekannt sind, wo sie spärlich stattfindet. Man wird viele Handwerke, vorzüglich die des Tischlers, Schmieds, Schusters, mit Vortheil von Fremden statt von Einheimischen betrieben, die Felder und andere Grundstücke schlecht und nur durch die äussersten Anstrengungen der armen Weiber und Greise bebaut sehen. Jedoch auch bei Vergleichung gewisser Landschaften, z.B. des Bellinzonischen, wo die Auswanderung sehr gering ist, mit andern, in denen sie sehr stark ist, z.B. dem Mendrisischen wird man gewahr, dass in eint und andrer unter den erstern der Wohlstand des Volkes weit geringer ist." (61)

Es war nicht unsere Absicht, in diesem Rahmen ein differenziertes Urteil über die Vor- und Nachteile der Massenauswanderung zu geben. Wir wollten die Zusammenhänge zwischen Stabilität beziehungsweise Stagnation auf der einen Seite und Massenauswanderung auf der anderen Seite illustrieren. Unsere Beurteilung des Phänomens bleibt trotzdem negativ. Zweifellos hätten die Wanderungen positivere Auswirkungen auf das Ursprungsland haben können, als dies im Tessin gesamthaft gesehen der Fall war. Dazu wäre aber ein anderes Herrschaftssystem notwendig gewesen und vor allem eine Umstrukturierung der Beziehungen zwischen Herkunfts- und Zielorten in Richtung eines globalen Gleichgewichts. Beides war aber nicht der Fall, und unter den gegebenen Bedingungen bewirkte die Auswanderung im Tessin trotz regionaler Ausnahmen eine Verfestigung der Rückständigkeit.

ANMERKUNGEN:

1) Zürich: Orell Füssli & Comp. 1812 Vgl. auch: Galli, Antonio (ed.): Il Ticino all'inizio dell' Ottocento nella "descrizione topografica e statistica" di Paolo Ghiringhelli. Bellinzona/Lugano 1943.

2) Während der Helvetik (1798-1803) wurde die Bevölkerung der damaligen Kantone Lugano und Bellinzona gleich dreimal gezählt: 1798, 1799 und 1801; die Ergebnisse wurden aber nicht veröffentlicht.

3) Die Zählung diente militärischen Aushebungszwecken. Es lag daher im Interesse der Gemeinden, eine möglichst geringe Bevölkerungszahl anzugeben.

4) op. cit. (Anm. 1), 29.

5) Ebenda, 31 f.

6) Zu den status animarum als demographische Quelle vgl. Bellettini, Athos: Gli "status animarum". In: Le fonti della demografia storica in Italia. Atti del seminario di demografia storica 1971-1972. CISP Roma o.J. (1973?), vol. I, 1-28. Guarini, Elena Fasano: Gli stati d'anime milanesi al tempo di Carlo e Federico Borromeo. Ebenda, 127-154. Schluchter, André: Zur Bedeutung der status animarum. Hinweise auf die Tessiner Bevölkerungsstruktur im 17. und 18. Jahrhundert. In: Mattmüller, Bevölkerungsgeschichte (op.cit. Anm. 10) 518-556.

7) Vgl. dazu Ghiringhelli, op. cit. (Anm. 1); Bonstetten, Karl Viktor von: Briefe über die italienischen Aemter Lugano, Mendrisio, Locarno, Valmaggia. Dokumentarische Neuausgabe der ersten und einzigen Edition Kopenhagen 1800-1801. Mit einem

Vorwort von Raffaello Ceschi. Ascona 1982; Franscini, Stefano: Der Canton Tessin, historisch, geographisch, statistisch geschildert. St. Gallen und Bern 1835 (Gemälde der Schweiz XVIII), repr. Genève 1980. Original: La Svizzera italiana, ed. Piero Chiara. Lugano 1973.

8) Schluchter, André: Zur Bevölkerungsentwicklung des Tessins in der frühen Neuzeit. In: Mattmüller, Bevölkerungsgeschichte (op.cit. Anm. 10) 661-682. Ohne weitere Verweise sind die folgenden Zahlenangaben diesem Aufsatz entnommen.

9) Bezirke Blenio, Leventina, Riviera, Vallemaggia und Locarno (Kreise Onsernone, Melazza und Verzasca).

10) Vgl. Mattmüller, Markus: Bevölkerungsgeschichte der Schweiz, Teil I: Die frühe Neuzeit, 1500-1700. Basel und Frankfurt/M. 1987 (Basler Beiträge zur Geschichtswissenschaft 154 u. 154a).

11) Ebenda.

12) Vgl. Ruffieux, Roland: Die Schweiz des Freisinns (1848-1914). In: Geschichte der Schweiz – und der Schweizer, Band III. Basel/Frankfurt 1983, 90. Schelbert, Leo: Einführung in die schweizerische Auswanderungsgeschichte der Neuzeit. Zürich 1976 (Schweizerische Zeitschrift für Geschichte, Beiheft 16).

13) Speziell jene, die als Architekten tätig waren. Neben Francesco Borromini sei in diesem Zusammenhang an Domenico Trezzini (1670-1734) aus Astano erinnert, einen maßgeblichen Miterbauer St. Petersburgs.

14) op. cit. (Anm. 7), Bd. I, 24.

15) Mit der Volkszählung von 1808 lassen sich die Anteile der langfristig abwesenden Männer in den einzelnen Distrikten bestimmen: Leventina: 15%, Blenio: 25%, Riviera: 6%, Bellinzona: 6%, Locarno: 13%, Vallemaggia: 16%, Lugano: 19%, Mendrisio: 14%, Kanton: 15% (6625 von 43458 Männern). Die Anteile dürften durch die Zeitumstände etwas verzerrt (erhöht) sein. Vgl. Ghirehelli (Anm. 1) bzw. Schluchter (Anm. 6). Ghiringhelli liefert in seiner Beschreibung der einzelnen Distrikte (93-188) wertvolle Angaben zu den Auswanderungsformen, natürlich unverhohlen aus seiner populationistischen Optik: Über die Leventina: "Die Abnahme der Bevölkerung zeigt sich in diesem Distrikte am auffallendsten. Die Auswanderungen verursachen zwar keine Vernachlässigung der Güter. Es gäbe dennoch auch mancher (!) Zweig von Industrie, der die überflüssigen Hände, im Lande selbst, viel bequemer und vortheilhafter beschäftigen könnte. Es wandern nicht allein die Mannsbilder, sondern auch die Weibspersonen häufig aus. Sie gehen, als Mägde, am zahlreichsten nach Bellinzona und Mailand. Hier aber, im Lasterwirbel der großen Hauptstadt, leidet ihre Unschuld nur gar zu häufige Schiffbrüche." (99) Was die Abnahme der Bevölkerung anbelangt, so irrte Ghiringhelli, zumindest bezüglich ihrer mittel- und langfristigen Entwicklung: (Jahr: Einwohner) 1682: 6855, 1745: 7634, 1800: 9445, 1808: 9664. Vgl. Schluchter (Anm. 8), Tab. 5, 671. Über das Lavizzaratal im Distrikt Vallemaggia: "Die Lavizzarer wohnen häufig in Holzhäusern. Man rühmt sehr ihre Reinlichkeit und Freundlichkeit. Die mit dem Gebiete unverhältnismässige Bevölkerung, das gute Gedeihen der Viehzucht, und die kleine Industrie mit den Lavetzsteinen halten die Einwohner von der Auswanderung sehr zurück." (164) Mit "unverhältnismässig" meint er offensichtlich, daß das Tal im Verhältnis zu seiner Fläche "wenig bevölkert" sei (162). Tatsächlich muß das Tal eine Bevölkerungsabnahme erfahren haben, trotz zusätzlicher Verdienstmöglichkeiten durch die Lavetzsteine (Jahr: Einwohner): 1591: ca. 2500, 1669: 2924, 1765: 1156, 1800: 1215, 1808: 1097. Vgl. Schluchter (Anm. 8), Tab. 9, 675. Über die Gemeinde Someo, im fruchtbareren Teil des gleichen Distrikts, mit Weinbau, zweifacher Kornernte und einem fischreichen Alpsee: "Die Einwohner, ihre Landesvortheile fleissig benutzend, gehen sehr wenig in die Fremde." (167)

16) Franscini, op.cit. (Anm. 7), 156.

17) In Balerna (Bezirk Medrisio) verteilten sich die Eheschließungen der Jahre 1780-1840 wie folgt: Jan: 86, 108, 17, 11, 6, 6, 6, 6, 6, 10, 14, Dez.: 4. In anderen Dörfern des Sottoceneri waren die Verhältnisse ähnlich ausgeprägt. Vgl. CONTARE GLI UOMINI. Fonti per lo studio della popolazione ticinese, edd. Raffaello Ceschi, Vasco Gamboni, Andrea Ghiringhelli. Bellinzona: Centro didattico cantonale 1980, 12-19.

18) Vgl. Rezzonico, Silvia: Ricerca quantitativia sulla storia demografica delle parrocchie di Aquila, Olivone e Ponto Valentino (Valle di Blenio) nel seicento, settecento e ottocento. Lizentiatsarbeit Basel 1975. Typoskript.

19) Vgl. Schluchter, op.cit. (Anm. 6).

20) Vgl. dazu die "Avvertenze per far il stato dell'anime, Carolus Card. Tit. Praxedis, Archipesopus 1574". In: Le fonti della demografia storica in Italia, op. cit. (Anm. 6), 149-154.

21) Archivio parrocchiale di Mezzovico: liber status animarum, ab 1614 (Kopie im Archivio della Curia Vescovile di Lugano). Es wurden nur diejenigen Verzeichnisse ausgewertet, welche eine genaue Bestimmung der Abwesenden ermöglichen:

Datum	Total	Abwesende	
20.03.1677	533	104	19,5%
09.03.1683	541	58	10,7%
?.04.1692	541	108	19,7%
11.07.1696	527	112	21,3%
12.08.1708	514	106	20,6%
20.03.1715	515	78	15,1%
15.04.1719	552	109	19,7%

22) op.cit. (Anm. 7).

23) op.cit. (Anm. 1), 172.

24) Vgl. Anm. 21.

25) Fransioli, Alberto e Fabio: Gli stati d'anime dei secoli XVI e XVII. In: Schweizer Jugend forscht, 1977, Nr. 1 und 2, 17-20 und 20-24. Wiedergegeben in: CONTARE, op.cit. (Anm. 17), 5-8.

26) "... perché delli uomini della mia parrocchia son fuori circa 150 a far il magnano che comunemente al Natal et a S. Pietro ritornano in qual festa vogli che mi mostrino dove si son confessati et communicati da Pasqua". Zit. nach: Vannini, Benedetto: Le visite pastorali in Val Colla dal 1578 al 1835. Lavoro per l'ottenimento della patente di scuola maggiore, Università di Pavia 1976, dattiloscritto al Centro didattico cantonale, Bellinzona, 36.

27) "Il territorio è sterile, contiene soltanto boschi e pascoli. Gli abitanti si recano nella regione di Milano e in genere della Lombardia, specialmente esercitando l'arte 'cream' (del ramaio o magnano)." Ebenda, 38.

28) Originale der gleichnamigen Aktenbestände mit den Visitationsberichten im Archivio della Curia Vescovile di Lugano (ACVL).

29) Vgl. André Schluchter, Die Bevölkerung der Schweiz um 1800. Erscheint 1988, hg. v. Bundesamt für Statistik, Bern.

30) Vgl. Anm. 28 bzw. Schluchter, op. cit. (Anm. 6).

31) ACVL, Carafino, 338 bzw. Schluchter, op. cit. (Anm. 6).

32) Vgl. dazu in Anm. 15 die Anteile der langfristig Abwesenden von 1808.

33) Archivio parrocchiale di Ludiano: liber status animarum, 1637-1801. Abschrift verdankenswerterweise zur Verfügung gestellt von Don Giuseppe Gallizia im ACVL.

34) Lizentiatsarbeit Rezzonico, op. cit. (Anm. 18).

35) op. cit. (Anm. 12), 154.

36) Ebenda, 201-05.

37) Abel, Wilhelm: Agrarkrisen und Agrarkonjunktur. 3., neubearb. u. erw. Auflage, Hamburg u. Berlin 1978, 79-81.

38) Vgl. Mattmüller, op. cit. (Anm. 10), 343-346.

39) Eine entsprechend rigide Sexualmoral vermochte die Ehe ideologisch so abzustützen, daß sich die außereheliche Fruchtbarkeit bei den gegebenen Sanktionsdrohungen zumindest auf dem Lande in engen Grenzen hielt.

40) Fransioli, Mario: Per una ricerca demografica dell'Alta Leventina. In: Scrinium, 23 e 24 settembre 1976, Locarno, 108-110.

41) Vgl. Schluchter, op. cit. (Anm. 6).

42) Vgl. die Zusammenstellung bei Fridolin Kurmann: Das Luzerner Suhrental im 18. Jahrhundert. Luzern/Stuttgart 1985 (Luzerner Historische Veröffentlichungen, Bd. 20), 91. Die Bandbreite des Heiratsalters lag bei den Frauen zwischen 24 und knapp 26 Jahren, bei den Männern bei 27 und 29 Jahren.

43) Vgl. Ghirighelli, op. cit. (Anm. 1) bzw. Schluchter, op. cit. (Anm. 6).

44) Vgl. Schluchter, op. cit. (Anm. 6).

45) Ebenda.

46) Vgl. dazu auch den Beitrag von Hans-Joachim Hoffmann-Nowotny in diesem Band.

47) op. cit. (Anm. 1), 36.

48) op. cit. (Anm. 7), Bd. I, 82.

49) Ebenda, Bd. I, 18. Vgl. Franscini, op.cit. (Anm. 7), 120.

50) op.cit. (Anm. 1), 38.

51) Ebenda, 64f.

52) op.cit. (Anm. 7), 155.

53) op.cit. (Anm. 7), Bd. I, 16 und 24f.

54) op.cit. (Anm. 1), 45f.

55) op.cit. (Anm. 7), Bd. I, 25.

56) op.cit. (Anm. 1), 56.

57) op.cit. (Anm. 7), 127.

58) Ebenda, 155.

59) "Ausser den Schustern aus dem Veltlin, den Schmieden und Schreinern aus der Lombardey, den Maurern und Steinhauern aus Val Intelvi, den Matrazenmachern aus der Brianza, und den genuesischen Landarbeitern, den piacentinischen Krämern, den tridentinischen Holzsägern, haben wir in einigen unsrer Flecken und in den Dörfern fast alles fremde Brodbäcker (gem. prestinaj), Kellner, Tuch-, Leinwand- etc. Händler. Man rechnet die Zahl der fremden Handwerker und Arbeiter auf zwey bis dreytausend, und es ist ausser Zweifel, dass viele derselben guten Verdienst haben." Ebenda, 158f. Vgl. auch Ghiringhelli, 58. Zuwanderung war also nicht erst ein Phänomen des 19. Jahrhunderts.

60) Vgl. Anm. 59.

61) op. cit. (Anm. 7), 158.

KOLLEKTIVE UND INDIVIDUELLE MOTIVSTRUKTUREN IM MITTELALTERLICHEN PILGERWESEN

Ludwig Schmugge

1. Einleitung

Die Absicht dieses Beitrags ist es, etwas zu den kollektiven und individuellen Motiven mittelalterlicher Pilger zu sagen. Eingangs sollen jedoch einige einleitende Bemerkungen zum mittelalterlichen Pilgerwesen allgemein vorausgeschickt werden.

Es ist nahezu eine Binsenweisheit, daß nicht nur im Christentum, sondern in fast allen Hochreligionen ein "Pilgerwesen" im Sinne einer aus religiösen Gründen unternommenen, temporären horizontalen Mobilität zu beobachten ist, man denke etwa nur an den Islam mit seiner Hadsch nach Mekka. In der mittelalterlichen Welt (und in katholischen Ländern bis in unsere Tage) war das Pilgern, die "peregrinatio religiosa", eine fromme Übung, der sich Männer, Frauen und Kinder aller Schichten und Stände unterzogen (1). Das Pilgern, seit dem Hochmittelalter ein religiöses und sozialen Massenphänomen, ist, wie mir scheint, durchaus mit soziologischen Kategorien der Migration, überwiegend der temporären Migration, zu erfassen. Die vorwiegend religiöse Funktion des Pilgerns im Mittelalter hat dazu geführt, daß die Kirche den Status des "peregrinus" seit dem 11. Jahrhundert privilegiert hat, um das Pilgern zu fördern und den einzelnen Pilger zu schützen (2). Wir haben es also mit einer Art privilegierter bzw. geschützter Mobilität zu tun. Bevor ich auf die individuelle und kollektive Motivation derartigen Wanderns eingehe, müssen zuvor die verschiedenen Arten und die historische Entwicklung des mittelalterlichen Pilgerwesens kurz skizziert werden, weil ohne dieses Vorverständnis die Motivstrukturen nicht hinreichend erklärt werden können.

2. Die Arten des mittelalterlichen Pilgerns

Wie so häufig in der Rechtsgeschichte hinkt die Begriffsbildung hinter der faktischen Entwicklung eines historischen Phänomens her, so auch beim Pilgerwesen. Über die verschiedenen Arten der mittelalterlichen "peregrinatio religiosa" haben sich, obwohl das Phänomen, wie wir sehen werden, seit der Zeit der frühen Kirche existiert, erst die Kanonisten des Hochmittelalters Gedanken gemacht, weil mittlerweile eine Pilgerfahrt eine bestimmte Form der Buße sein konnte (3). Hinsichtlich ihrer Bedeutung für die Sündenvergebung unterschieden Theologen und Juristen zwischen "peregrinationes maiores" und "minores". Zu den ersteren gehörten die Pilgerfahrten nach Jerusalem, Rom und Santiago de Compostela, zu den letzteren alle anderen, obwohl auch diese sich noch über zum Teil beträchtliche Distanzen erstrecken konnten (Bari, Gargano, Mont-Saint-Michel, Le Puy, Aachen, Wilsnack sind solche "peregrinationes minores").

Der Historiker kann bei seiner Kategorisierung von mittelalterlichen Pilgerfahrten die kanonistische Distinktion der "peregrinationes maiores" und "minores" übernehmen. Fügt man nämlich den geographischen Aspekt hinzu, kommt man auf drei Arten von Pilgerfahrten:

1. Fernpilgerfahrten nach Jerusalem, Rom und Santiago.
2. Überregionale Pilgerfahrten (auch diese zumeist über beträchtliche Distanzen und längere Zeit).
3. Lokale Pilger- und Wallfahrten (von kurzer Dauer und zu nahegelegenen Heiligtümern).

Selbstverständlich ist die Häufigkeit dieser drei Kategorien im Mittelalter nicht gleichmäßig, aber es hat alle drei Kategorien von "peregrinationes" über die ganze Zeit des Mittelalters gegeben. Wenden wir uns daher einem gerafften Überblick über die Perioden des Pilgerwesens zu.

3. Die Perioden des mittelalterlichen Pilgerns

3.1 Antike und Frühmittelalter

Es ist ausgemacht, daß Christen seit dem 3. Jahrhundert aus religiösen Gründen und mit der Bibel als Reiseführer die Heiligen Stätten des Erlösungswerkes Jesu Christi aufsuchten (4). Nachdem das Christentum Staatsreligion geworden war, entwickelte sich Jerusalem zum bevorzugten Pilgerziel der römischen Führungsschicht, insbesondere der Matronen. Dieses wird u.a. durch den Briefwechsel des Hieronymus deutlich. Seit dem Ende des 4. Jahrhunderts, zuerst in Mailand und in Hippo, setzte sich mit der Verehrung der Heiligen Gervasius und Protasius, durch Ambrosius gefördert, und Johannes des Täufers, durch Augustinus propagiert, neben dem Märtyrerkult der Reliquienkult in der Christenheit durch (5). Damit war auch außerhalb Jerusalems und Roms mit seinen Apostelgräbern und Katakombenheiligen Reliquienkult und Heiligenverehrung zugelassen. Mit den Heiligen Martin in Tours und Mauritius in S. Maurice seien die frühesten Beispiele für diese Entwicklung nördlich der Alpen erwähnt (6).

Die Schreine dieser Heiligen machten vor allem auch durch Mirakel und Wunderheilungen von sich reden. Die Verteilung römischer Katakombenheiliger, insbesondere im Frankenreich, hat dann dem Reliquienkult in der westlichen Christenheit endgültig zum Durchbruch verholfen. Die Bußpilgerfahrten haben die Idee der "peregrinatio", das Ideal der "vita peregrina", noch stärker in der christlichen religiösen Praxis verankert (7). Im 6., 7. und 8. Jahrhundert waren asketische Bußpilgerfahrten besonders "en vogue" bei den irisch-angelsächsischen Mönchen (8), kommen aber auch im 10. und 11. Jahrhundert gelegentlich noch vor.

3.2. Die Blütezeit des Hochmittelalters

Die Verbindung der fränkischen Herrscher mit dem römischen Papsttum hat in erster Linie den Pilgerverkehr nach Rom aufblühen lassen (9), wobei die karolingischen Klöster und Stifte sowie spezielle Xenodochia entlang der "via romea" in Italien die Pilger aufnahmen und versorgten (10). Die politische Auflösung des fränkischen Reiches hat auch dem Pilgerwesen Abbruch getan. Erst nach der Jahrtausendwende boten die sozialen und wirtschaftlichen Wandlungen neuen Nährboden für die "peregrinatio religiosa". Gottesfrieden und Treuga Dei bezogen den Pilger in ihren Schutz ein, neue Kulte entstanden durch Tanslation und Auffindung von Reliquien, Mirakelberichte verbreiteten den Ruhm und die Wunderkraft der Heiligen (11). Die sich an der Reliquienverehrung entzündende Pilgerbewegung erfaßte die Menschen aller Gesellschaftsschichten, Männer, Frauen und Kinder. Hand in Hand damit ging der Ausbau einer spezifischen Infrastruktur: Hospitalgründungen entlang der Pilgerstraßen Italiens, Frankreichs und Spaniens, nicht zuletzt an neuralgischen Punkten wie auf Pässen und an Flüssen; Brückenbauten wurden unternommen (12), "confraternitates" und Orden zur Betreuung von "peregrini" schlossen sich im Verlauf des 11. und 12. Jahrhunderts zusammen (13). Über den Umfang des Pilgerverkehrs geben auch die seit dem 12. Jahrhundert an vielen Wallfahrtszentren vertriebenen Pilgerzeichen beredt Auskunft (14).

3.3. Das Spätmittelalter

Wenn – wie es scheint – im 13. Jahrhundert vorübergehend eine gewisse Flaute der frommen "peregrinationes" zu verzeichnen war, so galt das nicht für das Spätmittlalter. Neue Impulse gingen von der genialen Idee des periodischen Pilgerns – erstmals im Heiligen Jahr 1300 in Rom realisiert und dann von anderen Pilgerorten kopiert – und der Verleihung von großen Ablässen an Wallfahrtsorten aus. Daneben entstanden trotz Pest und Wirtschaftskrise zahlreiche neue Pilgerzentren des lokalen bzw. des überregionalen Typs (15). So stellte das Pilgern und Wallfahren am Ende des Mittelalters ohne Zweifel eine der populärsten Formen christlicher Frömmigkeit dar (16). An neuen Formen der "peregrinatio" im Spätmittelalter wären zu nennen die Bußpilgerfahrten, die seit dem 14. Jahrhundert wieder aufgenommen wurden, die jetzt fast als "Pauschalreisen" organisierten Heilig-Land-Fahrten, die periodischen lokalen Wallfahrten und ein gelegentlich auftretendes impulsives, massenhaftes Pilgern bzw. "Laufen" (17).

3.4 Der quantitative Umfang der Pilgermigration

Leider können wir erst für die Zeit nach 1300 annähernd sichere Zahlen über Pilgerbewegungen angeben. Diese sind für die Zielorte der "peregrinatio maior" sehr unterschiedlich. Nach Jerusalem dürften von Venedig aus im Schnitt eines Jahres nicht mehr als 300 bis 500 Gläubige gereist sein, etwa 80 bis 100 auf einer Galeere. Rom hat natürlich speziell in den Heiligen Jahren große Pilgermassen angezogen. Die Angaben in den Quellen sind regelmäßig unglaubwürdig hoch. Immerhin war schon 1300 der Verkehr über den Großen St. Bernhard zehnmal dichter als in "normalen Jahren" (18). Einige Zehntausend "peregrini" sind mit Sicherheit jedesmal zum "anno santo" an den Tiber gezogen, im 15. Jahrhundert vielleicht sogar einige hunderttausend Gläubige. Für Santiago wissen wir wenigstens über die Zahl der englischen Pilger etwas besser Bescheid (19): Etwa 17 bis 20.000 kamen jeweils zu den Heiligen Jahren per Schiff über den Kanal. Mieck rechnet vorsichtig mit etwa dreißig ankommenden Pilgern pro Tag (20).

Für andere Pilgerorte lassen die verkauften Pilgerzeichen bzw. die überlieferten Einnahmen oder sogar direkte Zählungen quantitative Angaben zu. Nach Gottesbüren dürften in den Jahren 1334/38 an die 40.000 bis

50.000 Waller gezogen sein (21). In Einsiedeln hat man in der Engelwei-
hewoche 1466 130.000 Pilgerzeichen verkauft (22). Eine Pestprozession
der Basler dorthin umfaßte im Juli 1439 1.400 Männer und Frauen. Der
von Genua ausgehende Zug der Bianchi versammelte 1399 circa 5.000 Personen (23). In Niklashausen fanden sich im Juni/Juli 1476 einige zehntausend Pilger ein (24). Zum Ablaß nach München, so ermittelte der Rat
durch Zählungen, waren im Jahre 1480 über 65.000, 1481 24.000 und 1482
35.000 "peregrini" aus Süddeutschland gekommen (25). Bei der Kirche
der Schönen Maria in Regensburg wurden 1519 12.500 und ein Jahr später
fast 120.000 Abzeichen abgesetzt (26). Über die große Zahl der in den
flandrischen Städten verhängten Bußpilgerfahrten gibt van Herwaarden
jetzt präzise Auskunft (27).

Massenhafter Zulauf von Pilgern setzte besonders dann ein, wenn ein
Ablaß erworben werden konnte, wie 1353 in Montmajour bei Arles: "Eo-
dem etiam tempore fit magnus concursus populorum peregre venientium
ad monasterium Sancti Petri Montismajoris, dyocesis Arelatensis, ubi esse
dicebatur indulgentia magna, ymo secundum aliquos plenaria" (28). 1409
hat es dort nach der Chronik des Garoscus de Ulmoisca Veteri und Bertrand Boysset erneut einen "perdon general" gegeben mit angeblich mehr
als 150.000 Pilgerinnen und Pilgern (29). Über die sex-ratio der mittelalterlichen Pilger läßt sich auf Grund der Mirakelberichte sagen, daß der
Anteil der Frauen zwischen 33 und 50% lag. Es gingen Menschen jeden
Alters auf Pilgerfahrt, die Quellen sprechen gelegentlich von Kindern wie
von Greisen (30).

Wenn wir uns nun den kollektiven und individuellen Motiven zuwenden,
welche den mittelalterlichen Pilger zu seinen oft monate-, ja jahrelangen
beschwerlichen und trotz des Pilgerschutzes des "forum ecclesiasticum"
sowie der äußeren Abzeichen von Stab und Tasche gefährlichen Reisen
bewogen haben, so werden wir die verschiedenen Formen der "peregrinatio" jeweils im Auge behalten müssen.

4. Die individuellen und kollektiven religiösen Motive der mittelalterlichen Pilger.

4.1 Die Quellen

Bei dem Versuch, über die Motive mittelalterlicher Pilger zu sprechen,
stellt sich zu allererst die Quellenfrage. Über die individuellen Motive
einzelner Pilger lassen sich vor dem Spätmittlalter praktisch keine Aussagen machen, wie schon Kötting betont hat. Erst seit dieser Zeit besitzen

wir Berichte über "peregrinationes", vor allem aus bürgerlichen und ritterlichen Schichten (31). Sie beziehen sich zudem fast ausschließlich auf "peregrinationes maiores" nach Jerusalem und Santiago, seltener sind uns auch Angaben über eine regionale oder lokale Wallfahrt erhalten (32).

So haben wir uns für die frühe Zeit auf die Suche nach kollektiven Motiven der Pilger zu beschränken. Obwohl der Historiker hier auf Methoden der Erforschung mentaler Strukturen zurückgreifen kann, ist die Situation bei unserem Thema nicht besonders günstig. Da die "peregrinatio" ein grundlegend religiöses Phänomen ist, welches aus der Praxis des christlichen Glaubens erwächst, können wir von den Gegebenheiten religiöser Mentalität mittelalterlicher Menschen ausgehen. Aber diese wandelte sich im Laufe der Zeit, was nicht zuletzt am Pilgerwesen zu beobachten ist. Während wir für Spätantike und Frühmittelalter in einigen Itinera und Briefen der Väterzeit Auskünfte erhalten, müssen wir uns für die Jahre etwa von 600 bis 1200 fast ausschließlich auf die zwar zahlreichen, aber in ihrem Quellenwert umstrittenen hagiographischen Quellen verlassen. Aus diesen ragen die Mirakelberichte heraus, denen sich die Forschung wieder verstärkt zugewendet hat (33). Chronikalische Quellen fließen dann erst seit dem Spätmittelalter reichlicher. Auskunft über individuelle Motivation zum Pilgern erhält man auch aus Testamenten (34). Über die Mentalität der "peregrini" erfahren wir allerdings auch manches aus den Pilgerzeichen, den Reiseführern und den Darstellungen des Pilgerns in der bildenden Kunst des Mittelalters, auf welche ich hier aus Raumgründen leider nicht eingehen kann, ebensowenig wie auf das Bild des Wallers in der mittelalterlichen Literatur.

4.2 Kollektive Grundmuster

4.2.1 Das Leben als Pilgerfahrt?

Man ist schnell – vielleicht zu schnell – geneigt, gemäß dem Apostelwort: "Dum sumus in corpore peregrinamur a Domino" (2 Cor. 5, 6) die Vorstellung von der Gleichsetzung von "vita" und "peregrinatio" als Grundmuster kollektiver christlicher Mentaltiät zu übernehmen, zumal Gerhard Ladner den "homo viator", den Menschen zwischen "ordo" und "alienatio", als das mittelalterliche Idealbild schlechthin dargestellt hat (35). Es fragt sich jedoch, ob die postulierte Gleichsetzung von Leben und Pilgerfahrt auch ein wesentlicher Teil der kollektiven Motivation aller mittelalterlichen Pilger gewesen ist. In den Quellen, sofern sie über individuelle Reisen berichten, hört man indes selten davon. Mir scheint die

Identifikation von "vita" und "peregrinatio" eher ein Produkt gelehrter theologischer Spekulation des Mittelalters denn eine praktische Maxime der Pilger gewesen zu sein. Am ehesten noch unterliegt der Gedanke der vita peregrina den rastlosen Wanderungen der iro-schottischen Mönche als Motivationsmuster.

4.2.2 Jerusalem – der "Urpilgerort"

Die ersten Christen, welche eine peregrinatio unternahmen, zog es wie gesagt in das Heilige Land und vor allem nach Jerusalem, "ubi steterunt pedes eius", wie es fast stereotyp im Mittelalter heißt. Das Motiv ihrer Reise war, die Stätten der christlichen Erlösungstat mit eigenen Augen zu sehen; die frühen Itinera sprechen diese Motivation deutlich aus. Auch die Schriften des Eusebius und insbesondere der Brief 46 des Hieronymus lassen erkennen, daß nach dem Hinschwinden der Parousie-Erwartung Christen an die Stätten der Erlösung zu pilgern begannen, zumal nach der Anerkennung des Christentums als Staatsreligion (36). Vielfach beseelte die Pilger auch der Wunsch, dort in heiliger Erde, wo der Ort des Jüngsten Gerichts vermutet wurde, bestattet zu werden (37). Das irdische Jerusalem war immer auch ein Abbild des himmlischen. Daher und in der Erwartung des Jüngsten Gerichts, ist die Jerusalem-Pilgerfahrt der Spätantike oftmals der Intention nach eine "one-way-journey to the Heavenly Jerusalem" (38). Die Rückeroberung der Heiligen Stätten Palästinas wurde dann im 11. Jahrhundert zum treibenden Motiv für die Kreuzzüge. Nach 1291 blieb Jerusalem zwar der verehrte Ort, "ubi steterunt pedes eius", aber er war zugleich die verlorene Mitte, welche "peccatis exigentibus" in die Hände der Heiden zurückgefallen war. Auch vielen spätmittelalterlichen Jerusalempilgern kam beim Anblick der Stadt das Himmlische Jerusalem in den Sinn (39). In der Vorstellung der Christen aller Jahrhunderte aber blieb Jerusalem der bevorzugte Ort einer "peregrinatio religiosa".

4.2.3 Der Heiligen-und Reliquienkult

Für die Entfaltung des mittelalterlichen Pilgerwesens jedoch war neben der Verehrung von Märtyrergräbern (40) die Entstehung des Heiligen- und Reliquienkultes im 4. und frühen 5. Jahrhundert von entscheidender Bedeutung. Der Heilige als vorbildlicher und in der Anschauung Gottes vollendeter Christ wurde für die noch im irdischen Leben verhafteten Gläubigen mehr und mehr zum Mittler zwischen Gott und den von leiblicher und seelischer Not bedrängten Menschen (41). Seiner Fürsprache bedurften alle, seiner Machtfülle konnte man Heilung, Hilfe und Schutz verdanken. P. Brown hat eindrücklich herausgearbeitet, wie der spätantike römische Klientelgedanke bei der Etablierung der Kulte in Mailand und Hippo Pate gestanden hat (42). Die "loca sanctorum" wurden so zu Orten außerordentlicher Gottesnähe und Heilsvermittlung. Die hagiographischen Texte, insbesondere Mirakelberichte, verbreiteten die Großtaten des jeweiligen Heiligen und zogen wiederum Gläubige an. Dabei ist für die Frühzeit interessanterweise vorzüglich von Heilungs- und Strafwundern die Rede, die sich an den Schreinen der Heiligen ereigneten.

4.2.4 Pilgerfahrt, Busse und Ablass

Die Entwicklung des kirchlichen Buß- und Ablaßwesens hat dann etwa seit der Jahrtausendwende entscheidende Auswirkungen auf die Motivation der Pilger gehabt. Bis dahin war der Wunsch nach Heilung von Krankheit und Gebrechen das wesentliche Motiv, welches einen Waller zu den "loca sanctorum" auf den Weg brachte, seltener der Wunsch nach Buße und Versöhnung mit Gott. Nach den 267 Berichten bei Gregor von Tours sind in 81 Fällen die Menschen zum Hl. Martin gepilgert, um körperliche Heilung zu erbitten (43). Wie stark noch Mitte des 12. Jahrhunderts bei Pilgern eines lokalen Wallfahrtsortes der Wunsch nach körperlicher Heilung gewesen ist, hat P.-A. Sigal am Beispiel der Miracula Sancti Gibriani (1145, Reims) gezeigt: Zwei Drittel der in den Mirakelberichten erwähnten Pilger kamen aus einem Umkreis von nicht mehr als 60 km und 98 der insgesamt 102 Mirakel betrafen Wunderheilungen (etwa zur Hälfte Lähmungen) (44).

Die Präponderanz des Ablasses im Spätmittelalter hat allerdings die anderen Motive der Pilger nicht beseitigt. Wie die zahlreichen Mirakelberichte zeigen, zogen die Menschen auch weiterhin aus, um körperliche Heilung zu erflehen und "verlobten" sich in körperlicher Not und Bedrängnis einem Heiligen. Daß gerade für viele Bauern ein Heiliger der einzige "erschwingliche" Arzt gewesen sein wird, hat bereits Staber hervorgehoben: Für eine Bruchoperation wurden im 15. Jahrhundert Honorare von 2 bis 18 rheinische Gulden verlangt (ein Pferd kostete damals etwa 13 Gulden!) (45).

Da gute Werke in der Bußpraxis der Kirche von alters her als sündentilgend angesehen wurden, konnte auch eine "peregrinatio" selbstverständlich Sünden tilgen. Seit der Wende des Milleniums jedoch erhielt das Bußwesen in Lehre und Praxis der Kirche eine neue Dimension in der Verbindung der Beichte und Rekonziliation. Jetzt trat die Buße an das Ende des Sündenvergebungsverfahrens und war nicht mehr Voraussetzung für die Absolution (46). Etwa zur gleichen Zeit begannen die Theologen zwischen Sündenschuld und kirchlich auferlegten, kanonischen Sündenstrafen zu unterscheiden. Solche Sündenstrafen konnten durch gute Werke, eben auch Pilgerfahrten, sowie auch durch einen Ablaß getilgt werden. Somit erhielt der Ablaß eine immer wichtigere Funktion im kirchlichen Bußverfahren. "Die religiöse Praxis hatte zu einem Institut gefunden, das durch seine augenscheinlichen Milderungen in der Bußdisziplin vom Christenvolk bald aufgegriffen wurde und in den verschiedensten Formen zum ausgezeichneten Merkmal der Frömmigkeitsgeschichte des späteren Mittelalters wurde" (47). Im Pilgerwesen wurde diese Entwicklung praktisch seit dem 11. Jahrhundert spürbar, als die ersten Ablässe in Nordspanien im Zusammenhang mit Jakobspilgerfahrten auftauchten. Die Päpste gewährten seit Alexander II. häufiger Bußnachlässe. "Der Übergang von den individuellen Bußerlässen und den Redemptionen zu den generell erteilten Ablässen vollzog sich allmählich im Laufe des 11. Jahrhunderts" (48).

Gleichwohl gewährten Päpste wie Bischöfe keine Ablässe, die höher waren als 1 Jahr und 40 Tage, so wie es 1215 das 4. Laterankonzil in seinem Kanon 62 vorgeschrieben hatte. Von einer Ablaßinflation kann im 13. Jahrhundert noch keine Rede sein. Der von Papst Urban II. in Clermont verkündete Kreuzzugablaß indes hat das Ablaßwesen grundlegend verändert, wurde doch die "remissio peccatorum" von den Kreuzfahrern wohl als vollkommene Tilgung ihrer Sünden verstanden (49). Vorerst gingen die Päpste allerdings mit diesem Ablaß vorsichtig um. Von einer Verkündigung eines "Kreuzzugablasses" gegen Roger II. von Sizilien abgesehen (50) wurde er nur auf Kriege gegen Heiden angewandt (Sarazenen in Spanien und im Heiligen Land, Slawen), bis der Kreuzzugsablaß seit dem 13. Jahrhundert unterschiedslos auch gegen Feinde der Kirche wie Ketzer oder die Staufer gepredigt wurde. Die Ablaßvergabe basiert theologisch auf der um die Mitte des 14. Jahrhunderts ausgearbeiteten Lehre vom "Kirchenschatz", dem durch die guten Werke aller Heiligen angehäuften Schatz, aus dem die Kirche als Verwalterin nach Bedarf schöpfen und an die Sünder zur Minderung der Sündenstrafen im Purgatorium austeilen kann.

Diese Entwicklung des Buß– und Ablaßwesens in der Kirche hat entscheidende Auswirkungen auf das Pilgern gezeigt. Zu der Vorstellung von der Präsenz der Heiligen in ihren Schreinen kam im Laufe des 11. Jahrhunderts an einigen Pilgerkirchen die Gewährung von Ablässen hinzu, die aber vorerst nicht über das Maß von einem Jahr und 40 Tagen hinausgingen. Erst die den Reconquista-Kämpfern und den Kreuzfahrern gewährte "remissio peccatorum" erweiterte den Erwartungshorizont und wohl auch die Motivation aller Pilger. Bereits im 12. Jahrhundert erwarteten Jerusalem-, Rom- und Santiagopilger am Zielort ihrer "peregrinatio" eine vollkommene Sündenvergebung. Neben die Motive der körperlichen Heilung und der Buße trat zunehmend der Ablaß bei den "peregrini" in den Vordergrund. Zahlreiche Beispiele belegen diesen Umstand: Der Adelige Nompar de Caumont fügte einem Bericht über seine Jerusalemfahrt im Jahre 1419/29 ein Verzeichnis der in Jerusalem zu erwerbenden Ablässe bei (51). Auch aus der Aufzeichnung des Ritters Konrad von Gruenemberg über seine 1486 erfolgte Jerusalemfahrt geht das stetige Interesse an Ablässen hervor, ja Konrad suchte das Kloster San Saba nicht auf, mit der Begründung "daselbst ist gar kein Ablaß" (52). Im Spätmittelalter trat als ein besonders wirksames Mittel zur Rettung der eigenen Seele der Ablaß stark in den Vordergrund. Klar und einfach drückt den Zusammenhang zwischen käuflichem Ablaß und Seelenheil der Augsburger Chronist Burkard Zink aus, der zu dem 1392 in München zu erwerbenden römischen Ablaß, den Papst Innozenz IX. an Herzog Stephan III. von Bayern verkauft hatte, und zur großen Zahl an die Isar strömender Pilger bemerkte: "Es war alles nur umb das gelt zu tuen ..., denn jederman wolt gen himl" (53).

4.2.5 Heilige Jahre und periodisches Pilgern

So wie die "remissio peccatorum" für die Kreuzfahrer am Endes des 11. Jahrhunderts hat auch der Jubiläumsablaß des ersten Heiligen Jahres 1300 und die daraus sich entwickelnde Übung des periodischen Pilgerns die Motivation der spätmittelalterlichen Pilger beeinflußt und neue Akzente in der Geschichte der Pilgerfahrten gesetzt. Zufall oder nicht, wenige Jahre nach dem endgültigen Verlust des Heiligen Landes 1291 bot Rom einen Ersatz für den Kreuzzugsablaß. Da nun durch den römischen Jubelablaß andere Pilgerorte nicht mehr "konkurrenzfähig" waren, bemühten sie sich um eine entsprechende Aufwertung. Nicht mehr die Präsenz eines Heiligen, sondern mindestens in gleichem Maße die Höhe des am Pilgerort zu erwerbenden Ablasses machten hinfort seine Attraktivität aus (54). Wie sehr Pilger in allen Teilen der Christenheit durch das Angebot der Jubiläumsablässe motiviert wurden, nach Rom zu ziehen, zeigen die hohen Zahlen der zum "perdono" an den Tiber geströmten Gläubigen (55). An anderen Schreinen imitierte man den in Rom sich schlußendlich auf 25 Jahre einpendelnden Rhythmus des periodischen Pilgerns (z.B. in Aachen, Santiago, Le Puy) mit kürzerem Takt, aber ähnlich durchschlagendem Erfolg (56).

4.3 Individuelle Motivation mittelalterlicher Pilger

Aus den Quellen des Früh- und Hochmittelalters läßt sich eine Vielzahl von individuellen Motiven der Pilger ablesen, die sich aus ihrer kollektiven religiösen Einstellung ergeben und sie zu einer "peregrinatio" bewogen. Sie seien hier kurz aufgelistet:
– Krankheit und körperliche Gebrechen
– Dank für erfolgte Heilung nach Anrufung eines Heiligen
– Dank für die Errettung aus einer Lebensgefahr (auf See, im Kampf, auf Reisen etc.)
– Imitatio Christi
– Erwerb von Reliquien (bes. bei Geistlichen und Adeligen)
Seltener lassen sich die von E.-R. Labande als hauptsächlich hervorgehobenen zwei Gründe, die den Pilger des Hochmittelalters zur Reise bewogen, nachweisen: "oratio" und "penitentia" (57).

4.3.1 Individuelle und kollektive Busspilgerfahrten

Bei unseren bisherigen Überlegungen zur kollektiven Motivation mittelalterlicher Pilger sind wir stets von der Annahme ausgegangen, die "peregrini" seien aus eigenem Antrieb zu ihrer frommen Reise aufgebrochen und in der Hoffnung auf Heilung und Hilfe, motiviert durch die Sorge um ihr eigenes Seelenheil, so wie es die Struktur der religiösen Mentalität nahelegt. Bei weitem aber nicht alle Pilger waren aus eigenem Antrieb unterwegs.

Schon seit dem frühen Mittelalter waren auferlegte Pilgerfahrten als Buße oder als Strafe für bestimmte schwere Verbrechen (z.B. Mord, Totschlag, Brandstiftung) üblich. Wegen der Autorität des apostolischen

Stuhles gingen die Verurteilten zumeist an den Tiber. Buß- und Strafwallfahrten wurden auch im Spätmittelalter in erheblichem Ausmaß verhängt, und zwar sowohl von weltlichen wie von geistlichen Gerichten: Reuige Ketzer mußten ganze Serien von Pilgerfahrten antreten oder die Einwohner einer ganzen Stadt bzw. eines Kantons mußten geschlossen auf peregrinatio gehen. So geschehen, als Propst Felix von Winterthur die Bevölkerung Nidwaldens im Alter zwischen 14 und 70 Jahren wegen ihres hartnäckigen Festhaltens an Kaiser Ludwig dem Bayern im Jahre 1350 zu einer kollektiven Fahrt nach Einsiedeln verurteilte. Ein Berner Gericht, so ein anders Beispiel, verurteilte 1367 die Einwohner von Thun wegen der Ermordnung des Frutiger Landammanns zu einer Pilgerfahrt nach Rom (58). Freiwillig dagegen scheinen sich die etwa 3000 Männer und Frauen aus Bergamo unter der Führung des Dominikaners Venturino zu einer kollektiven Pilgerfahrt nach Rom im Jahre 1335 aufgemacht zu haben (59). Als ähnlich motivierte Bußpilgerfahrten sind auch manche Züge der Bianchi und Geißler anzusehen: Temporäre kollektive Migration aus religiösen Gründen.

Es bedarf nur knapper Erwähnung, daß sich aus der kollektiven religiösen Mentalität spätmittelalterlicher Menschen heraus in besonderen Notzeiten kollektive Handlungen ergaben, die sich z.B. in Bittprozessionen und Bittwallfahrten ausdrückten. Einige Beispiele für diese Verhaltensmuster mögen genügen: Als im Sommer 1439 in der Stadt Basel die Pest wütete, ordnete der Rat an, die Hilfe der Jungfrau Maria anzurufen. In einem Bittgang zogen etwa tausend Menschen in der Zeit vom 10. bis 12. Juni zum nahegelegenen Marienheiligtum in Todtmoos, während unter der Führung der Kapläne des Domstiftes 1400 Baslerinnen und Basler nach Einsiedeln wallfahrteten, um das Ende der Pest zu erflehen (60). Im Pestjahr 1463 vollzogen 5.000 Münchener zwei Bittwallfahrten, zuerst nach Andechs, dann nach Freising (61).

Im belgisch-niederländischen Raum haben die durch städtische Gerichte zum Teil selbst für Bagatellvergehen (wie nächtliche Ruhestörung) verhängten Strafwallfahrten als eine nicht-diskriminierende Maßnahme der städtischen "Sozialhygiene" gewaltige Ausmaße angenommen: Allein in Antwerpen sind für den Zeitraum zwischen 1383 und 1550 3.170 auferlegte Strafpilgerfahrten verhängt worden, von denen (da man sich auch durch Geldzahlung loskaufen konnte) immerhin über die Häfte nachweislich wirklich ausgeführt worden ist. Die vorgeschriebenen Zielorte dieser unfreiwilligen peregrinationes sind über ganz Europa verteilt, alle bedeutenderen Pilgerorte tauchen da auf (62).

Die Erforschung mittelalterlicher Testamente ist erst seit kurzer Zeit in das Blickfeld der Mediävistik getreten. In zahlreichen dieser über die letzten Gedanken eines Menschen Auskunft gebenden Dokumente werden für die Zeit nach dem Tode des Testamentslassers Pilgerfahrten verfügt: Eine bestimmte Geldsumme wird ausgesetzt, welche einem "Mietpilger" ausgezahlt wird, wenn er eine "peregrinatio" an einen vorher bestimmten Pilgerort unternimmt zum Seelenheil des Testamentslassers. Hunderte derartiger Mietpilger müssen die Straßen Europas bevölkert haben, denen das Wallfahren eine Art Broterwerb gewesen ist. Leider lassen sich über die sozialen Hintergründe und persönlichen Motive der "Mietpilger" keine Angaben machen, jedoch dürften sie das Bild des mittelalterlichen Wallers nicht gerade positiv beeinflußt haben.

Bisher ist die geschilderte Praxis an Testamenten aus Lübeck, Umbrien (Spoleto, Perugia, Foligno) und Südfrankreich untersucht worden. Etwa 1/4 der in Lübeck verfügten "peregrinationes" ging in den Nahbereich, die anderen 3/4 zu entfernteren Heiligtümern: Aachen, Wilsnack, Thann, Rom, Einsiedeln und Santiago sind die meistbesuchten Pilgerorte. Aus dem mittelitalienischen Raum strebten die "Mietpilger" nach dem Wunsch der Testamentslasser (in der Reihenfolge der Häufigkeit) nach dem Monte Gargano zum Erzengel Michael (etwa zu 50%), nach Rom, Loreto, Portiuncula und Santiago. In manchem Testament wird der Besuch von mehr als einem Sanktuarium festgelegt (63).

In der Region Avignon spielten dagegen testamentarisch verfügte Pilgerfahrten als Mittel für die Sicherung des Seelenheils im 14. und 15. Jahrhundert kaum noch eine Rolle (64). Warum in manchen Gegenden die "pèlerinages-vicaires" kaum verbreitet waren, wie im Gebiet der Diözese von Lyon (65), in Toulouse (66), und in der Gegend von Avignon, in der benachbarten Diözese von Aix dagegen zahlreicher anzutreffen sind (67), ist nicht leicht zu eruieren. Die von Coulet untersuchten Testamente der Jahre 1390-1450 enthalten nur zu 4% Pilgerfahrten. Überwiegender Zweck dieser Pilgereisen war es, eine Indulgenz zu erwerben, Heilung zu erflehen oder Buße zu tun; etwa die Hälfte führte zu fernen Zielen (besonders Rom und Santiago), je ein Viertel zu lokalen und regionalen Schreinen. Immerhin scheint die individuelle Motivation von Pilgern selbst in benachbarten Gegenden sehr unterschiedlich gewesen zu sein, das mahnt zur Vorsicht vor allzu apodiktischen Aussagen. Als Einzelbeleg ist das Testament einer Regensburger Bürgerin anzuführen, die 1419 zwei Aachenfahrten und neun lokale Wallfahrten anordnete (68). Die "peregrinationes ex voto" sind nicht in allen Regionen ein typisches Kennzeichen spätmittelalterlicher Frömmigkeit. Zahlreiche "peregrini" waren allerdings aufgrund der kollektiven religiösen Vorstellung vom nach dem Tode durch Pilgerfahrt zu erlangenden Seelenheil unterwegs, ohne daß die persönliche Motivation dieser Waller in besonderer Frömmigkeit bestanden haben muß.

4.3.3 Impulsive Massenwallfahrten

Läßt sich die Motivation der Buß- und Mietpilger noch hinreichend aus der allgemeinen religiösen Mentalität zumindest ihrer Auftraggeber erklären, so ist für das Phänomen der spätmittelalterlichen impulsiven Massenpilgerfahrten die Motivation der vielfach jugendlichen, aus adeligem, städtischem wie bäuerlichem Milieu stammenden Teilnehmer dieser Züge nicht eindeutig erkennbar. Die Jungen und Mädchen des "Kinderkreuzzuges" von 1212 und die französischen Pastorellen von 1320 bezeichneten sich noch als "Kreuzfahrer", doch das unmotivierte "Laufen" steht nicht in einem derartigen Konnotationszusammenhang (69). Zu 1393 berichtete der Avignoneser Korrespondent des Handelshauses Datini von einem massenhaften, spontanen Auszug von an die tausend Jugendlichen zum Mont Saint Michel, zumeist waren es Kinder im Alter von 8 bis 15 Jahren, wie der Briefsteller kopfschüttelnd notierte (70). Im gleichen Jahr wurde aus Montpellier ähnliches gemeldet (71). Zu 1349 erzählt die Magdeburger Schöppenchronik (72) vom Laufen des Volkes zu einem wundertätigen Kreuz in der Altmark, im gleichen Jahr zog es Mägde und Frauen zu einem sprechenden Marienbild in der Lausitz. In die Nähe dieses Phänomens gehören auch die Pilgerzüge der Geißler zur Zeit der großen Pest und die um 1399/1400 in Italien zu beobachtenden Züge der Bianchi (73).
Im 15. Jahrhundert ebbten diese unerklärlichen spontanen Massenwallfahrten keineswegs ab: Zu 1426 enthält die Chronik des Pierre Cochon eine Nachricht von einem fieberhaften Wallfahren aus der Normandie nach Aachen (74). 1441 wird von einem mit Banner versehenen Zug junger Leute aus Millau zum Erzengel Michael Notiz gegeben (75). In den Jahren 1456-59 zogen dann Scharen junger Leute – wie auch schon um 1333 – aus deutschen Landen zum Heiligtum des Erzengels Michael in Frankreich. Die Chroniken der Städte, in denen die jugendlichen Pilger aufgenommen und verpflegt wurden, notierten "wan es erbar leut kinder und auch ettliche edle kinder darunter warent" (76). Für kurze Zeit im Frühsommer 1476 zog auch der von Hans Behem in Niklashausen aus dem Nichts geschaffene Kult der Jungfrau Maria "sich epidemisch ausbreitende

Wallfahrten" von einigen zehntausend Menschen an, denen sich im Taubertal das Spektakel eines religiös motivierten Volksfestes mit Gnadenbild und Ablaß bot, ehe diese Attraktion durch die Hinrichtung des Stifters gewaltsam zerstört wurde (77).

Wilsnack in der Altmark, seit 1384 der Ort der Verehrung blutender Hostien, erlebte neben dem regulären, starken Pilgerverkehr 1487 und 1516 ein "Laufen", wobei im erstgenannten Jahr nach dem Chronisten Döring Volk "de vili plebecula et gente rustica" alles stehen und liegen ließ, um nach Wilsnack zu pilgern (78). Ähnliches Geschehen wurde nicht nur von überregionalen Pilgerorten wie Wilsnack und dem Mont Saint Michel überliefert, sondern auch von lokalen Wallfahrtsorten, zu denen ja auch Niklashausen gehörte. Von dem 1519 kometenhaft aufblühenden Gnadenort der Schönen Maria in Regensburg, der in kürzester Zeit weit über 100.000 Pilger anzog, berichtet der Augsburger Chronist Rem: "Die leutt, die auff dem veld arbaitten, die lieffendt zu zeitten von der arbaitt dahin, etlich maid mit der sichel, damit sie in geschnitten hett, alsob es sein miest" (79).

Der unerklärliche, fast zwanghafte Charakter dieses "Lauffens", dieser impulsiven, spontanen Massenmigration, entzog sich offenbar schon dem Erklärungswillen der Zeitgenossen, sofern sie nicht – wie der Erfurter Theologieprofessor Johannes von Dorsten in einem 1466 entstandenen Traktat – die "mobilitas seu mutabilitas animarum et inconstantia mentis" dafür verantwortlich machten (80). Diese Erklärung kann wegen ihres allzu generellen Tenors doch wenig befriedigen, wenngleich das Spätmittelalter als eine Zeit besonderer Mobilität und religiöser Aufgewühltheit angesehen werden muß. Ebensowenig darf man diese Massenwallfahrten einfach als Psychose abtun (81).

5. NICHTRELIGIÖSE MOTIVATIONEN MITTELALTERLICHER PILGER

Für die Zeit des Früh- und Hochmittelalters ist es schwer auszumachen, ob die kollektiven religiösen Grundmuster, denen wir im Abschnitt 4.2 nachgegangen sind, auch in den individuellen Motiven jedes einzelnen Pilgers auftauchen. Daß prinzipiell die Sorge um das Seelenheil bei jedem "peregrinus" vorherrschend gewesen sein dürfte, steht außer Zweifel. Dazu kommt – nachgewiesen durch zahlreiche Mirakelberichte – der Wunsch nach körperlicher Heilung, der viele Waller auf den Weg gebracht hat. Indes gab es auch andere, hier "nicht-religiös" genannte Motivationen. Die Möglichkeit, daß manche Pilger – insbesondere nachdem an

277

den klassischen Pilgerstraßen der "via romea" bzw. der "via francigena" zahlreiche, gut ausgestattete Hospitäler zur Versorgung von "peregrini" entstanden waren – durch Hungersnöte, Naturkatastrophen, Seuchen oder die drückenden Abgabelasten des Grundherren gezwungen, sich auf die Wanderschaft gemacht haben, ist keineswegs auszuschließen. Notlage ist ebenso wie Statusinkonsistenz ja zu allen Zeiten ein geradezu klassisches Motiv für Migration. Allerdings sind diese Umstände in den Quellen nur ganz selten erwähnt, sehen wir einmal von den Bittpilgerfahrten der großen Pestzeit des 14. Jahrhunderts ab (82). Eine Ausnahme machen die um 1183/86 aufgezeichneten Miracula S. Annonis, deren Autor, ein Mönch des Klosters Siegburg, gerade die drückenden Feudalabgaben der Bauern unter anderem auch für Landflucht und Pilgerfahrt verantwortlich machte: "Avaritia et rapina potentum pauperes et ruricolae opprimuntur et ad iudicia iniusta trahantur. Haec lues peccati multos vendere patrimonia et ad peregrinas migrare terras compulit..." (83).

Neben den unbestrittenen religiösen und gesundheitlichen Motiven (Heilung) für den Antritt einer "peregrinatio" läßt sich aber bereits sehr früh ein Antriebsfeld erkennen, welches mit Begriffen wie Neugierde, Abenteuerlust, Ruhmsucht besetzt werden kann und in dem auch (modern gesprochen) "touristische" Erscheinungen nicht fremd sind, also ganz andere, nicht primär religiöse Werte auftauchen, denen wir im folgenden Abschnitt nachgehen wollen. Nicht erst Radulfus Glaber kritisierte anläßlich einer großen Jerusalempilgerfahrt Anfang des 11. Jahrhunderts, viele Teilnehmer pilgerten nur, um sich danach als Weltreisende bewundern zu lassen (84). Schon im 4. und 5. Jahrhundert waren diese Vorwürfe zu hören. Und der Verfasser der Annalen von Stade bemerkte süffisant, er habe noch keinen Pilger geläutert zurückkehren sehen (85). Der englische Theologe und Historiker Radulfus Niger spottete mit Blick auf die aus "vana gloria" und "otium" ausziehenden Pilger: "Tales sunt illi, qui ... longas ineunt peregrinationes, ut videant et ut videantur ab hominibus et non propter deum" (86).

Mag man diese Äußerungen auch als sauertöpfische Kritelei an den Pilgern aus der Feder mißgünstig gesonnener Kleriker ansehen, sie haben doch ihre Berechtigung. Daß bereits in der Karolingerzeit ein "abusus" bei Pilgerfahrten festgestellt worden ist, zeigt der Kanon 45 des Konzils von Châlons aus dem Jahre 813 (87). Kleriker meinten, so liest man dort, durch eine "peregrinatio" nach Rom oder Tours "neglegenter viventes in eo purgari se a peccatis", Laien zogen dorthin in der Erwartung eines Generalpardons ("...putant inpune se aut peccare aut peccasse..."), manche Potentes schoben eine Pilgerfahrt vor, um von ihren Hörigen mehr Abgaben zu erpressen, Arme wählten das Unterwegssein, um besser betteln zu können, andere um eine Entschuldigung für permanentes Vagantentum zu haben, obwohl doch schon der Heilige Hieronymus festgestellt habe: "Non Hierosolimam vidisse, sed Hierosolimis bene vixisse laudandum est". Die Motive des Generalablasses, der Habgier, des Vagantentums und des Bettelns unterstellten die Konzilsväter, Bischöfe und Äbte aus der Gallia Lugdunensis ihren Gläubigen beim Pilgern, und zwar in solchem Ausmaß, daß sie die Intervention des Kaisers erwarteten ("De quibus omnibus domni imperatoris, qualiter sint emendanda, sententia expectetur") (88). Giles Constable hat nachgewiesen, daß die mittelalterliche Kritik am Pilgern vielfach darauf zurückzuführen ist, daß die "peregrini" als wenig fromme, in der Welt umherziehende Vagabunden betrachtet wurden (89). Selbst Thomas von Kempen in seiner "Imitatio Christi" zitiert noch das sprichwörtliche "Qui multum peregrinantur, raro sanctificantur" (90); und ein Tegernseer Mönch des 15. Jahrhunderts kritisierte seine Zeitgenossen "die auf Pilgerfahrt gingen, um üppig zu leben, sich zu besaufen und mit ihrem Liebchen ein Luderleben zu führen" (91). Der über tausend Jahre konstante Vorwurf an die Pilger läßt zumindest den Schluß zu, daß auch nicht-religiöse Motive hinter einer "peregrinatio" stehen konnten.

Die stolze, vielleicht auch etwas prahlerische Erinnerung der – im Bewußtsein erworbener Gnaden, vielleicht sogar geheilt – zurückkehrenden "peregrini" hat spätestens seit dem 12. Jahrhundert Ausdruck gefunden in den am Zielort der beschwerlichen Reise erworbenen Pilgerzeichen: Palmen in Jerusalem, Apostelmedaillen in Rom, Muscheln in Santiago, ein Marienbild mit dem Jesuskind in Le Puy, die Heiligen Drei Könige in Köln (92). Aus bildlichen Darstellungen, von Glocken und aus Grabungsfunden bekannt, waren die an Hut oder Mantel befestigten Abzeichen geradezu ein Ausweis eines Pilgers. Tatsächlich stellten sie bald so etwas wie Abzeichen des Sozialprestiges dar: Der rheinische Ritter Arnold von Harff, der 1499 in Santiago skeptisch verlangt hatte, man möge ihm die Tumba des Apostels öffnen, damit er sich von der Präsenz des Heiligen überzeugen könne, ließ dennoch die Zeichen aller von ihm besuchten Pilgerorte auf seinen Grabstein meißeln (93).

Man wird beim mittelalterlichen Pilgerwesen mit einer gewissen Berechtigung von einer "Reisesehnsucht im religiösen Gewand" (Bosl) sprechen dürfen, von einem Phänomen, das im modernen Tourismus eine säkularisierte Fortsetzung gefunden hat. Chaucer hat in seiner Figur des Weibes von Bath dieser Haltung des sich unter religösem Gewande amüsierenden Pilgers ein bleibendes Denkmal gesetzt: Bevor diese Dame das Grab des Hl. Thomas aufsuchte, war sie bereits dreimal nach Jerusalem sowie nach Rom, Köln und Santiago gepilgert! (94) In diesem Zusammenhang sei darauf verwiesen, daß die fromme Übung des periodischen Pilgerns – vielfach im zeitlich und räumlich begrenzten Rahmen eines Zuges von einigen Tagen zu einem Pilgerort in der Nachbarschaft – dem modernen Urlaub (allerdings noch ganz unter religiösem Vorzeichen) bereits sehr nahe kommt: "Peregrinatio" bedeutete eben auch Ausbruch aus dem harten, bedrückenden Alltag des mittelalterlichen Menschen mit seinem täglichen Einerlei durch die temporäre Migration einer Wallfahrt, Ausbruch aus den Schranken der Zeit und in gewisser Weise auch aus den Bindungen seines Standes, wenigstens für die Dauer der Reise.

Daß sich unter dem Deckmantel des Pilgerstatus auch gut schmuggeln und spionieren ließ, soll an zwei Beispielen nur andeutungsweise verdeutlicht werden: Bischof Diego Gelmirez suchte mit Hilfe von zwei als Pilger verkleideten Boten 120 Pfund Gold durch feindliches Gebiet von Santiago nach Rom bringen zu lassen (95). Eine durch die türkische Bedrohung erklärliche, aber nur in wenigen Fällen nachweisbare Motivation für Pilgerreisen ins Heilige Land im 15. Jahrhundert ist das Ausspionieren der türkischen Heeresmacht. Als "peregrinus" reiste so Bertrandon de la Broquière 1433 von Jerusalem auf dem Landweg zurück nach Burgund (96). Bereits 1421 hatte Philipp der Gute von Burgund Ghillebert de Lannoy als Spion in den Orient gesandt, und 1384 sollte Lionardo Frescobaldi einen günstigen Hafen für eine geplante Invasion auskundschaften. Beide entledigten sich ihrer Aufgabe als Pilger verkleidet. Sie verehrten die Heiligen Stätten wahrscheinlich ebenso andächtig wie sie sorgfältig die strategischen Schwächen des Feindes beobachteten. Die Figur des christlichen Pilgers, der als Spion unterwegs war, scheint kein Einzelfall gewesen zu sein (97).

Auch für die glückliche Kombination von Geschäften irdischen und himmlischen Charakters gibt es seit dem 12. Jahrhundert zahlreiche Belege: Hinrich Dunkelgud pilgert als Lübecker Kaufmann 1479 nach Santiago und verfolgt auf seiner Fahrt auch merkantile Interessen, wie aus seinem Bericht über die Reise hervorgeht (98). Auch der Augsburger Lucas Rem war wohl in erster Linie als Kaufmann unterwegs, als er 1508 Santiago besuchte (99).

6. Die Motivation nach den spätmittelalterlichen Pilgerberichten

Eine der ergiebigsten Quellen für die Erforschung der Motive spätmittelalterlicher Pilger stellen die in großer Zahl überlieferten Aufzeichnungen der zumeist aus dem adeligen oder stadtbürgerlichen Milieu stammenden "peregrini" dar. Aus der Zeit zwischen 1320 und 1530 sind allein 447 Berichte über Jerusalemfahrten ediert, jedoch nur deren 31 über eine "peregrinatio" nach Santiago (100). Aus diesen Berichten geht hervor, weshalb gerade jener Geistliche, Adelige oder Bürger zum Pilger wurde. Dabei spielte vor allem der Ablaß eine entscheidende Rolle, bisweilen erscheint die ganze Reise ein einziges Sammeln von Ablässen gewesen zu sein, über deren Umfang und Bedingungen sehr genau Buch geführt wurde (101), ohne daß die tiefe Frömmigkeit der Pilger deshalb in Frage gestellt werden darf. Sehr verbreitet war auch das Bestreben, Kontaktreliquien nach Haus zu bringen, nicht nur zum eigenen Gebrauch, sondern auch für Freunde und Verwandte. Manchmal allerdings können wir die individuellen Motive für eine Pilgerreise noch genauer angeben, so etwa für vier im Jahre 1519 gemeinsam nach Jerusalem reisende Schweizer: Ein schlechtes Gewissen bei Heiri Stulz, der zuerst sein Kloster, später wieder seine Familie verlassen hatte, gesellschaftliche Diskriminierung beim Homosexuellen Werner Steiner, Buße für einen 1509 begangenen Mord bei Thomas Stocker und Flucht vor einem politischen Konflikt auf der nächsten Tagsatzung bei Peter Falk (102).

Für viele adelige Jerusalemfahrer war das ritterliche Standesethos und die sich daraus ableitenden Verpflichtungen zum Heidenkampf Grund für eine Pilgerfahrt ins Heilige Land. Wie ein später Nachklang der Kreuzzugstradition liest sich der Wunsch nach einer kriegerischen Jerusalemexpedition bei Bernhard von Eptigen. Der Ritterschlag am Heiligen Grab galt als eine erstrebenswerte Auszeichnung, nur um deretwillen, so kolportiert Felix Fabri, einige nach Jerusalem zögen. Analoges gilt auch für den "peregrino caballeresco" nach Santiago (103).

Besonders auffällig ist die im Hochmittelalter noch unbekannte genaue Beobachtung der Umwelt in den spätmittelalterlichen Pilgerfahrten. Die Beschreibung des religiösen Erlebnisses an den Heiligen Stätten geht einher mit einer sehr interessierten Schilderung der die Pilger umgebenden Welt. Zwar weisen die Autoren immer wieder weit von sich, daß die Neugierde sie zur Reise getrieben habe ("curiositas" ist ja auch nicht gerade eine Tugend im mittelalterlichen Wertesystem), aber doch scheint diese Geisteshaltung gelegentlich durch ihre Berichte hindurch, am ehesten noch in den Reiseberichten adeliger Pilger (104). Sowohl Angaben über die Natur wie die teils sehr menschlichen Begleitumstände des mühsamen Pilgerns wurden aufgezeichnet: Der ritterliche Lebemann Arnold von Harff fügte seinem Pilgerführer auch ein einschlägiges Lexikon in verschiedenen Sprachen bei, welches eindeutig erkennen läßt, daß er auch als Pilger in der Fremde auf die Freuden der Liebe nicht verzichten wollte (105). Das zumindest hätte ein Pilger des 12. Jahrhunderts zwar vielleicht auch getan, aber nicht aufgeschrieben.

Besonders plastisch hat diesen Sinn für das Reale, Handfeste und die fast neugierige Beobachtungsgabe Arnold Esch am Beispiel von vier Parallelberichten einer Jerusalemfahrt von 1519 herausgearbeitet (106), sowie in der Gegenüberstellung von vier Berichten einer Reise von 1480, die ein Italiener, zwei Franzosen und der Zürcher Felix Fabri, dessen monumentales Werk zu den bekanntesten Stücken dieser Gattung gehört (107), unternommen hatten.

7. Soziologie der Migration und mittelalterliches Pilgerwesen

Fragen wir zum Abschluß, ob die Theorien heutiger Soziologen über die Migration mit unseren Beobachtungen zur temporären Migration des mittelalterlichen Pilgerwesens in Einklang gebracht werden können (108). Zuerst einmal scheinen die beiden Basis-Elemente demographischer Phänomene, Fertilität und Mortalität, auch das Pilgerwesen des Mittelalters zu beeinflussen. Der Anstieg der "peregrinationes" nach der Jahrtausendwende fällt mit einer Zeit starker Bevölkerungsvermehrung zusammen. Es ist für den Historiker auch beruhigend, daß trotz immenser Datenfülle zur Migration der Soziologe zugeben muß: "Individual decisions to migrate and the impact on communities or areas are still not sufficiently understood..." (109). Zumindest stimulierend ist die Umkehrung der offenbar für Migrationssoziologen klassischen Annahme, der Mensch sei von Natur aus seßhaft in das gegenteilige Metaparadigma "man is mobile by nature" (110).

Interessante Parallelen erwachsen aus der von Hoffmann-Nowotny vorgeschlagenen Erklärung für Migration aus einer erfahrenen Statusinkonsistenz (die sich z.B. in Frustration äußern kann). Man könnte bei dem zur Pilgerfahrt entschlossenen mittelalterlichen "peregrinus" eine religiöse Statusinkonsistenz vermuten, aus der er sich durch die "peregrinatio" zu befreien suchte. Andererseits wird bei den Bußpilgerfahrten einem Delinquenten vor Gericht das Abweichen von den sozialen Normen seiner Stadt bescheinigt, wofür er dann die temporäre Verbannung einer auferlegten Pilgerfahrt überstehen mußte (111). Anders ausgedrückt: Gesellschaftliches Spannungspotential wird kollektiv durch Strafpilgerfahrten gelöst, aber auch individuell, indem der Waller von Gewissensnot und womöglich auch von Krankheit befreit wird. Schließlich läßt sich der von Hoffmann-Nowotny konstatierte Prestigefaktor bei Migrationen auch im Pilgerwesen deutlich erkennen, wenn wir nur an die Pilgerabzeichen bzw. die Jerusalemfahrten des Adels erinnern (112). Ferner kann man im Zusammenhang mit den Pilgerströmen insbesondere in Spanien, dem Heiligen Land und in Süditalien das von Richmond "Transilient" genannte Phänomen erkennen: Pilger blieben bisweilen in diesen Ländern, weil sie dort aufgrund ihres Könnens oder ihrer Fähigkeit eine Existenz aufbauten, die sie in ihrer Heimat nicht erreichen konnten (113).

Allgemein gesprochen bestand auch im Mittelalter die Attraktion des pilgernden Unterwegsseins nicht zuletzt darin, daß der "peregrinus" der normalen sozialen Kontrolle seiner gewohnten Umwelt weitgehend entzogen war. Schon Durkheim hat beobachtet, daß Wanderungen den Prozeß der "Schwächung aller Traditionen" verstärken (114). Insofern bedeutet Pilgern auch, wie wir oben gesagt haben, den temporären Ausbruch aus den Zwängen der Gemeinschaft. Es scheint mir evident, daß Wanderungen, wie sie sich im mittelalterlichen Pilgerwesen manifestieren, als Ausdruck gelockerter gesellschaftlicher Kontrolle "gleichsam die Existenz von gesellschaftlichen Freiräumen markieren" (115). Auch die Feststellung von Kubat und Hoffmann-Nowotny "... the reason for migration is to leave Gemeinschaften that in the eyes of migrants are inadequate social systems and to in-migrate into Gemeinschaften that hold a premise of benign constraints" findet ihre Bestätigung (116). Zumindest im religiösen Sinn gilt dies auch für den mittelalterlichen Pilger.

Anmerkungen:

(1) Vgl. E. R. LABANDE, Recherches sur les pèlerins dans l'Europe des 11e et 12e siècles (Cahiers de civilisation médiévale 1) 1958, 159-169 u. 339-347; P.A. SIGAL, Les marcheurs de Dieu, Paris 1974; R.C. FINUCANE, Miracles and Pilgrims. Popular Beliefs in Medieval England, London 1977; L. SCHMUGGE, "Pilgerfahrt macht frei". Eine These zur Bedeutung des mittelalterlichen Pilgerwesens, in: Römische Quartalschrift 74 (1979), 16-31 mit weiterer Literatur.

(2) SCHMUGGE, Pilgerfahrt 18-24. H. GILLES, Lex peregrinorum, in: Cahiers de Fanjeaux 15 (1980), 161-189.

(3) "Poenitentia publica non sollemnis", so Robert von Flamborough, Liber poeni-

tentialis, ed. J. FIRTH (Pontifical Institute of Medieval Studies – Studies and Texts 18) Toronto 1971, 205. Vgl. auch L. SCHMUGGE, Die Anfänge des organisierten Pilgerwesens im Mittelalter, in: Quellen und Forschungen aus italienischen Archiven und Bibliotheken 64 (1984), 79.

(4) Vgl. Pellegrinaggi e culto dei Santi in Europa fino alla 1. crociata (Convegni del Centro di Studi sulla spiritualità medievale 4) Todi 1963; B. KOETTING, Peregrinatio religiosa. Wallfahrten in der Antike und das Pilgerwesen in der alten Kirche (Forschungen zur Volkskunde 33-35) Münster 1950.

(5) Vgl. V. SAXER, Morts, Martyrs, Reliques en Afrique chrétienne aux premiers siècles (Théologie historique 55) Paris 1980; P. BROWN, The Cult of the Saints, Berkeley 1982; E. D. HUNT, Holy Land and Pilgrimage in the Later Roman Empire AD 312-460, Oxford 1984.

(6) Zu Martin vgl. jetzt L. PIETRI, La ville de Tours du IVe au VIe siècle. Naissance d'une cité chrétienne (Collection de l'École français de Rome 69) 1983, 521-599.

(7) Vgl. G.B. LADNER, Homo viator. Medieval Ideas on Alienation and Order, in: Speculum 42 (1967), 233-259.

(8) Vgl. dazu G. CONSTABLE, Monachisme et pèlerinage au Moyen Age, in: Revue Historique 258 (1977), 3-27, hier 8 und 11.

(9) Vgl. J. ZETTINGER, Die Berichte über Rompilger aus dem Frankenreich bis zum Jahre 800, (Römische Quartalschrift Supplement-Heft 11), 1900, 5, Anm. 10.

(10) Vgl. SCHMUGGE, Anfänge 6 ff.

(11) Vgl. SCHMUGGE, Anfänge 8-11 mit weiterer Literatur.

(12) Vgl. E. MASCHKE, Die Brücke im Mittelalter, in: Historische Zeitschrift 224 (1977), 265-292.

(13) Vgl. SCHMUGGE, Anfänge 12-62.

(14) Vgl. dazu besonders die Arbeiten von KÖSTER und COHEN bei SCHMUGGE, Anfänge 62 f.

(15) Vgl. dazu L. SCHMUGGE, Die Pilger, in: P. MORAW (Hg.), Unterwegssein im Spätmittelalter (Zeitschrift für historische Forschung, Beiheft 1) Berlin 1985, 17-47 mit weiterer Literatur.

(16) Vgl. F. RAPP, Les pèlerinages dans la vie religieuse de l'occident médiéval aux XIV et XV siècles, in: F. RAPHAEL – G. SIEBERT – M. JOIN-LAMBERT – T. FAHD – M. SIMON – F. RAPP, Les pèlerinages de l'antiquité biblique et classique à l'occident chrétien (Univ. des sciences humaines de Strasbourg – Etudes d'histoire des religions 1) Paris 1973, 119- 160.

(17) Vgl. dazu SCHMUGGE, Pilger 26.

(18) Dazu R. H. BAUTTIER, Le Jubilé romain de 1300, in: Moyen Age 86 (1980), 189-216.

(19) Vgl. SCHMUGGE, Pilger 26, mit Anm. 39-43.

(20) Vgl. I. MIECK, Zur Wallfahrt nach Santiago de Compostela zwischen 1400 und 1650, in: Spanische Forschungen der Görres-Gesellschaft 1: Gesammelte Aufsätze zur Kulturgeschichte Spaniens 29, Münster 1978, 483-533.

(21) Vgl. K. KÖSTER, Gottesbüren, das "hessische Wilsnack", in: Festgabe für Paul Kirn, Berlin 1961, 203.

(22) Vgl. P. RUPPERT (Hg.), Die Chroniken der Stadt Konstanz, Bd. 1, Konstanz 1890, 260. Ferner O. RINGHOLZ, Wallfahrtsgeschichte Unserer Lieben Frau von Einsiedeln, Freiburg 1896, 81 und J.B. MÜLLER – O. RINGHOLZ, Diebold von Geroldseck, in: Mitteilungen des Historischen Vereins des Kantons Schwyz 7 (1890), 23 f. Diese Angabe läßt sich auf ihre Stimmigkeit überprüfen. Das Stück wurde nämlich in Einsiedeln angeblich zu 2 Pfennig verkauft und insgesamt wurden 1300

Gulden eingenommen. Nach dem zwischen Zürich, Luzern, Uri, Schwyz, Zug, Glarus und Nidwalden 1425 vereinbarten Abkommen sollten Zürich und Luzern Stebler Pfennige schlagen, 360 sollten auf einen rheinischen Goldgulden gelten. Demnach hätte das Kloster 468.000 Pfennige (=1300 Gulden x 360) eingenommen: Vgl. D. SCHWARZ und A. PUENTENER, Nidwaldner Münz- und Geldgeschichte, Stans 1980, 17. Nach einer anderen Umrechnung (Quellen zur Zürcher Wirtschaftsgeschichte, Bd. 2, Zürich 1937, 1038) von 1466 wären 1 Gulden = 38 Schillinge zu je 12 Pfennigen. Damit käme man für 1300 Gulden auf 592.000 Pfennige. In beiden Fällen ginge die Rechnung bei einem Verkaufspreis von 2 Pfennig nicht auf, aber vielleicht stammen die Einkünfte auch noch aus anderen Quellen (Oblationen, Schenkungen, etc.). Die Zahlenangaben erscheinen jedoch insgesamt glaubwürdig.

(23) Vgl. zu den Bianchi zuletzt G. TOGNETTI, Sul moto dei bianchi nel 1399, in: Bollettino dell' Istituto Storico Italiano 78 (1967), 205-343.

(24) Vgl. K. ARNOLD, Niklashausen 1476 (Saecula Spiritualia 3) Baden-Baden 1980, 55 und 59-68.

(25) Vgl. N. PAULUS, Der Ablaß als Kulturfaktor (Görres-Gesellschaft, Erste Vereinsschrift 1920) Köln 1920, 20-21.

(26) Die Angaben nach G. STAHL, Die Wallfahrt zur Schönen Maria in Regensburg, Beiträge zur Geschichte des Bistums Regensburg 2, Regensburg 1968, 75 mit Anm. 160.

(27) Vgl. J. VAN HERWAARDEN, Opgelegde bedevaarten. Een studie over de praktijk van opleggen van bedevaarten in de Nederlanden gedurende de late Middeleeuwen (1300-1550), Assen 1978.

(28) Vgl. Vita prima Innocentii VI, in: BALUZE-MOLLAT, Vitae Paparum Avenionensium 1, Paris 1914, 310.

(29) F. EHRLE, Die Chronik des Garoscus de Ulmoisca Veteri und Bertrand Boysset (1365-1415), in: Archiv für lateinische Kirchengeschichte des Mittelalters 7 (1910), 311-420, hier 385.

(30) Vgl. dazu R. FINUCANE, Miracles, und L. SCHMUGGE, Zu den Anfängen des organisierten Pilgerverkehrs und zur Unterbringung und Verpflegung von Pilgern im Mittelalter, in: H. C. PEYER (Hg.) Gastfreundschaft, Taverne und Gasthaus im Mittelalter (Schriften des Historischen Kollegs 3) München 1983, 37-60, bes. 38 mit Anm. 3.

(31) Vgl. dazu B. DANSETTE, Les pèlerinages occidentaux en Terre Sainte: une pratique de la "Devotion moderne" à la fin du Moyen Age? Relation inédite d'un pèlerinage effectué en 1486. in: Archivum Franciscanum Historicum 72 (1979), 106-133 und 330-428, bes. 128-133. Ferner C. ZRENNER, Die Berichte der europäischen Jerusalempilger, 1475-1500. Ein literarischer Vergleich im historischen Kontext (Europäische Hochschulschriften. Reihe 1, Bd. 382) Frankfurt-Bern 1980; A. ESCH, Vier Schweizer Parallelberichte über einer Jerusalemfahrt im Jahre 1519, in: Festschrift U. Im Hof, Bern 1982, 138-184, und L.M. UFFER, Peter Fuesselis Jerusalemfahrt 1523 und Brief über den Fall von Rhodos 1522 (Mitteilungen der Antiquarischen Gesellschaft Zürich 50, 3) Zürich 1982, 14; A. ESCH, Gemeinsames Erlebnis – individueller Bericht. Vier Parallelberichte aus einer Reisegruppe von Jerusalempilgern 1480, in: Zeitschrift für Historische Forschung 11 (1984), 385-416; U. BLÄTTLER, Europäische Pilgerberichte (1332-1520), Lizentiatsarbeit Phil. Fakultät I. Universität Zürich 1984, 12 ff.

(32) Vgl. E. TEICHMANN, Zur Heiligtumsfahrt des Philipp von Vigneulles im Jahre 1510, in: Zeitschrift des Aachener Geschichtsvereins 22 (1900), 121-187, bes. 133 f.

(33) Vgl. SIGAL, Marcheurs, und FINUCANE, Miracles; C. RENDTEL, Mira-

kelberichte als Quellen der Sozialgeschichte, Phil. Diss. FU Berlin 1982. Düsseldorf 1985.

(34) Siehe unten.

(35) Vgl. LADNER, Homo viator. Vgl. auch KÖTTING, Peregrinatio 302 ff.

(36) Vgl. dazu KÖTTING, Peregrinatio 292 f. und HUNT, Holy Land.

(37) Vgl. KÖTTING, Peregrinatio 307 f.

(38) D.R. HOWARD, Writers and Pilgrims, Berkeley 1980, 11.

(39) Vgl. BLÄTTLER, Pilgerberichte 54 f. Ferner LABANDE, Recherches 165 f.

(40) Vgl. KÖTTING, Peregrinatio 293 f.

(41) Vgl. dazu D.J. HALL, English medieval Pilgrimage, London 1965, 215.

(42) Vgl. BROWN, Cult.

(43) PIETRI, Tours 564.

(44) P.A. SIGAL, Maladie, pèlerinage et guerison au XIIe siècle. Les miracles de saint Gibrien à Reims, in: Annales ESC 24 (1969), 1522-1539.

(45) Vgl. J. STABER, Volksfrömmigkeit und Wallfahrtswesen des Spätmittelalters im Bistum Freising (Beiträge zur Altbayerischen Kirchengeschichte 20) München 1955, 60-68, bes. 67: Mirakel von St. Wolfgang 1479/88.

(46) Vgl. dazu grundlegend N. PAULUS, Geschichte des Ablasses im Mittelalter vom Ursprung bis zur Mitte des 14. Jhd., 3 Bde., Paderborn 1922-1923.

(47) Vgl. K. FRANKL, Papstschisma und Frömmigkeit, in: Römische Quartalschrift 72 (1977), 57-124 und 184-247, Zitat 67.

(48) Vgl. PAULUS, Geschichte I, 24.

(49) Gegen PAULUS, Geschichte I, 253f.

(50) R. ELZE, Ruggero II e i papi del suo tempo, in: Società, potere e popolo nell'età di Ruggero II (Centro di studi normanno-svevi) Bari 1979, 31-33.

(51) Vgl. BLÄTTLER, Pilgerberichte 19 und 54.

(52) Vgl. BLÄTTLER, Pilgerberichte 30 f. und 60.

(53) Chroniken der deutschen Städte 5, Leipzig 1866, 45.

(54) Vgl. SCHMUGGE, Anfänge 72.

(55) Vgl. SCHMUGGE, Anfänge 75 f.

(56) Vgl. SCHMUGGE, Anfänge 78.

(57) Jetzt alle das Pilgerwesen betreffenden Aufsätze LABANDEs in: ders., Spiritualité et vie littéraire de l'Occident, Xe-XIVe s. (Variorum. Collected Studies 27) London 1974, besonders Recherches sur les pèlerins...(wie Anm. 1).

(58) Vgl. R. A. ARONSTAM, Penitential Pilgrimages to Rome in the Early Middle Ages, in: Archivum Historiae Pontificiae 13 (1975), 65-83. SCHMUGGE, Anfänge 79-81, und Quellenwerk zur Entstehung der Schweizerischen Eidgenossenschaft, Abt. 1, Urkunden Bd. 3,1. Aarau 1964, Nr. 888, 562. Zu den Ketzern vgl. auch J. DU-VERNOY (Hg.), Le Registre d'Inquisition de Jacques Fournier, évêque de Pamiers (1318-1325), 3 Bde. Toulouse 1965, Bd. 1, 453: Guillelmus Fortis: "... visitet insuper luminaria Beate Marie de Valle viridi, de Tabulis in Monte pessulano, de Serinhano, De Rupeamatore, de Podio, de Carnoto, de Parisius, de Pontissani, de Solacho, Sancti Dionisii, Sancti Ludovici in Francia, Sancti Marcialis, Sancti Leonardi Lemovicensis diocesis, Sancti Antonini Viennensis, Sancti Egidii in Provincia, Sancto Guillelmi de Deserto, et Sancti Vincencii de Castris; visitet etiam quolibet anno dum vixerit ecclesiam Appamiarum in festo sancti Antonini, testimoniales reportans litteras de singulis peregrinationibus et visitationibus antedictis", und Bd. 2, 104, Auda Fabri: "Item imponimus et injungimus sibi ut in primo anno de predictis tribus visitet et visitare teneatur ecclesiam Beate Marie de Rupe Amatoris, in secundo anno ecclesiam Beate

Marie de Podio, et in tercio anno ecclesiam Beate Marie de Valle viridi. Et nichilominus quolibet de dictis tribus annis visitet et visitare teneatur semel ecclesiam Beate Marie de Monte Gaudio". Für weitere Beispiele vgl. auch J. M. VIDAL (Hg.), Bullaire de l'Inquisition française au XIV. siècle... . Paris 1913, 170 Bari (1331), 168 Santiago (1331), 325 Santiago (5 Frauen, 1355), 508 Santiago (1356).

(59) Vgl. C. GENNARO, Venturino da Bergamo e la peregrinatio Romana del 1355, in: Studi sul Medioevo cristiano offerti a R. Morghen (Studi storici 88-92) 2 Bde. Roma 1974, Bd. 1, 375-406.

(60) Die Chroniken Erhards von Appenwiler (Basler Chroniken 4) Leipzig 1890, 252 und Basler Rathsbücher (ebenda) 51.

(61) Vgl. STABER, Volksfrömmigkeit 44.

(62) Vgl. F.L. GANSHOF, Pèlerinages expiatoires à Saint Gilles, in: Annales du Midi 78 (1966), 391-407; L.T. MAES, Mittelalterliche Strafwallfahrten nach Santiago de Compostela und Unsere Liebe Frau von Finisterra, in: Festschrift Guido Kisch, Stuttgart 1955, 99-119; D. NICHOLAS, Crime and Punishment in Fourteenth Century Ghent, in: Revue Belge de philologie et d'histoire 48 (1970), 1161-1164, und zuletzt VAN HERWAARDEN, Bedevaarten.

(63) Vgl. J. CHIFFOLEAU, La comptabilité de l'au-delà (1320-1480) (Collection de l'école français de Rome 47) Roma 1980; M. ZENDER, Regionale und soziale Auswirkungen in der Heiligenverehrung, in: Hagiography and medieval Literature, 1981, 21; A. v. BRANDT, Regesten der Lübecker Bürgertestamente des Mittelalters (Veröff. zur Geschichte der Hansestadt Lübeck 18 und 24), Bd. 1 (1278-1350) und Bd. 2 (1351-1363), Lübeck 1964/1973; DERS., Mittelalterliche Bürgertestamente, Heidelberg 1973, bes. 15-16; N. OHLER, Zur Seligkeit und zum Troste meiner Seele. Lübecker unterwegs zu mittelalterlichen Wallfahrtsstätten, in: Zeitschrift d. Vereins für Lübecker Geschichte und Altertumskunde 83 (1983), 83-103; M. SENSI, Pellegrinaggi a Montesantangelo al Gargano nei notarili della valle spoletana sul calare del Medioevo, in: Campania sacra 8-9 (1977/1978), 81-120; P. L. MELONI, Mobilità di devozione nell'Umbria medievale: due liste di pellegrini, in: Chiesa e società dal secolo IV ai nostri giorni. Studi storici in onore del P.I. da Milano (Italia sacra 30/31) Bd. 1, Roma 1979, 327-359.

(64) Vgl. dazu CHIFFOLEAU, Comptabilité 289-297, und A.M. HAYEZ, Clauses pieuses de testaments Avignonais au XIVe siècle, in: La piété populaire au Moyen Age (Actes du 99e congrès national des sociétés savantes, Besançon 1974) Paris 1977, 129-159. In 225 Testamenten im 14. Jahrhundert finden sich nur zwei Pilgerfahrten, eine nach Rom und eine nach Santiago.

(65) Untersucht von M.T. LORCIN, Les clauses religieuses dans les testaments de plat pays lyonnais au XIVe et XVe siècles, in: Moyen Age 78 (1972), 287-323, bes. 320-321. Mme. Lorcin hat 950 Testamente untersucht.

(66) Vgl. M. de NUCE DE LAMOTHE, Piété et charité publique à Toulouse de la fin du XIIIe siècle au milieu du XVe siècle d'après les testaments, in: Annales du Midi 76 (1964), 5-39, bes. 36 mit Anm. 101: Nur 32 testierte Pilgerfahrten zwischen 1275 und 1450 sind belegt, davon 22 nach Santiago. Zwischen 1400 und 1450 gibt es bei 356 untersuchten Testamenten nur noch 4 Reisen nach Santiago.

(67) Vgl. N. COULET, Jalons pour une histoire religieuse d'Aix au Bas Moyen Age, in: Provence historique 22 (1972), 203-260, bes. 248-252.

(68) Vgl. STABER, Volksfrömmigkeit 53.

(69) Vgl. dazu grundlegend J. DELALANDE, Les extraordinaires croisades d'enfants et de pastoureaux au Moyen Age, Paris 1962.

(70) Vgl. CHIFFOLEAU, Comptabilité 293 f.

(71) Vgl. V. CHOMEL, Pèlerins languedociens au Mont Saint-Michel à la fin du Moyen Age, in: Annales du Midi 70 (1958), 234.

(72) Chroniken der deutschen Städte 7, Leipzig 1869, 207.

(73) Chroniken der deutschen Städte 8, Leipzig 1870, 73 und 104; Magdeburger Schöppenchronik (wie Anm. 72), 204-206. Zur Interpretation, vgl. bes. den Aufsatz von E. DELARUELLE (1962), nachgedr. in: La piété populaire au Moyen Age, Torino 1975, 277-313; vgl. auch TOGNETTI, Sul moto, und A. ESCH, Bonifaz IX. und der Kirchenstaat (Bibliothek des Deutschen Historischen Instituts 29) Tübingen 1969, 302-308.

(74) Vgl. H. HAUPTS, Frankreich und die Aachener Heiltumsfahrt, in: Zeitschrift des Aachener Geschichtsvereins 63 (1950), 113. Die Edition der Chronik durch Ch. DE ROBILLARD DE BEAUREPAIRE, Société de l'histoire de Normandie, Rouen 1870.

(75) Vgl. CHOMEL, Pèlerins 234.

(76) Eikhart Artzts Chronik, Chroniken der deutschen Städte 30, 238, Anm. 1.

(77) Vgl. ARNOLD, Niklashausen 55.

(78) Der Text bei O. RIEDEL, Codex diplomaticus Brandenburgensis IV, 1, Berlin 1862, 248. Vgl. auch E. BREEST, Das Wunderblut von Wilsnack (1383-1552), in: Märkische Forschungen 16 (1881), 278.

(79) Wilhelm Rems Chronica, 131. Aus Rem scheint Sebastian Frank zu schöpfen, zit. bei STAHL, Wallfahrt, 67.

(80) R. KESTENBERG-GLADSTEIN, The Third Reich, in: Journal of the Warburg and Courtauld Institutes 18 (1955) 245-295, Zitat 259 mit Anm. 161. Zu Johannes von Dorsten, ebenda, 258-282 und E. KLEINEIDAM, in: Neue Deutsche Biographie 10 (1974) 548.

(81) So B. MOELLER, Frömmigkeit in Deutschland um 1500, in: Archiv für Reformationsgeschichte 56 (1965), 11: "So entzündeten sich, womöglich wie eine Psychose von einem Tag auf den anderen, Massenwallfahrten...".

(82) Vgl. dazu oben, 4.3.3.

(83) M. MITTLER, Libellus de translatione Sancti Annonis archiepiscopi et miracula Sancti Annonis (Siegburger Studien 3-5) Siegburg 1966-1968, II. 43.

(84) Hist. V. ed. M. PROU, 1886, 107: "... multi proficiscuntur, ut solummodo mirabiles habeantur de Iherosolimitano itinere...".

(85) MGH SS 16, 344: "Vix aliquos vidi, immo numquam, qui redierint meliores vel de transmarinis partibus vel de sanctorum liminibus...".

(86) Liber regum, zit. bei L. SCHMUGGE (Hg.), Radulfus Niger, De re militari... Berlin 1977, 212, Anm. 27, 1.

(87) MGH Conc. II, 1, ed. A. WERMINGHOFF, 1906, 282.

(88) Vgl. dazu auch E. DELARUELLE, La spiritualité des pèlerinages à St. Martin de Tours du Ve au Xe siècle (1961), in: ders., La piété populaire au Moyen Age, Torino 1975, 201-243, bes. 238 f. Zu den Martins-Pilgerfahrten vgl. jetzt PIETRI, Tours 521-599.

(89) G. CONSTABLE, Opposition to Pilgrimage in the Middle Ages (Studia Gratiana 19 = Mélanges G. Fransen Bd. 1) 1976, 125-146.

(90) "Wer häufig pilgert, wird selten gerettet", Imitatio 1.23.1. Walther 24315, im Singular. Das Sprichwort schon bei Petrus von Blois, Brief 630, Patrologia Latina 215, 668 (1205).

(91) Zit. bei STABER, Volksfrömmigkeit 37, nach der HS München Cgm 18679.

(92) Vgl. dazu SCHMUGGE, Anfänge 62-67 mit weiterer Literatur.

(93) Zu Arnold von Harff vgl. E. V. GROOTE, Die Pilgerfahrt des Ritters Arnold von Harff 1496-1499, Köln 1860.

(94) CHAUCER, Canterbury Tales, Prolog, Verse 463 ff.

(95) Hist. Compostelana II, 4 – Espana sagrada 20, 260 f.

(96) Vgl. BLÄTTLER, Pilgerberichte 21.

(97) Vgl. BLÄTTLER, Pilgerberichte 20 f.

(98) Vgl. BLÄTTLER, Pilgerberichte 26.

(99) Vgl. BLÄTTLER, Pilgerberichte 36. Weitere Beispiele bei SCHMUGGE, Pilgerfahrt 25 f. und K. HERBERS, Der Jakobskult des 12. Jhd. und der "Liber Sancti Jacobi" (Historisches Forschungen, Akad. Mainz Bd. 7) Wiesbaden 1984, 187 f.

(100) Vgl. dazu BLÄTTLER, Pilgerberichte; DANSETTE, Pèlerinages; ESCH, Erlebnis; ZRENNER, Berichte; ferner M. SOMMERFELD, Die Reisebeschreibungen der deutschen Jerusalempilger im ausgehenden Mittelalter, in: Deutsche Vierteljahresschrift für Literaturwissenschaft und Geistesgeschichte 2, 1924, 816-850, S. CALZOLARI – M. DONATI, Viaggiatori e pellegrini italiani in Terrasanta fra Trecento e Quattrocento, 2 Bde., Firenze 1974/75. D.R. HOWARD, Writers and Pilgrims. Medieval Pilgrimage Narratives and their Posterity, Berkeley 1980.

(101) Vgl. dazu BLÄTTLER, Pilgerberichte Kap. 6.

(102) Vgl. dazu UFFER, Jerusalemfahrt 52-54.

(103) Vgl. dazu BLÄTTLER, Pilgerberichte 131 ff. und W. PARAVICINI, Die Preußenreisen des europäischen Adels, in: Historische Zeitschrift 232 (1981), 25-38. Die Reisen wurden zwischen 1320 und 1420 nicht nur "exercendi militiam", sondern auch des Ablasses wegen unternommen. Ferner P. WELTEN, "Reisen nach der Ritterschaft...", in: Zeitschrift des deutschen Palästina-Vereins 93 (1977), 283-293, bes. 292: "...die alten Adelsgeschlechter, aber auch aufsteigende bürgerliche Familien (benutzten) die Pilgerschaft zur Erwerbung der Ritterschaft, um so zu mehr Ansehen zu kommen".

(104) Vgl. für England C. ZACHER, Curiosity and Pilgrimage, London 1976, und BLÄTTLER, Pilgerberichte 139-146.

(105) Arnold von Harff, ed. de GROOTE, 189.

(106) A. ESCH, Parallelberichte 138-184.

(107) A. ESCH, Gemeinsames Erlebnis – Individueller Bericht. Vier Parallelberichte aus einer Reisegruppe von Jerusalempilgern 1480, in: Zeitschrift für historische Forschung 11 (1984), 385-416.

(108) Vgl. dazu D. KUBAT und H.J. HOFFMANN-NOWOTNY, Migration: towards a new paradigm, in: International Social Science Journal 33 (1981), 307- 329, mit weiterer Literatur.

(109) Ebenda, 311.

(110) Ebenda, 312.

(111) KUBAT und HOFFMANN-NOWOTNY, Migration 313, formulieren generell: "... population segments that refuse to become or to remain subordinate will migrate".

(112) Vgl. dazu H.J. HOFFMANN-NOWOTNY, Migration, Stuttgart 1978.

(113) Vgl. KUBAT – HOFFMANN-NOWOTNY, Migration 315.

(114) Vgl. den Beitrag von HOFFMANN-NOWOTNY in diesem Band.

(115) Ebenda.

(116) Vgl. KUBAT – HOFFMANN-NOWOTNY, Migration 326.

MIGRATION TECHNISCHER EXPERTEN IM SPÄTMITTELALTER
Das Beipiel der Uhrmacher

GERHARD DOHRN-VAN ROSSUM

Vor dem Pariser Parlament kam im Juli 1452 ein langwieriger Prozeß um die Gage des Wärters der Uhr im heutigen Tour de l'Horloge, dem Eckturm des Louvre an der Brücke Pont du Change, zum Abschluß. Der Inhaber dieses Amtes forderte die beim Bau der Uhr im Jahre 1370 vom König zugesicherten 6 sous par. pro Tag. Die Stadt berief sich auf ihre leeren Kassen und darauf, daß es inzwischen andere öffentliche Uhren in Paris und in anderen Städten gäbe, deren Unterhalt weit billiger sei als der der "Horloge du Palais". Die Untersuchungen des Parlaments und die Einlassungen der streitenden Parteien erhellen – das ist bei der Errichtung öffentlicher Uhren sehr selten – Motive und Umstände des Baus dieser in vieler Hinsicht wichtigsten Uhr des spätmittelalterlichen Frankreich. Im historischen Teil des Arrêt du Parlement wird ausgeführt, daß König Karl V. die Uhr für die Stadt, in der es vorher keine Turmuhren ("grossa horilogia") gab, habe bauen lassen einerseits zur Mehrung des städtischen Dekors und andererseits, damit sich das Parlament und die Einwohner besser nach den Tages- und Nachtstunden richten ("se regere et regulare") könnten. Weil sich in Paris zu dieser Zeit kein geeigneter Uhrmacher finden ließ, habe der König Henri de Vic aus Deutschland ("ex partibus Almanie") als Experten ("in scientia et industria horologiarie expertissimus") für den Bau einer öffentlichen Schlaguhr kommen lassen. Außer der Gage seien dem Henri de Vic eine freie Wohnung (und wohl auch Werkstatt) und verschiedene andere Privilegien ("certa alia iura et commoda") zugesichert worden. Obwohl sich in Paris seit ca. 1300 mehrere und z.T. am Hof beschäftigte Uhrmacher nachweisen lassen, und obwohl die Horloge du Palais nicht die erste Turmuhr des nordfranzösischen Raumes gewesen ist, wird für diese Uhr ein Experte aus einem entfernten, allerdings nicht mehr identifizierbaren Ort geholt [1].

Wenige Jahre später (1374/75) baut der Nachfolger des Henri de Vic, der königliche Uhrmacher Pierre de Sainte-Beate, in Avignon für einen Turm des päpstlichen Palasts eine große Uhr, die der Papst für die Stadt-

---

[1] Aus Raumgründen verzichte ich auf alle Einzelheiten zu Uhren und Uhrmachern. Sie sind dem unten genannten Quellen-Inventar entnommen. Interessenten stehen sie jederzeit zur Verfügung.

bewohner errichten ließ. Auch in Avignon lassen sich seit Beginn des Jahrhunderts Uhren und Uhrmacher in den Abrechnungen der Kurie nachweisen.

In den Grundbüchern der Stadt Wien taucht 1377 und 1379 ein "Hanemann magister arloyorum" auf. Das Schlagwerk für die Uhr im Stephansdom baut jedoch ein "maister Hanns von Prag" (1417).

Die Beispiele, denen sich andere anfügen ließen, machen bereits deutlich, daß die mittelalterlichen Uhrmacher keine überall anzutreffende Gruppe technischer Experten mit vergleichbaren Qualifikationen waren. Mindestens diejenigen, die große Turmuhren bauen konnten, erscheinen als rare Techniker, die nicht einmal in jeder Großstadt regelmäßig zu finden waren, und die deshalb auftragsbedingte Reisen über größere Entfernungen unternahmen.

Die Rede vom Wandel des Zeitbewußtseins im Spätmittelalter ist bereits eine Schulbuchformel. Sie setzt ein – vielleicht vages – Konzept von "sozialer Zeit" voraus, d.h.: neben den objektiven an physikalischen Erscheinungen beobachtbaren Zeitabläufen konstituieren soziale Gruppen oder Gesellschaften intersubjektiv verschiedenartige Zeithorizonte, die – wenngleich nicht unabhängig von der objektiven oder naturalen Zeit – historischem Wandel unterworfen und die unter dem Obertitel "Wandel des Zeitbewußtseins" untersucht werden können. Dieser weite Titel deckt die zeitliche Dimension eschatologischen oder historischen Bewußtseins ab, die eher individuellen biographischen oder planerischen Perspektiven, das mehr oder weniger rationale zeitorganisatorische Verhalten etwa im Hinblick auf die Arbeitszeit, die sozialen Techniken der chronologischen Strukturierung (Weltalter vs. Jahrhundertrechnung, Kirchenfeste vs. Tagesdaten, Kenntnis des eigenen Lebensalters etc.). Für diesen Wandel sei abkürzend auch an Jacques Le Goffs Schlagworte vom Übergang von der "Zeit der Kirche" zur "Zeit der Kaufleute" erinnert (1).

Das Auftauchen der mechanischen Uhr spielt in allen Erörterungen über den Wandel des Zeitbewußtseins eine zentrale Rolle, nicht, weil die Uhrzeit oder überhaupt gemessene Zeit der für diesen Wandel in jeder Hinsicht entscheidende Faktor gewesen ist, sondern weil sie über ihren evidenten praktischen Nutzen hinaus auch Symbol für das moderne Zeitbewußtsein geworden ist.

Man hat die Uhr als "Schlüsselmaschine" bezeichnet, die für die Entstehung der Industriegesellschaft wichtiger gewesen sei als Kohlenenergie und Dampfmaschine (L. Mumford) (2). Auf die besondere Rolle der Uhrmacher in der frühen Phase der Industrialisierung ist oft hingewiesen worden (3). Bevor es den Spezialberuf des Maschinenbauers gab, waren es vor allem Uhrmacher mit der für sie spezifischen Verbindung wissenschaftlicher und technisch-praktischer Fähigkeiten und ihrer Erfahrung mit relativ weitentwickelten Werkzeugmaschinen, nach denen die neuen Industrien nachfragten.

Unabhängig davon, wie man zum Konzept der "Industriellen Revolution im Spätmittelalter" steht, scheint m.E. die Rückverlängerung dieser Perspektiven legitim (4). Seit dem 14. Jahrhundert gehört die mechanische Uhr zu den "novitates", die eine selbstbewußte Abgrenzung der eigenen Epoche gegenüber der in vieler Hinsicht als überlegen empfundenen Antike ermöglichten. Turmwindmühle, Brille und mechanische Uhr bildeten eine auch ikonographisch vielfach fixierte Einheit (5). In anderen Listen (6) werden außerdem Kompaß, Portulan, neue Segel und Feuerwaffen genannt (7). Auf die allgemeine Aufwertung der handwerklichen und technischen Berufe ist hier nicht einzugehen (8). Als Prototyp des Technikers ehrt die Naturphilosophie des späten 14. Jahrhundert die Uhrmacher, wenn sie von der Welt als Uhr und von Gott als Uhrmacher spricht (9).

Die folgenden Überlegungen und Beispiele zu Wanderungsbewegungen stützen sich auf ein Quelleninventar zur Geschichte der mittelalterlichen Uhren, das u.a. Dossiers zu ca. 800 europäischen Städten enthält. Die Quellen sind vor allem städtische Rechnungen, Personallisten, Ratsbeschlüsse, chronikalische Nachrichten und moderne Stundenangaben in verschiedenen Quellensorten. Die ausgewertete Literatur besteht v.a. aus einschlägigen lokalgeschichtlichen Arbeiten, Handwerker- und Künstlerverzeichnissen und Städtemonographien. Das Inventar schließt mit dem Jahr 1500, wobei die Repräsentativität allmählich nachläßt. Die Wahl des Zeitraums ist nicht nur durch die traditionelle Beschränkung mediävistischer Editions- und Erschließungsarbeit bedingt. Die Quellen beziehen sich bis ans Ende des 15. Jahrhunderts ganz überwiegend auf öffentliche Uhren, d.h. v.a. Turmuhren. Der private Uhrenbesitz, die Kleinuhrmacherei und die Ausbildung eigener Uhrmacherzünfte führen in der Zeit nach 1500 in andere Quellengattungen, die Untersuchungen vergleichbar großer Räume ausschließen.

Das Quelleninventar dient als Grundlage für eine größere Ausarbeitung zur Problematik der Erfindung der mechanischen Uhr, zur Diffusion der neuen Technik, zu den mittelalterlichen Uhrmachern und zu den Auswirkungen der modernen Stundenrechnung in der städtischen Öffentlichkeit. Die moderne Zählung nach 24 gleichlangen Stunden zu je 60 Minuten löste die mittelalterliche Zählung nach den 2x12 sogenannten kanonischen Stunden (Horen), deren Länge mit der Dauer des Lichttags variierte, ab. Die moderne Stundenrechnung ist seit der Antike in der Astronomie bekannt; ohne Uhren ist ihre Verwendung im bürgerlichen Leben praktisch unmöglich (10).

Zum Verständnis der folgenden Ausführungen skizziere ich die wichtigsten Ergebnisse: Ort und Zeit der Invention, unter der wir heute die Ablaufkontrolle eines gewichtsgetriebenen Räderwerks mittels einer oszillierenden Hemmung verstehen (bestehend aus einer Spindel, die mit zwei Lappen in ein Zahnrad eingreift, und deren Schwingung durch an einem Waagbalken lose befestigte Gewichte reguliert wird), sind unbekannt. Der Mechanismus ist wahrscheinlich eine Weiterentwicklung der zum Wecken benutzten Schlagwerke klösterlicher Wasseruhren (11). Möglicherweise hat es mehrere, heute nicht mehr bekannte Varianten der Hemmung gegeben, von denen sich die einfachste zu Beginn des 14. Jahrhunderts durchgesetzt hat. Der technische Durchbruch dürfte in das letzte Drittel des 13. Jahrhunderts zu datieren sein. Um 1300 finden sich mechanische Uhrwerke in verschiedenen Formen: Weckgeräte, große und kleine Schlaguhren in edlen und nicht-edlen Metallen, Glockenspielwerke, Figurenautomaten und einfache astronomische Simulationen. Die ersten Turmuhren tauchen nicht viel später auf (Orvieto 1307, Mailand 1336, Padua 1344).

Der erste sichere Beleg für eine Uhr, die die 24 Stunden des Tages automatisch nach ihrer Zählzahl schlug, stammt aus einer Mailänder Chronik zum Jahre 1336 und wird dort durch die Bemerkung ergänzt, dies sei für alle Stände äußerst nützlich. Zu beachten ist, daß die Texte noch im 15. Jahrhundert nicht auf die Erfindung eines Hemmungsmechanismus, sondern allein auf die kontinuierliche Stundenindikation abheben. Der technische Wandel verschwindet für die Zeitgenossen hinter der sozialen Veränderung, der neuartigen akustischen Strukturierung der Tageszeit.

Von Italien aus verbreiten sich die öffentlichen Schlaguhren in Großstädten und an bedeutenden Residenzen Europas. Die große Beschaffungswelle – der Innovationsschub mit über 70 nachweisbaren Fällen – fällt genau in das dem genannten Pariser Datum folgende Jahrzehnt (1370-80). Um 1400 dürften alle bedeutenderen Städte eine öffentliche Uhr installiert haben; das städtische Leben wird vereinzelt als "durch die Uhr geregelt" von dem des Umlands unterschieden. Die erkennbaren Motive für diese Installationen waren v.a. zwischenstädtische Prestigekonkurrenz, gezielte Initiativen der Landesherren und – ganz vereinzelt – Konfliktsituationen, etwa Auseinandersetzungen um die Arbeitszeit. Im 15. Jahrhundert streuen die Nachrichten sehr stark; Dörfer installieren Uhren, und Verwaltungen registrieren die Ausstattungsdichte in einzelnen Regionen. Um 1500 waren die europäischen Städte mit Sicherheit flächendeckend versorgt. Der Gebrauch der modernen Stundenrechnung folgt der Diffusion des Geräts recht genau, ohne daß er jedoch den Gebrauch der kanonischen Stunden im Alltag je ganz verdrängt hätte.

Bei Untersuchungen zur Diffusion sind ca. 1100 Namen von Uhrmachern und Uhrwärtern aufgetaucht. Die Dichte der Überlieferung variiert von Stadt zu Stadt stark. Chroniken, die den Bau der ersten öffentlichen Uhr verzeichnen, nennen den Namen des Erbauers in der Regel nicht. So heißt es für das eingangs angeführte Beispiel aus Paris in der "Chronographia regum Francorum" lediglich "rex Francie ... edificavit ... turrem quadratam .. ac horologium desuper poni fecit". Der Uhrmachername taucht erst im Prozeß bzw. in anderen Fällen in den Stadtrechnungen auf. Auch in den Rechnungen bleibt der Uhrmacher oft anonym. Häufig lassen nur Herbergs- und Transportkosten erkennen, daß er aus einer anderen Stadt gekommen ist. Für einige Städte existieren dagegen nahezu vollständige Uhrmacherverzeichnisse, die aus den verschiedensten Quellen erarbeitet worden sind (12).

Die in anderen Beiträgen erwähnten prosopographischen Probleme begegnen auch hier (13). Stammt die Familie des Johann von Behem "uyrclockenmecher" (Köln 1413) aus Böhmen oder ist er selbst berufsbedingt nach Köln gekommen? Stammte fr. Bertino romito (Siena 1376) aus Rouen? War er ein wandernder Mönch oder ein wandernder Uhrmacher? Ist der serbische Mönch Lazar, der die erste öffentliche Uhr für einen Turm des Kreml in Moskau baute (1404), ein Fall berufsbedingter Migration?

In der frühen Zeit, bis zum Beginn des 14. Jahrhunderts, wird die Arbeit dadurch erschwert, daß weder das neue Gerät noch seine Hersteller eine besondere Bezeichnung erhielten. Mit "horologium" wurde jede Form von Zeitmeßvorrichtung bezeichnet, also auch Wasser-, Sonnen-, Sand- und Sternuhren, "horologiarius" konnten ihre Hersteller oder die mit ihrer Wartung Beauftragten heißen.

Die Berufsbezeichnung taucht im Mittelalter m.W. zum ersten Mal 1269/70 in der Bierrechnung des Klosters Biaulieu (Suffolk) auf und bezeichnet da offenbar den regelmäßig besoldeten Uhrwärter. Aber hat er eine mechanische Uhr oder eine andere Weckvorrichtung betreut? Robertus Anglicus spricht 1271 wie von einem Berufsstand von den "artefices horologiorum", die sich – bisher allerdings vergeblich – um die Konstruktion einer Welle bemühten, die an einem Tag genau eine Umdrehung macht.

Der Übergang in die Nationalsprachen fällt zeitlich mit der Ausbreitung der mechanischen Uhr zusammen. Die Spezialisierung anzeigende und vielleicht auch werbende Berufsbezeichnung (orloger, relogeur, relotger, zeigermeister, seigermaker, uyr- oder zytclockenmecher, urglocker, urleymacher) wird Namensbestandteil, dann auch Nachname, der jedoch in Übereinstimmung mit dem ausgeübten Beruf bleibt (14). Dabei ist – darauf weist T. Erb sicher zu Recht hin – oft unsicher, ob die spezialisierte Berufsbezeichnung eine dauerhafte Spezialisierung zeigt, d.h. ob der als Uhrmacher Bezeichnete ganz oder überwiegend vom Uhrenbau lebte (15). Bis 1500 begegnet kein Fall, in dem die Berufsbezeichnung sich von der Tätigkeit gelöst hätte. Ausnahmen bilden die in Italien gelegentlich als erblicher Ehrenname verliehene Bezeichnung "dall' Orologio", die an den Nachnamen angehängt wurde, und die Inhaber des Uhrwärteramts am Hof in Westminster, die das Amt nicht selber ausübten.

In der Literatur begegnet die Auffassung, daß die mittelalterlichen Uhrmacher aufgrund ihrer seltenen Qualifikation und der geringen Nachfrage ebenso wie die Glockengießer umherziehende Wanderhandwerker gewesen seien (16). Diese an den Wanderungen der an Bauhütten beschäftigten Facharbeiter und Kunsthandwerker orientierte Vorstellung ist ebenso unzutreffend wie die von einer kleinen Elite hochqualifizierter Künstler und Gelehrter (17). Unzutreffend ist ebenso die Auffassung, daß die frühen Uhren insgesamt grobe, von Schmieden gebaute Turmuhrwerke gewesen seien, denen später immer kleinere und feinmechanisch anspruchsvollere Werke gefolgt seien. Die Miniaturisierung und der Trend zu Präzisionsinstrumenten setzt erst gegen Ende des 15. Jahrhunderts in der Kleinuhrmacherei ein. Mehr als ein Jahrhundert nach ihrem ersten Auftreten hat niemand irgendeine Vorstellung von Präzision mit der mechanischen Uhr verknüpft. Alle drei Vermutungen enthalten die Hypothese von der abnehmenden Seltenheit und implizit auch die von der abnehmenden Häufigkeit und Reichweite von Migrationsbewegungen. Die Hypothese gilt es zu prüfen bzw. genauer zu formulieren.

Die Analyse der Migration solcher Expertengruppen, verstanden als die Summe der individuellen Ortsveränderungen, stößt auf das Problem der Abgrenzung der Untersuchungsgruppe. Die Professionalisierung des Uhrmacherberufs hat ca. 250 Jahre gedauert. Professionalisierung sei dabei verstanden als die Formierung einer Berufsgruppe, die ihr Leistungsangebot zu definieren und zu monopolisieren versucht und zugleich den Zugang zu dieser Gruppe kontrolliert. Vor der Mitte des 16. Jahrhunderts erweisen sich die Uhrmacher, genauer: diejenigen, die Uhren bauen konnten, als eine recht heterogene Gruppe, die sich aus studierten Medizinern und Astronomen, aber auch aus analphabetischen Grobschmieden zusammensetzt. Vor ca. 1450 handelt die überwältigende Mehrzahl der Quellen von öffentlichen Uhren, d.h. von Turmuhren und ihren Herstellern. Die seltenen Hausuhren waren nach Material und Konstruktion von Turmuhren nicht verschieden. Es dürfte kaum zwei gleiche Uhren gegeben haben. Beträchtliche Unterschiede gab es bei der Qualität der Ausführung und dem bei Zusatzausstattungen getriebenen Aufwand. Entsprechend unterschiedlich war die Qualifikation der Uhrmacher.

Nach einem Blick auf die frühe Zeit erörtere ich die mobilen spätmittelalterlichen Uhrmacher nicht chronologisch, sondern nach Expertentypen: gelehrte Konstrukteure (ca. 10 Fälle), Ingenieure (ca. 10 Fälle), überörtlich tätige Spezialisten und Wanderer (ca. 240 Fälle). Nur gestreift werden die nur lokal tätigen Uhrmacher und die Uhrwärter (ca. 520 bzw. ca. 300 Fälle).

Die frühen Uhrmacher

Die Vermutung, daß die mechanische Uhr nicht die Erfindung eines Erfinders, sondern Resultat verschiedenartiger Bemühungen an mehreren Orten gewesen ist (18), wird unterstützt durch den Befund, daß der erwähnten Vielfalt der Geräte von Anfang an eine gewisse Vielfalt der Qualifikationen ihrer Hersteller entspricht. Ein Zentrum der Diffusion bzw. einen Ausgangspunkt der Migration gibt es also nicht. Auffällig ist dabei, daß die mechanische Uhr nach 1300 überwiegend außerhalb von Klöstern anzutreffen ist. Die Zahl der Kleriker-Uhrmacher bleibt über den Untersuchungszeitraum gleichmäßig gering. Die Art der Qualifikation läßt sich nur aus der Berufsbezeichnung oder aus den ausgeübten Nebenberufen erschließen. Wir finden einen Goldschmied und einen Armbrustmacher im Dienst des französischen Königs, einen Schlosser im Dienst der Gräfin von Artois und an anderen Orten Kunstschmiede oder Orgelbauer. Daß die bedeutenden Residenzen als Schwerpunkte herausragen, könnte überlieferungsbedingt sein; Stadtrechnungen sind am Anfang des 14. Jahrhunderts noch sehr selten. 1329 hat der französische König einen festgestellten Uhrmacher "varlet de chambre et ollogeur au Louvre". 1335 beschäftigt der päpstliche Hof in Avignon einen "magister horologiorum pape" aus der Diözese Rouen. Daß sich in Avignon Fachkräfte aus sehr entfernten Diözesen einfinden, ist nicht erstaunlich. Andere Wanderungsbewegungen dieser frühen Uhrmacher gehen über geringere Distanzen. Robert l'Anglais, der nicht aus England, sondern aus Paris kommt, arbeitet 1319 an der Uhr in der Kathedrale von Sens. In der Kathedrale von Noyon arbeitet 1334 ein durchreisender Uhrmacher ("magister orlogiorum transiens per Noviomum"), die Brüder Stokes, Uhrmacher und Kunstschmiede aus dem

Kloster St. Albans, arbeiten an der astronomischen Uhr dieses Klosters und der in der Kathedrale von Norwich.

Die großen öffentlichen Uhren bzw. der Mechanismus zum automatischen Schlagen der Stundenfolge ist wahrscheinlich in Italien entwickelt worden. Außerhalb Italiens ist ein solches Gerät zuerst für die bedeutende Textilstadt Valenciennes im Hennegau bezeugt (1352 bzw. 1358). Die Uhr, die Edward III. von England in Windsor Castle ("in magna turri") installieren ließ, hat, obwohl der Uhrmacherberuf in England längst etabliert war (19), ein "Lumbardus" mit zwei Gehilfen gebaut (1352). In Avignon baut ein Benediktinermönch aus Genua eine Uhr in ein "domus horologii" (1353). 1356 läßt der König von Aragon, an dessen Hof mehrere Juden als Astronomen und Uhrmacher tätig waren, den Antonio Bonelli, der am päpstlichen Hof als "copertor et operarius plumbi" arbeitete, aus Avignon nach Perpignan holen, um eine Uhr, die ca. eine Tonne wog, in den Turm der neuen Residenz bauen zu lassen. In den erhaltenen Abrechnungen wird Antonio Bonelli als "maestre del arelotge" bezeichnet, der auch Werkzeuge, Kräne und Winden bauen konnte. Die Länder der böhmischen Krone haben die alte italienische Form der Stundenzählung ("böhmische Uhr") und deshalb vermutlich auch die neue Technik sehr früh aus Italien übernommen. 1364 wird ein Martin als "orologiator imperatoris" genannt. Für das Kerngebiet des Deutschen Reichs liegen etwa gleichzeitige Zeugnisse für öffentliche Uhren vor, ohne daß der Verbreitungsweg erkennbar wäre.

Die nordwesteuropäische Städteregion zeigt sich rasch als ein zweites Zentrum der Diffusion. Für drei Uhrmacher aus Delft stellt der englische König 1368 einen Geleitbrief aus, um ihnen die ungehinderte Ausübung ihres Gewerbes in England zu ermöglichen. In dieser Zeit werden Turmuhren für die königlichen Sitze Queenborough Castle, Sheen und King's Langley Manor gebaut.

Weite Reisen von Experten auf Veranlassung bedeutender Höfe und vielleicht auch von Großstädten waren mindestens vor 1370 die wichtigere Form der Diffusion dieses speziellen Fachs der Uhrmacherei. Italien und Flandern waren nicht die einzigen technisch "fortgeschrittenen" Städteregionen. Auch der böhmisch-schlesische Raum gehört dazu. Daher sei abschließend noch ein m.W. singulärer Fall angeführt, in dem eine weniger bedeutende Stadt eine "Gelegenheit beim Schopf packt" und sich in den Besitz der neuen, prestigeträchtigen Technik bringt.

Der Schmied Niclas Swaelbl, Bürger in Breslau (Wroclaw), hatte 1368 für die Stadt Troppau (Opava) eine schwere Uhr und – im Jahre der Horloge du Palais – 1370 für Schweidnitz (Swidnica) eine Uhr, "eynen zeiger

..., der do glych sy dem zeyger czu Breczlaw adir bessir", gebaut. Diese Städte liegen 3 bzw. 2 Tagesreisen von Breslau entfernt. Zwei Jahre später (1372) wird er wegen Totschlags am Stadtschreiber von Tulln in Niederösterreich verurteilt, für die Pfarrkirche der Stadt ein "arloy" zu machen, "das sich selber slach, an welhen glokken man ihm zaigt". Außerdem soll er eine "peregrinatio ex poenitentia", eine persönliche Romwallfahrt unternehmen (20). Beider Pflichten hat er sich – ob der Wallfahrt in corpore oder durch Ablösung, weiß ich nicht – offenbar entledigt. Im folgenden Jahr verpflichtet er sich für das Domkapitel in Breslau eine Uhr zu bauen. Wir wissen nicht, ob berufliche Gründe den Meister Swaelbl in das entfernte Tulln (ca. 320 km Luftlinienentfernung) oder in die Nähe Wiens geführt haben. Jedenfalls repräsentiert er einen frühen Typ des regional und überregional tätigen Spezialisten, der später häufig anzutreffen ist.

Im Jahrzehnt der großen Beschaffungswelle (1370-80) finden sich Erbauer öffentlicher Uhren an so vielen Orten, daß man annehmen muß, daß die großräumige, aber auf große Städte beschränkte, punktuelle Diffusion abgeschlossen war. Für die kritische Zeit davor sind die Quellen – vielleicht bedingt durch die Pestkrisen – nicht dicht genug, um über die erwähnten Trends hinaus allgemeine Aussagen zu ermöglichen. Diese Beschaffungswelle ist, wie die eindeutigen Fälle von Ersterrichtungen zeigen, keine überlieferungsbedingte Täuschung, die etwa auf die rasche Ausweitung des städtischen Rechnungswesens in dieser Zeit zurückzuführen wäre.

DIE GELEHRTEN KONSTRUKTEURE

Diese wenigen außerordentlich bekannten und meist gründlich erforschten Personen als Uhrmacher zu bezeichnen, ist, wie Petrarca schon über Giovanni Dondi bemerkt hat, fast herabsetzend. Zutreffender wird man sie als Konstrukteure astronomischer Instrumente bezeichnen, die die Uhrentechnik beherrschten bzw. sich ihrer bedienten. Gemeinsames Merkmal ist ein Universitätsstudium. Der am häufigsten ausgeübte Beruf ist Astronom/Astrologe häufig in Verbindung mit einer Tätigkeit als Hofarzt. Ihre Wanderungsbewegungen stehen nicht regelmäßig in Verbindung mit ihrer Kompetenz als Uhrenkonstrukteure.

Richard of Wallingford (1291/92-1336), 28. Abt des Benediktinerklosters St. Albans (Hertfordshire), Sohn eines Grobschmieds ("faber ferrarius"), hat in Oxford studiert. Sein unvollendetes Lebenswerk war der Bau einer komplizierten und aufwendigen astronomischen Uhr in der Kirche seines Klosters. Er war kein origineller Theoretiker der Astronomie,

sondern befaßte sich mit der Konstruktion von Berechnungs- und Beobachtungsinstrumenten. Der später so genannte "Tractatus Horologii Astronomici" enthält die Berechnungen der Getriebe zur Darstellung der Planetenumläufe und entwurfsartige Notizen vermutlich aus Schülerhand über technische Probleme des Geh- und Schlagwerks der Uhr, mit einem heute nicht mehr bekannten Typ der Hemmung. Wegen der Unkenntnis der Manuskripte war seine damalige Berühmtheit bis in die jüngste Zeit verblaßt (21).

Jacopo de Dondi (1290-1359) hatte in Padua studiert und war Stadtarzt in Chioggia. Für den Fürsten Umbertino Carrara konstruierte er 1344 eine schlagende Turmuhr mit astronomischen Indikationen, die nach seinen Anweisungen von einem jungen Paduaner gebaut wurde. Durch ihn ist der Beiname "dall'Orologio" in der Familie erblich geworden. Sein Sohn Giovanni Dondi († 1389) lehrte in Padua Medizin. Für seinen Gönner Gian Galeazzo Visconti baute er zwischen 1348 und 1364 eines der mittelalterlichen Weltwunder, das "Astrarium", ein Planetarium, das erklärtermaßen Demonstrationshilfe zur Veranschaulichung der Werke und der Tafeln der alten Astronomen gewesen ist. Standort war die Bibliothek des herzoglichen Schlosses in Pavia. Aus Werkaufzeichnungen ist unter Dondis Leitung der "Tractatus Astrarii" entstanden, der die Herstellung der Planetengetriebe und der kalendarischen Indikationen beschreibt. Darin wird mehrfach hervorgehoben, daß Dondi das Werk "mit seinen Händen" gebaut habe, aber auch, daß das Uhrwerk selbst ("orrologium commune") als bekannt und in den Details seiner Konstruktion als gleichgültig vorausgesetzt wird. Spätere Berichte variieren immer wieder das Motiv der Vollkommenheit des Werks und der Schwierigkeit, einen Uhrmacher zu finden, der es auf Dauer in Gang halten oder reparieren konnte (22).

In der gleichen Zeit sind die astronomischen Uhren in den Kathedralen von Straßburg und Dambrai und evtl. im Kloster Cluny entstanden. Namen oder Herkunft der beratenden Astronomen und Konstrukteure bleiben jedoch unbekannt. Am Hof von Aragon war eine ganze Gruppe von jüdischen Astronomen und Instrumentenbauern beschäftigt, die vom Hof geschützt und privilegiert worden sind. Viele davon waren auch Ärzte. Dieser Typ des "maestre dels alarotges" pendelt zwischen Mallorca, dem Zentrum einer bedeutenden Kartographenschule, und, mit Bau- oder Wartungsaufträgen, zwischen den königlichen Residenzen v.a. in Barcelona und Perpignan. Schon vor den großen Verfolgungen von 1391 verliert sich ihre Spur. Weitere bekannte Namen aus dieser Gruppe sind Jean Fusoris († 1436), Henri Arnaut de Zwolle († 1466), Wilhelm Gilliszoon de Wissekerke († n.1494) und Lorenzo della Volpaia († 1515) (23).

Die Mobilität der hochgestellten Auftraggeber, aber auch die Vielfalt ihrer Qualifikationen "mobilisieren" die Mitglieder dieser Gruppe, ohne daß man m. E. von Migrationsbewegungen sprechen könnte.

DIE INGENIEURE

Als Ingenieure werden hier die Techniker und Handwerker verstanden, die neben anderen Maschinen auch Uhren bauen konnten. Dabei kommt es auf die zeitgenössische Berufsbezeichnung Ingenieur, die überwiegend Baumeistern und Waffentechnikern beigelegt wurde, nicht an. Das Kriterium ist hier nicht die wissenschaftliche, sondern die technisch-handwerkliche Vielseitigkeit. Außer Arbeiten zu einzelnen Personen gibt es kaum Forschungen zu dieser wichtigen Berufsgruppe: viele Bemerkungen in der Literatur sind unbegründete, an der relativ modernen Vorstellung vom "Renaissance-Genie" orientierte Verallgemeinerungen (24).

Diese Gruppe kann hier nur aus der engen Perspektive der "Auch-Uhrmacher" beleuchtet werden (25). Die oben erwähnte Mailänder Chronik des Galvano Fiamma rühmt beim Jahr 1341 die technische Aufgeschlossenheit bzw. Modernität Mailands unter der Herrschaft der Visconti ("quod civitas mediolanensis multis novitatibus floret"). Die erste Neuigkeit bzw. Erfindung ("adinventio"), von der berichtet wird, sind Mühlen, die nicht durch Wasser oder Wind angetrieben werden, sondern durch Gewichte und Gegengewichte wie es bei Uhren üblich sei ("sicut fieri solet in horologiis"). Viele Räder und kunstreiche Mechanismen bewirkten, daß es kaum der Arbeit eines Knaben bedürfte, um vier Malter Getreide in bester Qualität zu mahlen. Diese Stelle ist angeführt, um den vagen Ausdruck "technische Vielseitigkeit" durch die Perspektive auf die Applikation technischer Errungenschaften zu präzisieren. Erst die wechselseitige Befruchtung verschiedener Spezialfächer erzeugt das, was wir technischen Fortschritt in einer Gesellschaft nennen.

Die Mailänder Stadtverwaltung gestattet den Mönchen von S. Maria dell'Valle im Oktober 1352, Wasser für das Kloster aus dem künstlich angelegten Kanal Naviglio Grande abzuleiten. In der Supplik hatten die Mönche gebeten, daß die Stadt ihnen den magister Johannes de Organis oder einen anderen der "magistri inzignerii" schicke. Wir wissen nicht, ob Johannes de Mutina dictus de Organis außer Wasserkünsten auch Orgeln bauen konnte oder ob er den Beinamen geerbt hat. Die Kombination Orgelbauer-Uhrmacher/Uhrwärter findet sich häufig. Die hydraulischen Orgeln und die Wasseruhren gehörten schon in der Spätantike und im

Islam in dieselbe Disziplin. Er hatte möglicherweise schon 1347 eine Uhr im Dom von Monza installiert. Auf Veranlassung des Giovanni Visconti baut er 1354 in Mailand eine Uhr für den Turm des Doms S. Lorenzo in Genua, das gerade unterworfen worden war. In den Rechnungen wird er "magister relorii" genannt. Auch der für die nächsten Jahre verpflichtete Uhrwärter wird bei dieser Gelegenheit aus Mailand geholt.

Der Naviglio Grande war Teil eines Wasserstraßensystems, das am Ende des 14. Jahrhunderts ausgebaut wurde, um Marmorblöcke für die Dombaustelle aus den Steinbrüchen von Candoglia oberhalb des Lago Maggiore zu transportieren. Beiläufig sei erwähnt, daß diese Steinbrüche technisch weit entwickelte, modern organisierte Betriebe mit präziser Buchführung, mit Arbeitszeit- und Pausenkontrollen mittels Uhren und Sanduhren gewesen sind. Giovanni de Zelini, Uhrmacher aus Brescia, war seit 1404 Ingenieur der Domfabrik. Eine von ihm vorgeschlagene Maschine, mit der der Transport und die Hebung von Steinen um ein Drittel effektiver gemacht werden sollte, wurde von der Domfabrik akzeptiert und für Candoglia gebaut (26).

Bei Hans Hochgesang von Geisa "den man nennet Hans Schmydt von Kube" verbirgt die harmlose Berufsbezeichnung einen in seiner Region gesuchten vielseitigen Techniker. 1449 wird er aus Kaub am Rhein nach Frankfurt gerufen; er schreibt zurück, daß er bald kommen werde, aber im Moment noch mit Hakenbüchsen für den Pfalzgrafen beschäftigt sei. In Frankfurt wird er mit dem erblichen Uhrglockeramt betraut und zugleich verpflichtet, Geschütze zu gießen. Er wartet die Uhren des Rats, die astronomische Uhr im Dom und baut ein neues Uhrwerk für den Römer (Rathaus). Außerdem gießt er Kanonen für den Grafen von Hanau, erneuert die großen Waagen in Hanau und Mainz, und arbeitet in Friedberg und Heidelberg. 1463 erhält er ein Ehrengeschenk für einen "fast werklichen brechgezug", ein Kriegsgerät, mit dem man Türen und Fenster aufbrechen konnte. 1455 gelingt es ihm nicht, eine neue Drehmühle zu setzen; dafür muß ein Meister aus Nürnberg geholt werden; 1457 scheitert er mit der Mühle erneut. Einer seiner Söhne wurde Schlosser und erbte das Uhrwärteramt, der andere studierte in Köln und wurde Bischof von Samland in Ostpreußen.

Auch in viel kleineren Regionen finden sich in dieser Zeit die mobilen vielseitigen Techniker. Johann Küper, Mönch im Zisterzienserkloster Gaesdonck, repariert bei der Stiftskirche St. Viktor in Xanten nicht nur die Uhr, sondern auch die Mühlenmechanik (1439-66).

Eher feinmechanische Spezialisierungen finden sich bei der Ingenieurgruppe ebenfalls. Ulrich Wagner (aus Basel? aus München?) "sarralhiere" und "maistre facteur dez reloges" arbeitet nicht nur an den öffentlichen Uhren von Fribourg, sondern baut auch eine künstliche Hand für einen anderen Ulrich, Kanonenmeister der Stadt, da dieser seine bei der Herstellung von Geschützladungen verloren hatte.

Der im Gesamtzeitraum (bis 1500) am häufigsten genannte Zusatzberuf ist der des Geschützgießers/Waffentechnikers. Als Beispiel für eine internationale Technikerkarriere sei Guglielmo lo Monaco angeführt. Alphons V. von Aragon und Sizilien gewährt 1452 in Neapel dem "magistro de lo Monaco de Parisio" 400 Dukaten Jahresgehalt als Uhrmacher und als Hersteller anderer kunstreicher Gegenstände ("sua servitia ad facienda horologia aliasque res artificiosas"). Guglielmo ist möglicherweise über die Republik Ragusa (Dubrovnik) nach Süditalien gekommen (27). Das Bürgerrecht in Neapel erhält Guglielmo als "maestro bombardiere". Er baut Uhren, gießt Glocken und Kanonen, darunter die 1478 gegen Genua eingesetzte 100 Zentner schwere La Napoletana (28), wird dann "gobernatore delle Regie artegliarie", später Pächter und dann Direktor der königlichen Alaungruben. 1456 bittet der Herzog von Mailand seinen Gesandten in Neapel, die Entsendung des Guglielmo de Parise zur Reparatur des von G. Dondi gebauten Astrariums in Pavia. Guglielmo sei ein "bono maestro" und habe schon einmal in Pavia gearbeitet (29). Es erscheint unwahrscheinlich, daß ein Kanonengießer astronomische Getriebe repariert, aber möglicherweise wird hier ein Ausschnitt aus den übernationalen Wanderungsbewegungen einer Technikerelite des 15. Jahrhunderts sichtbar, von denen wir insgesamt noch wenig wissen.

Spezialisierung und berufsbedingte Migration

Die Gruppe der überörtlich tätigen Spezialisten und berufsbedingten Wanderer ist schon quantitativ von Bedeutung. Sie besteht aus den Uhrmachern, die wenigstens zeitweise an einem anderen als ihrem Hauptarbeitsort tätig sind, und denen, die als Uhrmacher ihren Wohn- und Arbeitsort wechseln. Diejenigen, die ohne Herkunftsangabe "von auswärts" kommen und für die z.B. Herbergs-, Reise- oder Transportkosten abgerechnet werden, sind einbezogen, ausgeschlossen sind die Fälle, in denen eine geographische Bezeichnung bloßer Namensbestandteil sein könnte. Diese formalen Kriterien dienen dazu, die Uhrmacher zu finden, die sich auf den Bau von Turmuhren spezialisiert und davon wenigstens überwiegend gelebt haben könnten. Für die Rekonstruktion von beruflichen Werdegängen oder für die differenzierte Beschreibung der sozialen Lage reicht das Material nicht aus; es ist vielmehr häufig so widersprüchlich, daß Verallgemeinerungen unmöglich sind. Außerdem sollen diese Kriterien Anhaltspunkte für die Reichweite der Spezialistenwanderungen liefern. Die Fülle der Einzelbewegungen läßt sich nur typisierend beschreiben; nur ganz ausnahmsweise werden Migrationsbewegungen als nach Personenzahl erhebliche, in der Hauptrichtung erkennbare und in der Zeit stabile Wanderungen sichtbar. Die Installation einer öffentlichen Uhr war eine nicht unkomplizierte und häufig teure Baumaßnahme, bei der die eigentliche Uhrmacherarbeit in der Regel nicht den größten Aufwand verursachte. Turmbauten, Umbauten in Türmen, die Besorgung von Glockenmetall und Glockengießern, von Seilen und Steinen für die Gewichte, die Verpflichtung von Zimmerleuten und Dachdeckern, von Schmieden, Schreibern, Malern und Vergoldern für das Zifferblatt – all dies bleibt hier ebenso unberücksichtigt wie die Sonderausstattung mit Figurenwerken, Glockenspielen und astronomischen Indikationen, mit denen eine Stadt die andere zu übertreffen versuchte.

Die Herstellung des Uhrwerks allein erzeugte eine Fülle möglicher Bewegungen im Raum, von Reisen und Transporten. Vor Baubeginn wurden Informationsreisen städtischer Delegationen, sei es um Uhren zu besichtigen, sei es um mit Uhrmachern zu verhandeln, unternommen. 1372 z.B. reist eine Abordnung aus Mons nach Cambrai "pour vir et aviser l'orloge de le cloke qui sonne les eures", und 1379 schickt man erneut nach Valenciennes "pour vir l'orloge, et lassus pendre conseil et avis".

Wichtiger sind die Reisen von Uhrmachern zur Beschaffung von know how oder als Projektberater. Jacob zum Kircheneck, orglockener in Frankfurt, reist, während er für den Rat eine Uhr baut, 1372 nach Köln, um ein "werg der orglocken" anzusehen – zugleich der erste Beleg für eine Uhr in Köln. Der Rat der Stadt Rottweil bittet 1398 den Magistrat in Straßburg, dem Claus Gutsch die Münsteruhr zu zeigen. Diesem wird dann 1401 der Bau der astronomischen Kunstuhr im Münster in Villingen bestätigt.

Nachdem der Procureur von Orleans im ca. 200 km entfernten Rouen mit Uhrmachern und Glockengießern verhandelt und sich über deren Preise informiert hatte, erhält Louis Carel (aus Montlucon?) den Auftrag, für Orleans eine Uhr zu bauen. Mit dem Uhrmacher Jehan Menin, der dafür aus Nevers kam, reist er nach Chartres, um dort Uhrwerke anzusehen. Etwas später läßt er seine Sachen (Werkzeug?) aus Moulins, wo er eine große Uhr gebaut hatte, nach Orleans bringen. Aus den Quellen dreier Stadtarchive läßt sich die umfangreiche Reisetätigkeit dieser beiden auf Großuhren spezialisierten und innerhalb einer Region tätigen Uhrmacher rekonstruieren.

Von einem Spezialberuf kann man noch nicht sprechen, denn mindestens Jehan Menin wartete auch die Geschütze der Stadt Nevers. In diese Gruppe gehört der oben erwähnte Schmied Swaelbl ebenso wie der in Lille, St. Quentin und Nieppe tätige Pierre Daimleville ("dit maître Pierre des Orloges" 1366-98) und der Baseler Schmied Heinrich Halder ("faber, horelogifex"), der die Turmuhr im Straßburger Münster (1372), die Uhr auf dem Graggentor in Luzern (1385) und vermutlich auch eine Uhr in seiner Heimatstadt (ca. 1380) gebaut hat. Die Beispiele lassen sich vermehren.

Expertenreisen innerhalb einer Region waren offenbar nicht berufsständisch organisiert, kontrolliert oder vermittelt. Das Informationsmedium waren einerseits die Korrespondenzen zwischen Städten und andererseits Bestätigungs-, Empfehlungs- und Selbstempfehlungs- bzw. Bewerbungsschreiben für oder von Uhrmachern. Dem Meister Marquard wird vom Braunschweiger Rat zweimal (1385/1386) bestätigt, daß er eine Turmuhr ("eyn gud werk") für die Katharinenkirche gebaut habe. Dem Meister Stoffel aus Pforzheim wird dies 1439 in Eßlingen bestätigt. Werner Hert von Buchen, Stadtschmied und Stadtuhrmacher in Frankfurt (1484-1504), wird vom Rat dieser Stadt nach Straßburg für den Bau der Domuhr ("uhrwerk mit eym zeiger in der höhe") empfohlen, weil er in Kolmar und Worms gute Turmuhren gebaut habe. Später wird ihm der Bau mehrerer Uhren in Usingen bestätigt.

Das berühmteste Selbstempfehlungsschreiben und zugleich eine wichtige Quelle für die Uhrengeschichte von vier Städten ist der Brief des offenbar alternden Don Gaspare degli Ubaldini an die Republik Siena vom März 1399. Darin heißt es, er habe mehrmals von Sienesern gehört, daß die Stadt dringend einen Uhrmacher für die Uhr im Torre del Mangia am Campo suche. Er habe eine Uhr am Rialto in Venedig mit stundenschlagenden Figuren und einem Hahn, der dreimal in der Stunde hervorkomme und krähe, und die Stadtuhr von Orvieto mit Indikationen des Sonnen- und Mondlaufs gebaut. Gegenwärtig baue er eine Uhr für Città di Castello. Seine Arbeiten seien überall bekannt ("Le me operatione sono chognosute per ogna terra"). Sein einziges Bestreben sei, einer Stadt wie Siena zu dienen, mit ihren Bürgern zu leben und zu sterben. Dafür wolle er nichts verdienen als die Ehre und den Ruhm. Im Mai wird die Bewerbung akzeptiert. Im August ist die Uhr renoviert, aber der Meister bereits gestorben.

Bei Don Gasparo handelt es sich um den seltenen Fall eines freiberuflich wandernden Uhrmachers, während in den anderen Fällen die Städte die bei ihnen beschäftigten Uhrmacher für eine gewisse Zeit freigeben bzw. ausleihen. Dabei wird man generell Initiativen der nachfragenden Städte vermuten dürfen.

Nun war der Besitz einer öffentlichen Uhr nicht nur eine prestigeträchtige Angelegenheit, sondern spätestens im 15. Jahrhundert auch symbolischer Ausdruck für funktionierende Verwaltung, für "Gute Polizei". Karl V. wird die Formel "pulsa, pueri, portae" zugeschrieben, die man mit "Signale, Schulen, Befestigungen als Zeichen des guten Stadtregiments" übersetzen könnte. Besonders in Italien lassen sich nun Initiativen einzelner Territorialherren nachweisen, auch die kleineren Städte mit öffentlichen Uhren zu versorgen. Häufig werden dazu die von ihnen beschäftigten Uhrmacher in Bewegung gesetzt. Eine andere Form dafür sind Stiftungen öffentlicher Uhren für kleinere Städte. So rühmt sich Pius II. (Piccolomini) des Ausbaus seiner Stadt Pienza: "Emit et alias aedes civium ... quibus dirutis tertium aedificari palatium iussit (i.e. den Palazzo Comunale) ... et turri quae campanis et horologio serviret". In den päpstlichen Rechnungen taucht der Transport dieser Uhren von Rom nach Pienza auf. Ein Fresko über dem Stadttor hebt dieses urbanistische Detail noch besonders hervor.

Diese Form der Diffusion von Technik bzw. der Migration von technischen Experten war nicht selten. Sie begegnet auch bei Stadtbürgern. Im Testament eines Braunschweiger Bürgers wurde 1409 ein Betrag ausgesetzt, damit der Braunschweiger Meister Marquard eine Uhr für das Kloster Dorstädt bauen konnte.

Die Bauzeit für eine Turmuhr betrug im Durchschnitt ein halbes Jahr. Da die Werkgestelle aus verkeilten Eisenschienen bestanden, waren auch große Uhren zerlegt gut zu transportieren. Von der Häufigkeit solcher Transporte vom Arbeitsort des Uhrmachers zeugen Geleitbriefe und Befreiungen von Wegabgaben. Gelegentlich wurden dann noch auswärtige Gutachter zur Abnahme geholt.

Sofern der Uhrmacher nicht aus der Stadt kam, mußte man versuchen, ihn in der Stadt zu halten, denn, nach allem, was wir wissen, waren die frühen Turmuhren außerordentlich störanfällig. Extreme Temperaturschwankungen, Probleme mit der Schmierung und die geringe Festigkeit, insbesondere der eisernen Lager und Zahnräder, sind die wichtigsten Gründe. Henri de Vics hohe Gage ist nur eines von zahlreichen Beispielen für solche Bemühungen. Bürgerrechtsverleihungen und Befreiung von Steuern und Wachdiensten sind die normalen Mittel (30). Hinrik von dem Hagen werden 1440 die Gebühren für den Bürgerrechtserwerb in Hannover erlassen; dafür soll er den "zeyger" warten. Leonardus Wunderlich wird 1456 gebührenfrei Bürger in Krakau, weil er Stadtuhrmacher werden soll. Hans Graff aus Schliers wird 1464 Bürger in Salzburg; anstelle der

Aufnahmegebühr soll er die Rathausuhr warten. Der "zitgloggenmacher" Veit Sprinkhart aus Kempten erhält 1475 das Bürgerrecht in Luzern geschenkt, ebenso 1516 Hans Luter, "zytmacher von Zürich", "umb seiner kunst willen".

Die durchschnittliche Reichweite der Wanderungen der Ingenieure, der Spezialisten und der wandernden Uhrmacher betrug – berechnet nach der Luftlinienentfernung (31) – zwei bis fünf Tagesreisen. Weitere Reisen werden nur von Höfen und Großstädten, die für aufwendigere Uhrwerke besonders qualifizierte Kräfte suchen, initiiert. Dieses Muster verändert sich im Untersuchungszeitraum nicht. Es gilt für die Erbauer öffentlicher Uhren. Die allmählich zunehmende Kleinuhrmacherei erzeugt in geringem Umfang Reisen zwischen Residenzen, bleibt aber insgesamt eher ortsfest. Das ändert sich erst mit den konfessionspolitisch verursachten Wanderungen etwa nach Genf im 16. oder nach London im 17. Jahrhundert.

Zwei besondere Formen, die sich nicht in das Muster des Wanderns innerhalb einer Region fügen, seien noch kurz erwähnt. Ragusa (Dubrovnik) war im Hinblick auf die Rekrutierungsmöglichkeit von Fachleuten aller Art, also etwa auch von Ärzten und Schreibern, eine Stadt ohne Umland. Solange Ragusa zu Venedig gehörte (bis 1358), entsandte die Mutterstadt qualifiziertes Personal. Die Stadtrepublik Ragusa mußte häufig Fachkräfte, aber auch Handwerker in Italien, v.a. in den Marken, in der Toskana, aber auch in Apulien anwerben. Für die erste große Turmuhr der Stadt wird 1389 der Magister Helias aus Lecce in Apulien angeworben. Er erhält ein hohes Honorar, muß ein Jahr bleiben und einen Nachfolger anlernen. Die Nachfolger sind Waffentechniker aus Castelldurante (Marken), aus Venedig und aus Lecce. Außer dem erwähnten Guglielmo aus Paris und einem 1444-55 beschäftigten Träger eines slavischen Namens passen die Uhrmacher/Uhrwärter von Ragusa in das für diese Stadt typische und über lange Zeit stabile Muster der Expertenmigration (32). Irritierend daran ist, daß die Überlieferung einschlägiger Quellen für Süditalien erst mit den aragonesischen Königen einsetzt (1451 ff.) und daß die königlichen Rechnungen in den ersten Jahrzehnten nur Uhrmacher erwähnen, die nicht aus Süditalien kommen. Aus dieser Perspektive erscheint Apulien als eine "nachhinkende" Region wie etwa die Bretagne oder die skandinavischen Länder, für die ein gewisser Rückstand ausdrücklich bezeugt ist. Das Auftauchen des "Helias de Licio magister oriologiorum" zeigt, daß dieses Bild falsch ist, ohne daß man hoffen dürfte, es aus süditalienischen Quellen korrigieren zu können.

Ein spezielles Migrationsmuster erzeugen Kolonien in anderen Kulturkreisen, weil zu erwarten ist, daß das Umland sich nicht rezeptiv verhält bzw. weil die Entfaltung einheimischen Expertentums unwahrscheinlich ist. Schon 1374/75 – für mitteleuropäische Maßstäbe früh – gab es in der genuesischen Kolonie Caffa (Feodosija) auf der Krim einen besoldeten Wärter für eine Uhr auf dem Christusturm. Die Uhr selbst muß also noch älter gewesen sein. Die Zusatzberufe der in der Folgezeit mit ihrer Unterhaltung Beauftragten weichen nicht vom Üblichen ab ("magister organorum, bombardierus" etc.). Die Versorgung der Kolonie erzeugte Migrationsbewegungen nur innerhalb Italiens. Die Herkunft dieser aus Genua angereisten Techniker waren oberitalienische Städte wie Novara, Pisa oder Florenz. Im osmanischen Kulturkreis wurde – unbeschadet der Sammelleidenschaft einiger Potentaten – die Installation öffentlicher Uhren strikt abgelehnt. Die Autorität der Muezzin sollte nicht geschmälert werden. Die Diffusion der neuen Technik endete daher an den Grenzen des Stadtgebiets.

Die Wanderungen der italienischen Konstrukteure öffentlicher Uhren in der frühen Zeit und die beiden zuletzt geschilderten Sonderfälle sind die einzigen bis zur Mitte des 15. Jahrhunderts erkennbaren richtungsstabilen Migrationsbewegungen, sofern man bei jeweils weniger als zehn Namen überhaupt von einer "Bewegung" reden darf.

Läßt die Fülle der Einzelbewegungen nun regionale oder lokale Spezialisierungsvorgänge erkennen? Für die eisenerzeugenden oder eisenverarbeitenden Gegenden oder Städtegruppen ist dies zu verneinen. Das Rohmaterial, Eisenstäbe und Eisenschienen, war transportable gängige Handelsware. Für Städte, in denen sich Waffenhandwerke konzentrierten, etwa Brescia oder Toulouse, ist das Material zu lückenhaft, für andere wie Brüssel (33) noch nicht einschlägig durchgesehen. Auch ein Zentrum der feineren Metallbearbeitung wie etwa Nürnberg fällt im 15. Jahrhundert noch nicht durch besondere Konzentration von Uhrmachernamen oder als häufiger genannte Herkunftsstadt auf. Dagegen erscheint Fabriano in den Marken, das bisher vor allem als Zentrum der Papierherstellung bekannt war, als ein Uhrmacherzentrum von überregionaler Bedeutung.

Temporäre Zentren werden auch durch Uhrmacherfamilien konstituiert. Erinnert sei etwa an die Rainieri in Reggio Emilia, die über mehr als ein Jahrhundert für ihre Großuhren bekannt waren ("qui in multis Italiae civitatibus summa cum laude horologia fecerunt", 1536). Die erste Fassung (1499) der Uhr am Markusplatz in Venedig ist von zwei Mitgliedern dieser Familie gebaut worden. Mitglieder der Familie Ferrer waren durch das ganze 15. Jahrhundert in katalanischen Städten tätig.

Jehan de Vic war nicht der einzige Deutsche, der um 1370 nach Frankreich gezogen ist. 1373 läßt der Herzog von Berry den Jean de Wissembourg nach Bourges kommen, um eine Turmuhr in der Kathedrale anfertigen zu lassen. In der zweiten Hälfte des 15. Jahrhunderts werden Facharbeiter aus Deutschland, darunter Metallhandwerker und Uhrmacher, nach Frankreich, besonders in die Bretagne, geholt (34). In derselben Zeit häufen sich die deutschen Uhrmachernamen in Italien, z.T. bei den deutschen Handwerkern in Rom (35), z.T. bei den Waffentechnikern in Mailand und Ferrara. Zweifellos wird hier eine quantitativ erhebliche und m.W. wenig erforschte Migrationsbewegung sichtbar (36). Weder die Herkunftsorte noch die speziellen Motive der Wanderer oder der Arbeitgeber sind bekannt. Eine Überproduktion qualifizierter Kräfte in Deutschland? Ein bedeutsamer Qualifikationsvorsprung? Auftragsmangel in Deutschland oder Auftragsboom außerhalb Deutschlands? – Die wirksamen Faktoren bleiben vorerst im dunkeln.

Die Uhrmacher waren seit dem Ende des 14. Jahrhunderts Mitglieder der Schlosserzünfte. 1436 werden sie m.W. zum ersten Mal in Magdeburg in einem Zunftstatut als Berufsgruppe ("seyermaker") ausdrücklich erwähnt. Ob, wo und seit wann ein Wanderzwang bestand, ist unbekannt. Die 1596 und 1615 bestätigte Wiener Ordnung für die Meister des Schlosser-, Uhr- und Büchsenmacherhandwerks von 1451 setzt die Gesellenwanderschaft der Mitglieder voraus. Allerdings ist nicht ersichtlich, ob in der Urfassung Uhrmacher überhaupt erwähnt werden. Ob der auch für Uhrmacher unter den Schmieden und Schlossern im 15. Jahrhundert zunehmende Zunftzwang, zu dem gleichzeitig oder später die Wanderpflicht hinzutrat, wirksam geworden ist, erscheint fraglich. Schon die Vielzahl der Aufträge außerhalb der Städte machte Kontrollen schwierig. Zu berücksichtigen ist außerdem, daß sich gerade in der Umgebung großer Höfe und Residenzen Kunsthandwerkereliten dem Zunftzwang entziehen konnten (37). Ausdrückliche Befreiung, besondere Privilegierung oder Stellen im Hofdienst erhöhten diese Chancen, ebenso wie die noch beträchtliche Mobilität der Höfe selbst.

Unabhängig von der kaum zu klärenden, aber auch abstrakten Frage der Wanderpflicht läßt sich über Gesellenwanderung mangels geeigneter Quellen – das betrifft auch die hier nicht erörterte Gruppe der nur lokal tätigen Meister – fast nichts sagen. Die Uhrmacherverträge enthalten jedoch öfter die Verpflichtung, einen lokalen Schmied zur Mitarbeit heranzuziehen oder einen Uhrwärter einzuweisen. Als "Ausbildungskandidaten" sind daher die Uhrwärter in unsere Liste mit aufgenommen. Seit dem Ende des 14. Jahrhunderts werden die städtischen Uhrwärter (Temperatori, Gouverneurs) Teil des rasch wachsenden Corps der städtischen Beamten. In Siena z.B. hatte Don Gaspare degli Ubaldini seinen Nachfolger angelernt:

"qui cum dicto Magistro Guaspare semper fuit ad fabricandum dictum novum horologium, et ab eo fuit doctus et informatius de modis tenendis ad conservandum et mantenendum illud et temperandum".

Der einzige Lehrvertrag, der bisher aufgetaucht ist, dürfte kaum typisch sein. Menginus Godini aus Troyes verpflichtet sich 1445 in Avignon dem Girard Ferrose ("Yzanrose") gegen Verpflegung, Wohnung und Kleidung fünf Jahre zu dienen. G. Ferrose verspricht, ihn zu unterweisen in all seinen Kenntnissen der Schmiede-, Uhrmacher- und Waffenkunst "in arte seralherie, horologerie, bombardarie, colobrinarum et omnibus in quibus idem Girardinus peritus est". Letzteres könnte sich auf eine unbekannte Kunst "ars artificialiter scribendi" (Druckstempel?) beziehen. G. Ferrose hatte 1438/39 mit seinem Kompagnon Simon de Troyes in Alès (Languedoc) eine Turmuhr gebaut. Ob und wie die "künstliche Schreibtechnik" in die Frühgeschichte der Druckkunst gehört, ist nicht ganz klar. Ob G. Ferrose das Prädikat "Universalgenie" verdient, erscheint zweifelhaft (38). Ungewöhnlich für einen Lehrjungen erscheint jedenfalls die Wanderentfernung. Es ist zu erwarten, daß wenigstens in der Zone des geschriebenen Rechts weitere Uhrmacherlehrverträge in der notariellen Überlieferung auftauchen. Hier wäre ich für Hinweise dankbar.

Die metallverarbeitenden Gewerbe waren, soweit die Zeugnisse zurückreichen, immer eine besonders mobile Gruppe. Auf beides ist oft hingewiesen worden und die Untersuchung der spätmittelalterlichen Uhrmacher bestätigt diesen Eindruck. Im 14. Jahrhundert waren Uhrmacher allgemein und Fachleute für öffentliche Uhren insbesondere selten, wenn auch nicht so selten, wie man bisher angenommen hat. Schon im 14. Jahrhundert waren nicht einige Dutzend, sondern einige Hundert in Europa tätig (39).

Die Turmuhrmacher kommen in der frühen Zeit aus Italien. Seit ca. 1370 versorgen einheimische Uhrmacher jeweils eine Region. Fernwanderungen gibt es ganz überwiegend zwischen Residenzen oder Großstädten. Im 15. Jahrhundert nimmt die Zahl der Uhrmacher rasch zu; der in seiner Größenordnung unbekannte Anteil der Kleinuhrmacher wächst. Die größere Zahl bleibt deutlich ungleich verteilt. Für die Städte, für die Schätzungen möglich sind (Florenz, Prag, Frankfurt, Lyon), wird man in der ersten Hälfte des 15. Jahrhunderts ca. fünf und in der zweiten Hälfte acht bis zwölf Uhrmacher annehmen dürfen (40). Auch für Großstädte gilt, daß nicht zu jedem Zeitpunkt ein Turmuhrmacher und zuweilen auch kein geeigneter Stadtuhrwärter verfügbar war. Brügge und Amsterdam suchen um 1500 einen Turmuhrmacher. In Riga wird erst 1578 die Niederlassung eines Uhrmachers erwartet: "Da auch ein seigermacher sich in diesen Laden zu setzen begeben ..." (Schmiedeschragen). Andererseits beginnt an einigen Orten die Konzentration von Spezialisten. Migrationsbewegungen werden von Aufträgen bzw. Kunden ausgelöst. Die Anfänge von Gesellenwanderungen sind noch unklar. Institutionelle Hindernisse gab es für die temporären Wanderungen nicht. Legenden von der Blendung der Konstrukteure besonders komplizierter Uhren tauchen häufig auf. Nirgendwo jedoch gibt es Anzeichen für irgendeine Form von Geheimschutz. Ein "gesperrtes", d.h. mit Wanderverbot belegtes Handwerk wie etwa die Brillen- oder Kompaßmacher in Nürnberg ist die Uhrmacherei im Untersuchungszeitraum nicht gewesen.

Auch wenn sich die Turmuhrenbauer einigermaßen isolieren lassen, bleibt doch der Spezialisierungsgrad, die relative Qualität und damit ein scharfes Kriterium für die Trennung von Handwerkern und technischen Experten problematisch. Die offenen Fragen nach Formen und Geschwindigkeit der Diffusion neuer Techniken und nach der Migration technischer Experten würden sich besser beantworten lassen, wenn es vergleichbare Untersuchungen anderer Expertengruppen im Spätmittelalter gäbe.

ANMERKUNGEN

1) N. Elias, Über die Zeit. Arbeiten zur Wissenssoziologie, Frankfurt 1984. J. LeGoff, Le Temps de l'Église et le temps du marchand, in: Annales E.S.C. 15, 1960, 417-33, dt. in: C. Honneger (Hg.), Schrift und Materie in der Geschichte, Frankfurt 1977, 393-414.

2) L. Mumford, Technics and Civilization, N.Y.-London 1937, 14 ff.

3) Zuletzt: D.S. Landes, Revolution in Time, Clocks and the Making of the Modern World, Cambridge, Mass., 1983; Einzelbeispiele bei: A.E. Musson-E. Robinson, Science and Technology in the Industrial Revolution, Manchester 1969, 438 ff.

4) Vgl. W.v.Stromer, Eine "Industrielle Revolution" des Spätmittelalters?, in: U. Troitzsch u. G. Wohlauf, Technikgeschichte. Historische Beiträge und neuere Ansätze, Frankfurt 1980, 105-137.

5) L. White jr., The Iconography of Temperantia and the virtuousness of technology, in: K. Rabb u. J.E. Seigel (eds.), Action and Conviction in Early Modern Europe, Princeton 1969, 197-219.

6) Vgl. z.B. Giovanni Tortelli, De orthographia dictionum e Graecis Tractarum, bei A. Keller, A Renaissance Humanist..., in: Technology and Culture 11, 1970, 349.

7) C.M. Cipolla, Clocks and Culture 1300-1700, London 1967; ders., Guns and Sails in the Early Phase of European Expansion 1400-1700, London 1966.

8) P. Sternagel, Die Artes Mechanicae im Mittelalter. Begriffs- und Bedeutungsgeschichte bis zum Ende des 13. Jahrhunderts, Kallmünz 1966.

9) Z.B.: Stabile anstoßfreie Bewegung der Himmelskörper wie die Räder einer Uhr, Gott wie ein Uhrmacher, Nic. Oresme, Le livre du ciel et du monde (1377, liv. 2, c. 2), ed. A.D. Menuit u. A.J. Denomy, Maddison (Milw.) 1968, 289; Schöpfergott als Uhrmacher, der das Werk nach der Herstellung in Bewegung setzt, Heinrich von Langenstein, Lecturae super Genesim (1385/93), H. Steneck, Science and Creation in

the Middle Ages, Notre-Dame-London 1976, 92, 112 u.ö.; Universum als Uhr, Giovanni di Michele (Giovanni Fontana) (1. H. 15. Jh.) in: Pompilius Azalus, Liber de omnibus rebus naturalibus, Venedig 1544, n. L. Thorndike, An unidentified work..., in: Isis 15, 1931, 43.

10) Grundlegend: G. Bilfinger, Die mittelalterlichen Horen und die modernen Stunden – Ein Beitrag zur Kulturgeschichte, Stuttgart 1892; ergänzend: F. Lehner, Die mittelalterliche Tageseinteilung in den österreichischen Ländern (Quellenstudien aus dem historischen Seminar der Universität Innsbruck H. 3) Innsbruck 1911.

11) Der Boom für Wasseruhren und die Existenz einer Uhrmacherzunft in Köln am Ende des 13. Jahrhunderts sind hartnäckige Legenden: Der mittelalterliche Name der Spinnmühlengasse in Köln (platea Urlugen 1230/1232, (H)orlogesgazzen 1266/1280, Urlogesgazzen 1251/1269, vgl. H. Keussen, Topographie I, 442 ff.) wird seit E. Volckmann, Alte Gewerbe und Gewerbegassen, Würzburg 1921, 128 ff. als Beweis dafür angeführt. Schon K. Maurice (vgl. Anm. 16, I, 43) zweifelt am Bedarf nach solchen Geräten und vermutet allerdings ohne Begründung eine Sonnenuhr als Namengeber. Die plausible etymologische Erklärung mit mnd./mndl. "Ooorlog/urloge"-Krieg, nach der Waffenschmiede in der Gasse gearbeitet haben, stößt auf die Schwierigkeit, daß in der Gasse keine und in der Umgebung kaum Metallhandwerker nachzuweisen sind. Unklar bleibt auch, warum die Gasse in den frühesten Zeugnissen nicht so heißt, und vor allem warum sie im 14. u. 15. Jh. nicht mehr so genannt wird. Schließlich wurden in Köln die Uhrmacher als "uyrclockenmecher" bezeichnet. In keiner europäischen Stadt findet sich Vergleichbares; nirgends ist die Benutzung von Wasseruhren außerhalb der Klöster bezeugt. Ein Schreiberirrtum oder ein Hörfehler scheinen die plausibelste Erklärung. Seit L. White jr., Medieval Technology and Social Change, Oxford 1960, 120, einem wertvollen Standardwerk, wird diese Legende ständig wiederholt; zuletzt bei: D. Hill, A History of Engineering in Classical and Medieval Times, La Salle (Ill.) 1984, 242.

12) Z.B. W.K. Zülch, Frankfurter Künstler 1223-1700, Frankfurt 1935, oder die unvollendete Reihe der regionalen Verzeichnisse ("Dictionnaire des artistes et ouvriers d'art..."), die von der Bibliothèque d'Art et d'Archéologie (Paris) betreut wird.

13) Vgl. W. Reininghaus, Die Migration der Handwerksgesellen in der Zeit der Entstehung ihrer Gilden (14./15. Jahrhundert), in: Vierteljahrsschrift für Sozial- und Wirtschaftsgeschichte 68 (1981) 6.

14) Die stark spezialisierten Berufsbezeichnungen werden offenbar langsamer und viel seltener zu Nachnamen; vgl. G. Fransson, Middle English Surnames of Occupation, Lund 1935.

15) T. Erb, Probleme der Terminologie der Handwerksberufe..., in: Internationales Handwerksgeschichtliches Symposium, Veszprém 1978, 1979, 395.

16) K. Maurice, Die deutsche Räderuhr. Zur Kunst und Technik des mechanischen Zeitmessers im deutschen Sprachraum, Bd. I, München 1976, 43.

17) E. Zinner, Die ältesten Räderuhren und die modernen Sonnenuhren, Bamberg 1939, 47; D. Sella, Die gewerbliche Produktion in Europa, in: C.M. Cipolla, Europäische Wirtschaftsgeschichte, Bd. 2, Stuttgart-N.Y. 1979, 239 ff.

18) Schon bei J.D. North, Monasticism and the first mechanical clocks, in: J.T. Fraser u. N. Lawrence (eds.), The Study of Time II, N.Y. 1975, 381-398.

19) Darunter die erste und im 14. Jahrhundert einzige so bezeichnete Frau "Cecilia Le Orloger" in den Assize Rolls für Lincolnshire 1328.

20) Den Hinweis auf N. Swaelbl in Tulln verdanke ich G. Jaritz, zu den Strafwallfahrten vgl. L. Schmugge, Kollektive und individuelle Motivstrukturen im mittelalterlichen Pilgerwesen, in diesem Band.

21) Die Quellen zur Biographie, Text, Übers. u. Komm. des "Tractatus" bei: J.D. North, Richard of Wallingford, An edition of his writings, 3 vols., Oxford 1976.

22) S.A. Bedini u. R. Maddison, Mechanical Universe. The Astrarium of Giovanni Dondi, in: Transact. of the Americ. Philos. Soc. n.s.vol. 56, pt. 5, 1966; A. Barzon, E. Morpurgo, A. Petrucci, G. Francescato: Giovanni Dondi, Tractatus Astrarii (Bibl. Capit. di Padova D. 39), Città del Vaticano 1969; G. Bozzolato, Le opere edite e inedite, le fonti e la bibliografia su Jacopo e Giovanni Dondi dall'Orologio, In: Centro Intern. dello Spazio e del Tempo, Bolletino 2, 1984, 75-102.

23) Vgl. E. Poulle, Équatoires et Horlogerie Planétaire du XIIIe au XVIe siècle, Paris 1980, (darin erw. auch die speziellen Arbeiten des Autors).

24) Vgl. z.B.: B. Gille, Les ingénieurs de la Renaissance, Paris 1964 (Neuaufl. 1978), dt. Wien-Düsseldorf 1968.

25) Die geringe Zahl (ca. 10) der ermittelten Fälle bedeutet nicht, daß ihr relativer Anteil tatsächlich so gering gewesen ist. Sie bleiben hinter einer Vielzahl von Berufsbezeichnungen und konkreten Aufgabenbeschreibungen "verborgen". Um sie zu "finden", müßten die Quellen und die Literatur unter einer Vielzahl von Gesichtspunkten durchgesehen werden.

26) Ph. Braunstein, Les débuts d'un chantier: Le Dôme de Milan sort de terre 1387, in: O. Chapelot u. P. Benoit, Pierre et Métal dans le bâtiment au Moyen Age, Paris 1985, 101.

27) 1442 arbeitet in Ragusa (Dubrovnik) ein Guglielmo aus Paris als Munitions- und Gewehrmacher.

28) A. Ryder, The Kingdom of Naples under Alfonso the Magnanimous, Oxford 1976, 280.

29) "altra volta al tempo de la bona memoria". Das könnte nach einer Bemerkung des Michele Savonarola kurz vor 1440 gewesen sein: "de Francia nuper Astrologus et fabricator magnus fama Horologii... Papiam venit, plurimisque diebus in rotas congregandas elaboravit". (S. Bedini u. Maddison, Universe, Doc. XII). Von einer Tätigkeit des Guglielmo als Astronom ist nichts bekannt. Es bleibt daher unsicher, ob es sich um dieselbe Person handelt.

30) Vgl. H. Bräuer, Zur Wanderungsmotivation sächsischer Handwerksgesellen im 15./16. Jahrhundert. Quellenbefund – theoretische Erörterungen – Hypothesen, in diesem Band.

31) Vgl. Reininghaus, Migration 6 f.

32) B. Krekić, Contributions of foreigners to Dubrovnik's economic growth in the late Middle Ages, in: Viator 9, 1978, 375-94.

33) J.-P. Sosson, Quelques aspects sociaux de l'artisanat Bruxellois du métal, in: Les Cahiers Bruxellois 6, 1961, 98-111.

34) J.P. Leguay, Un Réseaux urbain au Moyen âge, Paris 1981. Vgl. R. Sprandel, Paris und der deutsche Sprachraum im Mittelalter, in: VSWG 49, 1962, 299-319, ders., Die Ausbreitung des deutschen Handwerks im mittelalterlichen Frankreich, in: VSWG 51, 1964, 66-100, darin ist die unrichtige, an E. Zinner (vgl. Anm. 17) angelehnte Vermutung zu korrigieren, daß Henri Vic an der Einführung der Räderuhren in Frankreich beteiligt war. Es gibt zuverlässige Zeugnisse für Räderuhren in Frankreich vor dem Jahr 1370; sogar Turmuhren sind für den nordfranzösischen Raum bezeugt, deren Erbauer aus Flandern oder den Niederlanden stammten, vgl. a.a.O. 92 f.

35) Vgl. zuletzt: C.L. Maas, The German community in Renaissance Rome 1378-1523 (Röm. Quartalsschrift, Suppl. Bd. 39) Rom 1981.

36) Zu den deutschen "Einwanderern" in Florenz v.a. im Textilgewerbe vgl. S. Kline Cohn, The Labouring Classes in Renaissance Florence, N.Y. 1978, 96 ff. Mindestens

um Facharbeiter wie Seidenweber hat sich die Stadt bemüht.

37) J.-P. Sosson, L'Artisanat Bruxellois du métal: Hierarchie sociale, salaires et puissance économique (1360-1500), in: Cahiers Bruxellois 7, 1962, 225-58; Privilegierte, vom Zunftzwang befreite Hofuhrmacher und Mechaniker in Prag (16. Jh.) vgl. J. Schardin u. J. Hein, in: Alte Uhren 6, 1983, 354-64.

38) W.v.Stromer, Ein Universalgenie aus Trier in Frankreich. Girard Ferrose in Avignon 1444-46, in: Parva Munuscula, FS Franz Irsigler, Bielefeld 1982, 58 (in erweiteter Fassung in: Technikgeschichte 49, 1982, 279-89); ein "Erhart Eisenros" aus Koblenz in den Matrikeln der Basler Schlossergesellen (v.1417-n.1426), Reininghaus, Migration 11.

39) D. Landes, Revolution 81.

40) K. Maurice Vermutung (vgl. Maurice, Räderuhr Bd. I, 43), im 14. u. 15. Jh. habe es höchstens einen Uhrmacher in einer Stadt gegeben, wäre daher zu korrigieren.

KUNST UND MIGRATION
Wanderungen Kölner Maler im 15. und 16. Jahrhundert

Wolfgang Schmid

Im Jahre 1477 fand in Frankfurt am Main ein Prozeß statt, aus dessen Akten sich eines der interessantesten Malerschicksale des 15. Jahrhunderts rekonstruieren läßt. Kläger war Johann Becht, Stadt-, Rats- und Rechenschreiber der Mainmetropole, Teilhaber einer Handelsgesellschaft und verwandt mit mehreren bedeutenden Familien der Stadt. Angeklagt war sein gleichnamiger Sohn Johann, dessen Lebenslauf die Klageschrift enthüllt (1): Johann wollte ein Handwerk erlernen und Maler werden. Der Vater war dagegen, er hätte ihn wohl lieber als Kaufmann gesehen. Vielleicht hatte er zudem Vorurteile gegenüber der Malerei. 1459 waren er und der Münzmeister Friedrich Nachtrabe Brudermeister einer Schützengesellschaft; sie bezahlten dem Maler Friedrich von Aschaffenburg 180 fl. für einen Sebastiansaltar, der für das Frankfurter Dominikanerkloster bestimmt war. Doch auch das hohe Honorar rettete den Maler nicht vor dem Bankrott (2). Mit einem anderen, ebenfalls wenig erfolgreichen Künstler hatte der Vater 1462 zu tun: Der Maler Conrad Fyoll war mit 18 fl. bei ihm verschuldet und Becht war keineswegs der einzige Gläubiger. Fyoll versuchte sich auf wenig seriöse Weise zu sanieren: Er besuchte die Pfarr- und Klosterkirchen im Umland der Stadt, erklärte dort die Altarbilder für unbedingt reparaturbedürftig, kassierte Vorschüsse für den Kauf von Farben und machte sich damit aus dem Staub (3). Für kriminelle Karrieren von Malern im spätmittelalterlichen Frankfurt ließen sich weitere Beispiele anführen (4); wenngleich die Geschäftsmoral der Kaufleute keineswegs besser war (5), könnte man hier doch Gründe dafür vermuten, warum sich Johann Becht zunächst dem Berufswunsch seines Sohnes widersetzte. Doch dann gab er ihn 1460 dem aus Straßburg stammenden Maler Benedikt Reinhard für 22 fl. in die Lehre (6). Sein Sohn verlor jedoch bald das Interesse am Farbenreiben, vernachlässigte seine Arbeit, trieb sich lieber mit Dirnen herum und stahl seinem Vater das dazu erforderliche Kapital. Meister Benedikt hatte bald genug von seinem Lehrling, schickte ihn zurück und erklärte, er wolle ihn auch für 100 fl. nicht weiter beschäftigen. Johann zog es weiter zu den Dirnen im Rosental. Er beraubte Messegäste und versuchte, seine Beute bei den Juden zu versetzen, die aber seinen Vater benachrichtigten. Dieser machte einen weiteren Versuch und schickte ihn zu einem Meister nach Straßburg. Doch auf dem

Weg dorthin besann sich Johann eines besseren, zog rheinabwärts und quartierte sich in Köln bei einer Malerwitwe ein. Als er ihr Kleinodien stahl, wanderte er ins Gefängnis. Doch Frankfurter Kaufleute, die ihn kannten, retteten ihn vor dem Galgen. Unter ihnen war Caspar Comes zur Kannen, der aus einer bedeutenden Frankfurter Seidenstickerfamilie stammte, die zudem im Fischhandel engagiert war (7). Seine Tochter heiratete den Kölner Kaufmann Johann von Bingen, der im Kölner Metallhandel seiner Zeit eine geradezu marktbeherrschende Stellung besaß (8).

Die wenigen Beispiele zeigen bereits deutlich, wie sich die Wanderung des Johann Becht in den Rahmen der engen wirtschaftlichen Beziehungen zwischen Köln und Frankfurt einordnen läßt (9). Dies gilt nicht nur für die Malerei, sondern auch für die anderen Kunstgewerbe, für die Luxustextilgewerbe (10) oder die Goldschmiede. 1441/42 war Johanns Vater damit beauftragt, die Bezahlung repräsentativer Goldschmiedearbeiten in Köln abzuwickeln, die der Frankfurter Rat als Geschenk für König Friedrich III. in Auftrag gegeben hatte (11). Sein Sohn verließ nach den genannten Ereignissen die Rheinmetropole und wandte sich nach Süden. Er lebte einige Jahre in Italien, u.a. in Mailand. 1475 kehrte er nach Frankfurt zurück, trieb sich aber weiterhin mit Dirnen herum und bestahl seinen Vater. Dieser ließ ihn 1475 nach Mainz abschieben. Johann kehrte heimlich zurück und wurde eines Nachts dabei ertappt, wie er den Schreibtisch seines Vaters aufbrach. Er wurde verhaftet, brach aus und plünderte in der gleichen Nacht nochmals die väterliche Kasse. Dieser sah keinen anderen Ausweg mehr als den genannten Prozeß des Jahres 1477; seine Stellung in der Stadt schützte den Sohn jedoch vor schwerer Strafe: Johann wurde wieder nach Mainz abgeschoben. Sein weiterer Lebensweg läßt sich nur teilweise rekonstruieren: 1494 wird er als Bürger und Stadtschreiber in Kassel genannt, um 1500 ist er gestorben.

Frankfurt, Straßburg, Köln, Mainz, Mailand und Kassel sind die Stationen im Leben des Malers Johann Becht; es sind die Stationen einer eher kriminellen als künstlerischen Karriere, und doch enthalten die Frankfurter Prozeßakten in seltener Ausführlichkeit Hinweise auf die Frage nach dem Verhältnis von Kunst und Migration, die im folgenden anhand von Kölner Quellen des 15. und 16. Jahrhunderts in einigen Aspekten behandelt werden soll. Zunächst wird versucht, verschiedene Ebenen, Formen und Faktoren von Migration herauszuarbeiten (I), dann werden die Quellen und die mit ihrer Auswertung verbundenen Probleme angesprochen (II). Die Mobilität von Objekten wird anschließend behandelt, und zwar das Absatzgebiet städtischer Maler (III) und die Anfänge des Kunsthandels (IV). Es folgen der Versuch, die Bedeutung überregionaler Verflechtungen anhand einige Beispiele zu charakterisieren (V) und ein Exkurs über den Einfluß der Auftraggeber auf die Mobilität von Künstlern (VI). Den Abschluß bilden einige Überlegungen zu den kunsthistorischen Problemen, die sich daraus ergeben (VII).

I

Die Mobilität von Künstlern und Kunstwerken stellt für die Erforschung der gotischen Malerei ein beträchtliches Problem dar: Seit dem 19. Jahrhundert hat sich das räumliche Ordnungssystem der Kunstlandschaften durchgesetzt, das bis heute die einzige Möglichkeit darstellt, erhaltene Objekte, bei denen Inschriften und Urkunden fehlen, nach regionalen Gruppen zu ordnen. Die Beschäftigung mit den Schriftquellen läßt jedoch erkennen, daß es im späten Mittelalter eine ganz beträchtliche Mobilität von Künstlern und Kunstwerken gegeben hat. Diese Tatsache ist keineswegs neu, läßt sich jedoch nur schwer mit dem Konzept relativ statischer Kunstlandschaften verbinden. Hinzu kommt, daß sich die Kunst der einzelnen Landschaften keineswegs autonom entwickelt hat, sondern daß sich die einzelnen Räume wechselseitig beeinflußt haben, und zudem die Ausstrahlung überregionaler Zentren zu weiträumigen Diffusionsprozessen geführt hat; als Beispiele seien die Rezeption des niederländischen Naturalismus im 15. und die der italienischen Renaissance im 16. Jahrhundert genannt. Für das Verhältnis von Kunst und Migration sind auch die Fragen wichtig, welche Bedeutung individuelle, regionale und überregionale Elemente in der Tafelmalerei der Gotik besessen haben, wie die Prozesse der Assimilierung zugewanderter Meister erfolgten und wie die Abläufe der Rezeption fremder Stilformen velaufen sind.

Um das weitgespannte Thema etwas zu gliedern, soll zunächst versucht werden, einige typologische Gesichtspunkte zu entwickeln. Zu berücksichtigen sind dabei die Formen und Dimensionen räumlicher Ebenen von Migration und die Faktoren, die diese beeinflußt haben.

Bei den Migrationsformen lassen sich vor allem zwei Ebenen unterscheiden, die Mobilität von Personen und die von Objekten. Bei den "Künstlerwanderungen" sind ebenfalls mehrere Typen zu beobachten: der Bereich der Gesellenwanderungen und die Mobilität von Meistern, die sich entweder auf Dauer in einer fremden Stadt niederließen oder die befristet für einen auswärtigen Auftraggeber arbeiteten. Die Quellen ermöglichen nicht immer eine so detaillierte Typologie, diese ist dennoch wichtig, weil es sich dabei um funktional sehr verschiedene Formen von Mobilität handelt: Während nämlich das Aufkommen der Gesellenwanderungen mit der Entwicklung des Zunftwesens in engem Zusammenhang stand (12), sprengte die Mobilität von Kunsthandwerkern und technischen Experten, die für landesherrliche Residenzen arbeiteten oder deren Zuwanderung von den Städten in einigen Fällen besonders gefördert wurde, den Rahmen zünftiger Gewerbepolitik (13).

Die Mobilität von Objekten ist strenggenommen kein Gegenstand der historischen Migrationsforschung, die sich auf Personen konzentriert. Da aber das Kunsthandwerk zu den wenigen Gewerben zält, dessen Produkte heute wenigstens zum Teil noch erhalten sind, verstellt eine Beschränkung auf Personen wichtige Erkenntnismöglichkeiten, weil die erhaltenen Objekte gleichsam als "Leitfossilien" Migrationsprozesse dokumentieren, die sich aus den Schriftquellen nur noch zum Teil erschließen lassen. Wichtig erscheint in diesem Zusammenhang, daß bezüglich der Möglichkeiten von Mobilität zwischen den einzelnen Kunstgattungen beträchtliche Unterschiede bestanden: Während zum Bau einer Kathedrale die Bauhandwerker anreisen mußten, war es bei den Gattungen der Kleinkunst möglich, sie in exportorientierten Werkstätten zentral herzustellen und über den Fernhandel weiträumig zu vertreiben. Dies gilt, um nur einige Beispiele zu nennen, für Bildteppiche (14), Stickereien (15), Rosenkränze (16) oder die Druckgraphik (17). Die Malerei ist in der Mitte zwischen beiden Extremen anzusiedeln: Auch große Altarretabeln ließen sich, in Kisten verpackt, transportieren; andererseits war es bei Dekorationsarbeiten einfacher und bei Wandmalereien sogar notwendig, einen Maler kommen zu lassen.

Als dritte Form von Mobilität lassen sich eine Reihe von Phänomenen zusammenfassen, deren Bezüge zu Personen und Kunstwerken sich nur noch teilweise erschließen lassen. Hierzu zählen die Ergebnisse der kunsthistorischen Forschung über die Wanderungen von Stilelementen, Motiven und Techniken sowie die überlieferten Muster-, Modell-, Skizzen- und Rezeptbücher, die Aufschlüsse darüber ermöglichen, welche Kunstzentren und Kunstlandschaften ein wandernder Maler besucht und welche Vorlagen er dort rezipiert hat (18). Der Austausch von Informationen zwischen einzelnen Städten ist hier ebenfalls von Interesse, er reicht von einzelnen Auskünften (19) bis hin zur Übernahme ganzer Zunftordnungen (20). Auch der Transfer technischer Innovationen ist in diesem Zusammenhang zu nennen (21).

Um Migrationsphänomene systematisch zu ordnen, ist als zweites zu klären, welche unterschiedlichen räumlichen Ebenen hierbei von Bedeutung waren. Das Problem räumlicher Ordnungs- und Bezugssysteme ist jedoch in der historischen und kunsthistorischen Forschung bisher noch nicht befriedigend gelöst worden, einige kurze Bemerkungen müssen deshalb genügen (22). Vor allem zwei methodische Konzepte spielen eine Rolle: Das erste wurde von der Kulturraumforschung entwickelt und beruht auf der Beobachtung, daß einzelne Räume ein hohes Maß an gemeinsamen Merkmalen auf verschiedenen Ebenen besitzen, z.B. ethnologische und naturräumliche Voraussetzungen, Sprache und materielle Kultur sowie herrschaftliche, kirchliche und wirtschaftliche Strukturen (23). Schwierigkeiten ergaben sich allerdings dabei, die Grenzen dieser Kulturräume zu bestimmen und ihre inhaltlichen Determinanten zu definieren – ein Problem, das auch für die kunsthistorische Variante dieser Konzeption, die Kunstgeographie, zutrifft (24). Das zweite Raumkonzept definiert den Raum als urbanes Bezugssystem, indem es seine funktionalen Zusammenhänge mit dem Zentralitätsgefüge der Städte analysiert. Die Berücksichtigung des städtischen Umlandes als Einzugs- und Absatzgebiet der Städte mit Zonen unterschiedlicher Entfernung und Funktion erwies sich besonders für die Stadt- und Wirtschaftsgeschichte als fruchtbarer Forschungsansatz (25). Beide skizzierten Konzepte spielen in der historischen Forschung, wenn auch meist unreflektiert, eine Rolle. Für die Analyse der Verbreitungsmuster von Kunstwerken im Raum, aber auch zur Interpretation von Wanderungsvorgängen, erscheint vor allem das Zentralitätskonzept erfolgversprechend; es ermöglicht nicht nur die Zielpunkte von Wanderungen nach der unterschiedlichen Ausstrahlung und Bedeutung der einzelnen Zentren zu klassifizieren, sondern darüber hinaus auch, die räumliche Verteilung von Kunstwerken im Rahmen des Absatzgebietes städtischer Werkstätten zu deuten. Auf der Basis dieses Konzeptes lassen sich vier räumliche Ebenen unterscheiden, die als Absatzgebiet der Maler und für künstlerische Migrationsprozesse von Bedeutung sind: An erster Stelle ist die Stadt selbst zu nennen, deren Gebäude die wichtigsten Abnehmer für die Produkte der Malerwerkstätten waren. Als zweites folgt das städtische Umland, als drittes die benachbarten Regionen und als viertes die Ebene der überregionalen Zentren.

Bei dem Versuch einer Systematik stellt sich weiter die Frage, welche Faktoren die Migration von Künstlern beeinflußt haben; das Thema der Gesellenwanderungen soll dabei mangels ausreichender Quellen weitgehend ausgeklammert bleiben (26). Der Versuch, ein räumlich-zeitliches Ordnungssystem zu skizzieren, erweist sich hier als weiterführend: Die erste Frage lautet deshalb: Wo brauchte man Kunstwerke außerhalb der Stadt? Unterscheiden lassen sich zwei Bereiche, zum ersten das Umland, das seinen Bedarf an Kunstwerken in der Stadt deckte. Hierzu zählen auch die kleineren städtischen Zentren, die keine Malerwerkstatt auf Dauer beschäftigen konnten (27). Die zweite Gruppe bilden die überregionalen kulturellen Zentren dieser Zeit, wobei sich Städte, Höfe und Klöster typologisch voneinander unterscheiden lassen. Die großen Städte bildeten wichtige Anziehungspunkte für wandernde Künstler. Die große Zahl der Kathedral-, Stifts- und Pfarrkirchen, der Kirchen und Kapellen der zahlreichen Klöster und Konvente, aber auch der Hospitäler und Privatkapellen, die gebaut und ausgestattet wurden, stellte ein großes Arbeitsfeld dar, ebenso die Wohnhäuser der Bürger und die städtischen Repräsentationsbauten von der Ratskapelle bis zu den Empfangsräumen. Eine große kulturelle Anziehung und Ausstrahlung besaßen weiter die Höfe und Residenzen der geistlichen und weltlichen Territorialherren, die z.B. prachtvolle Grablegungen errichten ließen (28) oder indirekte Kunstförderung mit dem Ziel politischer und dynastischer Repräsentation betrieben. Vor allem der burgundisch-französische Hochadel mit seinem fast unbegrenzten Bedarf an Luxusgegenständen und Kunstwerken ist hier zu nennen, aber auch deutsche Landesherren traten hervor, z.B. Kardinal Albrecht von Brandenburg oder Kurfürst Friedrich der Weise von Sachsen (29). Geringer einzuschätzen ist dagegen die Rolle ländlicher, klein- und mittelstädtischer Kloster- und Stiftskirchen, die für Neubauten und Ausstattung die erforderlichen Bau- und Kunsthandwerker kommen ließen; als gut dokumentiertes Beispiel sei das Stift Xanten am Niederrhein genannt (30).

Die Nachfrage nach Kunstwerken läßt jedoch nicht nur deutliche räumliche Schwerpunkte erkennen, auch die zeitliche Dimension spielt eine Rolle: Erstens verlief die Entwicklung der einzelnen Regionen im Untersuchungszeitraum unterschiedlich, zweitens veränderte sich die Größe der Nachfrage nach Kunstwerken und drittens sind Veränderungen innerhalb der Kunstproduktion zu erkennen. In der Entwicklung der einzelnen Kunstlandschaften lassen sich langfristige Transformationen, aber auch plötzliche Einbrüche beobachten. Daß die oberdeutsche Renaissance mit dem Aufstieg dieser Städtelandschaft zu Beginn des 16. Jahrhunderts zusammenhängt, während es im Hanseraum in dieser Zeit eher still wird, erscheint plausibel, wenngleich die Zusammenhänge zwischen künstlerischen und wirtschaftlichen Konjunkturen bisher noch kaum untersucht sind (31). Wichtig erscheint in diesem Zusammenhang auch, daß sich die großen kulturellen Oberzentren verlagerten. Prag spielt im 14. Jahrhundert eine bedeutende Rolle, im 15. sind es Brüssel, Brügge und Gent, dann vor allem Antwerpen und im 16. Jahrhundert die oberitalienischen

Städte. Kurzfristige Veränderungen sind ebenfalls zu beobachten: Für die niederländische Kunst brachte das Ende des Hauses Burgund 1477 und die sich daran anschließenden militärischen Auseinandersetzungen das plötzliche Ende eines bedeutenden landesherrlichen Mäzenatentums. Ähnliche, wenn auch weniger schwerwiegende Folgen hatte der Regierungswechsel von Kaiser Maximilian zu Karl V., der zu einer Verlagerung der Herrschaftsräume führte. Maximilian war der wohl bedeutendste Auftraggeber für Literaten und Kunsthandwerker seiner Zeit, wenn ihm auch die erforderlichen Geldmittel fehlten, die vielen begonnenen Projekte zu Ende zu führen (32).

Die Kunstproduktion des 15./16. Jahrhunderts stellt keine konstante Größe dar. Die erhaltenen gotischen Tafelbilder stammen fast alle aus einem relativ kurzen Zeitraum zwischen etwa 1480 und 1520; ähnliches ist bei den Goldschmiedearbeiten zu beobachten (33). Wieso es zu dieser Hochkonjunktur kam, ist bisher nur unzureichend geklärt. Wahrscheinlich waren die Entwicklung der vorreformatorischen Frömmigkeit mit der aufwendigen Ausstattung von Kirchen auf der einen und die wachsende Beliebtheit profaner Kunstgattungen auf der anderen Seite von Bedeutung. Damit ist bereits der dritte Faktor angedeutet: die Veränderungen in der Zusammensetzung der Kunstproduktion. Nicht nur der Humanismus führte hier zu Veränderungen, sondern vor allem die Reformation, die einen grundlegenden Wandel in der Funktion des religiösen Bildes mit sich brachte (34).

II

Für die Untersuchung der skizzierten Fragen stehen zwei Quellengruppen zur Verfügung, die Schriftquellen und die überlieferten Objekte. Eine Auswertung ist jedoch mit einer Reihe beträchtlicher Probleme verbunden: Bei den erhaltenen Gemälden stellt sich zunächst die Frage nach den Verlustraten, die Frage, wieviel von dem ursprünglich Vorhandenen überliefert ist und als Grundlage der Forschung dienen kann. Ein großer Teil der in Museen aufbewahrten Objekte entzieht sich zudem einer Zuordnung, weil keine Unterlagen Auskünfte über Bestimmungsort, Auftraggeber oder Maler geben. Eine systematische Bestandsaufnahme der erhaltenen Gemälde bietet zwar Alfred Stanges 'Kritisches Verzeichnis der deutschen Tafelbilder vor Dürer' (35), doch ist dies alles andere als vollständig, weil die Forschung bisher die Aufarbeitung der 'künstlerisch weniger bedeutenden' Werke vernachlässigt hat. Nicht minder schwierig ist die Arbeit mit den Schriftquellen, von denen die kunsthistorische Forschung zu oft die Lösung offener Fragen erhofft (36). In vielen Fällen ist nicht mit Sicherheit zu entscheiden, ob es sich bei einem Johann Maler tatsächlich um einen Maler oder lediglich um einen Johann mit dem Familiennamen Maler handelt. Bei auswärtigen Quellen wird das Problem zusätzlich kompliziert, da bei einem Johann Maler von Köln nicht immer eindeutig zu klären ist, ob dieser Johann tatsächlich aus Köln stammt. Hinzu kommt, daß die Tafelmalerei der Gotik zu ihrer Zeit keineswegs so im Mittelpunkt des Interesses stand wie heute in der kunsthistorischen Forschung. Die Anzahl der Werkstätten in den einzelnen Städten war relativ gering; im spätmittelalterlichen Köln dürften es etwa ein Dutzend gewesen sein, in den anderen deutschen Städten z.T. erheblich weniger. Versucht man, die wirtschaftliche und politische Stellung der Maler anhand von Kaufmannslisten, Zollregistern, Steuer-, Ratsherren- oder Bürgermeisterverzeichnissen zu rekonstruieren, läßt sich die Feststellung von Huth aus dem Jahre 1925 bestätigen: "Charakteristisch für die Malerzunft war es, daß sie nirgends zu besonderer Bedeutung gelangte" (37). Die schriftliche Überlieferung über die einzelnen Maler ist aus diesen Gründen relativ dürftig. Der überwiegende Teil der Nachrichten befaßt sich mit Hausbesitz, Prozessen, der Ratsmitgliedschaft und ähnlichem; Aussagen über Kunstwerke und ihre Herstellung sind dagegen äußerst selten. Hinzu kommt, daß unsere Kenntnis von den Schriftquellen zur Kunstgeschichte fast vollständig auf der Forschung des späten 19. Jahrhunderts beruht, für Köln vor allem auf den Arbeiten von Merlo (1810-1890), dessen Werk trotz mehrerer Anläufe keine Fortsetzung fand (38). Es gibt somit bisher keine auch nur annähernd vollständige Quellensammlung zur Kölner Kunstgeschichte und da auch in den meisten anderen Städten in den letzten Jahren die Quellenforschung kaum noch fortgesetzt wurde, sind die Ausgangsbedingungen gerade für Untersuchungen zum Migrationsproblem relativ ungünstig.

Diese Überlegungen zur Quellenlage zeigen, daß sich die folgenden Ausführungen in mehrfacher Hinsicht auf unsicherem Boden bewegen. Es sei zudem darauf hingewiesen, daß sich auch hinsichtlich einer angemessenen Terminologie Schwierigkeiten ergeben: Die Forschung des 19. Jahrhunderts hat mit Begriffen wie Künstler- und Mäzenatentum eine bedeutungsträchtige Begrifflichkeit entwickelt, die bis heute kaum überwunden ist. Es werden häufig idealtypische Atelierverhältnisse der italienischen Renaissance, wenn nicht des 19. Jahrhunderts, in den 'Herbst des Mittelalters' projiziert; auch das Bild erhält als 'Kunstwerk' einen Rang, der nur wenig mit seiner zeitgenössischen Funktion und Wertschätzung gemeinsam hat.

III

Von den etwa 350 erhaltenen Kölner Gemälden der Gotik ist bei etwa zwei Fünfteln der ursprüngliche Aufstellungsort mit mehr oder minder großer Sicherheit zu ermitteln. Von diesen sind etwa drei Viertel für Kölner Kirchen, der Rest für auswärtige Bestimmungsorte angefertigt worden (39). Für die Malerei der Renaissance sind solche Aussagen noch nicht möglich, da der Forschungsstand zur Zeit noch unbefriedigend ist. Schriftquellen dokumentieren nur in wenigen Fällen die Lieferung von Kunstwerken für Bestimmungsorte außerhalb der Stadt. Eine Kartierung der erhaltenen Objekte erweist sich hier als methodische Alternative: Die überlieferten Kölner Altäre waren fast alle für Orte bestimmt, die höchstens vier bis fünf Tagesreisen von der Stadt entfernt lagen, wobei eine gewisse Häufung in der in höherem Maße urbanisierten Region der Kölner Bucht und entlang der Rheinachse zu erkennen ist. Das Absatzgebiet der Kölner Maler überschneidet sich im Norden mit dem der niederrheinischen und westfälischen Städte und im Süden mit denen des Mittelrheins. Wichtig ist dabei die Beobachtung, daß das Gebiet zwischen Xanten im Norden, Aachen im Westen, Plettenberg im Osten und Koblenz im Süden weitgehend dem Einzugsgebiet des Kölner Marktes im späten Mittelalter entspricht. Bemerkenswert ist allerdings auch, daß die Zahl der Kölner Altäre in diesem Gebiet relativ gering ist; es scheint, daß sich die Produkte außerhalb der Stadt nur bedingt durchsetzen konnten, denn selbst im unmittelbaren Nahbereich finden sich zahlreiche fremde Arbeiten. Hier stößt man auf ein anderes wichtiges Phänomen, auf die niederländischen Kunstimporte der Zeit um 1500. Vor allem Antwerpener Werkstätten lieferten beträchtliche Mengen von Kunstwerken aller Art nach ganz Mitteleuropa. In Köln selbst bevorzugte man dagegen überwiegend die Produkte der einheimischen Werkstätten. Nur ein Achtel der gotischen Altäre stammt von niederrheinischen, westfälischen, oberdeutschen, vor allem aber niederländischen Meistern, darunter sind möglicherweise Robert Campin, sicherlich aber Dirk Bouts, Rogier van der Weyden, Colijn de Coter und Joos van Beke zu nennen (40).

IV

Diese Fernlieferungen sind überdies für einen weiteren Problemkreis, nämlich für die Anfänge des Kunsthandels, von Bedeutung. In der Literatur herrscht seit Huth die Auffassung vor, die Zunftordnungen hätten es den

Malern verboten, für den Markt zu arbeiten und nur gestattet, auf einen Auftrag hin tätig zu werden (41). In der Kölner Ordnung von 1449 heißt es z.B., kein "meister, broider noch knecht" solle "einicherlei werk, gemailt noch gesneden, offenbar veil hain noch dragen up straissen, in kirchen noch up anderen geweide stede dan in iren huiseren" (42). Weiter wird verboten, für "keuferen hain umb kirchen of up einichen anderen steden binnen Colne geistlichen of werentlichen" zu arbeiten (43). Sieht man sich diese Ordnung etwas genauer an, erweist sich Huths Interpretation als falsch: Eingeschränkt wird nämlich nicht die Herstellung von Bildern, sondern nur der Verkauf. Auch dieser ist keineswegs verboten, sondern lediglich an einer Reihe von Verkaufsplätzen untersagt. Die Ordnung der Frankfurter Maler enthält ähnliche Bestimmungen. Diese sollten "keynen feylen kauff han uff den finstern ader uff dem merckete ... uzgenommen in den zweien messen"; das Verbot gilt jedoch nur für die Sonn- und Feiertage und auch nur für die Mitglieder der Zunft (44). Bereits 1421 verzeichnet eine Frankfurter Kirche Einnahmen "von eim meler mit heilgen in der kirche zu steen; von zwein melern, die mit brieffen darinne stunden; von eim meler mit gesnitzten bilden" (45). Aus diesen und ähnlichen Einzelbelegen ergibt sich folgendes Bild: Die Zunftordnungen versuchten, den Handel mit Bildern in und an Kirchen sowie auf Märkten zu verhindern; dies waren zwei rechtliche Immunitätsbereiche, wo fremde Maler und Händler, aber auch die Kunsthandwerker der Klöster als Konkurrenten der zünftigen Meistern auftreten konnten. Daß vor allem innerhalb der Immunitäten städtischer Klöster die Anfänge des Kunsthandels zu suchen sind, zeigen die Arbeiten von Floerke und Koch für die Niederlande, wo seit der Mitte des 15. Jahrhunderts zuerst in Brügge, dann in Gent und Utrecht Auseinandersetzungen mit den Zünften belegt sind; 1540 wurde dann in der Antwerpener Börse die erste ständige Verkaufsausstellung für Kunstwerke eingerichtet (46). Belege für den Kunsthandel im Deutschen Reich stammen aus späterer Zeit, jedoch zeigt das zitierte Verbot der Kölner Ordnung, daß die Schildergaffel bereits 1449 fremde Händler als Konkurrenten ansah und deshalb ihren Mitgliedern verbot, für diese zu arbeiten. Seit den zwanziger Jahren des 16. Jahrhunderts versuchten niederländische Bilderhändler, im Reich Fuß zu fassen; ihr Auftreten läßt sich anhand von Ratsedikten und Beschwerden der Malerzünfte in vielen Städten fassen (47). In Köln kam es 1546 zu gewalttätigen Auseinandersetzungen, als der Rat einem fremden Händler erlaubte, während der Gottestracht im Kreuzgang des Minoritenklosters bemalte Tücher zu verkaufen. Nachdem ein Protest der Gaffel abgewiesen worden war, stürmte diese den Kreuzgang und transportierte die Bilder in ihr Haus (48). Doch die Maler konnten sich nicht durchsetzen: Im Jahre 1583 berichtet der Kölner Chronist Hermann Weinsberg von fünf Verkaufsplätzen für Bilder während der Gottestracht (49).

Nach diesen Überlegungen liegt es nahe, die Anfänge des Handels mit Bildern, aber auch anderen Werken der Kleinkunst und nicht zuletzt auch mit Einblattdrucken im Devotionalienhandel an Kirchen und Wallfahrtsorten zu suchen (50). Hinzu kommt, daß einzelne Kunstwerke gelegentlich mit Kaufmannsgut zusammen transportiert wurden, wie z.B. die hansischen Quellen zeigen. Ob es sich dabei allerdings um Handelsware handelte oder um Objekte, die auf Bestellung geliefert wurden, ist schwer zu entscheiden. Hans Memlings Jüngstes Gericht, das auf dem Seeweg von Brügge nach Florenz von Seeräubern entwendet und nach Danzig gebracht wurde, ist ein bekanntes Beispiel für diese Transportmöglichkeit. Zu berücksichtigen ist allerdings, daß der Entstehung eines organisierten Handels mit Gemälden aus strukturellen Gründen zunächst enge Grenzen gesetzt waren: Die Herstellung eines Porträts setzte in der Regel den unmittelbaren Kontakt zwischen Maler und Auftraggeber voraus. Bei der Anfertigung eines Altarretabels war auch die Meinung der Kirche, die das Bild erhalten sollte, zu berücksichtigen. Anders verhielt es sich mit Andachtsbildern, die im Hause aufgehängt wurden und die in vielen Inventaren und Testamenten erwähnt werden. Marienbilder konnten in auftragsschwachen Zeiten auf Lager produziert werden und ließen sich jederzeit verkaufen. Für die Ausbreitung des Kunsthandels an der Wende zum 16. Jahrhundert war vor allem eine Verschiebung in der Zusammensetzung der Kunstproduktion von Bedeutung. Es entstand eine ganze Reihe neuer, profaner Bildgattungen, die nicht mehr zum Schmuck der Kirchen, sondern der Wohnhäuser dienten; zu nennen sind Stadtansichten, Schlachtengemälde und mythologisch-erotische Darstellungen. Auf eine weitere Verschiebung von grundlegender Bedeutung kann hier nur hingewiesen werden, auf das Aufkommen der neuen graphischen Medien, die in einem weiträumig organisierten Handel vertrieben wurden.

V

Während sich die Verbindungen Kölner Maler in das städtische Umland und in die benachbarten Regionen anhand der erhaltenen Gemälde zumindest in ihren Grundzügen erschließen lassen, stehen für die Analyse überregionaler Verbindungen fast ausschließlich Schriftquellen zur Verfügung. Eine Zusammenstellung läßt drei Hauptrichtungen erkennen: den Mittel- und Oberrhein im Süden, den Hanseraum im Norden sowie die Niederlande und Frankreich im Westen; die oberdeutschen Städte spielen dagegen erstaunlicherweise kaum eine Rolle. Folgt man zunächst der Rheinlinie nach Süden, ist an erster Stelle Frankfurt zu nennen, dessen enge Beziehungen zu der rheinischen Metropole bereits hervorgehoben wurden. Durch mehrere Einzelbelege sind auch Verbindungen Kölner Maler nach Mainz, Worms, Speyer, Heidelberg, Straßburg, Basel, Meersburg und Bern dokumentiert (51).

Zwei Beispiele aus Innsbruck, wo 1553–1563 die Hofkirche zur Aufstellung des Grabmals Kaiser Maximilians errichtet wurde, sollen hier etwas näher betrachtet werden. Im Mai 1553 wandte sich König Ferdinand I. an die Regierung in Innsbruck und teilte ihr mit, er habe beschlossen, den Hochaltar in der Kirche durch Hans von Köln zu Speyer, Hofmaler des pfälzischen Kurfürsten Friedrich I., anfertigen zu lassen. Die vier Nebenaltäre sollte der Salzburger Maler Hans Bocksperger bemalen. Im Juni antwortet die Regierung auf dieses Schreiben, daß sie drei Innsbrucker Maler beauftragt habe, Entwürfe für die Altäre anzufertigen. Gegen eine Auftragsvergabe an Hans von Köln hatte man jedoch aus zweierlei Gründen Einwände: Man war der Meinung, daß für die Arbeit ein "gar künstlicher Maler nit von neten" sei, sondern ein "geschickter und kunstlicher pildhauer"; zwar könne man keinen benennen, werde sich aber umsehen. Für die Malerarbeiten schlug man den Innsbrucker Maler Degen Pirger vor. Gegen eine Auftragsvergabe an Hans von Köln wurden auch finanzielle Bedenken geltend gemacht, da die Kosten für Reise und Aufenthalt zu hoch wären. Ferdinand schloß sich den Vorschlägen der Kammer an, Bocksperger und Pirger zu beauftragen; wegen eines geschickten Bildhauers wollte er sich erkundigen – ein Ulmer Meister führte dann die Arbeiten aus (52).

Acht Jahre später wurden dann doch noch Kölner Künstler nach Innsbruck berufen, die Brüder Arnold und Bernhard Abel. Ihr Vater Jacob Abel war von Ahrweiler nach Köln zugewandert, er war Bildhauer und hat "zugleich in Holz und Stein geschnitten und seine Arbeit mit Farbe angestrichen". Er heiratete in Köln die Tochter eines Glasmalers, erwarb 1534 zwei Häuser und hinterließ drei Söhne (53): Arnold und Bernhard blieben als Bildhauer in Köln, wahrscheinlich hat einer von ihnen 1555 Wandvertäfelungen für das Rathaus angefertigt (54). Florian, der dritte Bruder, wurde Maler und ließ sich in Prag nieder. Ob die Brüder Abel mit einer gleichnamigen Malerfamilie verwandt waren, die in Frankfurt und Mainz lebte, muß hier ungeklärt bleiben (55). Wie die Verbindungen von Arnold und Bernhard nach Innsbruck zustande kamen, ist bisher unbekannt; vielleicht hatte sie ihr Bruder Florian vermittelt. 1561 erhielten

Arnold und Bernhard den Auftrag, für das Maximiliangrab das Cenotaph mit den zugehörigen Erzbildern anzufertigen. Sie sollten die Steinbrüche bereisen und "taugliche, guete, schon stain der rechten farb und mass" brechen lassen. Für jedes der 24 Historienbilder wurde ein Stücklohn von 240 fl. vereinbart (56). Die Entwürfe mit Szenen aus dem Leben des Kaisers sollte Florian anfertigen. Der Vertrag wurde am 28. April 1561 geschlossen, im Juni trafen die Brüder in Innsbruck ein, wo sie zunächst auf die erste Zeichnung aus Prag warteten, um Maß zu nehmen. Die Suche nach dem richtigen Marmor gestaltete sich dann äußerst aufwendig: Im September reiste Bernhard nach Salzburg, um in Adnet rotweißen Marmor brechen zu lassen. Arnold zog in Begleitung eines Innsbrucker Wirtes, der als Dolmetscher diente, nach Süden, um weißen und schwarzen Marmor zu erwerben. Über Trient, Venedig und Mailand gelangte er nach Sala, wo es schwarzen Marmor gab, dessen Gewinnung jedoch Schwierigkeiten bereitete. Danach reiste er nach Genua und schließlich nach Carrara, wo er den weißen Marmor brechen ließ. Nach Abschluß der Geschäfte zog er im Auftrag des Kaisers nach Rom, um "allda etliche künstliche arbaiten und antiquieteten" zu besichtigen (57). Im Oktober trafen sich die Brüder wieder in Innsbruck. Schwierigkeiten bereitete der schwarze Marmor, den man letztendlich doch nicht aus Sala beziehen konnte. Verhandelt wurde über einen Transport aus einem Bruch bei Dinant, bis man dann in Tirol eine kostengünstigere Möglichkeit fand. Insgesamt verzeichnete die Tiroler Kammer im Jahre 1561 schon 2.042 fl. an Ausgaben für das Kaisergrab, davon allein 696 für die Brüder Abel. Doch auch nachdem die drei bestellten Marmorsorten in Innsbruck eingetroffen waren, machten die Arbeiten keine Fortschritte: Die Brüder stritten sich mit der Tiroler Kammer über die Erstattung der beträchtlichen Wirtshausrechnungen. Die Zeichnungen aus Prag trafen nur langsam ein; dies war jedoch nur ein Vorwand, den Beginn der Arbeit hinauszuschieben.

Die Brüder kamen dann auf den Gedanken, sie bräuchten zusätzliche Arbeitskräfte, die man allerdings in Innsbruck nicht fand. Im Juni 1562 verhandelten sie mit der Kammer, ob man den berühmten Florentiner Bildhauer Giovanni da Bologna für einige Zeit nach Innsbruck rufen sollte. Die Kammer war einverstanden, vertrat jedoch den Standpunkt, dies müsse auf Kosten der Brüder geschehen und so verliefen die Verhandlungen im Sande. Vom Oktober 1561 bis zum Juni 1562 hatten die Abel 1.682 fl. erhalten, hinzu kamen Transport- und Wirtshauskosten in Höhe von 1.366 fl., ohne daß an dem Grabmal allzuviel gearbeitet worden wäre. Die Brüder seien lange krank gewesen, heißt es, und könnten auch "des zitterns halben in den händen" vorerst nicht arbeiten – Schönherr deutet die Krankheit als fortgeschrittenen Alkoholismus. Um insgesamt sechs Gesellen anzuwerben, reiste Arnold dann im Juni 1562 in die Niederlande. In Mecheln warb er den Bildhauer Alexander Colin an, der zuvor am Schloßbau in Heidelberg gearbeitet hatte. Daß sich Abel nach Mecheln wandte, war sicherlich kein Zufall. Die Stadt war ein führendes Zentrum der Alabasterplastik (58). 1523 wurde hier der Lettner für die Kölner Stiftskirche St. Maria im Kapitol angefertigt, eine Stiftung der Brüder Georg und Nicasius Hackeney, die aus einer bedeutenden Kölner Goldschmiede- und Bankiersfamilie stammten und in der habsburgischen Finanzverwaltung und Diplomatie unter Maximilian und Karl V. eine nicht unbedeutende Rolle gespielt haben (59). Sie hielten sich deshalb mehrmals in Mecheln auf, das seit 1474 Sitz des Großen Rates, seit 1507 zudem Residenz der Statthalterin Margarete von Österreich und somit auch herrschaftliches und administratives Zentrum der Niederlande war.

Alexander Colin traf Ende des Jahres 1562 in Innsbruck ein und übernahm von den Brüdern die Herstellung von 12 Relieftafeln, für die er von ihnen jeweils 200 fl. erhalten sollte. Man korrespondierte weiter mit Mecheln und Antwerpen, um u.a. zwei Gesellen des Bildhauers Cornelius Floris abzuwerben. Die Innsbrucker Kammer unternahm währenddessen den Versuch, einen Kostenvoranschlag für das Grabmal zu erstellen und rechnete aus, daß die Brüder Abel bereits 3.191 fl. erhalten hätten. Die Kosten des Marmors beliefen sich auf 1.408 fl., hinzu kamen Ausgaben für 2.368 Liter Wein. Davon ausgehend schätzte man die Gesamtkosten für das Kaisergrab auf 14.680 fl. Im Oktober 1563 starb Bernhard Abel, wahrscheinlich im Delirium, und im Februar des folgenden Jahres sein Bruder Arnold. Sie hatten drei der 24 Reliefs fertiggestellt, an zweien davon war Alexander Colin beteiligt. Die geleistete Arbeit stand in keinem Verhältnis zu den erfolgten Zahlungen, zudem hinterließ Arnold beträchtliche Schulden; sein Nachlaß wurde auf lediglich 60 bis 80 fl. geschätzt. Die Kammer mußte der Jungfer Katharina Abel, wahrscheinlich seine Schwester, 20 fl. aushändigen, damit sie ihre Heimreise nach Köln bezahlen konnte. Die größte Leistung der Brüder bestand offensichtlich darin, Alexander Colin nach Innsbruck geführt zu haben, der dann bis 1566 die Arbeit an den Marmorbildern zum Abschluß bringen konnte.

Wenngleich die Brüder in Innsbruck keine sehr rühmliche Rolle gespielt haben, geben die detaillierten Kammerrechnungen doch zahlreiche Auskünfte über die Migrationswege und -ziele. War bisher immer nur von Reisen die Rede, die Künstler zu den Auftraggebern führten, zeigen sich hier noch andere Motive: Die Reise nach Italien wurde durchgeführt, um Marmor zu bestellen. Der Aufenthalt in Rom war dagegen von der

Absicht persönlicher Fortbildung bestimmt. Arnold Abel sollte sich auf ausdrücklichen Wunsch des Kaisers mit der Kunst der römischen Antike und der italienischen Renaissance auseinandersetzen, um davon für seine Arbeit in Innsbruck zu profitieren. Für seine Reise in die Niederlande war eine dritte Zielsetzung ausschlaggebend: er wollte dort qualifizierte Arbeitskräfte anwerben; offensichtlich galten die Bildhauer in Mecheln und Antwerpen als Experten, wie man sie in den anderen Städten nördlich der Alpen nicht finden konnte.

Auch für die Beziehungen Kölner Maler nach Norden ermöglichen es die Quellen nur in seltenen Fällen, über die einmalige Nennung eines Namens hinaus Einblicke in die Struktur von Migrationsprozessen zu gewinnen (60). 1522 beauftragte z.B. die Antoniusbruderschaft der Hansestadt Lübeck den Schnitzer Benedikt Dreyer und den Maler Hans von Köln mit der Anfertigung eines Altarretabels. Beide Meister waren wahrscheinlich miteinander verwandt; für Dreyer, der als Geselle in Lüneburg gearbeitet hatte, lassen sich auch Beziehungen zum Niederrhein nachweisen: Wahrscheinlich in den zwanziger Jahren des 16. Jahrhunderts lieferte er für die Pfarrkirche in Lendersdorf bei Düren einen Altar; die Hintergründe dieser Fernlieferung sind bisher noch ungeklärt (61). Auch zwischen Bremen und Köln bestanden Beziehungen: Nach der Reformation beschloß der Bremer Rat, die Wandmalerei des Jüngsten Gerichts im Rathaus mit einem konfessionell weniger verfänglichen Thema übermalen zu lassen. Das 1532 angefertigte Fresko wird dem Kölner Maler Bartholomäus Bruyn dem Älteren zugeschrieben; auch hier sind die näheren Hintergründe von Künstlerwahl und Auftragsvergabe unbekannt (62).

Auf einen im Hanseraum tätigen und aus Köln stammenden Maler, Kupferstecher, Medailleur, Architekten und Festungsbauer soll hier etwas näher eingegangen werden, auf Jacob Binck. Wie dieser Kölner Künstler nach Kopenhagen, an den Hof König Christians III. kam, ist bisher nicht geklärt. Zuerst erwähnt wird Binck 1529 in Brüssel, wo er zwei Porträtstiche für den dänischen König anfertigte (63). Daß sich ein Kölner Künstler in der ehemaligen burgundischen Residenzstadt aufhielt, ist nicht weiter verwunderlich. Brüssel zählte – wie auch Mecheln – zu den Zentren des Brabanter Tuchbezirkes, der für den Kölner Tuchhandel eine große Bedeutung besaß. Brüssel war nicht nur die Stadt Rogier van der Weydens, der die Entwicklung der Kölner Tafelmalerei beträchtlich beeinflußt und seinen Kolumba-Altar für die gleichnamige Kölner Pfarrkirche hergestellt hatte (64), sondern auch ein bedeutendes Zentrum der Teppichherstellung. In St. Maria Lyskirchen in Köln ist z.B. ein Wandteppich erhalten, der einer Brüsseler Werkstatt zugeschrieben wird (65). Daß der dänische König in Brüssel Jacob Binck kennengelernt und in seine Dienste genommen, zumindest aber Kontakte geknüpft hat, erscheint plausibel. Allerdings ist Binck erst 1541 in Dänemark nachzuweisen. Aus einer Reihe von Briefen zwischen dem Kopenhagener und dem Königsberger Hof geht dann hervor, daß er ab 1543 an den preußischen Herzog Albrecht von Brandenburg "ausgeliehen" wurde (66). Er fertigte dort Schaumünzen an und arbeitete an der Wandvertäfelung des sog. Geburtszimmers im Königsberger Schloß, einem Meisterwerk der Frührenaissance. Die Arbeiten zogen sich lange hin, mehrmals trafen Briefe aus Kopenhagen ein, die Bincks Rückkehr forderten, doch erst 1548 brach er mit einem Entschuldigungsschreiben und einer Schaumünze für den König wieder auf (67). Als Anreiz für eine mögliche Rückkehr nach Königsberg war 1547 vorsorglich ein Dienstvertrag mit Binck als "Diener, Conterfeder und Könster" des Herzogs abgeschlossen worden. Er sollte 200 Mark im Jahr als Gehalt, freie Wohnung und Kleidung erhalten; Auslagen für Werkzeug, Material und Hilfskräfte würden ersetzt. "Gemeine Malerei und auch andere grobe Arbeit" sollte er nicht verrichten müssen (68). Dies zeigt, mit welch günstigen Arbeitsbedingungen sich der Preußenherzog den begehrten Künstler sichern wollte. Nach seiner Rückkehr nach Kopenhagen begleitete Binck die Königstochter Anna zur Hochzeit mit dem sächsischen Herzog August nach Torgau (69). In der Folgezeit hielt es ihn nicht lange in Kopenhagen; im April 1549 bekam er Urlaub und reiste nach Antwerpen, um ein Epitaph für die preußische Herzogin zu bestellen und seine Ausführung zu überwachen. Dies dauerte länger als geplant, aber Binck kündigte dem König an, er hätte Gärten, Brunnen, Gebäude und Befestigungen gezeichnet, die ihn sehr interessieren würden. Erst 1550 kehrte er zurück und wurde danach zur Besichtigung dänischer Festungen geschickt. 1551 reiste er nochmals in die Niederlande, um ein Epitaph für den Vater des Königs abzuholen, das bereits früher bestellt worden war. Ehrenberg konnte beide Grabmäler dem bereits genannten Antwerpener Bildhauer Cornelius Floris zuweisen, der 1561 die Epitaphien der Erzbischöfe Adolf und Anton von Schauenburg für den Kölner Dom lieferte und in dessen Werkstatt ein Thomas von Coelen arbeitete (70). In der Zwischenzeit fragte der Cosmograph Sebastian Münster aus Basel beim preußischen Herzog an, ob er ihm Ansichten seiner Städte schicken könnte; dieser mußte ihn jedoch vertrösten, weil er zur Zeit keinen Maler verfügbar hatte (71). Binck hielt sich dann 1552/53 in Schleswig und Lübeck auf (72) und reiste anschließend nach Königsberg, wo er das Epitaph der Herzogin aufstellte. Dessen Anfertigung hatte sich so lange verzögert, weil man in Antwerpen erst Steine aus England kommen lassen mußte. 1554 und dann wieder 1556 reiste

Binck nochmals nach Kopenhagen, um Porträts zu malen. 1561 erbat ihn der finnische Herzog Johann nach Insterburg und Kowno, 1565 der kurländische Herzog Goddert. Bis zu seinem Tode 1569 stellte Binck in Königsberg kunstgewerbliche Produkte aller Art her, malte und stach Porträts, fertigte Bildnismedaillen an, bemalte und vergoldete Harnische, Zaumzeuge und Sättel (73). Für die weniger anspruchsvollen Arbeiten war – gemäß dem Vertrag von 1547 – der Maler Adam Lange eingestellt worden. Dessen Aufgabe war es, "Fahnen, Ochsendecken, Schaugerichte für die Prunktafel zu bemalen, Stühle zu firnissen, Rahmen zu vergolden, Tische und Saaldecken anzustreichen, erlegtes Wild zu konterfeien, Stammbäume zu illuminieren, Kinderwiegen neu aufzufrischen, Entwürfe für Stickereien zu den Nachthemden der Herzogin zu machen..." (74). Man sieht, wie umfangreich und vielseitig das Aufgabengebiet eines höfischen Künstlers war; ähnliches hatte Huizinga für den Hof der Herzöge von Burgund festgestellt (75).

Die Herrschaftssitze dieser Zeit waren also in hohem Maße auch Kunstzentren, die sich bemühten, Künstler und technische Experten anzuwerben und zu halten. Wichtig erscheint in diesem Zusammenhang, daß zwischen den einzelnen Höfen nicht nur politische und dynastische Verbindungen bestanden, sondern auch ein intensiver Austausch von Künstlern und Kunstwerken stattfand (76), man kann sogar von einer in vielen Grundzügen gemeinsamen höfischen Kultur sprechen (77). Interessant ist ferner, daß man nicht nur in Innsbruck, sondern auch in Königsberg und Kopenhagen die niederländische Kunst als tonangebend ansah; im ersten Fall versuchte man, Gesellen anzuwerben, im zweiten gab man Grabmäler direkt in Auftrag und zeichnete Kunstwerke als mögliche Vorlagen für eigene Arbeiten ab.

Damit ist die dritte Region angesprochen, die für die Kölner Maler des 15. und 16. Jahrhunderts von Bedeutung war, die Niederlande. Die wirtschaftlichen und kulturellen Verbindungen waren vielfältig (78). Mehrere niederländische Künstler besuchten die Rheinstadt: der Maler Hugo van der Goes z.B. in den siebziger Jahren des 15. Jahrhunderts (79). Bei Geertgen tot Sint Jans und bei Jan Mostaert machen stilkritische Untersuchungen einen Aufenthalt in Köln wahrscheinlich (80). 1517 wanderte der in Alkmaar geborene Maler Jan Scorel über Köln, Speyer, Straßburg, Basel und Nürnberg nach Venedig; 1589 zog Jan Breughel, der Sohn des älteren Pieter Breughel, ebenfalls über Köln nach Italien (81). Ob die Rheinmetropole hier nur noch Etappenstation für Maler auf dem Weg nach dem Süden war, ist schwer zu entscheiden. Einige niederländische Kunstwerke haben sich in Kölner Kirchen erhalten (82). Erheblich größer war ihre Zahl allerdings im Umland der Stadt, wo sich in den Kirchen des Niederrheins noch heute zahlreiche niederländische Schnitzaltäre befinden (83). In umgekehrter Richtung sind eine ganze Reihe Kölner Künstler in den Niederlanden nachzuweisen, die dort als Gesellen arbeiteten oder sich auf Dauer niederließen (84). Damit sind die wichtigsten Ebenen skizziert, auf denen ab der Mitte des 15. Jahrhunderts die intensive Rezeption niederländischer Kunst in der Kölner Malerei erfolgte. Daß die engen wirtschaftlichen Verbindungen die dazu erforderlichen kommunikativen und verkehrstechnischen Voraussetzungen schufen, sei nur am Rande erwähnt.

Ein Beispiel aus Antwerpen soll die Zusammenhänge verdeutlichen: 1538 schlossen die Maler Goossen Kareest und sein Bruder, der "instrumentmaker van clavisimmbalen" Joost Kareest, einen Vertrag über die Bemalung von Musikinstrumenten. Goossen verpflichtete sich, ausschließlich für seinen Bruder zu arbeiten, wobei auch die tägliche Arbeitszeit sowie die Dauer der Mittagspause detailliert festgelegt wurden. Der Maler stellte das Werkzeug, sein Bruder die Farben; Abrechnung und Lohnzahlung erfolgten wöchentlich. Ferner verpflichtete sich Joos, seinem Bruder das Bauen, Stimmen und Spielen der Instrumente kostenlos beizubringen (85). Beide Brüder stammen aus einer Kölner Familie, die sich in Antwerpen niedergelassen hatte (86). Wichtig erscheint an dem genannten Vertrag vor allem der Hinweis auf die spezialisierte Tätigkeit des Bemalens von Musikinstrumenten; dies läßt das hohe Maß an Differenzierung innerhalb der Kunstgewerbe in Antwerpen erahnen, wo es um die Mitte des 16. Jahrhunderts 300 Maler gegeben haben soll (87). Neben der Lieferung von Kunstwerken auf Bestellung nach ganz Europa (88) entstand vor allem in den vierziger Jahren des 16. Jahrhunderts ein ebenfalls weiträumig organisierter Kunsthandel, der es ermöglichte, verschiedene Bildgattungen in Serienproduktion herzustellen (89). Diese Modeerscheinung fand sogar Eingang in die zeitgenössische Literatur: Als Till Eulenspiegel dem Landgrafen von Hessen seine Kunstfertigkeit als Maler unter Beweis stellen sollte, zeigt er ihm "etliche Tüchlin und Kunststück, die er in Flandern koufft het" (90).

Die Beziehungen zwischen Köln und Frankreich seien an das Ende dieser Betrachtungen gestellt. Wie Sprandel (91), unter Benutzung der Vorarbeiten Troeschers (92), festgestellt hat, spielten deutsche und dabei vor allem Kölner Kunsthandwerker im mittelalterlichen Frankreich eine bedeutende Rolle. Es sind vor allem Gold- und Silberschmiede, Drucker und Maler, die in erstaunlich großer Zahl genannt werden (93).

In Paris, wo bereits im 12. Jahrhundert Kölner Schilde erwähnt werden (94), werfen einige Briefe aus den Jahren 1397/98 ein interessantes Licht auf die Beziehungen zu Köln (95). Wahrscheinlich 1397 schrieb "Steffain Unger bourdurwirker des koninks van Vranckrich, des herzogen van Berri, des herzogen van Bourgoingnen, d(es) herzogen van Orliens" einen Brief an "Willem van Bumbel, bordurwirker zo Collen". Zwei Gesellen hätten ihm einen Altar gestohlen, der dem burgundischen Herzog gehören würde. Er hätte ihn seinem Gesellen Bernart bordurwirker geliehen, der ihn abzeichnen wollte. Unger vermutet, daß der Schilderer Martin ebenfalls an dem Diebstahl beteiligt war, und daß sich beide von Paris nach Köln abgesetzt hätten. An Bommel wendet er sich, weil Bernart bei diesem gearbeitet habe (96). Bevor die Ereignisse weiter verfolgt werden, ist ein Blick auf die beteiligten Personen erforderlich: Steffain Unger, auch Estienne Bièvre dit le Hongre genannt, war um 1400, wie bereits der Schlußsatz des Briefes andeutet, einer der bedeutendsten Pariser Bortenweber. Ab 1373 arbeitete er für den burgundischen Herzog Philipp den Kühnen, 1379 für den Hof von Navarra, ab 1383 für die Herzöge von Orléans und 1387 für den Herzog von Thouraine; zahlreiche Lieferungen und auch beträchtliche Zahlungen sind in den Rechnungen der einzelnen Höfe nachweisbar (97). Auch der Empfänger des Briefes war ein bekannter Bortenweber, Wilhelmus de Bomele stiftete 1399 der Kölner Kartause "pulchra antipendia pro singulis altaribus et 100 flor. rhen." (98). Um die Suche nach dem Altar zu beschleunigen, wandte sich Herzog Philipp der Kühne von Burgund wahrscheinlich am 15.11.1397 an den Kölner Rat. Sein Schreiben enthält eine interessante Beschreibung des Altares: In der Mitte war die "imago annunciationis" gemalt, rechts "imago Caroli magni, s. Georgii et quamplures angeli" und links "s. Dyonisus et s. Ludovicus" (99). Das ikonographische Programm, vor allem die Darstellung des hl. Kaisers Karl, König Ludwigs des Heiligen, der als Vorbild eines christlichen Herrschers galt, und des Dionysius (von S. Denis?), weist auf Beziehungen zum französischen Hochadel (100). Der Altar war sicherlich nicht groß, sonst hätten ihn die Gesellen kaum transportieren können, wahrscheinlich handelte es sich um einen kleinen Haus- oder Tragaltar. In Köln wurde von diesem Schreiben zunächst eine Übersetzung angefertigt (101). Die Gesellen – sie hielten sich also tatsächlich in der Stadt auf – wurden im Frankenturm inhaftiert. Die Schildergaffel wandte sich in einem Schreiben an den Rat und setzte sich für sie ein, weil sie "die zwen knecht halden vur gude knechte", der Pariser Meister aber sei "ein schalk, dat ist ons beiden ampten wail kundich" (102). Die Eingabe der Gaffel hatte Erfolg, beide Gesellen wurden freigelassen; am 6.2.1398 leisteten sechs Maler und Wappensticker eine Bürgschaft für sie (103). Der Kölner Rat hatte vielleicht schon vorher – auch bei diesem Schreiben ist die Datierung auf den 11.1.1398 unsicher – einen Brief an den Herzog von Burgund gesandt, ihm vom Verhör der Gesellen berichtet und um Mitteilung seiner weiteren Absichten gebeten (104).

Der Briefwechsel beleuchtet schlaglichtartig die Beziehungen zwischen Köln und Paris um 1400, der Zeit der internationalen Gotik. Zwischen den Luxustextilgewerben beider Städte sind mehrfach Verbindungen nachweisbar. 1359 wurde "Johannes dictus Juncker de Parisis, colorator serici" Bürger in Köln (105). 1373 wird "meister Wilhelm von Parijs" als Pächter von 2 Garnzwirnrädern in Köln genannt; Endrei und Stromer halten ihn für jenen Unternehmer, der die Seidenzwirnmühle in Köln eingeführt hat (106). 1429 ist Pariser Seide in Köln nachweisbar (107). Unger kannte wohl Bommel in Köln, er bot ihm sogar an, sich in Paris für Aufträge der französischen Höfe zu verwenden. Auch der Kölner Schildergaffel war Unger offensichtlich bekannt.

Der Wappensticker Bernhard und vielleicht auch der Schilderer Martin waren bei Bommel Lehrlinge oder Gesellen gewesen, arbeiteten dann bei Unger in Paris und kehrten zuletzt nach Köln zurück. Bemerkenswert ist auch das Eintreten der Schildergaffel für die beiden Gesellen, die Eingabe an den Rat und das Versprechen der Schadloshaltung. Andere Fragen bleiben offen: Wieso befand sich ein Altar des Burgunders in der Werkstatt eines Bortenwebers? War der Bortenweber Bernhard ebenfalls Maler, weil er den Altar abzeichnen wollte? Warum verleiht aber ein Meister einen Altar und läßt ihn nicht in seiner Werkstatt kopieren? Vielleicht ist dies ein Hinweis darauf, daß seine Klage gegen die Gesellen nur ein Vorwand war, eine Unterschlagung zu vertuschen, wie die Kölner Schilderer vermuteten. Das weitere Schicksal des Altares und auch der Gesellen ist leider bisher ungeklärt.

VI

Abschließend sei die Frage aufgeworfen, inwieweit für das Verhältnis von Kunst und Migration die Auftraggeber von Bedeutung waren. Dies erscheint zunächst deshalb wichtig, weil die Migration von Künstlern die Existenz kommunikativer Verbindungen voraussetzte, die auf sehr unterschiedliche Weise zustande kommen konnten. Die Auftraggeber gehörten zu verschiedenen sozialen Gruppen, denen sich funktional z.T. unterschiedliche Migrationsformen zuordnen lassen. Beim Adel sind dies z.B. militärische und diplomatische Reisen sowie dynastische Verbindungen, beim Klerus spielen die Formen der Organisation von Bistümern und Orden eine Rolle, bei den Kaufleuten, Handwerkern und Gesellen vor allem

Handelsbeziehungen. Hinzu kommen Migrationsformen, die sich nicht eindeutig zuordnen lassen wie die Reisen der Pilger oder der Studenten (108). Erst die Gesamtzahl dieser Migrationsformen schuf jenes verkehrs- und kommunikationstechnische System an Verbindungen, das die Voraussetzungen für die Mobilität von Kunstwerken und Künstlern im 15. und 16. Jahrhundert bildete (109).

Wie die untersuchten Beispiele weiter zeigen, waren Künstlerwanderungen in erster Linie von dem Bedarf an Kunstwerken bestimmt, wobei vor allem landesherrliche Residenzen im Vordergrund standen. Möglicherweise sind diese durch die Quellenüberlieferung besser dokumentiert als die Verhältnisse in den Städten; dennoch entsteht der Eindruck, daß weder die einzelnen Kaufmannsfamilien noch die Städte selbst eine Kunstförderung mit dem Aufwand betrieben haben, wie dies an den Höfen und südlich der Alpen zu beobachten ist (110). Wichtig erscheint in diesem Zusammenhang auch die Beobachtung, daß landesherrliche Residenzen nicht nur Anziehungspunkte für Künstler darstellten, sondern daß von ihnen auch wichtige Impulse für die Entwicklung des Kunsthandwerks in den benachbarten städtischen Zentren ausgehen konnten, wie dies Fritz für die Goldschmiede gezeigt hat (111). Bei einer Untersuchung der Bedeutung der Auftraggeber ergibt sich so die Nowendigkeit einer räumlichen Differenzierung.

Als Auftraggeber Kölner Kunstwerke im Nahbereich der Stadt stehen die Klöster und Stifte des Rheinlandes, bzw. einzelne Geistliche, an erster Stelle. Eine zweite, jedoch kleinere Gruppe von Auftraggebern stellten die rheinischen Adeligen dar, die z.B. Altäre zur Ausstattung von Kirchen brauchten, die ihnen als Grablege dienen sollten. Sie wandten sich dafür ebenso nach Köln wie die Bürger der kleineren Städte, die keine Malerwerkstatt auf Dauer beschäftigen konnten (112). Anders gelagert waren die Verhältnisse außerhalb des städtischen Umlandes. Neben den bereits erwähnten Territorialherren sind vor allem die Kaufleute anderer Städte zu nennen, die Aufträge an Kölner Meister vergaben, aber auch für Kölner Kaufleute lassen sich Beziehungen zu auswärtigen Meistern nachweisen. Einige Beispiele Frankfurter Kaufleute, die Auftraggeber Kölner Künstler waren, müssen hier genügen: Zelis Rokoch stiftete ein Glasfenster für das Kölner Kloster Herrenleichnam (113), Jacob Heller, Auftraggeber Dürers und Grünewalds, ebenfalls ein Glasfenster für St. Maria im Kapitol (114). Er war eng verwandt mit dem Frankfurter Johann Melem, der eines der ersten Kölner Porträts in Auftrag gab (115), zudem war Melem mit einer Frau aus der Kölner Kaufmannsfamilie Rinck verheiratet, die durch ihre zahlreichen Stiftungen für Kölner Kirchen bekannt ist (116). Zu nennen ist weiter der Frankfurter Kaufmann Hans Bleichenbach, der 1445 in Köln ein Marienbild für seine Grabstätte in der Frankfurter Barfüßerkirche bestellte (117). Der Lübecker Kaufmann Johann Bisse, der aus Frankfurt stammte und als Buchhändler eine bedeutende Rolle gespielt hat, vermachte 1471 seiner Vaterstadt testamentarisch eine Altartafel von Bernd Notke, die auf dem Agnesaltar der Frankfurter Hospitalskirche zum Hl.Geist aufgestellt wurde (118). Bemerkenswert erscheint in diesem Zusammenhang auch, daß bei den Auftraggebern eine Reihe von Familien besonders hervortraten, die sich als Neubürger in der städtischen Wirtschaft und Gesellschaft erst durchsetzen mußten und die ihren Aufstieg in die politische, wirtschaftliche und gesellschaftliche Führungsschicht der Stadt durch Aufträge an Künstler sichtbar zu dokumentieren versuchten. Die bereits genannten Beispiele der Familien Hackeney und Rinck zeigen deutlich, daß eine auf Repräsentation ausgerichtete Wohn- und Sachkultur und eine aufwendige Jenseitsfürsorge als Kriterien für eine Zuordnung zur städtischen Oberschicht dienen können (119). Der aus einer bedeutenden Köln-Soester Kaufmannsfamilie stammende Dietrich von Lunen ließ von einem Kölner Maler ein Triptychon für das Kloster St. Agatha, in das möglicherweise seine Töchter eingetreten waren, anfertigen (120). Auch nach Wien reichen die Verbindungen dieser Familie: 1443 ist dort der Maler Michael Ruttenstock Zeuge bei Auseinandersetzungen, an denen Dietrichs Vater Johann von Lunen beteiligt war (121). Ein anderer Wiener Maler, Erhart Wolfstain, ist 1455 Zeuge bei der Schuldverschreibung eines Kölner Kaufmanns (122). Daß auswärtige Maler zu Kölner Kaufleuten nicht nur wirtschaftliche Beziehungen unterhielten, sondern auch für sie arbeiteten, sei abschließend anhand zweier Beispiele aus Antwerpen gezeigt: 1528 stellte der Kölner Kaufmann Tileman Ekoren dem Antwerpener Maler Marten de Heere für "certeine tafereelen" einen Schuldschein aus, der 1531 in Lissabon eingelöst werden sollte (123). 1542 ließ Samson del Barco im Haus des Kölner Kaufmanns Melchior Groenenbach zwei Bilder schätzen, die von den hinzugerufenen Malern, Jan Mandyn und Pieter Aertsen, auf 25 Pfund flämisch geschätzt wurden (124).

VII

Aus dem weitgespannten Themenbereich "Kunst und Migration" wurden vor allem zwei Themen herausgegriffen, der Austausch von Künstlern und Kunstwerken. Dabei zeigte sich, daß sich die Wanderungen der Maler in den umfangreichen Komplex verschiedener Migrationsformen in der spätmittelalterlichen-frühneuzeitlichen Gesellschaft einordnen lassen.

Ein räumlich-zeitliches Ordnungssystem ist zumindest in Umrissen zu erkennen, welches das Migrationsverhalten auch anderer mobiler Gruppen bestimmt hat. Die Wanderungen Kölner Maler lassen deutlich eine Reihe von Zentren erkennen, an denen sie sich orientierten, deren Bedeutung im Untersuchungszeitraum jedoch auch Veränderungen unterworfen war. Ähnliches ist bei anderen mobilen Gruppen zu beobachten, z.B. bei Pilgern und Studenten. Wichtig ist in diesem Zusammenhang weiter, daß die einzelnen Zentren durch ein System von dauerhaften Kommunikationslinien miteinander verbunden waren, das für die Migration der einzelnen Gruppen von entscheidender Bedeutung war. Gattungsspezifische Unterschiede zwischen den einzelnen Kunstgewerben waren für das Migrationsverhalten ebenfalls von großer Bedeutung; während die Produkte der Kölner Bortenweber und Goldschläger als Markenartikel bis nach Italien vertrieben wurden (125), zogen die Kölner Baumeister zu den großen Baustellen bis nach Spanien (126). Die Distanz zwischen dem Herkunfts- und dem Arbeitsort eines Künstlers bzw. zwischen dem Herstellungs- und dem Bestimmungsort eines Kunstwerkes erweist sich für die Analyse von Migrationsprozessen als wichtiger Untersuchungsgegenstand. Während das Absatzgebiet der Kölner Maler eher regional begrenzt war und sich im wesentlichen mit dem Einzugsbereich des Kölner Marktes deckte, spielte die Entfernung für die Mobilität der Maler offensichtlich kaum eine Rolle; sie überschritten die Grenzen der Wanderungsräume von Gesellen ebenso wie Sprachgrenzen (127). Hierbei zeigen sich Parallelen zu den technischen Experten, die von den Höfen, aber auch von den Städten ebenso gesucht wurden wie die Künstler, und die eine ähnlich herausgehobene Rolle spielten (128).

Die Motive dieser Wanderungen lassen sich nicht in allen Fällen bestimmen. Wichtig erscheint an erster Stelle eine Orientierung am Faktor der Nachfrage. Kölner Künstler zogen dorthin, wo es Arbeit für sie gab, die Abel nach Innsbruck und Prag, Binck nach Kopenhagen und Königsberg, Kareest nach Antwerpen. Aber auch andere Motive waren von Bedeutung, zunächst die Absicht persönlicher Weiterbildung, die Arnold Abel nach Rom, Binck nach Antwerpen und die beiden Kölner Gesellen nach Paris führte. Hinzu kommen die Anwerbung von Fachkräften mit hervorragender Qualifikation, die man offensichtlich nur in wenigen Städten finden konnte, sowie der Erwerb von Kunstwerken und Arbeitsmaterial. Daß daneben auch weitere Beweggründe für die Migration von Kunsthandwerkern eine Rolle spielten, z.B. Wallfahrten, Kriegszüge oder politische Missionen, kann hier unberücksichtigt bleiben, weil es sich dabei um Formen von Mobilität handelt, die auch für andere Gruppen der städtischen

Gesellschaft charakteristisch sind. Der ersten und zweiten der genannten Motivgruppen lassen sich auch die Gesellenwanderungen zuordnen, die hier unberücksichtigt bleiben mußten. Die wenigen bekannten Beispiele zeigen jedoch, daß sich diese durchaus in den anhand der Mobilität der Meister erarbeiteten Rahmen einordnen lassen: Kölner Gesellen zogen vor allem in die Niederlande, während Malergesellen vom Ober- und Mittelrhein nach Köln wanderten.

Für die kunsthistorische Forschung werfen diese Überlegungen eine Reihe von Problemen auf, die bisher noch wenig geklärt sind. Das erste besteht darin, daß wir von den Maßstäben der Wertschätzung zeitgenössischer Künstler und Kunstwerke nur sehr vage Vorstellungen besitzen (129), dies gilt auch für die gesellschaftliche Stellung des Künstlers und die vielfältigen Funktionen des Kunstwerks – beides im Untersuchungszeitraum durch den Übergang von der Gotik zur Renaissance beträchtlichen Veränderungen unterworfen (130). Es läßt sich also lediglich feststellen, daß Migrationsprozesse stattgefunden haben und wie sie verlaufen sind, es läßt sich aber höchstens in wenigen Einzelfällen, nicht aber im Generellen eindeutig erklären, warum man einzelne Künstler und Kunstwerke aus bestimmten Gegenden bevorzugt hat. Der Import niederländischer Tafelbilder in das Rheinland läßt sich zwar in ein System wirtschaftlicher und kultureller Beziehungen einordnen, aus welchen Gründen aber ausländische Gemälde den einheimischen vorgezogen wurden, obwohl die Kölner und die niederrheinischen Maler in den Niederlanden gelernt und die dortige Kunst intensiv rezipiert haben, ist nicht zu klären, weil die Werturteile der Zeitgenossen unbekannt sind. Zwar kann die kunsthistorische Forschung die Leistung der einzelnen Künstler durchaus bewerten, jedoch zeigen einige Beispiele, daß die Zeitgenossen heute hochgeschätzten Meistern Maler vorzogen, deren künstlerische Qualität von der modernen Kunstgeschichte geringer bewertet wird; die Übertragung kunsthistorischer Werturteile auf vergangene Epochen ist sehr problematisch und kann in die Irre führen, da die Beurteilungen auf z.T. völlig verschiedenen Kriterien beruhen.

Daran schließt sich ein zweites Problem an: Weiträumige künstlerische Rezeptionsprozesse sind zwar zu beobachten, aber kaum zu erklären. Es lassen sich zwar die Träger und Formen dieser Prozesse benennen, die allgemeinhistorischen Voraussetzungen und Rahmenbedingungen bestimmen und auch anhand einer kartographischen Dokumentation die räumlich-zeitlichen Etappen dieser Prozesse erkennen; die Frage nach den Ursachen ist dagegen nur schwer zu beantworten. Sie auf den Wandel der Nachfrage, der Verbrauchergewohnheiten zurückzuführen, ist naheliegend, aber mit der qualitativen und quantitativen Entwicklung der Bildproduktion nicht ohne Schwierigkeiten kausal zu verknüpfen. Zu vermuten sind Zusammenhänge mit einem Wandel der Rolle des Bildes in Kirche und Gesellschaft; als Marksteine seien die wachsende Heiligen- und Marienverehrung, die Bildmeditation der Mystik und die Devotio Moderna genannt. Es zeichnet sich ein Prozeß ab, der dann über gewisse Säkularisationstendenzen in der Kunst der Spätgotik auf der einen und die Bilderkritik der Reformation auf der anderen Seite zum profanen Kunstwerk der Renaissance führte. Das bisher nur unzureichend gelöste Problem besteht vor allem darin, kausale Verbindungen zwischen diesen kulturellen und gesellschaftlichen Prozessen herzustellen.

Ein drittes Problem ergibt sich bei dem Versuch, die beträchtliche Mobilität von Personen und Objekten, aber auch von Ideen, Techniken, Stilelementen und Motiven mit dem eher statischen Konzept der Kunstgeographie zu vereinbaren. Wichtig erscheint nämlich die Beobachtung, daß die bedeutendsten Kölner Maler des 15. und 16. Jahrhunderts, deren Werke sich über die Schriftquellen hinaus mit erhaltenen Arbeiten verbinden lassen, nicht aus Köln stammen. Stephan Lochner kam vom Bodensee (131), Jaspar und Anton Woensam stammten aus Worms (132) und Bartholomäus Bruyn der Ältere zog möglicherweise aus Wesel in die Domstadt (133). Auf der anderen Seite gibt es jedoch durchaus auch statische Elemente in der Kölner Malerei: Bei den einzelnen Malerfamilien sind häufig starke Kontinuitätselemente festzustellen; Berufsvererbung über mehrere Generationen (134), Stabilität des Wohn- und Arbeitsbereiches, dauerhafte Beziehungen zu bestimmten Auftraggebern bzw. Familien der Führungsschicht sind hier ebenso zu nennen wie Konstanten bei den Gattungen und der Ikonographie der Bilder.

Das Verhältnis zwischen mobilen und konstanten Faktoren, zwischen innovatorischen und traditionsverhafteten Elementen ist nur schwer zu gewichten. Hinzu kommt, daß auch individuelle Aspekte eine Rolle gespielt haben, in erster Linie die unterschiedliche künstlerische Qualität der einzelnen Meister. Daß Köln nach 1500 keinen Maler mehr besaß, der sich mit Dürer, Cranach oder den Meistern der Donauschule hätte messen können, ist sicherlich kein Zufall und wohl nicht nur auf den Mangel an qualifizierten Kräften zurückzuführen. Die beiden wichtigsten geistigen Strömungen dieser Zeit – der Humanismus und die Reformation – wurden in Köln nur in Ansätzen rezipiert, ihre Zentren lagen am Oberrhein und in Oberdeutschland; wirtschaftsgeschichtliche Schwerpunktverlagerungen verliefen parallel zu diesem Prozeß.

Die außerkünstlerischen Rahmenbedingungen der Malerei lassen nicht nur statische, sondern auch dynamische Elemente erkennen. Auf langfristige Veränderungen in der Funktion der Bilder wurde beeits hingewiesen. Auch die Bereitschaft und Fähigkeit der Auftraggeber, Geldmittel zur Verfügung zu stellen, um wirtschaftlich strenggenommen unproduktive Kunstwerke herstellen zu lassen, konnte sich verändern; dies war für die Anziehungskraft der einzelnen Zentren auf wandernde Künstler von nicht zu unterschätzender Bedeutung.

Die fehlende Berücksichtigung raumübergreifender Phänomene ist, neben der mangelnden theoretischen Begründung und inhaltlichen Charakterisierung, ein wichtiges Argument, mit dem die Konzeption der Kunstgeographie grundsätzlich in Frage gestellt werden kann. Langemeyer hat deshalb vorgeschlagen, nicht mehr von "Kölner Kunst", sondern von "Kunst in Köln" zu sprechen (135). Daß sich die räumliche Verbreitung der Kölner Tafelbilder als Absatzgebiet der Kölner Werkstätten erheblich besser beschreiben läßt als durch die Annahme einer Kölner Kunstlandschaft, könnte diese Überlegungen weiterführen (136). Für den Wirtschaftshistoriker bedeutet Langemeyers Vorschlag eine willkommene und einfache Lösung des Problems, er kann "Kunst aus Köln" in den Katalog der Markenartikel aus der Rheinmetropole aufnehmen neben "Kölnischem Garn", "Kölnischer Leinwand", "Kölnischen Schwertern", "Kölnischen Schilden", "Kölnischen Speeren" und später auch "Kölnischem Wasser" – Kuske hat etwa 150 dieser Markenbezeichnungen zusammengestellt (137). Weniger erfreulich sind die Konsequenzen allerdings für den Kunsthistoriker; für ihn bedeutet die Aufgabe des Konzeptes der Kunstgeographie in letzter Konsequenz den Verzicht auf ein räumliches Ordnungssystem, das in Verbindung mit der Methode der Stilkritik in den meisten Fällen die einzige, wenn auch häufig unbefriedigende Möglichkeit darstellt, überlieferte mittelalterliche Kunstwerke räumlich zu ordnen. Die Möglichkeiten, auf Urkunden und Inschriften zurückzugreifen, sind begrenzt und dürften nur noch in Einzelfällen weiterführen. Auch naturwissenschaftliche Methoden der Gemäldeuntersuchung stellen zur Zeit noch keine ausreichende Alternative dar.

Die Frage, was denn "Kunst aus Köln" eigentlich charakterisiere, ist damit nur an den Rand geschoben, aber keineswegs gelöst. Dem Wirtschaftshistoriker bereitet die Antwort auf die Frage, warum die Textil-, Leder- und Metallwaren aus der Stadt als Markenartikel international konkurrenzfähig waren (138), erheblich weniger Schwierigkeiten als dem Kunsthistoriker, der "Kunst aus Köln" von der aus Aachen, Dortmund oder Koblenz unterscheiden soll. Eine Lösungsmöglichkeit könnte sich darin abzeichnen, die erhaltenen Kunstwerke mit dem "soziokulturellen

Milieu" einer Stadt in Verbindung zu bringen. Außerkünstlerische Faktoren waren - wie auch die Untersuchungen zum Migrationsproblem gezeigt haben - für die zeitgenössische Kunst von erheblicher Bedeutung, doch ist die Erforschung dieser Probleme bisher über Ansätze noch nicht hinausgekommen (139).

Zum Abschluß sei nochmals zu der eingangs gestellten Frage zurückgekehrt, welche Bedeutung die künstlerisch-kulturelle Leistung für das Ansehen einer Stadt um 1500 besessen hat. Sie war für die Zeitgenossen ein unverwechselbares Element; wie sehr der Glanz eines Zentrums über die politische und wirtschaftliche Stellung oder den Besitz bedeutender Reliquien hinaus von der künstlerischen Ausstrahlung bestimmt wurde, zeigen die folgenden Sätze aus der Brevis Germaniae Descriptio des Johann Cochläus, mit denen er 1512 seine Heimatstadt Nürnberg charakterisierte: "Die Talente der Künstler bewundern nicht nur die Deutschen, sondern auch die Italiener und Franzosen und die entfernt wohnenden Spanier und fragen sehr oft nach ihnen. Davon zeugen ihre Werke, die sehr weit verschickt werden ... Da gibt es die Bilder von der Passion des Herrn, die kürzlich Albrecht Dürer malte, in Kupfer stach und selber abzog, so überaus fein und mit richtiger Perspektive dargestellt, daß die Kaufleute sogar aus ganz Europa die Exemplare für ihre Maler kaufen ... Ich kenne Johannes Neuschel, der ins Ausland reiste und vielen Königen diente; er ist in der Musik sehr tüchtig, nicht nur Bläser der Trompete, sondern auch ihr hervorragender Hersteller und fügt bei uns häufig zum Chorgesang den Klang der Trompete. Seine Trompeten werden über 700 Meilen weit verschickt ..." (140).

ANMERKUNGEN

1) StA Frankfurt Ratssupplikationen Lade I Nr. 101. Vgl. dazu Walther Karl Zülch: Frankfurter Künstler. 1223-1700. Frankfurt 1935 ND Frankfurt 1967, 179-180.

2) Zülch (wie Anm. 1) 108-109, 145.

3) Zülch (wie Anm. 1) 141-144.

4) Vgl. z.B. den Lebenslauf des Malers Hans von Langendiepach, Zülch (wie Anm. 1) 177-178. Die Auffassung, daß man Künstlertum mit deviantem Verhalten gleichsetzen könnte, erscheint allerdings überzogen, vgl. Rudolf und Margot Wittkower: Künstler. Außenseiter der Gesellschaft. Berlin – Köln – Mainz 1965. Vgl. auch Ernst Kris/Otto Kurz: Die Legende vom Künstler. Ein geschichtlicher Versuch. Wien 1934 ND Frankfurt 1980.

5) Vgl. z.B. Ermentrude von Ranke: Von kaufmännischer Unmoral im 16. Jahrhundert, in: Hansische Geschichtsblätter 50/1925, 242-250.

6) Zülch (wie Anm. 1) 166-167.

7) Zur Familie Zülch (wie Anm. 1) 103, 127, 149, 210, 245-246, 325. Alexander Dietz: Frankfurter Handelsgeschichte. Bd. I, Frankfurt 1910 ND Glashütten 1970,

208, 222. Bruno Kuske: Quellen zur Geschichte des Kölner Handels und Verkehrs im Mittelalter (Publikationen der Gesellschaft für Rheinische Geschichtskunde 33) 4 Bde. Bonn 1917-1934 ND Düsseldorf 1978, II Nr. 1058.

8) Franz Irsigler: Die wirtschaftliche Stellung der Stadt Köln im 14. und 15. Jahrhundert. Strukturanalyse einer spätmittelalterlichen Exportgewerbe- und Fernhandelsstadt (VSWG Beihefte 65) Wiesbaden 1979, 88, 126-129, 137, 142, 147-148, 194. Johann von Bingen war auch auf dem Rentenmarkt, im Fisch- und Barchenthandel beteiligt, weitere Nachweise bei Kuske (wie Anm. 7) II Nr. 1058, III 160.

9) Franz Irsigler: Köln, die Frankfurter Messen und die Handelsbeziehungen mit Oberdeutschland im 15. Jahrhundert, in: Köln, das Reich und Europa. Abhandlungen über weiträumige Verflechtungen der Stadt Köln in Politik, Recht und Wirtschaft im Mittelalter (Mitteilungen aus dem Stadtarchiv von Köln 60) Köln 1971, 341-429.

10) Margret Wensky: Die Stellung der Frau in der stadtkölnischen Wirtschaft im Spätmittelalter (Quellen und Darstellungen zur Hansischen Geschichte NF 26) Köln Wien 1980, 353 (Register).

11) Zülch (wie Anm. 1) 78-79.

12) Knut Schulz: Handwerksgesellen und Lohnarbeiter. Untersuchungen zur oberrheinischen und oberdeutschen Stadtgeschichte des 14. bis 17. Jahrhunderts. Sigmaringen 1985, 265-296.

13) 1470 wird der Geschützgießer, Glockengießer und Büchsenmeister Martin Molner in Frankfurt gratis Bürger "um seiner dinste willen" (Zülch (wie Anm. 1) 169). Dem Maler Ludwig Snytczer wird 1477 in Leipzig das Bürgergeld erlassen "remissum propter magistralitatem artis sue" (Ernst Müller: Leipziger Neubürgerliste 1471-1501 (Quellen und Forschungen zur sächsischen Geschichte 6) Dresden 1969, 66). 1479 wird ebenfalls in Leipzig der Goldschmied Jacob Gunther aus Danzig umsonst Bürger "remissum quia bonus artifex" (Ebda. 25). 1562 können sich in Koblenz Maler und Bildhauer "so irer sonderlichen kunst halben für andere allenthalben begünstiget, wo einer oder mehr in unserer statt seßhafft, oder sich künfftich hierher begeben wurde", ihre Zunft aussuchen (Ordinatio politica urbis Confluentiae. Druck bei Johann Nikolaus von Hontheim: Historia Treverensis diplomatica et pragmatica... 3 Bde. Augsburg – Würzburg 1750, II 870 Nr. 4). 1524 erhält der Steinbalierer Hans Scher in Freiburg von König Ferdinand das Privileg, außerhalb der Zunft zu arbeiten, weil er "mit der holen Arbeit der christallischen trinkgeschirr auch calcedonier und jaspis... in sondere erfahrung und schicklichkeit gekommen" (Zit. n. Rudolf Metz: Edelsteinschleiferei in Freiburg und im Schwarzwald und deren Rohstoffe. Lahr 1961, 14). 1538 übernahm die Stadt Hamburg die Kosten für die Ausbildung des Malers Franz Tymmermann bei Lukas Cranach unter der Bedingung, daß er später in die Hansestadt zurückkehre (Heinrich Reincke: Beiträge zur mittelalterlichen Geschichte der Malerei in Hamburg, in: Zeitschrift des Vereins für Hamburgische Geschichte 21/1916, 112-154, hier 120-121).

14) Jean Lestocquoy: Deux siècles de l'histoire de la tapisserie (1300-1500): Paris, Arras, Lille, Tournai, Bruxelles (Mémoires de la Commission Départementale des Monuments Historiques du Pas-de-Calais 19) Arras 1978.

15) Wensky (wie Anm. 10) 81-82, 183-186.

16) Vgl. z.B. Dietrich Hassler (Hg.): Ott Rulands Handlungsbuch (Bibliothek des Litterarischen Vereins in Stuttgart 1,4) Stuttgart 1843.

17) Z.B. wendet sich 1532 der Nürnberger Rat wegen des Nachdrucks von Dürerschriften an Straßburg, Frankfurt, Leipzig, Augsburg und Antwerpen, vgl. Hans Rupprich (Hg.): Dürer. Schriftlicher Nachlaß. Bd. I. Berlin 1956, 239 Nr. 14.

18) Vgl. z.B. Ulrike Jenni: Das Skizzenbuch der internationalen Gotik in den Uffizien. Der Übergang vom Musterbuch zum Skizzenbuch (Wiener kunstgeschichtliche

Forschungen 4) 2 Bde. Wien 1976. Emil Ernst Ploss: Ein Buch von alten Farben. Technologie der Textilfarben mit einem Ausblick auf die festen Farben. 4. Aufl. München 1977.

19) 1372 erkundigt sich z.B. der Breslauer Rat in Brüssel und Köln über den Feingehalt der Gold- und Silberarbeiten sowie die üblichen Arbeitslöhne. Erwin Hintze: Die Breslauer Goldschmiede. Eine archivalische Studie. Breslau 1906, 183-184. Ähnliche Beispiele in der Korrespondenz Kölner Goldschmiede, vgl. Heinrich von Loesch (Bearb.): Die Kölner Zunfturkunden nebst anderen Kölner Gewerbeurkunden bis zum Jahre 1500 (Publikationen der Gesellschaft für Rheinische Geschichtskunde 22) 2 Bde. Bonn 1907 ND Düsseldorf 1984, II Nr. 426 (Breslau), 427 (Venedig), 431 (Andernach), 433 (Augsburg), 440 (Lübeck), 441 (Nürnberg), 442 (Dringenberg), 446 (Wien), 450 (Lübeck), 459 (Barcelona), 461 (Wesel), 464 (Mühldorf i. Bayern), 468 (Lüneburg).

20) Trier übernahm 1532 die Nürnberger Goldschmiedeordnung, vgl. (Gottfried Kentenich): Statuten der Trierer Goldschmiedezunft aus dem J. 1532, in: Trierische Chronik 11/1915, 151-153. Weitere Beispiele bei Johann Michael Fritz: Goldschmiedekunst der Gotik in Mitteleuropa. München 1982, 328 (Eßlingen-Ulm), 331 (Königsberg-Nürnberg), 333 (Maastricht-Brüssel), 335 (Osnabrück-Dortmund-Köln-Münster), 339 (Zwickau-Nürnberg).

21) Vgl. den Beitrag von Gerhard Dohrn-van Rossum in diesem Band.

22) Zum folgenden Wolfgang Schmid: Raumprobleme in der Tafelmalerei der Gotik. Kunstgeographische und wirtschaftsgeschichtliche Untersuchungen über Köln, Nürnberg, Augsburg und Ulm (im Druck).

23) Hermann Aubin/Theodor Frings/Josef Müller: Kulturströmungen und Kulturprovinzen in den Rheinlanden. Geschichte-Sprache-Volkskunde. Bonn 1926 ND Bonn 1966.

24) Reiner Haussherr: Kunstgeographie – Aufgabe, Grenzen, Möglichkeiten, in: Rheinische Vierteljahrsblätter 34/1970, 158-171. Günther Franz/Helmut Jäger: Historische Kartographie. Forschung und Bibliographie (Akademie für Raumforschung und Landesplanung, Beiträge 46) 3. Aufl. Hannover 1980, 227-229.

25) Ein Forschungsüberblick bei Franz Irsigler: Stadt und Umland in der historischen Forschung: Theorien und Konzepte, in: Neithard Bulst, Jochen Hoock, Franz Irsigler (Hgg.): Bevölkerung, Wirtschaft und Gesellschaft. Stadt-Land-Beziehungen in Deutschland und Frankreich. 14. bis 19. Jahrhundert. Trier 1983, 13-38. Dietrich Denecke: Beziehungen zwischen Stadt und Land in Nordwestdeutschland während des späten Mittelalters und der frühen Neuzeit. Historische Geographie städtischer Zentralität, in: Stadt im Wandel. Kunst und Kultur des Bürgertums in Norddeutschland. 1150-1650. Katalog. Stuttgart-Bad Cannstatt 1985, 191-218.

26) Vgl. den Beitrag von Helmut Bräuer in diesem Band.

27) Im Rheinland sind bis 1550 nur in ca. 8 Städten Malerwerkstätten nachweisbar, Goldschmiedewerkstätten sind es dagegen in mehr als 30 Städten, vgl. Wolfgang Schmid: Altäre der Hoch- und Spätgotik (Geschichtlicher Atlas der Rheinlande 12, 1) Köln 1985, 10-11. Wolfgang Scheffler: Goldschmiede Rheinland-Westfalens. Daten Werke Zeichen. 2 Bde. Berlin – New York 1973.

28) La Chartreuse de Champmol. Foyer d'art au temps des Ducs Valois. Kat. Dijon 1960. Hans Peter Hilger: Grabdenkmäler der Häuser Jülich, Kleve, Berg, Mark und Ravensberg, in: Land im Mittelpunkt der Mächte. Die Herzogtümer Jülich, Kleve, Berg. Kat. 2. Aufl. Kleve 1984, 181-208.

29) Gerhard Händler: Fürstliche Mäzene und Sammler in Deutschland von 1500-1620 (Studien zur deutschen Kunstgeschichte 297) Straßburg 1933. Heinz Schwarzmann: Kunst und Gemeinschaft in der Dürerzeit. Entwürfe zur Monographie einer

kunstgeschichtlichen Epoche (Lebensräume der Kunst 6) Wattenscheid 1941, 101-142.

30) Stephan Beissel: Die Bauführung des Mittelalters. Studie über die Kirche des hl. Victor zu Xanten. 3 Teile 2. Aufl. Freiburg 1889. Guido Rotthoff: Organisation und Finanzierung des Xantener Dombaues im 15. Jahrhundert (Xantener Domblätter 7) Krefeld 1973.

31) Arnold Esch: Über den Zusammenhang von Kunst und Wirtschaft in der italienischen Renaissance, in: Zeitschrift für historische Forschung 8/1981, 179-222. Michael Baxandall: Die Kunst der Bildschnitzer. Tilman Riemenschneider, Veit Stoß und ihre Zeitgenossen. München 1986. Rosemarie und Nikolaus Zaske: Kunst in Hansestädten. Köln 1986.

32) Ludwig Baldass: Der Künstlerkreis Kaiser Maximilians. Wien 1923. Erich Egg: Kaiser Maximilian und die Kunst, in: Kaiser Maximilian I. Kat. Innsbruck 1969, 93-106. Jan-Dirk Müller: Gedechtnus. Literatur und Hofgesellschaft um Maximilian I. (Forschungen zur Geschichte der älteren deutschen Literatur 2) München 1982. Hermann Wiesflecker: Kaiser Maximilian I. Das Reich, Österreich und Europa an der Wende zur Neuzeit. Bd. 5. München 1986, 306-409.

33) Fritz (wie Anm. 20) 30-34.

34) Carl C. Christensen: Reformation and Art, in: Steven Ozment (Hg.): Reformation Europe: A Guide to Research. St. Louis 1982, 249-270.

35) Alfred Stange: Kritisches Verzeichnis der deutschen Tafelbilder vor Dürer (Bruckmanns Beiträge zur Kunstwissenschaft) 3 Bde. München 1967-1978.

36) Elisabeth Vavra: Schriftquellen als Dokumente für die Bedeutung des Kunstwerks in der Alltagssituation des mittelalterlichen Menschen. Versuch einer Darstellung, in: Medium Aevum Quotidianum-Newsletter 3/1984, 5-12. Erwin Panofsky: Kunstgeschichte als geisteswissenschaftliche Disziplin (1940), in: Ders.: Sinn und Deutung in der bildenden Kunst. Köln 1978, 7-35, 13-15.

37) Hans Huth: Künstler und Werkstatt der Spätgotik. Augsburg 1925 erw. ND Darmstadt 1981, 8.

38) Johann Jacob Merlo: Kölnische Künstler in alter und neuer Zeit (Publikationen der Gesellschaft für Rheinische Geschichtskunde 9) Düsseldorf 1895.

39) Einzelbelege bei Schmid, Altäre (wie Anm. 27) 17-19.

40) Horst Vey: Südniederländische Künstler und ihre kölnischen Auftraggeber, in: Jaarboek van het Koniklijk Museum voor Schone Kunsten 7/1968, 7-32.

41) Huth (wie Anm. 37) 19-20.

42) Loesch (wie Anm. 19) I Nr. 52 §9.

43) Loesch (wie Anm. 19) I Nr. 52 §11.

44) Benno Schmidt: Frankfurter Zunfturkunden bis zum Jahre 1612 (Veröffentlichungen der historischen Kommission der Stadt Frankfurt 6) (1914) ND Wiesbaden, 1968 425, §13.

45) Karl Bücher: Die Berufe der Stadt Frankfurt a.M. im Mittelalter (Abhandlungen der philologisch-historischen Klasse der königl. sächsischen Gesellschaft der Wissenschaften 30, 3) Leipzig 1914, 83.

46) Hanns Floerke: Studien zur niederländischen Kunst- und Kulturgeschichte. Die Formen des Kunsthandels, das Atelier und die Sammler in den Niederlanden vom 15.-18. Jahrhundert. München – Leipzig 1905. Georg Friedrich Koch: Die Kunstausstellung. Ihre Geschichte von den Anfängen bis zum Ausgang des 18. Jahrhunderts. Berlin 1967.

47) Beispiele bei Koch (wie Anm. 46) 53-63.

48) Kemp: Kunst- und Gemäldehandel im reichsstädtischen Köln, in: Kölnischer Geschichtsverein. 4. Jahresbericht 1910/11, 8-16.

49) Das Buch Weinsberg. Kölner Denkwürdigkeiten aus dem 16. Jahrhundert. Bd. 3 bearb. v. Friedrich Lau (Publikationen der Gesellschaft für Rheinische Geschichtskunde 16) Bonn 1897, 179.

50) C. Rendtel: Art. Devotionalien, -handel, in: Lexikon des Mittelalters III, Sp. 930-931.

51) Zu Einzelbelegen vgl. demnächst die Dissertation des Verfassers Maler, Glaser und Goldschmiede im spätmittelalterlichen Köln. Zu den Kölner Beziehungen nach Süden vgl. Irsigler (wie Anm. 9). Vgl. auch Anm. 125.

52) Hans von Voltelini (Hg.): Urkunden und Regesten aus dem K.u.K. Haus-, Hof- und Staats-Archiv in Wien, in: Jahrbuch der kunsthistorischen Sammlungen des Allerhöchsten Kaiserhauses 11/1890, II, I-CCCLII, Nr. 6981, 6988, 6992. Hans Rott: Quellen und Forschungen zur südwestdeutschen und schweizerischen Kunstgeschichte im XV. und XVI. Jahrhundert. 6 Bde. Stuttgart 1933-1938, III A 52.

53) Merlo (wie Anm. 38) Sp. 27. Hans Vogts: Das Kölner Wohnhaus bis zur Mitte des 19. Jahrhunderts (Rheinischer Verein für Denkmalpflege und Landschaftsschutz. Jahrbuch 1964-65) 2 Bde. 2. Aufl. Neuss 1966 II, 688. Heinrich Appel, Niederrheinische Skulptur von 1560-1620 und ihre Beziehungen zu den Niederlanden. Emsdetten 1934, 3-8. W. Schäfke: Abel (von Ahrweiler), in: Allgemeines Künstler-Lexikon. Die bildenden Künstler aller Zeiten und Völker. Bd. 1 Leipzig 1983, 111.

54) Vogts (wie Anm. 53) I, 257-258.

55) Vogts (wie Anm. 53) II, 688. Zülch (wie Anm. 1) 232-233, 248. Heinrich Schrohe: Aufsätze und Nachweise zur Mainzer Kunstgeschichte. Mainz 1912, 96-97.

56) David Ritter von Schönherr: Geschichte des Grabmals Kaiser Maximilian I. und der Hofkirche zu Innsbruck, in: Jahrbuch der kunsthistorischen Sammlungen des Allerhöchsten Kaiserhauses 11/1890, 141-268, bes. 204-214. Merlo (wie Anm. 38) Sp. 25-26. Vinzenz Oberhammer: Die Bronzestandbilder des Maximiliangrabmales in der Hofkirche zu Innsbruck. Innsbruck – Wien – München 1935, 70-72. Percy Ernst Schramm/Hermann Filitz/Florentine Mütherich: Denkmale der deutschen Könige und Kaiser (Veröffentlichungen des Zentralinstituts für Kunstgeschichte in München 7) Bd. 2 München 1978, Nr. 185. Karl Schmid: "Andacht und Stift". Zur Grabmalplanung Kaiser Maximilian I., in: Ders./Joachim Wollasch (Hgg.): Memoria. Der geschichtliche Zeugniswert des liturgischen Denkens im Mittelalter (Münstersche Mittelalterschriften 48) München 1984, 750-786. Die Kunstdenkmäler der Stadt Innsbruck. Die Hofbauten. Bearb. v. Johanna Felmayr u.a. (Österreichische Kunsttopographie 47) Wien 1986, 359-406. Helga Dressler: Alexander Colin. Diss. phil. Freiburg Karlsruhe 1973, 46-60. Aus Colins Lebenslauf ließe sich Material für einen eigenen Beitrag zum Thema "Kunst und Migration" gewinnen. Ebenfalls nicht eingegangen werden kann aus Platzgründen auf die Reisen des Revaler Malers Michael Sittow, vgl. Paul Johansen: Meister Michael Sittow. Hofmaler der Königin Isabella von Kastilien und Bürger von Reval, in: Jahrbuch der preußischen Kunstsammlungen 61/1940, 1-36. S.J. Gudlaugsson: Sittow (Zittoz) Michael, in: Kindlers Malerei Lexikon im dtv. München 1976, 222-223.

57) Schönherr (wie Anm. 56) 208.

58) Michael K. Wustrack: Die Mechelner Alabaster-Manufaktur des 16. und frühen 17. Jahrhunderts (Europäische Hochschulschriften 28,20) Frankfurt - Bern 1982.

59) Gisela Matthes: Der Lettner von St. Maria im Capitol zu Köln von 1523. Diss. phil. Bonn 1967. Wolfgang Schmid: Nicasius Hackeney († 1518), in: Wilhelm Janssen (Hg.): Rheinische Lebensbilder Bd. 11 (im Druck).

60) Vgl. Anm. 51 und Hildegard Thierfelder: Köln und die Hanse (Kölner Vorträge zur Sozial- und Wirtschaftsgeschichte 7) Köln 1970.

61) Jürgen Wittstock (Bearb.): Kirchliche Kunst des Mittelalters und der Reforma-

tionszeit. Museum für Kunst und Kulturgeschichte der Hansestadt Lübeck. Lübeck 1981, Nr. 141. Max Hasse: Benedikt Dreyer, in: Niederdeutsche Beiträge zur Kunstgeschichte 21/1982, 9-58, 24-25.

62) Otto H. Foerster: Das Salomons-Urteil des Bartholomäus Bruyn, in: Wallraf-Richartz-Jahrbuch 28/1966, 15-30.

63) Georg Troescher: Kunst- und Künstlerwanderungen in Mitteleuropa 800-1800. Beiträge zur Kenntnis des deutsch-französisch-niederländischen Kulturaustauschs. 2 Bde. Baden-Baden 1953-1954, I Nr. 2639.

64) Anne Markham Schulz: The Columba Altarpiece and Rogier van der Weyden's stilistic Development, in: Münchner Jahrbuch der bildenden Kunst 3.F. 22/1971, 63-116. Vgl. allg. Colette Mathieu: Le métier des peintres à Bruxelles aux XIVe et XVe siècle, in: Bruxelles au XVe siècle. Bruxelles 1953, 221-235.

65) Die Kunstdenkmäler der Rheinprovinz. Bd. 7,1 bearb. v. Hugo Rathgens. Düsseldorf, 1911, 308. Lestocquoy (wie Anm. 14).

66) Zu Jacob Binck: Merlo (wie Anm. 38) Sp. 71-90. Hermann Ehrenberg: Die Kunst am Hofe der Herzöge von Preußen. Leipzig – Berlin 1899. Georg Habich: Die deutschen Schaumünzen des XVI. Jahrhunderts. Bd. 2,1 München 1932, 337-341, Nr. 2332-2354. Peter Hirschfeld: Herrenhäuser und Schlösser in Schleswig-Holstein. München – Berlin 1953, 48. Walter Hubatsch: Albrecht von Brandenburg-Ansbach. Deutschordens-Hochmeister und Herzog in Preußen 1490-1578 (Studien zur Geschichte Preußens 8) Köln 1960, 226-227. Alfred Rohde: Goldschmiedekunst in Königsberg (Bau- und Kunstdenkmäler des deutschen Ostens B 2) Stuttgart 1959, 43. Herbert Meinhard Mühlpfordt: Königsberger Skulpturen und ihre Meister. 1255-1945 (Ostdeutsche Beiträge aus dem Göttinger Arbeitskreis 46) Würzburg 1970, 18, 71-72, 190-191.

67) Ehrenberg (wie Anm. 66) Nr. 265, 266, 271, 282, 285, 287, 290, 299, 300.

68) Ehrenberg (wie Anm. 66) Nr. 265.

69) Ehrenberg (wie Anm. 66) Nr. 322.

70) Ehrenberg (wie Anm. 66) 57-67. Wustrack (wie Anm. 58) 102-104. Troescher (wie Anm. 63) I Nr. 2446. Vey (wie Anm. 40) 11-12. Robert Hedicke: Cornelis Floris und die Florisdekoration. Studien zur niederländischen und deutschen Kunst im XVI. Jahrhundert. Textbd. Berlin 1913, 24-31, 38-42, 47-48, 52-63.

71) Ehrenberg (wie Anm. 66) Nr. 365.

72) Thomas Riis: Jacob Binck in Lübeck 1552-53, in: Hafnia 1970, 35-49.

73) Ehrenberg (wie Anm. 66) 230-251.

74) Ehrenberg (wie Anm. 66) 28.

75) Vgl. allg. Johan Huizinga: Herbst des Mittelalters. Studien über Lebens- und Geistesformen des 14. und 15. Jahrhunderts in Frankreich und in den Niederlanden. 11. Aufl. Stuttgart 1975. Zu den sozialen Folgen für die Künstler vgl. Martin Warnke: Hofkünstler. Zur Vorgeschichte des modernen Künstlers. Köln 1985. Hermann Kellenbenz: Der Kammerdiener, ein Typus der höfischen Gesellschaft. Seine Rolle als Unternehmer, in: VSWG 72/1985, 476-507.

76) Hans Peter Hilger: Kleve und Burgund, in: Land im Mittelpunkt der Mächte. Die Herzogtümer Jülich, Kleve, Berg. Kat. 2. Aufl. Kleve 1984, 209-233.

77) Werner Paravicini: Die Preußenreisen des europäischen Adels, in: HZ 232/1981, 25-38.

78) Vgl. Anm. 51 und Adam Wrede: Köln und Flandern-Brabant. Kulturhistorische Wechselbeziehungen vom 12. – 17. Jahrhundert. Köln 1920. J. A. van Houtte: Die Beziehungen zwischen Köln und den Niederlanden vom Hochmittelalter bis zum Beginn des Industriezeitalters (Kölner Vorträge zur Sozial- und Wirtschaftsgeschichte

1) Köln 1969. Walter Paatz: Prolegomena zu einer Geschichte der deutschen spätgotischen Skulptur im 15. Jahrhundert (Abhandlungen der Heidelberger Akademie der Wissenschaften, phKl. 1956, 2) Heidelberg 1956. Ders.: Verflechungen in der Kunst der Spätgotik zwischen 1360 und 1530: Einwirkungen aus den westlichen Nachbarländern auf Westdeutschland längs der Rheinlinie und deutsch-rheinische Einwirkungen auf diese Länder (Abhandlungen der Heidelberger Akademie der Wissenschaften, phKl. 1967, 1) Heidelberg 1967.

79) Friedrich Winkler: Das Werk des Hugo van der Goes. Berlin 1964, 1.

80) Troescher (wie Anm. 63) I Nr. 2776, 2778.

81) Hanns Floerke: Das Leben der niederländischen und deutschen Maler des Carel van Mander. Bd. 1. München – Leipzig 1906, 261, 269.

82) Vgl. Vey (wie Anm. 40).

83) Vgl. Schmid, Altäre (wie Anm. 27) 20-22.

84) Vgl. Anm. 78.

85) Jakob Strieder: Aus Antwerpener Notariatsarchiven. Quellen zur deutschen Wirtschaftsgeschichte des 16.Jahrhunderts (Deutsche Handelsakten des Mittelalters und der Neuzeit 4) Stuttgart 1930 ND Wiesbaden 1962, 409-410, Nr. 118.

86) Zur Person vgl. Strieder (wie Anm. 85) Nr. 303, 539, 586, 637, 732. Zur Familie vgl. Nr. 121, 186, 256, 279, 283, 348a. Willibald Leo Freiherr von Lütgendorff: Die Geigen- und Lautenmacher vom Mittelalter bis zur Gegenwart. Frankfurt 1904, 321-322. Gerhard Pietsch: Kareest, in: Dietrich Kämper (Hg.): Rheinische Musiker (Beiträge zur rheinischen Musikgeschichte 80) Bd. 6. Köln 1969, 106-107. Detlev Altenburg: Musikinstrumentenbau in Köln, in: Studien zur Musikgeschichte des Rheinlandes 4/1975, 89-99.

87) Elga Lanc: Die religiösen Bilder des Joos van Cleve. Diss. phil. masch. Wien 1972, 14.

88) S.o. Anm. 46.

89) Vgl. Anm. 47.

90) Wolfgang Lindow (Hg.): Ein kurtzweilig Lesen von Dill Ulenspiegel. Nach dem Druck von 1515 mit 87 Holzschnitten. 2. Aufl. Stuttgart 1978, 78, Nr. 27.

91) Rolf Sprandel: Die Ausbreitung des deutschen Handwerks im mittelalterlichen Frankreich, in: VSWG 51/1964, 66-100. Ders.: Die wirtschaftlichen Beziehungen zwischen Paris und dem deutschen Sprachraum im Mittelalter, in: VSWG 49/1962, 289-319.

92) Troescher (wie Anm. 63).

93) Die Thesen Sprandels bezüglich der Bedeutung der Kunsthandwerker sind möglicherweise zu relativieren, weil er sich zum großen Teil auf Troeschers Regestenwerk, das sich auf Künstler im weitesten Sinne konzentriert, stützt. Nicht näher eingegangen werden kann hier auf den Lebensweg des Malers Bartholomäus Braun aus Köln, der als Hofmaler in Nancy arbeitete, 1593 nach Nürnberg übersiedelte und 1603 an den Heidelberger Hof berufen wurde, vgl. Friedrich Schaub: Der Kölner Maler Bartholomaeus Braun in Freiburg. 1590-1603, in: Schau-ins-Land 74/1956, 102-114.

94) Sprandel, Beziehungen (wie Anm. 91) 291 Anm. 9.

95) Die Korrespondenz wurde bereits mehrmals veröffentlicht und interpretiert, ohne daß bisher alle Quellen im Zusammenhang gesehen wurden. A. Meister: Neue Dokumente über Kunstbeziehungen zwischen Burgund und Köln um die Wende des 14. Jahrhunderts, in: Historisches Jahrbuch 21/1900, 78-115. Loesch (wie Anm. 19) II Nr. 712 A. Vgl. allg. Lestocquoy (wie Anm. 14) und Fabienne Joubert: Arts textiles, in: Les fastes du Gothique. Le siècle de Charles V. Kat. Paris 1981, 388-393.

96) Loesch (wie Anm. 19) II Nr. 712 A I.

97) Meister (wie Anm. 95) 80-82. Troescher (wie Anm. 63) I Nr. 662-664.

98) Johann Jacob Merlo: Kunst und Kunsthandwerk im Karthäuserkloster zu Köln, in: Annalen des Historischen Vereins für den Niederrhein 45/1866, 1-52, 30.

99) Loesch (wie Anm. 19) I Nr. 712 A II.

100) Joseph Braun: Tracht und Attribute der Heiligen in der deutschen Kunst. Stuttgart 1943 ND München 1974, Sp. 184-188, 405-407, 476-477.

101) Meister (wie Anm. 95) Nr. 2.

102) Loesch (wie Anm. 19) II Nr. 712 A III.

103) Loesch (wie Anm. 19) II Nr. 712 A IV.

104) StA Köln Datierte Briefeingänge Nr. 590.

105) Wensky (wie Anm. 10) 84 Anm. 4.

106) Loesch (wie Anm. 19) II Nr. 376 B. Walter Endrei/Wolfgang von Stromer: Textiltechnische und hydraulische Erfindungen und ihre Innovatoren in Mitteleuropa im 14./15. Jahrhundert. Walter Kesingers Seidenzwirnmühle in Köln 1412, in: Technikgeschichte 41/1974, 89-117, 103.

107) Loesch (wie Anm. 19) II Nr. 655.

108) Vgl. die Beiträge von Ludwig Schmugge und Rainer-Christoph Schwinges in diesem Band.

109) Robert Didier: Expansion artistique et relations économiques des Pays-Bas méridionaux au moyen âge, in: Institut Royal du Patrimoine Artistique. Bulletin 4/1961, 57-75. Hektor Ammann: Vom geographischen Wissen einer deutschen Handelsstadt des Spätmittelalters, in: Ulm und Oberschwaben 34/1955, 39-65.

110) Willy Andreas: Die Kulturbedeutung der deutschen Reichsstadt am Ausgang des Mittelalters, in: Deutsche Vierteljahresschrift für Literaturwissenschaft und Geistesgeschichte 6/1928, 62-113, insbes. 94-97. Interessant erschiene auch der Versuch, die Entwicklung der Kulturförderung über absolutistische zu demokratischen Regierungsformen zu verfolgen. Einige treffende Bemerkungen zu diesem Problem bei Rolf Hochhuth: Banausen Republik Deutschland. Ein Pamphlet, in: Die Zeit Nr. 40 v. 25.10.1985, 90.

111) Fritz (wie Anm. 20) 325-339.

112) Einzelbelege bei Schmid, Altäre (wie Anm. 27) 10 Anm. 42.

113) Hans Gerig: Zeliis Rokoch († 1439). Mitstifter des Gnadenstuhlfensters im Kölner Dom, in: Kölner Domblatt 18-19/1960, 121-135.

114) Kunstdenkmäler (wie Anm. 65) 255.

115) Gisela Goldberg/Gisela Scheffler: Altdeutsche Gemälde. Köln und Nordwestdeutschland (Bayerische Staatsgemäldesammlungen). Alte Pinakothek München. Gemäldekataloge 14) Textbd. München 1972, 210-215.

116) Franz Irsigler: Hansekaufleute. Die Lübecker Veckinchusen und die Kölner Rinck, in: Hanse in Europa. Brücke zwischen den Märkten. 12.-17. Jahrhundert. Kat. Köln 1973, 301-327.

117) StA Frankfurt Minorwährschaftsbuch V f. 25. Vgl. Zülch (wie Anm. 1) 128.

118) Walter Paatz: Bernt Notke und sein Kreis. Textbd. Berlin 1939, 262 Nr. 6. Zülch (wie Anm. 1) 122-123, 149.

119) S. o. Anm. 59 u. 116. Vgl. auch Ulf Dirlmeier: Merkmale des sozialen Aufstiegs und der Zuordnung zur Führungsschicht in süddeutschen Städten des Spätmittelalters, in: Hans-Peter Becht (Hg.): Pforzheim im Mittelalter. Studien zur Geschichte einer landesherrlichen Stadt (Pforzheimer Geschichtsblätter 6) Sigmaringen 1983, 77-106.

120) Bernd Ulrich Hucker: Der Köln-Soester Fernhändler Johann von Lunen (1415-1443) und die hansische Gesellschaft Falbrecht & Co. und v.d. Hosen & Co., in:

Gerhard Köhn (Hg.): Soest. Stadt – Territorium – Reich. Festschrift (Soester Beiträge 41) Soest 1981, 383-421. Stange (wie Anm. 35) I Nr. 205. Goldberg/Scheffler (wie Anm. 115), 363-368.

121) Kuske (wie Anm. 7) I, 347, Nr. 998.

122) StA Köln HUA 1/12 578.

123) Strieder (wie Anm. 85) Nr. 50.

124) Strieder (wie Anm. 85) Nr. 183.

125) Bruno Kuske: Die Handelsbeziehungen zwischen Köln und Italien im späteren Mittelalter. Mit Nachrichten über den Kölner Juwelenhandel und über antike Gemmen im Besitze von Kölner Bürgern des 15. Jahrhunderts (1908). Zuletzt in: Ders.: Köln, der Rhein und das Reich. Beiträge aus fünf Jahrzehnten wirtschaftsgeschichtlicher Forschung. Köln – Graz 1956, 1-47, insbes. 20-38. Arnold Esch: Importe in das Rom der Frührenaissance. Ihr Volumen nach den römischen Zollregistern der Jahre 1452-62, in: Studi in Memoria Federigo Melis. Neapel 1978, III 381-452, 430-431.

126) August L. Mayer: Simon de Colonia, in: Wallraf-Richartz-Jahrbuch 3-4/1926-27, 74-89.

127) Vgl. den Beitrag von Wilfried Reininghaus in diesem Band.

128) Vgl. den Beitrag von Gerhard Dohrn-van Rossum in diesem Band.

129) Vgl. z.B. Rosario Assunto: Die Theorie des Schönen im Mittelalter. Köln 1982. Paul Michel: Formosa deformitas. Bewältigungsformen des Häßlichen in der mittelalterlichen Literatur (Studien zur Germanistik, Anglistik und Komparatistik 57), Bonn 1976. Hans Jantzen: Wert und Wertschätzung des Kunstwerks, in: Festschrift Hans Bauch. München 1957, 9-20.

130) Gerhard Jaritz: Seelenheil und Sachkultur. Gedanken zur Beziehung Mensch – Objekt im späten Mittelalter, in: Europäische Sachkultur des Mittelalters (Österreichische Akademie der Wissenschaften, phKl. Sbb. 374) Wien 1980, 57-81. Johannes Kollowitz: Bild und Bildertheologie im Mittelalter, in: G. Howe (Hg.): Das Gottesbild im Abendland (Glaube und Forschung 15) 2. Aufl. Witten – Berlin 1959, 109-138. Huth (wie Anm. 37). Schwarzmann (wie Anm. 29).

131) Otto H. Foerster: Stephan Lochner. Ein Maler zu Köln. 2. Aufl. München – Köln 1941, 143-148.

132) Hans Kisky: Anton Woensam von Worms als Maler. Diss. phil. masch. Köln 1945, 26-32.

133) Horst-Johs Tümmers: Die Altarbilder des älteren Bartholomäus Bruyn. Mit einem kritischen Katalog. Köln 1964, 11-12.

134) Vgl. z.B. die Malerfamilien Platvois und Groene, Merlo (wie Anm. 38) Sp. 309-313, 675-680. Stilkritische Untersuchungen widersprechen allerdings der Annahme einer ungebrochenen Kontinuität, vgl. Rainer Budde: Köln und seine Maler. 1300-1500. Köln 1986, 9-10.

135) Gerhard Langemeyer: "Kölnisch" und "Westfälisch" in der Tafelmalerei der Spätgotik, in: Köln – Westfalen. 1180-1980. Landesgeschichte zwischen Rhein und Weser. Kat. 2 Bde. 2. Aufl. Lengerich 1981, I 389-401. Dagegen: Paul Pieper: Westfälisches in Malerei und Plastik. Bemerkungen zum Stand der Diskussion um die Kunstlandschaft, in: Fortschritte der Forschung und Schlußbilanz (Der Raum Westfalen 6,1) Münster 1985, 25-43. Piepers Bilanz zeigt deutlich, wie wenig die Diskussion um das Problem Kunstlandschaft in den letzten Jahren vorangekommen ist. Es gelang weder, eine angemessene wissenschaftliche Terminologie zu entwickeln noch wurde der Versuch unternommen, die Fortschritte der geographischen Forschung auf diesem Gebiet zu rezipieren. Vgl. als Überblick: Peter Hagget: Geographie. Eine moderne Synthese. New York 1983, 319-408.

136) Wolfgang Schmid: Karten zur Kunst- und Kulturgeschichte. Probleme – Methoden – Perspektiven, in: Arbeitskreis für Historische Kartographie, Mitteilungsblatt Nr. 26/1986, 18-37.

137) Bruno Kuske: Die Kölner Wirtschaftsentwicklung in älterer Zeit, in: Köln. Köln 1948, 89-142.

138) Irsigler, Stellung (wie Anm. 8).

139) Vgl. z.B. Huizinga (wie Anm. 75). Heinrich Bechtel: Wirtschaftsstil des deutschen Spätmittelalters. Der Ausdruck der Lebensform in Wirtschaft, Gesellschaftsaufbau u. Kunst von 1350 bis um 1500. München - Leipzig 1930. Willy Andreas: Deutschland vor der Reformation. Eine Zeitenwende. 6. Aufl. Stuttgart 1959 (1. Aufl. 1932). Ders., Kulturbedeutung (wie Anm. 110). Hans Eugen Specker (Hg.): Stadt und Kultur (Stadt in der Geschichte 11) Sigmaringen 1983. Besser aufgearbeitet erscheinen die Verhältnisse südlich der Alpen, vgl. z.B. Alfred von Martin: Soziologie der Renaissance (1932) (Beck'sche Schwarze Reihe 106) 3. Aufl. München 1974. Martin Wackernagel: Der Lebensraum des Künstlers in der florentinischen Renaissance. Aufgaben und Auftraggeber, Werkstatt und Kunstmarkt. Leipzig 1938. Frederick Antal: Die florentinische Malerei und ihr sozialer Hintergrund. Darmstadt o.J. John Larner: Culture and Society in Italy 1290-1420. New York 1971. Peter Burke: Die Renaissance in Italien. Sozialgeschichte einer Kultur zwischen Tradition und Erfindung. Berlin 1984. Geneviève Bresc-Bautier: Artistes, Patriciens et Confréries. Production et Consommation de l'Oeuvres d'Art à Palerme et en Sicilie occidentale (1348-1460) (Collection de l'École Français de Rome 40) Rom 1979. Einige interessante Hypothesen auch bei Michael Baxandall: Die Wirklichkeit der Bilder. Malerei und Erfahrung im Italien des 15. Jahrhunderts. 2. Aufl. Frankfurt 1980. Ein nicht mehr ganz aktueller Literaturbericht über kunstsoziologische Probleme bei Alphons Silbermann: Empirische Kunstsoziologie. Eine Einführung mit kommentierter Bibliographie. Suttgart 1973.

140) Karl Langosch (Hg.): Johannes Cochläus: Brevis Germaniae Descriptio (1512) mit der Deutschlandkarte des Erhard Etzlaub von 1501 (Ausgewählte Quellen zur deutschen Geschichte der Neuzeit 1) 2. Aufl. Darmstadt 1969, 89-91. Mit ähnlichem Stolz schrieb 1547 der Nürnberger Johann Neudörfer, "daß ich mich selbst gern erinnerte, wie unser Herr Gott diese löbliche Stadt allemal mit Künstlern und kunstverständigen Leuten vor andern Städten begabt hat" (G.W.K Locher (Hg.): Des Johann Neudörfer Schreib- und Rechenmeisters zu Nürnberg Nachrichten von Künstlern und Werkleuten daselbst aus dem Jahr 1547 nebst der Fortsetzung des Andreas Gulden (Quellenschriften für Kunstgeschichte und Kunsttechnik des Mittelalters und der Renaissance 10) 1875 ND Osnabrück 1970, 1).

SELBSTZEUGNISSE MITTELALTERLICHER REISETÄTIGKEIT UND HISTORISCHE MIGRATIONSFORSCHUNG
Mit Ausblicken bis gegen 1800

HELMUT HUNDSBICHLER

Soweit die historische Überlieferung zurückreicht, finden sich Nachrichten über Reisetätigkeit. Allen Facetten historischen Reisens bis hin zur reinen Vergnügungsreise des modernen Massentourismus sind Kommunikation und Erwerb von Information als konstitutive Elemente gemeinsam. Variabel ist hingegen die soziale Zuordnung der jeweils als Reisende nachweisbaren Personen. Da der vorliegende Beitrag dem Kriterium der "individuellen Karrieren" verpflichtet ist, soll sein Schwerpunkt vor allem auf denjenigen Schriftzeugnissen liegen, die entweder
– direkt aus Reisetätigkeit hervorgegangen sind,
– diese erleichtert haben oder
– deren ursächlichen Zusammenhang näher erklären können.
    Hierfür kommt etwa folgendes Quellenmaterial in Betracht:
    1. Aufzeichnungen im Zuge "einer" Reise bzw. aufgrund "eines" Reiseanlasses (Reisebeschreibungen, Reisetagebücher; im Gefolge davon zum Teil auch bereits frühe Lebens- und Landesbeschreibungen; Reiserechnungsbücher; Briefe; auch historiographische Quellen; literarische Werke). Die betreffenden Aufzeichnungen können durch den Reisenden selbst, durch einen Mitreisenden, der im Auftrag oder aus eigenem Antrieb schreibt, oder durch einen Nachfahren erfolgen.
    2. Aufzeichnungen, die "das" Reisen anderer fördern (Routenbeschreibungen; Reiseerfahrungen). Solche Quellen stellen gleichsam den praktischen Ertrag aus früheren Reisen dar.
    3. Mehrere Beiträge im vorliegenden Band setzen bei Quellen an, die primär nicht durch das Reisen veranlaßt sind, aber bei entsprechendem methodischem Zugriff dennoch über Mobilität und Migration Aufschluß geben können (Personenregister, Urkunden u.a.m.) (1). Diese und ähnliche Arten von Quellen kommen hier nur als Vergleichsmaterial am Rande in Frage.
    4. Bildliche Quellen sollen weitgehend außer Betracht bleiben, weil sie zum Thema keine geschlossene Überlieferung gewähren und außerdem in der Regel eines speziellen methodischen Instrumentariums bedürfen (2).

Selbstverständlich ist nur ein Bruchteil der tatsächlichen Reisen auch schriftlich dokumentiert. Aus dieser Zufälligkeit der Überlieferung folgt aber keineswegs, daß die betreffenden Reisenden als Gelegenheitsreisende einzustufen wären. Schon allein die Tatsache, daß über eine mittelalterliche Reise Aufzeichnungen vorliegen, bestätigt die soziale Bedeutung der reisenden Person oder Gruppe: Einerseits war die Schreib- und Lesekundigkeit noch exklusiv oberschichtliches Bildungsgut, andererseits wuchs die Notwendigkeit des Reisens proportional mit der sozialen Stellung an (3). Insbesondere sind entwickelte Hochkulturen von jeher dadurch gekennzeichnet, daß jene soziale Schichten, die das kulturelle Leben tragen, ihre Kenntnisse durch Reisen erweiterten (4). Solche Personen reisten mit dem "für erforderlich gehaltenen standesgemäßen Aufwand", während "nach altem Herkommen das Reisen diejenigen sozial deklassierte, die reisten, ohne einen festen Wohnsitz zu haben". Mit dem 'Mann von der Straße', um ein modernes Wort zu gebrauchen, bekommt man es also keinesfalls zu tun, wenn man mittelalterliches Reisen und mittelalterliche Reisende im Spiegel ihrer schriftlichen Selbstzeugnisse betrachtet. Das markanteste Beispiel für 'standesbedingte' Mobilität ist zweifellos der mittelalterliche Herrscher. Für ihn war ambulante 'Berufstätigkeit' ebenso an der Tagesordnung wie etwa für weltliche und kirchliche Würdenträger, für die weltliche und kirchliche Administration, für Kauf- und Fuhrleute, Gesandte oder Boten. Von Kaiser Friedrich I. Barbarossa etwa ist bekannt, daß er in dem Halbjahr vom August 1157 bis zum Jänner 1158 rund 2.500 km zurückgelegt hat. Dieser Summe entsprechen Tagesleistungen von durchschnittlich 20-30 km, ein Limit, das für gewöhnlich durch Repräsentations- und Administrationsaufgaben sowie durch die Schwerfälligkeit der mitreisenden Lastfuhrwerke vorgegeben ist. Reine Reisegesellschaften zu Pferd konnten hingegen pro Tag auf 70-75 km kommen (5), einzelne oder in Kleingruppen Reisende auf über 80 km (6).

Im Beitrag über Pilgerreisen wurde aufgezeigt, wie diese Art von Reisen allmählich zu einer geradezu epidemieartigen Reisesucht ausuferte (7). Im nunmehrigen Zusammenhang ist auf ein anderes Massenphänomen hinzuweisen: Jeder Ortswechsel einer bedeutenden Persönlichkeit übt gewissermaßen eine Sogwirkung aus, die ihrerseits je nach Reisezweck sekundäre Migrationsbewegungen auslösen kann. Angeführt seien als mögliche Beispiele hierfür:

– Boten und/oder Vorausdelegationen zur Vorbereitung eines standesgemäßen Aufenthaltes (8)

– bei der Reise selbst der 'travelling household' in Gestalt des mitrei-

senden Gefolges und Dienstpersonals (9), zuzüglich angeworbener Führer
(10) und Geleitpersonen (11)

– die Einholung beim Betreten bzw. das Geleit bis zum Verlassen des
Hoheitsgebietes eines Gastgebers (12)

– der Zustrom von Honoratioren (13), Gästen (14), Verhandlungspart-
nern oder Boten (15) zu den einzelnen Stationen einer Reise

– die Zulieferung materieller Güter für die Versorgung der Reisenden
und der Zuströmenden (16) (Verpflegung, Geschenke, standesgemäße
Quartieradaptionen, Futter)

– die gelegentliche anlaßbedingte Mobilisierung größerer Bevölkerungs-
massen im Rahmen des kirchlichen Lebens (17) oder des höfischen Zere-
moniells (18).

Unter solchen Materialien erscheinen mitunter auch Belege für unfrei-
willige Mobilität und Migration. Hierfür drei Beispiele: Johann Schiltberger aus München wird nach seiner Gefangennahme in der Schlacht bei
Nikopolis (1396) bis in die Mongolei verschleppt und gelangt erst 1427
wieder nach Freising zurück (19). Eine Delegation der Stadt Pordenone
ist im Herbst 1428 genötigt, Herzog Friedrich IV. infolge seiner verfrühten
Abreise von Leoben bis Innsbruck nachzureisen, was einen Mehraufwand
von 12 Reisetagen bzw. eine Mehrleistung von rund 370 km Weg über ver-
schneite Alpenpassagen nach sich zog (20). Die Hansestadt Lübeck steht
brieflich, also über Boten, in dauernder Verbindung mit einem ständigen
Beauftragten am Hof Kaiser Friedrichs III. Einer dieser Beauftragten, der
Jurist Johannes Osthusen, weilt in dieser Funktion von 1466 bis 1495
ununterbrochen in der Fremde (21).

Angesichts der besonders in der Neuzeit enorm anwachsenden Anzahl
von Reisebeschreibungen "wäre eine sinnvolle Erfassung und Ordnung,
sei es durch die Erstellung einer Typologie oder eine wie immer geartete
Systematisierung, höchst wünschenswert". An Versuchen hierzu hat es
nicht gefehlt, jedoch erweisen sich die dabei vorgenommenen Einteilun-
gen nach Reisegattungen, die am Zweck oder Motiv der jeweiligen Reise
orientiert sind, nur in den seltensten Fällen als relevant für disziplinspe-
zifische Fragestellungen. Hier wird eine derartige Einteilung daher gar
nicht erst angestrebt. "Eine allgemeine, umfassende, alle Aspekte ver-
einende Typologie von Reisebeschreibungen wäre, sofern sie überhaupt
erarbeitet werden kann, infolge der faktenkombinatorischen Menge der zu
berücksichtigenden Phänomene praktisch nicht zu handhaben und daher
wenig hilfreich". So sind je nach Fragestellung jeweils andere Kriterien zur
Systematisierung dieses Materials heranzuziehen (22). Aus migrationsge-
schichtlichem Interesse und in der Art, wie andere Beiträge dieses Bandes

die Quellenarbeit vorführen, sind die hier betrachteten Quellen allerdings noch nie systematisch bearbeitet worden. Obwohl durchaus auch mittelalterliche Reiseberichte in solcher Menge bzw. mit einer solchen Fülle von Detailinformationen überliefert sind, daß man sie insgesamt als Massenquellen bezeichnen und dementsprechend analysieren könnte, ist die Bearbeitung dieses Materials – mit seltenen Ausnahmen (23) – sogar noch weitgehend vom Erbe des Historismus gezeichnet. Unter diesem Manko leiden daher auch die Aussagemöglichkeiten des vorliegenden Beitrages. Hier kann ein Einstieg für künftige Untersuchungen daher bestenfalls angedeutet werden.

Dafür erscheint vor allem die kommunikatorische Position des Reisenden geeignet. Vier diesbezügliche Schichten zeichnen sich ab: Der Reisende ist

– erlebendes Subjekt, also Empfänger von Information aus dem Reiseland

– Auskunftsperson für auswärtige Gesprächspartner, also Vermittler von Information für das Reiseland

– schreibender Berichterstatter, also Neugestalter von Information für sein Ursprungsland, und

– Kontaktperson für längerfristige Kommunikation, also Wegbereiter für den dauernden Austausch von Information zwischen Reise- und Ursprungsland (24).

Der Reisende ist laufend einer Vielzahl neuer Eindrücke und (mitunter massiven, mehrfach wechselnden) Änderungen seiner herkömmlichen Lebensgewohnheiten ausgesetzt. Er sieht sich einem Alltag gegenüber, der sich gelegentlich rascher überlebt, als ein Individuum sich in seine wechselnden Rahmenbedingungen einleben kann. Von den Reaktionen auf solche Konfrontationen erscheinen vor allem diejenigen migrationsgeschichtlich aussagekräftig, die über Selbstverständnis des Reisenden, Assimilierung und Vergesellschaftung Aufschluß geben. Die dabei anfallenden Beobachtungen dürfen wohl für jeden Typ von Migranten verallgemeinert werden. Ganz triviale Fragen können diesbezüglich als Kriterien dienen: Welche Motivation für den Ortswechsel teilt der Reisende selbst mit? Mit wem verkehrt er? Wo wohnt er? Von wem erhält er bei Bedarf Unterstützung (25)?

Macht er Anstalten, sich 'unterwegs' der gewohnten sozialen Kontrolle zu entziehen?

Sieht er sich im 'Elend' (26) als Fremder? Als Gast? Als Partner?

Welche Kenntnisse besitzt er im vorhinein über das Reiseland?

Wie urteilt er über ihm bis dahin unbekannte Lebensgewohnheiten?

Wandeln sich seine Kenntnisse bzw. Urteile allenfalls im Zuge der Reise?

Wie lange braucht er und was unternimmt er gegebenenfalls, um sich anzupassen (27)?

Gibt es Konformitäten bzw. Widersprüche zwischen Erwartungen und Erlebnissen?

Welche Hinweise auf die Bewältigung der Assimilationsproblematik gibt es in der Art der Berichterstattung?

Da Reisen und Reisebeschreibungen konstitutive Elemente der Image- und Stereotypenbildung sind (28), muß schließlich auch hinterfragt werden, mit welchen Interessen (29), aus welcher persönlichen Sicht (30) und zu welchem Zweck (31) der Autor einer Reisebeschreibung seine individuellen Erlebnisse, das subjektiv 'Erfahrene' aufbereitet und welche Wirkung er damit eventuell bei einer bestimmten Zielgruppe anstrebt (32).

Bereits die frühesten Nachrichten über Reisen – es sei ganz wahllos etwa auf das Gilgamesch-Epos (1200 v. Chr.), die "Odyssee" (8. Jh. v. Chr.) oder die arabischen Berichte über Europa aus dem 9. und 10. Jahrhundert verwiesen (33) – bezeugen den Wunsch, Erfahrungen über unbekannte Länder und Meere zu sammeln. Zwar informieren solche 'frühen' Berichte selten zusammenhängend. Aber sie vermitteln umso wichtigere migrationsgeschichtliche Einzelheiten: Beispielsweise enthält eine nordische Länderkunde, die "Descriptio insularum Aquilonis" des Adam von Bremen († nach 1081), neben der Auffassung von der Kugelgestalt der Erde auch bereits die Beschreibung der Reiseroute von Ripen nach Akkon mit Angaben über die Reisedauer. Das Wegstück von Dänemark nach Flandern ist darin erstmals belegt (34). Vom 13. Jahrhundert an nehmen im Abendland Zahl, Gehalt und Publikumserfolg von Reiseberichten und Länderbeschreibungen zu (35). Die "Wunderbaren (Fernost-)Reisen" des venetianischen Kaufmannes Marco Polo († 1323) wirken in Europa als Sensation, und dem Karl May unter den mittelalterlichen Reiseschriftstellern, dem Lütticher Arzt Jean de Bourgoigne († 1382), werden unter dem Pseudonym des englischen Ritters John de Mandeville sogar Hunderte von Abschriften in sämtliche Sprachen Kultureuropas zuteil (36). Mit dem Interesse am Fremden und Fernen "verbindet sich aber zunehmend auch der Sinn für das Wirkliche in der Nähe", für das Selbsterlebte (37). Der Nürnberger Patrizier Hans Tucher rät in seinem "Reyßbuch" (1479/80) dem Jerusalempilger vor Antritt der Seereise: "Kauf auch Schreibzeug, Papier und Tinte, daß einer unterwegs schreiben mag, was er sieht" (38). Dies geht in letzter Konsequenz so weit, daß ebenfalls bereits im 15. Jahrhundert viele deutschsprachige Autoren den Weg durch Deutschland nur noch in ganz knapper Form verzeichnen, weil die Unterschiede in den Lebensformen zu gering erschienen (39) oder weil das Erlebte dem Reisezweck zu fern lag (40). "Nicht neu, aber immer häufiger ist das Vergleichen des Fremden mit Bekanntem" (41). Noch lange verbleibt freilich neben dem Sinn für das Reale auch die Empfänglichkeit für Wunderbares, Okkultes, Unglaubliches, Fremdartiges. Nur ein Realist wie Aeneas Silvius Piccolomini kann, als er in Schottland nach dort angeblich existierenden sagenhaften Bäumen fragt und daraufhin auf die Orkney-Inseln weiterverwiesen wird, ironisch bemerken: "Didicimus miracula semper remotius fugere" (42).

Weitaus direkter ist der Bezug zur Realität und zum definitiven Ortswechsel bei Reiserechnungen. Die von ihnen gewöhnlich dokumentierte Kostenseite des Reisens erweist sich bei entsprechender Detailfreude des Verfassers mitunter als ungemein facettenreich. Die Reiserechenbücher des Passauer Bischofs Wolfger von Erla (1202/04) beispielsweise verzeichnen allein an nicht-ernährungsbedingtem Aufwand: Nächtigung und Stallung, Holz, Licht; Waschen der Wäsche, Baden und Rasieren, Erneuern der Bekleidung; Beschlagen der Pferde, Reparaturen an Sätteln und am Zaumzeug, Roßarzneien; Entlohnungen für die Überbringer von Gastgeschenken, für Musiker, Herolde, Fährleute, Boten; Zahlungen an Geleitmänner, Mautner und Torwächter; fromme Spenden an Arme (43). Solche Eintragungen lassen zugleich mobilitätsbedingt belebte Wirtschaftszweige erkennen:

– das Dienstleistungs- und Gastgewerbe, und zwar sowohl direkt durch die Reisenden als auch durch deren vorausbeorderte Beauftragte oder durch lokale Gastgeber in Rastorten. Auf dem Umweg über solche Gastgeber schlägt auch die 'kostenlose' Bewirtung von Reisenden durch Standesgenossen, also die nicht-kommerzielle Gastlichkeit, zu Buche.

– die Branche der ortkundigen Führer, Boten und Fuhrleute.

– die landesherrliche Kassa. Geleitgelder und Zölle, noch zur Karolingerzeit ein Entgelt für die Sicherheit auf den Straßen, nehmen seit dem 10. Jahrhundert derart überhand, daß sie mitunter regelrechte Behinderungen des Landverkehrs darstellten. Bis zum 18. Jahrhundert steigerte sich die Anzahl der Wegeabgaben beispielsweise in Frankreich unter erfinderischer fiskalischer Regie auf rund 1600 (44).

Aus anderen Reiserechnungsbüchern lassen sich ergänzende Details zur praktischen Seite der Mobilität beisteuern. Für 1392 geht aus dem Reiserechenbuch Heinrichs von Derby (des nachmaligen Königs Heinrich IV. von England) hervor, daß selbst in bescheidenen Dörfern wie St. Michael in der Obersteiermark die Versorgungslage für Reisende relativ leistungsfähig und differenziert sein konnte. Gute Versorgung ist demnach erwartungsgemäß ein Indikator für entsprechende Verkehrsfrequenz. Für Quellenbelege über die Bettenkapazität in Nachtquartieren gilt dasselbe (45). Bedauerlicherweise stellen quantifizierende Untersuchungen von Reiserechnungsbüchern – gerade betreffend Reisekosten, Übernachtungszahlen, Aufenthaltsdauer, Frequenz bestimmter Routen, Sozialstatus von Reisenden – ein kaum jemals aufgegriffenes Desiderat dar (46). Wie jede Art von Rechnungsbüchern sind Reiserechnungen durch den für solche Untersuchungen erforderlichen relativ hohen Gehalt von Realitätsbezug und Sachlichkeit charakterisiert. Auf der anderen Seite kann dieser Umstand den Eindruck erwecken, ihre Berichterstattung über den Reiseverlauf sei vergleichsweise trocken: Balthasar Schrautenbach erwähnt im Rechnungsbuch über seine Romreise (1498) wohl das bescheidene hochrheinische Städtchen Dießenhofen (weil es ein Nächtigungsort war), gedenkt aber der vorher durchreisten imponierenden Reichsstadt Schaffhausen mit keinem Wort. Ebensowenig Niederschlag findet die in der Frühlingsblüte stehende schweizerische Kulturlandschaft, und während der rheinische Ritter Arnold von Harff zwei Jahre zuvor auf der Anreise nach Meran treffende Bemerkungen über Land und Leute notiert, hüllt sich das Rechnungsbuch von 1498 auf derselben Strecke hierüber völlig in Schweigen (47).

In anderer Weise 'praxisbezogen' sind diverse Reisebehelfe. In älterer Zeit kommen als solche nur Routenbeschreibungen in Frage. Sie haben häufig tabellarische, bis ins 18. Jahrhundert auch Scheiben-Form und können durch verschiedene schriftliche Erläuterungen ergänzt sein (48). Ihre primäre Zweckbestimmung ist die rasche Information über die wichtigsten (Nächtigungs-)Orte, deren Entfernungen voneinander und allfällige verkehrstechnische Besonderheiten. Wichtige frühe Routenbeschreibungen sind das "Stader Itinerar" (um 1250) sowie das "Brügger Itinerar" (um 1380), beide benannt nach ihrem geographischen Bezugsort. Das erste umfassendere Routenverzeichnis ist das sogenannte "Raißbüchlin" des Jörg Gail (1563), "der erste selbständig gedruckte Reiseführer des deutschen Schrifttums" (49).

Landkarten sind noch weit in die Neuzeit hinein keine auch nur annähernd gleichwertige Alternative hierzu: Speziell im Hinblick auf das äußerst feingliedrige Netz von Neben- und Lokalrouten, welche im Zuge administrativer Notwendigkeiten immer wieder auch von Herrschern und anderen Standespersonen benützt wurden (50), waren die frühen Landkarten überfordert: Übersichtskarten enthalten meist kaum mehr als die wichtigsten Orte, Flüsse und Gebirge, geben aber nur gelegentlich oder in Auswahl auch Straßen, Entfernungen oder Gebirgsübergänge wieder (51).

Echte Detailkarten wie die "Pürschgerichtskarte" von Rottweil (1564), die nicht nur die Stadt, sondern auch alle Wege zu Burgen, Höfen und Weilern in ihrer Umgebung färbig verzeichnet (52), sind von der Funktion und der Dimension her – es handelt sich um eine drehbare, kreisrunde Scheibe von zwei Metern Durchmesser – als Behelfe des praktischen Reisens wohl sehr in Frage zu stellen. Zum Vergleich: Der Dominikaner Felix Faber bestaunt 1480 auf seiner ersten Überfahrt von Venedig ins Heilige Land eine nautische Karte, die nur je eine Elle lang und breit ist, "in qua maris latitudo mille mille lineis est depicta et regiones punctis designantur et miliaria cifris" (53).

Metrische Ungenauigkeiten sind vor allem bei großen Kartenmaßstäben unvermeidlich. Harald Etzlaub, der geniale Nürnberger Kartograph, veranschlagt 1500 in der einen seiner beiden epochemachenden "Straßenkarten" für die kürzeste Route von Marburg/Lahn nach Rom umgerechnet rund 1253 km. Die wirkliche Entfernung beträgt, nach modernen Unterlagen berechnet, rund 1363 km (54), das sind um 110 km oder fast neun Prozent mehr, und das bedeutet – auf durchschnittliche Tagereisen umgelegt – de facto einen Mehraufwand von zwei Tagen, inklusive der dafür anfallenden Aufwendungen für Kost und Quartier bzw. für Fütterung und Stallung. Umgekehrt haben schwierige, beschwerliche oder langwierige Strecken häufig metrische Überschätzungen zur Folge. Sie sind nicht nur in kleinräumigem Zusammenhang zu beobachten, z. B. als plötzlich überhaltene Entfernungsangaben bei Gebirgsübergängen (55), sondern erst recht bei globalen Dimensionen. So ist von Christoph Columbus bekannt, daß er die West-Route nach Indien nur deswegen gewagt hat, weil er und mehrere gelehrte Zeitgenossen die Ost-Erstreckung Asiens um ein Mehrfaches überschätzt haben (56). Speziell bei Reisen zur See hing die Reisedauer "mehr von günstigen oder widrigen Winden, von der Jahreszeit, von der Piratengefahr ab". Deshalb schreibt Felix Faber kenntnisreich, "er gäbe keine Weglängen an. Mit einem Wind käme ein Schiff in drei Tagen ans Ziel, mit einem anderen in drei Wochen" (57).

Erst achtzig Jahre nach Etzlaubs Karten erschien – wahrscheinlich in Köln – unter dem Titel "Itinerarium Orbis Christiani" (1579/80) ein zweibändiger Reiseatlas, der auf 82 Plänen von 15 x 20 cm Größe die Straßen, Orte und Landschaften fast aller Gebiete Europas zeigt. Von der zunehmenden Dichte des Reiseverkehrs her war der entsprechende Bedarf sicher gegeben: Zehn Jahre später begann die Taxis'sche Post mit der planmäßigen Personenbeförderung (58). Im Norden und Nordosten Deutschlands existierten allerdings noch in der zweiten Hälfte des 18. Jahrhunderts so gut wie keine ausgebauten Chausseen nach französischem Vorbild. Die Postverbindungen vermittelten erstmalig eine Art Linienverkehr mit einer bestimmten, wenn auch mitunter recht geringen Frequenz (59).

Ein sächsisches Postkursbuch aus dem Jahre 1706, das Entfernungen und Reisezeiten angibt, ermöglicht diachrone Vergleiche zur Entwicklung der Reisegeschwindigkeit: 1473 durcheilte Bischof Dietrich von Cuba (Kaub) zusammen mit 15 Begleitern die Strecke von Rom nach Heidelberg (912 km) ohne Pause in 20 Tagen, das entspricht einem Tagesdurchschnitt von 46 km; das Postkursbuch von 1706 verzeichnet für die Distanz von ca. 1000 km zwischen Leipzig und Paris 12 Reisetage oder einen Tagesdurchschnitt von 83 km (60). Der in Begleitung eines Reitknechtes reisende Schrautenbach, also ein Repräsentant einer kleinen Reisegruppe, legte die etwa 1311 km lange Strecke zwischen Rom und Frankfurt in 29 Tagen (bei einem Schnitt von täglich 45 km) zurück; im Postkursbuch von 1706 sind für die Reise von Leipzig nach Rom (ca. 1400 km) 15 Tage veranschlagt, was einem Tagesschnitt von 93 km entspricht (61). Schrautenbachs Spitzen-Leistung zu Pferd (82 km) war also zwei Jahrhunderte später selbst für Reisende per Wagen bestenfalls Durchschnitt. Diese neuen Reisezeiten wurden zu Ende des 18. Jahrhunderts durch die Einführung der Eilpost nochmals überboten (62), ehe das Eisenbahnzeitalter im 19. Jahrhundert völlig neue Dimensionen schuf. Bis dahin war auf Reisen zu Lande die tägliche Reiseleistung einerseits durch die natürliche Tageslänge, andererseits durch die physische Leistungsfähigkeit der Pferde limitiert (63). Auch konnten Feiertage (64), Reisezwischenfälle (65) oder notwendige Instandsetzungen Aufenthalte bedingen (66).

Seit dem 16. Jahrhundert läßt sich von den Reiseberichten, aber auch von den Reisehandbüchern, eine eigene Literaturgattung unterscheiden, die Reiseanleitungen. Sie widmen sich der 'Kunst des Reisens' (Apodemik), d. h. der Vorbereitung, praktischen Durchführung und erzieherisch-didaktischen Nachbereitung von Reisen. Zu diesem Zweck enthalten sie verschiedenartig systematisierte allgemeine 'Klugheitsregeln'. Diese sind erstmals aus den 1570er Jahren überliefert, eine zweite Wurzel liegt beim Gailschen "Raißbüchlin" (1563) (67). Die Überlieferung aus dem Spätmittelalter bezeugt jedoch mit einer Reihe von Beispielen, daß – zumindest über vereinzelte Spezial- oder Randgebiete des Reisens – bereits wesentlich früher schriftliches Informationsmaterial gesammelt und weitergegeben wurde (68).

Die beiden großen Protagonisten des Rationalismus im 17. Jahrhundert, Descartes und Bacon, fanden im Prinzip der Konfrontation mit dem 'Fremden' eine Methode der Selbstbestimmung und Selbsterziehung. Das

Reisen wurde zum Instrument hierfür. Sich dieser Bildungsmöglichkeit zu bedienen, bedurfte es freilich einer persönlichen Unabhängigkeit und Ungebundenheit, deren sich auch im 17. Jahrhundert nur wenige erfreuten. Die große Zahl der Minderbegünstigten suchte diesen Mangel durch die Lektüre von Reisebeschreibungen wettzumachen, die entsprechend an Beliebtheit zunahm. Insofern beginnt nicht, wie herkömmlicherweise angenommen wird, am Beginn des 'Eisenbahnzeitalters' eine neue Epoche des Reisens, sondern bereits um die Wende des 17. zum 18. Jahrhundert (69). Der diese Wende kennzeichnende Unterschied liegt darin, daß sich das aufstrebende Bürgertum das von Descartes vertretene Prinzip des Reisens als wesentliches Bildungselement zu eigen machte.

Die weite Verbreitung der Bildungsreise ist im 18. Jahrhundert durch eine Reihe spezieller Umstände gefördert worden. Hierzu ist vor allem die Erhöhung der Sicherheit des Reisens zu zählen. Vielgestaltig ist ja die Überlieferung über Beraubungen auf offener Straße. Seit dem Mittelalter geben zahlreiche Nachrichten Zeugnis über das Reiserisiko von Handel und Verkehr (70). Reisebeschreibungen berichten allgemeiner über räuberisches Gesindel (71), und speziell kriegerische Unruhen konnten Reiseunternehmungen empfindlich lang hinausschieben (72). Einen entsprechenden Immobilitätseffekt hatte etwa das Zeitalter der großen europäischen Glaubenskriege. Aber letztlich gelang es dem staatlichen "Policey-Wesen", den Verkehr durch energische Maßnahmen gegen Räuberbanden sicherer zu gestalten und Gefährdungen in Grenzen zu halten. Weiters wurde auch das arg verwilderte Herbergswesen verbessert – eine weitere Voraussetzung für die Förderung des Reisens. Schließlich waren die religiösen Vorbehalte gegen andere Konfessionen, die in protestantischen Ländern noch im 17. Jahrhundert Romreisende als suspekt erscheinen ließen, allmählich stark abgebaut worden (73).

Es ist sogar noch in der Ära der Weltraumfahrt häufig nachvollziehbar, daß in vorindustrieller Zeit auch die Wetterlage einen zeitweilig erheblichen Immobilitätsfaktor dargestellt haben muß, und zwar teils durch kurzfristige, teils durch langfristige Einwirkungen (Tageswetter bzw. lokales Klima):

– morastige, im Bergland auch wildbachartig überflutete Verkehrswege infolge entsprechend ergiebiger oder dauerhafter Regenfälle (74)

– Einwirkungen der Sonne je nach jahreszeitlichen oder geographischen Bedingungen (75)

– winterliche Erschwernisse wegen Schneefalls (76).

Allgemein erscheint jedoch die These zulässig, daß – aus einfachen psychologischen Gründen – zu wetter- oder klimabedingten Reiseerschwernissen selten eine objektive Überlieferung besteht: Zweifellos ist der beschwerliche, aufsehenerregende, gefährliche Ausnahmefall ein weitaus stärkerer Impuls für die Aufzeichnung als der problemlose Regelfall. Im Mittelalter war es eine geläufige Erfahrung, daß für das "Reisen im Gebirge der Hochsommer die günstigste, das Frühjahr dagegen die ungünstigste Jahreszeit ist". Statistisches Material rät allerdings zu strikter Differenzierung zwischen Reise- und Frachtverkehr: So läßt sich etwa für den ostalpinen Bereich die Feststellung treffen, daß hier "im Sommer viel weniger Kaufmannsfracht geliefert wurde als in den anderen Jahreszeiten" und daß noch im 18. Jahrhundert die Häufigkeit der Frachten "am stärksten vom November bis März und am schwächsten im Juli und August" ist (77).

Zu allen Zeiten ist mit dem Reisen auch das fundamentale Erfordernis von Geldaufwand verbunden. Am teuersten und damit den Wohlhabenden vorbehalten blieb stets das Reisen im eigenen Wagen (78). Aber auch zwischen den Fortbewegungsarten des Reitens und des Gehens zu Fuß bestanden beträchtliche Kostenunterschiede. Zum Vergleich: Der Kaufmannsdiener Hanns Kellner aus Ulm verbrauchte nach Ausweis seines Reiserechenbuches auf einer Geschäftsreise zu Pferd von Ulm nach Venedig im Sommer 1489 allein für das Pferd umgerechnet soviel, wie ihm ein mindestens dreiwöchiger Aufenthalt in Venedig oder eine rund zweiwöchige Reise zu Fuß gekostet hätte. Um 1780, als die englischen Wagenbauer mehr als die Hälfte ihrer Jahresproduktion von 40.000 Wagen ins kontinentale Europa exportierten, kostete ein solcher Reisewagen gleich viel wie eine Halbjahresreise im Wagen nach Rom oder nach Paris (79). Erst das ganz Europa umspannende Netz der 'Posten' hat jene Intensität des Reisens und jene Partizipation breiter Schichten ermöglicht, die in der zweiten Hälfte des 18. Jahrhunderts zu verzeichnen ist. Sie hat, im Verein mit der Bequemlichkeit der Gepäckbeförderung, der größeren Reisegeschwindigkeit bzw. -sicherheit und akzeptabler Quartiere, "das Reisen zu Pferde im 18. Jahrhundert zur Seltenheit werden lassen": Wer auf sich hielt, reiste damals umso weniger zu Fuß. So waren es vorwiegend Handwerksgesellen, stellensuchende Bedienstete und andere Unbemittelte, die auch damals noch zu Fuß auf den Landstraßen unterwegs waren (80).

Schließlich stand jedem Reisenden gegen Ende des vorindustriellen Zeitalters eine Vielzahl von Reiseliteratur zu Gebote, angefangen von itinerarartigen Werken in der Nachfolge des Gailschen "Raißbüchlins" über die umfassenden apodemischen Werke bis hin zu Anweisungen für Badereisen, ferner diverse Spezialliteratur, etwa über die Behandlung der Pferde, über Münz-, Maß- und Gewichtskunde. Der Niedergang jener ganzen Literaturgattung ist eng mit "der" europäischen Zäsur des Reiseverkehrs verbunden, dem Ende der großen Friedensperiode in den Napoleonischen Kriegen. Als die wirtschaftlichen Schäden dieser Kriege überwunden waren, stand dem Reisewilligen inzwischen eine völlig neue Institution zur Verfügung: In London war das erste Reisebüro entstanden und sollte auch auf dem Kontinent bald Nachfolger finden. Damit setzten sich mehr und mehr die einzelnen Ländern gewidmeten, umfassend informierenden Reiseführer durch (81).

Darin zeigt sich, wie stark sich seit dem Mittelalter die schriftlichen Selbstzeugnisse des Reisens und damit auch deren migrationsgeschichtliche Aussagemöglichkeiten verändert haben. Als Folge davon demonstriert gerade eine übersichtsartige Betrachtung, wie sie hier praktiziert werden mußte, auch die Notwendigkeit, mit solchen Quellen nur auf der Basis einer geeigneten Periodisierung zu operieren. Solange bei der Periodisierung – und gleichermaßen, wie vorne erwähnt, auch bei der Systematik und beim methodischem Zugriff – keine neuartigen und zeitgemäßen Gesichtspunkte Berücksichtigung finden, ist die Aussage 'reisegeschichtlicher' Quellen für migrationsgeschichtliche Fragestellungen als wider Erwarten dürftig zu bewerten: Die subjektiven Äußerungen von Reisenden, in denen am ehesten der Schlüssel zu ihrem Selbstverständnis zu suchen wäre, bedürfen immer erst des Filters der philologischen Kritik, ehe sie als realitätsbezogen einzustufen sind. Objektivierbare Informationen gehen kaum über die praktische Seite des Ortswechsels hinaus, vermitteln aber selbst diesbezüglich kaum mehr als letztlich fragmentarische Skizzen von der 'Bühne' des Reisens. Daß man letztere als Reise-'Alltag' umschreiben kann, ist ein zweifelhafter Trost, aber doch eine freundliche Perspektive: Auf diese Weise ist wenigstens die terminologische Kosmetik relativ reibungslos nach aktuellen Gesichtspunkten der Forschung vollziehbar.

ANMERKUNGEN

1) Vgl. in diesem Band die Beiträge von Helmut Bräuer, Grethe Jacobsen, Gerhard Jaritz, Herta Mandl-Neumann, Albert Müller, Ludwig Schmugge, Rainer C. Schwinges und Robert Scribner. Hier wäre ferner auch die Itinerarforschung einzureihen.

2) Ohne Anspruch auf Vollständigkeit seien aufgezählt: Darstellungen von Schutzheiligen des Reisens, von Pilgern, von Angehörigen 'fremder' Völker, von ikonographischen Themen mit Bezügen zum Reisen (z. B. Gasthaus-Darstellung im "Tacuinum sanitatis", Apostelabschied), Reiseszenen allgemeiner Art. Beispiele bei Helmut Hundsbichler, Reise, Gastlichkeit und Nahrung im Spiegel der Reisetagebücher des Paolo Santonino (1485-1487). Phil. Diss. Wien 1979, Abb. 1, 5, 8, 13-15. Insbesondere gilt auch für reisebezogenes Bildmaterial, daß es keinesfalls für sich allein

"Anschauungsmaterial", sondern in erster Linie Interpretationsbasis ist. Eine Ausnahmestellung nimmt diesbezüglich am ehesten die Kombination von authentischem Text und zeitgenössischem Bild ein, z. B.: Otto Feger (Hg.), Ulrich Richental, Das Konzil zu Konstanz. 2 Bde. Konstanz 1964; Franz-Josef Heyen (Hg.), Kaiser Heinrichs Romfahrt. Die Bilderchronik von Kaiser Heinrich VII. und Kurfürst Balduin von Luxemburg (1308-1313). Boppard/Rh. 1965; Alfred A. Schmid (Hg.), Die Schweizer Bilderchronik des Luzerners Diebold Schilling 1513. Sonderausgabe des Kommentarbandes etc. Luzern 1981.

3) Vgl. Margaret Wade Labarge, Medieval Travellers. The Rich and Restless. London 1982, bes. 33-51 (Itinerant Kings and Queens) und 209; Helmut Hundsbichler, Prominente Reisende im mittelalterlichen Leoben. Ihr Beitrag zum kulturgeschichtlichen Erscheinungsbild dieser Stadt bis an die Wende zur Neuzeit. In: Der Leobener Strauß 9 (Leoben 1981) 126.

4) Vgl. Gert Robel, Reisen und Kulturbeziehungen im Zeitalter der Aufklärung. In: B. I. Krasnobaev – Gert Robel – Herbert Zeman (Hg.), Reisen und Reisebeschreibungen im 18. und 19. Jahrhundert als Quellen der Kulturbeziehungsforschung (Studien zur Geschichte der Kulturbeziehungen in Mittel- und Osteuropa 6) Berlin 1980, 9. – Das Folgende zitiert aus Harald Witthöft, Reiseanleitungen, Reisemodalitäten, Reisekosten im 18. Jahrhundert. In: ebd. 45.

5) Wulf Schadendorf, Zu Pferde, im Wagen, zu Fuß. Tausend Jahre Reisen (Bilder aus deutscher Vergangenheit. Bibliothek des Germanischen National-Museums Nürnberg zur deutschen Kunst- und Kulturgeschichte 11) München 1959, 11. Als anschaulichen Überblick zum mittelalterlichen deutschen Reisekönigtum s. Udo Kaiser, Reisen von Kaisern und Königen im Mittelalter. Eine Form der Herrschaftsausübung. In: Gerhard Langemeyer (Hg.), Museum für Kunst und Kulturgeschichte der Stadt Dortmund, Museumshandbuch 3: Dortmund 11.8.1899. Der Kaiser kommt zur Hafeneinweihung. Dortmund 1984, 137-147 (Lit., Abb.). Eine Zusammenfassung ohne Belegstellen bei Norbert Ohler, Reisen im Mittelalter. München-Zürich 1986, 208-233, eine Tabelle zur Reisegeschwindigkeit ebd. 141. Vgl. auch Feger, Richental, Bildband fol. 42r.

6) Auf seiner Reise nach Rom und zurück (1498) erreichte der Gießener Rentmeister Balthasar Schrautenbach, der von einem Reitknecht begleitet war, auf einem der insgesamt 32 reinen Reisetage eine maximale Tagesleistung von 82 km; vgl. Herbert Krüger, Itinerarstudien zu Balthasar Schrautenbachs Romreise von 1498 (mit einer Karte). In: Mitteilungen des Oberhessischen Geschichtsvereins NF 41 (1956) 38 (betr. den Streckenabschnitt Gunzenhausen – Nördlingen – Giengen).

7) Vgl. den Beitrag von Ludwig Schmugge.

8) Szenen mit Boten bei Schmid, Schweizer Bilderchronik fol. 175r, 192v, 209v, 231v, 279r und 292v (in Auswahl); vgl. auch Donald E. Queller, The office of Ambassador in the Middle Ages. Princeton N.J. 1967, 3-25 sowie Ohler, Reisen 92-105. – An Vorkehrungen einer Vorausdelegation nennt beispielsweise ein Rechnungsbuch von 1453 die Reinigung und Adaptierung von Unterkunft und Stall, die Beschaffung von Mücheninventar oder von Lebensmittel- und Futtervorräten sowie die Besorgung sonstiger Reisebequemlichkeiten; s. Hartmann Zeibig (Hg.), Zur Geschichte der Gesandtschaft des Königs Ladislaus P. nach Rom im Jahre 1453. In: Notizenblatt. Beilage zum Archiv für Kunde österreichischer Geschichtsquellen 18 (1853) 394.

9) Grace Stretton, The travelling household in the Middle Ages. In: The Journal of the British Archaeological Association, NS XL (1935) 75-103; Labarge, Travellers 52-67 (Travelling Households).

10) Vgl. Krüger, Itinerarstudien 31; Hundsbichler, Reise, Gastlichkeit und Nahrung

56-58; ders., Gasthäuser und Pfarrhöfe als bischöfliche Unterkunft am Nordrand der Kirchenprovinz Aquileia. Beispiele aus den Reisetagebüchern des Paolo Santonino und aus verwandtem Quellenmaterial des 15. Jahrhunderts. In: Hans Conrad Peyer (Hg.), Gastfreundschaft, Taverne und Gasthaus im Mittelalter (Schriften des Historischen Kollegs, Kolloquien 3) München 1982, 200, mit Anm. 59.

11) Vgl. Nennungen in den Reiserechnungsbüchern von 1453 (Zeibig, Gesandtschaft 347, 348, 370, 372, 375, 377) und 1498 (Krüger, Itinerarstudien 26ff.).

12) Hundsbichler, Reise, Gastlichkeit und Nahrung 50, 58 und 93f. Vgl. auch die zahlreichen Darstellungen des Einholungs- und Empfangszeremoniells bei Schmid, Schweizer Bilderchronik (bes. etwa fol. 54v, 122v und 172v).

13) Vgl. als Beispiele die zahlreichen Nennungen als Tischgenossen bei Hundsbichler, Reise, Gastlichkeit und Nahrung, Blg. X.

14) Vgl. jene "glänzende Fürstenschar", die 1298 anläßlich der Verlobung zweier Angehöriger der Königshäuser von Böhmen und Ungarn in Wien zusammengekommen ist (Walter Koch, Ausländische Besuche in Wien. Ein Beitrag zur internationalen Stellung der Stadt im Mittelalter. Phil. Diss. Wien 1967, 74-77). Im Zuge davon reisten nicht zuletzt "viele Ungarn und Kumanen nach Wien, die aufgrund ihrer Menge in der Stadt aufzunehmen gar nicht möglich war". Ähnlich war die Stadt Innsbruck 1484 infolge einer landesfürstlichen Hochzeit "dermaßen voll von Leuten", daß der Ulmer Dominikaner Felix Faber "nicht ein Plätzchen" für einen kurzen Aufenthalt finden konnte; s. Josef Garber, Die Reisen des Felix Faber durch Tirol in den Jahren 1483 und 1484 (Schlern-Schriften 3) Innsbruck – München 1923, 32f.

15) Vgl. die bildlichen Darstellungen einschlägiger Szenen bei Schmid, Schweizer Bilderchronik (z. B. fol. 122v, 164v, 172v, 204v, 283v, 306r und 307v) oder bei Heyen, Romfahrt 55, Abb. 1b.

16) Z. B. Hundsbichler, Gasthäuser 202, Anm. 70. Derartige Aspekte sekundärer Migration dokumentiert Feger, Richental, Bildband fol. 23r (fremde Pastetenbäcker zur Konzilszeit in Konstanz), 78r (Geschenkübergabe), 94v/95r (Anlieferung von Nahrungsmitteln durch Dienstpersonal). Vgl. ferner Klaus Voigt, Italienische Berichte aus dem spätmittelalterlichen Deutschland. Von Francesco Petrarca zu Andrea de' Franceschi (1333-1492) Diss. FU Berlin 1969 (Druck: Kieler Historische Studien 17) Stuttgart 1973, 250, Z. 161-171 (die Eindrücke des Aeneas Silvius Piccolomini aus dem Jahre 1458 von den tagtäglich nach Wien geführten unglaublichen Mengen an Versorgungsgütern).

17) Beispielsweise Wanderpredigt oder Firmung. Nach Johannes Hofer, Johannes Kapistran. Ein Leben im Kampf um die Reform der Kirche 2 (Bibliotheca Franciscana 2) Heidelberg 1965, 12, fanden die Wiener Predigten des Giovanni da Capestrano im Jahre 1451 so zahlreiches Interesse, daß die Stephanskirche die Menge – möglicherweise waren es 20.000 bis 30.000 Menschen – nicht fassen konnte. Paolo Santonino erwähnt für das Dorf Tristach bei Lienz 1485: "Inunxit episcopus post meridiem eo in loco Crismate sexcentos pueros et homines..., qui...eo confluxerunt"; vgl. Giuseppe Vale (Hg.), Itinerario di Paolo Santonino in Carintia, Stiria e Carniola negli anni 1485-1487 (Studi e testi 103) Rom 1943, 136.

18) Beispielsweise Romzug eines Herrschers oder Lehenshuldigung (Schmid, Schweizer Bilderchronik 238r bzw. 97r).

19) Zuletzt Ewald Kislinger, Johann Schiltberger und Demetrios Palaiologos. In: Byzantiaka 4 (1984) 99-111; ähnlich das Schicksal Johann Butzbachs aus Miltenberg (s. in Anm. 26).

20) Joseph Valentinelli (Hg.), Diplomatarium portusnaoense. Series documentorum ad historiam Portusnaonis spectantium etc. (Fontes rerum Austriacarum II, 24) Wien

1865, Nr. 178, 194-203 (Descriptio itineris legatorum portusnaoensium Gasparis et Johannis Danielis ad archiducem Austriae etc.).

21) Gerhard Neumann, Johannes Osthusen. Ein Lübecker Syndikus und Domherr in der zweiten Hälfte des 15. Jahrhunderts. In: Zeitschrift des Vereins für Lübeckische Geschichte und Altertumskunde 56 (1976) 31. Zur Kommunikation sowie zu Intensität und Modalität von Informationsaustausch über europaweite Entfernungen s. Th. Schrader, Die Rechnungsbücher der hamburgischen Gesandten in Avignon 1338 bis 1355. Hamburg und Leipzig 1907, 33*-38* (Brieflicher Verkehr und Reisen zwischen Hamburg und Avignon); Queller, Ambassador 85-109 (Functions of the Ambassador).

22) Alles nach Robel, Reisen 21.

23) Vgl. z. B. Voigt, Italienische Berichte; Gerd Tellenbach, Zur Frühgeschichte abendländischer Reisebeschreibungen. In: Hans Fenske – Wolfgang R. E. Schulin (Hg.), Historia integra. Festschrift für Erich Hassinger zum 70. Geburtstag. Berlin 1977, 51-80; Jean Richard, Les récits de voyages et de pèlerinages (Typologie des sources du Moyen Age occidental A-I.7 38) Brepols 1981.

24) Vgl. auch Robel, Reisen 20 und 22.

25) Vgl. Hundsbichler, Reise, Gastlichkeit und Nahrung 59-89, 108-127, 241-317. Besonders ausführliche Angaben über Kontaktpersonen während seiner Reise in die Niederlande (1520/21) gibt Albrecht Dürer; vgl. Ferdinand Liebenau (Hg.), Albrecht Dürer, Tagebücher und Briefe. München-Wien 1969, passim, bzw. Ohler, Reisen 410-419. Aufschlußreiche Angaben dieser Art ferner bei Dietrich W.H. Schwarz (Hg.), Beat Holzhalb, Wiener Reise 1677 (Mitteilungen der antiquarischen Gesellschaft in Zürich 48/2) Zürich 1977.

26) Dieses alte deutsche Wort für die 'Fremde' bezieht seinen negativen Sinngehalt von der "Verlassenheit und Hilflosigkeit..., der sich einst der Fahrende ausgesetzt sah" (Schadendorf, Zu Pferde 6). In diesem Sinne Jacob und Wilhelm Grimm, Deutsches Wörterbuch 3. Leipzig 1862 (Ndr. München 1984) 406ff. Die "Behausung der Elenden" war daher im Mittelalter ein Gebot der praktischen christlichen Nächstenliebe. Felix Faber veranschaulicht die Nöte während eines Sturmes auf See, indem er in seinem "Evagatorium" (1483/84) einen der Sieben Weisen der Antike zitiert: "Seereisende könnten weder den Lebenden noch den Toten beigezählt werden. Sie seien vier Finger breit vom Tode entfernt, denn vier Finger breit seien die Schiffswandungen" (Tellenbach, Frühgeschichte 70). Als Beispiel für das 'Elend', das ihn von Kindheit an begleitet hat, sieht Johannes Butzbach den Inhalt seines Wanderbüchleins: vgl. Leonhard Hoffmann (Hg.), Wanderbüchlein des Johannes Butzbach, genannt Piemontanus. Aus dem Leben eines fahrenden Schülers. Berlin 1984, 5.

27) Als aussagefähige Bereiche erweisen sich etwa Sprache, Kleidung und Habitus. Der Augsburger Kaufmannssohn Lucas Rem begibt sich im Zuge seiner auswärtigen Ausbildung 1498 im Alter von 17 Jahren nach Lyon zu Piero Deburg und 'belib bei Im die sprach zu lernen'; s. B. Greiff (Hg.), Tagebuch des Lucas Rem aus den Jahren 1494-1541. Ein Beitrag zur Handelsgeschichte der Stadt Augsburg. Augsburg 1861, 6. Kolumbus nimmt in Westindien "Eingeborene an Bord, damit diese das Kastilische, die Kastilier die Sprache der Indios lernen" (Ohler, Reisen 108). Nach Ausweis seines Tagebuches machte Albrecht Dürer "in den Niederlanden die Verständigung mit Italienern, Franzosen, Portugiesen, Niederländern keine Schwierigkeiten" (ebd. 411). Johann Butzbach erwähnt nach der Rückkehr von seinem jahrelangen Aufenthalt in Böhmen, er habe zu Hause in Miltenberg sogleich den ortsüblichen kurzen Haarschnitt erhalten, während er in Böhmen nach Landessitte auf die Pflege von langem Haar "große Sorgfalt verwandt hatte", und er sei "auch mit anderen Kleidern ausstaffiert" worden (Hoffmann, Wanderbüchlein 141). Zur Andersartigkeit von Haartracht und

Kleidung in Böhmen ebd. 95 f. Beat Holzhalb hat sich eigens für die Audienz beim Kaiser "mit schwartz sydenen Hosen und Strümpfen, einer sammetenen Kassaggen mit vergült durchbrochnen Knöpfen und schönen Cravaten und Mancheten versechen" (Schwarz, Holzhalb 16).

28) Robel, Reisen 23.

29) Hierzu Tellenbach, Frühgeschichte 78ff.

30) Über deren mannigfache Komponenten s. Voigt, Italienische Berichte 12-16.

31) Hierzu Tellenbach, Frühgeschichte 52.

32) Hier können zahlreiche literarische Topoi und Stereotype – Beschreibung, Kompilation, Fiktion, Lüge – einfließen; zum Beispiel das fingierte Städtelob, s. etwa Carl Joachim Classen, Die Stadt im Spiegel der Descriptiones und Laudes urbium in der antiken und mittelalterlichen Literatur bis zum Ende des zwölften Jahrhunderts (Beiträge zur Altertumswissenschaft 2) Hildesheim – New York 1980.

33) Vgl. Robel, Reisen 9 und Jacob Berg, Arabische Berichte von Gesandten an germanische Fürstenhöfe aus dem 9. und 10. Jahrhundert (Quellen zur deutschen Volkskunde 1) Berlin – Leipzig 1927.

34) Tellenbach, Frühgeschichte 54.

35) Ebd. 51.

36) Hans Rupprich, Die deutsche Literatur vom späten Mittelalter bis zum Barock. 1. Teil: Das ausgehende Mittelalter, Humanismus und Renaissance. 1370-1520 (=Helmut de Boor – Richard Newald, Geschichte der deutschen Literatur von den Anfängen bis zur Gegenwart 4/1) München 1970, 159f.

37) Tellenbach, Frühgeschichte 51.

38) Rolf Sprandel, Gesellschaft und Literatur im Mittelalter. Paderborn-München-Wien-Zürich 1982, 222.

39) Vgl. Jacob Berg, Ältere deutsche Reisebeschreibungen. Phil. Diss. Gießen o. J. (Druck: Alsfeld 1912) 25. Auf seiner ersten Palästina-Reise (1480) erzählt Felix Faber von der Hinreise nur: "So reisten wir mit Freude über die Alpen bis Innsbruck, von wo wir mit Eile weiterritten, um rasch nach Venedig zu kommen" (Garber, Felix Faber 4). Mitunter verzichten auch italienische Reiseberichte auf ausführlichere Berichterstattung mit der Begründung, daß in Italien vieles über Deutschland bekannt sei (Voigt, Italienische Berichte 182).

40) Das Reiserechnungsbuch von 1453 etwa vermerkt über die Empfänge während der Anreise nach Rom: 'Des geleichen hat sich auch wegeben In menigern klayn stetten, das alles zeschreiben zelanng were' (Zeibig, Reiserechnungsbuch 327). Aus dem gleichen Grunde ist die Wortkargheit des Gießener Rentmeisters (1483) zu Recht damit kommentiert worden, "daß Schrautenbach nicht die Aufgabe gestellt war, eine Cavaliersreise zu begleiten und darüber ein Reisetagebuch im Sinne Breidenbachs zu führen, sondern daß er für eine korrekte Reisekostenabrechnung Sorge zu tragen hatte" (Krüger, Itinerarstudien 30).

41) Tellenbach, Frühgeschichte 76f. (mit ausführlichen Beispielen).

42) Ebd. 51, 77f. und 58.

43) Vgl. Hedwig Heger (Hg.), Das Lebenszeugnis Walthers von der Vogelweide. Die Reiserechnungen des Passauer Bischofs Wolfger von Erla. Wien 1970 (passim).

44) Elfriede Rehbein, Zu Wasser und zu Lande. Geschichte des Verkehrswesens bis zum Ende des 19. Jahrhunderts. München 1984, 138. Anschaulich zur außerordentlichen Häufigkeit der Zölle auch Albrecht Dürer auf seiner niederländischen Reise 1520/21 (Liebmann, Dürer, passim bzw. Ohler, Reisen 412 f.)

45) Vgl. Hundsbichler, Prominente Reisende 128 bzw. ders., Gasthäuser 196.

46) Robel, Reisen 22. Ein erfreulicher Anfang ist diesbezüglich im Rahmen des Seminars "Mittelalterliche Reiseberichte und Pilgerbücher in deutscher Sprache" am Institut für Germanistik (Abt. für ältere deutsche Literatur, WS 1984/85) an der Universität Graz gesetzt worden: Eine der Seminararbeiten (Ingrid Matschinegg – Karin Kogelfranz, Reise, Gastlichkeit und Nahrung) unternahm die maschinenunterstützte nahrungsgeschichtliche Auswertung des Reiserechenbuches aus dem Jahre 1453 (s. Anm. 8).

47) Krüger, Itinerarstudien 30f. Vgl. auch Anm. 40.

48) Vgl. Abb. und Beschreibung der sog. "Seilerschen Itinerarrolle" (um 1520) bei Hans Hitzer, Die Straße. Vom Trampelpfad zur Autobahn. Lebensadern von der Urzeit bis heute (Kulturgeschichte in Einzeldarstellungen) München 1971, 180. Der Werdegang läuft von ursprünglich mündlich überlieferten und schließlich handschriftlich weitergegebenen Etappenlisten der gebräuchlichsten Wege zu einzelnen Wallfahrtsorten über frühe handschriftliche Routenzusammenstellungen für Romreisende, Palästina-Pilger oder Santiago-Fahrer bis zu gedruckten Pilgerführern, die gegen Ende des 15. Jahrhunderts in Erscheinung treten: vgl. Herbert Krüger, Das älteste deutsche Routenhandbuch. Jörg Gails "Raißbüchlin". Graz 1974, 1 (mit Lit. ebd. 14f., Anm. 2-7).

49) Krüger, Routenhandbuch 1. Die erste gedruckte deutsche Itinerarsammlung, die allerdings nicht als selbständiges und reisetaugliches Handbuch erschien, ist Sebastian Brants Straßburger Itinerarverzeichnis (ed. Caspar Hedio, Straßburg 1543).

50) E. Öhlmann, Die Alpenpässe im Mittelalter (2. Teil). In: Jahrbuch für Schweizerische Geschichte 4 (Zürich 1879) 260. Hierfür läßt sich eine Reihe von Belegen anführen, wobei solche aus abgelegenen Gebirgspassagen besonders aussagekräftig erscheinen. Vgl. z. B. die Reise der Gesandten von Pordenone 1428 (wie Anm. 20); die Überquerung des Krimmler Tauerns durch den nachmaligen Kaiser Karl IV. 1340, s. Gerhard Scherff, Der Krimmlertauern und die Reise Herzog Rudolfs IV. im Jahre 1363. In: Mitteilungen der Gesellschaft für Salzburger Landeskunde 45 (Salzburg 1906) 37-40; die Benützung eines ähnlich "entlegenen" Bergüberganges in der Steiermark durch Kaiser Maximilian I. 1514, s. Hundsbichler, Prominente Reisende 153, Anm. 93. Ähnlich ist aus den Reisetagebüchern des Paolo Santonino ersichtlich, daß der von ihm begleitete Bischof viele Einzeletappen nicht auf Wegen von überregionaler Bedeutung zurückgelegt hat (Hundsbichler, Reise, Gastlichkeit und Nahrung 44 sowie Blg. I (Karten) und III (Itinerar)). Als vergleichbare klerikale "Dienstreisen" s. etwa Artur Maria Scheiber, Eine Reise durch Oberösterreich im Jahre 1447. In: Heimatgaue 7 (Linz 1926) 148-150 oder Bernhard Pez (Hg.), Thesaurus anecdotarum novissimus I/3. Augsburg-Graz 1721, 479f. (die im Rahmen seiner "Historia Formbacensis" beschriebene Antrittsreise des Formbacher Abtes Angelus Rumpler in österreichische Ländereien 1504).

51) Vgl. etwa die Ausführungen über die Etzlaub-Karten bei Krüger, Routenhandbuch 3 und bei Hitzer, Straße 174ff.

52) Wiedergegeben ebd. 179, Abb. 210.

53) Tellenbach, Frühgeschichte 71.

54) Krüger, Itinerarstudien 22.

55) Augenfällige Beispiele vermittelt die Gegenüberstellung der authentischen Entfernungsangaben (in italienischen Meilen zu 1,8 km) und der modernen Straßenkilometer beim Übergang Paolo Santoninos über den Loibl-Paß (20 bzw. 29) und den Predil-Paß (20 bzw. 33, s. Hundsbichler, Reise, Gastlichkeit und Nahrung, Blg. IIIb).

56) Tellenbach, Frühgeschichte 61.

57) Ebd. 71.

58) Hitzer, Straße 176.

59) Witthöft, Reiseanleitungen 43. Posten und Tagereisen zwischen Wien und München 1677 s. bei Schwarz, Holzhalb 32ff.

60) Bruno Schumacher, Die Reise das samländischen Bischofs Dietrich von Cuba von Rom nach Deutschland, 1473. In: Mitteilungen des Vereins für die Geschichte von Ost- und Westpreußen 17 (Bad Wiessee 1943) bzw. Rehbein, Zu Wasser 147.

61) Krüger, Itinerarstudien 37 bzw. Rehbein, Zu Wasser 147.

62) Schadendorf, Zu Pferde 47.

63) Zum Einfluß der Tageslänge und damit der Jahreszeit s. Hundsbichler, Reise, Gastlichkeit und Nahrung 32f. Nach einer brieflichen Mitteilung vom 2.5.1463 war der Lübecker Syndicus Simon Batz um diese Jahreszeit bereits 'des morgens frue to dree uren' auf einer Überlandreise unterwegs (Urkundenbuch der Stadt Lübeck 10. Lübeck 1897, Nr. 332, S. 349). Felix Faber erwähnt Mitte April 1483 einen Aufbruch bei Sonnenaufgang (Garber, Felix Faber 8). – Nach Paolo Santoninos Reisetagebüchern ergibt sich für eine vielleicht zwanzigköpfige Gruppe von Reisenden zu Pferd eine mittlere Reisegeschwindigkeit von gut 5 km/h. Für einen einzelnen Reiter gelten 9 km/h als gute Leistung (Hundsbichler, Reise, Gastlichkeit und Nahrung 33). Von Johann Heinrich Zedler (Hg.), Großes vollständiges Universal-Lexikon 28. Halle – Leipzig 1742, 1842, werden auf eine Meile "zum Reyten 3/4 Stunden eingeräumet" (Witthöft, Reiseanleitungen 45).

64) Vgl. z. B. bei Hundsbichler, Reise, Gastlichkeit und Nahrung 33f.

65) Ebd. 89f.: Weil ein Reitpferd gestohlen wurde, erfolgt eine halbtägige Unterbrechung der Reise.

66) Aus Schrautenbachs Rechnungsbuch (1498) ist zu ersehen, daß der Hufbeschlag eines Reitpferdes 600 bis 630 km gehalten hat (Krüger, Itinerarstudien 44).

67) Witthöft, Reiseanleitungen 39. Die Blütezeit dieser Literaturgattung fällt ins 18. Jahrhundert: 1795 werden mit Blickrichtung auf die "geschickte Anwendung der erlangten Kenntnisse, wenn man wieder zu Hause ist", insgesamt 91 Regeln zusammengestellt. Sie dokumentieren mosaikartig den Reisevorgang, das Schutz- und Sicherheitsbedürfnis des Reisenden, sein Verhalten in fremden Städten und gegenüber fremden Personen, Gesunderhaltung und Hygiene, Bräuche, Bequemlichkeiten, Wissensstand und Wissenserwerb sowie Ökonomie.

68) Verwiesen sei auf den reisedidaktischen Abschnitt "De experientiis in Visitatione" im sog. "Senatorium" des Wiener Schottenabtes Martin von Leibitz († 1464); auf die anläßlich einer Romreise 1480 zusammengestellten weitläufigen Gesundheitsregeln des Nürnberger Stadtarztes Dr. Johannes Lochner; auf die Reiseinstruktionen des Sebald Rieter (1479/80) oder Bernhards von Breitenbach (1483). Vgl. Hieronymus Pez (Hg.), Scriptores rerum Austriacarum etc. 2. Leipzig 1725, 637-647; Hans J. Vermeer (Hg.), Johann Lochners "Reisekonsilia". In: Sudhoffs Archiv 56 (1972) 145-196; Reinhold Röhricht – Heinrich Meisner (Hg.), Das Reisebuch der Familie Rieter (Bibliothek des litterarischen Vereins in Stuttgart 148) Tübingen 1884, 137-149; Reinhold Röhricht, Deutsche Pilgerreisen nach dem Heiligen Lande. Innsbruck 1900 (Ndr. Aalen 1967) 164.

69) Robel, Reisen 11.

70) Vgl. etwa folgende urkundlichen Nachrichten: eine Klage des Grafen Bernhard von Anhalt gegen Bischof Albrecht von Halberstadt wegen Beraubung von Erfurter und Magdeburger Kaufleuten 1329/30; die Beraubung des Göttweiger Priors Johann am Vulsiner See (Italien) 1497; ein Überfall eines reisenden Edelmannes auf einen Bauern zu Anfang des 16. Jahrhunderts in Ungarn. Die Belege bei Rehbein, Zu Wasser 135; Adalbert Fr. Fuchs, Urkunden und Regesten des Benediktinerstiftes Göttweig 3 (Fon-

tes Rerum Austriacarum I, 55) Wien 1902, Nr. 2268, 416; András Kubinyi, Bäuerlicher Alltag im spätmittelalterlichen Ungarn. In: Bäuerliche Sachkultur des Spätmittelalters (Veröffentlichungen des Instituts für mittelalterliche Realienkunde Österreichs 7 = Österreichische Akademie der Wissenschaften, Sitzungsberichte der phil.-hist. Kl. 439) Wien 1984, 251.

71) Vgl. Hundsbichler, Reise, Gastlichkeit und Nahrung 91-95 und die ebd. 94, Anm. 358 zitierten sonstigen Beispiele aus dem späten Mittelalter. Felix Faber überliefert aus einem Gasthaus einen nächtlichen Diebstahl (Garber, Felix Faber 7, betr. Schneckenhausen). Lucas Rem fühlte sich 1535 zwischen Wildbad Kalb und Ulm "in grosser gefar Stras-Raberey halb". Die kostspielige, eben nur für einen finanzstarken Reisenden denkbare Konsequenz: "Nam fil folck, glait, Reiter, fuosknecht zu mir, verglaitet gar fil gelt" (Greiff, Tagebuch 28).

72) Im Zusammenhang mit den bürgerkriegsähnlichen innerhabsburgischen Auseinandersetzungen (1462-1464) schreibt der Lübecker Prokurator am Wiener Kaiserhof, Gerhard Redbroch, in einem Brief vom 13.9.1464; "daß die Donau wieder offen ist und daß man auf ihr reisen kann", während der Landweg nach Wien durch Kärnten und die Steiermark noch stark gefährdet sei (Neumann, Erfahrungen 43). Ähnliches bezeugt der sorgenvolle Schriftverkehr zur Vorbereitung – oder besser: zum jahrelangen Aufschub – einer bischöflichen Visitationsreise des späten 15. Jahrhunderts in ein wiederholt von den Türken heimgesuchtes Gebiet südlich der oberen Drau; vgl. den entsprechenden Passus bei Wilhelm Neumann, Die Türkeneinfälle nach Kärnten. In: Südost-Forschungen 14 (1955) 84-102.

73) Robel, Reisen 12.

74) Beispiele bei Hundsbichler, Reise, Gastlichkeit und Nahrung 43-46; s. weiters Garber, Felix Faber 7, 25 und 30.

75) Paolo Santonino legte Anfang September 1486 einen Reiseabschnitt ausdrücklich "cum gratissimo sole" zurück (Vale, Itinerario 199). Balthasar Schrautenbach teilt Ende Mai 1498 aus der lombardischen Ebene mit, er habe "hitz halber ruhen müssen" (Krüger, Itinerarstudien 33).

76) Vgl. die Schilderung des abenteuerlichen Alpenüberganges Kaiser Heinrichs IV. und insbesondere des weiblichen Hofstaates im Jahre 1077 (Schadendorf, Zu Pferde 11, nach Lambert von Hersfeld) oder die schneebedingten Schwierigkeiten bzw. die Gegenmaßnahmen hierzu, von denen Felix Faber für 1484 berichtet (Garber, Felix Faber 27f.). Vgl. auch die Angaben bei Ohler, Reisen 24-34 (Klima, Jahreszeiten) und 165-171 (Reisen im Hochgebirge).

77) Otto Stolz, Geschichte des Zollwesens, Verkehrs und Handels durch Tirol und Vorarlberg von den Anfängen bis ins XX. Jahrhundert (Schlern-Schriften 108) Innsbruck 1953, 141f.

78) Robel, Reisen 12.

79) Hundsbichler, Reise, Gastlichkeit und Nahrung 100, Anm. 378 bzw. Robel, Reisen 12f.

80) Ebd. 13f.

81) Ebd. 15.

MIGRATION UND MOBILITÄT
Ein Diskussionsbericht

RAINER S. ELKAR

Abschlußdiskussionen von Tagungen haben bekanntlich ihre eigenen, typischen Schwierigkeiten: sie stürzen entweder in die Untiefen neuer Probleme oder sie schwanken auf den Höhenpfaden euphorischer Abschiedsharmonie. Veröffentlichte Diskussionsprotokolle künden hiervon in der Regel wenig; überdies ist es für das lesende Publikum meist auch erstaunlich, welch fein ziselierte Sprache dem Geist des Symposiums entsprang. Diskussionsredner wie Diskussionsleiter verwenden viel Fleiß und Postgebühren bis auch der geringste Anschein einer direkten, freien Rede in den Protokollen getilgt ist. Um diese Schwierigkeiten wissend, soll im folgenden lediglich berichtet und ein wenig annotiert werden, ein Unterfangen, das um Wohlwollen heischt – beim Leser wie bei den Referenten.

1. DER SOZIOLOGISCHE AUSGANGSPUNKT

Es ist durchaus nicht ungewöhnlich, daß Sozialhistoriker einen mühsamen Weg von der Phänomenologie zur Theorie und wieder zurück beschreiten müssen. Der Ausgang von einer instrumental begriffenen Theorie ist seltener, jedenfalls keineswegs eine allgemein verbreitete Praxis; Fragen richten sich häufig an Phänomenkomplexe in Form von 'gut greifbaren' Quellenbeständen, die Ordnungsmacht der Theorie wird oft erst zu einem sehr späten Zeitpunkt der historischen Heuristik zugelassen. Wenn es eine der Zielsetzungen des Salzburger Abschlußcolloquiums war, a priori eine Auseinandersetzung mit der soziologischen Theorie struktureller und anomischer Spannungen, wie sie H.-J. HOFFMANN-NOWOTNY im Rahmen eines neuen Wanderungsparadigmas formuliert, so machte dieser Ausgangspunkt den Weg nicht einfacher, gerade weil in der Fülle der Einzelbeiträge eben diese Perspektive nur in wenigen Studien berücksichtigt wurde (v. a. A. Schluchter, L. Schmugge, zum Teil auch J. Ehmer).

HOFFMANN-NOWOTNY beabsichtigt ausdrücklich, "eine Analyse der Weltgesellschaft in ihren Teilen und als Ganzes ins Auge zu fassen", ein Unterfangen, welches bei Historikern – europäischen zumal, angloamerikanischen etwas weniger – Reserviertheit auslöst. Der Historiker blickt auf

Gebirge von Quellenmaterial unterschiedlichster Herkunft und beträchtlicher Disparitäten; gerade diese beiden letztgenannten Aspekte sind es, die seine Skepsis hervorrufen, auch wenn er grundsätzlich bereit wäre, dem in der Diskussion von HOFFMANN-NOWOTNY vorgebrachten Appell zuzustimmen, daß es keinen fundamentalen Unterschied zwischen der Arbeit des Historikers und der Arbeit des Soziologen gebe, daß allenfalls ein Unterschied in der Richtung der Bemühungen beider bestehe.

Offenheit läßt sich eher gegenüber 'Theorien mittlerer Reichweite' als gegenüber Globalstrategien beobachten. Historiker stellen – wenn sie sich schon der Theorie bequemen – oft fest, daß diese wie ein weites Gewand um dürres Material schlottert oder aber, daß sie die Massen kaum zu bändigen weiß. Aus dieser Einsicht heraus ist die Neigung beträchtlich, einen heuristischen Zugriff zu entwickeln, welcher die jeweils konkret umschreibbaren Phänomene methodisch gliedert, ein Verfahren, das den Traditionen des deutschen Historismus auch vertrauter ist. Der andere Weg, stets neue instrumentale Theorien zu entwickeln, die ihrerseits bestimmte Konzeptionen von Gesellschaft oder Gemeinschaft bergen, wird seltener beschritten.

Unter solchen Voraussetzungen ist es nicht erstaunlich, daß sich die bisherige historische Migrations- und Mobilitätsforschung eher mit solchen theoretischen Konzepten anfreunden konnte, die den methodischen Instrumentalcharakter für die Heuristik betonten und gleichsam die Gliederungspunkte für das Quellenmaterial mitlieferten. Wer den nützlichen Sammelband von György Szell rund fünfzehn Jahre nach seiner Veröffentlichung noch benutzt, der hat in den Studien von E.G. Ravenstein, die immerhin schon vor einem Jahrhundert erschienen, H. Adebahr, D.J. Bogue und M.J. Hagood, E.S. Lee, W. Petersen, G. Pourcher, um nur einige zu nennen, genügend Handhaben für eine auch quantifizierende Sozialgeschichte.

Eine Sektion des 35. Deutschen Historikertages (Berlin 1984) befaßte sich mit Fragen historischer Mobilität. Inzwischen ist unter dem Titel "Unterwegssein im Spätmittelalter" ein Tagungsband erschienen. Konzeptionell bezieht freilich keiner der Autoren (L. Schmugge über Pilger, J. Miethke über Studenten, K. Schulz über Handwerksgesellen, F. Graus über Randständige) migrationstheoretische Überlegungen außerhalb der Historie in seine Untersuchungen ein. Die gängige Literatur – Ravenstein, Szell, Köllmann, Horstmann, Hoffmann-Nowotny und Kubat – wird lediglich in der Einleitung (Schulz) und in der Zusammenfassung (Schmugge) kurz reflektiert. Fast scheint es – was nicht unbedingt zu kritisieren wäre –, daß die Historiker auf dem beschriebenen Gebiete ihren eigenen Weg vorbei an den übrigen Sozialwissenschaften suchen. Mit der Formulierung "Unterwegssein im Spätmittelalter", die Sektion wie Berichtband den Namen gab, sollte sogar die -- in den Augen von Schulz – begrifflich allzu umfassende Thematik der horizontalen/räumlichen/geographischen Mobilität eingeschränkt werden. Augenscheinlich wird so die Zurückhaltung gegenüber breiten theoretischen Ansätzen und Modellen dokumentiert.

2. Räumliche Sozialstruktur und Migration

Vor gut einem halben Jahrhundert machte W. Christaller auf die eigentümliche Spannung zwischen den "zentralen" Orten und ihren "Ergänzungsgebieten" aufmerksam. Diese Spannung sei in einem Bedeutungsüberschuß des zentralen Ortes begründet, dem Bedeutungsdefizite im Ergänzungsgebiet gegenüberstehen. Beides zusammen, Überschuß wie Defizit, binde den zentralen Ort mit dem Ergänzungsgebiet zu einer "Ganzheit" zusammen. Anknüpfungspunkte zu den Überlegungen von Hoffmann-Nowotny sind also innerhalb der Geschichtswissenschaft durchaus gegeben; W. Köllmann hat sie bereits 1976 bemerkt. Diese konventionelle Theorie zentraler Orte hat einen Teil der älteren historischen Migrationsforschung – namentlich H. Ammann – deutlich beeinflußt.

Angesichts der zahlreichen Beiträge zu Rekrutierungsbereichen (H. Mandl-Neumann, A. Müller) oder Kommunikationsräumen (G. Jaritz, A. Kubinyi, W. Reininghaus, R.C. Schwinges) setzte sich W. SCHMID für eine sehr deutliche Einbeziehung geographischer Raumordnungsmodelle ein. Er verwies auf die Weiterentwicklung der geographischen Zentralitätsforschung durch P. Schöller und eine entsprechende Rezeption in der Städteforschung des Westdeutschen Arbeitskreises, betonte aber zugleich die Bedeutung wirtschaftsgeographischer Analyse gerade im Hinblick auf Ammann, der im Zusammenhang seiner Studien zur Gesellenwanderung Handwerksmigration und Wirtschaftsräume eng miteinander verband. Freilich sei eine Abgrenzung von Wirtschaftsräumen vor dem Zeitalter des Merkantilismus mit großen Schwierigkeiten verbunden. An das Problem der Abgrenzung von Räumen schloß SCHMID die Frage an, welche innere Struktur diese Räume besaßen. Unterscheiden lassen sich Faktoren, die Wanderungsvorgänge kanalisierten, förderten oder hemmten (z.B. Straßen, Pässe, Flüsse). Hinzu komme, daß Entwicklung und Anziehungskraft einzelner Regionen unterschiedlich verlaufe, dies gelte sowohl für Gewerbelandschaften (z.B. im Bergbau mit der besonders ausgeprägten Migrationsbereitschaft der Bergleute) wie auch für städtische bzw. kulturelle Zentren (Universitäten, Wallfahrtsorte u.a.m.). Abschließend verwies SCHMID auf ein umfangreiches kartographisches Instrumentarium, das wesentlich dazu beitrage, Migrationsprozesse, -ziele und -routen nicht nur sichtbar zu machen, sondern auch systematisch zu ordnen und zu analysieren.

L. SCHMUGGE ergänzte die Ausführungen Schmids durch einen Hinweis auf die Zusammenhänge zwischen Wetter, Witterung, Klima und Migration. Pilgerfahrten wie Kaufmannsreisen kennen die Frühjahrs- und Herbstpassagen durch das Mittelmeer. Während die jahreszeitlichen Schwankungen bei verschiedenen Erscheinungsformen der Migration zu beobachten sind, stehen Analysen zu den übrigen Faktoren weitgehend noch aus. H. HUNDSBICHLER merkte hierzu an, daß die saisonalen Schwankungen auf das Reiseverhalten der sozial höher Gestellten im allgemeinen einen geringeren Einfluß ausübten als auf die breite Masse der Migranten.

Die Frage nach der inneren Struktur von Räumen löste eine umfänglichere Diskussion über die Bedeutung von Sozialräumen für die Migration aus, wobei das Problem, inwieweit Naturräume das Migrationsverhalten beeinflussen, anfänglich kontrovers erörtert wurde.

Offensichtlich handelt es sich bei Migration um kein Phänomen, das sich wahllos über die Erdoberfläche verteilt, vielmehr wird es von geographischen Faktoren mitbestimmt (SCHMID). Die Gewichtung dieser Faktoren ist aber häufig erst bei einer genauen Kenntnis der sozialen und politischen Strukturen möglich: gerade das Beispiel hoher oder niedriger Kriminalität (SCHLUCHTER, SCHMID) in naturräumlich abgrenzbaren Regionen muß keineswegs immer mit den geographischen Bedingungen in Verbindung gesetzt werden, sondern kann etwa mit der Intensität der Strafverfolgung zusammenhängen; natürliche Grenzen haben ebenso trennende wie verbindende Funktion für Migration (ELKAR).

Mit Hinblick auf die Rekrutierungsbereiche läßt sich bemerken, daß sie sich je nach Typ und Art der Migration unterschiedlich konturieren lassen. In diesem Zusammenhang kann es durchaus als angemessen erscheinen, analytische, d.h. nicht-naturräumlich bestimmte Regionen zu bilden, um bei einer quantitativ orientierten Analyse bestimmte Verdichtungsbereiche von Variablenausprägungen zu erkennen (SCHMID). Eine solche Verfahrensweise kann dazu führen, Nähe und Ferne von Räumen durch die Migrations- bzw. Mobilitätsbeziehungen festzulegen, in der Konsequenz bedeutet dies für die historische Migrationsforschung, Räume hauptsächlich als Kommunikationsräume zu bestimmen (ELKAR). Systematisch bietet sich die Möglichkeit, die migrationsrelevanten Eigenschaften von

Räumen zunächst statisch zu betrachten, um dann in einer dynamischen Analyse danach zu fragen, wie sich diese Merkmale durch die Migration selbst verändern, wie geographische Distanz gewissermaßen sozial verringert werden kann (HOFFMANN-NOWOTNY). R.C. SCHWINGES verwies auf das Beispiel, daß Studenten Räume durch soziale Beziehungen überbrückten, sei es durch die Kontakte zu ihren Magistern oder zu Sozialpartnern am Ort. Auf diese Weise sind weite Distanzen zu fernen Universitäten eng miteinander verbunden worden, während es – wegen fehlender sozialer Beziehungen – durchaus Leerstellen in den Nahrekrutierungsbereichen von Hochschulen gab. Für die Migrationsgeschichte sind, so folgerte er, Nähe und Ferne von Räumen anders zu qualifizieren als rein räumlich, soziale Strukturen erweisen sich als vorherrschend.

3. Rolle und Identität der Migranten

Die Eingliederung von Fremden oder auch nur der Umgang mit ihnen weist beiden Seiten – den Einheimischen wie den Ankommenden oder Hinzugezogenen – bestimmte Rollen zu. Für die mittelalterlichen Sozialstrukturen sind Erkennbarkeit und Einordnungsmöglichkeiten von wesentlicher Bedeutung. Es handelt sich also um ein Problem der Wahrnehmung, das in zweierlei Hinsicht zu untersuchen ist: einmal auf die Frage, wer als migrant wahrgenommen wird, zum andern auf die Frage, wer sich selbst auf welche Weise als migrant wahrnimmt (G. JACOBSEN, A. SCHLUCHTER).

Die Gesellschaft entwickelte im Laufe der Geschichte immer ausgeprägtere Formen der Kenntlichmachung des Fremden. In einer Fülle serieller Quellen – Studentenmatrikel, Konventslisten, Bürgeraufnahmebücher sind als Beispiele zu nennen – geht die Herkunftsbezeichnung unmittelbar in den Namen ein; der mittelalterliche Mensch wird also stets in Kollektive eingegliedert (A. MÜLLER). Nahezu alle Gruppen, die während der Tagung genauer untersucht wurden, sind äußerlich erkennbar: als Pilger, als Studenten, als Gesellen. Diese Erkennbarkeit zeichnet sich durch eine bestimmte Kleidung aus; es handelt sich um eine sichtbare Legitimation für den sozialen Problemfall, daß die Trägerinnen oder Träger der jeweiligen Gewandung zeitweilig nicht seßhaft sind. Ohne die typische Bekleidung werden die jeweiligen Individuen oder Gruppen zu Herumstreichern ('vagrants'), niemand vermag sie richtig einzuschätzen. Das umgekehrte Problem ist dann gegeben, wenn die Landstreicher das Mönchs- oder Pilgergewand anziehen; sie werden zum falschen Mönch, zum falschen Pilger (JARITZ). Die Legitimation ist erschlichen, Kriminalität als grundlegender Konflikt mit den umgebenden Sozialstrukturen beginnt. Erkennbarkeit und Einordenbarkeit sind aber nicht nur an solch 'feste' Merkmale gebunden: ritueller Umgang (z.B. besondere Formen des Grußes) gewährleistet dieselben Funktionen, sichert – wie bei den Handwerksgesellen – den Zusammenhalt der Gemeinschaft in der Fremde, unterscheidet oder trennt von den übrigen Gemeinschaften und Gesellschaften, die nicht über dieselben Gebräuche verfügen (ELKAR).

Mit dem Stempel in den Paß der Migranten und der vorübergehend Anwesenden ist der vorläufige Schlußpunkt in einer langen Entwicklung normierender Kenntlichmachung der Fremden gesetzt (JACOBSEN). Diese Kennzeichnung tritt nicht mehr äußerlich hervor, sondern ist durch das Rechtssystem sanktioniert und auch nur innerhalb dieses Rahmens als legitim erkennbar.

R.W. SCRIBNER wies auf die besonderen Verhältnisse in Württemberg während des 16.Jahrhunderts hin: dort gibt es unter der seßhaften Bevölkerung stets einen gewissen Anteil von "in Unsicherheit geratenen" Personen. Sie treten temporär aus ihrem bisherigen Personenverband aus, indem sie z.B. für einige Jahre aus der Stadt fliehen. Sie unterscheiden sich von den 'fahrenden Leuten', aber auch von den übrigen migranten Bevölkerungsgruppen (wie sie während der Tagung des einzelnen untersucht wurden). Dieser Personenkreis vervielfältigt die Erscheinungsformen der temporären Mobilität, zeigt Parallelen zur vorübergehenden Abwesenheit der Pilger und Gesellen von ihrem Herkunftsort. Es ist ein eigentümliches Charakteristikum der spätmittelalterlich-frühneuzeitlichen Gesellschaft, daß Personen räumliche Grenzen dann überschreiten müssen, wenn sie innergesellschaftliche Grenzen (im Sinne von Normen) verletzen, wobei diese temporäre Mobilität durchaus aus eigener Entscheidung erfolgen kann, ohne daß Sanktionen vorausgehen.

Gemeinsam mit G. JACOBSEN unterstrich SCRIBNER die verschiedenen Rollen der Migranten, wobei Männer offensichtlich über eine größere Variabilität und Entscheidungsfreiheit bei der Einnahme von Rollen verfügen als Frauen, deren Mobilität (in Abgrenzung zu vagranter Prostitution) offensichtlich sehr enge Grenzen gesetzt sind. Die Bewertung einzelner Rollen, mithin einzelner Typen von Migration, verändert sich diachron, was sich an der gesellschaftlichen Einschätzung migranter Bettlergruppen, aber auch von Pilgern zeigen läßt.

Was die Selbstwahrnehmung von Fremden anbelangt, so stellte HOFFMANN-NOWOTNY fest, daß sich eine sehr klare Korrelation zwischen der gesellschaftlichen Definition des eingewanderten Ausländers, seiner Selbstperzeption und seinen Plänen ergebe. Für Schweizer Verhältnisse ist es ganz deutlich, daß ein Nicht-Schweizer so lange als Ausländer definiert ist, so lange er jährlich seine Aufenthaltsgenehmigung erneuern muß. In diesem Fall empfindet er sich auch selbst als temporärer Migrant. Die Daueraufenthaltsgenehmigung bewirkt eine grundsätzliche Änderung, da er auf diese Weise ein Niederlassungsrecht erhält; nach diesem Zeitpunkt ändern sich auch die Einstellungen der Hinzugezogenen.

In historischem Zusammenhang sind Zeugnisse über die Selbstwahrnehmung von Migranten selten; dennoch hob EHMER hervor, daß nur dann eine Identität als Migrant entwickelt werden könne, wenn der Migrant sich selbst als solcher wahrnimmt. Freilich gibt es in der großen Zahl der Autobiographien von Handwerkern und Arbeitern kaum einen Beleg dafür, daß sich jemand mit dem Problem herumschlägt, ob er ein Migrant sei oder nicht, ob er an einen bestimmten Ort zurückkehren wolle oder nicht. Tatsächlich befindet sich aber die große Mehrzahl dieser Leute während des 19.Jahrhunderts in beständiger Bewegung. Die Selbstverständlichkeit der Ortsveränderung ist für sie das Beherrschende. Daraus läßt sich folgern, daß eine Selbstwahrnehmung als Migrant nur dann möglich ist, wenn die Migration kein Teil des Habitus ist. Es liegt nahe, wie folgt zu unterscheiden: Migration als Teil des Habitus ist permanente Migration, die allenfalls durch Perioden der Seßhaftigkeit unterbrochen wird, Migration außerhalb des Habitus ist Migration, die einmalig ist, ein einmaliger Schritt von einem System in ein anderes (EHMER).

4. Migration im Rahmen eines Modells von Spannung und Konflikt

Wenn auch unausgesprochen, so bestand doch in der Diskussion Einvernehmen darüber, daß eine einfach 'Pull-and-Push-Theorie' für eine Erklärung der Phänomene und der Ursachen von Mobilität und Migration nicht ausreiche. Ein unmittelbarer Zugriff auf die Theorie struktureller und anomischer Spannungen, wie dies ursprünglich beabsichtigt war, erfolgte allerdings zögernd.

In diesem Zusammenhang wirkten skeptische Hinweise von SCHWINGES diskussionsauslösend: Die mittelalterliche Universität ist keine Einrichtung, die wesentlich über die Karrieremöglichkeiten ihrer Studenten entscheidet; sie verleiht, wenn überhaupt, eine zusätzliche Würde. Die durch den Universitätsbesuch bedingte Migration gleicht also in der Regel keine strukturellen Spannungen dahingehend aus, daß der Migrant selbst irgendwelche Verbesserungen seines sozialen Status durch Migration erzielen kann. Dementsprechend gering ist die soziale Spannung am Ausgangspunkt der Migration, da künftige Studenten häufig längst vor ihrem Studium aufgrund ihrer familialen Herkunft eine gesicherte Zukunft ansteuern. Die Attraktivität der Universität durch die vorgefundenen personalen Bedingungen bewirkt indessen eine Spannung am Zielort.

L. SCHMUGGE stellte für die Pilgerschaft eine ähnliche Spannung am Zielort fest, seine theoretischen Schlußfolgerungen wiesen jedoch in eine andere Richtung als die Bemerkungen von SCHWINGES. Der mittelalterliche Christ trägt eine religöse Spannung in sich, das Wissen um seine Sündhaftigkeit und die Verpflichtung, sich daraus zu befreien. Dem Menschen wird dieses Schuldbewußtsein kirchlich verdeutlicht und erklärt, überdies werden ihm die Mittel in die Hand gegeben, sich aus dieser Spannung zu lösen. Das Vierte Laterankonzil von 1215 mit der Verpflichtung der jährlichen Beichte hat dieses Spannungsbewußtsein beträchtlich gestärkt. Eine der Möglichkeiten zur Spannungslösung ist die Pilgerfahrt. Pilgerschaft wird zu einer besonders häufig genutzten Möglichkeiten der Spannungslösung; sie setzt voraus, daß der Pilger die Möglichkeiten seines Zieles im voraus – nicht erst nach Erreichung der heiligen Stätte – einzuschätzen weiß. Dies macht die Wallfahrtsstätte zu einem Ort herausgehobener Mobilität. Auch JACOBSEN wies auf die besondere Handlungsrationalität mittelalterlicher Menschen gerade innerhalb eines religiösen Bezugsrahmens hin. SCHMUGGE resümierte, daß für die erklärende Interpretation von Pilgerschaft die Überlegungen von Hoffmann-Nowotny durchaus geeignet sind.

REININGHAUS merkte noch einen weiteren Komplex der Spannungs- und Konfliktlösung an: die Institutionenbildung z.B. in Form der Einrichtungen für die Geldunterstützung und die Krankenversorgung von Fremden. Dadurch entsteht ein neues Feld sozialen Zusammenhalts mit Einfluß auf die Herausbildung von Gruppenidentität.

Spannungslösung und Institutionenbildung als Ergebnisse von Migration wirken systemstabilisierend.

G. BOTZ schloß sich im Grundsatz der Folgerung von L. SCHMUGGE an, fügte jedoch abschwächend hinzu, daß sich wohl kaum alle Typen und Formen der Ortsveränderung auf einen Begriff bringen lassen und daß sie sicherlich nicht durch ein unverändertes Ensemble von Erklärungsmomenten erläutert werden können. Für eine Anwendung des Modells nach Hoffmann-Nowotny innerhalb der Sozialgeschichte genügt es, daß strukturelle Spannungen in einem verhältnismäßig hohen Maße gegeben sind; es genügt auch festzuhalten, daß strategisches Handeln in unterschiedlichem

Ausmaß zu beobachten ist. Unter solchen Voraussetzungen bildet sich eine Vierfeldertafel, in die sich die einzelnen Phänomene einordnen lassen. Strategisches Handeln und strukturelle Spannungen markieren dann die jeweils positiven Seiten des kartesischen Systems. In dem Feld positiver Korrelationen – gekennzeichnet durch hohe strukturelle Spannungen und starkes strategisches Handeln – ist vor allem die religiöse, kriminelle und wirtschaftliche Emigration zu verorten. Innerhalb einer solchen Korrelation bildet sich eine neue, auf Migration aufbauende soziale Identität. Die Permanenz der Emigration ist kennzeichnend für dieses Handlungsfeld. Temporäre Migration oder Mobilität sind demnach im Negativbereich unterzubringen: vor allem berufliche Mobilität ist in diesem Bereich zu verorten. Ortsveränderung gehört zur Alltagsroutine und korreliert mit geringen strukturellen Spannungen und ebenfalls geringem strategischen Handeln.

EHMER hält es durchaus für sinnvoll, das vorgestellte Modell als erkenntnistheoretisches Instrument zu benutzen. Übertragen auf die Verhältnisse der Gesellenmigration erhellt es die Auslösemomente dieser besonderen Form handwerklicher Mobilität; Probleme mit der Anwendbarkeit entstehen jedoch dort, wo Migration zum Habitus wird. Skeptisch äußerte sich EHMER, inwieweit die Theorie HOFFMANN-NOWOTNYs den Gegenstand der Betrachtung selbst unmittelbar abbildet. Migration stellt kein Phänomen dar, welches sich aus den historischen Realitäten lösen läßt, sie ist vielmehr Bestandteil konkreter Gesellschaften und sollte nicht segmentiert untersucht werden. Im Tagungsverlauf freilich hat dieses Modell Betrachtungsweise wie Diskussion instrumentativ strukturiert.

Abschließend betonte HOFFMANN-NOWOTNY ebenso die Praxisfunktion seiner Theorie, indem er ihre Anwendbarkeit charakterisierte: Die Struktur einer Gesellschaft ist mit ihrer Kultur interdependent. Diese Interdependenz ist genauer darzustellen und systematisch zu entfalten. Im Rahmen einer Migrationstheorie ist der Struktur Integration und der Kultur Assimilation zugeordnet. Zwischen Integration und Assimilation besteht in der Regel ein asymmetrisches Verhältnis: die Integration bestimmt stärker die Assimilation, das Umkehrverhältnis ist seltener. Durch Migration kann eine Struktur unterschichtet oder überschichtet werden oder aber kann sich die einwandernde Gruppe über die gesamte Strukturdistanz zwischen Unterschicht und Oberschicht verteilen. Diese Prozesse lassen sich in der Gegenwart, sicherlich aber auch in langen historischen Zeiträumen beobachten. Dehnt man die beobachteten Perioden weit genug aus, so lassen sich sicherlich Phasen erkennen, in denen die kulturellen Elemente, der Habitus etwa, stärker werden als die Struktur. Dies zu erkennen, ist eine lohnende Aufgabe für Sozialhistoriker. Ohne Theorie gleichen die zahlreichen phänomenologischen Beobachtungen vieler Historiker lediglich bunten Mosaiksteinen, deren Gesamtbild unklar ist.

5. Schlussüberlegungen

Tagung wie Diskussion geben zu einigen Nachbetrachtungen Anlaß: Mobilität bezeichnet im allgemeinen jeden Positionswechsel im Zusammenhang gesellschaftlichen Geschehens. Es ist auffällig, aber nicht weiter verwunderlich, daß dieser Mobilitätsbegriff im Laufe der Tagung immer weiter in den Hintergrund trat und in der Schlußdiskussion kaum noch gebraucht wurde. Die heuristische Konzentration auf einen Teilaspekt, die Wanderungsmobilität, führte schließlich zu einer Bevorzugung des Begriffes Migration.

Migration bedeutet nicht nur den einfachen Ortswechsel aus unterschiedlichen Motiven, sondern sie bezweckt in der Regel eine ökonomische, soziale oder religiöse Statusverbesserung oder Statussicherung, wobei nur jene Bereiche erwähnt seien, über die auch während der Tagung gesprochen wurde. Auf diese Weise ist der speziellere Begriff der Migration an den allgemeineren der Mobilität rückgebunden. Innerhalb eines Modells struktureller und anomischer Spannung läßt sich für die personalen Konstellationen folgern, daß eine solche Statusverbesserung sowohl von jenen Personen, Gruppen und Gemeinschaften angestrebt wird, welche Spannungen auslösen, wie auch von solchen, welche Spannungen unterworfen sind. Die Interessenlagen können dabei konvergent oder konfligierend sein: konvergent sind sie in jenem Fall, in dem sich Seßhafte vorübergehend und freiwillig aus ihrer Seßhaftigkeit lösen, konfligierend sind sie im Falle der Verbannung, der ökonomischen, sozialen oder religiösen Emigration, möglicherweise aber auch schon dort, wo ein mobiler Arbeitsmarkt Vorteile für eine bestimmte gesellschaftliche Gruppe bringt (wie im Falle der Gesellenwanderungen für die Meister).

Bedeutsam ist die Feststellung, daß – z.B. bei religiösen Migrationsmotiven – Spannungen internalisiert werden. In der Fülle individueller wie kollektiver Motive der Migration gibt es offensichtlich solche, die stärker und solche die weniger stark internalisiert werden. Diese Beobachtung erscheint vor allem dann als wichtig, wenn einzelne Erscheinungsformen von Migration als Habitus zu beschreiben sind. Die Gleichsetzung von habitueller Migration mit permanenter Migration ist zu prüfen.

Eigentümlicher Weise läßt sich temporäre Migration phänomenologisch leichter beschreiben als permanente Migration: Pilgerschaft, Studium, zum Teil das Indiensttreten von Frauen oder die Gesellenwanderung lassen sich bei sorgfältiger Differenzierung diesem Typ zuweisen. Als permanent erscheinen zwei Typen von Migration, einmal unbefristete, womöglich auch unbegrenzte Wanderungsmobilität (wie im Fall der Nichtseßhaften), einmal aber auch ein längerfristig vollzogener Ortswechsel , sei es in Form der Emigration oder der Auswanderung. Zuweilen verkürzte die Diskussion etwas diese einzelnen Perspektiven.

Habitus läßt sich als eine Art "generativer Grammatik" verstehen, die immer wieder ähnliche Handlungsmuster hervorbringt (Bourdieu in Weiterentwicklung von N. Chomsky und E. Panofsky). Obwohl dem Habitus also eine Eigendynamik innewohnt, tritt habituelles Verhalten unter ganz bestimmten Existenzbedingungen auf: es handelt sich um ein internalisiertes Verhalten, das durch eine generationenübergreifende Sozialisation reproduziert wird. Unter solchen Voraussetzungen kann man Gesellenwanderungen als eine Form von Migration begreifen, die habituell bestimmt ist. Ob es sich dabei indessen um eine permanente oder temporäre Form von Migration handelt, ist weitgehend eine Frage der Zeitanalyse: während des Spätmittelalters und der Frühen Neuzeit wurde ein Großteil der Gesellen zwar nicht unbedingt als Meister, aber doch in anderer Form seßhaft; im 19.Jahrhundert entwickelten sich neue Formen des Berufspendlertums, wurden viele Lohnabhängige und ihre Angehörigen – man denke an die zahlreichen Umzüge proletarischer Familien – in beständiger Mobilität gehalten.

Eine deutliche habituelle Einbindung verringert die Möglichkeiten strategischen Handelns. Daß dem so ist, hängt weniger mit der sozialisationsbedingten Dimension des Habitus zusammen, sondern vielmehr mit seinen normbedingten Eigenschaften, die sozialer Kontrolle unterworfen sind. Wer nicht in der herkömmlichen Weise wandert, pilgert, in der Burse auftritt, der wird als deviant wahrgenommen. Der Habitus bringt also spezifische Erscheinungsformen hervor, die in einem rituellen Zusammenhang verstanden werden. Kontrolle kann gleichermaßen kommunikativ wie institutionell erfolgen. Kommunikative Überprüfung geht in der Regel einer institutionellen Kontrolle zeitlich voraus, wobei die Institutionenbildung nicht alle Typen von Migration zeitgleich erfaßt. Auffällig ist jedoch, daß im 17.Jahrhundert institutionalisierte Kontrolle von Migration weit verbreitet ist: sowohl Handwerksgesellen als auch Pilger müssen sich verstärkt obrigkeitlich sanktionierter Legitimationspapiere bedienen; Studentenausweise hingegen sind offenkundig erst Dokumente des 20.Jahrhunderts (die älteren, damit nicht vergleichbaren Testate einmal abgesehen).

Der Habitus verhindert aber auch kein strategisches Handeln. Trotz Ladenverbindungen (Bayern, Sachsen, Württemberg besonders ausgeprägt), trotz traditionell enger Verknüpfung von Kommunikationsräumen konnten Gesellen eine eigene Auswahl unter den Zielen ihrer Wanderung treffen; wenn sie dennoch bestimmte Orte und Regionen bevorzugten, so kann dies, muß aber nicht mit spezifischen handwerklichen Sozialisationsprozessen zusammenhängen. Es liegt nahe, in den entsprechenden Motiven eher die Gleichzeitigkeit von Habitus und Strategie zu erkennen.

Es trifft durchaus zu, daß bei genügend weit bemessenen diachronen Zusammenhängen habituelle Verhaltens- und Handlungsweisen deutlicher hervortreten, gerade weil – sozialisationsbedingt und generationenübergreifend – stets dieselben kulturellen Muster sich deutlicher profilieren: Pilgerschaft und Gesellenwanderungen sind mögliche Beispiele. Doch gerade an diesem Punkt der Überlegung müssen die Zusammenhänge zwischen Struktur und Kultur – um in unserem Modell zu bleiben – entschiedener berücksichtigt werden.

Erst jüngst ist überzeugend nachgewiesen worden, wie die allgemeine und die handwerkliche Produktionsweise insbesondere die Organisationsformen, Handlungsmotive und -strategien der sächsischen Handwerksgesellen zum Beginn der Frühen Neuzeit veränderten. Gegenüber anhaltenden ökonomischen Veränderungen vermögen sich langfristig also auch keine habituellen Verhaltensweisen zu behaupten. Strukturelle wie kulturelle Instabilität setzt ein. Wo Migration selbst Bestandteil des Habitus ist – wie eben beim Beispiel der Gesellen – kann sie selbst überbordet werden.

Die Diskussion von Migration muß sich mit der Wahrnehmung des Fremden auseinandersetzen. Eine solche Thematik besitzt zahlreiche Facetten, wobei drei hervorzuheben sind:

Migrante erschließen sich fremde Räume. Sie nehmen diese Räume unterschiedlich wahr, je nach der Art, der Dauer und der Geschwindigkeit, mit der sie sich in ihnen bewegen, je nach der Intensität, mit der sie in soziale Beziehungen treten. Die räumliche Umgebung der Migration erschließt sich als "Erfahrungsraum und als Erwartungshorizont". Dies ist wichtig für das strategische Handeln migranter Personen und Gruppen. Räumliche Gegebenheiten können Migration steuern und beeinflussen, beherrschender wirkt aber die Erschließung des Raumes durch Migration.

Was die Wahrnehmung des Fremden als weibliche oder männliche Person anbelangt, so ist hierüber in den Beiträgen wie in der Diskussion Substanzielles ausgeführt worden, das keiner Wiederholung bedarf. Fremde lebten in jenem Status, den sie an ihrem Herkunftsort erworben hatten (Gesellen), den sie an ihrem Zielort erhielten (Studenten) oder aufgrund einer spezifischen kollektiven Einbindung nicht selten von Geburt an (Klerus, Adel). Fremdsein grenzte nicht nur aus, sondern es bedeutete Leben in besonderen Rechtsformen unter besonderen ökonomischen und sozialen Bedingungen. In der Alltagswahrnehmung bedeutete der Auftritt eines oder mehrerer Fremder eine Veränderung. Diese Veränderung besaß unterschiedliche Qualitäten: es gab den Auftritt einzelner Personen und Gruppen, der an sich schon zum gewohnten Alltagsbild gehörte (Gesellen, vielerorts Pilger oder neu angekommene Studenten, weniger schon Reisende); es gab den Einbruch des völlig Neuen in Auftreten, Gewandung, Sprache, Gestus, Denk- und Arbeitsweise, religiösem Bekenntnis, Hautfarbe. Der Ausnahmecharakter des Fremden bemißt sich also in einem Spektrum zwischen alltäglicher Erfahrung bereits konventionell begriffener Fremdheit, die auf vorausgehenden Internalisierungsprozessen des Fremdenbildes aufbauen kann, und einer Fremdheit, die kommunikativ noch unverarbeitet ist. Je stärker die Wahrnehmung des Fremdseins schwindet, desto stärker vollzieht sich Integration. Begreift man Alltag wiederum als täglich, wöchentlich, jährlich, als jahreszeitlich strukturierte Routine, so vollzieht sich Integration auf dem Hintergrund langfristiger Wahrnehmungszeiträume. Die stete Erneuerung des gleichen fremden Impulses oder die lang andauernde Präsenz des Fremden äußern die gleiche Wirkung. Diese Einsicht liegt sicherlich auf der Hand, es ist aber bislang wenig untersucht worden, wie lange sich Herkunftsbezeichnungen bei Fremden in den Namensregistern halten.

In einer Gesellschaft von Seßhaften wird möglicherweise das Phänomen Migration selbst als fremd empfunden. Nun nimmt zwar die Mediävistik schon seit einiger Zeit von der Vorstellung Abschied, daß die 'stabilitas loci' zu den Charaktermerkmalen des mittelalterlichen Menschen gehörte, dennoch sei auf einen weiteren Aspekt hingewiesen: Migration war auf spezifische Weise mittelalterlicher und frühneuzeitlicher Mentalität eingeprägt. Es sei erinnert an die Vorstellung vom 'wandernden Gottesvolk', dessen irdische Abbildung nicht nur die Schar der Pilger verkörperte, sondern eben auch die Gemeinschaft der Gläubigen, die ihrem transzendentalen Lebensziel nach dem Tode zuwandert. Aber nicht nur im christlichen Glauben besitzt diese bejahte Form sinnbildhafter Mobilität eine feste Verankerung. In den mythischen Feldkulten war sie ebenso beheimatet. Es gibt gute Gründe für die Annahme, daß die Selbstwahrnehmung als 'migrantes Individuum' sehr weit verbreitet und sehr fest begründet war.

Wenn Migration wiederum Teil einer im allgemeineren Sinne mobilen Umwelt war, so senkte dies die Wurzeln der Selbstperzeption möglicherweise nur tiefer.

Es wäre sinnvoll, bei künftigen Diskussionen ähnlicher Art nicht nur Anthropologen, Geographen, Historiker, Kunsthistoriker, Literaturwissenschaftler, Soziologen und Volkskundler zu bemühen, womöglich wäre auch die Auskunft von Theologen durchaus ersprießlich; doch sollte in Bescheidenheit angemerkt werden: migratio necnon umbilicus mundi!

LITERATURHINWEISE (soweit nicht in den Beiträgen mehrfach zitiert):

AMMANN, Hektor: Zur Geschichte der wirtschaftlichen Beziehungen zwischen Oberdeutschland und dem deutschen Nordosten im Mittelalter. In: Schlesische Geschichtsblätter 1927, H.3, 49-57.

AMMANN, Hektor: Vom Lebensraum der mittelalterlichen Stadt. In: Studien zur südwestdeutschen Landeskunde. FS F. Huttenlocher. Bad Godesberg 1983, 284-316.

AMMANN, Hektor: Gesellenwanderungen am Oberrhein im späten Mittelalter. In: Probleme der Geschichte und Landeskunde am linken Oberrhein. Niederschrift über die Tagung der Arbeitsgemeinschaft für westdeutsche Landes- und Volksforschung. Bad Bergzabern 1965. Masch. Bonn 1966.

BERGER, Peter L., LUCKMANN, Thomas: Die gesellschaftliche Konstruktion der Wirklichkeit. Eine Theorie der Wissenssoziologie. Frankfurt a. M. 1984 (1. engl. Ausg. 1966).

BOURDIEU, Pierre: Der Habitus als Vermittlung zwischen Struktur und Praxis. In: Ders.: Zur Soziologie der symbolischen Formen. Frankfurt a. M. 1974 (1. franz. Ausg. 1970).

BRÄUER, Helmut: Handwerksgesellen in sächsischen Städten des 15. und 16. Jahrhunderts. Untersuchungen zu ihrem sozialen Platz, ihrer Organisation und gesellschaftlichen Bewegung. Dissertation zur Promotion B (Masch.) Leipzig 1986.

CHRISTALLER, Walter: Die zentralen Orte in Süddeutschland. Eine ökonomischgeographische Untersuchung über die Gesetzmäßigkeit der Verbreitung und Entwicklung der Siedlungen mit städtischen Funktionen. 2 Bde. 1.Aufl. Jena 1933, 2.Aufl. Darmstadt 1968.

ELKAR, Rainer S.: Schola migrationis – Überlegungen und Thesen zur neuzeitlichen Geschichte der Gesellenwanderungen aus der Perspektive quantitativer Untersuchungen. In: Klaus Roth (Hg.), Handwerk in Mittel- und Südosteuropa. Mobilität, Vermittlung und Wandel im Handwerk des 18. bis 20. Jahrhunderts (Südosteuropa-Studien H. 28) München 1987, 87-108.

GINZBURG, Carlo: Die Benandanti. Feldkulte und Hexenwesen im 16. und 17. Jahrhundert. Frankfurt a. M. 1980 (1. ital. Ausg. 1966).

HORSTMANN, Kurt: Zur Soziologie der Wanderungen. In: René König (Hg.): Soziale Schichtung und Mobilität. Handbuch der empirischen Sozialforschung, 2.Aufl. Stuttgart 1976, 104-186.

JARITZ, Gerhard, MÜLLER Albert: Historia vaga. Ein computergestütztes Projekt zur Migrationsgeschichte des 15. und 16. Jahrhunderts. In: Manfred Thaller (Hg.): Datenbanken und Datenverwaltungssysteme als Werkzeuge historischer Forschung (Historisch-Sozialwissenschaftliche Forschungen 20) St. Katharinen 1986, 93-123.

KÖLLMANN, Wolfgang: Versuch des Entwurfs einer historisch-soziologischen Wanderungstheorie. In: Ulrich Engelhardt u.a. (Hgg.): Soziale Bewegung und politische Verfassung. Stuttgart 1976, 260-269.

KOSELLECK, Reinhart: 'Erfahrungsraum' und 'Erwartungshorizont' – zwei historische Kategorien. In (zuletzt): Ders.: Vergangene Zukunft. Zur Semantik geschichtlicher Zeiten. 4.Aufl. Frankfurt a.M. 1985, 349-375 (zuerst erschienen 1976).

KUBAT, Daniel, HOFFMANN-NOWOTNY, Hans-Joachim: Migration: towards a new paradigm. In: International Social Science Journal 33 (1981) 307-329.

MIECK, Ilja: Kontinuität im Wandel. Politische und soziale Aspekte der Santiago-Wallfahrt vom 18. Jahrhundert bis zur Gegenwart. In: Geschichte und Gesellschaft 3 (1977) 299-328.

MORAW, Peter (Hg.): Unterwegssein im Spätmittelalter (Zeitschrift für historische Forschung Beiheft 1) Berlin 1985.

SCHMID, Wolfgang: Untersuchungen zur Wirtschafts- und Sozialgeschichte der Stadt Kusel im 18. Jahrhundert. In: Westricher Heimatblätter 14 (1983) 63-103.

SCHÖLLER, Peter (Hg.): Zentralitätsforschung (Wege der Forschung 301) Darmstadt 1972.

SZELL, György (Hg.): Regionale Mobilität (Nymphenburger Texte zur Wissenschaft 10) München 1972.

THESAURUS DES MIGRATIONS MÉDIÉVALES
(1300-1550)
L'étranger à la seigneurie, à la ville et à l'état

Claudine Billot

Ce tableau méthodique de mots-clés est issu de l'indexation des 10000 premières fiches réunies, avec la collaboration de Mme Arlette Higounet-Nadal, pour servir de base à une enquête sur les migrants, immigrants et immigrés du royaume de France de 1300 à 1550[1]. Ces données proviennent soit de nos propres dépouillements, soit de ceux des médiévistes qui ont accepté de contribuer à l'enrichissement de ce fichier central.

Ces mots-clés permettent de caractériser le contenu des fiches manuelles ou des notices informatisées, de les regrouper par thèmes et de faciliter l'établissement d'index analytiques, de repérer les plus fréquemment employés, de dater l'apparition de tel ou tel problème, de telle ou telle mesure.

Cet essai de synthèse organise les descripteurs en cinq grands thèmes de recherche: migrations, cadres institutionnels, cadres économiques, cadres démographiques et cadres socio-culturels. Ces cinq thèmes sont eux-mêmes subdivisés en sous-groupes.

Ce premier essai de thesaurus spécialisé demeure un ensemble ouvert. Au fur et à mesure de son utilisation et de l'enrichissement du fichier central, il est probable que d'autres notions viendront s'y ajouter ou en nuancer le contenu en affinant leur formulation. Notre but sera atteint s'il s'avère être un instrument de travail practique et vivant.

Je remercie Mesdames Josette Metman et Aline Vallée de l'aide amicale qu'elles m'ont apportée lors de l'élaboration de cet essai.

SOMMAIRE

I. MIGRATIONS – 1. Causes – 2. Champ migratoire – 3. Formes des migrations.
II. CADRES INSTITUTIONNELS – 1. Politique – 2. Mesures municipales d'accueil – 3. Mesures gouvernementales d'assimilation – 4. Fiscalité – 5. Droit public et privé.

---

[1] Cf. notre communication *Le migrant en France à la fin du Moyen Age*, Medieval Lives and the Historian. Studies in Medieval Prosopography, éd. N. Bulst and J.-Ph. Genet, Kalamazoo 1986, pp. 235-242.

III. CADRES ECONOMIQUES – 1. Conditions économiques – 2. Marché du travail – 3. Main d'œuvre agricole – 4. Main d'œuvre artisanale – 5. Main d'œuvre commerciale – 6. Offices et dignités.

IV. CADRES DEMOGRAPHIQUES – 1. Répartition spatiale – 2. Etat sanitaire – 3. Ages – 4. Familles.

V. CADRES SOCIO-CULTURELS – 1. Relations sociales – 2. Information, culture, acculturation.

I. MIGRATIONS

1. CAUSES
- Mieux-être
  apprentissage
  études
  coutume d'héritage
  mobilité sociale ascendante
  constitution de dot
  promotion par mariage
  meubles, immeubles
  meubles, immeubles urbains, ruraux
  gages
  rentes viagères, héréditaires
  donations
          viagères
          héréditaires
- Nécessité
  catastrophe naturelle
  inondation
  glissement de terrain
  sécheresse ...
  dettes
  pauvreté, indigence
  cherté des vivres
  crise de subsistance
  disette, famine
  esclaves, captifs chrétiens
  vente
  rachat
  affranchissement
  évasion

religion persécutée
Juifs, protestants, vaudois, bogomiles ...
guerre
enrôlement terre, mer
condotta
mercenaire étranger
déserteur
prisonnier de guerre
otage
réfugié
exilé volontaire
exilé
banni à temps, à perpétuité
rappel de ban
grâce
amnistie partielle, générale

2. CHAMP MIGRATOIRE

frontière, limite, marche, confins
contrée de départ
départs individuels, collectifs
filière migratoire
circuit pré-établi
déplacement au hasard
pouvoir d'attraction des villes
pays, ville d'accueil

3. FORMES DES MIGRATIONS

migration individuelle
 familiale
 collective
migration première
 intermédiaire
 dernière
 définitive
migration circulaire de prospection
migration circulaire de travail
migration rurale
 urbaine
 interurbaine
 intraurbeine
 internationale

de retour
migration saisonnière
campagne d'été, d'automne, d'hiver,
                de morte-saison, de récolte ...
émigration temporaire
expatriation de temps indéterminé
retard des retours
espacement des retours
émigration définitive

II. CADRES INSTITUTIONELS

1. POLITIQUE

migratoire
d'émigration
d'immigration
seigneuriale
urbaine
provinciale
princière
royale
sélective
indifferenciée
d'accueil-temporaire
d'accueil-définitif
d'assignation à résidence
d'exclusion individuelle
d'exclusion collective
et voir MIGRATIONS, religion persécutée;
CADRES SOCIO-CULTURELS, rejet

2. MESURES MUNICIPALES D'ACCUEIL

autorisation-commerce
autorisation-travail
installations-artisanales
logement
ravitaillement
fournitures-professionnelles
santé
et voir CADRES DEMOGRAPHIQUES, Etat
sanitaire

                    police
                    dispense guet et garde
                    exemption fiscale
                    lettres de bourgeoisie
3. MESURES GOUVERNEMENTALES D'ASSIMILATION
        – collectives
                    étranger, régnicole
                    ordonnances, traités
                    lettres de bourgeoisie, de naturalité
                    sauvegarde royale
                    revocation mesures collectives
        – individuelles
                    collation bénéfices ecclésiastiques aux étrangers
                    reconnaissance par le roi lettres de bourgeoisie
                                        d'une ville,
                                        de plusieurs villes
                    concession lettres de bourgeoisie du roi,
                    du royaume
                    lettres de naturalité demande
                                        concession
                                        vérification
                                        enregistrement
                    et voir infra FISCALITE
                    lettres d'anoblissement
                    enquête usurpation de qualité
                    lettres notoriété noblesse
                                        légitimité
                                        franchise

4. FISCALITE
                    privilèges fiscaux temporaires, définitifs
                    tarif préférentiel
                    dégrèvement
                    exemption
        – Droits sur les étrangers
                    (au Receveur du Roi)
                    droit général annuel
                    droit d'entrée dans le royaume et redevance
                    annuelle des Juifs et Lombards
                    finances lettres bourgeoisie

                    391

dispense finances lettres de bourgeoisie
(à la Chambre des Comptes)
finances affranchissement
lettres de naturalité
– Tailles municipales et royales
feu fiscal, estimes
recherche, révision
répartition, exemption, perception
excès-fiscalité
– Commerce
passage, péage, pontage, travers, tonlieu, ...
denier pour livre, Boîte aux Lombards,
Amende de Milan ...
exportation illicite de numéraire

5. DROIT PUBLIC ET PRIVE
droit personnel, droit réel
conflit-coutumes
attribution-jurisdictions
– Mesures de rejet
droit d'aubaine
d'épave
de bâtardise
de mainmorte
séquestre des biens
confiscation
expropriation
destruction
– Mesures d'assimilation
autorisation-acquérir, posséder,
disposer de biens entre vifs
autorisation de tester
habilitation à hériter
exemption droit d'aubaine
lettres légitimation
affranchissement
restitution-biens
dommages de guerre
indemnités

392

III. CADRES ECONOMIQUES

1. CONDITIONS ECONOMIQUES
   - Conjoncture
                économie stationnaire
                           déprimée
                crise économique
                crises économiques successives
                reconstruction
                croissance
2. MARCHE DU TRAVAIL
   - Main d'oeuvre
                besoin, offre, renouvellement
                sous-emploi
                embauche, louée
                chômage
   - Emploi

                plein emploi
                à la tâche
                temporaire
                à temps partiel journée, semaine,
                quinzaine, mois
   - Contrôle

                concurrence
                licenciement
3. MAIN D'OEUVRE AGRICOLE
   - Personnel
                exploitant, laboureur, fermier,
                manouvrier, vigneron ...
   - Mode d'exploitation
                faire-valoir direct, indirect
                ferme, métayage, bail à rente ...
   - Mise en valeur
                terres vacantes, friches ...
                défrichement temporaire
                écobuage
                essartage
                défrichement clandestin
                     ”   semi-clandestin
                     ”   autorisé
4. MAIN D'OEUVRE ARTISANALE

- Organisation
    - métier, guilde
    - apprenti, valet, maître
- Personnel
    - personnel
    - personnel auxiliaire
    - domestiques
    - travail des femmes, des enfants
- Conditions du travail
    - métier d'attente
    - réputation technique régionale
    - diffusion des innovations
    - formation professionelle
    - qualification professionnelle
    - mobilité professionnelle
    - contrat d'embauche, d'apprentissage
    - horaires de travail
    - salaires et avantages en nature
    - conflits du travail, grève, *colloquia*

5. MAIN D'OEUVRE COMMERCIALE
- Conditions
    - commerce intérieur, international
    - exportation licite, illicite
    - monopole exportation
    - autorisation de libre circulation et de commerce
    - privilèges de foires
    - sauf-conduit
    - lettres de marque
    - et voir CADRES INSTITUTIONNELS, Fiscalité
- Colonie marchande
    - concession territoriale
    - poids et mesures
    - attribution juridictions
    - maison commune, loggia, bourse
    - consul, capitaine, maître ou gouverneur d'une nation
    - conseil de la nation
- Banque et crédit

casanae lombardes
société-mère et filiales fixes, provisoires
facteurs, courtiers, banquiers, changeurs
prêteurs, usuriers, lombards
prêt sur gages
prêt "gratuit"
prêt à intérêt
prêt à usure (principal ou pur sort et usure)
faillite
confiscation partielle ou totale des
créances

6. OFFICES ET DIGNITES

bénéfices ecclésiastiques et dignités
offices royaux et seigneuriaux
charges militaires
charges de cour ...
et voir CADRES SOCIO-CULTURELS,
artistes, professeurs ...

IV. – CADRES DEMOGRAPHIQUES

1. REPARTITION SPATIALE

par choix
imposée déplacement autoritaire
comptoir, escale, ville de foire
quartier réservé aux étrangers
juiverie
– Habitat rural
dispersé: maison isolée, ferme, grange lieu-dit,
mas
concentré: hameau, village, bourg-marché
– Habitat urbain
petite ville
ville moyenne
capitale régionale
capitale
intra muros
faubourg
banlieue
paroisse

                    quartier, îlot, rue
    – Evolution
                    ruines
                    village disparu
                    exode rural
                    et voir CADRES INSTITUTIONNELS, Fiscalité
                    pariage, bastide, sauveté, ville
                    neuve, ville franche
                    acte d'habitation
                    accensement individuel, familial,
                    collectif
                    essor démographique
                    surcharge démographique

2. ETAT SANITAIRE
    – Hygiène
                    insalubrité
                    pollution
                    malnutrition
                    sous-alimentation
    – Maladie
                    maladie professionnelle
                    maladie infectieuse
    – Accident
                    accident
                    accident du travail
                    blessure
                    blessure de guerre
                    infirmité
                    invalidité
    – Mesures sanitaires
                    maladrerie, aumône, hospice, hôpital ...
                    mise en quarantaine
                    explusion des errants, des malades
                    forains ou étrangers
                    médecin étranger, juif, autorisation
                    d'exercer
    - Mortalité
                    décès
                    suicides

meurtres
surmortalité
épidémie
...

3. AGES

minorité, majorité civile
majorité pleine (25 ans)
majorité simple homme noble (20 ans)
femme noble (15 ans)
homme roturier (15 ans)
femme roturière (12 ans)
âge au premier départ
âge d'entrée dans la vie active
composition par âges et par sexes
mourrisson, enfant, adolescent, jeune, adulte,
personne âgée
et voir infra FAMILLES

4. FAMILLES
  – Mariage

endogamie, isolat
exogamie géographique, sociale
premier mariage
mariage arrangé
mariage tardif
veuvage
remariage
bigamie
Coutume matrimoniale
contrat de marriage
dot
douaire
situation des biens
séparation de fait
de corps et de biens

  – Résidence

domicile familial
professionnel
domicile de droit
de fait
cohabitation parents-enfants à temps

definitive
- Types de famille
    conjugale
    nucléaire
    patriarcale
    étendue
    communautaire
    frérèche
    communaute taisible
    généalogie
    réseau de parenté
- Hors mariage
    prostitution
    adultère
    concubinage
    relations ancillaires
    bâtard
    enfant abandonné
    avortement, infanticide

V. – CADRES SOCIO-CULTURELS

1. RELATIONS SOCIALES

- Rapports sociaux d'origine
    solidarité familiale, du lignage
        villageoise
        provinciale
        ethnique
    filière d'accueil
    réseau de soutien
    persistance, transformation de ces
    rapports sociaux d'origine au sein
    de l'émigration
- Rapports sociaux d'arrivée
    minorité nationale, ethnique
    attentisme
    égalité
    intégration
    préjugé
    haine
    xénophobie

rumeur, émeute, massacre, pogrom
déclassement social
vagabondage
mendicité
bas-fonds
délit, crime
lettres de rémission
– Image du migrant
    fondation pieuse lieu d'origine, d'accueil
    fondation église, chapelle
        culte particulier
           messe, obit, confrérie
    fondation hôpital
        collège, bourse d'étudiant
    donation oeuvre d'art
    legs
    élection-sépulture
    autobiographie, déposition-procès
    par la communauté d'origine
                    d'accueil

2. INFORMATION, CULTURE, ACCULTURATION

– Information sur le pays d'accueil
    – officielle
    propagation, promulgation,
    proclamation, publication ...
    crieur public, curé au prône,
    notaire, juge-mage ...
    – privée
    prospecteur
    soldat, marchand, parent, voisin ...
– Information sur le pays d'origine
– Langue
    maternelle
    accent régional
    patois
    langue d'oïl, d'oc
    breton, basque
    ...
    usuelle

          commerciale
          étrangère
          traducteur, interprète
          manuel
          professeur, chaire
          francisation nom propres étrangers
– Culture
          locale, provinciale, nationale, européenne
          culture populaire
          culture savante
          artistes
          intellectuels
          écrivains
          chroniqueurs
          ...

– Acculturation
          interaction lente
                    rapide
          filtre culturel
          modalités-changement
          culture dominante
                    dominée
                    mixte

ANSCHRIFTEN DER AUTOREN

Billot Claudine
34, rue Truffaut
F-75017 Paris

Bräuer Helmut
Franz-Flemming-Straße 10
DDR-7033 Leipzig

Dohrn-van Rossum Gerhard
Fachbereich für Geschichtswissenschaften
Abteilung Geschichte
Universität Bielefeld
Postfach 8640
D-4800 Bielefeld 1

Ehmer Josef
Institut für Wirtschafts- und Sozialgeschichte
Universität Wien
Währingerstraße 17
A-1090 Wien

Elkar Rainer S.
Fachbereich für Sozialwissenschaften
Gesamthochschule Siegen
Postfach 101240
D-5900 Siegen

Hoffmann-Nowotny Hans-Joachim
Soziologisches Institut
Universität Zürich
Zeltweg 67
CH-8032 Zürich

Hundsbichler Helmut
Institut für mittelalterliche Realienkunde Österreichs
Körnermarkt 13
A-3500 Krems

Jacobsen Grethe
Ryesgade 62 IV Nr. 29
DK-2100 Copenhagen Ø

Jaritz Gerhard
Institut für mittelalterliche Realienkunde Österreichs
Körnermarkt 13
A-3500 Krems

Kubinyi András
Elte Régészeti Tanszék
Pesti Barnabás u.l.
H-1052 Budapest

Mandl-Neumann Herta
Elisabethinergasse 32
A-8010 Graz

Müller Albert
Ludwig-Boltzmann-Institut für Historische Sozialwissenschaft
Mirabellplatz 1
A-5020 Salzburg

Reininghaus Wilfried
Stiftung Westfälisches Wirtschaftsarchiv
Märkische Straße 120
Postfach 871
D-4600 Dortmund 1

Schluchter André
Historisches Seminar
Universität Basel
Hirschgässlein 21
CH-4051 Basel

Schmid Wolfgang
Geschichtliche Landeskunde
Universität Trier
Postfach 3825
D-5500 Trier

Schmugge Ludwig
Historisches Seminar
Universität Zürich
Blümlisalpstraße 10
CH-8006 Zürich

Schwinges Rainer Christoph
Historisches Institut
Landesgeschichte
Universität Giessen
Postfach 111440
D-6300 Giessen

Scribner Robert
Clare College
GB-Cambridge CB2ITL

Ludwig-Boltzmann-Institut für Historische Sozialwissenschaft Salzburg:
Studien zur Historischen Sozialwissenschaft, herausgegeben von Gerhard Botz

Band 6
Reinhard Mann
Protest und Kontrolle im Dritten Reich
Nationalsozialistische Herrschaft im Alltag einer rheinischen Großstadt
1987. 413 Seiten. ISBN 3-593-33882-3

Band 7
Manfred Thaller, Albert Müller (Hg.)
Computer in den Geisteswissenschaften
Konzepte und Berichte
1988. Ca. 250 Seiten. ISBN 3-593-33881-5

Band 8
Gerhard Jaritz, Albert Müller (Hg.)
Migration in der Feudalgesellschaft
1988. 403 Seiten. ISBN 3-593-33883-1

Band 9
Gerhard Botz
Krisenzonen einer Demokratie
Gewalt, Streik und Konfliktunterdrückung in Österreich seit 1918
1987. 392 Seiten. ISBN 3-593-33884-X

Band 10
Gerhard Botz, Christian Fleck, Albert Müller (Hg.)
»Qualität und Quantität«
Zur Praxis der Methoden der Historischen Sozialwissenschaft
1988., Ca. 250 Seiten. ISBN 3-593-33880-7

Campus Verlag   ·   Myliusstraße 15   ·   Frankfurt am Main